COLLECTION
FOLIO ESSAIS

Sous la direction de
Jean-Yves Tadié

La littérature française : dynamique & histoire

II

Contributions de Michel DELON ;
Françoise MÉLONIO, Bertrand
MARCHAL et Jacques NOIRAY ;
Antoine COMPAGNON

Gallimard

Le directeur de l'ouvrage remercie
Blanche Cerquiglini.

© *Éditions Gallimard*, 2007.

XVIIIᵉ SIÈCLE

Note liminaire : Après un chapitre général consacré aux conditions de l'écriture, de la diffusion et de la lecture au XVIIIe siècle, les trois chapitres suivants évoquent moins des époques successives du siècle que des moments, des styles (rococo, encyclopédique ou sentimental) qui peuvent coexister et se prolonger sur l'ensemble du siècle. La littérature n'y est jamais présentée comme une catégorie qui pourrait être définie une fois pour toutes. Elle est partie prenante d'une histoire des pratiques culturelles. Aussi chaque chapitre s'ouvre-t-il par la description et le commentaire d'une peinture.

CHAPITRE PREMIER

ÉCRIRE : DES BELLES LETTRES À LA LITTÉRATURE

OUVERTURE

Nous sommes à Paris dans un hôtel luxueux de la rue Saint-Honoré. On reconnaît aux murs les tableaux des peintres français à la mode : Chardin, Greuze, Van Loo, Vernet. Une soixantaine de personnes sont assises autour de Mme Geoffrin. Nous sommes en effet en 1755 chez cette riche bourgeoise, propriétaire d'une bonne partie de la compagnie des glaces de Saint-Gobain, qui sait attirer chez elle artistes, écrivains et mondains. Ils se pressent, ce soir-là, pour un événement, la lecture de *L'Orphelin de la Chine* de Voltaire. Installé à Genève, le maître des lettres et de la philosophie est présent sous la forme d'un buste. Mlle Clairon et Lekain, les deux acteurs qui vont créer la tragédie à la Comédie-Française, sont installés devant le buste. Lekain est en train de lire, face à la maîtresse de maison et à ses hôtes d'honneur, et d'abord Stanislas Poniatowski, futur roi de Pologne. D'Alembert semble attentif, mais des apartés s'esquissent, Buffon discute avec Réaumur, Diderot avec Turgot, Rousseau parle également avec son voisin. Ils sont tous là, les représentants du parti encyclopédique que Mme Geoffrin soutient. Tous là, sur une toile, actuellement au musée de Rouen, doublement intéressante.

D'une part, elle met en scène l'alliance de la littérature et de la mondanité. *L'Orphelin de la Chine* raconte les violences de Gengis Khan qui s'est rendu maître de la Chine et s'acharne contre la famille de l'empereur. Survit un enfant, héritier de la dynastie. L'amour et la raison finissent par l'emporter. Gengis Khan renonce à la vengeance et déclare à ceux qui ont su le convertir : « Je fus un conquérant, vous m'avez fait un roi. » Tel est l'idéal moral et politique des Lumières. *L'Orphelin de la Chine* est une tragédie, un de grands genres dans la hiérarchie poétique. Elle est honorée par une lecture publique dans un cercle choisi. La royauté littéraire de Voltaire ne semble pas pouvoir être contestée. Une élite intellectuelle et sociale communie dans l'admiration et dans l'espoir. Admiration pour les alexandrins de la tragédie, espoir dans une politique éclairée. L'atmosphère du salon avec son tapis épais est calfeutrée. Une porte entrouverte, un rideau qui s'écarte devant une fenêtre laissent supposer un monde extérieur. Mais on reste entre soi. La pièce est encore manuscrite, son premier public reste particulièrement restreint. Elle sera ensuite représentée pour un public plus large, puis imprimée et répandue à travers l'Europe. Quel rapport s'établit entre la circulation du manuscrit et la diffusion de l'imprimé, entre un public fermé, élitiste et un public anonyme, lointain au double sens, géographique et social ? entre un cercle de privilégiés et une opinion qui tend à se confondre avec la nation ?

Par ailleurs, cette toile réunit idéalement les célébrités du temps, qui ne se sont sans doute jamais trouvées toutes ensemble. Le peintre rouennais Anicet Charles Gabriel Lemonnier n'avait que douze ans en 1755. Élève de Vien, condisciple de David, il a exécuté la peinture en 1812, rassemblant *a posteriori* une forme de Panthéon du XVIIIe siècle, alors que se multiplient les publications de Mémoires sur le siècle achevé. Quelques années plus tôt, l'Institut a déchaîné les passions, en mettant au concours le tableau de la littérature du XVIIIe siècle. Il y a deux manières de tracer un tel tableau, note Benjamin Constant, qui a songé à concourir : dresser une nomenclature des auteurs, ou bien comprendre quels ont été l'esprit et la tendance du siècle. Le peintre Lemonnier a choisi la nomenclature et on peut s'amuser à mettre un nom sur chaque visage. Mais il esquisse aussi une interprétation de la philosophie des Lumières dans ses liens avec la mondanité aristocratique et financière : les élites sociales et intellectuelles se réuniraient pour réformer la vieille monarchie. Il peut ouvrir notre réflexion sur la constitution d'un corpus que nous considérons aujourd'hui comme la littérature du XVIIIe siècle, ainsi que sur les réseaux de diffusion et de lecture qui lui donnent sens. Comme Lemonnier, nous choisissons de privilégier un certain nombre de figures, mais, plus que ne le peut une toile, nous essaierons de comprendre des mouvements d'idées et les fonctions de textes.

DES TEXTES EN MOUVEMENT

Nous avons l'habitude d'opposer le manuscrit et le livre comme des moments différents de notre histoire culturelle, de part et d'autre de l'invention de l'imprimerie, ou comme des étapes successives de la création littéraire. Nous conservons aujourd'hui livres et manuscrits dans des départements différents de nos bibliothèques, selon le principe de la distinction entre l'objet unique, ou reproduit à quelques copies seulement, et l'objet industriel diffusé à un grand nombre d'exemplaires. L'opposition n'est pas si nette à l'âge classique, où l'on appelle parfois manuscrits clandestins des livres imprimés qui échappent au circuit officiel de l'imprimé et où l'on considère comme un livre un beau manuscrit relié. Lorsque Catherine II, l'impératrice de Russie, achète les bibliothèques de Voltaire et de Diderot, c'est d'abord pour les manuscrits des deux écrivains qui constituent le cœur de ces deux collections. Les volumes de leurs manuscrits contiennent des articles et des brochures imprimées au milieu des textes écrits à la main, tandis que bien des livres imprimés comportent des notes manuscrites, des commentaires de leur propriétaire. On lit alors la plume à la main. Soi-même ou avec l'aide d'un secrétaire, lorsqu'on dispose d'un tel personnel, on fait faire des copies ou des extraits de ce qu'on a lu. On accompagne le texte premier de réactions, de commentaires, de marques de lecture. Une telle écriture qui fixe et prolonge la lecture se pratique sur des feuilles indépendantes, dans les marges de l'imprimé ou encore sur des pages blanches préparées pour l'accompagnement critique et intercalées dans le volume relié. L'enseignement et la critique sont alors fondés sur ces habitudes de copie, d'extrait, de commentaire, voire d'amplification. Les comptes rendus des livres nouveaux dans les périodiques du XVIIIe siècle sont d'abord des résumés ou des montages d'extraits, avant d'être une discussion critique au sens actuel du terme.

Si l'opposition entre le livre et le manuscrit est à relativiser, il en va de même de celle qui distingue selon nous la copie et la création, la reproduction et l'invention originale. À côté de Voltaire, le second hôte de marque français de la Bibliothèque de Saint-Pétersbourg est Denis Diderot dont la voix personnelle s'est toujours lovée dans « la parole des autres », selon la belle expression de Jean Starobinski. Elle s'y cherche modestement, puis s'y affirme bientôt péremptoirement. Les premiers textes du fils du coutelier de Langres ne nous sont plus connus, car il s'agissait de commandes, soumises à des impératifs extérieurs, textes pédagogiques, journalistiques et même religieux : « Il faisait des sermons : un missionnaire lui en commanda six pour les colonies portugaises ; il les paya cinquante écus pièce. Mon père estimait cette affaire une des bonnes qu'il eût faite », raconte sa fille. Viennent ensuite des traductions qui semblent aussi, selon nos critères, soumises au respect d'un texte premier. Mais les traductions sont alors des adaptations ou des appropriations. La fidèle traduction que Diderot fait en 1745 des *Principes de la philosophie morale, ou Essai de M. S**** [Shaftesbury] *sur le mérite et la vertu* est annoncée sur la page de titre « avec réflexions ». Dès les premières pages, le traducteur accompagne le texte traduit de notes qui précisent, nuancent, complètent l'original. Un Diderot personnel apparaît ainsi dans les marges du texte premier, dans ses franges. Telle note souligne par l'ironie le propos de Shaftesbury : « J'ai cru devoir rectifier ici la pensée de M. S***, qui nomme hardiment et conséquemment aux préjugés de sa nation, vertu, courage, héroïsme, le meurtre d'un tyran en général. Car si ce tyran est roi, par sa naissance ou par le choix libre des peuples, il est de principe, parmi nous, que, se portât-il aux plus étranges excès, c'est toujours un crime horrible que d'attenter à sa vie. La Sorbonne l'a décidé en 1626. Les premiers fidèles n'ont pas cru qu'il leur fût permis de conspirer contre les persécuteurs, Néron, Dèce, Dioclétien, etc. ; et saint Paul dit expressément : *Obedite præpositis vestris etiam discolis, et subjacete eis.* » Diderot traduit l'*Histoire de Grèce* de Temple Stanyan et participe à l'adaptation du *Dictionnaire universel de médecine* de Robert James. Ces textes appartiennent-ils à ses *Œuvres complètes* ? L'*Encyclopédie* n'est à l'origine que la transposition française de la *Cyclopaedia* de Chambers. Les observations que Diderot envoie à Silhouette sur sa traduction de l'*Essay on Man* de Pope montrent un professionnel de l'écriture attentif au travail de transfert d'une langue dans l'autre. Toute sa vie, Diderot s'est occupé pratiquement et théoriquement de traduction, traduction du grec (l'*Apologie de Socrate*), du latin (Horace, Perse, Sénèque), de l'anglais (ajoutons aux noms qui viennent d'être mentionnés Samuel Richardson dont Diderot complète la traduction par l'abbé Prévost de *Clarissa Harlowe*). Il publie deux de ses contes, *Les Deux Amis de Bourbonne* et l'*Entretien d'un père avec ses enfants*, dans une traduction des *Idylles* de Gessner et présente le sulfureux *Entretien avec la maréchale* comme une traduction de l'italien. Un tel jeu avec les langues étrangères, le double mouvement de rapprochement et d'éloignement correspondent à une volonté d'étager ses productions, des textes avoués et reconnus aux textes prudemment ou ironiquement mis à distance.

On peut répéter ce qui a été dit de Diderot traducteur, à propos de Lesage ou de Buffon, parmi tant d'autres. Lesage a appris l'espagnol, il s'est nourri de pièces et de romans hispaniques et s'est progressivement émancipé des textes qu'il traduisait en imposant son propre style. Quant à Buffon, qui semble l'inventeur d'une nouvelle façon de parler de la nature, il commence par des traductions de l'anglais, parallèlement à ses premières communications académiques. En 1735, il publie *La Statique des végétaux et l'analyse de l'air* de Stephen Hales et en 1740 *La Méthode des fluxions et des suites infinies* de Newton. Le jeune savant affirme sa double compétence de naturaliste et de mathématicien, et prouve sa parfaite maîtrise de l'anglais, même si sa lecture de Hales est plus littérale et scrupuleuse que celle de Newton, quelques années plus tard. Il ajoute des notes, simplifie les constructions pour aider le lecteur. Mais il n'est jamais l'intermédiaire passif d'un savoir qu'il se contenterait de transmettre. Des nuances de style permettent de distinguer, dans le premier livre, l'ecclésiastique anglais, chantre enthousiaste des merveilles de la nature, du savant français qui adopte une attitude plus froide et, dans le second, le théoricien anglais pour qui l'infini est une réalité à la fois physique et métaphysique du traducteur qui se méfie de tout entraînement mystique. Les deux « Préfaces du traducteur » rendent compte d'une transposition qui est aussi travail sur les langues, dialogue intellectuel et engagement personnel.

Notre tradition scolaire, et même juridique, moderne jette le blâme sur la copie et le plagiat. Elle a formulé une morale stricte de la citation et des guillemets, mise à mal récemment par les nouvelles pratiques du copier-coller informatique. À l'école, en principe, il ne faut copier ni sur son voisin ni sur les traductions latines publiées. La copie est discréditée et même culpabilisée, au nom du mérite personnel et de l'originalité. Dans l'édition, tout réemploi non mentionné peut être sanctionné. Mais il n'est pas d'écrivain qui ne commence par faire ses gammes en copiant des maîtres. Rimbaud fait tout d'abord du Hugo et du Coppée, Proust s'exerce aux *pastiches*. En deçà de cette évidence, l'Ancien Régime des lettres valorise l'imitation des grands modèles, antiques ou académiques, et apprécie d'abord une œuvre nouvelle comme variation sur un thème et sur une forme établis. Elle récuse une originalité qui prétendrait tirer motifs et formes de soi-même. L'invention est une branche de la rhétorique qui s'occupe de rassembler des lieux communs, des arguments connus, des images répertoriées. Le savoir comporte une dimension d'accumulation. L'*Encyclopédie*, tout en affirmant son originalité par rapport au modèle anglais, se présente comme une gigantesque entreprise de résumé, de recopiage au sens le plus artisanal du terme. Les articles de langue viennent de Trévoux, ceux de médecine du dictionnaire de James, ceux de philosophie de plusieurs tomes en latin, *Historia critica philosophiae* de l'Allemand Brukker, les planches sont souvent empruntées à un recueil académique. On pourrait multiplier les exemples et, depuis les travaux de Jacques Proust, on n'a pas fini de recenser ces emprunts et recopiages. Ce n'est pas le seul Diderot qui s'impose comme un virtuose de la réécriture. Christiane Mervaud a ouvert l'impressionnant chantier des réemplois dans les *Questions sur l'Encyclopédie* de Voltaire.

    L'enquête érudite doit se doubler d'une réflexion intellectuelle. Aucun ordinateur — tout indispensable soit-il — ne repérera cette circulation des discours ni surtout n'analysera les significations philosophiques d'un tel recyclage qui n'est pas propre au XVIIIe siècle, mais qui prend peut-être une forme particulière durant le dernier tiers du XVIIIe siècle avec le succès de l'*Encyclopédie*, la multiplication de ses produits dérivés, le développement de la presse périodique, l'épanouissement d'une nouvelle polygraphie. Les grands modèles de discours contrôlés par les institutions, discours religieux, discours monarchique, sont concurrencés par des formes nouvelles de discursivité. La nature, l'histoire, les sciences ou le commerce affirment à la fois leur technicité, leur langue propre, et la nécessité d'être lu et jugé par chacun. Il faut diffuser, adapter, simplifier, vulgariser, c'est-à-dire transformer, infléchir, gauchir, traduire dans le langage quotidien ou bien, pour soutenir l'intérêt, dans celui de la fiction.

Deux exemples éclairants sont fournis à cette époque par Louis Sébastien Mercier et par Sade. Mercier publie à partir de 1782 un long reportage, avant la lettre, sur la Capitale, le *Tableau de Paris*. La série a successivement deux volumes, puis huit en 1783, douze en 1788. Les volumes de *Mon bonnet de nuit* se présentent comme une suite du *Tableau*. Pour alimenter la publication, Mercier réemploie ses propres textes et pille les autres. L'édition critique dirigée par Jean-Claude Bonnet a suggéré l'ampleur des réécritures et remaniements de textes antérieurs. Les articles de Mercier pour le *Journal des dames*, ses essais des années précédentes, *Le Bonheur des gens de lettres*, le *Discours sur la lecture*, *De la littérature et des littérateurs*, sont systématiquement mis à contribution. Mais tel développement d'un roman récent devient le chapitre satirique sur « l'idole de Paris, le joli ». La fragmentation du genre facilite une marqueterie de réemplois qui changent parfois de sens dans un nouveau contexte. Un article du *Journal des dames*, consacré aux montagnes, ressemble à une gravure pittoresque, c'est l'évocation des paysages dont on découvre la beauté paradoxale. L'article s'achève par un appel aux poètes. Placée en conclusion d'une première série de volumes du *Tableau de Paris*, cette « Vue des Alpes » est remaniée pour devenir l'antithèse d'un Paris monarchique et sombre. La montagne helvétique devient le modèle d'une vie proche de la nature et empreinte de liberté.

Sade offre un exemple non moins éclairant. Ses détracteurs et ses admirateurs ont eu du mal à admettre que tant de pages du marquis sont en fait de D'Holbach, de Fréret, de Voltaire, de Démeunier, ou plutôt sont du D'Holbach, du Fréret, du Voltaire ou du Démeunier assumés, récrits, détournés par Sade. L'intérêt n'est pas de relever ces emprunts pour le seul plaisir de l'érudition, ni de se lamenter (ou ricaner) sur le dévoiement des Lumières dans la triste pornographie (ou sur la révélation de la vraie nature perverse de cette philosophie du XVIIIe siècle), mais de constater l'effet produit par la juxtaposition de discours théoriques et de scènes érotiques et violentes. La philosophie matérialiste est ainsi mise dans la bouche du pape Pie VI qui déroule une kyrielle d'excentricités sexuelles et cruelles tirées des récits de voyage et des traités d'ethnologie, parmi lesquels l'*Esprit des usages et des coutumes des différents peuples* de Jean-Nicolas Démeunier (1776, réédité en 1785) est une des sources principales des longues digressions théoriques des romans sadiens. La compilation sérieuse de Démeunier dans un esprit encyclopédique devient une fatrasie dont s'amuse un souverain pontife, transformé en personnage ubuesque. Telle peuplade, rapporte Démeunier, immole « des petits enfants pour le rétablissement de la santé du roi : on lie sur leur poitrine un coq vivant qui ronge leur chair » ; Sade récrit la phrase : « Les nègres de la rivière de Kalabar prennent des petits enfants et les livrent vivants à des oiseaux de proie qui leur dévorent la chair. » La connaissance ethnologique qui explique devient la preuve de l'absurdité de toute chose. Le pape se livre ensuite à une histoire du Saint-Siège, recopiée des polémistes protestants et anglicans, litanies de meurtres, d'incestes et de simonies. Le pamphlet d'inspiration religieuse est détourné en un cortège sacrilège et ricanant.

La rue du XVIIIe siècle est bruissante de chansons, airs anciens ou récents, refrains traditionnels ou couplets d'opéras comiques à la mode. Toute chanson qui a du succès suscite des imitations ; des paroles différentes, voire contradictoires, sont composées sur un même air. Il en est de même des œuvres littéraires qui ne cessent de circuler, reprises, détournées, parodiées, transformées. La galerie académique de grands auteurs laisse place à un carnaval bariolé. Les genres eux-mêmes que les poétiques du siècle précédent ont cherché à définir ont tendance à se rapprocher et à se mélanger. Le roman sentimental aime à intégrer des romances ou autre poème, il en fournit même parfois la musique ; l'épître peut donner naissance à de petits romans épistolaires sur le modèle des lettres en prose. Le roman épistolaire est une forme discontinue qui autorise l'insertion de fragments théoriques, tandis que les essais philosophiques s'ouvrent à la fiction.

Paul et Virginie est à l'origine une illustration des thèses défendues par Bernardin de Saint-Pierre dans les *Études de la nature*, *Atala* et *René* donnent un visage à l'argumentation du *Génie du christianisme* de Chateaubriand. Le dialogue est un élément constitutif des pièces de théâtre, un élément souvent important des intrigues romanesques, il peut devenir un genre indépendant pour faire débattre des célébrités du passé, pour mettre aux prises des libertins, pour mettre en scène des débats contemporains : on a reconnu les dialogues de Fontenelle, de Crébillon, enfin ceux de Voltaire et Diderot.

La vie mondaine fait circuler la parole sous la forme de conversations dans les salons, puis de lettres pour prolonger la discussion au-delà de l'absence. La lettre marque le glissement de l'oral à l'écrit. Elle fonctionne comme aujourd'hui nos media, radio, télévision et internet. Les Mémoires, les recueils de bons mots transcrivent également une vie sociale en manuscrits qui deviennent souvent des livres. Ils servent à l'éducation de tous ceux qui aspirent à entrer dans cette mondanité et aident à leur inspiration lorsqu'ils y ont pénétré. Les livres eux-mêmes miment cette oralité vivante, d'autant plus que le marché de l'imprimé s'accroît, que sa clientèle s'élargit progressivement et que tous les lecteurs n'appartiennent pas à la mondanité qui a vu naître ces livres. Le narrateur des romans interpelle son lecteur, le constitue même parfois en un personnage, insupportable par ses interventions intempestives en même temps qu'indispensable pour la vivacité du texte. Le théâtre est fait pour être lu à haute voix, mais on écrit aussi du théâtre à lire dans un fauteuil. La poésie est souvent déclamée, mais on aime aussi lire dans le silence une poésie élégiaque. De la vie mondaine à l'intimité, les allers et retours sont incessants, tout comme entre l'écrit et l'oral. Il ne nous faut pas réduire la littérature à un corpus canonique de textes imprimés et reconnus, il faut imaginer la partie immergée de l'iceberg : tous les livres méconnus, oubliés, et surtout les pratiques sociales qui portent les textes, leur donnent vie et sens.

LE POIDS DES MOTS

La qualité des œuvres du XVIIIe siècle est inséparable de l'état de la langue, travaillée par un double idéal de pureté et de richesse. Le siècle précédent a vu l'établissement de l'Académie française qui accompagnait la volonté d'unification et de centralisation du royaume. L'efficacité de sa langue, capable de se débarrasser des influences italiennes et espagnoles et d'égaler les langues grecque et latine, prouvait la puissance du roi de France. Le XVIIIe siècle reste obsédé par l'idée d'une langue parvenue à sa perfection, grâce à une grammaire logique et à l'élimination de tous les mots bas, provinciaux, familiers et techniques. Voltaire lui-même est prêt à corriger Corneille qui manquerait souvent de goût. Il prétend éliminer de ses tragédies « un style bas et incorrect », des « façons de parler vicieuses ». Et il pourfend le mot *cul-de-sac*, grossier et inacceptable chez un peuple raffiné, auquel il prétend substituer le terme *impasse*. Mais inversement l'idée de progrès accompagne des découvertes scientifiques et techniques et suppose une attention nouvelle aux réalités du cœur et de la vie sociale, ce qui signifie que la langue doit accepter des mots nouveaux ou des tournures inédites. Pour un public épris d'agrément et de ce qui ne s'appelle pas encore le confort, l'artisanat de luxe crée des meubles qui épousent les formes du corps, il emprunte à l'Orient le *divan*, le *sopha*, l'*ottomane*, la *sultane*, ou se contente de la chaise longue, de la bergère, de la marquise ou de la méridienne — moins exotiques, mais non moins raffinées. Les modes vestimentaires ou gastronomiques s'accompagnent d'une création néologique. Chaque saison voit apparaître un nouveau type de bonnet. Les Mémoires de Rose Bertin, la couturière de Marie-Antoinette, fournissent un éventail de couleurs imprévues : chicorée, mouchetée à œil de perdrix, puce de blanc, chocolat léger, bouquet de bordeaux, rose carmélite, boue de Paris, merdoie, etc.

Les jeux du roman libertin n'existeraient pas sans ce lexique, pas plus que la réflexion philosophique sans la lexicalisation de métaphores scientifiques, sans les transferts de l'abstrait au concret dans *expansion* ou *fermentation*, *inertie* ou *intensité*. De l'abbé Nollet à l'Italien Galvani, le siècle expérimente la circulation de l'électricité et explore la continuité de l'électricité de la matière à la vie organique du corps. Du même coup, la famille lexicale se met à désigner l'activité intellectuelle, morale, sociale. Le verbe *électriser* revient dans la correspondance entre Mme d'Épinay et l'abbé Galiani pour désigner les émotions ou l'excitation qu'ils parviennent à se communiquer entre Paris et Naples. On parle de l'électricité du théâtre qui transmet la parole et donne corps aux mots. Aux lendemains de Thermidor, le *Nouveau dictionnaire français* de Léonard Snetlage signale l'adjectif *électrique* parmi les manies nouvelles de la langue révolutionnée. Il en donne pour exemple : « Le feu électrique qui embrasse tous les cœurs des soldats de liberté ». La création d'un mot résume une argumentation : le néologisme *bienfaisance* prouve que la morale peut être laïque et que la charité n'est pas seulement chrétienne, *perfectibilité* que, loin d'être prisonnier de son état de créature, l'homme est un être de projet et de devenir.

Certains prétendent fixer une langue en repoussant toute nouveauté qui serait atteinte à sa qualité, ce sont les partisans des Anciens ; les Modernes croient à la possibilité de l'améliorer et de l'enrichir, et le mot *perfectibilité* exprime justement cet espoir. Dès 1692, François de Callières met en garde les gens du monde contre les *mots à la mode* et les *nouvelles façons de parler*. En 1726, Desfontaines établit le *Dictionnaire néologique à l'usage des beaux esprits du siècle* qui prétend purger la langue de toutes les innovations intempestives. On a regroupé sous l'étiquette de « nouvelle préciosité » les écrivains soucieux d'apporter à l'analyse morale des nuances et des finesses méconnues, rendues par des formules et les expressions nouvelles. Marivaux est à la fois le théoricien et le praticien d'une délicatesse — pour employer son vocabulaire —, d'une suggestion — pour le traduire dans le nôtre —, qu'aucune recherche de la clarté ne devrait réduire. Il publie « Sur la clarté du discours » dans le *Mercure* de mars 1719 et fait manier la langue comme personne à tous ses personnages de la scène et du roman. Dans *Le Cabinet du philosophe*, il précise en 1734 : « S'il venait en France une génération d'hommes qui eût encore plus de finesse d'esprit qu'on n'en a jamais eu en France et ailleurs, il faudrait de nouveaux mots, de nouveaux signes pour exprimer les nouvelles idées dont cette génération serait capable. »

Moncrif répète en 1742 dans l'enceinte de l'Académie française que, à mesure que nous acquérons des lumières, l'art de rendre les pensées s'étend et se perfectionne, « soit en produisant des mots qui manquaient à la langue », soit en en faisant évoluer la signification. Une frontière est établie entre un bon usage de la nouveauté sous la forme de la *néologie* et un mauvais, désigné comme *néologisme*. Diderot se plaint de la disette des mots, mais, pour y remédier, il se tourne moins vers la mode et les initiatives du luxe, vers les abstractions et les constructions savantes, que vers les inventions savoureuses de Rabelais et de Montaigne, vers les archaïsmes et les provincialismes, la langue des ateliers et des manufactures. Il introduit dans ses lettres des mots du pays de Langres, de même que Rousseau met des helvétismes sous la plume de Julie ou de Saint-Preux.

La crise de l'Ancien Régime et la Révolution entraînent un remue-ménage sans précédent qui s'accompagne d'une floraison de termes nouveaux ou d'acceptions neuves. Des dictionnaires tentent de suivre l'actualité, d'autant plus que le français est parlé dans toute l'Europe. C'est pour ses compatriotes que Léonard Snetlage compile à Gottingue le *Nouveau dictionnaire français, contenant les expressions de nouvelle création du Peuple français*, qui accueille *immoral* et *impolitique*, *modérantisme* et *muscadin*, *navrant* et *nivellement*. Casanova le Vénitien, qui a choisi d'écrire en français et aime manier les mots autant que caresser les corps, s'indigne d'inventions d'orateurs et de journalistes qui ne correspondent pas à une véritable initiative de la nation. Dans une lettre *À Léonard Snetlage, Docteur en droit de l'Université de Goettingen*, qu'il signe en se réclamant de son propre titre de Docteur en droit de l'Université de Padoue, il récuse la plupart des innovations, mais accepte volontiers *phraser*, *urgence* ou *versatilité*, de même que *télégraphe*, mot nouveau pour une technique nouvelle. En 1791, la Société des amateurs de la langue française est fondée pour recueillir les innovations du temps. Émigré, Rivarol rappelle dans un projet de nouveau dictionnaire qu'une langue a besoin de fixité et regrette la disparition de l'Académie, tribunal et principe d'autorité linguistique. La perfectibilité de la langue devient le principe de base d'une véritable esthétique que le XVIIIe siècle lègue à son successeur sous la forme de la *Néologie, ou Vocabulaire de mots nouveaux, à renouveler ou pris dans des acceptions nouvelles* (1801) de Louis Sébastien Mercier, curieux de ce qui se passe au-delà des frontières. Ce n'est pas seulement en temps de révolution que la langue doit s'enrichir, mais chaque jour « pour multiplier à l'infini et d'une manière incalculable tous les rapports heureux qui fécondent la masse des idées ordinairement inertes, faute d'un langage analogue à l'indépendance et à la vivacité de l'imagination humaine ». La littérature doit être cette re-création permanente de la langue.

Il ne suffit pas de créer des mots, il faut distinguer entre ceux qui existent, telle est la question des synonymes qui agite les grammairiens aussi bien que les beaux esprits. En 1718, l'abbé Girard publie *La Justesse de la langue française ou les différentes significations des mots qui passent pour synonymes*. De même que le goût, dont on discute les fondements dans ces mêmes années, la justesse est une subtilité qui rend sensible aux nuances de la langue. Dix-huit ans plus tard, Girard fournit une version augmentée de son traité, *Les Synonymes français, leurs différentes significations, et le choix qu'il en faut faire*. D'un titre à l'autre le point de vue s'est transformé. Le critère décisif doit-il être l'usage ou la logique, la justesse ou la clarté, la conversation ou la pédagogie ? Les encyclopédistes doivent plutôt pencher du côté de la logique, mais, d'un article à l'autre de l'*Encyclopédie*, l'antagonisme reste perceptible. Moins nuancé, plus théorique, Condillac s'attelle à un dictionnaire des synonymes qui ne paraîtra qu'après sa mort. Entre l'étymologie qui fournit un sens légitime premier et l'idéal d'une future langue sans ambiguïté, il récuse l'abondance et la richesse. Finalement, selon la formule de Jean-Christophe Abramovici, son *Dictionnaire des synonymes* n'en est pas un : il élague, distingue, supprime.

Les savants peuvent donner l'exemple. Dans sa grande description de la nature, Buffon est confronté au problème de la nomenclature. Dès qu'un animal est identifié avec ses caractères propres, il faut lui assigner un nom et un seul. Buffon ne se contente plus du latin scientifique, il s'occupe des noms dans les langues vulgaires et met en garde contre les rapprochements hâtifs entre espèces de l'Ancien et du Nouveau Monde. Les espèces connues en France doivent avoir un nom français et, quand il n'existe pas encore, Buffon en propose un nouveau. Les chauves-souris découvertes par Daubenton pourraient s'appeler *oreillar, noctule, sérotine, pipistrelle* ou *barbastrelle*, le petit rat des champs *campagnol* et le rat des bois *surmulot*. Quant aux espèces d'Amérique, elles doivent recevoir le nom de leur pays d'origine, quitte à le franciser. Entrent ainsi dans le vocabulaire français le *tamanoir* et le *jaguar*.

L'euphorie néologique de l'*Histoire naturelle* correspond à une vision de la nature comme puissance créatrice et force de changement. Une nature en mouvement incessant qui transforme les espèces impose une langue à la fois néologique et rigoureuse.

En 1787, Lavoisier et une pléiade de collaborateurs publient la *Méthode de nomenclature chimique*. Le maître d'œuvre explique dans l'introduction : « Les langues n'ont pas seulement pour objet, comme on le croit communément, d'exprimer par des signes des idées et des images : ce sont, de plus, de véritables méthodes analytiques, à l'aide desquelles nous procédons du connu à l'inconnu, et jusqu'à un certain point à la manière des mathématiciens. » À l'aide des langues anciennes, Lavoisier donne son nom à l'oxygène dont les combinaisons avec le soufre seront dites *sulfuriques*, *sulfureuses*, *sulfates*, *sulfites* et *sulfures*. Des centaines de termes nouveaux sont ainsi proposées. Un peu plus tard, Lamarck fournit une classification des nuages et des états du temps. Les nuages, qui ont longtemps semblé l'image même de l'arbitraire et de l'indécidable, sont décrits et nommés : nuages brumeux, groupés ou en montagnes, coureurs, en barres, de tonnerre ou diablotins, pommelés, divisés, en voiles, en balayures. Mais si la terminologie chimique a été adoptée, la terminologie météorologique française a été supplantée par le vocabulaire proposé par l'Anglais Howard, à partir de racines latines, et soutenu par Goethe : ce sont nos actuels *stratus*, *cumulus*, *cirrus* et autres *nimbus* et *cumulo-nimbus*.

Tandis que Condillac et les scientifiques travaillent à la langue la plus exacte, les salons s'amusent des ressources du langage. Comme le débat autour d'un cas de morale ou le portrait, les synonymes constituent un divertissement mondain. On montre son habileté en distinguant ce que l'habitude confond. Parmi les femmes du monde, comment distinguer une légère, une inconstante, une volage, une changeante et une infidèle ? L'abbé Girard propose d'appeler *légère* celle qui ne s'attache pas fortement, *inconstante* celle qui ne s'attache pas longtemps, *volage* celle qui ne s'attache pas à un seul, *changeante* celle qui ne s'attache pas toujours au même. À ce classement, l'*infidélité* ajoute un jugement moral ou une touche psychologique. À partir des *Confessions du comte de* ***, en 1741, le couple lexical devient celui de l'inconstance et de l'infidélité. Charles Duclos fait avouer, avec une pointe de cynisme, à son narrateur : « Cette tranquillité ne fut pas longue ; je n'étais pas constant, je devins infidèle. » L'inconstance est une incapacité à se fixer, l'infidélité désigne une passade, éventuellement sans lendemain. Crébillon imagine un Alcibiade désireux de séduire ponctuellement la maîtresse d'un autre, sans se l'attacher pour autant : « Si j'avais des raisons de vouloir qu'elle fût infidèle [à son amant], je n'en avais aucune de désirer qu'elle fût inconstante. » Qu'elle cède une fois, mais reste avec son premier partenaire. Chez Laclos, la présidente de Tourvel se saisit de la distinction que lui explique sa vieille amie, Mme de Rosemonde, rompue aux usages et aux langages du monde. Elle est prête à excuser la nuit passée par Valmont auprès d'une courtisane : « Pour les hommes, dites-vous, l'infidélité n'est pas l'inconstance. » La marquise dans *Le Hasard du coin du feu* de Crébillon, elle aussi, se contente d'une fidélité du cœur qui n'est pas incompatible avec les petites infidélités d'un homme qui profite des occasions. Son amie s'étonne : « Comment ! en de certaines occasions ! Est-ce que vous ne l'auriez pas rendu fidèle ? ». La marquise de répliquer : « Non, mais constant ; et à mon sens, c'est beaucoup plus. » Une fois la marquise partie, l'amie profitera de cette autorisation tacite et fera faire une infidélité à l'amant. Les romans sont ici les révélateurs d'une attitude générale de la mondanité.

Le prince de Ligne oppose *enthousiasme* et *fanatisme*. « L'un appartient à la grandeur d'âme, et l'autre à la petitesse d'esprit ; l'un enflamme pour la gloire, et l'autre pour une secte. » L'opposition cristallise dans une formule qui a la force d'une maxime : « Le premier entraîne, et le second est entraîné. » Germaine Necker, future Mme de Staël, différencie *véracité* et *franchise* : « On est franc par caractère, on est vrai par principe. » Elle multiplie les parallèles qui développent l'opposition : « La franchise se trahit, la véracité se montre ; la véracité est courageuse, la franchise est imprudente. » L'exercice tient à la fois du laconisme par le goût de la maxime et de l'abondance par l'accumulation des formules. Mais il suffit que le salon soit moins littéraire, que l'amitié devienne rivalité, pour que le jeu avec la langue s'aigrisse. En 1734 apparaît un mot nouveau qui va résumer à lui seul cette manipulation du langage, *persiflage*, souvent écrit *persifflage*, par rapprochement avec *siffler*. Telle est peut-être l'étymologie du terme, que *siffler* signifie « se moquer, critiquer », comme dans « siffler une pièce », ou bien « apprendre à chanter, à se comporter », comme dans « siffler un oiseau ». Élisabeth Bourguinat, qui propose de regarder le siècle de Voltaire comme un véritable « siècle du persiflage », a exhumé une petite pièce parodique intitulée *Persiflès* qui, si elle n'est pas à l'origine de la mode, a sans doute contribué à sa diffusion. L'abbé Le Blanc de retour de Londres en 1745 remarque : « Il s'est établi pendant mon absence, un jargon, où, à commencer par le nom qu'on y donne, je ne puis rien comprendre. Je veux parler de ce qu'on appelle ici *persiflage*. » Il s'agit, dans un premier sens, de parler pour ne rien dire, de jouer avec la langue pour se moquer du monde, ou bien de parler à double entente par-dessus la tête de celui dont on veut précisément se moquer. Dans le premier sens, le persifleur pirouette, papillonne, passe du coq à l'âne, d'un interlocuteur à l'autre. Dans le second, il raille.

Le premier sens est jeu et refus de considérer que la vie puisse être autre chose qu'un passe-temps élégant. Les mots s'entraînent les uns les autres, chaque saison met des termes nouveaux à la mode, certains ne passent pas l'hiver. Le papillon qui a été dans l'Antiquité l'emblème de l'âme devient celui d'une légèreté bariolée. Gabriel de Saint-Aubin dessine un *Essai de papilloneries humaines* : on y voit des papillons prendre leur bain, marcher sur une corde, jouer aux dames, se battre en duel ou jouer la comédie. De *papillon* on glisse à *papillote*. « On eût demandé il y a cent ans ce que signifiait le papillotage, et il eût fallu s'expliquer comme une énigme ; mais grâce à nos mœurs, nous connaissons tous aujourd'hui ce qu'on entend par ce terme. Ce n'est pas le seul mot que nos gentillesses aient mis en usage, nous en avons plus de cinq cents que nos pères ignoraient, et qui déposent en faveur de notre élégance », affirme en 1767 une brochure qui adopte le néologisme pour titre. Le papillotage, c'est ce qui fait friser la vie, ce qui donne une tournure aux comportements et aux façons de parler.

C'est le raffinement de l'élégance et la recherche de la subtilité. La toilette devient le moment principal de la journée et le lieu central de l'appartement. Mais à trop vouloir briller, on le fait aux dépens d'autrui. Le papotage devient médisance, le mot d'esprit blesse, le persiflage est cruauté. C'est Versac dans *Les Égarements du cœur et de l'esprit*, parlant de Mme de Lursay sans la nommer explicitement. C'est Valmont dans *Les Liaisons dangereuses*, écrivant à Mme de Tourvel une lettre passionnée, dans laquelle Mme de Merteuil, qui en a reçu le double, peut lire la description d'une nuit d'amour avec une courtisane. Complicité scellée entre les habiles contre le nouveau venu, le naïf, l'innocent ou le plus faible, le persiflage devient le propre du libertin, du roué. Il rejoint la *mystification*, canular mondain dont quelqu'un fait les frais, autre néologisme du temps. Une philosophie qui se veut critique ne manque pas de jouer des ressources de l'ironie. Jean-Jacques Rousseau lui-même, avant de se draper dans la vertu du citoyen de Genève, a pensé lancer avec son ami Diderot un journal, *Le Persifleur*, pour parler insolemment de l'actualité. Diderot restera toute sa vie fidèle à l'idée d'un lieu de parole tourbillonnant et propose un autoportrait satirique dans *Est-il bon ? est-il méchant ? ou l'Officieux persifleur*.

Purifié par le travail académique, enrichi par les sciences et les techniques, travaillé par la conversation et le persiflage, le français du XVIIIe siècle semble atteindre une forme de perfection par son art du retournement et de la concentration. Écoutons le narrateur des *Égarements du cœur et de l'esprit* : « J'étais naturellement porté à m'estimer ce que je valais ; et il est ordinaire, lorsqu'on pense ainsi, de s'estimer plus qu'on ne vaut. » L'aphorisme dit la distance entre les illusions du jeune homme qui découvre le monde et l'ironie du mémorialiste qui se souvient de ce qu'il était. Le renversement peut être mis au service de la séduction, Clitandre prouve ainsi son adresse dans *La Nuit et le Moment* : « Je consens à ne vous jamais parler d'amour pourvu que vous me permettiez de vous le témoigner sans cesse. » La parataxe fouette la phrase, réduit l'analyse à quelques mots qui font mouche. Le même Clitandre résume le libertinage ambiant : « On se plaît, on se prend. S'ennuie-t-on l'un avec l'autre ? on se quitte avec tout aussi peu de cérémonie que l'on s'est pris. » Pas un seul terme d'enchaînement logique pour un passage rigoureusement articulé. Dans l'ouverture de *Point de lendemain*, Vivant Denon joue également en virtuose de cet instrument linguistique : « J'aimais éperdument la comtesse de... ; j'avais vingt ans, et j'étais ingénu ; elle me trompa, je me fâchai, elle me quitta. J'étais ingénu, je la regrettai ; j'avais vingt ans, elle me pardonna : et comme j'avais vingt ans, que j'étais ingénu, toujours trompé, mais plus quitté, je me croyais l'amant le plus heureux des hommes. » Même distance ironique, et peut-être attendrie, entre le narrateur et le jeune homme qu'il a été, entre les mirages de la passion et la réalité de l'illusion. L'écrivain s'adresse à qui le comprend à demi-mot, il établit une connivence avec son lecteur, l'invite à participer aux séductions de l'esprit.

Le même siècle vise un idéal d'une langue qui exclurait la confusion et s'enchante des ambivalences et des sous-entendus. Le jeu est résumé par un poème de Lattaignant, « Le mot et la chose » :

> Madame, quel est votre mot
> Et sur le mot et sur la chose
> On vous a dit souvent le mot
> On vous a fait souvent la chose
>
> Ainsi de la chose et du mot
> Vous pouvez dire quelque chose
> Et je gagerais que le mot
> Vous plaît beaucoup moins que la chose

Le poème se poursuit ainsi sur douze quatrains. Le poète prouve sa dextérité, l'auditeur s'en amuse. L'un et l'autre communient dans un double sentiment de respect des bienséances et de liberté de parole. Le chevalier de Boufflers consacre de la même manière un poème au « Cœur » :

> Le cœur est tout, disent les femmes,
> Sans le cœur point d'amour, sans lui point de bonheur :
> Le cœur seul est vaincu, le cœur seul est vainqueur.
> Mais qu'est-ce qu'entendent ces dames
> En nous parlant toujours de cœur ?

En une soixantaine de vers, le terme qui désigne le sentiment devient la métaphore de ce qui est le moins sentimental. « Nature, en fait de cœurs, se prête à tous les goûts ; / J'en ai vu de toutes les formes, / Grands, petits, minces, gros, médiocres, énormes. » On se croirait dans une chanson de Pierre Perret. Voltaire ne veut pas demeurer en reste et fait parler une lectrice de Boufflers : « Que j'aime cet auteur ! / Ah ! je vois bien qu'il a le plus grand cœur du monde ! »

Vains exercices ? Ce sont eux aussi qui assouplissent une langue, prête à l'ironie des *Lettres persanes* et des *Lettres philosophiques*, des *Îles* de Marivaux et du *Mariage de Figaro*. L'allusion et le sous-entendu réunissent les textes libertins et philosophiques, le clin d'œil complice et l'appel à l'opinion. Le roi de France, observé par les Persans, est un magicien qui fait penser ses sujets comme il lui chante, et le pape un autre magicien, « plus fort que lui », qui fait croire « que trois ne sont qu'un, que le pain qu'on mange n'est pas du pain, ou que le vin qu'on boit n'est pas du vin ». Ce sont les mêmes jeux entre le propre et le figuré, le concret et l'abstrait, pour de tout autres enjeux. Mais la dextérité à manier les phrases peut entraîner une suspicion envers le langage. Les façons de parler véhiculent les préjugés, les mots cachent la vérité des cœurs, et les discours la réalité des actes. La fin du siècle est parfois plus sensible à la voix, au ton ou à l'accent qui exprimerait la spontanéité des consciences. Rousseau et ses disciples dénoncent l'abus des mots, le bavardage des salons et les effets de plume de ceux qui se soucient plus de grammaire que de morale. La Révolution est une guerre entre des discours. Néologue dans le sillage de Barthes pour parler de ce temps de néologie, Philippe Roger remarque : « Aristocrates, démocrates, certes, mais tous sémiocrates ». Le républicain Domergue anime une Société des amateurs de la langue française qui prétend régénérer la langue. La Harpe, philosophe repenti et converti, accuse au contraire les nouveaux barbares qui s'attaquent aux mots pour saper le Trône et l'Autel *(Du fanatisme dans la langue révolutionnaire)*. À l'exemple du livre de Snetlage, déjà cité, une floraison de dictionnaires recense les créations du temps, soit pour aider les étrangers qui veulent se tenir au courant de ce qu'on parle au bord de la Seine, soit pour mettre en garde le public contre les illusions du bouleversement. L'abbé Grégoire est convaincu que la langue française, épurée et enrichie, doit s'étendre à l'ensemble du territoire national, au détriment des vieux patois et des langues régionales, mais l'enquête qu'il organise sur ces parlers locaux permet aujourd'hui de les connaître, de même que le Musée des monuments français d'Alexandre Lenoir a sauvé bien des trésors de l'art ancien.

Ces débats sont d'autant plus vifs que la langue française ne concerne pas seulement la monarchie puis la république française, et ses fécondes marges belges et suisses. Une certaine Europe parle alors français, celle des cours et des élites. Comme le remarque Marc Fumaroli, la France du XVIIIe siècle et sa langue semblaient « contagieuses et irrésistibles ». Précepteurs et comédiens français diffusaient la littérature à travers les villes et les châteaux. La *Correspondance littéraire* de Grimm, puis de Meister, faisait connaître dans les cours ce qui se passait à Paris. À un siècle de distance, l'émigration protestante puis contre-révolutionnaire ont créé une diaspora à travers le continent. Le français remplace désormais le latin comme langue diplomatique. Frédéric II, roi de Prusse, Catherine II, impératrice de Russie, Stanislas Leszczynski, puis Stanislas Poniatowski, rois de Pologne, ont eu à cœur de devenir écrivains français. Jeune encore, le prince héritier de Prusse entre en contact avec Voltaire auquel il demande de relire et de corriger sa poésie et sa prose. On a oublié *Le Palladion*, épopée burlesque sur le modèle de *La Pucelle*, et *L'Art de la guerre*, en six chants, mais on continue à s'intéresser à *L'Anti-Machiavel* ou à l'*Examen de l'Essai sur les préjugés*. Frédéric II compose même un mémoire, *De la littérature alle-*

mande, des défauts qu'on peut lui reprocher, qui est un véritable réquisitoire contre la production germanique. Catherine II écrit en français comédies, proverbes et opéras. Stanislas Leszczynski, devenu duc de Lorraine après avoir dû quitter Varsovie, rassemble en 1763 quatre volumes d'*Œuvres du philosophe bienfaisant*. Il se veut monarque philosophe à la suite de Marc-Aurèle, de Julien ou de Frédéric. Stanislas Poniatowski doit à son tour abandonner la Pologne. C'est à Pétersbourg qu'il dicte en français ses *Mémoires*, retrouvant la situation des grands aristocrates, vaincus de la Fronde, méditant sur le sens de leur vie et sur celui de l'Histoire. Il faudrait encore citer Gustave III de Suède dont les lettres faisaient dire à Diderot : « Il faut que notre langue soit bien commune dans toutes ces contrées du Nord, car ces lettres auraient été écrites par les seigneurs de notre cour les plus polis qu'elles ne seraient pas mieux. »

Si Voltaire et plus tard Chateaubriand ont songé à demeurer en Angleterre et à s'exprimer en anglais, la Grande-Bretagne offre à notre littérature *Vathek*, conte oriental composé par William Beckford en adjoignant à la manière des *Mille et une Nuits* les piments du sacrilège. D'Italie viennent les Riccoboni, praticiens et théoriciens du théâtre, Jean Galli de Bibiena, issu d'une illustre famille bolonaise d'architectes et de décorateurs, lui-même dramaturge et saisissant romancier français, Ferdinand Galiani, longtemps secrétaire de l'ambassade de Naples, ami de Mme d'Épinay et de Diderot, auteur de *Dialogues sur le commerce des blés*, Carlo Goldoni qui s'installe à Paris en 1761, compose certaines de ses pièces dans les deux langues et raconte ses Mémoires en français, et bien sûr Casanova qui réinvente le genre des Mémoires, en peignant la vaste fresque d'un libertinage à la française à travers toute l'Europe. Grand seigneur polonais, à une époque où la Pologne est démembrée par ses voisins, Jean Potocki rédige en français ses voyages, ses parades et un roman mystérieux, *Manuscrit trouvé à Saragosse*. La plupart de ces étrangers ont eu des précepteurs français. À Paris en 1750, Casanova prend des leçons auprès de Crébillon père lui-même. Il dit l'usage ludique et amoureux qu'il fait de sa langue d'adoption : « La langue française est la sœur bien-aimée de la mienne ; je l'habille souvent à l'italienne ; je la regarde, elle me semble plus jolie, elle me plaît davantage, et je me trouve content. » Grâce aux italianismes que le premier éditeur de l'*Histoire de ma vie* a cru devoir corriger, le Vénitien a enrichi la langue française de nuances sensuelles et gourmandes qui lui manquaient. Bibiena a même fait du bilinguisme le sujet d'une de ses pièces. Le Régent avait rappelé la troupe des Comédiens-Italiens qui s'installent à Paris en 1716. Ils jouent d'abord en italien, puis apprennent le français qu'ils parlent avec un fort accent et mâtinent d'italianismes. Dans son *Éloge de Marivaux*, d'Alembert se souvient de cet accent : « On croit entendre dans ses pièces des étrangers de beaucoup d'esprit, qui, obligés de converser dans une langue qu'ils ne savent qu'imparfaitement, se sont fait de cette langue et de la leur un idiome particulier, semblable à un métal imparfait, mais faussement éclatant, qui aurait été formé par hasard de la réunion de plusieurs autres. » D'Alembert est bien académique dans son jugement. On peut considérer les échanges d'une langue à l'autre comme une richesse, il n'est pas étonnant qu'ils aient inspiré Bibiena.

La Nouvelle Italie, comédie héroï-comique en trois actes et en prose, mêlée d'ariettes et de spectacle, représentée par les Comédiens-Italiens en 1762, incarne une volonté de médiation entre deux cultures nationales et deux esthétiques. Marivaux, quelques décennies plus tôt, donnait alternativement des pièces aux troupes des Français et des Italiens. Bibiena imagine une île américaine, la Nouvelle Italie, où la princesse Emilia et sa cour sont donc italiens. Débarque Lisidor sur un bateau français. Chacun parle et chante dans sa langue. Camilla, la suivante d'Emilia, et Arlequin, le valet de Lisidor, sont seuls à maîtriser les deux langues, ils servent d'intermédiaire entre les groupes, tantôt bons interprètes et tantôt manipulateurs infidèles. Le décalage entre les tirades à haute voix dans une langue et les apartés dans l'autre souligne ces effets. Le méchant Gernando prétend épouser la princesse et s'emparer du pouvoir. La question est de savoir si Lisidor repartira avant de déclarer son amour pour la princesse. Il fait embarquer ses troupes et va prendre la mer lorsqu'Arlequin lui révèle le complot. La pièce qui commençait par une tempête d'opéra s'achève par un mariage d'opérette. Bibiena dédie à une actrice italienne, Mlle Piccinnelli, cette comédie conçue pour la faire connaître au public français. Du handicap linguistique, il tire l'argument même de son œuvre. La Nouvelle Italie est moins une île lointaine en Amérique qu'une utopie du plaisir esthétique, un métissage des cultures au profit du spectacle, une Europe idéale.

On ne s'étonne pas que l'Académie de Berlin mette au concours en 1783 les questions suivantes : Qu'est-ce qui a fait du français la langue universelle de l'Europe ? Par où mérite-t-elle cette prérogative ?

peut-on présumer qu'elle la conserve ? Les mémoires pouvaient être présentés en allemand, en français et en latin. Le prix fut partagé entre un Allemand et un Français, Jean-Christophe Schwab et Antoine Rivarol. Pour obéir au stéréotype, Rivarol est rapide et brillant, Schwab long, sérieux et détaillé. Dix ans plus tôt, le publiciste catholique Louis-Antoine Caraccioli avait déjà célébré *Paris capitale de l'Europe, ou l'Europe française* comme un idéal de sociabilité souriante et de démocratisation élitiste : « L'emphase italienne, l'étiquette allemande, la morgue espagnole ont fait place aux usages français. On n'aime plus ce qui gêne, et l'on sacrifie la hauteur de la naissance et du rang au plaisir de s'humaniser. L'Altesse comme l'Éminence, l'Excellence comme la Grandeur daignent rire avec des personnes qui n'ont ni titres, ni apanages, ni quartiers de noblesse à produire. » Le paradoxe est que cette exaltation de l'Europe française intervient au moment même où s'affirme un nouvel ancrage de la littérature dans les traditions particulières. Les guerres de la Révolution et de l'Empire achèvent de cristalliser les consciences nationales contre l'hégémonie française. La critique traditionnelle contre le libertinage et la superficialité, contre l'excès de raffinement, se double désormais d'un retour aux traditions propres de chaque culture. La littérature est un des champs où s'exerce le débat, elle définit un esprit national, elle assure une résistance à une universalité réductrice.

LA PLACE DE L'ÉCRIVAIN

La galerie des écrivains que la postérité et l'École ont canonisés réunit des hommes dont le statut a été fort différent en leur temps. On risque de mal les comprendre quand on les isole des conditions de leur travail et de leur première réception. Montesquieu, Voltaire ou Buffon possèdent des fonctions et une reconnaissance à laquelle Diderot ne peut prétendre. Crébillon père le tragique est situé sur le même plan que Corneille, tandis que son fils reste un romancier mineur. Les sépare la hiérarchie classique des genres et des langages. Les grands genres demeurent la tragédie et l'épopée, formes versifiées, à la langue noble. Le grand Rousseau reste longtemps Jean-Baptiste le poète, au détriment de Jean-Jacques le Genevois dont la renommée semble suspecte. André Chénier meurt sans avoir publié de recueil. Les grands poètes sont alors Jacques Delille ou Évariste Parny. Rétif de La Bretonne, Louis Sébastien Mercier semblent des bavards, des reporters du quotidien, indignes de la grande littérature. Ne parlons pas de Sade le scandaleux qui n'a acquis que récemment une place dans l'histoire littéraire officielle. Le champ littéraire s'étend des grands qui n'ont pas besoin de publier pour vivre aux poètes crottés et aux pauvres diables qui courent le cachet.

Le siècle hérite un double modèle de reconnaissance, par l'État et par la communauté intellectuelle. Longtemps le prince et le poète ont constitué un couple où l'un fait vivre dans le présent, l'autre dans l'avenir. Le prince protège l'écrivain qui sait chanter son règne, qui lui dédie ses œuvres, qui magnifie les événements dynastiques et guerriers. Le système académique et le régime des pensions organisent le mécénat royal. Depuis 1635, l'Académie française bénéficie d'un prestige particulier. Le roi contrôle les élections. À la fin du règne de Louis XIV, l'abbé Castel de Saint-Pierre est exclu à cause de sa critique des institutions politiques. Ses successeurs laissent jouer la concurrence entre les traditionalistes et les philosophes, soit, dans le jargon du temps, les bonnets et les chapeaux. Mais les différents partis de la cour s'agitent pour faire triompher leurs candidats. Inscriptions et Belles-Lettres, Sciences, Peinture et sculpture, les autres académies royales sont conçues sur le modèle de l'Académie française. Plusieurs fonctions officielles sont honorifiques et lucratives, au premier rang desquelles la charge d'historiographe du roi, attribuée en 1745 à Voltaire pour avoir fourni à Rameau le livret de *La Princesse de Navarre*, chargé de célébrer le mariage du dauphin Louis avec l'infante Marie-Thérèse d'Espagne. Viennent ensuite d'autres postes de bibliothécaires, de lecteurs et de secrétaires, auxquels s'ajoutent ceux de censeurs et les bénéfices des journaux à monopole comme la *Gazette de France*, le *Mercure de France*, *L'Année littéraire*. À côté du roi, les autres membres de la famille royale et les familles de la haute aristocratie entretiennent aussi une gamme de serviteurs intellectuels.

La nouveauté du XVIIIe siècle est l'apparition d'une grande bourgeoisie d'affaires au mode de vie aristocratique, qui pratique aussi le mécénat, et l'ouverture européenne qui met la monarchie française en concurrence avec les autres cours d'Europe. Voltaire souhaitait dédier son ambitieuse *Henriade* au jeune Louis XV et offrait au roi, tout juste parvenu à sa majorité légale, l'exemple de tolérance de son aïeul. Le gouvernement français refusa la dédicace que Voltaire alla offrir à Caroline, épouse de Georges II d'Angleterre, en tête d'une édition luxueuse imprimée à Londres. Plus tard, c'est vers Berlin qu'il regarde. En 1750, il abandonne sa charge d'historiographe du roi de France pour devenir chambellan de celui de Prusse. La jeune impératrice de Russie, Catherine II, entreprend de séduire des écrivains français de renom pour asseoir sa légitimité personnelle et faire entrer la Russie dans le concert des grandes nations. Elle correspond avec Voltaire et à sa mort achète sa bibliothèque, elle propose à d'Alembert la charge de précepteur du tsarévitch Paul, acquiert aussi la bibliothèque de Diderot, en fait son correspondant à Paris pour ses achats artistiques et parvient à l'attirer quelques mois à Saint-Pétersbourg. Chacune de ces cours possède son Académie. Elle est abonnée à la *Correspondance littéraire* de Grimm et suit avec attention l'actualité littéraire et artistique de Paris. La concurrence entre les souverains donne un lustre nouveau aux écrivains, chargés de les illustrer.

Le second modèle de légitimité à côté du mécénat est la reconnaissance des écrivains et des savants, les uns par les autres, à l'intérieur de la République des lettres, expression qui désigne « les gens de lettres, considérés comme s'ils faisaient un corps », selon la définition du dictionnaire de l'Académie française. Cette république dépasse les frontières, les différences de nationalité et de religion. Elle se conçoit comme une république où chacun serait libre et indépendant. « Chaque membre, dans une parfaite indépendance, ne reconnaît d'autres lois que celles qu'il se prescrit à lui-même », édicte Pierre Desmaizeaux dans la préface qu'il donne à la correspondance de Pierre Bayle en 1729. Elle perpétue le rêve d'un empire de la raison, d'une universalité du savoir, par-delà les divisions, les guerres et l'intolérance. Soucieux du patrimoine antique et des humanités, le savoir humain se constituerait de génération en génération, par les échanges entre les peuples et les individus. Les correspondances et les voyages nourriraient cette collaboration. À partir de 1684, les *Nouvelles de la République des Lettres* de Pierre Bayle se veulent l'organe de la coopération savante.

La communauté des lettrés et des savants se sentait solidaire par le partage élitiste d'une culture. Elle maniait le sous-entendu et le double discours, pour se protéger de la censure. L'élargissement du public capable de lire et d'écrire, la diffusion des connaissances nourrissent l'espoir d'une transformation de la société et d'un progrès historique. Les académies royales à Paris sont imitées par une quantité d'académies provinciales qui perpétuent le sentiment d'une élite intellectuelle et sociale, mais qui s'ouvrent prudemment au souffle du changement. Comme l'a montré l'enquête de Daniel Roche, le sujet et le public des concours académiques évoluent. Le bien public, l'utilité économique remplacent les sujets religieux et dynastiques. C'est par sa réponse à une académie provinciale, celle de Dijon, que Jean-Jacques Rousseau fait irruption en 1750 sur la place publique. L'homme de lettres dans son cabinet, l'érudit dans sa bibliothèque laissent place au philosophe des Lumières qui prétend agir sur le cours des choses. Sans renoncer à la fonction de conseiller du prince, le philosophe s'adresse à une opinion publique. L'*Encyclopédie* et le *Journal encyclopédique* ne sont plus seulement destinés à des spécialistes, ils veulent toucher le plus large public. Bayle et les encyclopédistes insistent sur les droits de la raison et de la conscience individuelle, ils se méfient de l'accumulation érudite à laquelle ils opposent la critique et le doute, ils dénoncent la tradition où ils suspectent les préjugés. C'est ce que Blandine Kriegel nomme « la défaite de l'érudition ». L'unité de la science et des lettres se défait dans cette mutation. Si l'homme de lettres est appelé à s'engager sur la place publique, le savant se spécialise et se professionnalise dans son laboratoire. Condorcet à la fin du XVIIIe siècle parle d'une République des savants qui double et concurrence celle des lettres. Le spécialiste de médecine ou d'hygiène publique s'appuie sur une connaissance technique pour conseiller des réformes, alors que l'homme de lettres est suspecté d'amateurisme. C'est un idéal d'universalité du savoir qui se perd dans cette évolution.

La République des lettres peut aussi apparaître comme un leurre pour tous les provinciaux qui se croient appelés à une carrière glorieuse. Un prolétariat des lettres s'accroît, qui se heurte aux portes des salons et des grandes académies de la capitale. Les encyclopédistes sont parvenus à devenir majoritaires à l'Académie française et à occuper des places rémunératrices dans l'État. Les « Rousseau du ruisseau » n'ont plus que des miettes à se partager : la formule a été inventée pour désigner Rétif de La Bretonne, mais convient à tous les dramaturges qui ne parviennent pas à se faire jouer, à tous les apprentis philosophes et réformateurs qui cherchent vainement à attirer l'attention des ministres ou à se faire reconnaître par les institutions académiques, à tous les savants qui prennent leur conviction pour une légitimité scientifique. La thérapeutique novatrice du médecin viennois Mesmer suscite un engouement parmi tous les déçus du système traditionnel et les exclus de la science académique. Robert Darnton a étudié ce mesmérisme qui mêle des intuitions fortes sur les liens du physique et du moral, de l'individu et du groupe, à de vieilles rêveries sur les pouvoirs merveilleux de l'invisible. Les frustrations sociales s'y expriment et nombre de cadres révolutionnaires sont passés par ce creuset de rêveries irrationnelles.

Sous les traits de Jean-François Rameau, Diderot a épinglé la faune des journalistes besogneux, des artistes crottés, prêts à se vendre au plus offrant. Le grand Rameau, Jean-Philippe, fournit des opéras à l'Académie de musique, il est joué à la cour, il est célèbre. Son neveu court le cachet, de leçon de violon en leçon de clavecin. Il s'introduit en parasite chez un financier qui entretient une comédienne sans talent et réunit une cour parodique, un salon bouffon. Le mécénat tourne à la farce. Le prince est devenu un riche parvenu, le poète un flatteur sordide. *Le Neveu de Rameau* s'interroge sur le statut de l'homme de lettres ou de l'artiste, dépendant de protecteurs puissants et riches. À l'opposé du Neveu, prêt à toutes les compromissions, à toutes les prostitutions, Moi se présente « toujours seul », capable de se restreindre, de préférer sa liberté à la fortune. Mais le Neveu ironise sur l'aisance acquise par le Philosophe. Sans fortune personnelle, Diderot a longtemps pratiqué des tâches alimentaires avant d'être reconnu comme traducteur de l'anglais, puis comme le maître d'œuvre de l'*Encyclopédie*. Mais il a dû finalement vendre sa bibliothèque et servir à distance l'impératrice russe. Rousseau a revendiqué lui aussi une indépendance sourcilleuse et choisit de vivre chichement comme copiste de musique, mais il n'a jamais pu renoncer complètement aux protections aristocratiques.

Une autre voie s'ouvrait à ceux qui ne se reconnaissaient ni dans le seul mécénat princier ou aristocratique, ni dans le cercle fermé de l'ancienne République des lettres, celle d'un véritable métier d'écrivain, fondé sur un marché du livre. Le nombre de ceux et de celles qui sont capables de lire et d'acheter des imprimés augmente quantitativement. L'imprimerie se perfectionne et produit des livres à moindre coût. Traditionnellement marque de luxe, l'illustration va devenir courante au cours du XVIIIe siècle et, à la fin du siècle, la plupart des petits romans populaires ont un frontispice par volume. Le romancier s'intéresse à ce décor de son œuvre qui devient essentiel et en programme une lecture. Le journalisme s'impose par la diversité des titres, des domaines de spécialisation et des présentations de la matière. Deux cents titres avaient vu le jour au cours du XVIIe siècle, ils seront cinq fois plus entre 1700 et 1789. L'édition et la diffusion jouent de la concurrence entre le régime français, fondé sur le privilège accordé par le pouvoir à chaque imprimé, et les centres d'édition installés tout autour du royaume et profitant des limites de cette censure préalable, redoublée par la censure politique et théologique *a posteriori*. Les livres interdits ou suspects — religieusement, intellectuellement, moralement — sont imprimés en Hollande, à Bouillon ou à Liège, à Genève ou à Neuchâtel. Se mêlent dans les boîtes des colporteurs, qui introduisent clandestinement ces livres, des ouvrages jansénistes, des pamphlets scandaleux sur le Roi et la Reine, des traités philosophiques de Voltaire ou de D'Holbach, des romans pornographiques. Les auteurs bénéficient de cet essor du marché, mais le nombre des candidats croît plus vite que les ressources du métier. À côté des professions religieuses, juridiques et pédagogiques, la carrière littéraire est un chemin semé d'embûches, d'un poème publié dans un périodique, d'un discours envoyé à une académie, d'une traduction de l'anglais à une pièce jouée, à un recueil poétique ou roman publié, puis d'une première œuvre à une production régulière. L'auteur vend son manuscrit à un libraire ou bien le confie à une troupe de théâtre qui lui accorde un pourcentage des recettes, mais ni dans un cas ni dans l'autre il n'est le principal bénéficiaire des revenus. Le théâtre peut être source de bénéfices, mais les comédiens sont organisés, en particulier les Comédiens-Français, protégés par le Roi, alors que les auteurs restent isolés. Les comédiens exercent leur chantage sur les écrivains, désireux de se voir jouer. Durant le dernier tiers du siècle, les conflits se multiplient. Prompt à l'action, Beaumarchais entreprend en 1777 de fédérer ceux qui écrivent pour le Théâtre-Français. Est ainsi fondée, sous le nom de « Bureau de législation dramatique », une Société des auteurs, dirigée par le créateur du *Barbier de Séville*, assisté par Saurin, Marmontel et Sedaine. Leur combat débouche sur la loi votée le 13 janvier 1791 qui abolit le monopole des théâtres royaux et garantit aux auteurs la propriété, intellectuelle et économique, de leurs œuvres. Une révolution était nécessaire pour établir ce nouveau statut de l'homme de lettres.

En attendant cette loi sur le droit d'auteur, le journalisme paraissait à beaucoup un moyen de gagner leur vie. Le modèle du journal et la périodicité influent sur la création littéraire du temps. Rarement rémunératrice, la production poétique est liée à l'*Almanach des muses* qui paraît sans interruption de 1765 à 1833, du règne de Louis XV à celui de Louis-Philippe : c'est une anthologie de l'invention poétique contemporaine, un espace d'exercice et une lice pour les nouveaux venus. Du côté de la prose, Steele et Addison avaient donné l'exemple en Angleterre avec leur *Spectator*, regard discontinu et régulier sur le monde tel qu'il est. Selon la formule de Jean Sgard, « l'écrivain devient un homme du présent », témoin et philosophe, homme de savoir et d'imagination. En quête d'un revenu et d'un statut, Marivaux lance successivement comme unique rédacteur *Le Spectateur français* qui compte vingt-cinq feuilles de 1721 à 1724, *L'Indigent philosophe* (sept feuilles en 1727), puis *Le Cabinet du philosophe* (onze feuilles en 1734). Il y pratique à la fois la réflexion morale et la fiction, il nourrit l'une par l'autre. Ses grands romans paraissent également par livres ou parties qui s'échelonnent selon l'inspiration du romancier et selon la demande des lecteurs. L'œuvre, conçue comme monument fini, laisse place à un texte en devenir, à un dialogue entre l'écrivain et son public. À son tour, Prévost propose au public *Le Pour et Contre*, dont vingt volumes ont vu le jour de 1733 à 1740, et fait paraître ses sommes romanesques par tranches successives, au risque de voir publier des suites apocryphes par des concurrents peu scrupuleux et plus rapides que lui. Le titre adopté par Prévost affiche une absence de parti pris, il est développé par un sous-titre : *ouvrage périodique d'un goût nouveau, dans lequel on s'explique librement sur tout ce qui peut intéresser la curiosité du public, en matière de sciences, d'art, de livres, d'auteurs, etc*. qui entremêle des anecdotes fictives aux nouvelles traduites des périodiques anglais.

En 1764, un an après la mort de Prévost, un éditeur peut tirer du *Pour et Contre* un recueil de *Contes, aventures et faits singuliers*. Les échanges sont nourris entre journalisme et invention romanesque. Marmontel a donné ses contes moraux au *Mercure* avant de les regrouper en volumes. Leur succès inspire des vocations de conteur. Baculard d'Arnaud produit ainsi ses *Épreuves du sentiment* comme autant de nouvelles indépendantes, bientôt regroupées en volumes. Lorsque l'intérêt des lecteurs faiblit, il donne parallèlement aux *Épreuves* des *Nouvelles historiques*, puis les *Délassements de l'homme sensible*. Il compose ainsi des *Annales de la vertu*, comme un reportage sur la vie morale de ses contemporains, et n'hésite pas à présenter certaines anecdotes comme des témoignages qui lui ont été envoyés par ses lecteurs. Déterminée par des motifs économiques, la publication périodique donne au recueil le même cachet de vérité que la forme épistolaire ou mémorialiste. Rétif en use et en abuse ; *Les Contemporaines* ne comprennent pas moins de quarante-deux volumes. Le réel étant inépuisable, elles sont suivies par *Les Françaises* et *Les Parisiennes*. Le romancier se fait journaliste de l'actualité, il sollicite ses lecteurs, appelle les témoignages. Mais le modèle linéaire du périodique au jour le jour est concurrencé par celui, cyclique et linéaire, de l'almanach. Le principe urbain par le principe paysan : *Les Provinciales*, durant la Révolution, paraissent également sous le titre d'*Année des dames nationales*, en douze volumes, comme si le romancier hésitait entre la typologie fermée des caractères et la typologie ouverte des professions et des rôles sociaux. Le journaliste en mal d'actualité, attentif aux désirs du public, et le philosophe, prompt à occuper les places dans l'État monarchique puis républicain, remplacent ainsi l'opposition ancienne entre l'aristocrate, écrivain par loisir, et le poète crotté, prêt à tous les services.

La critique de la naissance et la crise de l'autorité ont été de pair, au cours du XVIIIe siècle, avec la reconnaissance de l'écrivain comme grand homme aux côtés des hommes d'Église et de guerre. Les bibliothèques étaient traditionnellement couronnées par les bustes des auteurs classiques. Ce sont les modernes qui bénéficient désormais de ce que Paul Bénichou a nommé « le sacre de l'écrivain » et Jean-Claude Bonnet « la naissance du Panthéon ». *Le Philosophe*, traité de Dumarsais, revendique une fonction pédagogique et réformatrice pour le mérite : « On sent assez combien la république doit tirer plus d'utilité de ceux qui, élevés aux grandes places, sont pleins des idées de l'ordre et du bien public, et de tout ce qui s'appelle humanité ». Comme le suggère le titre du traité, ces bienfaiteurs de la communauté humaine sont les *philosophes*. Voltaire explicite l'opposition entre les héros guerriers et les grands hommes, moteur du progrès historique. « Une écluse du canal qui joint les deux mers, un tableau de Poussin, une belle tragédie, une vérité découverte sont des choses mille fois plus précieuses que toutes les annales de cour, que toutes les relations de campagnes [...] J'appelle grands hommes tous ceux qui ont excellé dans l'utile ou dans l'agréable. Les saccageurs de provinces ne sont que des héros. » L'Académie décide de remplacer l'éloge traditionnel du roi par celui des grands hommes. Le genre de l'éloge, théorisé par Thomas dans l'*Essai sur les éloges*, devient l'organe de la postérité, immortalité laïque et sainteté civique. Voltaire dans les *Lettres philosophiques* saluait l'Angleterre, capable d'honorer à Westminster les « plus grands hommes qui ont contribué à sa gloire ». « Vous y voyez leurs statues, comme on voyait dans Athènes, celles des Sophocle et des Platon, et je suis persuadé que la seule vue de ces glorieux monuments a excité plus d'un esprit et a formé plus d'un grand homme. » La lettre s'intitule « Sur la considération qu'on doit aux gens de lettres ».

Théoricien de cette considération, Voltaire en fut aussi le premier bénéficiaire. Correspondant des têtes couronnées, membre de nombreuses académies, le seigneur de Ferney règne moralement et littérairement sur une Europe francophone. On sollicite son avis, on quémande ses lettres, on revendique le privilège d'être reçu chez lui, on s'empresse de raconter comment on l'a été. Célèbres et inconnus se succèdent chez lui. Les jeunes gens ne sont pas les derniers à venir lui faire leur cour, quitte à exercer leur jeune ironie. Vivant Denon doit insister pour être reçu, il profite de sa visite pour croquer le vieil homme seul puis à table, sans se soumettre aux règles d'usage. Voltaire apprécia peu. C'est à Buffon qu'Hérault de Séchelles rend visite. Son *Voyage à Montbard* épingle la vanité du savant qui organise sa gloire et soigne sa légende, il n'oublie pas ses petits défauts : « Ce grand homme est quelquefois un peu commère. » Le grand homme a aussi le goût des « petites filles ». Ce voyage est la preuve que la visite au grand homme est en train de devenir un véritable genre littéraire, au même titre que les parodies consacrent la célébrité des pièces de théâtre. Homme de peu, Jean-Jacques Rousseau semble l'antithèse de Voltaire, il ne provoque pourtant pas une dévotion moindre. Il touche, il émeut. On veut lui dire sa compassion. Le prince de Ligne, qui n'a pas manqué de coucher par écrit sa rencontre avec Voltaire, voulait à tout prix voir aussi Rousseau. Il y parvint en faisant semblant de chercher un autre Rousseau, et Jean-Jacques finit par jouer son rôle de grand homme : « Je lui prouvai, sans en avoir l'air, que je savais Julie et Saint-Preux par cœur. Il en parut étonné et flatté. » Le citoyen de Genève qui se prétendait étranger aux vanités des lettres y succombe comme un autre. Le destin du grand homme est de rejoindre l'immortalité. Les estampes imaginent alors Voltaire et Rousseau réconciliés aux Champs Élysées. Le marquis de Villette prend en charge la gestion de la mémoire de Voltaire dont il achète le château de Ferney, tandis que Catherine II achète sa bibliothèque et songe à faire bâtir un double du château en Russie. C'est le marquis de Girardin, chez qui Rousseau est mort, qui se charge de le faire enterrer à Ermenonville. Les pèlerins se pressent. Arsenne Thiébaut a vingt ans, il raconte dans un *Voyage à l'île des peupliers* (an VII-1799) les promenades qu'il fait autour du tombeau du promeneur solitaire. Rousseau lui apparaît, lui parle. Tous les lieux par lesquels il est passé deviennent pareillement des lieux de mémoire et de dévotion.

La mutation de la sacralité est illustrée par le rôle que la Révolution fait jouer à l'église Sainte-Geneviève. L'édifice religieux, construit à la suite d'un vœu de Louis XV, devient un « Panthéon français » pour le culte des grands hommes auxquels la patrie doit reconnaissance. Dans un premier temps, les honneurs de ce nouveau temple laïque étaient réservés aux grands hommes du présent, c'est-à-dire de la Révolution, auxquels s'ajoutaient Descartes, Voltaire et Rousseau. Les rois et les princes qui avaient leur sépulture à la basilique Saint-Denis en furent exclus. Puis les retournements politiques, qui firent rapidement encenser puis vouer aux gémonies Mirabeau et Marat, panthéonisés pour être peu de temps après dépanthéonisés, conduisirent à réserver le Panthéon aux gloires intellectuelles, consacrées par le temps. Au cours du XVIIIe siècle, l'Angleterre avait déjà rendu hommage à Shakespeare dans l'abbaye de Westminter, Florence à Galilée dans l'église Santa-Croce et Rome à Winckelmann, au Panthéon. Dernier grand roman des Lumières, au-delà de la fin du siècle, *Corinne ou l'Italie* (1807) de Mme de Staël s'ouvre par l'apothéose au Capitole d'une poétesse, au sommet de sa création, capable d'incarner le devenir d'un peuple. Corinne évoque l'histoire et le destin de son peuple, au milieu de la foule romaine. Mais l'intrigue s'achève sur la mort mélancolique de l'écrivain condamné à chanter un drame personnel. L'héroïne avait rêvé que ses cendres fussent déposées dans une niche du Panthéon romain. « [...] notre plus chère espérance, à nous autres artistes, à nous autres amants de la gloire, c'est d'obtenir une place ici. »

QUERELLES, AFFAIRES, RÉVOLUTIONS

L'histoire de la littérature doit se garder de deux illusions rétrospectives : abstraire les écrivains des combats qui ont été les leurs, pour les livrer à des conversations de bon ton dans les Champs Élysées de la mémoire culturelle, ou inversement les réduire à des antagonismes de doctrine, en oubliant la réalité sensible de leur vie et de leur création. La première illusion consiste à réconcilier Voltaire et

Rousseau, comme certaines estampes de l'époque révolutionnaire, et à les faire débattre paisiblement de questions de lointaine morale. Les idées sont décharnées, vidées de leur contenu humain. L'illusion inverse ferait oublier que des écrivains de partis opposés se rencontrent dans le salon de Mme Du Deffand ou de Mme Geoffrin, collaborent à des entreprises communes. En 1761, l'abbé Irailh publiait quatre tomes de *Querelles littéraires, ou Mémoires pour servir à l'histoire des révolutions dans la République des lettres, depuis Homère jusqu'à nos jours*. Il en proposait une typologie : querelles de personnes, de doctrines, de corps et d'institutions. Si nous avons tendance à penser rétrospectivement le XVIIIe siècle comme un match entre partisans et adversaires des Lumières, les contemporains ont longtemps été obnubilés par bien d'autres débats, et d'abord par l'opposition des jésuites et des jansénistes. Une insidieuse discussion sur le bien-fondé de la foi s'est développée derrière des discussions visibles, ostensibles sur les formes de la foi. Loin de clore l'antagonisme ouvert au siècle précédent par l'*Augustinus* de Jansénius, la condamnation d'une centaine de propositions chez le père Pasquier Quesnel par la bulle *Unigenitus* en 1713, puis l'adoption de celle-ci comme loi d'État française en 1730 ne firent que relancer l'agitation, en essaimant l'esprit de résistance à travers le Royaume et en ressuscitant même le vieux débat entre le Papauté et l'Empire, entre la centralisation romaine et les pouvoirs politiques particuliers. Si la monarchie française est tentée par l'alignement sur les positions pontificales, les parlements défendent la tradition gallicane et une marge d'autonomie de l'Église française. La résistance s'organise grâce à une presse clandestine et à un réseau capillaire de contacts personnels. Les *Nouvelles ecclésiastiques* racontent les persécutions souffertes par les membres du clergé et les fidèles, elles confortent la révolte. Après en avoir « appelé » au pape qui aurait été mal informé, c'est de l'opinion publique qu'elles se réclament. Les miracles qui se seraient produits au cimetière Saint-Médard sur la tombe du diacre Pâris popularisent la cause janséniste dans les milieux les plus simples et entraînent une épidémie de convulsions et de transes mystiques. Le roi fait fermer le cimetière. L'esprit parisien commente : « Défense à Dieu de faire des miracles en ce lieu. » La cause janséniste a gagné le petit peuple et une bourgeoisie de médecins et d'avocats. C'est l'ensemble des fidèles qui devient le corps même de l'Église, détenteur de l'autorité dogmatique. Les parlements utilisent volontiers la même argumentation pour se présenter comme les garants de la liberté publique. Quand on glisse de la théologie à la politique, c'est l'ensemble des sujets, en train de se muer en citoyens, qui devient la nation. La suppression des jésuites en France en 1764 est à la fois une victoire des jansénistes et de l'esprit des Lumières. Sous la Révolution, la Constitution civile du clergé peut apparaître comme une ultime manifestation de l'esprit janséniste, devenu une forme de revendication laïque, ou comme une nouvelle intrusion de l'État politique dans le domaine de la foi. L'abbé Grégoire se réclame du jansénisme pour défendre l'Église constitutionnelle et il compose *Les Ruines de Port-Royal* en 1801 contre le Concordat qui scelle à nouveau l'alliance entre le pape et un Bonaparte sous qui Napoléon perce. Contre cet accord entre des autorités supérieures, il rappelle l'union concrète, tangible de l'humain et du divin.

Parallèlement aux origines intellectuelles (Daniel Mornet) et culturelles de la Révolution française (Roger Chartier), on a ainsi pu insister sur les origines religieuses du phénomène (Dale Van Kley).

Cette querelle nourrit la littérature du temps, directement ou indirectement. Directement, elle inspire au fils de Racine un grand poème en quatre chants, consacré au sujet même qui fâche, *La Grâce*. Louis Racine avait obtenu un privilège, le livre a pourtant été interdit. Mais, indirectement, les débats trouvent un écho dans les œuvres des Lumières. Lorsque Cleveland, le héros de Prévost, philosophe anglais établi en France, cherche des interlocuteurs pour débattre des questions métaphysiques et morales qui le hantent, il s'adresse à un ministre du culte protestant, à un père de l'Oratoire, à l'évêque d'Angers, puis à un jésuite, qu'il définit lui-même comme « un petit-maître de l'Église catholique ». Ce dernier récuse toutes les aides spirituelles précédentes et dénie la légitimité de ses confrères catholiques aussi bien que celle du pasteur protestant. « À qui vous adressiez-vous ? à un protestant et à deux jansénistes ! Bon Dieu ! Dans quelles mains vous étiez-vous livré ; et comment pouviez-vous espérer du remède où vous deviez craindre les plus grands de tous vos maux ! Bénissez Dieu, ajouta-t-il d'un air de triomphe, bénissez-le de vous avoir fait éviter le poison de ces charlatans. » Ce jésuite intolérant se révèle dans la suite du récit le pire des intrigants qui ne recule ni devant le mensonge, ni devant la violence, ou le meurtre. La revendication d'une foi commune, au-delà des dogmes et des rituels particuliers, se nourrit de la critique de tels excès.

Les milieux rigoristes jansénistes ont été au premier rang de la lutte contre les idées nouvelles. Voltaire nous montre pourtant l'Ingénu enfermé à la Bastille et partageant sa cellule avec « un vieillard frais et serein », le janséniste Gordon, qui lui explique sa présence en prison : « Nous croyons que le pape n'est qu'un évêque comme un autre ; et c'est pour cela que le père de La Chaise [jésuite, confesseur du monarque] a obtenu du roi, son pénitent, un ordre de me ravir sans aucune formalité de justice, le bien le plus précieux des hommes, la liberté. » Gordon est un maître éclairé pour le jeune Huron, et la suite de l'intrigue lui donne raison dans ses principes. Diderot, qui a songé dans sa jeunesse à une carrière ecclésiastique et a été directement témoin des affrontements entre partisans et adversaires de la bulle *Unigenitus*, est imprégné de jansénisme. Pour l'article « Autorité politique » de l'*Encyclopédie*, il transpose « le dépôt de vérité » de ces théologiens en « dépôt de l'autorité » dans le domaine politique. Pour l'article « Citoyen », il reprend l'idée que le critère doit rester en cas de troubles « l'égalité des membres et la liberté de tous ». La violence des antagonismes participe à l'horreur des couvents que ressent Suzanne Simonin. L'intrigue de *La Religieuse* est scandée par les supérieures successives. Mme de Moni est une abbesse aimante et mystique, c'est pour elle que Suzanne prononce finalement ses vœux, mais elle ne reste pas longtemps pour protéger la jeune narratrice qui assiste à ses derniers moments. « Ce fut la sœur Sainte-Christine qui succéda à la mère de Moni. Ah ! monsieur, quelle différence entre l'une et l'autre ! Je vous avais dit quelle femme c'était que la première. Celle-ci avait le caractère petit, une tête étroite et brouillée de superstitions ; elle conférait avec des sulpiciens, des jésuites. » Elle fait retirer l'Ancien et le Nouveau

Testament, introduit des instruments de mortification. La brutalité des persécutions contre Suzanne donne l'idée de la bataille qui s'est livrée dans l'Église. On retrouve également le vocabulaire janséniste dans les *appels* au droit ou au peuple contre ce qui apparaît comme un abus, comme un détournement de la tradition ou de la règle, durant tout le siècle et au moment de la Révolution. Lorsque toutes les instances de recours semblent perdues, il en reste toujours une, un appel ultime. Égérie des Girondins, Mme Roland compose en prison, sans illusion sur ce qui l'attend, un *Appel à l'impartiale postérité*. Alors que Rousseau rédigeait ses *Confessions* dans la perspective du Jugement dernier, Mme Roland s'en remet au tribunal des générations futures. Monique Cottret peut conclure : « Jansénisme et Lumières, ces deux domaines censés s'ignorer, se combattre, se haïr, se sont bien rencontrés, alliés, parfois même profondément interpénétrés. »

On pourrait se croire loin de ces enjeux essentiels qui touchent à la vie en commun et aux fins dernières, lorsqu'on aborde une autre querelle, féconde également en polémiques et en écrits de combat, mais qui semble purement esthétique, celle des Anciens et des Modernes. Elle se nourrit des réactions que suscite la lecture par Charles Perrault, en pleine Académie, de son poème *Le Siècle de Louis le Grand*, le 27 janvier 1687. S'en suit une guerre de sept ans qui semble s'apaiser avec la réconciliation de Perrault et de Boileau en 1694. Mais le feu, mal éteint, repart, vingt ans plus tard, à propos de la traduction d'Homère. Houdar de La Motte publie en 1714 une adaptation en vers français de l'*Iliade*, il la fait précéder d'un *Discours sur Homère* qui revendique le droit de réinventer le texte ancien pour l'adapter au goût moderne. Mme Dacier, fille et épouse de philologues, est elle-même traductrice d'Homère et théoricienne d'une fidélité scrupuleuse aux textes anciens dans *Des causes de la corruption du goût*. Les Persans de Montesquieu arrivent à Paris en pleine querelle. Usbek raconte à un de ses compatriotes : « [...] je les trouvai échauffés sur une dispute la plus mince qui se puisse imaginer : il s'agissait de la réputation d'un vieux poète grec dont, depuis deux mille ans, on ignore la patrie, aussi bien que le temps de sa mort. Les deux partis avouaient que c'était un poète excellent ; il n'était question que du plus ou du moins de mérite qu'il fallait lui attribuer. Chacun en voulait donner le taux ; mais, parmi ces distributeurs de réputation, les uns faisaient meilleur poids que les autres. Voilà la querelle ! Elle était bien vive : car on se disait cordialement, de part et d'autre, des injures si grossières, on faisait des plaisanteries si amères, que je n'admirais pas moins la manière de disputer, que le sujet de la dispute. » La réputation devient un marché ou une bourse. Plus loin dans les *Lettres persanes*, un *antiquaire*, c'est-à-dire un amateur de l'Antiquité, dépense tout un héritage en pièces de collection. L'admiration devient fétichisme ; ce qui avait son utilité pour les Anciens perd son sens à l'époque moderne : « Il y a quelques jours je vendis ma vaisselle d'argent pour acheter une lampe de terre qui avait servi à un philosophe stoïcien. Je me suis défait de toutes les glaces dont mon oncle avait couvert presque tous les murs de son appartement, pour avoir un petit miroir un peu fêlé, qui fut autrefois à l'usage de Virgile [...] Ce n'est pas tout : j'ai acheté cent louis d'or cinq ou six pièces de monnaie de cuivre qui avait cours il a deux mille ans. »

Thémiseul de Saint-Hyacinthe argumente en faveur des Modernes dans une lettre à Mme Dacier et se moque de l'exhaustivité érudite dans l'ironique *Chef-d'œuvre d'un inconnu*, petit poème étouffé sous la prolifération des notes savantes. L'annotation prolifère autour d'un texte qui est d'un intérêt mince. L'abbé Terrasson, à son tour, y va de sa *Dissertation critique sur l'*Iliade *d'Homère* (1715) : il prétend étendre aux belles-lettres l'esprit de philosophie et de raison qui a fait progresser les sciences. D'un côté, les Anciens réclament une connaissance et un respect des œuvres anciennes qui constitueraient un modèle indépassable pour la littérature ; de l'autre, les Modernes constatent les progrès du savoir et de la compréhension du monde et relativisent le modèle ancien. Pour les uns, l'histoire risque d'être une décadence ou une perte progressive du goût. Les autres inversent la perspective et croient à la possibilité d'un progrès, même dans les choses qui relèvent de l'art et des lettres. Les textes anciens correspondent à une situation historique qui est révolue, ils ne peuvent donc pas s'adapter à un autre ordre social et politique qui exige une littérature et un art nouveaux. C'est ainsi que l'abbé Du Bos, proche des Anciens, compose des *Réflexions critiques sur la poésie et sur la peinture* (1719) qui s'interrogent sur le paradoxe du plaisir tragique, du plaisir pris à des représentations, picturales ou littéraires, de catastrophes. Du Bos y voit une distance établie à l'égard de la douleur et un dépassement des passions. Il esquisse une théorie de l'art et de la littérature, comme résultante de l'histoire et du climat, le climat étant pensé comme une situation non seulement géographique, mais également sociale et morale. L'essayiste prêche pour le respect des Anciens en même temps qu'il conçoit la relativité du goût selon les lieux et les époques. Le même Du Bos compose une vaste *Histoire critique de l'établissement de la monarchie française* (1734). La connaissance du passé fonde le pouvoir politique, sa compréhension et son interprétation en assurent la légitimité. Dans les deux titres, l'adjectif *critique*, diffusé par le *Dictionnaire historique et critique* de Bayle, désigne le refus de perpétuer sans jugement la tradition. La critique revient aux sources, aux documents, aux pièces du dossier à partir desquels elle peut porter un jugement argumenté. Du Bos réfute la thèse des « germanistes » qui établissait une continuité, des invasions germaniques au pouvoir monarchique que les « romanistes » présentent comme l'héritier de l'empire romain et de ses lois. Les Modernes, à la suite de Perrault, vantaient l'absolutisme monarchique comme supérieur à toutes les formes politiques anciennes. Du Bos se fait l'apologiste de la monarchie sur la base d'une continuité avec le modèle ancien.

Tandis que les Anciens défendent une poétique fondée sur les grands exemples grecs et latins et un jugement esthétique s'appuyant sur l'autorité, les Modernes réclament une adaptation de la langue et du système des genres : ils sont volontiers néologues et inventent des formes originales. Au nom de la raison et de l'usage, ils peuvent préférer la prose à la versification, la musicalité d'une période à la musique répétitive des rimes. Ils auront tendance à expliquer que l'esprit humain évolue de la fable à la raison, mais ils théorisent également le goût de l'esprit humain pour la fable, donc la nécessité de créer des fables nouvelles, d'inventer une fiction pour les temps modernes. Lorsque la modernité justifie la mondanité éprise de luxe, lorsque la raison scientifique fortifie le dynamisme économique et ses inventions de confort et de raffinement, elle prend l'aspect d'une « nouvelle préciosité », expression formée à propos du salon de Mme de Lambert et de ses hôtes, au premier rang desquels Marivaux, manipulateur des mots et des genres. Les Anciens, les défenseurs de la tradition, s'indignent. La référence à la raison se transforme en une recherche de la nuance et de la subtilité, dans une fiction qui s'interroge sur elle-même, dans un jeu sur les niveaux. Si l'on a montré que les liens entre jansénisme et Lumières étaient complexes, on peut également souligner la solidarité des Lumières avec le rationalisme, avec le refus d'une autorité monopolisée par les institutions académiques, donc avec les Modernes, mais cette solidarité ne va pas sans nostalgie d'une grandeur à l'antique, sans critique de la mondanité aristocratique, sans effort pour devenir dignes des Anciens. « C'est une observation assez générale qu'on devient rarement grand écrivain, grand littérateur, homme de grand goût, sans avoir fait connaissance étroite avec les Anciens. Il y a dans Homère et dans Moïse une simplicité dont il faut peut-être dire ce que Cicéron disait du retour de Régulus à Carthage : *laus temporum, non hominis*. » C'est Diderot qui affirme ainsi, dans le *Salon de 1767*, la grandeur de l'époque plus que de l'homme particulier. L'admiration de l'Antiquité n'est plus désormais a-historique, elle s'inscrit dans la conscience d'un devenir et d'une inévitable transformation des mœurs et des goûts. Diderot résume son attitude en un mot d'ordre : « Il faut parler des choses modernes à l'antique. » Le sens de la grandeur des Anciens ne doit pas conduire à les imiter dans la répétition, dans la reproduction, dans une fidélité myope, mais dans la création de formes nouvelles, dans l'invention des genres correspondant au monde moderne. Cette grandeur ne peut être monopolisée par personne, ni savants archéologues, ni académiciens érudits, elle est offerte à tous les créateurs capables de s'inspirer des textes anciens ou de ce qui en demeure. André Chénier dira de la même manière : « Sur des pensers nouveaux, faisons des vers antiques. » La querelle n'est plus tant celle des Anciens et des Modernes que celle du Grand et du Petit, de l'Idéal, capable de se fixer dans le marbre, et du Commerce, soucieux du seul succès de l'instant. L'Antiquité était une norme, le principe d'un modèle intangible, elle ouvre désormais une dynamique historique. Elle n'est plus l'origine intouchable, elle incarne l'éloignement, la tension entre l'inspiration et sa mise en forme, entre la vie et la survie.

Lorsque l'opinion ne peut pas s'exprimer librement à propos des questions politiques et religieuses qui l'agitent, lorsqu'aucun procès ne vient l'enflammer, elle s'exerce dans des domaines décalés, investis d'enjeux nouveaux. L'esthétique sert souvent de champ de substitution au débat idéologique. Les salons et la rue se passionnent pour des tendances en peinture ou en musique. Il est vrai que les expositions au Louvre sont ouvertes à tous et que les airs des opéras à succès se répandent rapidement et sont fredonnés un peu partout. Les salons de peinture permettent de comparer le grand genre, la peinture d'histoire, pratiquée sous le règne de Louis XIV, et l'art nouveau, plus soucieux de décoration et de plaisir visuel. Le grand genre est fait pour un palais, une église, il s'adresse à un large public. Le petit genre s'adapte à un appartement privé, il est réservé à quelques riches amateurs. Les comptes rendus qui sont donnés des salons critiquent souvent les petits-maîtres à la mode, leurs bergeries faciles et leurs suggestions libertines, au nom d'une grandeur passée. Diderot lui-même réclame un grand art, porteur de valeurs héroïques, même si ces valeurs ne sont pas exactement les mêmes qu'au siècle passé. La musique provoque des querelles non moins retentissantes, à partir de 1752, celle des Bouffons, et vingt ans plus tard, celle des gluckistes et des piccinistes. En 1752, une troupe italienne vient représenter à Paris *La Servante maîtresse* de Pergolèse. Le public s'enthousiasme pour une musique plus facile, pour un spectacle plus proche de la vie que l'opéra français dont Rameau est alors le représentant. Ce dernier n'est plus le novateur qu'il a été quelques décennies plus tôt. Il représente un art officiel, artificiel, que vient bousculer l'opéra-bouffe des Italiens, désignés comme « les Bouffons ». En intervenant dans la querelle, Grimm, Rousseau, Diderot lui donnent un arrière-plan idéologique. L'opposition est désormais celle de deux langues, le français, plus rationnel et plus abstrait, et l'italien, mieux capable d'être rendu par le chant, de la mélodie qui, suivant les élans du cœur et de la voix, parlerait directement aux auditeurs, et de l'harmonie qui apparaît comme une construction plus artificielle. Les encyclopédistes prennent parti en faveur d'une musique plus libre, plus sensible. Rousseau est à la fois musicien, auteur du *Devin de village* et pamphlétaire dans la *Lettre sur la musique française*. On retrouve ses arguments dans l'*Essai sur l'origine des langues* qui distingue les langues du Nord, nées du besoin et du calcul, et les langues du

Sud qui expriment immédiatement le sentiment, et dans le *Dictionnaire de musique*, qui développe les articles composés par Rousseau pour l'*Encyclopédie*. La querelle est un des éléments que Diderot intègre à la composition du *Neveu de Rameau*. Jean-François Rameau, musicien médiocre, prend ses distances à l'égard de son oncle, le célèbre Jean-Philippe Rameau, qui, explique Diderot, « après avoir enterré le Florentin [c'est-à-dire Lulli], sera enterré par les virtuoses italiens [c'est-à-dire les Bouffons], ce qu'il pressentait et le rendait sombre, triste, hargneux ». Le dialogue de Diderot montre l'impossibilité de répartir de façon binaire les adversaires de la querelle. Rameau le neveu sait apprécier les beautés qui se trouvent chez Lulli, chez le grand Rameau ou chez Pergolèse, et lui-même n'est pas capable de mimer ces mouvements musicaux sans en créer de nouveaux.

Vingt ans plus tard, Gluck fait jouer *Iphigénie en Aulide* et apparaît comme celui qui renouvelle l'opéra, qui restitue la simplicité et la grandeur de cet art. Il rend la primauté au texte, à sa compréhension et au langage du cœur. Les défenseurs de l'opéra italien lui opposèrent Piccinni, compositeur venu du sud de l'Italie et installé à Paris, auteur de plusieurs succès comme *La Buona Figlia* ou *Didon*. On a du mal parfois à suivre les polémiques du temps, qui projettent sur les deux styles de l'Allemand et de l'Italien des antagonismes nationaux et des différends qui ne sont pas esthétiques. Marmontel, engagé en faveur de Piccinni, compose un *Essai sur les révolutions de la musique en France* qui rapporte les querelles du siècle. Le terme *révolution* dans le titre est caractéristique d'une ancienne acception du terme pour désigner des mutations, des changements : l'emploi au pluriel relève d'une suite de transformations qui exclut le bouleversement radical et irréversible que le mot prend après 1789, lorsque la révolution de France devient la Révolution française.

Le succès de la sécession janséniste, la force de la nostalgie de l'Antiquité, l'engouement pour les formes nouvelles de musique révèlent les ferments de changement dans la société. Il s'agit moins d'assigner à chaque camp une signification idéologique précise que de montrer les enjeux de ces querelles, révélatrices d'un sourd travail des esprits. Les parlementaires jansénistes sont souvent traditionalistes et parfois rétrogrades, ce qui n'empêche pas la résistance janséniste de diffuser des thèmes de résistance à l'autorité. Les Modernes sont souvent défenseurs de l'absolutisme monarchique, mais la critique de l'Antiquité peut devenir critique des pouvoirs en place et des institutions qui s'arrogent le monopole des valeurs. L'opinion prend conscience d'une nouvelle situation avec le lancement du Prospectus de l'*Encyclopédie* en 1750, appel à une souscription, puis la parution du premier volume de textes qui s'ouvre, en 1751, par le Discours préliminaire, signé de D'Alembert. Il caractérise l'époque par un « esprit philosophique », « qui veut tout voir et ne rien supposer ». Sa préface au dictionnaire est tout à la fois un acte de foi dans la coopération intellectuelle, une histoire des temps modernes et un programme pour les possibles progrès à venir. Le projet initial qui était la traduction de la *Cyclopedia* de l'Anglais Chambers, cinq ans plus tôt, s'est changé en une entreprise originale d'une tout autre ampleur. L'entreprise encyclopédique rassemble autour de D'Alembert et Diderot tous ceux qui se réclament de l'esprit nouveau. On trouve parmi les signatures des articles Jean-Jacques Rousseau et le baron d'Holbach, l'infatigable chevalier de Jaucourt et Morellet, les grammairiens Nicolas Beauzée et Du Marsais, les abbés de Prades et Yvon, le médecin Barthez et le naturaliste Daubenton. Les maîtres de la littérature du moment, Montesquieu et Voltaire, ne dédaignent pas de confier des articles. L'ambition d'un travail qui s'étend sur plusieurs années, l'ampleur de la collection d'in-folio qui prétend réunir sous la forme d'articles, puis de planches, tous les savoirs abstraits et techniques donnent à cette *Encyclopédie* une visibilité qui frappe les esprits. Le tir de barrage que déclenche la parution du Prospectus et des premiers volumes, de la part des institutions religieuses et des milieux gouvernementaux qu'elles contrôlent, achève de montrer la force et la combativité de cet esprit philosophique. Dès janvier 1751, le père Berthier attaque le projet dans le *Journal de Trévoux* qu'il dirige. S'en suit un échange de lettres polémiques avec Diderot, qui fait connaître l'entreprise. Un an plus tard, la Sorbonne, bastion de la tradition théologique, condamne la thèse que venait de soutenir un des collaborateurs de l'*Encyclopédie*, l'abbé de Prades. Celui-ci est accusé de diffuser l'empirisme anglais et la religion naturelle. Le père Berthier et la Compagnie de Jésus s'en prennent à un tel monument qui conteste la prééminence de l'Église catholique dans l'enseignement et la constitution du savoir. Les articles sont épluchés, contestés, dénoncés comme plagiat. Lorsque le tome II paraît en janvier 1752, c'est l'ancien précepteur du Dauphin, aumônier de la Dauphine, Jean-François Boyer, qui va se plaindre auprès du Roi. Un arrêt du Conseil ordonne que les deux premiers volumes parus soient « supprimés », avec interdiction de les distribuer et les réimprimer. Les adversaires jésuites et jansénistes rivalisent dans la dénonciation du danger encyclopédiste. À la Cour, Malesherbes, directeur de la librairie, Mme de Pompadour et les amis des encyclopédistes font contrepoids. Mme de Pompadour laisse accrocher au Salon de 1755 son portrait par Quentin de La Tour où elle pose dans son cabinet de travail, une partition à la main, un carton de dessins à ses pieds, un volume de l'*Encyclopédie*, *La Henriade* de Voltaire, *L'Esprit des lois* de Montesquieu et un volume de l'*Histoire naturelle* de Buffon sur sa table, à côté d'une mappemonde. L'*Encyclopédie* prend place dans une convergence de publications au milieu du siècle.

La question est de stratégie. Jusqu'où Diderot et ses collaborateurs doivent-ils s'autocensurer pour que les volumes puissent paraître ? Malesherbes se porte garant de l'orthodoxie de la publication et convainc Diderot de supprimer dans le tome IV l'article « Constitution *Unigenitus* » sur la bulle pontificale qui ne cessait d'enflammer les esprits depuis un demi-siècle. Les audaces sont disséminées parmi les centaines d'articles et les milliers de pages, déplacées de l'article où elles sont attendues vers un autre où elles surprennent le lecteur. Les polémiques particulières sur tels articles se mêlent aux carrières propres des encyclopédistes et à l'histoire générale du pays. D'Alembert est élu à l'Académie en 1754, il acquiert une légitimité nouvelle et devient un acteur essentiel de la prise de contrôle de l'institution académique par le parti philosophique, mais Diderot est accusé d'avoir plagié Goldoni dans son *Fils naturel* en 1757, mis en cause dans son œuvre littéraire personnelle. Palissot ridiculise Diderot, Rousseau dans *Les Philosophes*, une comédie construite sur le modèle des *Femmes savantes*. Les philosophes seraient de dangereux imposteurs qui s'immiscent dans la vie des familles, dans la vie du pays. Jacob Nicolas Moreau affuble les encyclopédistes d'un sobriquet, les *cacouacs*, il les transforme en une inquiétante tribu sauvage dans un *Premier mémoire sur les cacouacs*, suivi des *Nouveaux mémoires pour servir à l'histoire des cacouacs*. Le confesseur du Dauphin y va de son *Catéchisme et décisions des cas de conscience à l'usage des cacouacs*. Qui sont ces dangereux sauvages, plus redoutables que bien des anthropophages ? « Ils ne portent ni flèches ni massues : leurs cheveux sont rangés avec art ; leurs vêtements, brillant d'or, d'argent et mille couleurs, les rendent semblables aux fleurs les plus éclatantes, ou aux oiseaux les plus richement panachés : ils semblent n'avoir soin que de se parer, de se parfumer et de plaire. En les voyant, on sent un chant secret qui vous attire vers eux : les grâces dont ils vous comblent, sont le dernier piège qu'ils emploient. » L'argumentation cède le pas à une satire bouffonne et non moins efficace. L'abbé Gros de Besplas imagine Le *Rituel des esprits forts ou le Voyage d'outre-monde, en forme de dialogues*, empoignades autour du lit d'agonie d'un philosophe qui se repent de ses erreurs et que ses anciens amis veulent empêcher de se confesser et de recevoir l'extrême-onction.

Le 5 janvier 1757, c'est le roi qui est égratigné par un déséquilibré, Damiens, et l'ensemble du royaume crie au régicide, agite la menace d'une subversion généralisée. Jésuites et jansénistes s'accusent réciproquement et ne s'accordent que pour dénoncer les encyclopédistes dans une atmosphère de suspicion universelle. En 1758, un riche homme du monde, fils du médecin du roi, lui-même ancien fermier général, doté d'une charge dans la Maison de la Reine, Claude Adrien Helvétius, publie *De l'esprit*. Son traité radicalise l'empirisme de Locke et réduit toutes les formes de l'activité humaine à des déterminismes sociaux. C'est une levée de boucliers, on crie au matérialisme, à la ruine de toutes les valeurs. Les condamnations se succèdent : Sorbonne, Parlement, Conseil du Roi, Papauté même. L'*Encyclopédie* est prise dans la tourmente : en 1759 son privilège est révoqué, défense est faite aux libraires de vendre, débiter ou distribuer les exemplaires déjà imprimés, d'en imprimer de nouveaux. Ordre est même donné de rembourser les souscripteurs. Une nouvelle fois, Malesherbes vient au secours des encyclopédistes et d'abord des libraires, c'est-à-dire des éditeurs qui ont investi d'importants capitaux dans l'entreprise. Un nouveau privilège est accordé pour un recueil de planches sur les sciences et les arts, avec explication des figures. Même si cette publication ne va pas sans de nouvelles attaques, en particulier d'accusations de plagiat d'un projet parallèle lancé par l'Académie des sciences, les volumes de planches permettent une continuité de l'entreprise et les derniers volumes d'articles paraissent discrètement avec l'adresse d'un libraire de Neuchâtel, non sans une pointilleuse censure exercée par le libraire Le Breton dans le dos de Diderot, qui ne s'en aperçoit que plus tard. En novembre 1764, Diderot écrit à Le Breton une lettre indignée : « Vous m'avez mis dans le cœur un poignard [...] vous m'avez lâchement trompé deux ans de suite. Vous avez massacré ou fait massacrer par une bête brute le travail de vingt honnêtes gens qui vous ont consacré leur temps, leurs talents et leurs veilles gratuitement, par amour du bien et de la vérité et sur le seul espoir de voir paraître leurs idées et d'en recueillir quelque considération qu'ils ont bien méritée [...] »

Pendant une dizaine d'années, la vie littéraire et intellectuelle française a été focalisée par cette querelle qui est à la fois économique et idéologique. Elle crée un clivage profond entre les philosophes et ceux qui sont dénoncés et parfois se reconnaissent comme antiphilosophes. Des *Lettres philosophiques* de Voltaire en 1734 aux *Pensées philosophiques* de Diderot en 1746, du traité longtemps clandestin *Le Philosophe* de Dumarsais au *Dictionnaire philosophique* de Voltaire encore, les hommes de lettres épris d'idées nouvelles se sont approprié ce titre d'« amis de la sagesse ». Leurs adversaires hésitent sur la stratégie sémantique. Les *Pensées* de Diderot de 1746 sont réfutées par des *Pensées antiphilosophiques* de l'abbé François Louis Allamand (1751) et des *Pensées raisonnables* de Formey (1749). Le dictionnaire de Voltaire suscite un *Dictionnaire anti-philosophique* du bénédictin Louis Mayeul Chaudon (1767), alors que deux jésuites refusent d'abandonner l'appellation de *philosophes* aux encyclopédistes : Aimé Henri Paulian et Claude Adrien Nonotte préfèrent intituler respectivement leurs réfutations *Dictionnaire philosophico-théologique* (1770) et *Dictionnaire philosophique de la religion* (1772). La notoriété des grandes figures comme Montesquieu, ou même parfois Voltaire, qui ne sont pas confondus avec les pauvres diables de l'*Encyclopédie*, les fractures à l'intérieur du clan encyclopédiste, en particulier la rupture qui s'est consommée entre Diderot et Rousseau à partir de l'article « Genève » de l'*En-*

cyclopédie, compliquent la situation. La démarcation n'est pas aisée à tracer entre deux partis qui ne sont jamais constitués de manière définitive, pas plus que ne le sera, à la fin du siècle, la frontière entre révolutionnaires et contre-révolutionnaires. Robert Darnton distingue les Hautes Lumières, les Philosophes de l'*establishment* qui, dans les dernières décennies du siècle, monopolisent les places et les fonctions, d'une littérature du ruisseau, peuplée de pauvres diables qui sont à la recherche d'une protection ou d'une source de revenus stables, et qui hésitent entre Philosophie et Antiphilosophie, pour tomber souvent dans l'Antiphilosophie. Ce sont les compagnons du Neveu de Rameau, dans le salon de Mlle Hus et de Bertin, tel que Diderot nous en propose une satire haute en couleurs.

L'expression *Anti-Lumières* a sans doute été forgée par Nietzsche et ne s'est diffusée qu'au XXe siècle. En anglais, Isaiah Berlin a utilisé en 1973 le mot *Counter-Enlightenment* pour regrouper toutes les accusations portées contre l'idéal de raison, de progrès, contre toute postulation à l'universel. Récemment, Zeev Sternhell a pu établir la généalogie de ces Anti-Lumières, depuis les réfutateurs de Diderot et Voltaire jusqu'aux théoriciens de la Contre-Révolution, aux apôtres de la guerre froide et aux néo-conservateurs actuels. Pour en rester au XVIIIe siècle, Didier Masseau préfère donc parler des « ennemis des Lumières », désignant par là tous ceux qui se sentent menacés par l'importance croissante de la Philosophie dans le champ littéraire et dans les institutions culturelles du XVIIIe siècle, mais dont le vocabulaire et l'argumentaire ne sont pas toujours différents de ceux de leurs adversaires. Le succès du préfixe *anti-* est d'époque. Une culture de l'opposition se manifeste dans le grand poème latin, longuement travaillé par le cardinal de Polignac et publié après sa mort, *Anti-Lucretius, sive de Deo et natura* (1745), traduit par Bougainville en 1749 sous le titre *L'Anti-Lucrèce, poème sur la religion naturelle*. En neuf chants, Polignac s'en prend au poète latin et, à travers lui, à tous les sceptiques et les matérialistes modernes. Il cherche les images qui donnent tout son panache à la défense de la religion. Les titres signalent le succès de cet art de la réfutation : François Gacon s'en prend à Jean-Baptiste Rousseau dans *L'Anti-Rousseau par le poète sans fard* (1712) ; Frédéric II compose un *Anti-Machiavel* (1740). Le roman lui-même est représenté avec une *Anti-Thérèse* qui prend le contrepied du récit philosophique et pornographique de Boyer d'Argens, *Thérèse philosophe*, et une *Anti-Justine* dans laquelle Rétif rivalise avec son vieil adversaire, Sade, et la non moins pornographique *Justine*.

Une querelle se manifeste par la multiplication des articles, des brochures, des livres, par la symétrie des attaques et des réponses, par la mobilisation de réseaux d'amitié et de solidarité. On glisse parfois du domaine intellectuel ou esthétique au juridique. Les instances sont nombreuses, qui ont autorité à juger, du Conseil du Roi aux Parlements, de la Sorbonne à l'épiscopat. Le débat cristallise alors sur un nom, sur une décision. Il devient une affaire, c'est-à-dire un procès. La longue querelle de l'*Encyclopédie* se crispe en un certain nombre d'affaires personnalisées : en 1752, la thèse de l'abbé de Prades est condamnée par la Sorbonne, Diderot défend son collaborateur, un pamphlet, *Tombeau de la Sorbonne*, ridiculise les théologiens qui s'en sont pris à un prêtre sincère, dont le seul tort est d'avoir soutenu sa thèse en même temps que paraissait un article de sa plume dans le tome II de l'*Encyclopédie*. Avant la fin de l'année, l'abbé de Prades s'enfuit à Berlin où Frédéric II se fait une joie d'accueillir une victime de l'intolérance. En 1760, un ancien parlementaire de province monté à Paris pour y faire carrière dans les lettres, le marquis Lefranc de Pompignan, est reçu à l'Académie française. Il prétend transformer son discours de réception en un réquisitoire contre la Philosophie moderne et une déclaration de guerre contre ses représentants. C'est lui qui apparaît comme transgressant les règles de bienséances de l'illustre assemblée. Son discours provoque une volée de bois vert sous la forme de réponses, de pamphlets, de poèmes satiriques, dont il ne se remet pas. Il se retire sur ses terres de Pompignan. Après l'achèvement de l'*Encyclopédie*, volumes de textes et de planches, en 1769, un souscripteur mécontent, Luneau de Boisjermain, engage un procès contre les libraires, accusés de n'avoir pas rempli leurs engagements initiaux, financiers et éditoriaux. Le débat aurait pu être purement technique, s'il ne réveillait les animosités. L'affaire traîne de mémoires juridiques en pamphlets, de jugements en appels durant plusieurs années. Diderot est forcé de se montrer solidaire de Le Breton qu'il a accusé de lui avoir mis un poignard dans le cœur. Luneau de Boisjermain est finalement débouté.

Les dernières décennies de l'Ancien Régime révèlent les principaux problèmes de société à travers des procès retentissants que Voltaire et les philosophes transforment en débats publics. L'enceinte proprement juridique est élargie en un espace de discussion où le public capable de lire est appelé comme témoin et comme juge. Les mémoires juridiques qui s'inscrivaient dans une logique strictement procédurale deviennent un genre littéraire proposé à tous les lecteurs, lorsqu'ils sont rédigés, par exemple, par Beaumarchais. L'opinion publique est ainsi constituée en force morale, susceptible de faire pression et d'infléchir les décisions. Quelques grandes affaires transforment Voltaire en porte-parole des victimes d'un ordre en perte de légitimité. Elles mettent en scène un martyr, une Justice injuste, un justicier. Le schéma est en place en 1762 lorsque Voltaire apprend qu'un honorable négociant toulousain, Jean Calas, dont le crime est d'être protestant, a été accusé, contre toute vraisemblance, d'avoir assassiné son fils. Le mobile aurait été d'empêcher le pauvre garçon, qui s'était en fait suicidé, de se convertir au catholicisme. Le procès a été bâclé et Jean Calas roué sur la place publique. Comme une partie de la famille Calas s'était réfugiée à Genève, le patriarche de Ferney a pu s'entretenir avec elle, se convaincre de l'innocence du supplicié. L'erreur judiciaire devient l'exemple d'une injustice plus large, celle d'une société qui doit être réformée. Voltaire s'adresse à toutes ses connaissances dans les sphères du pouvoir en France et en Europe. Un procès toulousain doit devenir une affaire européenne. Le cas protestant devient celui de toutes les minorités, de tous les citoyens confrontés à un pouvoir arbitraire. Voltaire passe des lettres privées aux lettres publiques, des lettres aux pamphlets, des brochures à un *Traité sur la tolérance* qui élargit la perspective. Le Conseil du Roi autorise l'appel contre le jugement de Toulouse, la condamnation est cassée et finalement Jean Calas réhabilité et réparation accordée à sa veuve. Vingt ans plus tard, la conclusion politique de cette action juridique sera l'Édit de tolérance en faveur de tous les Français non catholiques.

L'affaire Calas est le prototype de tous les combats en faveur d'une victime, érigée en exemple. C'est ainsi que Voltaire s'engage pour Pierre Paul Sirven, arpenteur protestant près de Mazamet, accusé du meurtre de sa fille, exécuté en effigie à Toulouse en 1764, mais réfugié à Genève, le chevalier de La Barre, jeune libertin d'Abbeville, décapité en 1766 après avoir été accusé d'avoir taillardé un crucifix, le comte Lally-Tollendal, décapité en 1766 pour haute trahison et perte des Indes. Sirven a été réhabilité en 1771, la réhabilitation du chevalier de La Barre a dû attendre 1793, la condamnation de Lally-Tollendal a été cassée en 1781, mais, son fils ayant émigré, sa réhabilitation n'a pas été menée à son terme durant la Révolution. On pourrait égrener d'autres noms qui ont suscité l'intervention de Voltaire, mais l'essentiel est dans la configuration qui oppose au pouvoir en place cet autre pouvoir, en train de se constituer, de l'opinion publique. Un siècle plus tard, un juif remplace un protestant et Zola prend le relais de Voltaire. L'affaire Dreyfus au tournant du XIXe siècle casse la France en deux, entre ceux qui placent l'honneur de l'Armée au-dessus de l'innocence d'un homme et ceux qui croient à une vérité objective et à une justice, fût-elle différente de celle que prononce l'institution judiciaire. Les défenseurs de Dreyfus sont vilipendés par leurs adversaires comme des « intellectuels ». Réassumé, le terme devient le nom de tous ceux qui, écrivains ou professeurs, hommes de lettres ou savants, ne séparent pas leur travail intellectuel de leur engagement civique. La référence aux Lumières est constante dans tous les combats du XXe siècle.

La vie sociale apparaît ainsi comme un champ de forces antagonistes et, à la fin du XVIIIe siècle, Benjamin Constant fait la théorie de ces interactions dans *Des réactions politiques* qui applique à la vie sociale le modèle newtonien de la gravitation. L'activité intellectuelle se développe à partir de ces tensions, l'histoire avance par à-coup qui se corrigent les uns les autres, dans un mouvement de balancier.

Les événements qui se bousculent à partir de 1789 et qui s'imposent comme la Révolution française réinvestissent toutes les querelles du siècle. Dans une recherche de légitimité, les transformations du pays, l'innovation institutionnelle se réclament de valeurs antérieures, d'une représentativité de la nation qui précéderait l'absolutisme monarchique. La philosophie des Lumières apparaît comme le garant théorique des événements, Voltaire et Rousseau sont officiellement portés au Panthéon comme les pères fondateurs de la France nouvelle. Mais les contradictions entre Voltaire le libéral et Rousseau l'égalitaire, entre le Rousseau dont se réclament les âmes sensibles de l'émigration ou de la Gironde et celui auquel Robespierre voue un véritable culte, rappellent qu'on ne peut superposer les partis de la Révolution et les grandes figures du XVIIIe siècle. Les adversaires des Lumières et de la Révolution s'efforcent d'assimiler l'appel à la réforme des encyclopédistes et la Terreur de 1793. Dans un poème composé entre amis à l'occasion d'une fête des rois et diffusé à quelques exemplaires manuscrits dans la *Correspondance littéraire*, Diderot a pu mettre dans la bouche d'une figure de l'homme naturel :

> La nature n'a fait ni serviteur, ni maître.
> Je ne veux ni donner ni recevoir de lois.

Et commenter en utilisant une formule-choc du curé Meslier :

> Et ses mains ourdiraient les entrailles du prêtre
> Au défaut d'un cordon pour étrangler les rois.

Un périodique animé par l'abbé Fauchet et Bonneville, *La Bouche de fer*, prend pour épigraphe en 1791 « Quand le dernier roi sera pendu avec les boyaux du dernier prêtre (célibataire), le genre humain pourra espérer être heureux. Parole familière de Diderot ». Lorsque les massacres de Septembre ont eu lieu et lorsque la guillotine s'est mise à fonctionner mécaniquement, de telles expressions prennent un sens nouveau. Les journaux contre-révolutionnaires peuvent présenter Diderot comme l'un des inspirateurs des violences et des massacres. Les défenseurs des encyclopédistes peuvent rétorquer que les derniers représentants des Lumières ont été victimes de la Terreur, au premier rang desquels Condorcet, l'auteur d'une *Vie de Voltaire*, le théoricien des progrès de l'esprit humain, le défenseur des droits des femmes et des Noirs à la citoyenneté. Le lien entre Lumières et Révolution s'impose alors comme une évidence, dont il a fallu se défaire pour arriver à penser les contradictions internes aux Lumières et aux Anti-Lumières, mais aussi les tensions propres au mouvement révolutionnaire. Un tel lien a donné un tour polémique aux histoires littéraires qui ont rendu compte des derniers siècles : le XVIIIe siècle étant opposé, pour le meilleur ou pour le pire, au XVIIe siècle, comme la libération des esprits et des cœurs par opposition à la glaciation du règne de Louis XIV ou bien comme le ferment de la critique et du désordre par opposition aux équilibres idéologiques et esthétiques du classicisme. Des deux siècles quel est celui qu'on peut légitimement nommer le grand ? Tout un débat court au long du XIXe siècle.

Si le XVIIIe siècle s'ouvre dans la querelle des Anciens et des Modernes, il s'achève dans une nouvelle querelle entre ceux qui vont bientôt se nommer les classiques et les romantiques. On pourrait se contenter de réduire les deux disputes à une question de génération, à un antagonisme entre les partisans du mouvement et ceux qui rêvent que rien ne bouge. Mais les Modernes du début du siècle critiquent la Tradition au nom du progrès et d'une innovation nécessaire, alors que, si les romantiques, un siècle plus tard, critiquent également la permanence des formes académiques et des genres officiels, ils le font d'abord au nom d'une Tradition antérieure, au nom d'un passé médiéval, d'un Moyen Âge redécouvert comme âge de certitudes religieuses et d'inventions populaires. Au début du XIXe siècle, un thème polémique est lancé, selon lequel les révolutionnaires en politique seraient conservateurs en esthétique. Les Jacobins seraient des classiques en littérature et en art, admirateurs de l'éloquence la plus conventionnelle, de la poésie la plus allégorique, de la peinture la plus mythologique. Marie-Joseph Chénier poète et dramaturge, David peintre en seraient les meilleurs exemples. Les contre-révolutionnaires, dans leur admiration pour le Moyen Âge, seraient au contraire les fourriers du renouveau littéraire. Une telle simplification méconnaît la critique de l'académisme, interne aux Lumières qui vantent une Antiquité brutale contre l'Antiquité bien peignée des Écoles et des Académies, ou qui appellent à l'invention de formes et de genres inconnus. Si Voltaire a pu devenir le chantre d'un art qui vise au goût et à la permanence, Diderot, Mercier, Rétif, Sade sont les représentants de cet autre XVIIIe siècle, inventif, déréglé, excessif.

CHAPITRE II

SÉDUIRE : L'ÂGE ROCAILLE

OUVERTURE

Dans un coin les ouvriers travaillent, ils décrochent des tableaux, les emballent. Un portefaix attend pour charger la caisse sur ses épaules. Des mondains sont entrés dans la boutique. À gauche, un couple pénètre chez le marchand, elle jette un regard sur le tableau qu'on va mettre en caisse, il lui tend la main. Nous la voyons de dos et lui de face. Au milieu, un couple plus âgé est en arrêt devant une grande toile ovale, l'un et l'autre ont besoin de lunettes pour observer la scène mythologique. Nous les voyons de dos tous les deux. Un troisième groupe, du côté du comptoir à droite, se regarde dans un miroir. Deux hommes, une femme. Ils sont jeunes, s'admirent et se font admirer. En bas dans le coin, un chien s'épouille. On a reconnu *L'Enseigne* de Watteau, dite *L'Enseigne de Gersaint*. La toile est à Berlin, dans les collections de Charlottenburg. Le peintre, à la fin de sa vie, a représenté cette scène de la vie parisienne pour le marchand de tableaux qui avait ouvert sa boutique sur le pont Notre-Dame, deux ans auparavant. Les boutiques étaient désignées par un nom et par une enseigne.

Les ponts parisiens étaient construits et les rez-de-chaussée accueillaient des commerces. Les ponts de Florence ou de Venise aujourd'hui laissent imaginer l'atmosphère de ceux de Paris, il y a deux ou trois siècles. Watteau montre une trentaine de toiles aux murs chez Gersaint : portraits, scènes religieuses et mythologiques, natures mortes. Celle qu'on emballe et qui va partir est un portrait de Louis XIV qui se réfère au nom de la boutique, « Au grand roi », mais fait aussi allusion au changement d'époque et de style. Le grand roi était devenu un vieux roi, régnant sur une cour dévote et austère. Sa mort a été le signal d'une *movida*, d'une brusque libération des esprits et des mœurs, d'une expérimentation en économie comme en esthétique. La politique a ses rythmes et ses changements comme la vie humaine. Les chalands représentent peut-être les trois âges de l'existence, la maturité à gauche, la vieillesse au centre, la jeunesse narcissique à côté du comptoir devant le miroir. Cette peinture n'est pas seulement un hommage de l'artiste à son art et un témoignage sur ces années de la Régence qui voient liquider le style du vieux roi et s'épanouir les innovations. C'est aussi une invitation à comprendre l'imaginaire d'une époque.

Watteau et Marivaux ont été souvent rapprochés comme les représentants d'un art rocaille ou d'un rococo qui produirait des œuvres de consommation pour un public épris de luxe, à moins que ce soient des œuvres de raffinement qui s'enferment narcissiquement dans le seul approfondissement de leur art. Ils ont été vite associés à un Ancien Régime finissant et jugés dépassés, voire décadents, par une littérature qui se voulait morale et révolutionnaire, puis par les tenants d'un art qui dise la réalité sociale et qui s'est nommé *réaliste*, mais aussi par une critique étrangère soucieuse de dénoncer la légèreté française et sa déchéance morale. Watteau nous entraîne dans des parcs improbables où des oisifs paraissent jouer une comédie sans spectateurs. Ils sont déguisés en bergers et se mêlent aux paysans du village voisin. Les statues et les jets d'eau indiquent qu'on se trouve dans des domaines aristocratiques, mais le parc n'est pas clos et des gens du peuple peuvent s'approcher. On a inventé le nom de *fêtes galantes* pour ces avenues dont les frondaisons abritent confidences et séductions. Le terme apparaît pour caractériser le morceau de réception de Watteau à l'Académie royale de peinture en 1717, le *Pèlerinage à l'île de Cythère*. L'Académie hiérarchisait les genres et les sujets. La fête galante semble échapper à l'opposition entre la grande peinture d'histoire et les scènes de genre, natures mortes et paysages. Cythère, l'île de Vénus, tient de la mythologie antique et se rattacherait alors à la grande peinture. Mais les personnages rappellent les plaisirs mondains, les spectacles de la Foire qui, à l'autre bout de l'échelle des valeurs, incarnent le divertissement de consommation. Watteau a travaillé pour les décors de théâtre, il a peint des types de la *commedia dell'arte*, ses mondains eux-mêmes ressemblent à des acteurs. La fête galante transforme la vie quotidienne en un spectacle. Les personnages de Marivaux sont prompts au déguisement, au théâtre dans le théâtre, comme pour dédramatiser la vie et raffiner à l'infini les nuances de leurs sentiments.

L'Enseigne de Gersaint offre une forme de mode d'emploi. Au premier plan, nous voyons la rue et ses pavés, la réalité de ceux qui travaillent, la paille pour protéger les tableaux, un chien avec ses poux, qui n'a rien d'un animal de manchon. Derrière, nous trouvons un monde de représentation, représentation mondaine et artistique où les miroirs et les grandes glaces permettent aux élites sociales de s'admirer comme dans les peintures. Au fond, une porte à petits carreaux ménage une ligne de fuite et laisse sans réponse la signification ultime de l'œuvre. Le tissu populaire sur le dos des manutentionnaires et du portefaix contraste avec les reflets des soies et des satins, les cheveux naturels avec les perruques, les corps qui se fatiguent avec ceux qui paradent. La boutique de Gersaint se présente comme une scène, légèrement surélevée par rapport à la rue, c'est un théâtre, une mise en scène de soi qui nous laisse voir l'imaginaire d'une époque. La fête galante semble nous inviter à la campagne, nous éloigner de Paris, mais de même que *Le Pèlerinage à Cythère* peut être interprété comme un embarquement pour l'île ou comme un retour, cette campagne est un décor au cœur de la ville ou une réalité qui s'en éloigne.

Nous avons pris l'habitude de parler du *rococo* en littérature comme en peinture, mais ce terme qui contamine sans doute *rocaille* et *barocco* n'a été utilisé qu'*a posteriori* pour désigner un style et un esprit. Le rococo s'oppose aux principes du vieux roi, mais caractérise-t-il seulement la Régence, parenthèse politique entre la mort de Louis XIV en 1715 et la majorité légale du jeune Louis XV en 1723, ou bien tout le premier demi-siècle, jusqu'à la revanche de l'esprit de sérieux quand entrent en scène l'*Encyclopédie* et les philosophes ? Ou faut-il encore y voir le style de tout le XVIIIe siècle, raffiné et ironique, jusqu'aux étourdissements d'un Ancien Régime finissant qui s'amuse près de la guillotine ? Roger Laufer a parlé en 1963 d'un style rococo comme style des Lumières, Jean Weisgerber en 1991, puis en 2001 y a vu plutôt un courant qui traverse le siècle. Il cite un texte de 1755 qui dénonce les tenants du nouveau goût : « Ils contrastent un Amour avec un dragon, et un coquillage avec une aile de chauve-souris. Ils ne suivent plus aucun ordre, aucune vraisemblance dans leurs productions. Ils entassent avec confusion des corniches, des bases, des colonnes, des cascades, des joncs, des rochers ; dans quelque coin de ce chaos, ils placeront un Amour épouvanté, et sur le tout ils feront régner une guirlande de fleurs. Voilà ce qu'on appelle des dessins d'un nouveau goût. Dire les choses autrement qu'on ne les a dites, vouloir donner un air neuf à des pensées usées et triviales, exprimer singulièrement des idées ordinaires, présenter ridiculement des lieux communs, et toujours affecter autant d'ordre dans les mots que de désordre dans les pensées, c'est faire supérieurement le bel esprit. » Telle serait la volonté de faire différent, de se singulariser et de bousculer les catégories traditionnelles. La mythologie des amours se confond avec celle des dragons, le jour avec la nuit, la mer avec le ciel, le haut avec le bas, le noble avec le familier. *L'Enseigne de Gersaint* juxtapose la rue et le salon, l'idéalité des nymphes nues et la coquetterie des mondains, l'art et le commerce. C'est une scène de la vie parisienne et une réflexion au second degré sur la peinture, une apologie d'une existence frivole et agréable et une interrogation sur le statut de l'art.

La société et la littérature du siècle de Louis XIV sont soigneusement hiérarchisées. La naissance sépare les nobles des vilains, l'art distingue de même les grands genres, tels que la tragédie et l'épopée, des genres bas ou petits, la farce ou la poésie familière. La parodie était l'hommage du style bas rendu au grand style. L'art rococo récuse ces hiérarchies figées. Tandis que le système de Law introduit la frénésie spéculative et le jeu des actions, au risque de ruiner des fortunes traditionnelles fondées sur les revenus fonciers et les rentes de l'État, la littérature s'amuse de la confusion des niveaux et des plans. Le baroque avait appris que la réalité est une illusion, parce que la seule réalité est métaphysique et religieuse. Le rococo suggère, sans s'y attarder, sans peser ni poser, que tout est reflet, passage, nuance du moment et qu'il n'y a pas d'autre réalité, fût-elle religieuse, à moins que le religieux soit réservé à une intimité qui est d'un tout autre registre. Il donne naissance à une poésie et un roman qui tiennent de la conversation, à un théâtre qui s'amuse des masques et des faux-semblants, mais il ouvre aussi la voie à la réflexion sur les fondements du goût et à l'autonomie d'une science du beau qui va prendre le nom d'esthétique. L'*Encyclopédie* récusera la ségrégation des arts libéraux et des arts manuels, des savoirs nobles et des savoir-faire triviaux. Sans discours militant, le rococo avait déjà hissé les arts décoratifs, considérés comme mineurs, au niveau du grand art, donné la même importance aux petits tableaux destinés à orner les boudoirs qu'aux grandes machines peintes pour les églises et les palais.

La juxtaposition des tableaux au mur relativise les sujets, leur accumulation transforme l'amateur en libertin, capable de passer d'un portrait de cour à une scène galante, d'une méditation spirituelle à une gaillardise mythologique. Les passions elles-mêmes durent ce que durent les choses humaines, l'amour joue avec l'amour-propre, le désir qui nous fait dépendre de l'autre avec le narcissisme qui nous fait nous suffire, il est dédramatisé par la perspective de l'âge qui va l'apaiser. Aux corps qu'on caresse succèdent ceux qu'on admire dans les œuvres d'art. Le rococo s'épanouit sous le signe de la liberté et de la grâce. Les drames du pouvoir et de la transcendance sont minimisés. Mais cette légèreté générale n'est pas une insouciance totale. Le théâtre de la mondanité est rappelé à l'ordre de la réalité sociale et d'une durée qui emporte les prestiges de l'instant. Le théâtre dans le théâtre, les interventions du narrateur dans son histoire, l'irruption de la réflexion critique au milieu de la fiction sont autant d'interrogations discrètes sur le sens de l'invention littéraire. L'ironie casse les certitudes traditionnelles, mais fait grincer parfois la petite musique des fêtes galantes. Le raffinement futile a partie liée avec la subtilité de l'analyse. Rien de si profond que la peau, a-t-on dit. Rien de si intelligent que la superficialité du rococo.

RELATIVITÉ

La littérature du XVIIIe siècle est l'héritière des bouleversements antérieurs : la physique et l'astronomie modernes ont réduit la terre à n'être plus qu'une planète parmi d'autres, les grands voyages ont parallèlement replacé la religion et la civilisation européennes parmi d'autres systèmes de croyance et de vie en commun, les guerres de religion ont renouvelé le schisme d'Orient et mis à mal la prétention de l'Église catholique à détenir seule la vérité religieuse. La fronde gallicane mine même de l'intérieur cette autorité de l'Église. Lorsque l'Angleterre donne l'exemple d'une révolution et d'un régicide, qu'en France même, le testament du Roi-Soleil est cassé aussitôt après sa mort, on ne peut manquer de s'interroger sur le fondement et la pérennité des valeurs. D'Angleterre arrive aussi une nouvelle philosophie empiriste qui écarte les idées innées et ne croit qu'aux sensations et à leur comparaison sur la table rase de l'esprit humain. L'*Essai philosophique concernant l'entendement humain*, publié par John Locke en 1690, est traduit en français dès 1700. Si les idées innées pouvaient être *a priori* communes à tous les êtres humains, les idées, élaborées à partir de l'expérience individuelle de chacun, nécessitent tout un travail pour s'accorder. L'empirisme de Locke envahit la pensée et la littérature. Il est adapté et précisé par Condillac dans un *Essai sur l'origine des connaissances humaines* (1746). « Considérons un homme au premier moment de son existence : son âme éprouve d'abord différentes sensations, telles que la lumière, les couleurs, la douleur, le plaisir, le mouvement, le repos. Voilà ses premières pensées. Suivons-le dans les moments où il commence à réfléchir sur ce que les sensations occasionnent en lui, et nous le verrons se former des idées des différentes opérations de son âme ; telles qu'apercevoir, imaginer : voilà les secondes pensées. » Les premières viennent immédiatement des sensations, les secondes de l'expérience et de la réflexion à partir des sensations. L'homme du XVIIIe siècle est ainsi renvoyé à la relativité de chaque esprit, dans le deuil des anciennes certitudes théologiques et politiques.

La fin du siècle précédent lui a légué, sous la plume de Fontenelle, deux œuvres qui ne cessent d'être rééditées et qui fournissent un modèle pour penser la relativité : les *Nouveaux dialogues des morts* (1683) et les *Entretiens sur la pluralité des mondes* (1686). Dans les deux œuvres, la forme dialoguée suggère que la vérité se trouve plus dans l'échange et la confrontation de points de vue que dans l'assurance dogmatique d'un traité. Le dialogue des morts, renouvelé de Lucien, fait se rencontrer, dans des Champs Élysées imprécis, des morts anciens et modernes. Alexandre le conquérant rencontre Phryné la courtisane, l'un et l'autre « morts anciens ». Socrate s'entretient avec Montaigne, l'un ancien et l'autre moderne. Molière discute avec Paracelse, l'un et l'autre « morts modernes ». Spectateur des ridicules humains, Molière reste sceptique sur les constructions sublimes de l'esprit, à la manière de Paracelse, il conclut : « Tout est sujet aux changements de la mode ; les productions de l'esprit ne sont pas au-dessus de la destinée des habits. » La relativité est multiple : la grandeur antique est comparée aux inventions modernes, l'excellence intellectuelle et morale est rapportée aux réalités physiques et quotidiennes, les prétentions européennes aux acquis des civilisations d'Amérique du Sud. Le thème moral traditionnel de l'égalité devant la mort se transforme en un principe satirique. Les autorités reconnues et les valeurs établies sont soumises au feu de la critique. L'ironie se réfugie dans l'Olympe avec les *Nouveaux dialogues des dieux* de Saint-Mard (1711), mais Bordelon en gratifie ses contemporains, sans attendre leurs morts, dans les *Dialogues des vivants* (1717). Quand il compose les *Dialogues des morts anciens et modernes* pour le Dauphin (1712), Fénelon infléchit « cette propension naturelle du genre à la critique de l'autorité civile ou religieuse », et « la volonté d'édification morale l'emporte sur l'esprit de dérision » (Stéphane Pujol). Mais le débat se radicalise dans les *Entretiens des ombres aux Champs Élysées* de La Martinière, présentés comme traduit de l'allemand (1723), qui mettent aux prises le ministre d'Argenson, représentant de l'ordre politique, et Cartouche, critiquant la propriété comme un vol légal. En 1760, c'est Charles XII, roi de Suède, et Mandrin, autre brigand, que met en scène Mme de Beaumer. Voler des provinces est-il plus noble que voler des bourses ? Tuer ou faire mourir des milliers d'êtres humains sur un champ de bataille est-il plus légitime que tuer par nécessité, au coin d'un bois, un soldat de la maréchaussée ? « Lesquels sont les plus grands voleurs, de ceux qui vont à force ouverte, comme les conquérants de l'Antiquité avec des armées formidables envahir le territoire des autres, ou d'un contrebandier qui ne cherche point à envahir le bien d'autrui, mais au contraire à faciliter à ses compatriotes les moyens d'avoir à moindre prix des choses nécessaires à ses commodités ? »

Au cours des *Entretiens sur la pluralité des mondes*, ce ne sont plus les valeurs sociales qui sont relativisées, mais la place de l'homme dans l'univers. Homme de sciences et de lettres, Fontenelle entend expliquer à une femme du monde, sans latin ni vocabulaire spécialisé, les découvertes de l'astronomie moderne. Il fait beau, le soir, dans le parc d'un château. Le philosophe se promène au clair de lune avec la marquise. « La beauté du jour est comme une beauté blonde qui a plus de brillant ; mais la beauté de la nuit est une beauté brune qui est plus touchante. » La relativité du goût risque-t-elle de contaminer la vérité scientifique ? Non, car le monde peut être comparé à une machine d'opéra ou à une montre, il est susceptible d'une connaissance objective. Ce sont les croyances humaines qui sont soumises aux chimères et l'illusion anthropocentrique s'effondre devant cette pluralité de mondes dans un univers ouvert sur l'infini. Le fondement scientifique de Fontenelle, à savoir la physique cartésienne des tourbillons, est rapidement dépassé par celle, newtonienne, de l'attraction universelle, mais la leçon de relativité des *Entretiens*, alliée à un refus de toute dramatisation de cette situation de l'homme, perdu dans l'infini, est décisive pour le XVIIIe siècle. Voltaire peut bien se moquer de son aîné dans *Micromégas*, il n'est pas moins héritier de son relativisme. Le nom du personnage éponyme associe le petit et le grand. Il donne le ton de ce voyage à travers l'espace qui fait se rencontrer des habitants de l'étoile Sirius et de la planète Saturne et leur fait juger avec condescendance les ridicules et minuscules querelles des humains sur leur « petite fourmilière ». « Je vois partout des différences, dit le Sirien, mais aussi des proportions. » Tout est différence, donc tout est relatif, et nos connaissances sont renvoyées à la faiblesse de nos sens et de nos instruments, mais tout est proportion, donc les rapports peuvent faire l'objet de mesures et de lois. Le Sirien promet finalement aux minuscules terriens un livre pour leur révéler « le bout des choses ». Lorsque le secrétaire de l'Académie des sciences s'empresse d'ouvrir le volume, « il ne vit rien qu'un livre tout blanc ». Acceptons de ne pas connaître « le bout des choses », renonçons aux systèmes métaphysiques pour nous consacrer à un savoir concret qui est à notre portée et qui peut nous permettre de mieux vivre sur notre planète, dans un coin de l'univers.

Entre-temps, Swift avait publié *Les Voyages de Gulliver* (1726), traduits en français dès l'année suivante par l'abbé Desfontaines. De l'île des Lilliputiens au pays des géants, les Brobdingnag, le narrateur est successivement l'homme-montagne et un jouet qu'une petite fille géante de neuf ans installe sur une étagère pour le protéger des rats. Le changement d'échelle est matériel, mais l'expérience vaut pour les antagonismes sociaux et moraux. Le succès du roman incite l'abbé Desfontaines à composer un *Nouveau Gulliver* en 1730. Mais dès 1727, Marivaux avait fait jouer *L'Île de la raison ou les Petits hommes*. Le prologue, dans les foyers de la Comédie-Française, ironise sur la référence à Swift :

> LE MARQUIS : La pièce que nous allons voir est sans doute tirée de *Gulliver*.
>
> LE CHEVALIER : Je l'ignore. Sur quoi le présumes-tu ?
>
> LE MARQUIS : Parbleu, cela s'appelle *Les Petits Hommes :* et apparemment que ce sont les petits hommes du livre anglais.
>
> LE CHEVALIER : Mais ! il ne faut avoir vu qu'un nain pour avoir l'idée des petits hommes, sans le secours de son livre.
>
> LE MARQUIS, *avec précipitation* : Quoi ! sérieusement, tu crois qu'il n'y est pas question de *Gulliver* ?
>
> LE CHEVALIER : Eh ! que nous importe ?

Du roman anglais à la pièce française, on passe du propre au figuré. La différence de tailles physiques est difficilement représentable sur une scène de théâtre. Les huit Européens naufragés se retrouvent rapetissés lorsqu'ils sont recueillis sur l'île de la raison et ne regagneront leur taille qu'en prenant conscience de leur « folie », c'est-à-dire de leurs préjugés. Personnages concrets, le paysan Blaise, le Gascon Fontignac, la suivante Spinette et le médecin y parviennent relativement facilement. Entichés d'une idée toute fantasmatique d'eux-mêmes, le courtisan et sa sœur la comtesse y parviennent moins aisément, mais ils finissent par épouser de jeunes insulaires. Quant au poète et au philosophe, ils sont irrécupérables et devront être enfermés. L'expérience est celle de la relativité des titres et de la hiérarchie sociale, mais aussi des genres et de la hiérarchie esthétique. La pièce est une « comédie en trois actes et en prose », une petite pièce dans la hiérarchie des genres, comparativement aux comédies et tragédies en cinq actes et en vers. Elle est donnée aux Comédiens-Français qui ne manquent pas de faire valoir leur supériorité aux Comédiens-Italiens. Ces derniers firent alors jouer une *Île de la folie*, critique et parodie de *L'Île de la raison*. C'est le héros de Swift qui paraît sur scène. L'allégorie de la Raison lui explique : « J'ai renchéri dans mon île sur cette idée merveilleuse, et j'ai fait par ma toute-puissance que les hommes y paraissent grands ou petits, selon qu'ils ont plus ou moins de mérite et de probité. »

C'était chez les Italiens que Marivaux avait fait jouer précédemment *L'Île des esclaves*, construite sur un strict jeu de symétries, entre les sexes et les conditions. Seuls rescapés de leur bateau, Iphicrate et son esclave Arlequin, Euphrosine et son esclave Cléanthis échouent sur une île. Ils sont accueillis par Trivelin qui impose, au nom de la loi insulaire, une inversion des rôles. Ils doivent échanger leurs habits et leur fonction. Ils feront ainsi l'expérience d'une autre identité sociale et les maîtres prendront conscience de l'inhumanité avec laquelle ils traitent leurs domestiques. Au terme des dix scènes, les domestiques acceptent de rendre leurs habits à des maîtres qu'ils espèrent guéris de leur aveuglement. Cléanthis découvre Arlequin qui a abandonné son costume de maître : « C'est qu'il est trop petit pour mon cher ami, et que le sien est trop grand pour moi. » L'image de la taille est déjà présente. La parenthèse se referme : « Je me repens de mes sottises, lui des siennes ; repentez-vous des vôtres, Madame Euphrosine se repentira aussi ; et vive l'honneur après : cela fera quatre beaux repentirs, qui nous feront pleurer tant que nous voudrons. » Sur le modèle de ces deux *Îles*, l'ensemble du théâtre de Marivaux joue sur les masques et les travestissements. Les amants changent de sexe et de statut social pour s'éprouver, se connaître et se reconnaître. De *La Double Inconstance* au *Jeu de l'amour et du hasard*, les jeunes gens doivent renoncer à leur narcissisme infantile, faire l'expérience de leur fragilité, pour construire une relation adulte.

L'idée d'associer la taille à la conscience morale est reprise, de façon plus subtile, par Jean Galli de Bibiena dans un roman troublant, *La Poupée* (1747). Le narrateur, abbé petit-maître, est à la recherche d'une bonne fortune lorsqu'il tombe littéralement amoureux d'une poupée. Il croyait faire la cour à la marchande et c'est à la marchandise qu'il s'attache. Rapportée, ou plutôt ramenée chez lui, la poupée se révèle une sylphide qui entreprend l'éducation de son maître, transformé en disciple attentif et en amant soumis. Au fur et à mesure des progrès de cette éducation, c'est la poupée qui gagne en taille, qui grandit comme une petite fille, devenant une jeune fille pour atteindre finalement la corpulence d'une jeune femme, susceptible de répondre à l'amour transi de son soupirant. L'abbé efféminé a renoncé à sa fatuité et appris à attendre. Il a brisé la prison de son narcissisme et découvert le désir de l'autre. Homme débarrassé des illusions de la virilité, il est prêt à une relation adulte. La poupée lui donne une dernière leçon : « Ne vous rappelez point ces comparaisons de citadelle prise d'assaut, de guerrier, de conquérant et de victoire, sottes idées qui se trouvent démenties dans la pratique : une femme réellement éprise veut accorder. Quand même une fermeté féroce pourrait avoir du succès, qu'est-ce qu'un bonheur brusqué ? C'est un fruit cueilli trop vert, qui aurait été exquis dans sa maturité ». Quand on se souvient que le romancier appartient à la grande dynastie italienne des Bibiena, constructeurs et décorateurs qui, de Bologne à Vienne, de Nancy à Bayreuth, ont enchanté l'Europe de leurs mises en scène baroques et de leurs effets de perspective, on retrouve dans ce roman des jeux entre le grand et le petit, le proche et le lointain, le désirable et l'interdit, le masculin et le féminin. Avec ses récits enchâssés, ses hésitations entre le rêve et la réalité, *La Poupée* multiplie les trompe-l'œil et les perspectives biaisées, *per angolo*, disaient ses parents architectes. Henri Lafon a montré comment ce roman pédagogique se change parfois en récit masochiste, réglé par un contrat entre l'abbé et sa maîtresse sévère.

Un an avant *La Poupée*, Bibiena avait publié *Le Petit Toutou*. Si l'un des romans s'inscrit dans la série des fictions inspirées par les sylphes et sylphides, l'autre se réfère aux contes de fées et aux transformations d'humains en animaux, si ce n'est en objets. La préface rappelle ce goût du temps pour

« l'histoire d'un perroquet, d'une écumoire, d'un sylphe, d'un moineau ou d'un petit toutou ». La relativité ne situe plus l'homme dans la pluralité des mondes habités, mais dans la diversité des êtres vivants : non plus terrien au milieu des saturniens et des habitants de Sirius, mais humain au milieu des animaux et des objets soudain animés. Après s'être perdu parmi les géants et les nains, Gulliver lui-même avait vécu parmi les hommes-chevaux. À la campagne mais aussi à la ville, les hommes du XVIIIe siècle cohabitent avec les animaux. Les frontières ne sont pas celles d'aujourd'hui où certains petits citadins doivent aller au Salon de l'agriculture pour découvrir les vaches et les cochons. Les chevaux et chiens appartiennent à la culture de l'élite. Le titre de Bibiena pouvait même suggérer quelques pratiques zoophiles, fréquemment évoquées à l'époque, par Diderot dans *Les Bijoux indiscrets* où les quatre chiens de la dénommée Haria sont « les rivaux, et les rivaux préférés de son mari » ou par Fragonard dans ses variations sur le thème de la Gimblette : une jeune femme joue dans son lit avec un petit chien et lui offre un gâteau dont la forme annulaire autorise la métaphore érotique. Bibiena préfère présenter son Toutou comme un intermédiaire puisqu'il constitue un cadeau et une marque d'amour qui passe ainsi de main en main, et une allégorie du désir, mais aussi comme un témoin et un narrateur. Le don de la parole aux animaux n'est plus réservé aux fables et aux contes de fées. Par sa petite taille et par ses aventures, le Toutou appartient de plein droit à un décor rocaille, coloré et moiré. Sa forme actuelle n'est qu'un moment dans une longue chaîne de métamorphoses : « J'ai été sylphe, gnome, dromadaire, baleine, léopard, singe, chat, loup, fourmi, puce ». Et sa dernière incarnation avant la forme canine est un canari. Le désir ne peut être fixé, ses formes ne cessent de varier et le petit chien circule d'un propriétaire à l'autre comme si son appropriation devait toujours rester passagère : il circule plutôt d'une passade à l'autre ou, pour le dire plus brutalement, d'une *passe* à l'autre, un peu comme dans *La Ronde* de Schnitzler. Il peut être habillé et déguisé, possédant une garde-robe de petite-maîtresse : « Surtouts gris-de-lin, violets, jonquille, incarnat, et leurs capuchons d'une couleur heureusement assortie, grelots précieux, pompons, nœuds d'amour et toutes les parures magnifiques et galantes que sa tendre maîtresse a su imaginer ». Le décor scintillant et coloré représente le monde moderne, à la fois comme refus des valeurs fixes et éternelles et comme luxe et dépense. Le chien de compagnie, prétexte à galanterie, est un encouragement à la séduction, un intermédiaire entre corps féminin et masculin.

La relation entre le corps désirable et le petit Toutou engage également une métonymie fétichiste. Le miroir, l'éventail valorisent le visage, le haut du corps, le chien aide à en découvrir le bas. Bien avant Rétif de La Bretonne et son *Pied de Fanchette*, Bibiena est un maniaque du pied. « Il est inconcevable tout ce que le petit pied d'Hortense disait de jolies choses avec sa petite mine agaçante et la grâce infinie dont il se tournait de côté et d'autre. On aurait dit que chaque mouvement qu'il se donnait était une expression de tendresse ». L'ironie inverse le haut et le bas, elle attribue au pied des mines et des expressions réservées au visage. Le chien vole la mule de sa maîtresse, dénude le pied aux yeux de l'amant, met l'homme et la femme face à leur trouble sensuel. Dans un récit enchâssé, l'amant raconte ses amours passées, en particulier une scène également focalisée sur le pied. « Un pied mignon, couvert d'une mule couleur de rose et penché sur les bords du gazon se montrait avec la grâce qu'une femme voluptueuse peut donner à un petit pied. » L'adjectif du titre, *petit*, revient de page en page pour caractériser le chien, le pied et plus généralement un monde résolument sensuel et libertin, ce monde des petits-maîtres, des petites maisons, ce monde du détail et du moment.

L'adjectif apparaît aussi, en 1752, dans un roman de Francis Coventry, traduit de l'anglais par Toussaint, *La Vie et les aventures du petit Pompée*. Alors que le nom de Pompée évoque le héros antique, le *petit* Pompée n'est qu'un chien, né à Bologne. Il n'empêche que ses aventures permettent une traversée de la société anglaise. Et son caractère n'est finalement pas si éloigné de celui d'un Grand. « Maître Pompée était un petit dévergondé qui en voulait à toutes les chiennes du monde. » « Quant à la religion, j'avoue tout ingénument qu'il ne s'en était peut-être pas occupé une fois dans sa vie. Mais il ne faisait que ressembler encore par cet endroit aux Grands et aux beaux esprits qu'il avait fréquentés, qui n'imaginaient pas que la religion fut faite pour autre chose que pour l'honneur des maris, le bon ordre des villes et la tranquillité du genre humain. » Le roman de Coventry eut l'honneur d'une seconde traduction en 1784. Mais le débat entre partisans des chiens et amateurs des chats est déjà engagé. Paradis de Moncrif s'est amusé à composer une *Histoire des chats* (1727). À travers onze lettres adressées à une marquise, il entreprend une apologie de la race féline, bien plus belle, souple et sensuelle que la race canine. Le jeu de mot sur *chat* et *chatte* permet de lire le texte comme un long sous-entendu grivois, digne des chiens libertins de Diderot et de Fragonard.

Dans un autre roman de Bibiena, *La Force de l'exemple*, ce n'est plus un chien qui sert de trait d'union entre les amants et qui nous rend attentifs aux suggestions sensuelles de l'instant, c'est un perroquet qui s'attarde sur la gorge de sa maîtresse. On songe au portrait de femme tenant un perroquet de Giambattista Tiepolo, exposé à l'Ashmolean Museum d'Oxford : l'animal met en valeur le teint de la jeune femme, le bout d'un sein apparaît. C'est tout un poème héroï-comique qui est consacré à la figure d'un perroquet par Gresset, *Ver-Vert* (1734). L'oiseau est à un couvent de Visitandines de Nevers ce que les toutous étaient aux dames du monde, un objet d'affection et le prétexte de petites jalousies. Mais un voyage hors de l'atmosphère confinée du couvent fait apprendre au malheureux oiseau un niveau de langue bien différent. Or son nom, qui assone avec celui de la ville de Nevers, évoque conjointement une couleur vive et le principe même du vers. L'émancipation du vocabulaire devient un retour de la poésie sur elle-même et une critique amusée de tous les contes en vers qui, complaisants dans les scènes libertines, ne reculent pas devant les *Bougre* et les *Foutre*, l'animal en est *bouffi* :

> Bouffi de rage, écumant de colère,
> Il entonna tous les horribles mots
> Qu'il avait su rapporter des bateaux,
> Jurant, sacrant d'une voix dissolue,
> Faisant passer tout l'enfer en revue ;
> Les B..., les F... voltigeaient sur son bec.
> Les jeunes sœurs crurent qu'il parlait grec.

« Ver-Vert, sous son plumage criard, est la caricature à la fois du conteur licencieux et de son lecteur », conclut Sylvain Menant qui cite un autre poème de Gresset :

> Une belle et galante dame
> Écoutant volontiers les contes un peu gras,
> Disait, pour s'excuser : il suffit qu'une femme
> Soit chaste seulement de la ceinture en bas.

Avec de telles variations sur l'humain et l'animal, le haut et le bas, le noble et le trivial, on pourrait se croire restreint à un registre mineur, mais le jeu renvoie aux débats métaphysiques et sociaux. Le débat du siècle précédent entre Descartes et Gassendi, relayé par La Fontaine, se poursuit au XVIIIe siècle entre partisans d'une prééminence de l'homme, fondée sur le privilège d'une raison et d'une âme indépendantes des sens, et lecteurs de Locke qui, faisant dépendre le développement de la raison de l'expérience sensorielle, atténue la rupture de l'animal à l'homme. En 1727, le pasteur David Boullier donne un *Essai philosophique sur l'âme des bêtes* et l'abbé Macy un *Traité de l'âme des bêtes*. David Boullier reconnaît aux bêtes une âme spirituelle, mais inférieure à celle des humains, qui lui sert à exorciser le risque d'accepter une âme matérielle qui pense. L'enjeu derrière ce débat est celui du matérialisme : les animaux doivent, tant soit peu, participer à la dignité des êtres qui pensent pour éviter que l'homme ne devienne un animal parmi les autres, seulement capable de mieux penser. La hiérarchie entre les êtres sensibles pose également la question de l'unité du genre humain et des différences, par exemple, entre Blancs et Noirs, Européens et Africains ou Américains. Un imitateur de Marivaux, Jacques Laurent, ironise sur les engouements des dames du monde qui s'attachent de petits serviteurs noirs, à la façon dont elles se sont entichées d'animaux de compagnie : « Femmes charmantes, dont les goûts sont si passagers, vos caprices répandent le bonheur sur tous les êtres ; ils font plus d'heureux que notre froide constance. La perruche, la levrette, l'épagneul, l'angora ont tour à tour reçu vos tendres caresses, et fait couler vos larmes... La flamme la plus belle était prête à s'éteindre. Une froide insensibilité allait succéder aux ravissements, aux transports les plus vifs, à la joie la plus bruyante, lorsque tout à coup ces petits êtres noirs, qui ont reçu le jour dans le sein de l'esclavage, attirèrent sur eux vos regards bienfaisants. » (*Le Spectateur français, pour servir de suite à celui de M. de Marivaux*) Le lecteur moderne est froissé de la comparaison, mais la critique des modes aristocratiques met en cause ici, par le biais des animaux, l'inégalité entre les races humaines.

La question est abondamment traitée par la littérature de voyages qui montre la relativité de nos mœurs. La découverte de l'Amérique a été une révolution culturelle pour l'Europe du XVIe siècle, dont les contrecoups sont encore sensibles deux siècles plus tard. Les expéditions qui font le tour du globe se multiplient dans un double projet de découverte et de colonisation. Les côtes des différents continents sont dessinées, mais l'intérieur des terres reste souvent à explorer. On passe de l'accumulation pittoresque à la réflexion philosophique avec les recueils et collections de voyages. De 1702 à 1776 se succèdent les trente-quatre volumes des *Lettres édi-*

fiantes et curieuses, écrites des missions étrangères par quelques missionnaires de la Compagnie de Jésus. La Compagnie qui règne longtemps sur l'enseignement en France a largement diffusé ces volumes où l'édification n'éteint pas la curiosité, selon les deux adjectifs du titre, et où les lecteurs ont pu nourrir leur soif de connaissance et leur imaginaire. Le *Recueil des voyages des Hollandais* (1702) et l'*Histoire des découvertes et conquêtes des Portugais* (1733) regroupent les récits par nationalité des explorateurs et colonisateurs. Le *Recueil des voyages du Nord* (1715-1718) et le *Recueil des voyages dans l'Amérique méridionale* (1738) les réunissent par destinations géographiques. L'ambition est encore plus large dans l'entreprise éditoriale dont se charge Prévost à partir de 1746 : cette *Histoire générale des voyages, ou Nouvelle collection de toutes les relations de voyages* compte vingt volumes en 1789. L'abbé de La Porte prétend la concurrencer avec son *Voyageur français* en quarante-deux volumes (1765-1795). Une telle accumulation de documents fournit la matière d'une comparaison entre les peuples et d'une réflexion sur la définition même de l'homme, de la société, de la culture.

Le père Lafitau annonce dès le titre de son livre, *Mœurs des sauvages américains comparés aux mœurs des premiers temps* (1724), une perspective comparative qui récuse la coupure entre des êtres qui s'arrogeraient le monopole de l'humanité et ceux qui seraient rejetés dans les limbes d'une quasi-animalité ou d'une sauvagerie condamnable. Les Indiens d'Amérique appartiennent désormais à la même logique humaine que les Européens. Selon les termes de Michèle Duchet, la métamorphose de l'homme sauvage en homme primitif rend possible l'anthropologie. « L'homme européen peut se reconnaître et apprendre à se connaître : il lui suffit d'ouvrir l'espace de sa propre histoire [...] Ainsi se trouve définitivement constitué le couple sauvage-civilisé qui, par le jeu des parallèles et des antithèses, le long d'une échelle des êtres et des valeurs, commande tout le fonctionnement de la pensée anthropologique jusqu'au début du XIXe siècle. » Le terme même d'anthropologie change de sens, il désignait l'anatomie, la connaissance de l'homme physique et devient une science générale de l'homme dans son comportement et ses modes de vie. Entre grandeur et petitesse, rationalité et animalité, sauvagerie et civilisation, l'être humain se cherche et parfois se perd.

Le doute quant aux vérités traditionnelles, la transformation du cosmos en un champ de gravitation et de la société en une collection d'individus amènent la littérature à valoriser les formes à la première personne. L'essai prend la place des traités, les décors situés historiquement et géographiquement celle des scènes abstraites et des sentiments éternels, les récits-mémoires et les recueils épistolaires prennent la place des romans à la troisième personne. Chaque parole est rapportée à un point de vue particulier et fournit à un lecteur, devenu critique, les preuves de son authenticité (manuscrit ou liasse de lettres trouvés, transmis, confiés au romancier qui se présente comme un simple éditeur, ou rédacteur chargé de toiletter le texte). Les confidences du narrateur, dans ses mémoires ou dans ses missives, ne prétendent apporter qu'une vérité relative, mais elles en semblent d'autant plus vraies et touchantes. De plus en plus, le philosophe ou le romancier s'adresse à un lecteur individuel, raisonnable et sensible, récusant les préjugés que son lieu de naissance, sa religion, ses habitudes lui ont donnés, pour accéder à une nouvelle généralité, la communauté des êtres rationnels et sensibles, l'humanité. La critique de ces préjugés et celle des institutions qui les entretiennent se fait par le biais d'un décalage de point de vue. La vie était hiérarchisée autour de Dieu et du Roi, autour de ses représentants et de ses garants. La parole va donc être donnée à ceux qui croient à un autre dieu ou qui ont une autre façon de le révérer, voire même qui se passent de croire. Elle va être confiée à des narrateurs qui ne sont pas sujets du roi, mais viennent d'un autre horizon. Depuis Montaigne, on sait le rôle corrosif de cette parole venue d'ailleurs. Saturniens, sauvages, animaux prennent la parole pour casser les évidences, rendre incertaines les vérités révélées et discutables les respects les plus ancrés dans les habitudes. Le décalage, le changement de point de vue, l'ironie bouleversent l'ordre du monde et de la société.

Le chef-d'œuvre de cette ironie est fourni par les *Lettres persanes* que Montesquieu publie en 1721. Déjà de 1684 à 1689, Gian-Paolo Marana avait composé *L'Espion du Grand Seigneur et ses relations secrètes envoyées au divan de Constantinople, découvertes à Paris pendant le règne de Louis-le-Grand, traduites de l'arabe.* Les principaux événements européens sont ainsi racontés, de l'extérieur, par un Turc, déguisé en moine moldave. La vie parisienne est observée avec amusement et l'espion varie les tons selon ses correspondants, dignitaires du pouvoir ottoman ou simples amis. Le procédé est développé et parfait par Montesquieu qui dédouble à la fois le regard étranger et le centre de l'intrigue. Il fait voyager deux Persans, Usbek et Rica, l'homme fait et le jeune homme, le possesseur d'un sérail et le célibataire, qui séjournent à Paris durant les dernières années du règne de Louis XIV et la Régence. Jean Starobinski a souligné le jeu entre les deux Persans, « semblables dans leur origine, dissemblables dans leur sensibilité ». « Rica est le cadet, c'est le rieur, parfois le ricaneur [...] Usbek est l'homme sombre et méditatif ». Leur différence est celle de leur tempérament : Rica est sanguin, Usbek mélancolique. Le romancier construit une architecture narrative sur l'ordre des lettres qui mettent de plus en plus de temps pour parvenir aux voyageurs, s'éloignant de leur pays, et qui peuvent être classées selon leur date de rédaction ou bien d'arrivée. La découverte de l'Europe, du christianisme, d'une société où les relations entre les hommes et les femmes sont fort différentes de celles qui cloîtrent les femmes dans un sérail autorise la satire de nos habitudes, tandis que les lettres d'Ispahan font découvrir les intrigues, les amours et les jalousies dans le sérail abandonné par Usbek. L'exploration de Paris et des mœurs françaises est mise en parallèle avec la crise qui se noue dans le sérail et la révolte de ses femmes contre la dictature des eunuques. Une première opposition entre l'Orient et l'Occident laisse apercevoir de subtils parallèles entre le despotisme oriental et l'absolutisme français, entre la vie politique et la vie amoureuse. Le recueil s'achève sur une lettre vengeresse de Roxane, la femme préférée d'Usbek, qui se suicide et jette à la face de son tyran : « Comment as-tu pensé que je ne fusse dans le monde que pour adorer tes caprices, que, pendant que tu te permets tout, tu eusses le droit d'affliger tous mes désirs ? Non ! j'ai pu vivre dans la servitude, mais j'ai toujours été libre : j'ai réformé tes lois sur celles de la nature. »

La double tonalité du roman, satire sociale et histoire d'amour, a assuré son succès, marqué par les rééditions et les imitations. Poullain de Saint-Foix fait éclater cette complexité, il donne les *Lettres d'une Turque à Paris écrites à sa sœur au sérail, pour servir de supplément aux Lettres persanes* (1731) qui développe une intrigue sentimentale, puis les *Lettres de Nedim Coggia* (1732) qui ne s'intéressent qu'à l'aspect satirique. Le marquis d'Argens compose des *Lettres juives* (1738) puis des *Lettres chinoises* (1739-1740). Godard d'Aucour cherche à retrouver l'équilibre entre critique idéologique et piment érotique dans les *Mémoires turcs* (1743). En 1735 revient d'outre-Manche l'imitation de Montesquieu par lord Lyttelton, *Lettres d'un persan en Angleterre à son ami à Ispahan, ou Nouvelles lettres persanes où l'on trouve la continuation de l'histoire des Troglodytes commencée par M. de Montesquieu*. L'exemple d'Usbek a décidé Selim : « Les récits que nous faisait Usbek de ce qu'il avait vu dans les parties de l'Europe qu'il avait parcourues, nous firent naître le désir de connaître les autres, et surtout cette île fameuse dans laquelle Usbek n'a jamais voyagé. » Le ton vire au sentimentalisme avec les *Lettres d'une Péruvienne* de Mme de Graffigny (1747) qui fait venir son étrangère d'Amérique du Sud, tandis que les *Lettres iroquoises* de Maubert de Gouvest (1752) mobilisent l'Amérique du Nord. L'étranger venu d'une civilisation qui se révèle aussi ancienne et brillante que la civilisation européenne laisse place au sauvage, nu sans doute mais dont la sagesse vaut bien celle des Européens. L'Ingénu de Voltaire est aussi un Huron, mais Candide est un étranger, venu de moins de loin, de Westphalie.

Carlo Ginzburg a nommé en italien *straniamento* et en français « l'estrangement » cet art du décalage, ce déplacement du point de vue qui fait interpeler les Romains par un guerrier germain ou par un paysan du Danube. Le Germain, le paysan du Danube montrent l'envers du décor impérial et révèlent la violence de l'impérialisme ; ils manient une éloquence immédiate qui semble se moquer de la rhétorique. Montaigne fait parler les cannibales, La Hontan « un sauvage de bon sens qui a voyagé », Diderot un vieillard tahitien qui inversent les points de vue et relativisent nos valeurs. L'estrangement devient « un instrument de délégitimation à tous les niveaux, politique, social, religieux » (Carlo Ginzburg). Toute la littérature du XVIIIe siècle est travaillée par ce changement du point de vue qui permet de critiquer l'ordre traditionnel ou bien de transformer la société en un vaste bal masqué.

MONDANITÉ

« Aimez-vous mieux avoir fait une infidélité à votre amant que vous aimez pourtant toujours, ou qu'il vous en ait fait une et qu'il vous aime aussi toujours ? » Ce type de casuistique amoureuse qui a agité les salons du XVIIe siècle continue à occuper le siècle suivant. Des salons, la discussion se répand en poèmes ou cristallise en maximes. Du règne de Louis XIII à celui de Louis XVI, l'élite française s'est plu à discuter de morale et à ciseler des formules. C'est que, à ses yeux, l'éthique ne se distinguait pas de l'esthétique, ni la littérature de la vie. La monarchie imposait son modèle centralisé, elle rassemblait la noblesse à la Cour, lui imposait bienséances et raffinement. Des grands du royaume, elle faisait des courtisans. La Fronde fut la dernière crise majeure par laquelle l'aristocratie tentait d'échapper au joug monarchique, au carcan de politesse et de raffinement de la Cour. Il lui restait à s'inventer une utopie, à la fois conforme à cette normalisation et résolument à l'écart de la modernité étatique : ce furent les salons, animés par des femmes, tout entiers voués au plaisir d'être entre soi, de rivaliser d'esprit, de faire exister par la force du verbe un monde ludique. Les petites cours de l'Italie du XVIe siècle avaient théorisé une nouvelle civilisation des bonnes manières. Giovanni della Casa dans le *Galatée*, Baldassare Castigione dans *Le Courtisan*, Stefano Guazzo dans *La Conversation civile* avaient appris aux hommes de l'épée à devenir des hommes de la parole, les conflits ouverts devaient céder aux codes de la politesse et aux joutes de la diplomatie. La France revendiqua cet héritage pour la cour royale qui s'installa à Versailles, mais aussi pour tous ces cercles oisifs, occupés à transformer la vie en mots. C'est Mme de Rambouillet qui, dès 1618, aménagea son hôtel, rue Saint-Thomas-du-Louvre, et en fit le cadre idéal de rencontres où le désir sexuel apprenait à se changer en galanterie, où les rivalités s'allégeaient en un théâtre privé. Roederer commentera cette invention du salon : « En allant à l'hôtel de Rambouillet on laissait la politique et les intrigues à la porte [...] Plus la Cour était agitée et corrompue, plus la société de Rambouillet était recherchée et florissante. » L'héritage lointain de Mme de Rambouillet se transmet au XVIIIe siècle, de Mme de Lambert à

Mme de Tencin (« la scélérate chanoinesse » qui donna naissance à d'Alembert), de Mme Du Deffand à Mme Geoffrin et à Mlle de Lespinasse, la demoiselle de compagnie de Mme Du Deffand, devenue sa rivale. Toutes ces femmes ont su jouer de leur charme pour retenir autour d'elles des intimes, prêts à préférer l'euphorie de la conversation aux violences de la passion physique. C'est dans ces cercles que la civilisation française définit l'*esprit* et le *goût*, c'est-à-dire un art de tenir le drame à distance, d'intellectualiser et de raffiner les émotions, de tirer plaisir des mots et des phrases. Car c'est aussi une littérature qui se cherche dans cet enfermement, dans cette intériorisation de l'aventure, dans la casuistique du cœur. Vincent Voiture, fils de bourgeois, s'était imposé comme « l'âme du rond », comme le maître du verbe dans les salons, leur chroniqueur en vers et en prose. Les maximes de La Rochefoucauld, les romans de Mme de Lafayette et les lettres de Mme de Sévigné ont été aussi l'expression de ce grand narcissisme mondain. Le siècle suivant les transforme en modèles littéraires, les lettres de Mme de Sévigné paraissent en librairie, de plus en plus nombreuses, en 1725, 1726, 1744 et 1754. Les philosophes tirent du jeu verbal la matière de dialogues étincelants, de Fontenelle à Diderot.

De jeunes historiens de la société française ont critiqué cette vulgate de la mondanité. Nouveau venu, Talleyrand entre dans le monde. Pour l'éprouver et briller à ses dépens, une dame lui demande pourquoi il s'est écrié « ah ! ah ! » en pénétrant dans le salon. Sans se laisser démonter, Talleyrand rétorque qu'elle a mal entendu et qu'il a dit « oh ! oh ! ». Le voilà lancé, les invitations pleuvent pour les soirées suivantes. L'intéressé a raconté lui-même la scène qui se serait déroulée chez Mme de Boufflers. Sainte-Beuve la rapporte, quelques décennies plus tard, et la situe chez la maréchale de Luxembourg. C'est dire le flou qui entoure cette historiographie, livrée aux reconstructions *a posteriori* des mémorialistes et aux manipulations de ceux qui s'extasient sur le feu d'artifice verbal des assemblées, disparues dans la tourmente révolutionnaire. Espace contradictoire, entre la Ville et la Cour, entre la tradition et l'innovation, les salons sont sans doute l'arène d'un français éblouissant, là où se fourbissent les arguments philosophiques, et où triomphe la féminité élitiste. Mais ils fonctionnent également comme une machine de distinction, au sens que Pierre Bourdieu donne au terme, un relais politique subtil et efficace. Le mot « salon » n'est pas encore employé au XVIIIe siècle qui n'utilise plus guère *ruelle*, mais parle de *bureau d'esprit* et de *cercle*, de *compagnie* et surtout de *société*. *Les Liaisons dangereuses* se présentent en sous-titre comme des *Lettres recueillies dans une société, et publiées pour l'instruction de quelques autres*. L'hospitalité mondaine se caractérise par la régularité des soirs fixes où les connaissances présentées peuvent venir et dîner sans y être explicitement « priées ». Elle autorise des équilibres originaux entre la pesanteur de la hiérarchie sociale et la reconnaissance du mérite intellectuel, entre ouverture et fermeture. Mme Geoffrin, qui a conquis une place dans ce monde grâce à sa fortune, note au dos d'une carte à jouer : « Les grands seigneurs se familiarisent souvent pour leur commodité, mais par dignité ils ne veulent pas qu'on se familiarise avec eux. » D'Alembert compose un *Essai sur la société des gens de lettres avec les grands* (1759) pour mettre en garde les premiers contre les illusions d'une intimité avec les seconds. Le feu d'artifice verbal ne doit pas masquer la machine de distribution de la réputation et l'instrument de pouvoir. Necker encourage sa femme à recevoir, selon le moment et l'opportunité politique, les milieux les plus différents, depuis les conservateurs jusqu'aux philosophes athées. Il y fait en grande partie sa carrière politique. Dans sa mise en scène de la rivalité entre le salon aristocratique des Guermantes et le salon bourgeois de Mme Verdurin, Proust a montré le décalage entre pratique et représentation. La comédie se joue déjà au XVIIIe siècle. Rousseau laisse la plume à Saint-Preux pour dénoncer la confusion des sexes et la perte des sentiments dans le grand bavardage de Paris. Diderot exhibe dans *Le Neveu de Rameau* les dysfonctionnements du salon de Bertin et de Mlle Hus, qui manque de légitimité ; la mondanité y devient une farce sinistre dont les acteurs sont mus par la faim. On ne s'étonne pas que l'ébranlement de l'Ancien Régime ruine l'idéal de courtoisie prolixe. Les orateurs qui prennent la parole en 1789 ne peuvent plus se contenter de l'atmosphère feutrée des salons. Les lecteurs de Rousseau dénoncent l'égoïsme des nantis, réfugiés dans leur raffinement. Les salons payent leur tribut à la Terreur et Mme de Staël, dont le salon a pris le relais de celui de sa mère, Mme Necker, vit l'entrée dans le XIXe siècle comme une irruption de la *vulgarité*. Elle invente ou réactualise ce néologisme pour proscrire « toutes les formes qui supposent peu d'élégance dans les images et peu de délicatesse dans l'expression ».

Comme l'ensemble de la mondanité, la conversation a été théorisée sous sa forme moderne par l'Italie de la Renaissance. C'est un art de l'instant et un plaisir d'être ensemble, qui se distingue de la harangue qui donne la parole au seul orateur et cherche à frapper l'auditoire, qui se distingue aussi de la conférence, excluant le rire et visant le sérieux. Elle postule une libre circulation de la parole entre des partenaires qui goûtent le sens de la répartie. L'échange y prime sur l'élaboration ou sur la communication d'un savoir. La mondanité y rencontre la relativité, chaque intervention y est rapportée à un contexte, à une situation particulière. Marivaux décrit dans *La Vie de Marianne* ce fonctionnement d'un échange qui se veut égalitaire : « Il n'était point question de rangs ni d'états chez elle ; personne ne s'y souvenait du plus ou du moins d'importance qu'il avait ; c'étaient des hommes qui parlaient à des hommes, entre qui seulement les meilleures raisons l'emportaient sur les plus faibles ; rien que cela. Ou si vous voulez que je vous dise un grand mot, c'était comme des intelligences d'une égale dignité, sinon d'une force égale, qui avait tout uniment commerce ensemble ; des intelligences entre lesquelles il ne s'agissait plus des titres que le hasard leur avait donnés ici-bas, et qui ne croyaient pas que leurs fonctions fortuites dussent plus humilier les uns qu'enorgueillir les autres. » On s'accorde sur le modèle qui serait le salon de Mme de Tencin, fréquenté par Marivaux. Les salons de gens de lettres et d'artistes se permettent sans doute une plus grande liberté de langage que leurs illustres modèles aristocratiques, et des enjeux intellectuels qui dépassent le simple jeu verbal. Les sociétés de philosophes ont des audaces de parole dont il est admis qu'il vaut mieux attendre que les domestiques soient sortis pour en débattre franchement. La crudité du langage et la politisation du débat sont plus marquées lorsqu'on quitte les lambris des hôtels particuliers pour les cafés où des espions de la police peuvent toujours surprendre une discussion.

L'abbé Delille a dressé un monument à cet art de la conversation qui incarne un style de vie disparu et qu'il a connu chez Mme Geoffrin. Il publie en effet son poème *La Conversation* en 1812 alors que la Révolution semble l'avoir rejetée dans le passé.

> Aucun, par un babil frivole,
> Sur son voisin n'usurpait la parole ;
> Chacun parlant, se taisant à son tour,
> Du discours circulaire attendait le retour ;
> Et comme ces pinces fidèles
> Qui, des tisons de mon ardent foyer,
> De temps en temps pour m'égayer,
> Font pétiller les vives étincelles,
> Par un commun accord passaient de main en main ;
> Ainsi venant, revenant à la ronde,
> L'entretien, tour à tour sérieux ou badin,
> Sans désordre suivait sa marche vagabonde,
> Et faisait jaillir à propos
> Le feu de la saillie et l'éclair des bons mots.

Les vers mêlés miment cette liberté qui se soumet à une versification, sans s'astreindre à un mètre fixe. Elle suppose un équilibre fragile qui fait exclure l'érudit et l'esprit superficiel, le bavard et le prolixe, mais aussi l'égoïste et l'indifférent, le menteur et le présomptueux, le flatteur et le médisant. Le poème se transforme en une galerie de portraits critiques, pour arriver au discoureur aimable, modèle de tolérance. L'idéal aristocratique s'exprime à travers la métaphore du commerce :

> Son entretien est un échange ;
> Et, pareil au vaisseau qui porte à son retour,
> Pour le nectar du Rhin les étoffes du Gange,
> Il donne et reçoit tour à tour.

Idéalement c'est toute la Capitale, voire toute la nation qui bénéficie par osmose sociale de cette agilité verbale. À la veille de la Révolution, Louis Sébastien Mercier consacre un chapitre du *Tableau de Paris* à la conversation : « Avec quelle légèreté on ballotte à Paris les opinions humaines ! » Entre la *sprezzatura* et la superficialité, la légèreté est susceptible d'interprétations positive ou négative. Les glissements de la métaphysique à la morale, de la littérature à la politique risquent de tourner à l'arbitraire et au péremptoire, mais que de reflets et de suggestions. Dans le meilleur des cas, Paris peut prétendre devenir une « nouvelle Athènes », titre du chapitre suivant.

La conversation se prolonge en correspondance et se fixe en un genre littéraire, le dialogue. Longtemps on a distingué les lettres publiques, destinées à être lues à plusieurs, équivalents du journal et du périodique d'information, et les lettres plus personnelles. Au fur et à mesure que la presse périodique s'est développée pour les nouvelles générales, la lettre a pu devenir plus personnelle et communiquer les nouvelles familiales ou même intimes. On a pu distinguer la lettre et le billet, l'épître soignée et le message hâtif, la missive qu'on conserve et celle qu'on jette au feu. L'épître est réglée par des adresses et des clôtures rituelles, toute une série de formules répétées, alors que le billet peut se passer d'en-tête et de formules de politesse. Longtemps des *Secrétaires* ont fourni les modèles dont les épistoliers ont su s'émanciper. La lettre familière a l'aisance et la fluidité d'une conversation, on y passe d'un sujet à l'autre, on y introduit des allusions, on s'y permet des familiarités. Elle va progressivement acquérir un statut et une dignité, de même que le manuscrit d'écrivain devient objet de collection et de commerce. Le point de vue traditionnel est critique : « L'on a toujours regardé les lettres des grands hommes comme des restes précieux de leurs pensées et de leurs sentiments. Mais il faut avouer qu'ordinairement ce sont les pièces les moins travaillées. Comme ils écrivent familièrement à leurs amis, sans songer que ce qu'ils écrivent sera donné un jour au public, ils négligent leur style et quelquefois ils ne font pas assez attention à la justesse des raisonnements. » Cette position affichée en tête d'un recueil de lettres en 1713 valorise le travail par rapport à la spontanéité, la norme par rapport à l'écart. La promotion de l'individualité et de l'originalité entraîne l'acceptation de l'imperfection comme la marque d'une authenticité, le témoignage d'une vérité du moment. La lettre qui était en marge de la littérature y entre de plein droit.

Les plus grands écrivains du siècle sont des épistoliers féconds et inventifs, mais leur seule correspondance fait de certains épistoliers de véritables écrivains. Au premier rang, Voltaire se partage entre des dizaines de volumes d'œuvres et presque autant de volumes de correspondance, soit plus de quinze mille lettres. La frontière n'est pas toujours facile à tracer entre les unes et l'autre. André Magnan a montré que les cinquante lettres adressées par Voltaire à sa nièce et compagne Mme Denis pour lui relater son expérience à Berlin auprès de Frédéric II, de 1750 à 1753, sont la réécriture ultérieure de lettres réelles transformée en un roman épistolaire vengeur ou la pure fiction par laquelle Voltaire fournit *a posteriori* sa version de l'épisode berlinois. La langue est maniée pour en acérer l'ironie : « Je vois bien qu'*on a pressé l'orange ; il faut penser à sauver l'écorce*. Je vais me faire, pour mon instruction, un petit dictionnaire à l'usage des rois. *Mon ami* signifie *mon esclave*. *Mon cher ami* veut dire *vous m'êtes plus qu'indifférent*. » La lettre est pour Voltaire une pratique journalière, mais aussi une forme qui assure un rythme et un ton à un essai, à une intervention, à une poésie. D'où les *Lettres anglaises* devenues *Lettres philosophiques*, essai sur l'Angleterre et la philosophie nouvelle, les *Lettres chinoises, indiennes et tartares*, essai sur la Chine et une religion tolérante, mais aussi les nombreuses épîtres versifiées dont la plus célèbre est l'*Épître à Uranie*, nouvelle variation sur la religion et la superstition.

La correspondance de Diderot est quantitativement moins abondante que celle de Voltaire, mais elle compte de magnifiques ensembles que Diderot a songé à isoler pour en constituer des œuvres indépendantes. C'est ainsi que son échange avec Falconet où le sculpteur joue le créateur cynique indifférent à la gloire, alors que Diderot défend le jugement des générations futures, a été récrit pour devenir *Le Pour et le Contre*, essai à deux voix sur la postérité. L'ensemble le plus fascinant, le plus séduisant est constitué par les lettres à Sophie Volland, maîtresse, compagne, amie et complice à laquelle il adresse, durant plusieurs années, un véritable journal de sa vie sociale et intime. Une grande partie de cette correspondance a été détruite, sans doute les lettres les plus explicites sexuellement, ainsi que la totalité de ce qu'a écrit Sophie. Le premier envoi conservé de Diderot n'est que le cent trente-cinquième ; Sophie et Denis se connaissent depuis quatre ans. Mais ce qui nous reste est un extraordinaire reportage sur la vie intellectuelle et mondaine, et une interrogation sur la possibilité de se connaître, de transcrire les fluctuations de la vie intime et ses secrets les moins avouables. « Comment... un astronome passe trente ans de sa vie au haut d'un observatoire, l'œil appliqué le jour et la nuit à l'extrémité d'un télescope pour déterminer le mouvement d'un astre, et personne ne s'étudiera soi-même, n'aura le courage de nous tenir un registre exact de toutes les pensées de son esprit, de tous les mouvements de son cœur, de toutes ses peines, de tous ses plaisirs. »

Quand il s'agit de grands écrivains, on est toujours tenté de lire leur correspondance comme préparation ou expérimentation de l'œuvre littéraire. D'autres correspondances valent pour elles-mêmes, chroniques de la vie mondaine et journaux d'âmes en peine. Telle est celle qu'échangent Mme d'Épinay et l'abbé Galiani. Elle, peu épanouie dans sa vie intime, et lui, longtemps envoyé de la cour de Naples à Paris, marri d'avoir quitté les bords de la Seine pour retourner dans sa patrie, se lamentent et se consolent dans de longues lettres où ils restituent le ton d'un salon. En sept ans, ils en écriront plus de cinq cents. Le Napolitain réclame des nouvelles, la Parisienne les lui donne. Elle croque d'une formule les personnages qu'elle rencontre, tel ce comte de Schomberg « qui est à Versailles, ballant, baillant, rêvant, dormant au milieu de fêtes ». Les enjeux intellectuels sont là, parmi les anecdotes et les aveux : Galiani a laissé le manuscrit de ses *Dialogues sur les blés* et suit le débat économique. Les femmes trouvent souvent dans la forme épistolaire un mode d'expression privilégiée, en dehors des genres officiels. Mme Du Deffand, revenue des prestiges de la vie affective et mondaine, se réfugie dans les lettres à Voltaire, l'ami fidèle, ou à Horace Walpole, Anglais beaucoup plus jeune qu'elle dont elle s'éprend épistolairement. Elle prétend ne faire dépendre son bonheur que d'elle-même et s'avoue incapable de s'arracher à l'ennui qui la ronge. Une image revient sous sa plume, qui compare cet ennui au ver solitaire « qui absorbe tout, et qui fait que rien ne nous profite ». Julie de Lespinasse, compagne de D'Alembert, mais follement amoureuse du marquis de Mora, fils de l'ambassadeur d'Espagne, puis du comte de Guibert, trouve aussi dans la correspondance un exutoire à ses insatisfactions. Fille adultérine, elle ne trouve pas le statut social qui correspond à ses aspirations. Elle réinvente la plainte de la religieuse portugaise. La conversation mondaine se change en un monologue tragique : « Hélas ! En vous peignant l'excès de mon égarement, je ne veux point vous toucher, puisque je crois que vous ne lirez jamais ceci... cependant en répandant mon âme je l'ai un peu soulagée. » De courrier en courrier, au rythme de la venue des porteurs, elle crie sa plainte et reconnaît son exaltation. Publiée en 1809, cette correspondance passionnera Stendhal. Autre correspondance qui séduira le XIXe siècle : on retrouve les fastes de l'Ancien Régime dans les missives que le prince de Ligne adresse à la marquise de Coigny, à la veille de la Révolution. Il suit Catherine II, voyageant en Crimée avec la fine fleur de l'aristocratie princière européenne. La dispersion de la fête semble aller de pair avec une parenthèse de retour sur soi. Une étape à Parthenizza, au bord de la mer Noire, conduit à une méditation sur le sens de la vie, nourrie de souvenirs rousseauistes. Et si le prince restait là, parmi les paysans qui, sur leur tapis, fixent le vide ou l'infini ? « Je jouis enfin de moi-même. Je me demande où je suis, et par quel hasard je m'y trouve. Cela me donne l'occasion de rentrer en moi-même et, sans m'en douter je fais une récapitulation de toutes les inconséquences de ma vie. » Dans le jeu entre la présence et l'absence, l'échange et le monologue, l'écriture épistolaire permet de déployer les possibles de soi.

La conversation nourrit également des formes littéraires dans les marges du système des genres. Avec son aisance parfois capricieuse, le dialogue récuse le dogmatisme des catéchismes par questions et réponses. Genre mineur au plan normatif, « le dialogue est pourtant abondamment pratiqué à l'âge des Lumières, et par ses représentants le plus éminents », remarque Stéphane Pujol en tête de son étude sur ce qu'il nomme « le dialogue d'idées ». Le cadre est celui d'un cercle amical où les civilités imposées et la hiérarchie sociale laissent place à la confiance et à la curiosité intellectuelle. Les modèles sont anciens, de Platon à Lucien. Ils sont retravaillés pour inviter le lecteur à participer à l'échange, pour lui apprendre à écouter des arguments et à suspendre son jugement. Un dialogue peut rester en suspens, sans conclusion définitive. C'est une école de modération et de tolérance. Rémond de Saint-Mard ouvre ses *Nouveaux dialogues des dieux* par un « Discours sur la nature du dialogue ». Il expose une psychologie de la forme qu'il adopte, en continuité avec la discussion sur les passions qui occupe ensuite ses personnages mythologiques. Le cœur serait partagé entre la vanité qui nous porte à agir et la paresse qui nous retient. De même, l'esprit doit concilier l'envie de s'émanciper des préjugés et le goût des idées simples. Il faut accepter d'être naturel, direct, familier, au risque de tomber dans la facilité. Le dialogue permet à un auteur de faire « avec son lecteur le chemin qui mène à la vérité » et de choisir le chemin le plus agréable. L'image est celle d'une promenade dans un parc. La Mothe Le Vayer avait déjà donné *Neuf promenades en forme de dialogues* (1664). Diderot intitule un de ses premiers dialogues *Promenade du sceptique ou les Allées* qui entraîne successivement dans l'allée des épines (pour explorer la religion dogmatique), dans celle des marronniers (les systèmes philosophiques) et celle des fleurs (l'hédonisme mondain). La marche physique entraîne, accompagne le mouvement des idées.

Nous avons évoqué les *Entretiens sur la pluralité des mondes* et les dialogues des morts, dont participent ceux de Rémond. Voltaire puisera dans cette forme l'inspiration de *Lucrèce et Posidonius* (1756), de *L'ABC* (1768), des *Dialogues d'Evhémère* (1777). Diderot en tire l'*Entretien d'un père avec ses enfants* (1771) et l'*Entretien d'un philosophe avec la maréchale de **** (1774), mais aussi le *Supplément au Voyage de Bougainville*, le *Paradoxe sur le comédien* et *Le Rêve de d'Alembert*. Les grandes questions de la philosophie sont ainsi traitées dans les décors familiers et dans la langue qui est celle de tous les jours. La sœur du Philosophe à Langres, Mlle de Lespinasse à Paris ont leur mot à dire, aussi bien que les autorités reconnues et les savants patentés. *Le Rêve* avec l'éjaculation nocturne du géomètre, *Le Neveu de Rameau* avec les grossièretés de *Lui*, qui ne sait pas se contrôler, marquent la fin d'une mondanité à laquelle se substitue la crudité cynique.

La partition n'est pas toujours possible à faire chez Diderot entre les dialogues et les contes. L'une des caractéristiques du conte est de mimer le cercle amical où chaque auditeur se donne le droit d'intervenir, de commenter ou de compléter l'intrigue. Les anecdotes circulent dans la conversation, dans les correspondances ; elles prennent la forme de contes où le narrateur s'adresse à des intimes. « Je suis donc charmante ? J'écris à merveille [...] », la première version des *Deux Amis de Bourbonne* commence comme une lettre écrite par une femme du monde, intime du Philosophe, qui raconte à un ami parisien ce qu'elle vient d'apprendre lors de son séjour en province. « Il y avait ici deux hommes qu'on pourrait appeler les Oreste et Pylade de Bourbonne. » La seconde version entre directement dans le vif de l'histoire, mais conserve la distance que des gens du monde peuvent avoir à l'égard des pauvres hères. *Ceci n'est pas un conte* et *Madame de La Carlière* s'ouvrent par une libre discussion entre amis, comme des bribes du brouhaha social, des fragments de cette opinion si prompte à juger les êtres et à se méprendre.

Le conte peut être en vers ou en prose. La conversation s'épanouit également en poésie. On nomme « poésie fugitive » cet échange permanent de compliments versifiés, de pièces liées à l'actualité la plus éphémère, de jeux où chacun fait assaut de virtuosité. On accompagne un cadeau de quelques vers, on compose un distique ou un quatrain pour mettre sous un portrait ou pour graver sur un monument, on improvise des impromptus, on s'amuse à faire des bouts-rimés. Ces pièces restent le plus souvent manuscrites, elles sont parfois réunies en guirlandes, envoyées au *Mercure*, aux *Étrennes du Parnasse* ou à l'*Almanach des muses*, publiées dans des recueils collectifs ou même adjointes aux œuvres du poète. Les animaux familiers de la maison, les fêtes et les anniversaires sont autant de prétexte à quelques mètres brefs ou à des vers mêlés. À la fête des rois, on tire la galette, un poète est toujours là pour saluer l'événement. Dorat est fait un poème galant :

> Si, dans le hasard du festin,
> La fève échappe à cette belle,
> Je vois d'ici le Souverain
> Réparer les torts du destin,
> Et gaîment abdiquer pour elle.

La même situation inspire à Diderot un poème politique, dithyrambe pindarique, *Abdication du roi de la fève* :

> Du sage Pythagore endossant le manteau,
>   Je cède ma part au gâteau
> À celui qui doué de la faveur insigne
> D'un meilleur estomac et d'une âme plus digne,
> Laisse arriver ce jour sans être épouvanté
> De l'indigestion et de la royauté.

Chaulieu et La Fare chantent la bonne chère et le bon vin. Piron s'est fait une spécialité des épigrammes, Vadé des bouquets, Desforges-Maillard des épitaphes, dont certaines épigrammatiques, Boufflers des inscriptions pour les bustes et les temples de l'amitié. Cette abondance de rimes et d'images pourrait relever d'une histoire des mœurs plutôt que de la littérature, si le fugitif ne fixait des sensations et des émotions. Tel cet impromptu du chevalier de Bonnard, méditant devant les envois de la manufacture de Sèvres à Versailles :

> Fragiles monuments de l'industrie humaine,
> Hélas ! tout vous ressemble en ce brillant séjour !
> L'amitié, la faveur, la fortune et l'amour
> Sont des vases de porcelaine.

Bien de ces poèmes fugitifs sont des chansons et des couplets. La bonne société se passionne pour la musique et organise des concerts et récitals dans les salons. On fait venir pour une soirée des actrices de la Comédie-Italienne, des cantatrices de l'Opéra. On prend des cours de clavecin, de harpe, de chant. Les plus riches peuvent entretenir un petit orchestre. Cet engouement est inséparable du théâtre de société. Les auteurs les plus célèbres n'ont pas dédaigné de composer pour des scènes privées, de la cour de Sceaux au théâtre du Petit Trianon, des châteaux provinciaux des riches financiers aux hôtels parisiens de belles actrices. À côté des scènes officielles et du théâtre de la Foire, le théâtre de société constitue le troisième pôle d'une activité théâtrale qui occupe toute l'époque. Comme à la Foire, on s'y donne le droit de railler les grands genres ou d'imaginer des formes inédites. Tantôt la représentation est donnée dans un salon, tantôt sur un véritable théâtre en miniature. Les acteurs peuvent être des professionnels embauchés pour l'occasion ou pour une saison, ou bien des femmes et des hommes du monde qui prennent plaisir à jouer un rôle. Ils se travestissent pour la scène comme ils se déguisent pour le bal masqué de l'Opéra. « Lieu de passage des textes, des auteurs, des acteurs et des esthétiques, le théâtre de société semble bien être aux origines du théâtre amateur qui se développera au siècle suivant et qui débouchera sur les formes actuelles qu'on lui connaît, notamment sur le théâtre d'appartement » (Marie-Emmanuelle Plagnol-Diéval et Dominique Quéro). Les effets de ce théâtre sur la création dramatique seront divers. Diderot imagine le drame bourgeois et l'esthétique du tableau à partir de la pratique du théâtre de société. *Le Fils naturel* se donne d'abord comme un rituel familial sans spectateur, une représentation pour fêter l'anniversaire de deux mariages qui ont exorcisé les erreurs du passé et clos une crise. Diderot y aurait assisté secrètement grâce à son amitié pour Dorval, « le fils naturel » : « J'entrai dans le salon par la fenêtre ; et Dorval qui avait écarté tout le monde me plaça dans un coin, d'où sans être vu, je vis et j'entendis ce qu'on va lire [...] ». La liste des personnages est donnée comme celle de personnes réelles qui peuvent être remplacées par des acteurs. À la façon dont le roman épistolaire se donne pour un recueil de lettres réelles que le lecteur découvrirait avec un sentiment d'indiscrétion, le théâtre que souhaite Diderot se présente comme un pan de vie réelle qui est surprise par le spectateur.

Charles Collé et Carmontelle, au service de la famille d'Orléans, mettent au point une forme de saynète qui se clôt par un proverbe. Ils en empruntent l'idée aux proverbes de Mme Durand, régulièrement réédités au cours du siècle. Ils lui donnent la liberté de la conversation. Carmontelle se révèle d'une inépuisable fécondité, en faisant pénétrer chez le duc d'Orléans les tracas et les soucis de la vie quotidienne des artisans. *La Marchande de cerises* se passe dans un café parisien. Les personnages en sont une limonadière, en tablier blanc, sa fille, la mère Rogome, la marchande de cerises, avec un casaquin d'indienne et un tablier de grosse toile, ainsi que deux officiers d'infanterie. *L'Écrivain des charniers* met en scène un écrivain public, installé devant un tonneau qui lui sert de bureau, au cimetière des Innocents, entre la boutique d'une lingère et un débit de tabac. Le proverbe à découvrir par le spectateur est : « Il se sert de la patte du chat pour tirer les marrons du feu. » Musset sera un lecteur attentif de ces pièces. La mondanité retrouve ses droits dans un proverbe comme *Le Boudoir* qui fait de cette invention de l'architecture du temps le personnage principal. Le cabinet luxueux est un piège érotique, toute la question est de savoir qui y entrera avec qui. Ces proverbes mondains peuvent avoir une fonction moralisatrice et pédagogique, lorsqu'ils sont composés par Mme de Maintenon pour ses élèves de Saint-Cyr ou bien par Mme de Genlis pour les enfants de la famille d'Orléans. Le théâtre de société peut au contraire écarter les jeunes oreilles et choisir de s'encanailler. Il s'amuse à des parades qui reprennent dans un cadre privé les jeux de mots et les gesticulations qui faisaient le succès de la Foire. Beaumarchais fera ses premières armes de dramaturge en composant des parades pour la scène privée du financier Lenormant d'Étioles. Coups de bâton et calembours se succèdent, mais une de ces parades, *Le Sacristain, intermède espagnol*, variation sur le trio de l'épouse, du vieux mari et du jeune amant, constitue le brouillon du *Barbier de Séville*.

Représentation de la mondanité et objet privilégié de consommation, le roman se plaît à suivre les « égarements du cœur et de l'esprit » qui caractérisent la Ville et la Cour. Traditionnellement destinée au service du roi et à l'illustration du nom par les armes, l'aristocratie, attirée à Paris, domestiquée à Versailles, est livrée à une vie de salons où le libertinage devient raison d'être. Les champs de bataille sont remplacés par des escarmouches d'alcôve, l'éclat des victoires militaires cède la place à la gloire, toute relative, de séduire des femmes, d'allonger la liste de ses victimes. Les *Égarements* de Crébillon racontent l'entrée dans le monde d'un jeune homme auquel ne manquent ni le nom ni la fortune. Il a besoin d'un peu de temps et de beaucoup de bévues pour apprendre les règles du jeu. La forme du roman-mémoires invite au décalage ironique, le narrateur s'amuse des illusions et des maladresses du jeune homme qu'il a été. *Les Égarements* font attendre la première fois et promettent bien des fois suivantes, sans que l'inachèvement du récit permette de savoir comment elles se dérouleront. Lancé dans le monde, rompu à sa rhétorique, le séducteur peut passer d'une femme à l'autre. *Les Confessions du comte de **** de Charles Duclos déroulent ainsi le film accéléré de conquêtes. La facilité des liaisons risquerait d'en épuiser l'intérêt romanesque, si la variété des maîtresses du comte n'ébauchait une typologie. Les deux premières liaisons donnent le ton : « Je vécus quelque temps avec Mme de Ruminigny comme j'avais fait avec Mme de Valcourt, et je m'en dégoûtai encore plus promptement. Ma première et la seconde aventures n'annonçaient pas un caractère fort constant. » Un intermède espagnol introduit alors un peu de passion et de danger. Suivent des aventures italienne et anglaise. Les caractères psychologiques, nationaux et sociaux se succèdent jusqu'à la conversion du libertin qui fait une fin, en découvrant la fidélité. Dix ans après *Les Con-*

fessions, les *Mémoires pour servir à l'histoire des mœurs du XVIIIe siècle* proposent une variation sur un modèle qui est désormais canonique. *Le Sopha* de Crébillon change le point de vue qui devient celui d'un témoin obligé, le meuble sur lequel se déroulent les amours passagères et les étreintes furtives, jusqu'au couple final, enfin naïf, innocent et sincère. L'*Histoire de Madame de Luz* de Charles Duclos donne le point de vue d'une victime : l'héroïne est trois fois violée, par un juge corrompu qui lui fait payer la sentence innocentant son mari, par un admirateur peu scrupuleux, puis par un confesseur franchement crapuleux. Racontée par des séducteurs, des témoins muets ou des victimes, l'histoire des mœurs du temps devient l'objet privilégié du genre romanesque. Un demi-siècle après Crébillon, Maimieux publiera encore *Le Comte de Saint-Méran ou les Nouveaux égarements du cœur et de l'esprit*, et *Les Infortunes de la vertu* de Sade peuvent être considérées comme une reprise de l'*Histoire de Madame de Luz*.

La différence entre *Les Égarements* et ces *Nouveaux Égarements* est d'abord quantitative. Crébillon pratique l'allusion, l'ellipse, l'inachèvement, alors que Maimieux détaille, explicite, moralise. Le libertinage mondain a trouvé l'une de ses plus grandes réussites dans une brièveté élégante et suggestive. Un conte domine l'abondance de ceux qu'a publiés Bastide, *La Petite Maison*. Tout commence par un pari, une jeune femme saura-t-elle résister, non pas tant à la séduction d'un homme qu'à celle d'un décor ? L'empirisme ambiant souligne l'influence des objets sur les individus, comme celle des climats sur les peuples. Le goût du luxe s'y adjoint pour faire d'un lieu un récit et d'une description une histoire. Selon les versions, la jeune femme résiste ou bien cède. Vivant Denon, graveur, collectionneur d'art et futur créateur du Louvre, atteint une espèce de perfection dans *Point de lendemain*. La situation s'inverse, c'est une femme du monde qui enlève le jeune narrateur et l'entraîne dans son château, ou plutôt le château de son mari. La séduction est ici encore celle du lieu, par une nuit de lune. Au petit matin, l'amant officiel apparaît et soulève la question : qui a trompé qui ? La seule certitude est celle du plaisir partagé.

L'euphorie se heurte pourtant à la souffrance et au malheur. Le grand romancier de ce tournant du libertinage, entre amoralité et sensibilité, est Dorat, l'auteur des *Sacrifices de l'amour* et des *Malheurs de l'inconstance*. Ces deux romans par lettres constituent les variantes, plus ou moins tragiques, d'un même scénario. Entre mimétisme social et emportements du désir, les séducteurs contrôlent rarement leurs actes. La vie amoureuse n'est pas réductible à une quelconque norme morale, mais s'impose la nécessité d'une réciprocité, si l'on ne veut que le sentiment se change en catastrophe sanglante. Les romans de Dorat perpétuent la tradition de Crébillon et de Duclos, avant que *Les Liaisons dangereuses* fasse éclater la crise des valeurs.

La mondanité se définit contre ces excès et produit toute une littérature satirique qui se moque d'un raffinement devenu sa propre caricature. Le XVIIe siècle avait connu les petits marquis ; sous le même signe de l'amenuisement, le siècle suivant voit la prolifération des petits-maîtres, acteurs de la *bonne société*, de l'*extrêmement bonne société*. La réaction féodale et la réaction nobiliaire par laquelle les privilégiés essaient de freiner leur perte de pouvoir économique et symbolique trouvent leur critique dans cette figure du noble oisif, futile, inutile, revendiquant pensions royales, honneurs et distinctions. La critique reste souvent une forme d'autodérision. Bien des livres jouent entre un amusement qui demeure complicité et une condamnation qui devient extériorité. François Charles Gaudet compose en 1741 la *Bibliothèque des petits-maîtres, ou Mémoires pour servir à l'histoire du bon ton et de l'extrêmement bonne compagnie* et Thorel de Campigneulles en 1760 des *Anecdotes morales sur la fatuité, suivies de recherches et réflexions critiques sur les petits-maîtres anciens et modernes*. Le héros de Gaudet est l'abbé de Pouponville dont l'existence est vouée à l'accumulation des livres sur la mode. Le clou en est une Encyclopédie des petits riens, une somme des impondérables et la constitution d'une franc-maçonnerie de la superficialité : *Statuts et règlements de l'Ordre élégantissime du papillonage, persiflage, rossignolage, chiffonage, fredonnage, franc bavardage, age, age, age, etc.* en cent volumes in-fol. Ce format in-folio, marque du savoir et de l'érudition, s'oppose aux brochures qui s'éparpillent au gré des vogues successives : papillons de l'éphémère, persiflage de l'élitisme, chiffons de la mode, fredons des airs dans le vent.

En 1759, le marquis de Caraccioli profite de ce jeu pour lancer *Le Livre à la mode*. L'adresse et la date sont ironiques : *À Verte-feuille, de l'imprimerie du printemps, au Perroquet, l'Année nouvelle*. La brochure, qui est imprimée en vert, ne durera qu'une saison, comme la mode vestimentaire, comme les airs dont on s'engoue, comme les bibelots dont on se fatigue vite. Elle n'est composée que d'une préface. Les livres bleus étaient produits par les imprimeurs de Troyes et d'autres centres provinciaux de librairie pour un large public populaire, leur impression était bon marché, leur couverture de simple papier bleu. Les contes bleus étaient donc des histoires faciles. Le monde des contes de fées est un univers coloré. On connaît le chaperon rouge et la barbe bleue de Perrault, puis l'oiseau bleu, le nain jaune, le serpentin vert et la chatte blanche de Mme d'Aulnoy. Diderot vers 1748 y va de sa parodie, *L'Oiseau blanc, conte bleu*. Renouvelant l'antagonisme entre les Florentins et les Vénitiens, la querelle des partisans de Poussin et de Rubens oppose la ligne à la couleur, le dessin qui s'orthographie alors « dessein » et qui se veut le sens et l'âme de la peinture, et le coloris qui n'en serait que l'apparence sensuelle et le fard séducteur. La couleur caractérise un univers chatoyant et séducteur, en attendant qu'elle serve à désigner des partis politiques sous la Révolution ou des carrières comme dans *Le Rouge et le Noir* de Stendhal. Dédié à « messeigneurs les petits-maîtres et mesdames les petites-maîtresses », *Le Livre à la mode* vante la société du luxe et du plaisir. Il était dans le ton de la brochure de donner naissance à une suite, imprimée cette fois en rouge, dédiée à « Messieurs et dames à vapeurs » et composée, cette fois encore, d'une seule préface. « La couleur verte n'ayant duré que huit jours, ainsi que toutes les modes, je vous offre le plus beau des vermillons, tel enfin qu'il brille sur vos visages magnifiquement et furieusement enluminés. » Suit *Le Livre des quatre couleurs*, avec pour adresse et date : *Aux quatre-éléments, de l'imprimerie des quatre saisons, 4444*. Les quatre chapitres sont successivement consacrés aux différentes façons de se servir de l'éventail, aux toilettes, aux étiquettes, tandis que le quatrième reproduit le *Testament de Messire Alexandre Hercule Epaminondas, chevalier de Muscoloris, Grand Petit maître de l'Ordre de la Frivolité*, écartelé entre la grandeur de ses aïeux et la petitesse de ses mérites propres, entre ses prétentions et sa futilité.

Dans ces mêmes années, le chevalier de La Morlière dédie *Angola, histoire indienne* « aux petites-maîtresses » qui doivent la lire au lever du lit, en déshabillé, et fait précéder le roman d'une préface en forme de dialogue entre une comtesse et un marquis à propos du livre tout juste sorti des presses. « Je trouve la lecture de ces bagatelles bien moins funeste que celle d'un redoutable *in-folio*, où l'auteur *affiche* impunément au commencement de son livre *L'Art de penser*, et paraît tout le long de son maudit ouvrage moins un homme qui pense qu'un *bœuf qui rumine*. » Les formules soulignées par l'italique sont les expressions du jargon à la mode et le roman, tout entier, reproduit ce jargon, entre critique et complaisance. En 1768, une brochure poursuit cette veine, avec *Le Papillotage, ouvrage comique et moral*. On a déjà cité la préface qui se nomme *Prélude* et constate le succès de ce néologisme. Le récit reprend : « Les papillotes sont anciennes ; et le papillotage est nouveau. Les papillotes ne contribuent qu'à l'ornement de cheveux, et le papillotage embellit toute une personne. » Il accumule les épithètes qui valent définition : « le raffinement de l'élégance et de la volupté, la quintessence de l'agréable et du joli, le coloris des charmes et des grâces, l'excellence et la perfection des usages du beau monde, l'expression du bon goût, l'emblème de la délicatesse, le vernis des paroles et des manières, l'embellissement des fêtes et des amours, le créateur des parures et des ornements ». Les aventures du petit-maître et de son épouse se déroulent sur ce ton et dans ce style. Jusqu'à la fin du siècle, les titres annonceront des personnages ou des habitudes, capables d'épouser le temps qui passe, du *Roman du jour* du chevalier d'Arcq en 1754 à *La Jolie Femme ou la Femme du jour* de Nicolas Thomas Barthe en 1769, des *Mœurs du jour, ou Histoire de sir William Harrington* traduit d'Ann Meades en 1772 et aux *Six nouvelles, ou Confession galante de six femmes du jour* de Rosny en 1797. Le roman de Barthe glisse de la satire amusée à la critique aigre. *La Jolie Femme ou la Femme du jour* narre la carrière d'une jeune fille de famille, épousant un riche financier qui lui donne fortune et titre de baronne. Elle abandonne le grand goût pour l'art rocaille et tout principe moral pour réussir dans la galanterie et l'intrigue. Son portrait vire au noir : « Elle n'avait pas ce caractère de beauté qu'on admire ; mais que le tour de sa physionomie était piquant ! que son œil était voluptueux ! que le coloris de ses joues était brillant ! Sa taille était petite : mais qu'elle avait de légèreté et de grâces [...] Son esprit était insinuant, subtil, artificieux ; son caractère souple, habile à se prêter à celui des autres. Elle s'était rendue fausse, dissimulée par principes ». Le personnage n'appartient plus au temps du rococo, il marque le retour rousseauiste des grands principes et la volonté philosophique de fonder une morale nouvelle.

Un poème que Voltaire a composé en 1736 résume avec brio les débats autour de la mondanité. *Le Mondain* exprime dès son titre le choix de l'ici-bas. Il réhabilite les plaisirs de la vie et prend parti pour la modernité esthétique et économique. Il récuse toutes les nostalgies du passé, tous les regrets d'un âge d'or disparu, toutes les mortifications puritaines, toutes les critiques du luxe.

> J'aime le luxe et même la mollesse,
> Tous les plaisirs, les arts de toute espèce,
> La propreté, le goût, les ornements.
> Tout honnête homme a de tels sentiments.
> Il est bien doux pour mon cœur très immonde
> De voir ici l'abondance à la ronde,
> Mère des arts et des heureux travaux,
> Nous apporter, de sa source féconde,
> Et des besoins et des plaisirs nouveaux.

Suivent un éloge du commerce, qui met à la disposition d'un riche Européen les ressources du monde entier, et un emploi du temps de ce sybarite qui assume sa paresse, avec la bonne conscience de celui qui fait tourner la machine économique. Son hôtel a employé les meilleurs artistes du moment, sa table convoque des mets et des vins des quatre coins de l'horizon, ses soirées se partagent entre l'opéra et les courtisanes. L'éclat du champagne résume, aussi bien que les jets d'eau des parcs classiques, l'artifice triomphant, la réussite de la volonté humaine, transformant les contraintes de l'existence en une fête permanente. *Mollesse, immonde* : le vocabulaire, qui stigmatisait le laisser-aller aux facilités de la vie, change de sens. Le dernier vers du poème est encore plus provoquant : « Le paradis terrestre est où je suis. »

HÉROÏSME

On ne peut réduire le premier XVIIIe siècle aux seules volutes d'une nouvelle préciosité et aux seuls doutes de l'incrédulité. Les manutentionnaires de chez Gersaint emballent un portrait de Louis XIV. Le monarque n'en reste pas moins un modèle de grandeur auquel on ne cesse de se référer. La critique des petits-maîtres ricaneurs se fait au nom d'une gloire qu'il faudrait restaurer. À cette ambition reste liée la pratique des grands genres littéraires, au premier rang desquels la tragédie et l'épopée. A-t-on assez souvent répété avec Gustave Lanson que, d'*Athalie* à *Hernani*, pas « une note pleinement tragique » ne se fait entendre dans la tragédie et que la poésie française, entre Racine et Lamartine, est « partie morte » ? Si, laissant de côté le jugement esthétique, on s'intéresse à la production et à la consommation de théâtre et de poésie, et même plus précisément des grands genres dramatiques et poétiques, force est de constater la vitalité quantitative de ces pratiques culturelles. Il n'est pas une année de la première moitié du siècle qui ne voit la création d'une ou plusieurs tragédies. Les sujets en restent le plus souvent empruntés à l'Antiquité grecque et romaine, du *Thésée* de La Fosse en 1700 à la *Cléopâtre* de Marmontel en 1750, ou encore biblique. Si l'on considère comme la parfaite figure tragique l'assassin de son père et l'époux de sa mère, l'époque offre les deux *Œdipe* respectivement dus à Voltaire en 1718 et à La Motte en 1726. Mais cette Antiquité, pourvoyeuse traditionnelle d'intrigues tragiques, est concurrencée par un Orient, suspecté de tous les excès, avec deux *Mahomet second, empereur des Turcs*, de Châteaubrun (1714) et La Noue (1739), en attendant *Le Fanatisme ou Mahomet le prophète* de Voltaire (1742). L'histoire d'Angleterre est également sollicitée (*Marie Stuart, reine d'Écosse* de François Tronchin en 1734, *Édouard III* de Gresset en 1740, *Jeanne d'Angleterre* de La Place en 1748), celle de l'Europe centrale et nordique (*Gustave Wasa* de Piron en 1733, *Vanda, reine de Pologne* de Linant en 1747) ou bien méridionale (*Inès de Castro* de La Motte en 1723, *Venise sauvée* de La Place en 1746) et même l'histoire nationale (*Adélaïde Du Guesclin* de Voltaire en 1734). Chocs de civilisation, confrontation de fois religieuses, les croisades et la conquête du Nouveau Monde offrent aussi de nombreux sujets tragiques. On remarque que les titres qui ne sont pas grecs et romains datent de la fin du demi-siècle, la diversité géographique s'affirme en effet durant la seconde moitié du siècle. Le Destin apparaît moins comme une immanence qui échappe à toute explication que comme un conflit dont les origines sont historiques et culturelles.

Tous ces personnages exercent ou briguent le pouvoir, confrontés aux contradictions de l'amour et de l'ambition. Ils se hâtent vers une fin inéluctable, que le titre même fait souvent attendre, de *La Mort de Néron* de Péchantré en 1703 à *La Mort de César* de Voltaire en 1743. Ils continuent à s'exprimer dans la langue la plus noble. Les unités de temps, de lieu et d'intrigue concentrent la tension sur eux. On peut même éliminer les confidents et les personnages secondaires qui dispersent l'attention et relâchent la pression. Mais ces caractères thématiques et formels suffisent-ils à consacrer de tels personnages comme des héros tragiques, capables de toucher le public ? Si Racine reste le modèle incontesté, certains critiquent l'affadissement sentimental d'une pièce comme *Bérénice*. Le tragique risque-t-il de se perdre dans l'amour ? Crébillon, celui qu'on nomme aujourd'hui Crébillon père à cause du succès de son fils le romancier, a résolu la question en optant pour le terrible. Il serait lui-même justifié : « Corneille a pris la terre, Racine le ciel ; il me restait l'enfer. » En 1705, *Idoménée* montre le héros, de retour de Troie, prisonnier du vœu, fait à Neptune, de sacrifier le premier humain rencontré sur le rivage : cet humain-là est son fils. Le suicide du fils évite l'infanticide. Le héros s'indigne :

> Dieux cruels ! fallait-il qu'une injuste vengeance,
> Pour me punir d'un crime opprimât l'innocence ?

En 1707, *Atrée et Thyeste* expose la guerre entre les deux frères, qui culmine avec le repas où Atrée sert à manger à Thyeste ses propres enfants. Il jette à la face des spectateurs son plaisir cruel :

> Quelle douceur pour moi dans ce moment funeste,
> De pouvoir insulter aux larmes de Thyeste !

Lorsque son frère s'est tué pour échapper à tant d'horreur, il triomphe :

> Et je jouis enfin du fruit de mes forfaits.

En 1708, *Électre* répond à tous ces infanticides par un matricide, mais dès 1711, *Rhadamiste et Zénobie* revient à l'infanticide. Ces pièces ont eu du succès, mais on a pu leur reprocher de confondre la terreur et l'horreur, le tragique et le dégoûtant, voire même le dégoulinant. La veine ne pouvait être exploitée indéfiniment sans tomber de Racine au Grand-Guignol. Confronté au même dilemme d'écrire après les chefs-d'œuvre du XVIIe siècle, Voltaire a choisi de donner un contenu philosophique à la tragédie.

Théophile de Viau et Cyrano de Bergerac avaient déjà fait s'interroger leurs personnages sur l'immortalité de l'âme ou le bien-fondé de la religion. Quand il choisit pour ses débuts le sujet tragique par excellence, *Œdipe*, Voltaire y injecte une réflexion politique sur la royauté et surtout une critique du rôle séculier de l'Église et des bouffées de fanatisme du peuple :

> Et dans son zèle aveugle un peuple opiniâtre,
> De ses liens sacrés imbécile idolâtre,
> Foulant par piété les plus saintes des lois,
> Croit honorer les dieux en trahissant ses rois.

Le clou est enfoncé un peu plus loin :

> Nos prêtres ne sont point ce qu'un vain peuple pense ;
> Notre crédulité fait toute leur science.

En pleine Régence, la pièce plut. L'exil anglais familiarisa Voltaire avec Shakespeare. *Brutus* est classiquement emprunté à l'Antiquité romaine, mais *Zaïre* emmène le spectateur à Jérusalem à l'époque des croisades. La belle Zaïre est aimée du sultan, Orosmane, mais elle se découvre fille du vieux prince chrétien Lusignan. Elle doit revenir à la foi de ses pères, recevoir le baptême et renoncer au sultan : « Je suis chrétienne, hélas ! ». Les deux amants continuent à s'aimer : « Zaïre, vous pleurez !.. Zaïre, vous m'aimez ! » mais Orosmane prend le rendez-vous du baptême pour un rendez-vous galant. Il poignarde la jeune fille avant de se donner la mort. La tragédie est devenue un drame historique et humain, le destin se nomme désormais hasard et fanatisme. Les héros ne peuvent formuler une nouvelle morale, qu'ils appellent de leurs vœux pour concilier amour et devoir. Ils incarnent une humanité qui se débat pour que l'histoire cesse d'être la répétition des mêmes illusions.

Voltaire prolonge cette voie de la tragédie philosophique dans *Alzire* et dans *Mahomet*. *Alzire* dénonce les massacres que les conquistadors ont perpétrés au Pérou, le catholicisme y est directement mis en cause. Mais c'est *Mahomet*, dont le titre complet est *Le Fanatisme ou Mahomet le prophète* et qui paraît s'en prendre à l'Islam, qui est interdit à Paris. La pièce démonte en effet les mécanismes de l'exaltation religieuse et la bonne foi avec laquelle les pires crimes peuvent être commis. Mahomet voit le « sheik ou shérif de La Mecque » Zopire s'opposer à son ambition. Il le fait assassiner par Séide qui lui obéit aveuglément mais se débarrasse de ce dernier par jalousie. Il le pense amant de la belle Palmyre. Séide et Palmyre se découvrent en fait les enfants perdus de Zopire. Palmyre se suicide. Il reste à Mahomet à cacher ses crimes, prisonnier de l'image qu'il doit donner de lui. Un tel personnage caricatural correspondait trop à l'image que la polémique chrétienne donnait du Prophète pour déplaire aux autorités, mais la figure de Séide était plus troublante, dans sa pureté criminelle, dans sa piété fanatique. Sa pathologie peut être chrétienne, musulmane ou juive. Ce n'est pas une religion particulière qui est attaquée, c'est le principe même de confondre le religieux et le politique, la foi et le pouvoir, de transformer des principes moraux en un ordre coercitif. Dans *Les Macchabées* de La Motte, une jeune amante écarte les lois juives qui prétendent s'opposer à son amour :

> [...] devant ces tyranniques lois,
> La nature et l'amour perdent-ils tous leurs droits ?

La religion hindoue sera à son tour montrée du doigt dans la tragédie de Lemierre, *La Veuve du Malabar*, dont l'héroïne se résigne à la mort, ordonnée par la tradition. Le grand bramine justifie cette tradition qui condamne les veuves à s'immoler sur le bûcher de leur époux :

> C'est un usage saint, inviolable, antique,
> Et la religion, jointe à la politique,
> Le maintient jusqu'ici dans ces États divers
> Que traverse le Gange et qu'entourent les mers.

Les valeurs du cœur et de la raison finissent par l'emporter sur une sacralité qui n'est que l'intérêt du clergé et du pouvoir, mais la conclusion n'est pas sans ambiguïté lorsque la voix de l'humanité contre les préjugés hindous se confond avec la parole européenne. La tragédie intervient dans un contexte de guerres coloniales en Inde et de défaite des troupes françaises.

La tragédie ne peut offrir de héros qui échappe au vertige du crime et à la fascination du mal qu'en ouvrant la perspective d'un avenir qui transforme la tragédie en drame historique et la poétique classique en une esthétique du spectaculaire et du pathétique. L'épopée se heurte aux mêmes tensions. Le genre noble par excellence chante traditionnellement le regroupement d'une communauté autour d'une figure héroïque, incarnant des valeurs religieuses et nationales. Ces valeurs peuvent-elles devenir cosmopolites et universelles ? Les modèles anciens se déroulaient sur les deux plans du divin et de l'humain, des débats entre les dieux païens et des luttes entre les hommes. Si le christianisme peut accepter que les divinités du paganisme deviennent des métaphores du dogme, la laïcisation et la rationalisation rendent-elles encore crédibles les descentes aux Enfers et les prédictions, les interventions directes des dieux et les figures allégoriques ? On retrouve Voltaire qui s'est attaqué au chantier d'une épopée. Il la nomme d'abord *La Ligue ou Henri le Grand* (1723) avant de la baptiser *La Henriade* (1728). Les deux Henri, Henri III de France et Henri de Navarre, sont en guerre contre les Ligueurs qui tiennent Paris. Henri de Navarre va quérir l'aide de la reine d'Angleterre à laquelle il rapporte les horreurs des guerres de religion, en particulier la Saint-Barthélemy, tandis que la Ligue se tourne vers Rome. Henri III tombe sous les coups d'un moine armé par le fanatisme catholique. Henri de Navarre se convertit pour devenir roi de France. Une tentation libertine l'attire entre les bras de Gabrielle d'Estrées, à la façon dont Énée se laissait séduire par Didon ou Télémaque par Calypso, mais le devoir le ramène sur les champs de bataille. Saint Louis apparaît en songe au héros pour l'assurer de la victoire et annoncer la gloire de sa race, la dynastie des Bourbons. Ce songe cherche à concilier merveilleux et vraisemblable moderne, vision poétique et esprit critique. Le merveilleux y est rationalisé et individualisé, le présage devient pressentiment, conviction intime. Le monde traditionnel des croyances cède ainsi discrètement la place à l'univers moderne des savoirs, de même que l'histoire dynastique se confond avec celle des mœurs. La vision onirique du roi de Navarre est conforme à la leçon de Newton :

> Ces astres, asservis à la loi qui les presse,
> S'attirent dans leur course, et s'évitent sans cesse,
> Et, servant l'un à l'autre et de règle et d'appui,
> Se prêtent les clartés qu'ils reçoivent de lui.

Au-delà de leurs cours, le poète suggère « des soleils sans nombre, et des mondes sans fin » : s'impose l'idée que Dieu peut être adoré selon des théologies et des rituels différents, qu'aucune révélation ne peut prétendre en dire la vérité

> C'est cet être infini qu'on sert et qu'on ignore.
> Sous des noms différents le monde entier l'adore.

Voltaire glorifie un roi, l'ancêtre direct du monarque régnant, fort d'un double droit de naissance et de conquête, mais dont la légitimité est d'abord philosophique. Henri IV « conquiert » la France par l'Édit de Nantes et la leçon de tolérance. La leçon mérite d'autant plus d'être rappelée que Louis XIV a révoqué cet Édit de Nantes et que la répression se poursuit dans le royaume contre les protestants.

Relève de ce même idéal héroïque le poème en prose ou le roman que Fénelon compose pour son élève, le duc de Bourgogne, appelé à régner. *Télémaque* raconte les aventures du fils d'Ulysse, son périple dans le monde méditerranéen et propose, du même coup, à son lecteur princier une leçon d'histoire et de politique, de rhétorique et de sociabilité. Le manuscrit fut publié, sans l'accord de l'auteur, en 1699, et malgré les diverses critiques des théologiens qui s'étonnèrent d'une telle fiction sortie de la plume d'un homme d'Église, des défenseurs de l'absolutisme qui ont voulu y lire une critique du monarque, et de tous ceux qui s'interrogeaient sur la nature de l'objet poétique, le succès fut immédiat, en France, en Europe, en français et en traduction.

Cette réussite inspira une série d'imitations, des *Aventures de Néoptolème, fils d'Achille, propres à former les mœurs d'un jeune prince* (1718) de Chansierges aux *Voyages de Cyrus* (1727) de Ramsay, de *Sethos* de l'abbé Terrasson (1731) au *Voyage du jeune Anacharsis* de l'abbé Barthélemy, paru à la veille de la Révolution. André-Michel Ramsay est un Écossais, anglican, devenu sceptique, tenté par le protestantisme, avant d'être converti au catholicisme par Fénelon dont il est devenu le secrétaire, puis l'éditeur, propagandiste de la franc-maçonnerie, précepteur des enfants du prétendant à la couronne d'Angleterre. Son action a été déterminante pour faire de Fénelon le héros de la tolérance que célèbrent les philosophes du XVIIIe siècle. Fénelon devient ainsi un annonciateur des Lumières en plein siècle de Louis XIV. Il est loué comme tel en 1771 lorsque l'Académie française met au concours son éloge. Un auditeur de la séance rend compte de l'atmosphère : « La salle de l'Académie fut comme transformée en un temple, où toutes les âmes étaient de la religion de Fénelon. » En pleine Révolution, Marie-Joseph Chénier fit même représenter une tragédie, *Fénelon, ou les Religieuses de Cambrai*, dans laquelle l'évêque de Cambrai devenait un pourfendeur du fanatisme. Une gravure montre alors Mirabeau arrivant aux Champs Élysées où il est accueilli par Voltaire, Rousseau, Franklin et… Fénelon. Ramsay est pour beaucoup dans ce gauchissement de la pensée de Fénelon. Le modèle du roman pédagogique dans un cadre antiquisant permettait de fournir aux lecteurs, jeunes ou moins jeunes, une information historique et culturelle et de les inviter à une réflexion sur les formes du pouvoir et de la vie sociale. L'abbé Terrasson présente son roman comme un manuscrit grec qu'il aurait traduit, il y définit l'héroïsme de son personnage, Sethos : « Animé du véritable héroïsme, il emploie le temps d'un long exil à chercher des peuples inconnus qu'il délivre de superstitions les plus cruelles, et dont il devient le législateur. Dans son retour il sauve par son courage une puissante république d'un ennemi qui était à ses portes et il n'exige d'elle pour sa récompense que le salut du peuple vaincu, dont le roi ou le tyran l'avait attaquée. Rentré enfin dans sa patrie, il se rend le bienfaiteur de ceux qu'il avait sujet de regarder comme ses ennemis et ses rivaux. »

On peut rattacher à l'idéal héroïque deux auteurs que l'on range habituellement l'un dans le chapitre des mémorialistes et historiens, le duc de Saint-Simon, l'autre dans celui des moralistes, le marquis de Vauvenargues. La fortune de l'un n'a rien de commun avec les modestes revenus de l'autre, mais l'un et l'autre sont habités par une même volonté de servir et de s'illustrer qui se heurte aux pesanteurs du réel, aux mesquineries des personnes et peut-être à la marche du temps. Fidèles aux principes aristocratiques, ils ont cru à la guerre et à la gloire. Le duc de Saint-Simon peut s'attacher un régiment, le Royal Allemand, dont il devient colonel. Vauvenargues ne dépasse pas le grade de capitaine. Ils font l'épreuve du feu, sans trouver dans cet héroïsme guerrier la plénitude qui leur convienne. Saint-Simon est en droit de solliciter une des plus hautes charges de l'État, il est nommé ambassadeur à Rome sans pouvoir rejoindre son poste, Vauvenargues postule un emploi diplomatique que sa mauvaise santé ne lui permet pas d'obtenir. Le premier perd la faveur du roi en défendant la tradition aristocratique contre les prérogatives du souverain, le second se heurte à la maladie et à son absence de soutien à la Cour. La promotion du duc de Bourgogne comme dauphin, puis la mort de Louis XIV et la Régence du duc d'Orléans sont autant d'épisodes qui laissent espérer à Saint-Simon la carrière politique qu'il attend. L'un et l'autre sont finalement contraints à une retraite qu'ils consacrent à l'écriture. Saint-Simon transforme progressivement les annotations qu'il apporte au long journal manuscrit du marquis de Dangeau en un récit original où lui-même entreprend de raconter sa traversée d'un demi-siècle de vie publique. Vauvenargues a l'ambition de composer une ambitieuse *Introduction à la connaissance de l'esprit humain*. Là encore on pourrait opposer le monument achevé par Saint-Simon à quatre-vingts ans et le chantier inachevé laissé par Vauvenargues, mort à trente-quatre ans.

De 1739 à 1750, Saint-Simon rédige 2 854 pages grand format, rassemblées en 173 cahiers, eux-mêmes reliés dans onze portefeuilles armoriés. Sans se soucier de bien écrire, il se bat avec ses souvenirs, ses convictions, ses principes aristocratiques et religieux et se laisse emporter par la résurrection d'une époque et d'une société. « Écrire l'histoire de son pays et de son temps, c'est repasser dans son esprit avec beaucoup de réflexion tout ce qu'on a vu, manié ou su d'original sans reproche, qui s'est passé sur le théâtre du monde, les diverses machines, souvent les riens apparents qui ont mû les ressorts des événements qui ont eu le plus de suite, et qui en ont enfanté d'autres ; c'est se montrer à soi-même pied à pied le néant du monde ». La phrase s'allonge, se développe, s'approfondit, sans concession à l'éloquence des chantres du roi et des historiens professionnels. Duc et pair, il a été aux premières loges de la comédie ou de la tragédie du pouvoir. Il peut en rendre compte, démasquant les faux-semblants, dénonçant les mensonges et les atteintes aux traditions garantes de l'ordre des choses. Il se donne à cœur joie en faisant grimacer les portraits charges de ceux qu'il méprise ou qu'il hait, Mme de Castries, « quart de femme, une espèce de biscuit manqué, extrêmement petite, mais bien prise [...] ni derrière, ni gorge, ni menton », ou bien monsieur le Grand, « la plus basse, la plus puante, la plus continuelle flatterie ». Le roi lui-même doit descendre de son piédestal, il apparaît bien en deçà de la gloire que lui assure la propagande officielle. L'écrivain meurt en 1755, ses manuscrits sont confisqués par le roi qui les dépose aux archives des Affaires étrangères. L'arbitraire en cette occasion eut du bon, il sauva peut-être ce monument. Des extraits en paraissent en 1788 sous le titre de *Mémoires de M. le duc de Saint-Simon, ou l'Observateur véridique*, mais la première édition complète date de 1829. Ce témoignage privilégié sur l'Ancien Régime parut à la veille de sa disparition, dans la Révolution de 1789, puis de 1830.

Saint-Simon rend hommage aux récits historiques qui ont suscité en lui l'émulation et à tous les mémoires qui lui ont donné l'envie de rédiger les siens. C'est dans Plutarque que Vauvenargues a puisé son rêve héroïque. Malgré les déceptions que la vie active lui a réservées, il entend faire l'éloge de la grandeur d'âme tout comme l'historien grec. Si la forme discontinue des réflexions et des maximes rappelle La Rochefoucauld, Vauvenargues a le dessein de réhabiliter l'homme dans son élan vital, ses passions et sa capacité créatrice, aux antipodes de l'amertume de son prédécesseur. Il récuse son pessimisme, sa condamnation religieuse de l'amour-propre et des passions. L'*Introduction à la connaissance de l'esprit humain* traite successivement de la raison, du cœur et de la morale, tandis qu'une seconde partie regroupe des *Paradoxes mêlés de réflexions et de maximes* (1746), devenus des *Fragments* en 1747. Parmi les maximes, on remarque celles qui répondent à La Rochefoucauld. « Nous devons peut-être aux passions les plus grands avantages de l'esprit » où le *peut-être* semble une réplique aux formules péremptoires du moraliste du XVIIe siècle et où la confiance dans les passions implique une conception dynamique et optimiste de l'être humain. Une seconde maxime enfonce le clou : « Les passions ont appris à l'homme la raison. » Quelques pages auparavant, une maxime prend une résonance particulière : « Pour exécuter de grandes choses, il faut vivre comme si on ne devait jamais mourir. » Les moralistes marqués par le jansénisme demandaient à l'homme de ne jamais oublier qu'il était condamné à mourir. Vauvenargues l'invite à s'émanciper des craintes et des préjugés pour se réaliser. Il a lui-même été rattrapé trop vite par la mort. Au même moment, un jeune philosophe publie des *Pensées philosophiques* qui s'ouvrent scandaleusement sur un éloge des passions. Il se nomme Denis Diderot. Arc-bouté sur la tradition ou tendu vers un avenir incertain, dans l'amplitude des *Mémoires* ou dans la suggestive fragmentation de maximes, deux nobles montrent qu'on peut croire toujours aux valeurs qui ont fondé la noblesse et inspiré des vies héroïques. Les Lumières s'efforceront de prendre le relais. Le héros sera désormais celui qui œuvrera à la marche collective de l'histoire.

LIBERTÉ

Jean Starobinski a nommé son panorama du XVIIIe siècle *L'Invention de la liberté*. La liberté n'y est pas seulement politique, comme celle que réclame l'aristocratie sous la Régence et que réclamera le Tiers-État à la fin du siècle, elle est aussi philosophique et esthétique. Les grandes œuvres sont celles qui traitent de la liberté de l'homme, en explorant une liberté d'écriture. Cinq écrivains majeurs s'imposent dans cette perspective, durant la première moitié du siècle : Robert Challe, se cherchant entre fiction et philosophie, Lesage et Marivaux, essayant parallèlement le théâtre et le roman, Prévost et Crébillon, s'imposant contre les valeurs qui auraient dû être les leurs, le premier dans le refus de la prose pieuse qu'il aurait dû pratiquer comme jésuite, puis comme bénédictin, et Crébillon, dans le refus de la grandeur tragique où s'était illustré son père. Ils n'appartiennent pas tous les quatre à la même génération : lorsque meurt Louis XIV, Challe a dépassé la cinquantaine, Lesage l'a déjà presque atteinte, Marivaux a la trentaine, Prévost n'a pas encore vingt ans, Crébillon est adolescent. Mais ils représentent, au sortir de l'âge louis-quatorzien, un même épanouissement de la liberté esthétique, un goût commun de l'expérimentation littéraire.

Longtemps méconnu et récemment réévalué, Robert Challe est écrivain du roi dans la marine. Ses voyages en Amérique et aux Indes appartiennent sans doute au XVIIe siècle, mais les publications et son influence, de plein droit, au XVIIIe. Il annonce le quatuor du demi-siècle suivant par son intérêt pour l'expérimentation romanesque de Cervantès, par sa double audace intellectuelle et littéraire. Il compose une continuation du *Don Quichotte*, avant de publier anonymement en 1713 *Les Illustres Françaises*. Le sous-titre au pluriel, *histoires véritables*, suppose un recueil de sept nouvelles, mais les personnages reparaissent de l'une à l'autre. Le romancier dans sa préface parle de son roman, ou de ses histoires, « comme on voudra les appeler ». Une unité souple, fluide, réunit ces histoires en un roman d'hommes et de femmes qui, loin de la vulgarité populaire et de la gloire aristocratique, appartiennent à un même milieu bien réel, entre bourgeoisie et noblesse. Ces « illustres Françaises » ne sont pas des princesses comme Mme de Clèves, elles méritent pourtant l'intérêt et le respect. Le ton général est celui d'une conversation, « dans un style purement naturel et familier » qui accepte les réalités du sexe et de l'argent. Sans architecture complexe du récit, les histoires « n'ont rien d'obscur, ni d'embrouillé, parce que tout s'y suit ». Une voie nouvelle se cherche, qui peut se risquer du côté du comique, sans ignorer les accidents tragiques de la vie. *Les Illustres Françaises* fourniront aux dramaturges des sujets de « tragédie bourgeoise », récusant la hiérarchie classique des genres. Tout commence par un encombrement sur un quai de la Seine, deux amis se retrouvent par hasard, le cercle des connaissances s'élargit, l'histoire de leur vie suscite curiosité et commentaires.

Ce poids de réalité vécu suffirait à faire de Challe un écrivain novateur, mais la diversité de son talent se révèle dans le *Journal d'un voyage fait aux Indes orientales*, publié en 1721, ainsi que dans ses Mémoires et un traité de philosophie clandestine qu'il laisse manuscrits. L'attribution des *Difficultés sur la religion proposées au père Malebranche* a été longtemps discutée. Le manuscrit a été drastiquement réduit par d'Holbach et Naigeon dans une perspective athée et publié en 1767 sous le titre *Le Militaire philosophe*. Relu dans sa version originale, il apparaît comme un texte inquiet, celui d'un chrétien qui a découvert les dogmes et les rites orientaux et ne peut se contenter de l'orthodoxie catholique. Le double refus du style héroïque dans le roman et du dogme en philosophie, l'annonce de drame et des Lumières, font de Challe un auteur décisif à l'ouverture du siècle.

Lesage voit le jour en Bretagne d'un père notaire, puis greffier. Marivaux naît à Paris, d'un père directeur de l'hôtel de monnaie de Riom. Autant de gens d'écriture, écrivains comme Challe l'a été d'abord sur les bateaux du roi. Ce ne sont pas des privilégiés, même si Marivaux fréquente les salons aristocratiques, même s'ils peuvent tous deux compter sur quelques hautes protections. Lorsque Marivaux se sera ruiné dans une spéculation risquée, ils seront l'un et l'autre obligés d'écrire pour vivre, de transformer l'aimable passe-temps littéraire en un métier. Tous deux ont fait des études de droit, voulues par leur famille, mais ils ont vite préféré l'écriture aux écritures. Lesage mène de front une double carrière de romancier et d'homme de théâtre. Il emprunte son inspiration à la matière espagnole. Pour le roman, il s'est sans doute tourné vers le grec en traduisant les Lettres d'Aristénète, vers l'arabe en exploitant avec Petis de La Croix le succès des *Mille et une Nuits* dans les *Mille et un Jours*, mais ses grands titres viennent d'au-delà des Pyrénées. Les *Nouvelles aventures de l'admirable Don Quichotte de la Manche* en 1704 sont partiellement traduites d'une suite du roman de Cervantès, *Le Diable boiteux* en 1707 est tiré d'une nouvelle de Vélez de Guevara. Don Leandro, écolier d'Alcala, est entraîné par son diable au-dessus des toits de Madrid, mais l'évocation de la vie sociale et des mœurs citadines s'inscrit dans la lignée des moralistes français et s'émancipe du modèle espagnol. Cette émancipation est confirmée par l'*Histoire de Gil Blas de Santillane*, publiée en trois fois, sur vingt ans (1715, 1724, 1735). Le décor reste espagnol, quelques éléments viennent d'un roman de Vincente Espinel, mais cette Espagne, dans laquelle Gil Blas est ballotté entre brigands et bourgeois, comédiens et mondains, parasites et courtisans, ressemble à la France de la Régence en quête de valeurs, entre le monde traditionnel de la naissance et le monde nouveau de la fortune, entre les Anciens et les Modernes. Gil Blas voyage dans l'espace géographique et surtout dans l'espace social, des bas-fonds à la Cour, avec une alternance de hauts et de bas, de réussites et d'expériences désastreuses. Il n'impose pas de sens définitif à cette vie hasardeuse, en dents de scie, la seule morale est celle de l'indulgence. De même que le héros sait se sortir des impasses par un bon mot, un discours habile ou une lettre bien tournée, le narrateur et son romancier prouvent leur savoir-faire et leur savoir-dire. Débarrassé de ses préjugés et de ses illusions, parfois de ses scrupules, en forçant un peu la chance, l'être humain peut affirmer sa liberté dans un monde qui *a priori* ne lui en laisse guère. Le roman est un franc succès. L'inspiration est encore espagnole dans l'*Histoire de Guzman d'Alfarache*, mais *Les Aventures de Monsieur Robert, chevalier dit de Beauchêne, capitaine de flibustiers dans la Nouvelle France* emportent le lecteur dans l'Amérique des Indiens et des guerres. Le héros commence très tôt ses aventures et rêve de se faire enlever par les méchants Indiens qui lui semblent merveilleux avec leurs armes et leurs plumes. Les méchants ne le sont pas tant qu'ils le paraissaient à ses parents, et toute la vie du chevalier de Beauchêne est, à l'image de ce premier choix paradoxal, l'exaltation d'une énergie vitale, d'une indépendance morale.

L'Espagne est également à l'honneur sur scène. *Crispin rival de son maître* (1707) est inspiré de Hurtado de Mendoza. Mais le Molière des *Précieuses ridicules* est l'autre source de cette pièce où le valet n'hésite pas à vouloir prendre la place de son maître et à épouser la belle Angélique. On peut évoquer aussi les pièces de Dancourt et de Regnard où la différence s'estompe entre les maîtres et les valets, où les interdits s'affaiblissent, où les principes ne pèsent plus lourd face aux intérêts des uns et des autres et à une toute nouvelle soif de vivre. Les maîtres perdent leurs scrupules, les valets gagnent en assurance. Quand les premiers ont besoin des seconds dans leurs intrigues, quand les seconds ne se contentent plus de rester à leur place, la hiérarchie est menacée. Le Crispin du *Légataire universel* de Regnard (1708) prête sa femme à ses maîtres successifs. Non moins convaincu que lui qu'il lui faut faire son destin par son esprit, le Crispin de Lesage entreprend de détourner à son profit le projet matrimonial de son maître. D'ailleurs un maître sans bien signifie un valet sans gages, qui doit se soucier seul de son avenir. La complicité des maîtres et des valets dans des affaires sordides mènent à la subversion de l'ordre traditionnel entre ceux qu'on sert et ceux qui servent. Crispin échoue à la fin, Frontin tire son épingle du jeu dans *Turcaret* (1709). La pièce a fait scandale et les financiers qui étaient visés ont tenté de la faire interdire, ils n'ont réussi qu'à en limiter le nombre des représentations et à en augmenter le retentissement. Le maître envoie Frontin duper le financier, le valet dupera le financier et son maître. Scapin, Crispin n'envisageaient pas vraiment de situation au-delà de leur servitude. Frontin au contraire sait qu'il ne sera pas toujours serviteur. « Après quelque temps de fatigue et de peine, je parviendrai enfin à un état d'aise. Alors quelle satisfaction ! Quelle tranquillité d'esprit !.. Je n'aurai plus à mettre en repos que ma conscience. » « À la différence de Crispin qui tentait un coup, un gros, comme un joueur à la loterie ou un bandit, Frontin procède par accumulation de profits » (Yves Moraud). Et finalement réussit. Il partage avec Gil Blas et le chevalier de Beauchêne, et sans doute Lesage lui-même, un goût de la vie, un sens de l'intrigue, une volonté de s'en sortir. Lesage avait tiré la conclusion des difficultés mises par les Comédiens-Français à jouer sa pièce, il a quitté le théâtre officiel et s'est mis à travailler pour la Foire. Libéré des contraintes classiques, il innove librement. Derrière les pièces ou les canevas regroupées dans *Le Théâtre de la Foire ou l'Opéra-comique* (1721-1737), il faut imaginer les décors et les grimaces, les chansons et les contorsions. Sa liberté, il l'a pratiquée à la fois dans son travail pour échapper au besoin et dans son invention pour ne pas se laisser réduire à une norme préétablie.

Marivaux suit Lesage dans sa double exploration romanesque et dramatique, dans son ironie prompte à se moquer des lieux communs de la fiction et de la comédie, dans son refus de se laisser enfermer dans le théâtre classique. Il y ajoute peut-être le plaisir de la discussion esthétique, du raffinement littéraire. Il hérite des salons qu'il a fréquentés les subtilités de la métaphysique du cœur et de ce qu'on a pu nommer « la nouvelle préciosité ». Ce plaisir est sensible dans ses premiers essais romanesques, *Les Effets surprenants de la sympathie* (1713-1714) ou *La Voiture embourbée* (1714), qui sont autant de parodies des formes romanesques connues, aussi bien que dans toutes les comédies qui sont autant de variations sur le théâtre dans le théâtre, mais il trouve dans un genre en plein essor le cadre souple d'une réflexion esthétique originale, celui du journalisme, tel que Steele et Addison le pratiquaient outre-Manche. Il commence par donner des articles au *Mercure* (1717-1720), puis lance ses propres titres qui durent plusieurs années ou moins longtemps, sans prétendre rivaliser avec le modèle anglais. *Le Spectateur français* (1721-1724), *L'Indigent philosophe* (1727), *Le Cabinet du philosophe* (1734) donnent la parole à un témoin, légèrement décalé, qui observe, décrit, s'étonne, refuse de consentir aux préjugés : indigent dans une société où la fortune est nécessaire, dans son cabinet à l'écart du monde. Non pas un auteur, maître de sa plume et de ses sujets, mais un honnête homme qui surprend en lui les pensées que le hasard lui inspire. Les articles du *Mercure* juxtaposent des portraits qui prennent la suite de ceux de La Bruyère et des aventures qui esquissent une intrigue romanesque. Les articles des journaux propres de Marivaux sont autant de feuilles volantes qui acceptent le temps qui passe, la fugitivité de la vie, la relativité du regard et la subjectivité du style. Contre une rhétorique figée, ils revendiquent le naturel, ou selon le terme du temps la « naïveté », la spontanéité. Ce naturel est l'équivalent, dans l'écriture, du négligé dans le vêtement, et Marivaux sait bien que ce négligé est quelquefois fort calculé. « J'avais laissé dans ma parure les marques d'une distraction que je n'avais pas eue, et cela, sans préjudice des grâces que j'y avais ménagées, de façon cependant, que ces grâces s'y trouvaient sans qu'on pût m'accuser d'avoir pris la peine de les y mettre. » Une feuille du *Cabinet du philosophe* recourt à l'allégorie pour opposer la Beauté qui s'offre à admirer comme un jardin à la française au je-ne-sais-quoi qui réserve des surprises incessantes comme un parc à l'anglaise, dans lequel il faut s'enfoncer et qui est sans cesse nouveau selon le temps, la saison et l'humeur du promeneur. À la Beauté immobile comme une idée abstraite, Marivaux préfère l'invention renouvelée d'une aventure intellectuelle et morale qui échappe à une forme définitive, à une norme préétablie.

Cette acceptation du hasard s'épanouit dans les deux grands romans qui confrontent la conscience de soi aux aléas de la vie. *La Vie de Marianne ou les Aventures de Mme la comtesse de* *** (1731-1741) et *Le Paysan parvenu* (1734-1735) sont deux récits-mémoires à la première personne : les héros-narrateurs, au soir de leur vie, se retournent vers leur jeunesse et racontent comment ils sont devenus ce qu'ils sont désormais. Les deux romans sont des pendants, comme, en peinture, certains portraits de couple ou des paysages symétriques, *Mer calme* et *Tempête*. Ils sont écrits l'un au féminin, l'autre au masculin. Enfant abandonnée à la suite d'un drame, Marianne est persuadée de sa haute naissance ; paysan venu à Paris vendre le vin familial, Jacob se sait et se proclame d'origine roturière. Ils font l'un et l'autre carrière grâce à leur charme, à leur art de séduire des protecteurs et de profiter de l'occasion. Marianne avance dans le monde, en équilibre entre des principes stricts, qui pourraient la condamner à l'obscurité, et une absence de scrupule qui ferait d'elle une simple aventurière. L'équilibre est fragile, subtil, inimitable. Jacob peut se permettre de payer de sa personne auprès de protectrices successives et le lecteur le quitte à la Comédie-Française au milieu des fils de famille qui ont accès aux côtés de la scène. Il a monté dans la société, mais le chemin semble encore long pour s'y faire une place honorable. Les deux récits sont inachevés selon une esthétique qui suggère autant qu'elle montre, qui préfère esquisser qu'achever, mais l'inachèvement correspond au point aveugle de l'ordre social : comment parvenir dans une société de la naissance ? comment devenir dans une hiérarchie fixe ? comment se faire un nom grâce à des qualités personnelles ?

La subtilité de l'analyse morale, liée à une réflexion sur les ressources de l'écriture, se retrouve dans un théâtre qui ne cesse de s'interroger sur lui-même. Marivaux donne alternativement ses pièces aux Comédiens-Français et aux Italiens, mais ce sont les mêmes thèmes qu'il traite, la même langue qu'il fait manier par ses personnages, venus de la comédie noble ou de la *Commedia dell'arte*. Jeunes gens et jeunes femmes sont surpris par l'amour. Quels que soient les serments indiscrets qu'ils ont prononcés de ne pas y céder, ils sont pris. Des jeux de symétrie entre figures masculines et féminines, entre maîtres et valets compliquent l'intrigue dans un premier temps, la résolvent dans un second. *Le Jeu de l'amour et du hasard* est construit sur la même inspiration des jeunes gens. Fiancés par leurs pères, Silvia et Dorante ne se connaissent pas, ils se méfient, ils prennent la place de leurs domestiques pour s'observer. La pièce est ainsi le spectacle d'une expérience qui devient réalité, d'un théâtre dans le théâtre qui se résout en acceptation de la vie. Le hasard est d'abord ressenti comme une menace, avant d'être assumé et transformé en bonheur par des consciences qui ne demandent qu'à aimer. La liberté s'éprouve et se conquiert dans la confrontation des consciences et dans l'exercice du langage. Du XVIIIe au XXIe siècle, on a interprété ce festival de mots comme un jeu mondain, un raffinement aristocratique et une grâce rococo puis, au contraire, comme un jeu dangereux, un duel cruel, un cheminement au bord des abîmes du cœur. *La Double inconstance* a pu être présentée comme le récit dramatique d'un crime élégant. Deux villageois s'aiment sans malice, le prince est amoureux de la jeune femme, il enlève le couple, l'installe à la cour, parvient à séparer les amants. Les deux couples qui se marient au dénouement sont-ils artificiellement imposés par le pouvoir ou correspondent-ils à une vérité profonde des personnages ? Marivaux peut être tiré du côté de Watteau ou bien de Sade. En 1950, Jean Anouilh a fait jouer *La Répétition ou l'Amour puni*, la préparation d'une représentation de *La Double Inconstance* dans un aristocratique château de province. La répétition est exercice pour les comédiens et exercice pour le dramaturge, on répète une pièce qui n'adviendra jamais à la vérité du cœur : les mondains sont trop désabusés, fatigués de vivre pour se risquer à aimer vraiment comme les jeunes héros de Marivaux. Un demi-siècle plus tard, dans *L'Esquive* d'Abd Latif Kechiche, un professeur fait répéter *Le Jeu de l'amour et du hasard* dans une banlieue où les adolescents mêlent selon leurs interlocuteurs le français, le verlan, l'arabe et quelques mots d'anglais. Quel écho les maladresses du cœur parmi les barres d'HLM peuvent-elles trouver dans les subtilités d'il y a deux cent cinquante ans ? Les décors n'ont rien à voir, les hiérarchies sociales ne se correspondent pas, les timidités, les pudeurs, les hésitations, les élans et les reculs se ressemblent pourtant. Un miracle s'accomplit, Marivaux passe la rampe. Pesée d'œufs de mouche dans des toiles d'araignée, disait Voltaire ; « comédies microscopiques, où les nuances d'un sentiment sont reproduites avec une extrême finesse et comme à la dérobée », atténue Alexandre Vinet, le critique suisse du XIXe siècle. Pouvoir de distanciation, explique plus justement Michel Gilot : « une euphorie d'esthète se mêle à une joie enfantine ».

Parisien, Crébillon a longtemps vécu dans le monde du théâtre ; provincial, Prévost en reste plus éloigné, mais l'un et l'autre sont d'abord des romanciers, des raconteurs d'histoires, des experts du décalage entre personnage et narrateur, des manipulateurs de la sincérité et de la mauvaise foi. Le drame de la liberté pour Prévost s'est noué ce jour de novembre 1721 où il a prononcé des « vœux de pauvreté, de chasteté et d'obéissance, alors qu'il rêvait de fortune, de femmes et d'indépendance » (Jean Sgard). C'est un homme du Nord, un homme de la frontière, qui a connu les guerres et la contrebande et qui longtemps cherche à résoudre ses contradictions en franchissant la ligne de démarcation. Il a hésité entre le rouge et le noir, l'uniforme d'officier et la robe de moine, l'espace et la retraite. Des générations de paysans enrichis lui donnaient l'exemple d'une vie de labeur sur place, mais les temps étaient ceux de la fin du règne de Louis XIV et du trouble des valeurs. Le drame historique se doublait d'un drame familial, il a perdu, jeune encore, sa mère et deux sœurs. Il a été pris d'envie d'argent facile et d'amours risquées. La réalité l'a rattrapé sous la forme d'un engagement religieux. « La malheureuse fin d'un engagement trop tendre me conduisit au Tombeau, c'est le nom que je donne à l'ordre respectable où j'allais m'ensevelir. » Il s'échappe en Hollande, en Angleterre, revient, repart, abandonne le catholicisme, séduit une riche héritière, fait des faux en écriture, s'éprend d'une aventurière. Il finit par trouver un semblant d'équilibre comme chapelain d'un prince athée. La littérature lui offre une solution à ses contradictions : il raconte les passions et les voyages qu'il ne fait pas. Sa fiction est nourrie de ses expériences, de ses tentations, de ses renoncements. Un siècle avant Stendhal, il joue de ses identités et des pseudonymes : Antoine-François Prévost, Dom Le Prévost, de l'Islebourg, Prévost d'Exiles. Il affectionne les longs romans-mémoires à la première personne, les *Mémoires et aventures d'un homme de qualité qui s'est retiré du monde* dont la dernière partie est un récit enchâssé, l'*Histoire du chevalier Des Grieux et* de *Manon Lescaut* (1728-1731), *Le Philosophe anglais ou Histoire de M. Cleveland, fils naturel de Cromwell* (1731-1739), *Le Doyen de Killerine* (1735-1740). Il multiplie les titres de romans, publie un périodique, traduit Richardson, compile l'*Histoire des voyages*.

Dans ce continent, la postérité a retenu la brève, l'intense histoire de Des Grieux et de Manon, elle en a fait le drame de la passion impossible entre un fils de famille et une fille déclassée, elle a voulu y voir le portrait de la femme fatale, à la fois facile et inaccessible. *Manon* est devenu un mythe, prêt pour tous les opéras et tous les films. Les grandes œuvres de Prévost ont été injustement sacrifiées, ou même ce roman aussi concentré et suggestif que *Manon*, l'*Histoire d'une grecque moderne* (1740), récit d'une jalousie pathologique. L'ambassadeur de France à Constantinople a libéré du harem une jeune Grecque qui se refuse à lui, il recompose avec complaisance et non sans mauvaise foi la confusion de ses sentiments, entre désir de possession et amour désintéressé. Les contemporains ont retenu *Cleveland* comme le chef-d'œuvre de l'abbé, la somme qui brasse les tensions religieuses et morales du temps. Cleveland est bâtard de Cromwell, il porte dans sa chair un péché originel, déchiré entre légitimité et révolution. Plus généralement il vit entre deux religions, deux langues, deux continents, en perpétuel exil, perpétuel décalage : Anglais francophone, marié à une Anglaise hispanophone, Européen résidant longtemps en Amérique, anglican tenté par le catholicisme et par le libertinage, époux fidèle prêt à l'inceste. Il est séparé de sa femme et compagne durant la moitié du roman à cause d'un malentendu, à moins que les rapports entre les êtres soient toujours un dialogue de sourds, un tâtonnement d'aveugles, à moins que la monogamie imposée par les institutions ne soit pas possible à vivre. Il prend la pose du plus malheureux des hommes et le roman l'abandonne au moment de son retour dans sa patrie. Y trouvera-t-il une paix qui l'a fui partout ? Un tel récit polyglotte à cheval entre l'Ancien et le Nouveau Monde, au sens tant géographique que chronologique de ces expressions, est un de ces romans dont on prétend qu'ils manquent à la littérature française. Il ouvre les fenêtres des salons au grand large, prend à bras-le-corps la métaphysique et l'histoire, parle du pouvoir et de la foi, s'interroge sur l'illégitimité de tout individu qui échappe à la fatalité familiale, de tout récit qui réinvente la poétique et récuse les censures.

Ferme-t-on les fenêtres en passant à Crébillon ? On rentre sans doute dans la mondanité la plus récente, le lecteur ne part plus pour l'Amérique, mais l'imaginaire reste grand ouvert. Les questions restent celles de la liberté de l'individu. Claude Prosper Jolyot de Crébillon est fils d'un grand auteur tragique. Louis Racine aurait rattrapé les peintures de la passion de son père en composant un grand poème à la gloire de la religion, Crébillon le fils aurait amoindri la grandeur tragique en productions frivoles et futiles. Il est vrai que sa première production en 1730 semble mince, c'est une brochure, *Le Sylphe, ou Songe de Mme de R*** écrit par elle-même à Mme de S****. Une mondaine, retirée à la campagne, raconte à une de ses amies l'aventure d'une nuit. Un jeune homme lui est apparu, trop beau pour être réel, trop séducteur pour n'être pas dangereux, trop présent pour ne pas représenter la vérité du cœur. La narratrice est confrontée à ses rêveries et ses désirs. Les *Lettres de la marquise de M*** au comte de **** nous rendent témoins, sur un mode moins ludique, de la passion pour un séducteur, bien réel cette fois, mais absent, lointain. Nous ne lirons jamais ses messages. Comme la religieuse portugaise, la marquise se débat avec ses attentes et ses craintes. Crébillon est devenu le romancier des hésitations et des incertitudes du désir, entre libertinage et engagement. Qu'il transporte son lecteur dans un Orient fantaisiste, celui de *Tanzaï et Néadarné*, du *Sopha* ou de *Ah ! quel conte*, ou dans une Antiquité non moins approximative dans les *Lettres athéniennes*, ou qu'il le promène dans les salons et les parcs contemporains, il explore les combats de l'amour-propre et du désir, les « égarements du cœur et de l'esprit », en jouant des ressources du langage et de l'ironie. La civilité aristocratique fournit les règles du jeu, la mondanité donne un décor et un emploi du temps, la société établit l'inégalité entre les sexes, il reste aux joueurs à déployer leur rhétorique pour mettre leur partenaire dans leur lit ou, du moins, persuader le public qu'ils y sont parvenus. Nous sommes enfermés dans l'univers clos de « l'extrêmement bonne compagnie ». « Crébillon est snob », note Jean Sgard en tête des *Œuvres complètes* du romancier. Il est fasciné par cet univers qu'il connaît sans lui appartenir pleinement, il dessine l'épure des relations entre les individus. Cette société est « presque fictive à force d'être élitaire ». Chacun veut marquer sa distinction comme plus noble et plus séduisant que les autres dans la maîtrise des codes et des mots. Sont les victimes de cette guerre des apparences les jeunes gens qui entrent dans le monde, les naïfs et les sincères. Comme chez Marivaux, l'inachèvement laisse énigmatique le dénouement des *Égarements* : nous laissons Meilcour sur le chemin du libertinage, reviendra-t-il jamais à la vérité du sentiment ?

Deux dialogues réduisent la durée romanesque au *moment*, c'est-à-dire à cette « disposition des sens aussi imprévue qu'elle est involontaire, qu'une femme peut voiler, mais qui, si elle est aperçue, ou sentie par quelqu'un qui a intérêt d'en profiter, la met dans le danger le plus grand d'être un peu plus complaisante qu'elle ne croyait ni devoir, ni pouvoir l'être ». La définition est longue, sinueuse, toute en litote, comme la démarche qui mène à l'étreinte. *La Nuit et le moment* confronte Cidalise dans sa chambre et Clitandre qui y fait irruption, *Le Hasard au coin du feu* Célie et le Duc, laissés tête à tête par la marquise, maîtresse du duc qui accepte les écarts de son amant, pourvu qu'elle soit sûre de son cœur. Comme le sylphe de 1730, les deux hommes entraînent leurs interlocutrices dans des récits de séduction bien contagieux. Ils font appel à l'imaginaire des jeunes femmes et, sans prétendre toucher leur cœur, profitent du moment. À ces deux dialogues contemporains s'ajoutent deux dialogues des morts, récemment attribués à Crébillon, qui font jouer à Horace et à Ovide des rôles de libertin, face, respectivement, à Caton le censeur et à Tibulle. Horace assène à Caton : « Les Dieux, plus sages que nous, n'auraient pas mis dans le cœur de l'homme le goût du plaisir, s'ils lui eussent défendu d'en prendre », et l'auteur de *L'Art d'aimer* à Tibulle : « La délicatesse est plus souvent le poison des plaisirs qu'elle n'y ajoute de charmes. » Longtemps réduit au statut de petit-maître galant sur le second rayon, derrière les grands auteurs, Crébillon s'impose aujourd'hui comme un romancier majeur du siècle.

CHAPITRE III

CONVAINCRE :
LE MOMENT ENCYCLOPÉDIQUE

OUVERTURE

En septembre 1755, la *Correspondance littéraire* rend compte du Salon de peinture qui s'est ouvert au Louvre. « Un jeune peintre, nommé Greuze, s'est montré à ce salon pour la première fois et a eu un très grand succès. Son ton de couleur et sa manière de peindre donnent de grandes espérances. Ses tableaux sont dans le goût flamand : un *Père qui lit la Bible à ses enfants*, un *Enfant qui s'est endormi sur son livre*, *L'Aveugle trompé, qui tient sa femme par la main pendant qu'elle est caressée par son valet*, sont trois tableaux très agréables, pleins de naïveté, d'expression et de vérité. » « Le goût flamand » indique des milieux populaires et des scènes quotidiennes, par opposition à la peinture historique, chargée de perpétuer les moments héroïques de l'Histoire. Les trois œuvres présentées correspondent à trois tons, une scène sérieuse, une scène familière et une scène légère qui peut glisser vers le grivois. S'étonnera-t-on que Diderot n'ait retenu que la première ? L'auteur du *Père de famille* et de l'*Entretien d'un père avec ses enfants* ne commence à rendre compte des expositions de peinture pour son ami Grimm qu'en

1759. Il se réfère alors plusieurs fois à la *Lecture de la Bible*, il fait la connaissance de l'artiste et chante ses mérites, de salon en salon. En 1763, devant *La Piété filiale*, rassemblement familial autour d'un vieillard paralytique, il s'exclame : « C'est vraiment mon homme que ce Greuze. » En 1767, l'artiste dessine le philosophe de profil, tête nue, col ouvert : artisan de la plume, comme d'autres le sont du pinceau ou de l'enclume. Même si les relations se sont quelque peu détériorées ensuite entre les hommes, on comprend que le fils du coutelier de Langres ait été sensible aux intérieurs paysans et bourgeois du peintre de Tournus. Il aime en lui l'atmosphère sensible, l'exaltation des vertus populaires. Ce ne sont que fils débauchés et punis, enfants vertueux et récompensés par l'amour de leurs parents. La *Lecture de la Bible* se déroule dans un intérieur qui n'est sans doute pas luxueux, mais n'a rien de sordide. Les murs sont nus, mais on trouve des ustensiles et du matériel de cuisine dans les niches qui y sont creusées et dans la corbeille sous la table. Une cage est accrochée au mur, on aperçoit un piège à rat. Les animaux qui participent à la vie de la famille ne sont pas loin. Un chien s'amuse avec le plus jeune des enfants. Les six autres entourent la table qui a été débarrassée pour que le père y pose l'impressionnant volume. Tandis que la mère file et surveille le petit dernier, le père lit et commente. Le moment, saisi par l'artiste, semble celui où le père déchausse ses lunettes pour commenter ce qu'il vient de lire, donc se l'approprie et donne l'exemple à ses enfants — filles et garçons confondus — d'une liberté d'interprétation. On songe aux soirées de lecture de la Bible que Rétif de La Bretonne rapporte dans *La Vie de mon père*. Dans *Monsieur Nico-*

las, il ajoute qu'il s'empare en secret du volume et le dévore, à l'aide de ses souvenirs des commentaires paternels. Il peut alors briller auprès des paysans en leur racontant tout l'historique biblique. Il y gagne, jeune encore, son nom de « Monsieur Nicolas ».

Faut-il s'étonner que le mécréant Diderot s'enthousiasme pour cette lecture du texte religieux ? Si l'on songe que le rapport direct du croyant au Texte est au cœur des tensions entre protestants et catholiques, mais aussi entre catholiques ultramontains, soucieux de maintenir le privilège de la médiation de l'Église entre le peuple et Dieu, et jansénistes qui apprennent aux fidèles à résister au nom de leur conviction intime, on peut affirmer avec Jean Ehrard que la *Lecture de la Bible* apparaît comme « une œuvre oppositionnelle : sinon protestante, du moins protestataire, et porteuse de valeurs incompatibles avec celles de la religion dominante ». Il est significatif que, deux salons plus tard, Nicolas Lepicié expose un *Tableau de famille* où un abbé fait la lecture à des parents, tandis qu'un enfant joue avec le chat, sous l'œil de la mère. L'intérieur est cossu, nappe sur la table, hommes en perruque, mère en robe soignée. Le prêtre a retrouvé sa position d'intermédiaire obligé. Et Diderot de vitupérer le manque de génie : « Il faut voir le froid de tous ces personnages, le peu d'esprit et d'idées qu'on y a mis, la monotonie de cette scène. Ce prêtre parle de la main et se tait de la bouche. Sa raide soutane a été exécutée sur lui par quelque sculpteur en bois. » Ce n'est pas ainsi que Greuze montre la cellule familiale comme noyau de la vie sociale et la transmission du père aux enfants comme le modèle d'un savoir qui se constitue, de génération en génération, pour dessiner la promesse d'un avenir. La *Lecture de la Bible* a été achetée par un riche amateur, mais elle a été gravée et diffusée dans le public qui y a vu le modèle d'un savoir vertueux. La Bible y est moins une parole d'autorité qu'un livre expliqué par un père à ses enfants, un imprimé manié par des gens simples qui ont appris à lire et s'en approprient le contenu. La scène a sans doute quelque chose de fictif, elle devient l'image d'une nation qui travaille et apprend. Le Philosophe qui applaudit au tableau est prêt à se substituer au prêtre pour fournir aux cultivateurs et aux artisans les livres capables d'améliorer leur vie terrestre et de les aider à mieux comprendre la réalité. L'*Encyclopédie* à laquelle Diderot a consacré vingt ans de sa vie peut être cette Bible laïque où chacun doit se plonger pour travailler et vivre mieux. On se souvient que Robinson Crusoé trouvait dans les débris sauvés du naufrage des outils et des bibles. Les outils aident le naufragé à prendre possession de l'île sauvage et le texte biblique à méditer sur son aventure. De même, chez Rétif de La Bretonne, du prêtre au père, du père au fils, la lecture de la Bible devient exercice d'indépendance.

À l'époque où Greuze multiplie les scènes familiales, le peintre anglais Wright of Derby compose deux tableaux qui présentent une figure paternelle en train d'expliquer les secrets de la nature, à une famille ou à un groupe d'amis. Dans l'un, il s'agit du système planétaire, grâce à un instrument qui figure les planètes, au centre duquel une lampe représente le soleil ; dans le second, de la respiration et de la composition de l'atmosphère. Un oiseau a été tiré de sa cage et placé dans une pompe à air. Si le vide s'établit dans la pompe, l'oiseau meurt. Devant la pompe à air, un fragment de crâne humain trempe dans un verre, comme un *memento mori*. Dans un tableau, le monde et ses lois, dans l'autre, la vie et les siennes. Un clair-obscur violent oppose la pénombre du décor à la luminosité du centre de l'expérience. Les réactions des spectateurs, tout autour, vont de la simple curiosité à la réflexion, de la méditation aux larmes versées sur le perroquet blanc qui mourra peut-être de l'expérience. Le cercle de l'attention passionnée rappelle celui de Greuze. Figure paternelle dans un contexte campagnard français, expérimentateur dans une campagne anglaise en train de s'embourgeoiser et de s'industrialiser, lecteur de la Bible ou savant vulgarisateur, le Philosophe des Lumières, à l'image de ces personnages de tableaux, entend communiquer un savoir et une sagesse. Il se donne comme le maître d'une opinion qui se constitue. Il lui faut convaincre et participer au progrès.

En deçà de la métaphore, le tableau de Greuze invite à s'intéresser concrètement aux pratiques de l'écrit de ceux qui n'ont pas traditionnellement de place dans l'histoire de la littérature. La paysanne et ses enfants écoutent le père qui lit. Lesquels d'entre eux connaissent-ils leur alphabet ? La maîtrise de la lecture et de l'écriture augmente progressivement au cours du siècle, en particulier celle des femmes qui avaient un retard à rattraper. Mais, à la veille de la Révolution, dans l'ensemble du royaume, un tiers seulement des époux savent signer leur acte de mariage, avec de fortes disparités : l'analphabétisme est plus fort dans les campagnes que dans les villes, dans le Sud que dans le Nord, chez les femmes que chez les hommes. Les petites écoles, redevables à la charité, écoles paroissiales ou congréganistes, sont chargées d'apprendre à lire et de conforter la piété. Elles commencent par l'alphabet, passent aux syllabes, puis aux mots, avant de donner des phrases entières à déchiffrer. La leçon commence toujours par une prière. Le livre par excellence reste le texte religieux. Un abécédaire, fréquemment utilisé, comme *La Croix de Jésus* ne distingue l'apprentissage de la lecture de l'éducation religieuse. La hiérarchie des pratiques linguistiques fait passer du patois au français, et du français au latin qui reste la langue savante. Les milieux paysans qui accèdent à lecture possèdent des livres de piété, des almanachs, voire quelques livrets de la Bibliothèque bleue. Les pages de garde de ces livres rares servent à écrire son nom, à marquer les dates importantes de la vie familiale, à ébaucher une mémoire du groupe. L'analyse des petits livres à couverture bleue, imprimés à Troyes ou dans d'autres centres provinciaux sur un méchant papier et diffusés par des colporteurs, a été lancée par Robert Mandrou en 1964. Malgré les gros tirages d'origine, elle est rendue difficile par la disparition de très nombreux exemplaires, simplement brochés, qui longtemps n'ont retenu l'attention ni des notaires qui dressaient les inventaires après décès, ni des bibliothécaires qui ne retenaient que les livres reliés, ni des collectionneurs qui méprisaient ces objets populaires sans valeur marchande. Leur rareté en fait maintenant le prix, alors que les études et les rééditions se sont multipliées. Leur interprétation demeure objet de discussion.

Faut-il y voir l'expression de mentalités paysannes ou un instrument d'aliénation des masses populaires, une littérature édifiante ou bien subversive, une culture des masses ou une culture des marges ? Doit-on même opposer deux cultures, celle d'en haut, la culture des élites qui a monopolisé les historiens, et celle d'en bas, la culture populaire ? On essaie aujourd'hui d'échapper aux dilemmes en considérant que les mêmes textes peuvent s'inscrire dans des pratiques de lecture différentes et que les livrets bleus doivent être mis en série avec les affiches, les chansons, les gravures qui circulent également dans les villes et les campagnes. Les vies de saints et les *Figures de la sainte Bible*, les manuels de cuisine et de médecine, les chansons de geste et histoires médiévales, les biographies des criminels modernes, Cartouche et Mandrin, sont simplifiés stylistiquement et typographiquement, textes récrits à partir de modèles antérieurs, éléments de processus d'acculturation et d'appropriation. Cette production n'est pas totalement figée, mais elle évolue lentement pour s'adapter au temps et au public, et reste marquée par un décalage temporel. On continue à lire des romans de chevalerie ou des contes de fées dans des formes archaïques et qui peuvent sembler anachroniques. Le paysan peint par Greuze doit nous aider à relativiser les jugements fondés sur la seule actualité des salons et des cafés parisiens. Il est l'objet des attentions et des ambitions des Philosophes des Lumières et de leurs adversaires, mais il n'est jamais réductible à ce statut de peuple qui attend d'être éduqué, éclairé, conduit sur la route du Progrès.

SAVOIRS

« Le midi des Lumières », selon la formule de Jean Fabre, se caractérise par un grand rêve de transcription du monde et de synthèse des savoirs.

Il s'agit de mettre la réalité en mots et en ordre. Réalité humaine des lois et des mœurs par Montesquieu, réalité naturelle des astres, des minéraux, de la flore et de la faune par Buffon. Réalité des arts et des métiers par Diderot, d'Alembert et leurs collaborateurs. *L'Esprit des lois* de Montesquieu paraît sans nom d'auteur à Genève en 1748. Le parlementaire, rompu à la pratique des textes juridiques, s'interroge sur la diversité des coutumes et des textes qui règlent la vie sociale. À partir d'une définition de la loi comme rapport nécessaire dérivant de la nature des choses, il entreprend de trouver un sens au fouillis du droit, à travers l'histoire et l'espace, et de fournir les catégories pour rendre compte de ce qui paraît absurde. La première partie s'intéresse aux lois politiques et propose de réduire les régimes à trois modèles, républicain (démocratique ou aristocratique), monarchique et despotique, régis par un principe : la vertu républicaine, l'honneur monarchique, la crainte despotique. Ces types de gouvernement sont déterminés par le climat et l'espace, par l'histoire et les mœurs de chaque pays. Ils sont liés aux pratiques économiques aussi bien qu'aux croyances religieuses. C'est l'ensemble de la vie sociale qui est pris en compte par Montesquieu. Mais il ne s'agit pas plus pour lui de dresser un tableau des types de gouvernement que pour Buffon d'établir une nomenclature fixe et définitive des espèces. Il s'agit de comprendre comment les principes évoluent, comment les espèces se transforment. Quels sont les moteurs du changement ? Comment la monarchie risque-t-elle de dégénérer en despotisme ? Montesquieu ne se contente pas de décrire et de comprendre, il juge et pose comme règle la liberté et la modération, rendues possibles par la séparation des pouvoirs (exécutif, législatif, judiciaire). Ces quelques éléments assurent une logique dans le foisonnement des exemples et des digressions qui font parcourir au lecteur les siècles et les lieues, dans la diversité des tons et des styles qui juxtaposent le lyrisme et l'abstraction. Le traité veut être agréable à lire sans renoncer à sa technicité, il cherche à inspirer le lecteur, à le faire réfléchir plutôt qu'à lui imposer un cours parfaitement méthodique. Le Montesquieu de *L'Esprit des lois* reste celui des *Lettres persanes*, artiste de l'arabesque et du paradoxe. Il envisage une humanité libérée de ses hantises et de ses chaînes, une humanité accédant à la maîtrise de son existence et capable de se suffire à elle-même. « Ainsi quand il n'y aurait pas de Dieu, nous devrions continuer à aimer la justice ; c'est-à-dire faire nos efforts pour ressembler à cet être dont nous avons une si belle idée, et qui, s'il existait, serait nécessairement juste. » Jean Starobinski commente : « Montesquieu hésite ici au seuil d'un monde où l'homme est le créateur de toutes ses valeurs. Il ne veut pas quitter le monde de l'éternel. Il parie pour la justice ». On comprend que les autorités religieuses aient bronché.

Elles se sont également inquiétées de l'*Histoire naturelle*, pourtant publiée à partir de 1749 par le très officiel Intendant du Jardin du Roi, sur les presses de l'Imprimerie royale. Buffon a entrepris un catalogue des collections royales qui est devenu une ambitieuse *Histoire naturelle, générale et particulière, avec la description du Cabinet du roi*. À la place d'un traité pour spécialistes, il offrait un exposé lisible par un large public et agréablement illustré. Il commençait par un discours définissant l'objet et la méthode de l'Histoire naturelle, puis proposait une *Théorie de la terre* qui, sans contester frontalement la Genèse, restreint l'histoire de la terre à des phénomènes physiques. Le système solaire serait né d'une collision du soleil et d'une comète, donc d'un accident, d'un hasard. Comme Montesquieu, Buffon se situait dans une logique strictement naturelle. Vient ensuite l'*Histoire générale des animaux* qui définit l'espèce par la possibilité de se reproduire et explique la génération à partir de la circulation de « molécules organiques » et la présence, dans chaque partie d'un animal, d'un moule intérieur. L'homme est considéré tout à la fois comme séparé des animaux par sa spiritualité, son pouvoir créateur, et comme un animal parmi les autres, du point de vue physique. Son développement se présente comme une accumulation progressive de sensations, selon la leçon de Locke. Le savant se change alors en romancier et en poète pour faire parler à la première personne le premier homme « qui s'éveillerait tout neuf pour lui-même et tout ce qui l'environne ». Cet homme d'avant l'homme distingue son être des objets qui l'entourent, mais cette séparation n'a rien d'un deuil, c'est l'affirmation progressive d'une autonomie et la révélation des richesses d'un monde à conquérir. Il s'approprie successivement la lumière, les couleurs et les formes, le chant des oiseaux et les bruits du vent, les parfums et les saveurs des fruits. Les romanciers qui imagineront des expériences d'enfants grandis dans la solitude, Guillard de Beaurieu dans *L'Élève de la nature* ou Dulaurens dans *Imirce ou la Fille de la nature*, les poètes imaginant l'éveil à la vie de Galatée aux yeux du sculpteur Pygmalion gloseront ces pages de Buffon.

Pour mieux récuser les nomenclatures fondées sur un principe anatomique, l'*Histoire des quadrupèdes* est organisée à partir de la proximité et de l'utilité des animaux pour l'homme. Vient donc en tête le cheval, « la plus noble conquête de l'homme », compagnon du guerrier, signe de supériorité du noble, formules qui sont éloignées de la neutralité scientifique, mais sur lesquelles enchaînent des considérations économiques et anatomiques. L'âne, le bœuf, la brebis, la chèvre, le cochon, le chien et le chat offrent ensuite un tableau des animaux domestiques et un petit recueil de caractères, dans la mesure où Buffon ne craint pas l'anthropomorphisme et la psychologisation des animaux. Le chien est un modèle de fidélité, le compagnon du chasseur, tandis que le chat, « ennemi de toute contrainte », n'est jamais vraiment domestiqué. Ces chapitres, ainsi que ceux qui décrivent les animaux sauvages, sont écrits par le descendant de générations de paysans bourguignons, par le seigneur de Montbard qui n'a jamais abandonné ses terres pour s'installer à Paris. Les chapitres consacrés au chameau et à tel oiseau exotique sont l'occasion de paysages. Un animal s'explique par son milieu, par ses conditions de vie. Le chameau est déterminé par le désert, lieu vide, minéral, hostile à toute vie, tandis que les insectes pullulent aux bords des grands fleuves américains, terres imbibées d'eau, proches du premier chaos « où les éléments n'étaient pas séparés, où la terre et l'eau ne faisaient qu'une masse commune ». Les paysages de Bernardin de Saint-Pierre et de Chateaubriand naissent de cette prose.

Jusqu'à la fin de sa vie, accablé d'honneurs, élu à l'Académie française, anobli, Buffon poursuit sa tâche, accumule les pages et multiplie les volumes, aidé de nombreux collaborateurs, s'occupant après les quadrupèdes des oiseaux, puis reprenant *Les Époques de la nature*, vision inspirée d'une histoire de la terre et des planètes. Le savant vieillissant imagine une terre qui se refroidit progressivement depuis sa séparation d'avec le soleil, condamnée finalement, malgré tous les efforts des hommes, à la mort, « envahissement du globe entier par les glaces ». De moindre taille, la faune et la flore du Nouveau Monde, formé après l'Ancien, subiraient déjà les conséquences de ce refroidissement. La somme de l'*Histoire naturelle*, aussi diverse de ton que *L'Esprit des lois*, mêle l'intuition prometteuse d'une nature en perpétuelle mutation à des hypothèses que la science ne retiendra pas, mais qui sont souvent porteuses de poésie.

À la façon dont la *Description du Cabinet du roi* est devenue l'*Histoire naturelle*, le projet d'une traduction de la *Cyclopedia* anglaise de Chambers est devenu la monumentale *Encyclopédie ou Dictionnaire raisonné des sciences, des arts et des métiers*, en 17 volumes d'articles et 11 volumes de planches. La « Société des gens de lettres » réunit autour de Diderot et de D'Alembert un grand nombre de collaborateurs, idéologiquement hétérogènes, des plus grands, Montesquieu et Voltaire, aux moins connus, de l'athée d'Holbach (mais pour des articles de chimie) aux abbés Mallet et Yvon (responsables de la théologie). Une mention particulière doit être faite du chevalier de Jaucourt, polygraphe infatigable qui a remplacé les défaillants et comblé les manques. L'ambition de l'entreprise est de concilier l'abstraction théorique et la description concrète des activités artisanales. Le Discours préliminaire dû à d'Alembert associe un ordre philosophique qui se matérialise dans un arbre de la connaissance ou dans une carte des savoirs et une histoire de l'esprit dans la contingence de son devenir. C'est dire que ce vaste état de l'activité humaine se déploie entre la cohérence d'une philosophie empiriste et l'arbitraire d'un ordre alphabétique, entre la rigueur du projet et les aléas des collaborations, voire des censures discrètes exercées par les libraires, c'est-à-dire les éditeurs commerciaux, à l'insu de Diderot. Un système de corrélats et de renvois pallie les inconvénients de la discontinuité alphabétique. Les recopiages et les emprunts, avoués ou non, sont nombreux, à côté de mises au point originales.

L'originalité de l'*Encyclopédie* réside aussi dans l'interaction du texte et de l'image, des articles et des planches. Les articles techniques ne prennent tout leur sens qu'en étant confrontés aux schémas et aux légendes des volumes de planches. Il en va de même pour l'anatomie, l'histoire naturelle ou les beaux-arts. L'*Histoire naturelle* de Buffon doit aussi une part de son succès aux illustrations qui souvent restituent les animaux dans leur environnement. Roland Barthes et Jacques Proust ont insisté sur la fonction de ces images d'une France au travail, une France artisanale et industrielle surtout qui incarne le progrès technique et le développement social. Comme chez Buffon, comme dans les récits des premières ascensions alpines, les planches de minéralogie offrent des paysages impressionnants et des effets pathétiques.

Ce massif de textes et d'images a été déterminant dans la vie intellectuelle européenne. On a recensé les réimpressions de l'ensemble, sans faire attention que certaines d'entre elles étaient des refontes originales. Telle est, par exemple, l'*Encyclopédie* d'Yverdon qui paraît à partir de 1770. Son directeur, Fortunato Bartolomeo De Felice explique : « Nous avons suppléé autant qu'il nous a été possible au nombre immense d'articles essentiels qui y manquaient et nous en avons retranché ceux qui, de l'aveu général de toute l'Europe éclairée, étaient inutiles, tels que les articles purement nationaux, qui n'intéressaient point les autres nations. » L'inflexion était également idéologique de la part de cet ancien prêtre napolitain, converti au protestantisme. Le travail de Diderot et de D'Alembert est à l'origine des *Questions sur l'Encyclopédie* de Voltaire aussi bien que du *Dictionnaire de musique* de Rousseau, d'un périodique comme le *Journal encyclopédique* de Liège, de nombreux résumés, abrégés et réfutations. Il a été prolongé par quatre volumes de *Suppléments* (1776-1777) qui introduisent de nombreux ajouts médicaux, mais aussi littéraires. Grâce aux emprunts à la *Théorie des beaux-arts* de Sulzer, l'esthétique y fait son entrée. Il est surtout repris et repensé dans la considérable *Encyclopédie méthodique*, à cheval sur deux siècles, du règne de Louis XVI à celui de Louis-Philippe (1782-1832), qui substitue à l'ordre alphabétique un regroupement par disciplines. Ses deux cents volumes se présentent comme une série de dictionnaires spécialisés. « Par là tout sera remis à sa place, cette encyclopédie, par ordre de matières, réunira les avantages et des dictionnaires et des traités, sans avoir les inconvénients de l'une ni de l'autre méthode, et tous les ordres de lecteurs seront satisfaits. » Ce demi-siècle de persévérance éditoriale, à travers les révolutions et les changements de régime, prouve la force d'un idéal encyclopédique.

Il faut encore mentionner dans ce chapitre les efforts pour renouveler l'histoire universelle dans une perspective encyclopédique. Voltaire répond à Bossuet dans un *Essai sur les mœurs et l'esprit des nations* (1756) et substitue au point de vue providentialiste l'histoire d'une humanité où la civilisation se heurte dans son développement aux fanatismes de toute obédience. Guillaume Thomas Raynal transforme pour sa part une commande du ministère de la marine, chargé des colonies, en faveur de l'expansion française, en une *Histoire philosophique et politique des établissements et commerce des Européens dans les deux Indes*, dont les trois éditions en 1770, 1774 et 1781 et les nombreuses impressions frappèrent les esprits. Les phénomènes historiques sont mis en relation avec l'histoire naturelle et la géographie, ils sont également jugés du point de vue moral et politique. C'est ainsi que Raynal et ses collaborateurs, au premier rang desquels on retrouve Diderot, dénoncent l'esclavage, scandaleux moralement, ruineux économiquement, et vont parfois jusqu'à mettre en cause le colonialisme et toutes les formes de tyrannie outre-mer et dans la métropole. L'information scientifique et économique est animée par le souffle prophétique des grandes dénonciations véhémentes qui sont souvent sorties de la plume de Diderot. À travers l'*Histoire des deux Indes*, l'*Encyclopédie* devient discours révolutionnaire.

FICTIONS

Philosophes et antiphilosophes s'accordent sur un point : ils ne peuvent atteindre le public qu'en sachant traduire l'abstraction en images et en histoires concrètes. Les premiers se fondent sur l'empirisme de Locke, les seconds sur les principes du Concile de Trente, pour définir une pédagogie qui mène du particulier au général, de l'expérience sensible aux principes abstraits. La littérature et l'art sont au service de ces principes, pour autant que le travail créateur puisse se réduire au projet volontariste de l'auteur. On est ainsi conduit à traverser la production du XVIIIe siècle, en s'intéressant aux articles définis de ses titres. La tradition moliéresque des comédies centrées sur un caractère se prolonge, en passant des types médicaux aux types familiaux et sociaux. Selon la typologie des tempéraments, Regnard compose *Le Joueur* (1696) et *Le Distrait* (1697), Jean-Baptiste Rousseau *Le Flatteur* (1696) et *Le Capricieux* (1700), Fagan *L'Inquiet* (1735), Gresset *Le Méchant* (1747), Collin d'Harleveille *L'Inconstant* (1786), Fabre d'Églantine *Le Présomptueux* (1790). Leur modèle y reste *Le Misanthrope* ou *Le Malade imaginaire*. Mais Fabre d'Églantine traduit en spectacle les critiques que Rousseau avait adressées au personnage d'Alceste : sa misanthropie n'est pas la mauvaise humeur d'un atrabilaire, elle est conscience des dysfonctionnements de la société, *Le Philinte de Molière, ou la Suite du Misanthrope* est joué en pleine Révolution. Selon les fonctions dans la cellule familiale ou dans la société, le même Fagan donne *La Pupille* (1735), Diderot *Le Fils naturel* (1757) et *Le Père de famille* (1758), Dorat *Le Célibataire* (1775), Louis Sébastien Mercier *Le Déserteur* (1770), *L'Indigent* (1772), *Le Juge* (1774). Le rire n'est plus seulement chargé de frapper les inadaptations à la vie en commun, il souligne les dysfonctionnements de la société. La terreur et la pitié sont également mises au service des idées nouvelles. Voltaire compose *Le Fanatisme ou Mahomet le prophète*, créé en 1741. Le prophète arrive à l'acte II et professe un machiavélisme, martelé en quelques vers cyniques : « J'obéis à mon Dieu ; vous, sachez m'obéir », « Les préjugés, ami, sont les rois du vulgaire », « Quiconque ose penser n'est pas né pour me croire », « Obéissez, frappez : teint du sang d'un impie, / Méritez par sa mort une éternelle vie. » Il pousse, on l'a vu, le jeune Séide, son rival, à frapper celui qui résiste à la religion nouvelle et qui se révèle être son père. Le prophète parvient politiquement à ses fins, non sans avoir provoqué la mort de celle qu'il aimait et de tous les siens. C'est le christianisme qui est visé par Voltaire, ainsi que toute croyance qui justifie la violence. Le personnage principal de la tragédie est une illustration du *Fanatisme* qui donne son premier titre à la pièce.

La poésie et le roman ne sont pas en reste pour convaincre leurs lecteurs. L'ambition peut être affichée dans les formes poétiques les plus nobles, par exemple l'ode ou le discours en vers. Voltaire cisèle en alexandrins ses doutes et ses convictions dans les *Discours en vers sur l'homme* (1738), Louis Racine dit ses certitudes et les dogmes qui les étaient dans *La Religion* (1742). Livrée aux variations du cœur et de l'esprit, la sagesse antique ne peut suffire, comme le croient trop de contemporains :

> Ovide est quelquefois un Sénèque en discours,
> Sénèque dans ses mœurs est souvent un Ovide.

Le dogme chrétien est nécessaire. À la fin du siècle, c'est un Bernois qui publie *Le Mal, poème philosophique en quatre chants* (1790). Il y chante non le mal dans ses séductions et ses entraînements, mais dans la fonction paradoxale que lui fait jouer la Providence.

> Le maître du grand Tout, par des lois harmoniques,
> Fait jaillir le plaisir des accidents tragiques.
> Il fonda sur le mal un ordre ravissant,
> Qui donne au bien sans cesse un pouvoir triomphant.

Durant la seconde moitié du siècle, la poésie se consacre généralement à une tâche moins métaphysique, celle de déployer les fastes de la Nature. La poésie descriptive met en vers l'*Encyclopédie*, il n'est pas de discipline, de secteur de l'activité artisanale ou artistique qui ne fasse pas l'objet d'un long poème, entre la mnémotechnie, qui donne la force de l'alexandrin à des préceptes, et le défi poétique qui fait traduire dans une langue noble les activités le plus concrètes et les objets les plus techniques. Les saisons et les mois, les travaux et les jours donnent lieu à des tableaux de genre et à des épisodes narratifs. Jacques Delille a été sacré comme le maître de ce genre. Il s'est fait connaître par ses traductions de Virgile et un traité versifié des *Jardins*. *L'Imagination* en huit chants est l'exemple même d'une littérature qui prétend saisir à bras-le-corps la réalité et en fournir une explication en même temps qu'une description. « Tout entre dans l'esprit par la porte des sens » : la formule d'Aristote, renouvelée par Locke, trouve une traduction frappante sous la plume de Delille, qui déploie la gamme des sensations, perpétuées, prolongées par la mémoire et l'imagination. À partir de leur moisson, les humains développent des activités artistiques, fixent leur morale, leur politique et même leur religion. Chaque chant est illustré par des épisodes qui sont autant de petits poèmes narratifs. Le premier chant s'achève ainsi par l'échange entre un matelot anglais qui choisit de s'installer sur une île lointaine et le sauvage qui revient en Europe avec le bateau. Tel est le prétexte à une comparaison entre les charmes de la nature et les prestiges de la civilisation. Delille refuse de conclure de manière simpliste, mais suggère que la force de la culture est de fournir des solutions aux problèmes qu'elle provoque. Il trouve le vers pour traduire la formule rousseauiste du remède dans le mal : « Laissons jouir des arts celui qui les possède : / S'ils ont fait quelques maux, ils en sont le remède. » L'imagination n'est sans doute pas encore chez Delille le pouvoir créateur baudelairien, mais elle représente la dynamique par laquelle l'être humain s'arrache au cycle répétitif du déterminisme naturel.

Par la liberté et la diversité de ses langages, par sa dimension narrative et temporelle, le genre romanesque devient l'expression privilégiée de la conscience en devenir. Le récit à la première personne fait suivre le cheminement de la conscience, il fait mesurer la distance parcourue, à travers les accidents de la vie, des illusions de la jeunesse au désenchantement de l'âge mûr. Le récit à la troisième personne ironise sur les décalages entre les mirages et les réalités, il confronte les systèmes dogmatiques aux résistances du concret. Le récit épistolaire fait éclater les points de vue et présente au lecteur la relativité de la vérité, selon les individus et les moments. Le roman à sa façon fait descendre la philosophie dans les maisons et dans la rue, il rappelle qu'il n'est de pensée en dehors de la réalité quotidienne. Au début du siècle, Marivaux composait *Les Aventures de *** ou les Effets surpre-*

nants de la sympathie, véritable florilège du romanesque précieux : ce ne sont que hasards, passions, enlèvements, déguisements, naufrages. Un demi-siècle plus tard, Bastide intitule elliptiquement un de ses *Contes* (1763), puis Mercier un de ses propres récits (1767), du même titre, *La Sympathie*. On est passé du pluriel à un singulier abstrait. La généralisation, la simplification ne font pas peur aux romanciers. Bastide croit à la possibilité d'échapper aux hasards et de fonder des relations durables entre les êtres. Mercier dénonce les anciennes valeurs de la naissance et de l'obéissance, au nom du mérite et des choix individuels. Le héros abandonne sa famille par le sang et trouve une nouvelle famille chez un ami et sa nièce. Son bonheur est désormais établi sur des qualités personnelles. Au même moment, Contant d'Orville donne *L'Humanité, histoire des infortunes du chevalier de Dampierre* (1765). Le héros de la narration à la première personne se voit contraint de fuir sa patrie à cause d'un jugement inique. Il erre de Barcelone à Constantinople, de Saint-Pétersbourg à Ispahan, poursuivi par la haine d'un ennemi, croyant avoir perdu ses enfants, sa femme, ses amis, pour finalement retrouver tous les siens et se débarrasser de son ennemi au milieu d'une Perse en pleine Révolution. *L'Humanité* qui sert de titre désigne à la fois la faiblesse humaine et les valeurs universelles d'altruisme et de respect qui assurent une continuité morale du récit dans la dispersion des décors et des aventures. Recueilli par la femme d'un Barbaresque musulman, le narrateur interpelle ses compatriotes : « Chrétiens, on trouve chez ces peuples que vous nommez barbares des exemples d'humanité que n'offrent pas toujours vos villes somptueuses et policées. » Pour raconter des histoires romanesques dont les titres se seraient autrefois référé aux Caprices du hasard ou du sort, La Morlière préfère choisir le titre moderne et abstrait de *Fatalisme*, expliqué en sous-titre *ou Collection d'anecdotes pour prouver l'influence du sort sur l'histoire du cœur humain* (1769).

Bien des titres annoncent une vocation morale. L'abbé Gérard entend lutter contre les faux-semblants de la pensée moderne dans *Le Comte de Valmont, ou les Égarements de la raison* (1774). Crébillon laissait énigmatique sa dénonciation des égarements du cœur et de l'esprit. L'abbé Gérard insiste lourdement à coup de missives, qui sont de vraies leçons, à coup de notes, qui multiplient les références, et de frontispices allégoriques. Le nom du héros est prêt pour Laclos qui opposera une discrétion inquiétante aux certitudes de l'abbé. Loaisel de Tréogate adopte un titre similaire dans *Dolbreuse, ou l'Homme du siècle, ramené à la Vérité par le sentiment et par la raison* (1783). La cible des critiques reste le libertinage, le cynisme de la cour et le luxe de la ville, mais la nature de la vérité reste à préciser, entre catholicisme et Lumières, entre tradition et bricolage individuel.

Le roman sert moins à illustrer une thèse qu'à opposer à tous les systèmes la complexité du réel et l'ambivalence des caractères. Voltaire donne comme sous-titre à *Candide : ou l'Optimisme*, d'après cette philosophie qui, selon la définition de l'*Encyclopédie*, prétend « que ce monde-ci est le meilleur que Dieu pût créer, le meilleur des mondes possibles », philosophie que « le père Malebranche et surtout M. Leibniz ont fort contribué à accréditer. » Dès l'ouverture du conte, le précepteur de la fille de M. le baron, Pangloss, s'impose comme l'oracle de

Thunder-ten-tronckh, le glosateur universel. « Pangloss enseignait la métaphysico-théologo-cosmolonigologie. Il prouvait admirablement qu'il n'y a point d'effet sans cause, et que, dans ce meilleur des mondes possibles, le château de monseigneur le baron était le plus beau des châteaux et madame la meilleure des baronnes possibles. » Pangloss est un magicien des mots qui escamote la réalité. Un système *a priori* qui veut que l'ensemble de la Création ait un ordre et un sens fait de chaque chose et de chaque créature une pure perfection. Le philosophe qui se réfugie dans les discours devient sous la plume de Voltaire une marionnette risible qui ne sera pas le dernier à souffrir dans son corps des démentis de la réalité.

Chassé du château, jeté dans le monde, Candide découvre successivement les horreurs de la guerre, les convulsions de la nature qui, d'un tremblement de terre, détruit Lisbonne, le fanatisme et l'intolérance religieuse, l'esclavage et le despotisme politique. Il n'en est pas témoin extérieur, il est frappé dans sa chair par ces violences qui règnent partout autour du globe. Le héros est accablé des aventures les plus désespérantes pour finir par le faire douter du beau système consolant du grand philosophe de Westphalie. La tentation est alors forte pour lui de troquer un système contre un autre et de dire avec son nouvel ami Martin que tout est pour le pire dans un monde livré à quelque être malfaisant. Il finit pourtant par s'arracher au besoin d'un discours totalisant, par se convaincre que la vérité se trouve dans l'action, dans le défrichage de notre jardin, dans le déchiffrage de notre monde. Pangloss était payé par M. le baron pour l'assurer de ses droits et de la pérennité de l'ordre féodal. Quand le château de Thunder-ten-tronckh a disparu, il continue à débiter une logique close sur elle-même sans prise sur le quotidien. Martin a été, pourrait-on dire, payé par l'existence pour savoir que l'homme souffre ici et maintenant. Il continue à s'enfermer dans une logique inverse de celle de Pangloss mais tout aussi systématique. Il reste à Candide à douter, à refuser les mots vides au nom des choses, à la recherche d'une morale pratique qui l'aide à vivre, c'est-à-dire aménager la réalité.

Jacques le fataliste et son maître de Diderot affiche à son tour une référence au fatalisme ou « doctrine de la fatalité » selon laquelle tout événement, toute volonté sont entraînés nécessairement par l'enchaînement des causes et des effets. « [...] Jacques disait que son capitaine disait que tout ce qui nous arrive de bien et de mal ici-bas était écrit là-haut. » Dès la première page du roman, Diderot explique son titre et, comme dans une ouverture musicale, fournit l'un des thèmes principaux du récit. Il ajoute, bien plus loin : « Son capitaine lui avait fourré dans la tête toutes ces opinions qu'il avait puisées, lui, dans son Spinoza qu'il connaissait par cœur. D'après ce système, on pourrait imaginer que Jacques ne se réjouissait, ne s'affligeait de rien ; cela n'était pourtant pas vrai. Il se conduisait à peu près comme vous et moi. » Le roman ne s'intitule pas *Jacques ou le fatalisme*, ni *Jacques le fataliste et son maître le défenseur du libre-arbitre*. Le système, répété, transmis, simplifié est réduit à quelques formules et n'engage en rien la conduite de Jacques. C'est au contraire le défenseur de la liberté humaine, ce maître rendu passif par l'habitude d'être servi, qui se conduit en fataliste, alors que Jacques, contraint par la nécessité sociale de se débrouiller, agit en homme libre. Il prouve même la liberté humaine en tant que conscience des nécessités.

Voltaire ridiculisait la tendance de la philosophie à l'abstraction systématique et au verbiage, par la schématisation du conte. « Il était décidé par l'université de Coïmbre que le spectacle de quelques personnes brûlées à petit feu, en grande cérémonie, est un secret infaillible pour empêcher la terre de trembler. » En conséquence de quoi, un Basque et deux Portugais soupçonnés de judaïsme sont arrêtés pour n'avoir pas respecté les règles formelles du catholicisme, ainsi que Pangloss lui-même. Les trois premiers sont brûlés et Pangloss pendu. « Le même jour la terre trembla de nouveau avec un fracas épouvantable. » La parataxe, l'absence grammaticale de tout lien soulignent l'absurdité du préjugé. C'est la langue même de Voltaire qui se fait démonstrative. Diderot en use pareillement quand il retourne les jeux d'écriture du roman en discussion philosophique. Chacun connaît le début de *Jacques* : « Comment s'étaient-ils rencontrés ? Par hasard, comme tout le monde. Comment s'appelaient-ils ? Que vous importe ? D'où venaient-ils ? Du lieu le plus prochain. Où allaient-ils ? Est-ce que l'on sait où l'on va ? » Le récit refuse une narration parfaitement ordonnée, avec une introduction et une conclusion, à l'image d'un monde unifié et providentiel. Il débute arbitrairement *in medias res*, s'achève sur trois conclusions possibles et, entre ce début et cette fin qui n'en sont pas, éclate en multiples anecdotes parallèles ou enchâssées, entre lesquelles se construit un ensemble d'échos, à travers lesquelles s'esquisse une logique. Le fil des amours de Jacques est sans cesse interrompu par des incises et des imprévus, sans jamais pourtant se rompre tout à fait. Le lecteur réel, distinct de ce personnage-lecteur assez insupportable qui intervient à tort et à travers, fait l'expérience d'un sens qui n'est jamais donné *a priori*, n'est jamais conforté d'aucune certitude, mais se cherche dans la multiplicité des lectures suggérées.

Qui est le maître de Jacques ? Un fils de famille, peu doué comme séducteur, qui l'a engagé comme domestique et bavarde avec lui le long du chemin, au rythme du cheval ? une force supérieure, providentielle ou non, qui mènerait le monde ? ou bien l'amour qui l'entraîne et lui réserve de bien douces surprises ? Jacques promet de raconter la perte de son pucelage. Mais la première fois en amour n'est-elle pas aussi illusoire que le début sans antécédent de la Création divine ? Le roman est un récit sans début ni fin, emporté par les désirs humains et les forces de la nature. Le genre romanesque est souvent défini à l'âge classique comme une histoire d'amour. Et l'âge des Lumières ne se lasse pas de telles histoires dont certaines explicitent le parallèle entre désir amoureux et désir de savoir. *Thérèse philosophe* est sans doute du marquis d'Argens. Il y revendique la lascivité des scènes érotiques et l'énergie des raisonnements philosophiques, afin que la métaphysique ne se coupe plus de la physique, ni même du physique le plus sensuel. Faisant l'histoire de sa vie, Thérèse raconte comment elle a pris conscience de son propre corps à travers la masturbation, découvert les mensonges de l'Église en observant les ébats d'un confesseur et de sa pénitente, dû admettre la diversité des goûts et la relativité de toute morale en écoutant les souvenirs d'une ancienne courtisane.

Un abbé libertin lui propose la théorie de toutes ces expériences, il lui apprend à distinguer le désir et la norme sociale, la voix de la nature et le préjugé. La découverte du plaisir sexuel ne va pas sans l'énoncé d'une doctrine qui le légitime, sans l'abandon des interdits inutiles. Le roman mène Thérèse des craintes au plaisir et de l'ignorance à la philosophie. Tout ce que j'ai écrit, conclut-elle, « est fondé sur l'expérience et sur le raisonnement détaché de tout préjugé » et seuls les sots, « ces espèces d'automates accoutumés à penser par l'organe d'autrui », peuvent se récrier contre de tels principes de morale et de métaphysique. D'Argens emprunte ses développements théoriques à des traités clandestins contemporains, mais, d'être replacée au milieu d'une intrigue romanesque, la théorie s'approfondit d'une dimension nouvelle. Elle devient accessible à quiconque sait lire, elle est mise en relation avec la vie la plus concrète. L'abstraction n'est plus système coupé de la réalité, mais hypothèse généralisante, conforme à l'expérience : explication du monde et libération des êtres. Thérèse la Provençale n'est pas philosophe au sens d'une spécialisation académique, mais au sens nouveau d'un art de vivre où la pensée ferait corps avec le plaisir. Où le plaisir de penser ferait corps avec la langue. À chacun de devenir philosophe, à son image.

Rousseau récuse le schématisme des contes, l'ironie du second degré et la vulgarité du récit érotique. Il préfère nourrir sa rêverie romanesque des grands enjeux philosophiques du temps. Dans *Julie ou la Nouvelle Héloïse* (1761), il fait dialoguer au bord du Leman, lac médiateur et métonymie des océans du monde, une jeune femme pieuse aux tendances mystiques, des jeunes gens rationalistes qui acceptent un ordre du monde et un homme plus mûr, radicalement athée, qui ne croit qu'à l'organisation humaine. Le roman n'est pas seulement la mue problématique d'un couple d'amants en citoyens d'une microsociété modèle, c'est aussi la discussion, grâce à la forme épistolaire, de grands problèmes esthétiques, moraux et sociaux. La musique française y est comparée à la nouvelle musique italienne, le droit au suicide au respect de la vie, les éclats de la mondanité parisienne à la vérité de l'utilité provinciale, les emportements de la passion au sens de l'ordre. Les choix sont faciles dans le domaine de la musique, ils le sont moins dans celui de la morale. Le roman s'achève par la mort de l'héroïne qui laisse bien des questions en suspens.

Sade ne manque pas de rendre hommage à ses prédécesseurs. Il n'a jamais hésité à dire son admiration pour le Rousseau de *La Nouvelle Héloïse* et a salué *Thérèse philosophe*, qu'il attribue expressément au marquis d'Argens, comme modèle de croisement de l'argumentation philosophique et du récit libertin. Le conte voltairien est son modèle d'une ironie qui met à mal tout ordre providentiel. Ne faut-il pas dire « avec l'ange Jesrad de Zadig qu'il n'y a aucun mal dont il ne naisse un bien » ? *Les Infortunes de la vertu* dont l'introduction pose cette question, pour jouer à s'en effrayer, livrent la vertueuse Justine aux réalités d'un monde incompatible avec sa morale, tout comme Voltaire condamne Candide aux désillusions. Les expériences cruelles qui attendent Candide et Justine, les naïfs qui croient tout ce qu'on leur a appris, sont plus efficaces qu'une argumentation abstraite pour ruiner tout ordre providentiel. *La Philosophie dans le boudoir* (1795) installe le savoir philosophique au cœur même d'un décor qu'on croyait réservé aux ébats amoureux. Comme Thérèse, la jeune Eugénie y est appelée à devenir philosophe par le corps et par l'esprit. Elle y perd son pucelage (ou même, au pluriel, ses pucelages) et ses illusions métaphysiques. C'est ce que son amie, maîtresse des lieux, Mme de Saint-Ange, appelle « joindre un peu de pratique à la théorie ». L'athéisme a partie liée à une morale du plaisir et à une politique républicaine censitaire. La lucidité rationnelle commence par une leçon d'anatomie, passe par un programme antimonarchique et antichrétien, que résume le pamphlet *Français, encore un effort si vous voulez être républicains*, et culmine dans le cynisme libertin. Les Lumières s'y infléchissent dans un sens élitiste.

Sade inscrit la philosophie au fronton d'une autre de ses œuvres, *Aline et Valcour ou le Roman philosophique*, qu'il affirme avoir composé à la Bastille un an avant la Révolution mais qui ne paraît qu'après Thermidor, en 1795. Ce n'est plus seulement une philosophie (l'optimisme ou le fatalisme) qui est confrontée à l'épreuve du réel, c'est la philosophie même qui est contrainte à accepter un réel contradictoire. Le roman est construit sur des oppositions qui entraînent le lecteur dans un jeu de miroirs. Les choix vertueux du couple qui lui donne son nom et qui ne connaîtra jamais le bonheur renvoient au refus de tout a priori moral par un couple plus volontaire qui fait le tour du monde pour imposer son amour. Sainville et Léonore se cherchent à travers l'Europe et l'Afrique. Ils découvrent un despotisme absolu et autodestructeur au cœur d'une Afrique idéalement noire, puis une impossible utopie dans une île perdue du Pacifique. Il leur reste à faire l'expérience de l'atopie avec une bande de bohémiens sans préjugés et peut-être aussi dans une troupe de comédiens qui vivent les modèles sociaux comme autant de masques et de faux-semblants. La philosophie ne se trouve plus dans une doctrine particulière, mais dans le déplacement incessant du pour au contre, dans l'essai des forces et des désirs, dans le refus de tout ce qui bloque et coince. L'intrigue voue à la mort physique ou morale les trop pâles Aline et Valcour et abandonne leur double énergique Sainville et Léonore au bout d'aventures qui les a libérés de toute vérité dogmatique sans les figer dans aucun autre système. « Tant pis pour ceux qui condamneront cet ouvrage, avertit le romancier, esclaves des préjugés et de l'habitude, ils feront voir que rien n'agit en eux que l'opinion, et que le flambeau de la philosophie ne luira jamais à leurs yeux. » Les Lumières sont une fois encore tirées vers un individualisme conquérant. Les exemples de Voltaire et de Diderot, des marquis d'Argens et de Sade suffisent à montrer comment l'imaginaire romanesque relaie la critique philosophique et suggère, sur le mode de la métaphore, une insurrection permanente de la pensée. Le récit est voyage, mouvement, déplacement. Le roman ne prétend pas se substituer à la théorie, il lui suffit de la rappeler sans cesse à l'ordre du réel, de lui opposer les incertitudes du cœur et les complications du désir. Les Lumières ont monopolisé le nom de Philosophe au grand dam de leurs adversaires, incertains s'ils devaient leur en laisser l'exclusive. Mais c'était moins pour construire un système que pour mettre à l'épreuve toute clôture systématique. Le travail d'écriture romanesque devient philosophique pour eux comme itinéraire incessant, toujours réversible, de la passion à la raison, du langage quotidien à la précision du concept, du particulier au général. Où allaient-ils ? demande le lecteur. Le conteur écarte la question par une autre : Est-ce que l'on sait où l'on va ? Mais le plaisir d'écouter de telles histoires se double du plaisir de leur donner un sens.

De la Thérèse du marquis d'Argens à celle de Sade, de la Julie de Rousseau à la Juliette du même Sade, nombreuses sont les figures féminines qui figurent l'humanité s'interrogeant sur le sens du monde. C'est aussi le genre romanesque qui permet à des femmes d'accéder à la littérature, non plus seulement comme personnages ou comme lectrices mais comme auteures. La fiction marque la résistance de la réalité, elle aide parfois également à subvertir cette réalité. Dès la fin du XVIIe siècle, les contes de fées qui s'éloignent du monde tangible permettent de le critiquer. Nombreuses sont les conteuses qui jouent avec les normes et les interdits, de Mme d'Aulnoy à Mmes L'Héritier de Villandon et Murat. De Mme de Villeneuve à Mme Le Prince de Beaumont, le thème de la Belle et la Bête devient une image du pouvoir féminin pour polir les mâles. Mme de Tencin, chanoinesse en rupture de vœux, et Mme de Graffigny, épouse violentée par son mari, savent ce qu'est la conquête de la liberté et de la dignité pour une femme. Dans les *Mémoires du comte de Comminge* (1735), la première montre la capacité d'amour et de subversion d'une femme, capable d'épouser le mari le moins séduisant, puis de se travestir et de s'enfermer dans un couvent d'hommes. La dénonciation d'une société faite par et pour les hommes ne passe pas par des déclarations enflammées, elle est suggérée par des exemples individuels. Dans les *Lettres d'une Péruvienne* (1747), la seconde reprend l'argument du regard étranger, exploité par Montesquieu dans les *Lettres persanes*.

Mme Riccoboni, mariée à un comédien du Théâtre-italien, et Mme d'Épinay, épouse d'un fermier général volage et dissipateur, ont connu, elles aussi, les désillusions féminines. Elles trouvent dans l'invention romanesque un mode d'expression et de réflexion. Mme Riccoboni commence par un essai à la manière de Marivaux, elle imagine une suite à la *Vie de Marianne*. Plus d'un lecteur s'y est laissé prendre. Puis ses *Lettres de Fanny Butler* (1757) tournent autour d'une goujaterie masculine. Une série d'héroïnes sensibles prennent la suite de Fanny Butler, elles cherchent dans la sensibilité et l'amitié féminine une réponse aux agressions de ce désordre qui se nomme l'ordre social. Intimement liée à Rousseau, à Diderot et aux principaux philosophes, Mme d'Épinay se lance dans un ambitieux projet romanesque, *Madame de Montbrillant*, qu'elle a laissé inachevé, mais que Sainte-Beuve situe comme un jalon entre les *Confessions du comte de* *** de Duclos et *Les Liaisons dangereuses*. Elle préfère publier des essais pédagogiques. On a trop souvent réduit Mme d'Épinay au statut de compagne et collaboratrice de Grimm, de même que Mme Du Châtelet à celui de compagne et collaboratrice de Voltaire. Élisabeth Badinter a eu raison de les rapprocher comme deux figures de « l'ambition féminine au XVIIIe siècle ». Leur constat de la situation faite aux femmes est lucide, parfois amer. « La réputation d'une femme bel esprit ne me paraît qu'un persiflage inventé par les hommes, pour se venger de ce qu'elles ont communément plus d'agrément qu'eux dans l'esprit, d'autant qu'on joint à cette épithète l'idée d'une femme savante », explique Mme d'Épinay à Galiani.

La fin du siècle correspond en France comme en Angleterre et en Allemagne à une étonnante floraison de romancières. Mme de Genlis a connu le libertinage du Palais-Royal, mais elle prend au sérieux son rôle de gouverneur des enfants d'Orléans, donne un roman, *Adèle et Théodore ou Lettres sur l'éducation* (1782), suivi d'une centaine de titres. La fécondité ou la prolixité de Mme de Genlis, qui vit assez pour voir monter sur le trône en 1830 son ancien amant, correspond à un double besoin économique et existentiel. Se présentant en défenseur des valeurs religieuses et morales, elle pose les mêmes questions que Mme de Staël : une place est-elle possible pour les femmes, autre que celle de maîtresse, de conseillère, d'inspiratrice ? Elle tire son inspiration de l'actualité (*Les Petits Émigrés*, 1798), d'un passé récent (*Mademoiselle de Clermont*, 1802, *La Duchesse de La Vallière*, 1804) ou plus lointain (*Les Chevaliers du cygne ou la Cour de Charlemagne*, 1795). Dans une langue qui se veut scrupuleusement classique, Mme de Genlis manifeste une sensibilité nouvelle. Révélée par *Claire d'Albe* en 1798, Mme Cottin se montre moins prisonnière de cette langue épurée. Elle fait entendre les cris d'une sensibilité exacerbée. Dès *Adèle de Senanges* en 1794, Mme de Flahaut, devenue ensuite Mme de Souza, cherche à trouver un ton féminin dans l'évocation de l'infime : « Cet ouvrage n'a point pour objet de peindre des caractères extraordinaires [...] J'ai voulu seulement montrer, dans la vie, ce qu'on n'y regarde pas, et décrire ces mouvements ordinaires du cœur qui composent l'histoire de chaque jour [...] J'ai pensé que l'on pouvait se rapprocher assez de la nature et inspirer encore de l'intérêt, en se bornant à tracer ces détails fugitifs qui occupent l'espace entre les événements de la vie ». Les titres de ces deux romans se réduisent à un prénom et un nom de femme, sans titre aristocratique à l'ancienne. Ils visent une identité féminine qui ne se réduise pas à une fonction sociale. En 1804, Mme de Krüdener nomme son roman *Valérie*, mais donne le rôle principal au héros masculin, amoureux désespéré de Valérie.

Toute cette production qui a souffert de la division traditionnelle de l'histoire culturelle par siècles se nourrit des bouleversements et des déplacements de la Révolution. Le territoire romand, entre deux langues, entre deux confessions, voit éclore des talents féminins auxquels on n'a pas toujours donné leur juste place. Mme de Charrière arrive des Pays-Bas. Née dans une grande famille néerlandaise, elle a choisi d'épouser un noble vaudois sans fortune et s'est installée à Colombier, près de Neuchâtel. Ses *Lettres neuchâteloises* (1784), ses *Lettres écrites de Lausanne* (1785), suivies de *Caliste*, utilisent la forme épistolaire pour donner à voir la réalité sociale et la diversité des points de vue, sans forcer le ton, ni réduire les situations à des schémas préétablis. Elle n'hésite pas à dialoguer, à travers des inventions romanesques, avec Samuel de Constant qui, dans *Le Mari sentimental*, donne une vision masculine des difficultés de couple. Mme de Charrière fourbit le point de vue féminin dans les *Lettres de Mrs Henley*. Les deux œuvres ont provoqué une polémique et passionné le public vaudois qui s'identifiait directement aux personnages. Mme de Charrière a été une amie et une conseillère de Benjamin, le neveu de Samuel de Constant. Les œuvres de Germaine de

Staël et de Benjamin Constant naissent de ce terreau littéraire.

Parmi les romancières vaudoises de l'époque, Mme de Montolieu s'est formée en traduisant les succès allemands en français et rencontre son propre public avec *Caroline de Lichtfield ou Mémoires d'une famille prussienne* (1786) qui prétend réconcilier le sentiment et l'ordre, le désir féminin et le sens de la famille. D'après un titre de Mme Benoist, Claire Jaquier a nommé « l'erreur des désirs » les errances et les tâtonnements d'une sensibilité qui ne peut se contenter des rôles traditionnels dévolus aux deux sexes, mais ne peut accepter la liberté sexuelle. Jeanne Françoise Polier de Bottens, Françoise Louise de Pont-Wulliamoz pourraient être citées comme d'autres exemples d'un goût pour le roman où s'exprime une revendication féminine et helvétique dans le sillage de Rousseau. Avec ses romans, Mme de Staël élargira le public de cette littérature sensible qui avait déjà dépassé les frontières de la Suisse. Le contexte anticlérical parisien fournit une forme spécifique de débat romanesque. Militant athée et jacobin, Sylvain Maréchal joue du paradoxe dans un *Projet de loi portant défense d'apprendre à lire aux femmes* ; son amie Mme Gacon-Dufour y répond par un *Contre le projet de loi de S** M***. Le débat se traduit en intrigues romanesques : Maréchal imagine *La Femme abbé* qui dénonce l'alliance de la féminité et de la spiritualité, *La Femme grenadier* (1801) de Mme Gacon-Dufour vante au contraire l'héroïsme de celles qui savent échapper à leurs préjugés d'enfance pour s'engager aux côtés des révolutionnaires.

CONFRONTATIONS

Tout semblait les opposer, mais ils sont morts à quelques mois de distance en 1778, ont été également panthéonisés par la Révolution l'un après l'autre. Des estampes les représentent, réconciliés aux Champs Élysées, prêts à faire de leur antagonisme l'objet de débats sereins. Plus tard, ils deviendront des objets de collection, bustes jumeaux pour les cheminées des libres penseurs du XIXe siècle. Voltaire et Rousseau sont voisins dans la crypte du Panthéon et dans notre mémoire culturelle. Ils incarnent un XVIIIe siècle, ironique ou sensible, tourné vers la perfection formelle du siècle de Louis XIV ou vers les élans du romantisme qui suit. On a souvent répété la formule de Goethe qui veut qu'avec Voltaire un siècle finisse et qu'avec Rousseau un autre commence. Mais il peut être plus intéressant de penser leur différence en termes de centre et de périphérie. François Marie Arouet, le fils du notaire parisien, est formé dans la capitale française, il est rompu aux usages des salons, il collectionne toute sa vie les fonctions, les titres et les honneurs. La vieille Ninon de Lenclos lègue au jeune garçon de l'argent pour acheter des livres. À seize ans, il publie son premier poème, l'imitation d'une ode à sainte Geneviève. Jeune arriviste, il fréquente les salons princiers, va de château en château, s'approche de la Cour lorsque son altercation avec le chevalier de Rohan le place face à ses limites de poète brillant et mondain. Il s'assurera une solide indépendance financière et matérielle, deviendra seigneur de Ferney. Le fils de l'horloger de Genève fait ses classes dans la capitale du protestantisme, mais culturellement la république de Genève est ressentie comme périphérique et provinciale. Il est mis en apprentissage chez un greffier, chez un graveur. À quatorze ans, il se retrouve devant les portes fermées de sa cité natale, lui tourne le dos, tenté par la sensualité d'une femme, par celle du culte catholique. Il va errer une partie de sa vie, pratiquant bien des métiers, domestique, précepteur, secrétaire d'ambassade, copiste, marchant à pied entre les Alpes et Paris, refusant de dépendre de quiconque et acceptant l'hospitalité de quelques grands. Il vient à Paris, caresse sans doute l'espoir d'une carrière française, connaît le succès. On ne peut mettre en parallèle le choc de l'altercation de Voltaire avec le chevalier de Rohan et la fuite de Rousseau de Genève, mais les deux hommes ont été confrontés à la tentation de l'ailleurs et à la nécessité de se définir par eux-mêmes. Voltaire songe à faire carrière en Angleterre et Rousseau à Paris, avant de revenir l'un et l'autre à leur lieu premier. La censure et la répression constituent une dure expérience commune, les *Lettres philosophiques* de Voltaire, *Émile* de Rousseau sont condamnés à être brûlés par le parlement de Paris.

François Marie Arouet renie son nom et son père en devenant Voltaire, anagramme d'Arouet le jeune. Jean-Jacques Rousseau proclame son nom et, après y être revenu, son statut de citoyen de Genève. L'un s'installe dans un rôle que représente son pseudonyme, le second prétend à la sincérité et à l'authenticité d'un nom et d'une naissance que rien ne peut plus lui faire renier. Le premier se disperse dans tous les genres et s'impose vite comme un maître de la tragédie et de l'épopée. D'une déconcertante facilité, il accumule en vers et en prose des œuvres qui représentent des centaines de titres, tandis que Rousseau semble se limiter à quelques œuvres dont il sent l'impérieuse nécessité. Il compose quelques pièces de vers, quelques textes de théâtre. Les deux hommes ont même collaboré, lorsque le cadet adapte en 1745 un opéra de Rameau et de Voltaire pour la Cour. Mais ils appartiennent l'un et l'autre à leur temps, en deçà du divorce entre les lettres et les sciences. Ils sont passionnés par l'expérimentation et la théorie scientifique. Avec l'aide de Mme Du Châtelet, Voltaire rédige une introduction à la philosophie de Newton, Rousseau compose des éléments de botanique. Ils y voient la preuve d'un ordre du monde, ordre général des astres ou bien ordre sensible des plantes. Ils sont également de leur temps, pragmatique, lorsqu'ils participent à l'*Encyclopédie* et composent leurs propres œuvres par alphabet. Voltaire rassemble ses thèmes de prédilection dans un *Dictionnaire philosophique*, souvent réédité et amplifié sous les titres de *Dictionnaire portatif* et de *Raison par alphabet*, et dans des encore plus volumineuses *Questions sur l'Encyclopédie*. Rousseau qui a fourni les articles de musique de l'*Encyclopédie* a longuement médité un *Dictionnaire de musique* pour défendre une conception originale du langage et du chant.

De son exil à Londres, Voltaire rapporte des *Lettres anglaises* qui deviennent *Lettres philosophiques*, manifeste d'une philosophie empiriste et humaniste. Une réfutation de Pascal y marque la réconciliation de l'homme avec sa condition terrestre. En 1750, le *Discours sur les sciences et les arts* de Rousseau, couronné par l'Académie de Dijon, expose un brillant paradoxe : le développement des techniques et des arts n'a pas assuré le mieux-être des hommes. Le progrès intellectuel ne se confond pas avec le progrès moral. Issu également d'une question mise au concours par l'Académie de Dijon, le second discours sur les origines de l'inégalité parmi les hommes prolonge la réflexion sur le divorce qui s'est creusé entre l'homme naturel et l'histoire de la civilisation. Voltaire, le mondain, chante l'industrie et le luxe, le savoir et le commerce qui permettraient aux nations de dépasser leurs préjugés, de mieux se connaître, vers une globalisation heureuse. Rousseau, nostalgique d'un état de nature qui n'a peut-être jamais existé, est sensible aux ancrages des peuples dans leur décor et leur histoire. Ils sont l'un et l'autre critiques envers une religion oppressive et obscurantiste, ils défendent un déisme rationnel, débarrassé de la plupart des dogmes chrétiens. Mais en 1755, le tremblement de terre de Lisbonne met en cause l'optimisme de Voltaire qui ressent l'ordre du monde comme bien éloigné d'une humanité livrée à ses maux et à ses folies : il exprime ses doutes dans le *Poème sur le désastre de Lisbonne*, auquel Rousseau répond par une défense de la Providence. Le nombre des victimes à Lisbonne vient autant de l'absurdité de l'entassement des villes que d'un dérèglement de la nature. *Candide* transforme l'argumentation philosophique en un conte grinçant qui livre le brave héros à l'incohérence des croyances et des systèmes sociaux.

En 1758, Rousseau se présente en citoyen de Genève dans une *Lettre à d'Alembert sur les spectacles* qui critique l'article « Genève » de l'*Encyclopédie*. D'Alembert regrettait l'austérité calviniste qui faisait interdire à Genève les représentations théâtrales. Rousseau justifie ce refus du commerce des spectacles au nom de fêtes où chacun peut être spectateur et acteur. Le public d'une fête n'est pas consommateur passif et payant, il participe à une réjouissance dont il adopte les valeurs. Cette lettre est apparue comme une trahison au parti encyclopédique, attaqué par les jésuites et les jansénistes. Lorsque Rousseau fait paraître les deux éléments de son système philosophique, *Le Contrat social*, théorie de l'homme social, et l'*Émile*, traité pédagogique ou théorie de l'individu, puis un grand roman épistolaire, *Julie ou la Nouvelle Héloïse*, Voltaire se déchaîne en sarcasmes. Rousseau s'en prend à celui qui incarne pour lui les mensonges de la mondanité et les illusions des Lumières, il dit de lui au pasteur Moultou : « Le malheureux a perdu ma patrie. Je le haïrais davantage si je le méprisais moins » et répète à Voltaire lui-même, installé au bord du lac Leman : « Je ne vous aime point, Monsieur... Vous avez perdu Genève. »

Le front philosophique est désormais rompu. Parallèlement à ses travaux historiques, Voltaire s'engage quotidiennement dans la lutte contre les violences faites aux hommes, sous la forme de libelles, de feuilles volantes. Il multiplie les pseudonymes, les faux-semblants, les désaveux, en guérillero du verbe. Il transcrit ses convictions et ses hantises en récits simples, amusants ou pathétiques, en contes qui, loin des grands genres poétiques, correspondent à la prose du quotidien. Après avoir donné ses grands textes théoriques et sa somme romanesque, Rousseau refuse de multiplier les œuvres et de jouer le jeu littéraire. Il s'attache à justifier sa vie et à rendre compte de son existence. Les *Confessions*, les *Dialogues* et *Les Rêveries* manifestent la dernière manière de celui qui s'est retiré du monde et de ses illusions. La retraite de Voltaire à Ferney est bavarde, active, démonstrative. Elle reste dispersée. Celle de Jean-Jacques se veut méditative et concentrée.

Plus que ce parallèle obligé entre Rousseau et Voltaire, la comparaison est tentante entre ceux que Jean Fabre a nommé « les frères ennemis ». Le fils de l'horloger de Genève et celui du coutelier de Langres appartiennent à une même périphérie, artisanale, travailleuse, morale. Ils ont une culture religieuse profonde. Le jansénisme de Langres n'est pas sans rappeler le calvinisme de Genève. Jean-Jacques a connu le séminaire de Turin ; poussé par sa famille, Denis Diderot s'est cru un temps appelé à une profession religieuse. Mais Rousseau n'a pas varié dans une foi qui est celle de son vicaire savoyard, alors que Diderot a fondé son athéisme sur une connaissance intime du christianisme, cherchant, du côté de l'histoire et de l'esthétique, le dépassement de l'individu et du présent que d'autres trouvent dans la religion. L'un et l'autre font le choix d'un mariage contraire à une possible ambition sociale. Jean-Jacques vit avec une servante d'auberge illettrée, Thérèse Levasseur, qu'il finit par épouser, Denis se marie, au grand dam de son père, avec une marchande de dentelles, Antoinette Champion. Ni l'une ni l'autre ne sera une compagne intellectuelle. Thérèse a, semble-t-il, été la mère de trois enfants que Rousseau aurait abandonnés. Toinette a eu une fille, Angélique, qui a fait le bonheur du philosophe. Selon les habitudes du temps, ces mariages n'ont pas empêché les aventures des deux hommes. Les émois de Rousseau avec Mme d'Houdetot nourrissent *La Nouvelle Héloïse*. La liaison de Diderot avec Sophie Volland est à l'origine d'une extraordinaire correspondance qui sert au philosophe de journal intime et de laboratoire littéraire.

Les deux hommes se sont reconnus et ont vécu une véritable intimité morale et intellectuelle. Ils envisagent d'écrire à deux mains un périodique, *Le Persifleur*. En 1749, Jean-Jacques confie à son ami prisonnier qu'il est allé visiter à Vincennes l'illumination que lui a causée la lecture du sujet mis au concours par l'Académie de Dijon. Diderot l'encourage à développer le paradoxe selon lequel, loin d'épurer les mœurs, le progrès des sciences et des arts a entraîné la corruption des hommes. Cette position, contraire au consensus du temps, constitue le point de départ de tout le système rousseauiste, alors qu'elle représente pour Diderot une hypothèse ou une tentation qu'il développe, par exemple, dans le *Supplément au Voyage de Bougainville*, mais qu'il équilibre par la conviction d'un progrès des Lumières, entraînant le progrès historique. Sans une telle conviction, l'*Encyclopédie* aurait été une entreprise vaine. Rousseau s'éloigne de ce combat dans la recherche théorique, puis personnelle d'une nature première. Il récuse la foire aux vanités qu'est la vie littéraire et choisit de copier de la musique pour gagner sa vie, alors que Diderot fait profession de sa plume. Le premier s'engage dans chacun de ses textes, alors que le second, quels que soient le sérieux et le sens du risque de bien de ses livres, conserve un goût du jeu et de la polysémie. Rousseau signe et se veut responsable de chacun de ses mots, Diderot se met en scène dans la plupart de ses contes, dans *Le Neveu*, dans les *Entretiens sur Le Fils naturel*, mais il n'est jamais totalement ni uniquement ce Moi qui n'est qu'un de ses possibles. Il refuse d'être fixé par un portraitiste, fût-il Michel

Van Loo : « J'ai un masque qui trompe l'artiste, soit qu'il y ait trop de choses fondues ensemble, soit que les impressions de mon âme se succédant très rapidement et se peignant toutes sur mon visage, l'œil du peintre ne me retrouvant pas le même d'un instant à l'autre, sa tâche devienne beaucoup plus difficile qu'il ne la croyait. »

Les deux hommes ont connu le danger de la répression et savent le prix des idées neuves. Rousseau a préféré fuir la France, Diderot a repris la méthode des érudits libertins, jouant entre ce qu'il publie, ce qu'il diffuse et ce qu'il conserve en manuscrit. Ses œuvres qui nous fascinent le plus, *Le Neveu de Rameau* et *Le Rêve de d'Alembert*, n'étaient pas publiables de son vivant. Elles montrent des personnes réelles, des contemporains, dans les situations les plus compromettantes : Jean-François Rameau se faisant l'apologiste du crime, d'Alembert se masturbant sous l'œil de Mlle de Lespinasse, troublée. Rousseau assume ses fautes, ses faiblesses, il les proclame dans les *Confessions*, invente le genre moderne de l'autobiographie, en préférant à l'homme public l'individu au plus intime de son être. Diderot s'interroge sur le rapport que chacun d'entre nous entretient avec soi, à travers des personnages relais ou des postures fictives. Il y a du Jean-Jacques dans la figure du Neveu qui fascine l'encyclopédiste, ce Rousseau qui récuse les Lumières et se moque de la réussite sociale de ses anciens amis, ce Rousseau qui exhibe ses défauts et ses vices. Les deux hommes répondent, de façon antithétique, au besoin de se dire et penser la trajectoire de son existence, le premier par l'invention de l'autobiographie moderne, le second par l'affirmation que le Moi n'est qu'un faisceau d'influences et de virtualités.

Leur curiosité et leur invention débordent les cadres étroits de la littérature. De même que Voltaire consacre des mois à la rédaction des *Éléments de la philosophie de Newton*, Diderot se passionne pour la médecine, participe à la traduction du dictionnaire d'un médecin anglais et travaille à des *Éléments de physiologie* dont *Le Rêve de d'Alembert* serait une forme de supplément poétique. Jean-Jacques préfère composer un *Dictionnaire de botanique* qui récuse le langage technique des spécialistes et concilie le savoir scientifique avec l'émerveillement devant une fleur. Tous ces travaux relèvent d'une époque où les connaissances ne sont pas encore monopolisées par des professionnels du savoir, où l'*Encyclopédie* se prolonge en rêverie. Après la crise du mesmérisme, la Révolution correspondra aussi à la mise en place d'institutions scientifiques qui deviennent les garants officiels du savoir. Les mots du poète se confrontent pareillement aux notes et aux couleurs. Rousseau est monté à Paris pour y faire triompher un nouveau système de notations musicales, il se lance dans la Querelle des Bouffons, entre en conflit avec le grand Rameau et amplifie des contributions à l'*Encyclopédie* en un *Dictionnaire de musique*. Rameau construisait une théorie de la matière sonore, là ou Rousseau s'intéresse à l'expression, à la voix et à la mélodie. Son *Essai sur l'origine des langues* comporte toute une analyse de l'imitation musicale.

La contribution décisive de Diderot concerne l'imitation picturale. Rousseau est praticien et théoricien de la musique. Si Diderot n'a pas pratiqué la peinture, il a, de plus en plus, fréquenté les ateliers des artistes. La littérature d'art en France date des *Entretiens* de Félibien (1666-1688) et de l'*Abrégé de la vie des peintres* de Roger de Piles (1699) qui mêlent des réflexions sur la théorie de la peinture à l'évocation des biographies d'artistes. Parallèlement, l'Académie de peinture organise des *conférences* à visée théorique et des expositions de toiles nouvelles. Ces expositions, qui finiront par avoir lieu tous les deux ans, s'ouvrent à la Saint-Louis, dans le Salon carré du Louvre, d'où le terme de *salons* qui se répand pour les désigner. Elles sont ouvertes à tous, d'où la transformation du débat sur l'art. « Pour le dire brièvement, d'affaire d'État, la peinture devient celle du public. » (René Démoris) On peut glaner, au cours du premier XVIIIe siècle, des articles ou des brochures qui réagissent aux œuvres présentées et aux tendances qui se manifestent. Le premier texte qui s'impose par sa cohérence est inspiré par le Salon de 1746 à La Font de Saint-Yenne sous le titre *Réflexions sur quelques causes de l'état présent de la peinture en France*. Simple particulier, sans compétence propre reconnue, il constate que la grande peinture d'histoire, commandée par le Roi à l'époque de Le Brun, a cédé la place à une production facile, agréable, éphémère, faite de scènes de genre et de portraits. Deux ans plus tard, il invoque l'Ombre du grand Colbert dans un dialogue entre le Génie du Louvre et la ville de Paris. De la seule peinture, il élargit la discussion à l'urbanisme et à l'ensemble de la politique culturelle. Il engage tous ses successeurs à s'interroger sur les fins de l'art. Diderot intervient passionnément dans le débat. Il est sollicité par Grimm qui rend compte de la vie à Paris aux abonnés de la *Correspondance littéraire*. Il écrit son premier *Salon* en 1759 et transforme ce qui était article ou brochure en un genre nouveau, confrontation des mots et des images. Neuf fois, jusqu'en 1781, il décrit, commente, réinvente ce qu'il voit, ce qu'il a voulu ou cru voir. Il utilise toutes les formes adoptées par la critique d'art contemporaine pour revendiquer en faveur du poète un droit de regard et d'invention.

Un grand écrivain est un créateur de formes. Nos philosophes n'y ont pas manqué. Parmi tant de titres à notre mémoire, Voltaire a créé le conte philosophique, Rousseau l'autobiographie, Diderot le salon de peinture. Penseurs et acteurs de l'histoire, ils nous ont légué un nouveau rapport au rythme, à soi, à l'image.

RADICALISATIONS

L'attention que nous leur portons est prise entre deux soucis, le premier est de relativiser les éléments émergents et de considérer le cadre majoritaire, fait de conservatisme et de statisme, le second est au contraire de regarder, à côté d'eux, ceux qui vont plus loin, récusant les concessions, ceux qui radicalisent les Lumières. Cette dernière expression a connu une nouvelle actualité avec l'essai de Jonathan Israel qui voit dans la philosophie de Spinoza le moteur d'une effervescence théorique à travers toute l'Europe de 1650 à la Révolution. Une pensée critique s'exercerait à l'égard de toutes les autorités, de toutes les hiérarchies, de toutes les traditions. La forme logique et systématique de l'*Éthique* donne une force inédite à ces arguments. Il est vrai que le *Traité des trois imposteurs* est un des manuscrits clandestins qui est le plus copié. On en décompte environ deux cents copies. Le pamphlet, qui s'en prend à Moïse, Jésus et Mahomet, a été appelé *Es-*

prit de Spinoza, quoiqu'il s'agisse d'une compilation d'auteurs divers. L'étude de cette littérature clandestine, s'est développée depuis quelques décennies, elle montre en fait la variété des modèles et des inspirations. Des discussions archaïques, venues de la Renaissance, voisinent avec des professions de foi déistes et des proclamations athées. La dénonciation religieuse côtoie la critique sociale et la revendication sexuelle.

Parmi les manuscrits circule une trentaine de copies du *Mémoire des pensées et sentiments* d'un obscur curé de la campagne champenoise, Jean Meslier, qui a consacré tous ses loisirs à coucher sur le papier des arguments contre les religions révélées, une réfutation de Fénelon, et à dénoncer la misère des paysans. Il ignore tout de Spinoza ou de Hobbes. On a pu parler d'une jacquerie philosophique ou d'un matérialisme rural. À sa mort en 1729, il laissait trois exemplaires de ce qu'on a nommé son *Testament*, qui essaimèrent à travers l'Europe. Un d'entre eux tomba entre les mains de Voltaire qui en retint les éléments anticléricaux et en élimina la critique sociale, dans un *Extrait des sentiments de Jean Meslier*. Le succès fut tel que *Le Bon Sens* du baron d'Holbach fut diffusé sous le nom du curé Meslier. Le véritable manuscrit ne fut publié qu'en 1864, pour le bicentenaire de sa mort, et sa première édition critique en 1970. Des slogans, tels que « unissez-vous donc, peuples, unissez-vous tous, pour vous délivrer de toutes vos misères communes », expliquent la récupération du curé par la tradition marxiste qui en a fait un de ses précurseurs.

La Mettrie, au contraire, a voyagé de sa Bretagne natale à Paris et à Leyde, de Chine où il suit comme chirurgien un bateau de commerce à Berlin où il se réfugie finalement auprès de Frédéric II. Il est médecin et refuse, dans l'*Histoire naturelle de l'âme* ou dans l'*Homme machine*, de voir dans l'être humain autre chose qu'un organisme matériel et une variante de l'animal. *La Volupté*, le *Système d'Épicure* et *L'Art de jouir* tirent les conséquences morales de ce matérialisme. Les individus sont déterminés par la recherche du plaisir, les plus grossiers par la recherche d'un plaisir crapuleux, voire criminel, les plus raffinés par la recherche d'une jouissance subtile. *La Volupté* est dédiée, comme il se doit, à une marquise et demande aux femmes de ne pas s'offusquer de la diversité des désirs qui s'adressent à un sexe ou à l'autre. Il faut bien « ménager des ressources contre l'ennuyeuse uniformité des plaisirs, que l'inconstance aime à varier ». Ce sera simple curiosité de passage ou bien choix individuel. « L'empire de l'amour ne reconnaît d'autres bornes que les bornes du plaisir. » Il va sans dire que les moralistes de toute obédience ont crié au scandale et que La Mettrie a dû chercher protection auprès de Frédéric, dont on connaît les goûts en amour.

L'agnosticisme de La Mettrie laisse place à un athéisme militant chez Helvétius et D'Holbach, partisans respectif d'un matérialisme de l'éducation ou de l'organisation. L'un et l'autre sont de très riches mondains qui peuvent s'adonner à la philosophie comme un loisir. Issu d'une lignée de médecins, Helvétius reprend, dans *De l'esprit* en 1758, la vulgate empiriste, il insiste sur l'intérêt et le plaisir comme moteurs de notre activité, sur la mémoire et l'habitude comme modèles de notre vie morale. Du point de vue social, seuls l'utilité et le bien public doivent dicter notre définition de la vertu. Le livre fit scandale, Helvétius dut se rétracter et laissa manuscrit son second essai *De l'homme*, publié après sa mort. Le baron d'Holbach est d'abord un traducteur de traités techniques et d'œuvres philosophiques, c'est ensuite un éditeur des manuscrits clandestins de la première moitié du siècle, c'est enfin le théoricien systématique de l'athéisme et du matérialisme dans le *Système de la nature* (1770), dans son abrégé ou son portatif, *Le Bon Sens, ou Idées naturelles opposées aux idées surnaturelles* (1772), ainsi que dans une série de traités qui déclinent les mêmes principes d'un point de vue moral ou politique. L'homme n'est qu'un élément de la machine universelle. Il court au malheur tant qu'il cherche une explication à son être dans une quelconque surnature, dans un quelconque créateur, dans n'importe quelle vérité révélée. Il peut au contraire prétendre au bonheur s'il reconnaît le déterminisme de la nature et les obligations de la vie en société. La postérité n'a voulu garder de cette œuvre que l'idée d'un dogmatisme anticlérical et d'une lourdeur théorique. C'est un travail militant, pédagogique, répétitif, qui étonne son lecteur, au détour d'une image, d'une préface ou d'une prosopopée. On s'est alors souvenu que Diderot a collaboré aux textes de D'Holbach comme à l'*Histoire des deux Indes* de Raynal. Mais on n'est pas capable de repérer ce qui serait vraiment de sa main. Accordons à D'Holbach le bénéfice du doute. Son labeur obsessionnel lui a inspiré quelques fortes pages, qui restent d'actualité aussi longtemps qu'on prêche l'intolérance et la croisade et qu'on dénie le droit à l'irrespect.

Rousseau et son second *Discours*, Diderot et sa réfutation d'Helvétius seraient à relire dans cette perspective. Mais il faut encore placer sous le signe du radicalisme certains voyages imaginaires ou certaines utopies. À l'aube du XVIIIe siècle, Tyssot de Patot, réformé installé en Hollande, donne anonymement les *Voyages et aventures de Jacques Massé* (1710, date sans doute fictive) et *La Vie, les aventures et le voyage du R. P. Cordelier, Pierre de Mésange* (1720) qui font tenir à des habitants lointains des discours parfaitement hétérodoxes. Le christianisme qu'expose Jacques Massé scandalise les insulaires par ses incohérences et ses absurdités. Des voyages de La Hontan au *Supplément au Voyage de Bougainville* de Diderot, l'ailleurs est un détour commode pour se livrer à une critique sans concession de l'ici. Avec *L'An 2440* de Louis Sébastien Mercier, l'utopie devient uchronie. Le modèle exotique devient annonce d'un futur qu'il s'agit de faire advenir. Dans le Paris du XXVe siècle, Mercier imagine la statue du héros, libérateur des esclaves américains. Demi-frère de Condillac, Mably est historien d'une Antiquité qui devient une utopie vertueuse et égalitaire ; ses *Entretiens de Phocion sur le rapport de la morale avec la politique* (1763) et *De la législation ou Principes des lois* (1776) dénoncent la propriété privée et l'exploitation des hommes par les manieurs d'argent. Comme l'abbé Galiani, il stigmatise les illusions de la physiocratie, plus pressée de briser les entraves féodales au commerce que de protéger les populations. Le radicalisme est ici politique et social.

Longtemps absents des histoires littéraires officielles et des contre-histoires qu'elles suscitaient, les romans pornographiques s'imposent aujourd'hui comme des textes qui, parus sous le manteau au milieu du siècle, ont eu un succès européen : l'*Histoire de Saturnin, portier des chartreux*, resté anonyme, et *Thérèse philosophe*, vraisemblablement dû au marquis d'Argens. Ce qui était implicite dans le libertinage mondain est explicité par le lexique sexuel et par les illustrations libres. De lieu de l'interdit et du refoulement, le couvent devient l'ombre discrète où s'épanouirait la sexualité la plus débridée. Mais l'histoire de Saturnin s'achève par un retour de l'interdit, le moine libertin est frappé dans sa virilité. *Thérèse philosophe* ne se contente pas de cet anticléricalisme relativement traditionnel. Pour devenir philosophe, la jeune Provençale doit découvrir l'imposture des Églises, la diversité des goûts humains et se faire sa propre morale sur le droit de chacun au plaisir. On pourrait pareillement opposer, à la fin du siècle, Nerciat à Sade. Le premier est apôtre d'une jouissance qui ne s'encombre pas de principes, le second théorise un hédonisme individualiste et agressif. L'exemple d'une exubérance érotique et l'invention d'une langue capable de la suggérer constituent le radicalisme propre à Nerciat, tandis que Sade cherche dans le blasphème et le matérialisme les bases d'un terrorisme littéraire qui ne s'éteigne pas avec l'apaisement des passions. Mais cette exacerbation n'est sans doute pas concevable sans l'embrasement de la Révolution.

CHAPITRE IV

TOUCHER :
LE TEMPS DES RÉVOLUTIONS

OUVERTURE

Six cent trente personnes se pressent dans la salle du jeu de paume à Versailles, le 20 juin 1789. Ce sont les députés des États-généraux convoqués par le roi pour débattre des finances publiques, qui se sont constitués en Assemblée nationale et qui prêtent serment de ne pas se séparer avant d'avoir établi une Constitution du royaume. Le président Bailly est monté sur une table pour lire la déclaration, il lève le bras droit pour prêter serment. Devant lui, trois religieux s'étreignent, sur le modèle des trois ordres des États-généraux allégoriquement réunis (le Clergé, la Noblesse et le tiers État) : un moine en robe blanche, un prêtre (l'abbé Grégoire) en soutane noire, un pasteur protestant en costume civil. Ils marquent la réconciliation des Églises et l'égalité des citoyens. Ils apportent une sacralité à l'événement. À droite, un député, un seul, assis, replie les bras sur la poitrine pour exprimer son opposition. Symétriquement à gauche, un député malade a tenu à se faire porter par deux hommes sur sa chaise jusqu'à la réunion. Le porteur qui se trouve sur le devant est jambes et bras nus, la tête coiffée d'un bonnet phrygien, il figure ce peuple travailleur qui porte littéralement la scène. Les députés des premiers rangs sont reconnaissables, les autres derrière se perdent en une foule. Tous prêtent serment le bras levé. Certains brandissent leur chapeau. Au fond, un immense mur nu semble la page blanche d'une constitution à écrire dans le marbre. Tout en haut sur les côtés, des fenêtres laissent voir un orage qui gronde. Un éclair griffe le toit de la chapelle du château. Un violent coup de vent fait voler les rideaux, retourne un parapluie. Soldats et spectateurs se pressent pour observer un moment solennel. Parmi eux, un père avec ses deux enfants. Mais la scène est organisée théâtralement pour ses véritables spectateurs, devant la toile de David. Plus d'un an après le serment, après la célébration du premier anniversaire dans une vaste fête de la Fédération, le peintre a poussé le club des jacobins et l'Assemblée nationale à lui commander une grande toile commémorative. Il a multiplié les dessins préparatoires des députés individuellement, des groupes et des positions. Il a achevé un dessin de soixante centimètres sur un mètre, mais l'immense toile de plus de sept mètres sur dix restera à l'état d'ébauche. Une douzaine de corps sont dessinés, tous nus, quatre têtes sont peintes. L'unanimité de 1789 a vite volé en éclat et la souscription n'a pas rapporté ce que l'artiste souhaitait pour financer son travail.

L'œuvre de David appartient de plein droit à l'histoire littéraire par le poème qu'André Chénier lui a consacré et par les questions de poétique qu'elle pose. André Chénier a composé un long poème de 22 strophes de 19 vers, alternant les alexandrins et les octosyllabes, *Le Jeu de paume. À Louis David*, *peintre*. Il y chante la régénération politique et l'enthousiasme artistique. « Reprends ta robe d'or, ceins ton riche bandeau, / Jeune et divine Poésie ; / Quoique ces temps d'orage éclipsent ton flambeau, / Aux lèvres de David, roi du savant pinceau, / Porte la coupe d'ambroisie. » La question est celle de l'histoire immédiate, de la transposition directe de l'événement dans la création artistique et littéraire. André Chénier passe par la médiation de l'allégorie. Il s'adresse à la muse et l'imagerie est surtout antique. La toile de David restée à l'état d'ébauche montre des députés nus, selon un principe académique qui veut que le dessin prime sur la couleur et le corps nu sur le vêtement. La nudité constitue une forme de détachement de la réalité première et d'invention d'une réalité idéale sur le modèle antique. Le modèle du serment de 1789 appartient à l'histoire romaine, c'est le serment des Horace, représenté par David en 1785, ou celui de Brutus sur le corps de Lucrèce qui vient de se suicider, tel que l'ont peint, un peu plus tôt, Hamilton et Beaufort. L'Antiquité fournit un répertoire de formes et de symboles dont l'art parvient difficilement à se passer. La tragédie et l'épopée du XVIIIe siècle peinent à dire l'histoire récente sans la projeter dans une Antiquité jugée plus noble. S'il avait voulu « sacrifier la richesse du fond à la noblesse du ton », selon ses mots à Sophie Volland, Diderot aurait présenté *Le Rêve de d'Alembert* comme un dialogue entre Démocrite, Hippocrate et Leucippe. Il a conservé des interlocuteurs contemporains, mais n'a pu publier le texte. Napoléon n'est pas convaincu par sa statue en pied par Canova qui l'a représenté dans une nudité d'empereur romain. L'art hésite entre reportage et idéalisation, le présent en fuite permanente et une pérennité formelle. David a été tenté par un autre détachement possible de l'événement immédiat. Vers 1798, il a songé à transformer le souvenir d'un événement précis par la glorification de l'élan patriotique, remplaçant les députés de 1789 par les principaux personnages de la décennie révolutionnaire. Il aurait peint alors une galerie des héros, à la façon dont Raphaël a mis en scène *L'École d'Athènes*. La théâtralité frontale fixe et fige le présent dans une éternité de la mémoire.

Le serment est cette parole fondatrice qui transcende la fragilité des corps et la fluidité du temps. Rousseau y voit la nécessité d'une religion civile pour fournir une caution à ces engagements individuels. Mais lorsque Fragonard peint dans *Le Vœu à l'amour* une jeune femme dont tout le corps s'élance vers la statue de l'amour à laquelle elle promet on ne sait quelle fidélité, le bras tendu est-il le même que celui de Brutus l'ancien, des Horace, de Bailly et des autres députés ? Le flottement des voiles qui ceignent la jeune femme, la sensualité de son geste, la pénombre du décor empêchent d'abandonner le moment présent pour se projeter dans une durée. Diderot ironise fréquemment sur l'inanité des serments d'amour : « Le premier serment que se firent deux êtres de chair, ce fut au pied d'un rocher qui tombait en poussière ; ils attestèrent de leur constance un ciel qui n'est pas un instant le même ; tout passait en eux et autour d'eux, et ils croyaient leurs cœurs affranchis de vicissitudes » (*Jacques le fataliste*). L'article « Inconstance » de l'*Encyclopédie* exprime un scepticisme voisin : « Celui qui fait des vœux qu'il ne pourra rompre, celui qui prononce un serment qui l'engage à jamais, est quelquefois un homme qui présume trop de ses forces, qui s'ignore lui-même et les choses du monde ». Les romans libertins abondent en serments trompeurs et en promesses oubliées dès l'étreinte consommée. Dans « Les Serments », poème des *Poésies érotiques* de Parny, lorsque l'amant en atteste la nuit, les étoiles, le verrou qui les protège, lui et sa maîtresse, il semble dire plutôt l'incandescence du désir que sa véritable durée dans le temps : « Aimons au moment du réveil, / Aimons au lever de l'Aurore, / Aimons au coucher du soleil ; / Durant la nuit aimons encore. » Un autre poète, Lebrun, s'étonne lui-même du serment qui l'enchaîne pour toujours à sa compagne :

> Pour toujours ! Ah ! Vénus ! quel serment ! quel langage !
> Le croirai-je ? est-ce moi qu'un seul nœud paisible engage ?
> Moi, qui plus agité que l'onde et les roseaux,
> Ai tant de fois d'amour rompu tous les réseaux,
> Et qui, pour mieux fixer le caprice des belles,
> Empruntai du zéphyr l'inconstance et les ailes ?
> J'aime, et d'un feu si pur, que Tibulle et Gallus,
> Et La Fare inspiré des regards de Caylus,
> Ne sentirent jamais ces brûlantes ivresses.
> Oui, mes vœux ont fixé leurs volages tendresses.

Le serment prétend se nourrir de l'expérience du caprice des belles et des volages tendresses. Il ne les ignore pas par illusion ou naïveté, elle veut les dépasser. La littérature du tournant du siècle est marquée par ces tensions. Entre un idéal formel et la volonté de coller à l'actualité, entre la recherche d'une durée et le sens de l'émotion momentanée, elle se caractérise par une double crise des formes et des valeurs et par un conflit central entre l'affirmation de l'Histoire et celle de l'individu.

CRISE DES FORMES

Le classicisme réclamait des œuvres achevées dont le ton corresponde au sujet. Le travail poétique ne s'achevait qu'avec l'aboutissement de cet effort d'adéquation et la perfection du monument. Un tel idéal est dérangé par l'ambition encyclopédique de la littérature, mais aussi par le sens du temps qui passe, par la volonté de s'adapter aux changements. Qui veut trop embrasser risque de mal étreindre. Déjà en 1734, Marivaux présentait *Le Cabinet du philosophe* comme le contenu de la cassette trouvée chez un homme d'esprit décédé : « Il ne s'agit point ici d'ouvrage suivi : ce sont, la plupart, des morceaux détachés, des fragments de pensée sur une infinité de sujets, et dans toutes sortes de tournures. » Cette fragmentation pouvait sembler liée à la forme de l'essai et de la publication périodique, de janvier à avril 1734. En 1747, la deuxième édition, posthume, des œuvres de Vauvenargues comprend une *Introduction à la connaissance de l'esprit humain* et des *Fragments* dont la discontinuité est en partie involontaire, en partie calculée. La modernité, telle qu'elle s'est définie dans la Querelle, a fait son deuil d'une vérité définitive, elle court après le temps, le livre se fait journal, le monument est morcelé en livraisons successives, l'œuvre est condamnée à un inachèvement essentiel. Cette discontinuité fragmentaire envahit tous les genres, à la fin du siècle. La poésie, par exemple, rêve de composer une épopée de la Nature et de l'Humanité. Nombreux sont ceux qui ne parviennent pas au terme de leur entreprise, et non des moindres. Le fragment s'impose comme une des formes de cette double vocation de totalisation encyclopédique et de morcellement temporel. Jean-Marie Roulin remarque qu'à l'aube du siècle suivant, présentant le *Nouvel Almanach des Muses*, un libraire évoque « l'utilité des ciseaux dans la littérature ». Certes le genre des *esprits* existe depuis longtemps, mais il ne s'agit plus seulement de procéder à un choix suggestif. La fragmentation devient un mode d'expression comme une parataxe.

Deux modèles scientifiques peuvent servir de métaphore à l'opération. Le premier est emprunté aux sciences de la vie qui se sont passionnées pour des êtres aux frontières du règne animal, les polypes. Le genevois Abraham Trembley avait publié en 1744 des *Mémoires pour servir à l'histoire d'un genre de polypes d'eau douce*. Il y montre qu'un polype, coupé en deux, peut donner naissance à deux êtres. Le principe de vie n'appartient plus exclusivement au tout, mais à chacune des parties. On sait le parti qu'en tire Diderot dans *Le Rêve de d'Alembert*. Le second modèle vient de l'archéologie à laquelle les fouilles d'Herculanum et de Pompéi ont donné un essor nouveau. Longtemps les statues brisées et les tronçons de colonnes, sortis de terre, ont été complétés, comme pour réparer les marques du temps. Mais le fragment peut aussi apparaître comme l'œuvre débarrassée de ses ornements superflus, réduite à l'essentiel. L'histoire et l'histoire naturelle donnent l'une et l'autre une leçon de fragmentation.

André Chénier a mis sa plus haute ambition dans la composition de deux fresques poétiques, *Hermès* et *L'Amérique*. Sous le signe du dieu du commerce et de l'interprétation, de l'entremetteur divin, il rêvait de rassembler les connaissances sur le système du monde. Dans le sillage de la découverte du Nouveau Monde, il voulait raconter l'épopée du genre humain. Il se réclame d'Homère et de Buffon, de Lucrèce et de Newton. Selon la prononciation du temps, les noms des savants anglais et français peuvent rimer ensemble. Les années ont passé, André Chénier a été emporté par la Révolution. Il n'a achevé ni son *Hermès*, ni *L'Amérique*. Il a laissé à son frère des liasses de manuscrits où les parties achevées alternent avec les vers isolés et les notes en prose. On s'y promène comme à travers un champ de fouilles archéologiques, à travers une collection de sculptures mutilées. Mais ce n'est pas la seule contingence qui a condamné ces poèmes à rester des chantiers à ciel ouvert. Le texte inachevé devient une ruine future, à la façon dont l'écrivain Louis Sébastien Mercier imagine Versailles envahi par la végétation dans *L'An 2440* ou dont le peintre Hubert Robert conçoit la grande galerie du Louvre transformée en ruine. La méditation mélancolique sur la fragilité de tout ce qui sort des mains des hommes se change en une comparaison glorieuse entre les œuvres anciennes et modernes. *Hermès* s'achève par l'évocation de temps où la langue française ne sera plus qu'un équivalent du grec et du latin, terrible défaite pour une langue qui se pense alors comme universelle, mais superbe revanche de devenir l'équivalent des grandes langues anciennes. Le poète s'adresse à son poème :

> Perdu, n'existant plus qu'en un docte cerveau,
> Le français ne sera dans ce monde nouveau
> Qu'une écriture antique et non plus un langage.
> Ô, si tu vis encore, alors peut-être un sage,
> Près d'une lampe assis, dans l'étude plongé,
> Te retrouvant poudreux, obscur, demi-rongé,
> Voudra creuser le sens de tes lignes pensantes.

La fragmentation devient consubstantielle à l'ambition encyclopédique et à la comparaison avec l'Antiquité. Le poème, pour être vraiment grand, doit peut-être rester à demi-rongé.

Des poètes qui ont survécu à la Terreur n'ont pas plus achevé leur grand œuvre, ou plutôt ne nous l'ont transmis que sur le mode du fragment. Ponce Denis Écouchard Lebrun pourrait être le père d'André Chénier dont il fut le maître. Il fut révélé par les odes que lui inspirèrent le tremblement de terre de Lisbonne. Il entreprit un grand poème sur *La Nature ou le bonheur philosophique et champêtre*. Ce qu'il en laissa lire l'imposa comme le Lucrèce ou le Pindare français. Le surnom lui resta de Lebrun-Pindare. Il mourut en 1807, à près de quatre-vingt ans, laissant un poème inachevé. Ses œuvres parurent en 1811. L'éditeur annonce en tête du *Poème en quatre chants* : « commencé en 1760, et dont, à l'exception du troisième chant, qui est presque entier, il n'existe que des fragments. » Lebrun chante une Nature en mouvement perpétuel :

> Rien ne périt, tout change, et mourir c'est renaître.
> Tous les corps sont liés dans la chaîne de l'être.
> La nature partout se précède et se suit.

Les savants fixent ce grand tout mouvant en lois, mais comment le poète peut-il en dire la diversité chatoyante ? Les fragments s'achèvent par un hymne amoureux, l'inconstance laisse place à la fidélité. Il semble que le poète ne soit jamais parvenu à trouver un équilibre entre l'idée et l'image, à moins de considérer que le fragment est la forme obligée de cette impossible ambition. Sylvain Maréchal semble en prendre conscience lorsqu'il publie plusieurs fois son propre poème de la Nature, résolument athée, sous les titres successifs : *Ad majorem gloriam virtutis. Fragments d'un Poème moral sur Dieu* en 1761, *Dieu et les prêtres. Fragments d'un poème philosophique*, l'an Ier de la raison et l'an II de la République, *Le Lucrèce français. Fragments d'un Poème*, en l'an VI. Admirateur des républiques antiques, Maréchal donne à son poème l'allure d'un texte grec ou latin redécouvert. La forme sous laquelle Macpherson prétendait révéler le vieux poète Ossian est celle de *Fragments of Ancient Poetry*, même si la plupart des traductions et adaptations se sont bien gardées de reproduire cette structure éclatée, comme quoi persiste, même en période de mise en cause des genres, ce que Pascal Quignard nommera « une gêne technique à l'égard des fragments ».

Le récit romanesque n'échappe pas à la fragmentation. Le manuscrit trouvé est un lieu commun des préfaces qui authentifient le récit par une liasse de papiers découverte par hasard. L'état incomplet du manuscrit renforce l'effet de vérité, même si les vides et les blancs appartiennent aussi aux romans ironiques et auto-réflexifs. En 1758, un roman anonyme, que conserve la Bibliothèque de l'Arsenal, *Les Frivolités galantes*, se présente comme « Fragments d'un vieux manuscrit gaulois, trouvé dans les ruines d'Amathonte », ville de Chypre célèbre par le culte qu'on y rendait à Vénus. Dans cette lignée, Nerciat sous-titrera ses *Aphrodites Fragments thalipriapiques pour servir à l'histoire du plaisir*, prétendument édités à Lampsaque. Les Aphrodites sont une société secrète de joyeux débauchés, le roman qui porte leur nom rapporte, comme autant de scènes dialoguées, les échanges entre affiliés de ce club de rencontres. L'histoire du plaisir est sans début ni fin, elle ne peut se raconter que par lambeaux, par une série de hasards heureux, de caprices satisfaits, de moments exaltés. En 1782, on traduit de l'allemand *Fabius et Caton*, sous-titré *Fragment de l'histoire romaine*, d'Albrecht de Haller. Le contexte révolutionnaire et les débats politiques font publier une nouvelle adaptation du texte, en 1790, sous le titre de *Fragment d'un roman philosophique du célèbre Haller sur les principes d'un bon gouvernement*. On est passé de l'histoire romaine à l'un de ses épisodes, puis de cet épisode aux enseignements politiques qu'on peut en tirer. La fragmentation deviendrait l'art d'aller à l'essentiel, une focalisation en fonction des intérêts particuliers. Il peut être un art de jouer avec le lecteur et d'ironiser sur les sinuosités d'une narration. En 1800, on traduit de l'anglais des *Fragments à la manière de Sterne*, surenchère sur les discontinuités de *Tristram Shandy* et du *Voyage sentimental*. Une même forme suggère contradictoirement l'authenticité et l'arbitraire, la soumission au réel et la liberté toute-puissante du romancier.

Elle rappelle le modèle du journalisme du *Spectateur*, lorsqu'une même aventure est rapportée par plusieurs livraisons ou lorsqu'une série s'efforce de suivre la diversité de la vie. Les recueils de nouvelles s'ouvrent à l'infinité du monde, en même temps qu'ils exploitent un filon commercial. Dans les *Épreuves du sentiment*, Baculard d'Arnaud fournit sa pâture, nouvelle après nouvelle, à la sensibilité des lecteurs et des lectrices. La série dure une dizaine d'années, comme un feuilleton télévisé à succès. Chaque nouvelle est indépendante, mais les dispositifs ne changent pas, avec des rôles fixes : la jeune fille vertueuse et malheureuse, le libertin parfois sauvé par sa conscience, le père noble froissé par les fautes, réelles ou supposées, de sa progéniture, mais toujours prêt à s'émouvoir devant un petit-fils qu'on lui apporte. Alors que les recueils de Marmontel ou de Florian se présentent comme des ensembles fermés, ceux de Baculard ou de Rétif sont en ligne de fuite, toujours susceptibles de suites, de compléments, de prolongements. Le *Tableau de Paris* et *Les Nuits de Paris* sont également construits sur ce principe du tableau mouvant d'une ville en perpétuelle transformation.

La forme fragmentaire peut encore correspondre au harcèlement militant du philosophe qui intervient dans l'actualité ou au jeu avec la censure. En 1773, le chevalier de Lally-Tollendal vient demander à Voltaire son aide afin de faire réhabiliter la mémoire de son père, condamné pour haute trahison après la perte des comptoirs français de l'Inde. Quelques mois plus tard, Voltaire lance ses *Fragments sur l'Inde et sur le général Lally*. Il aurait pu, comme dans d'autres interventions militantes précédentes, composer des *lettres*. Dans l'urgence de l'événement, il préfère ce terme plus abrupt de *fragments*, éléments détachés de la grande histoire des injustices. D'édition en réédition, le nombre des fragments augmente, il passe de vingt à trente-six et l'ensemble devient *Fragments sur l'Inde, sur l'histoire générale, et sur la France*. La discontinuité marque la tension entre le particulier et le général, le drame du comte de Lally et les questions globales de l'Histoire. Au même moment, Diderot donne à la *Correspondance littéraire* des *Pensées détachées ou Fragments politiques échappés du portefeuille d'un philosophe*. Ces fragments, au nombre de seize, appartiennent aux contributions de Diderot à l'*Histoire des deux Indes* de l'abbé Raynal. Libéré de ses obligations encyclopédiques, Diderot ne répugne pas à noircir à nouveau du papier pour une entreprise collective et militante. La forme correspond au mode de travail du philosophe qui prend des notes pour des contributions dispersées dans la longue *Histoire des deux Indes*, mais elle désigne aussi le va-et-vient entre les principes et les circonstances, une théorie générale de la liberté naturelle et une reconnaissance des situations particulières, un jeu enfin entre la censure et l'autocensure, ce qui peut être publié dans la masse de l'*Histoire* et ce qui prend un sens nouveau dans le périodique protégé de la *Correspondance littéraire*. Une discontinuité similaire fera nommer par Diderot *Mélanges philosophiques* les notes politiques qu'il rédige, l'année suivante, pour Catherine II. La fragmentation entérine la descente de la littérature, qu'elle soit poétique ou philosophique, du ciel des idées sur la terre des contingences. Elle renvoie la contradiction entre le rêve et la réalité à la complicité de l'auteur et de ses lecteurs. L'un suggère des sauts et des échos : aux autres de poursuivre l'exercice, de prolonger un travail toujours provisoire, de remplir les silences du texte.

L'interrogation sur l'unité conduit à transformer les genres marqués par cette exigence, à repenser la relation entre les éléments et le tout. Les unités sont particulièrement prégnantes dans la composition des pièces de théâtre. Diderot, Mercier, Sedaine ont lié la critique de l'idéologie aristocratique à celle de la tragédie et de la comédie classiques. Les *Entretiens sur Le Fils naturel* constituent à la fois une théorisation de la pièce et un éclatement du cadre classique. Les cinq actes dans un intérieur, plus précisément « un salon de la maison de Clairville », se prolongent en trois entretiens en pleine nature. L'unité de la journée éclate en rendez-vous, de jour en jour, au rythme du temps qu'il fait. La mise en scène de la vie bourgeoise dans ses détails concrets est critiquée après-coup par la discussion entre Dorval et Moi qui révèle les illusions et les faux-semblants de cette représentation. Le coup de force, opéré par Diderot, ne trouve tout son sens qu'à considérer l'œuvre comme un diptyque dont l'unité reste problématique.

Vingt ans plus tard, Pierre Augustin Caron, devenu M. de Beaumarchais, revient à une comédie qui pourrait sembler traditionnelle, après s'être essayé à la parade faussement populaire et au schéma connu, la jeune innocente, son tuteur vieillissant et l'amant séduisant. Un valet débrouillard vient à l'aide des jeunes gens pour leur permettre de s'aimer librement. Ce que Beaumarchais apporte à ce canevas traditionnel, c'est un rythme, un feu d'artifice verbal qui font d'une situation particulière un enjeu social et historique. La pièce est publiée, accompagnée d'une « Lettre modérée sur la chute et la critique du *Barbier de Séville* » qui suggère une suite à la pièce et une transformation du dénouement. Derrière la toile, la querelle s'échauffe entre le docteur Bartholo et le valet qui lui a soufflé sa pupille et une forte somme. « Des injures, on en vint aux coups. Le docteur, étrillé par Figaro, fit tomber, en se débattant, la *résille* ou filet qui coiffait le barbier ; et l'on vit, non sans surprise, une forme de spatule imprimée à chaud sur sa tête rasée. » C'est une scène de reconnaissance, le fils retrouve son père, les ennemis se réconcilient, mais, du même coup, l'unité de temps s'ouvre à un passé et sans doute à un avenir, le valet y gagne une dignité nouvelle, il acquiert une identité. Il n'est plus seulement utile aux amours nobles, il mérite de devenir le héros de sa propre histoire. La suite du *Barbier* s'ébauche dans cette Lettre et devient, quelques années ensuite, *Le Mariage de Figaro*. Le comte et la comtesse Almaviva ne sont plus les jeunes amoureux de la première pièce, le comte se révèle libertin, la comtesse est prise de mélancolie. C'est Figaro qui désormais prétend non seulement se marier avec Suzanne la soubrette, mais faire respecter sa fiancée et convaincre ou contraindre son maître à renoncer au droit du seigneur. La première comédie opposait Bartholo bourgeois ridicule au jeune seigneur, la seconde inverse les signes et c'est Figaro qui a pour lui les droits du cœur et le privilège de l'amour. Ses revendications se heurtent à l'ordre social. *La Folle journée*, sous-titre de la pièce, s'achève à nouveau par un mariage. Le dernier vers du vaudeville final proclame : « Tout finit par des chansons. » Cette fois encore, la préface esquisse une suite. Le page de monseigneur, Chérubin, trop jeune pour que les femmes se formalisent de ses familiarités et trop grand pour rester vraiment innocent, n'a cessé de courir, de se cacher, de sauter, il n'a cessé de dire son impatience, de brouiller les alliances et de compliquer les antagonismes. Il suffit de quelques mois pour que l'enfant devienne adulte, pour que ses étreintes deviennent fécondes, pour que la crise de nerfs, un soir d'été orageux, devienne crise de régime. La troisième pièce de ce qui devient une trilogie passe de la comédie au drame, de l'Espagne traditionaliste à la France révolutionnaire et d'un genre classique à un roman dramatique. *La Mère coupable* parle d'une époque où le divorce a été établi, où des manifestations se font entendre dans les rues, où les fortunes sont menacées, où les Tartuffes politiques ont pris la place des Tartuffes de la religion. L'invention d'une trilogie, entre 1775 et 1792, bouleverse la forme classique pour répondre à l'urgence des événements qui emportent, avec l'ancien régime social, l'ancien régime des lettres. Le théâtre redevient la mise en scène de l'histoire en train de se faire.

Le théâtre s'est fait roman, le roman le lui rend bien, et pas seulement parce que les sujets s'échangent entre les deux formes. Les dialogues, qui ont longtemps été rédigés dans le récit romanesque, avec une kyrielle de *dit-il* et de *répondit-elle*, sont de plus en plus souvent présentés à la fin du siècle dans une typographie de théâtre. Le fil narratif est suspendu, le temps d'une scène dramatique ou comique. Les *Amours du chevalier de Faublas*, de celui qui se fait nommer Louvet de Couvray avant de devenir le citoyen Louvet, tire une partie de ses effets des dialogues de farce, liés à la situation initiale. Le jeune narrateur se travestit en fille pour un bal à l'opéra. C'est ainsi qu'il découvre l'amour et le plaisir, et c'est déguisé en fille qu'il s'engage dans une carrière de séducteur. L'argument transforme le roman libertin qui laisse la parole aux femmes mal satisfaites de leur rôle d'objets de séduction et à tous ceux qui sont exclus de la fête sociale. Le récit rétrospectif du héros est interrompu par une narration secondaire qui, par fragments et comme par bouffées, laisse entendre une tonalité toute différente. Les escapades et les coucheries de l'adolescent, découvrant les ressources du plaisir dans un

Paris aristocratique, s'opposent aux luttes patriotiques des Polonais dont les terres sont envahies par les armées russes. Sur les bords de la Seine, on se déguise pour rire. Dans les forêts polonaises, on se déguise pour survivre. Le roman avance ainsi par contrepoint entre la complaisance libertine et le moralisme patriotique, sans laisser attendre de conciliation entre les vertiges de la fête et les perspectives de l'histoire. Le héros rejette toujours pour plus tard le renoncement à ses aventures libertines et son assagissement auprès d'une fiancée aimante. Publié en 1787, *Une année de la vie du chevalier de Faublas* s'achève par un mariage. L'année suivante paraît *Six mois* de sa vie. Louvet profite du succès de son roman et lance à nouveau son personnage dans des aventures libertines. Le ton pourtant a légèrement changé. L'adolescent connaît ses premières défaillances, le roman laisse apercevoir l'envers du décor et les lendemains de la fête. C'est en 1790 que paraît *La Fin des amours du chevalier de Faublas*. Le jeune séducteur est rattrapé par ses folies, le temps est venu de payer l'addition. La fête tourne au drame ; suicide, meurtre se succèdent tandis que la Révolution s'annonce. Le narrateur est contraint d'interrompre son récit, emporté par une crise de démence. La trilogie de Beaumarchais quittait finalement l'Espagne et devait vivre la Révolution en France. Celle de Louvet abandonne la France et ses ferments révolutionnaires pour se réfugier en Pologne. La discontinuité du récit en train de devenir roman-feuilleton marque la difficulté de concilier hédonisme et volonté de réforme, exploitation du succès commercial et engagement politique. Après avoir frappé son personnage dans sa chair et son esprit, Louvet, devenu journaliste sous la Révolution, récrit les deux premières parties de son roman. Il y adjoint des notes prophétiques et tente d'atténuer les jeux trop liés à l'Ancien Régime. La discontinuité du roman fait entendre les craquements de l'histoire.

Si la crise du temps s'exprime dans la fragmentation et l'hybridation des formes, de nouvelles continuités s'imposent, par exemple, en poésie. Depuis Pétrarque et Ronsard, depuis les élégiaques latins même, le recueil amoureux s'était fait roman du cœur, histoire plus ou moins conflictuelle d'un couple. La philosophie empiriste et l'assouplissement des règles formelles ont permis la naissance d'une nouvelle poésie érotique, au double sens de l'adjectif, sens ancien de lyrisme amoureux et sens moderne d'écriture sexuelle. Trois poètes, qu'on désigne comme les poètes créoles, apportent un sang neuf et des atmosphères tropicales dans une poésie devenue trop souvent un exercice formel et un divertissement mondain. Évariste Parny est né à la Réunion, alors île Bourbon. En 1787, il donne des *Chansons madécasses* et des *Poésies érotiques*. Les premières proposent un lyrisme primitif, sans règle ni code, la poésie première des peuples malgaches. Les secondes racontent une liaison avec celle qu'il nomme Éléonore. La tradition pétrarquiste faisait languir l'amant. Parny ouvre son recueil le lendemain de la première nuit heureuse des amants. Le vers ne sublime pas une attente, il éternise un plaisir.

> Tu l'as connu, ma chère Éléonore,
> Ce doux plaisir, ce péché si charmant.

Le recueil se développe, de refroidissement en raccommodement, dans une langue qui renonce aux complications lexicales et métriques pour mieux dire les nuances de l'amour. Chaque poème est l'élément d'une chaîne, d'une histoire, de même que chaque pièce de Beaumarchais s'intègre à une trilogie. Le Cupidon de Parny est un « dieu charmant qui prêche la tolérance », sans ignorer les intermittences et les contradictions du désir. *La Guerre des dieux*, épopée burlesque qui raconte la guerre entre les saints chrétiens et les dieux païens, sera fatale au poète. Le livre aura du succès mais sera jugé blasphématoire par les bien-pensants qui n'auront de cesse de refouler la mémoire du poète. Sainte-Beuve a beau rebaptiser *Élégies* les *Poésies érotiques*, Parny n'est pas reconnu pour l'un des plus grands poètes de notre langue. Les écrivains romantiques qui le connaissent et parfois l'exploitent ont leur part dans cet oubli.

Antoine de Bertin est un compatriote de la Réunion. Il nomme son Éléonore Eucharis et son recueil *Amours*. Le décor est le même, fait du contraste entre le soleil et l'ombre, la chaleur et la fraîcheur. Une natte, une jalousie suffisent à dire l'horizontal et le vertical ; elles isolent un monde intérieur voué au culte amoureux, loin de la vie sociale et des obligations matrimoniales. Une bouteille de parfum, objet de luxe, venu de la métropole, rappelle que nous sommes dans la société coloniale. Troisième créole, Nicolas Germain Léonard est de la Guadeloupe. Ses *Idylles* sont traversées de souvenirs antiques, mais elles savent se débarrasser des périphrases savantes et des métaphores artificielles. En pleine redistribution des genres littéraires, au milieu des œuvres inachevées et fragmentaires, de tels recueils ramènent la poésie à une mélodie simple et continue. Ils récusent toute ambition de totalisation encyclopédique, toute perspective d'un savoir historique. Ils se contentent de chanter le fil d'une liaison érotique, avec son exaltation et ses déceptions, ses élans et ses retombées. Ils dépassent la crise des formes dans le choix de mètres simples, dans la construction du recueil sur une temporalité linéaire et dans l'accord du sentiment amoureux avec les sensations fondamentales du corps.

CRISE DES VALEURS

La mise en cause des genres traditionnels est aussi une interrogation sur les valeurs. La discontinuité des formes met en cause la certitude d'une morale et la cohérence d'une communauté. L'inachèvement des romans de Crébillon ou de Marivaux marquait une hésitation quant à la conclusion à tirer du récit. Meilcour annonce, au terme de ses égarements, un retour aux vraies valeurs. Le lecteur l'abandonne, au petit matin, dans le lit d'une femme qu'il désire mais qu'il n'aime pas. L'ironie esquive la suite, l'avenir reste incertain. Un demi-siècle plus tard, Choderlos de Laclos porte à son summum cette dérobade énigmatique. *Les Égarements du cœur et de l'esprit* était un roman-mémoires. *Les Liaisons dangereuses* est un roman épistolaire. Les deux titres recourent à un abstrait pluriel qui suggèrent une leçon morale, une dénonciation de l'égarement ou du péril. Mais dès qu'il s'agit de préciser cette leçon, le lecteur s'interroge. La construction formelle des *Liaisons dangereuses* a la netteté d'une mécanique. Cent soixante-quinze lettres sont régulièrement réparties en quatre moments, des chaleurs du mois d'août au froid de l'hiver qui suit. Le dialogue entre les innocents, qui croient qu'on écrit pour se confier, est tout d'abord parallèle au dialogue entre les roués, qui savent qu'on écrit pour imposer une vérité à l'autre ; mais progressivement les liaisons épistolaires deviennent dangereuses, les dialogues se croisent, les lettres sont détournées de leur trajectoire, dictées et surprises par des tiers manipulateurs. On force les serrures des secrétaires avant de forcer celles des chambres à coucher. On viole les correspondances et les consciences avant de violer les corps. Dans sa première missive, la jeune Cécile, fraîchement sortie du couvent, se montre fière de posséder un secrétaire, fermé à clef, où elle peut enfermer tout ce qu'elle veut. Sa mère ne tarde pas à le lui faire ouvrir de force. Que peut être la sincérité dans cette violence généralisée ? Qu'est-ce que la naïveté d'un sentiment, la vérité d'une émotion ? Valmont écrit une lettre passionnée à la présidente de Tourvel, « du lit et presque d'entre les bras d'une fille, interrompue même par une infidélité complète ». Le langage de la passion avec ses métaphores religieuses n'est plus que celui du plaisir avec ses formules sacrilèges. « La table même sur laquelle je vous écris, consacrée pour la première fois à cet usage, devient pour moi l'autel sacré de l'amour ». Cette table, c'est donc le corps d'Émilie, une courtisane qui se loue à la nuit, comme l'explicite la gravure de 1796, qui a inspiré, depuis, les illustrateurs et les cinéastes. Toute écriture n'est-elle que pulsion physique, entraînement matériel ? Cette posture, Valmont ne la prend, ne la met en scène et en mots que pour briller devant sa complice, la marquise de Merteuil. De physique, l'écriture devient cérébrale. Le cœur peut-il se faire entendre, entre l'amoralité du désir physique et l'immoralité de l'amour-propre ?

Le recueil épistolaire est précédé d'un Avertissement de l'éditeur, qui insiste sur l'artifice de l'exercice et d'une Préface du rédacteur qui revendique au contraire son authenticité. Dès la première page de ces « lettres recueillies dans une société et publiées pour l'instruction de quelques autres », le lecteur est renvoyé à une hésitation radicale entre la vérité et le mensonge, entre l'histoire d'une passion qui s'impose et le tableau des manipulations qui prétend transformer les êtres en marionnettes. Le roman se déroule « dans une société », c'est-à-dire un milieu social étroitement fermé, celui des privilégiés, livrés à leur oisiveté. La marquise de Merteuil et le vicomte de Valmont, anciens amants, essaient de devenir un couple d'acolytes qui se servent de témoins, l'un à l'autre, de leurs scélératesses respectives. Les jeunes naïfs, la petite Cécile et Danceny, non moins maladroit, résistent mal au savoir-faire des roués. Cécile se retrouve dans le lit de Valmont, qui lui apprend jusqu'aux complaisances et n'oublie que les précautions, Danceny dans celui de la marquise qui ne doit pas être en reste de subtilités érotiques. Pourquoi Valmont s'attarde-t-il auprès de Mme de Tourvel ? Il découvre à son contact d'autres plaisirs, d'autres jouissances. Pourquoi Merteuil ne supporte-t-elle pas de voir son complice céder aux tentations de l'amour ? Les monstres froids ne sont pas les maîtres d'eux-mêmes qu'ils prétendent être. Ils prouvent la fausseté des bienséances sociales et l'inanité d'une morale conformiste, mais quelle vérité ressort de l'intrigue cruelle qui les broie finalement comme les autres ? La présidente de Tourvel meurt d'amour, Valmont meurt en duel, mais il a peut-être accepté cette mort pour la même raison. Danceny a renoncé à ses illusions de jeunesse et Cécile est à nouveau enfermée dans un couvent. Merteuil s'enfuit en Hollande. La vieille Mme de Rosemonde réunit les liasses de lettres des uns et des autres, avec la volonté de cacher au monde toutes ces turpitudes. Leur publication est une ultime provocation. Au terme de l'aventure ne subsiste peut-être que la grandeur de deux femmes, la femme de cœur, capable d'un don total de soi, et la femme de tête, capable d'une analyse de la situation faite aux femmes. Les romancières du XXe siècle ont pris plaisir à imaginer un avenir à la marquise. Elles l'ont fait survivre ou revivre en Hollande. Elles ont confronté sa lucidité au militantisme féministe moderne. Mais quelle perspective Laclos ouvre-t-il à ses lecteurs et ses lectrices ? La religion et le conformisme social sont bafoués, la nature semble définitivement perdue. La perfection formelle débouche sur le vide. L'homme Laclos a pu s'engager dans la Révolution, il n'a jamais donné de suite aux *Liaisons dangereuses*, ni composé de pendant positif à l'œuvre de dénonciation. Les esquisses de réponse à une question mise au concours par une académie provinciale restent rapides et variables, d'une époque à l'autre. Le concours portait sur l'éducation des femmes. Une solution reste-t-elle possible dans le cadre de l'Ancien Régime ? Laclos est tenté par une réponse négative, conformément au radicalisme rousseauiste. La mort de Tourvel, la fuite de Merteuil sont les deux figures possibles de cette impasse.

Lorsque *Le Spectateur du Nord*, publié par des émigrés à Hambourg, rend compte de *Justine*, en 1797, le journaliste évoque une attribution du roman publié anonymement : « vous lirez peut-être […] que l'auteur de *Justine* est M. de Laclos, connu surtout par son roman des *Liaisons dangereuses*. Il n'en est rien. » Deux ans plus tard, un dictionnaire satirique des auteurs contemporains, *Le Tribunal d'Apollon*, remarque encore à l'article « Laclos » : « L'infâme roman de *Justine* est le seul qui lui dispute à peine la criminelle supériorité dans le nombre de ses victimes. » Nous sommes étonnés de cette assimilation de la langue parfaitement retenue des *Liaisons* aux outrances de *Justine*. Le rapprochement a le mérite de nous faire sentir le scandale provoqué par le roman de Laclos. Lorsque la marquise de Merteuil parle de son goût de l'étude dans les choses de l'amour et des paysans de son mari qui lui offrent « un champ plus vaste à [ses] expériences » (lettre LXXXI), lorsque le vicomte de Valmont n'apprend à sa jeune maîtresse et élève que les mots techniques et avoue qu'« il n'y a plus que les choses bizarres qui [lui] plaisent » (lettre CX), Laclos se garde bien de citer un seul de ces mots techniques, de préciser le détail des expériences de la marquise. Le registre de la mondanité le lui interdit, Sade brise cet interdit. Si l'ennui des garnisons et les insatisfactions de sa carrière militaire ont contribué à la maturation des *Liaisons dangereuses*, c'est le déclassement d'un aristocrate et la solitude des prisons qui ont nourri la passion littéraire de Sade. Laclos est d'Amiens, homme du Nord, dans une famille de toute récente et toute petite noblesse. Né à Paris, Sade est originaire d'Avignon, homme du Midi, dans une ancienne lignée, apparentée aux Condé. Laclos a composé un seul livre, énigmatique et parfait. Sade s'est essayé à tous les genres, du théâtre au roman, à tous les tons, de la retenue allusive au déchaînement pornographique. La première œuvre, chronologiquement, que nous connaissons de lui semble la dernière, celle après laquelle rien ne peut plus être écrit. *Les Cent vingt Journées de Sodome* raconte l'enfermement, quatre mois, au cœur de l'hiver, dans une Forêt noire inaccessible, des quatre pires libertins et des quatre maquerelles les plus expérimentées pour faire l'histoire de la perversité humaine. Le récit des « passions », classées selon leur gravité au regard de la loi et de la morale, va des attouchements aux violences, des tortures aux crimes. Il est accompagné de travaux pratiques pour lesquels filles et garçons, épouses et « fouteurs » sont rassemblés comme un bétail humain. Les descriptions deviennent vite insoutenables et la question s'impose du sens à leur donner. La réponse a longtemps été psychiatrique. Ce texte de dément ne serait qu'un document pour la médecine et la jurisprudence. Ce sont les écrivains romantiques, puis symbolistes et décadents, en attendant Apollinaire et les surréalistes qui ont imposé une nouvelle lecture de Sade, promu poète de l'amour. L'ironie de Laclos devient ricanement, la critique d'une société sans avenir se fait déchaînement, *Les Cent vingt Journées de Sodome* serait le chant paradoxal d'un désir qui n'expérimente ses limites qu'au-delà de l'excès et toute réalisation possible. Le texte est-il inachevé ? Si les trois derniers mois sont réduits à des notes, n'est-ce pas que l'entreprise est littérairement et moralement impossible ? Enroulé sur lui-même, le manuscrit était caché par Sade dans sa cellule de la Bastille, il y a été abandonné à la veille du 14 juillet, recueilli et conservé par un collectionneur. Il est publié pour la première fois par un psychiatre allemand à l'aube du XXᵉ siècle. Devenu mythique, longtemps inaccessible, le rouleau a été exposé pour la première fois à Genève durant l'hiver 2004-2005.

Dans le deuil de cette somme inouïe, qu'il croit perdue, Sade a pratiqué le double registre de la tradition libertine, un registre avoué, un autre inavouable. D'un côté, le citoyen Sade reconnaît *Aline et Valcour ou le Roman philosophique* et *Les Crimes de l'amour*, recueil de nouvelles. De l'autre, il publie *Justine, ou les Malheurs de la vertu*, bientôt aggravé, allongé et prolongé en une *Nouvelle Justine*, suivie de l'*Histoire de Juliette, sa sœur, ou les Prospérités du vice*. *Les Cent vingt Journées* incarcérait son lecteur dans les cauchemars les plus noirs. Justine et Juliette retrouvent le sens du voyage, de l'aventure et de l'expérience. Les deux sœurs sont livrées à elles-mêmes par la perte de leurs parents. Justine reste fidèle à la foi qu'on lui a inculquée et aux mots qu'elle a appris, elle est punie pour chaque vertu pratiquée. Juliette se libère des préjugés, des illusions, de tout lien social. Elle s'impose comme une courtisane de haut vol, à la cour de France, puis dans les principales cours italiennes qu'elle visite comme tant d'aventuriers qui courent alors le continent. Cet univers violemment contrasté, imaginé avant la Révolution et perpétué sous la Révolution et sous l'Empire, se situe à la rencontre des hantises d'un homme et des interrogations d'une époque. Les espoirs des Lumières sont renvoyés à la noirceur radicale de l'homme, tous les discours par lesquels la religion et la philosophie offrent une perspective à l'espèce sont ridiculisés dans un carnaval grotesque. Les institutions politiques et religieuses apparaissent comme le paravent des débauches, les longs discours théoriques qui alternent avec les accouplements et les crimes ruinent la possibilité d'une quelconque positivité. L'étourdissement qui saisissait le lecteur des *Liaisons dangereuses* s'est changé en un vertige sanglant. C'est la définition de l'être humain qui est mise en cause.

La crise ne prend pas forcément ce tour paroxystique. Les contes de fées, qui ont proliféré de la fin du XVIIe au début du XIXe siècle, semblent aux antipodes de la folie sadienne. Ils ont pourtant en commun avec elle une hésitation sur les frontières à établir entre le réel et l'imaginaire, une confusion du possible et de l'impossible. Sous le règne de Louis XIV, Perrault, Mme L'Héritier de Villandon, Mme d'Aulnoy et Mme Murat avaient transformé une tradition populaire en un genre lettré et lié le plaisir du récit merveilleux à une interrogation sur la croyance. De 1704 à 1711, Galland révèle au public francophone *Les Mille et une Nuits* et renouvelle le monde des fées par l'inspiration orientale. Le succès se mesure au nombre des rééditions et des imitations. Paraissent *Les Mille et un Jours, Les Mille et une Soirées, Les Mille et un Quarts d'heure, Les Mille et une Faveurs, Folies, Fadaises*, etc. L'exotisme se fait mongol, chinois, indien et même breton. Le conte de fées devient libertin, lorsqu'un homme est transformé en sopha, en canapé ou en bidet, lorsque le corps se disperse en morceaux qu'il faut réunir en un puzzle érotique, lorsque le sexe masculin se dérobe sous forme d'une écumoire, d'un savon ou d'un fruit exotique. Il récuse toute finalité libertine ou moralisante, lorsqu'il préfère s'adonner à une invention sans rivage et explore les étranges floraisons du rêve. Comme tous les genres codés, le conte est vécu comme une variation, il est donc appelé à être mis en série. C'est ce que se proposent le *Cabinet des fées* de 1731 à 1735, puis de 1745 à 1761, puis le *Cabinet des fées ou Collection choisie des contes de fées et autres contes merveilleux* de 1785 à 1788 en quarante et un volumes.

Avec ces regroupements qui sont autant d'opérations de librairie, l'inspiration n'est pas pour autant tarie. Elle prend une forme inattendue à la fin du siècle. Les créatures élémentaires appartiennent au personnel de ce romanesque merveilleux. Les sylphes viennent du *Comte de Gabalis, ou Entretiens sur les sciences secrètes* (1670) de Montfaucon de Villars. Mais mieux que les gnomes, ondins et autres salamandres qui sont leurs équivalents pour la terre, l'eau et le feu, les sylphes aériens ont connu un succès littéraire comme incarnation du désir. Crébillon en fait le séducteur idéal, fantasme sur le point de se réaliser, rêverie prête à se matérialiser. Marmontel peut désamorcer le mystère en le réduisant à une machinerie de théâtre, le conte anonyme de 1800, *Éléonore ou l'Heureuse personne*, lui restitue sa force de suggestion, en explorant les ressources de la bisexualité, le tout aussi anonyme *Sylphe galant et observateur* de 1801 s'aventure du côté d'un voyeurisme cruel, tandis que Sade dans l'*Histoire de Juliette* parodie la figure aérienne et séductrice en un comparse sordide pour *snuff movie*. Entre-temps, *Le Diable amoureux* de Cazotte et *Vathek* de Beckford ont approfondi le jeu, entre rire et crainte, libre invention et méditation morale. « On n'a point su, explique un lecteur du *Comte de Gabalis* en 1699, si l'auteur ne voulait que badiner ou s'il parlait pour de bon ». Quelques années plus tard, Mme Murat se demande encore s'il badinait ou « si c'était ses véritables sentiments qu'il débitait ». Certains ont été jusqu'à confondre Montfaucon de Villars et le comte de Gabalis et à établir un lien entre l'assassinat de la personne réelle et les interrogations sur le décès du personnage de fiction. De la même manière, Cazotte met-il en scène un être imaginaire ou une créature diabolique avec cette Biondetta qui adopte successivement la figure d'un chameau, d'un chien, d'un jeune garçon et d'une irrésistible jeune fille ? À quelques années de distance, Cazotte a pu jouer, puis prendre son jeu au sérieux. Son évolution personnelle et le changement d'atmosphère, de l'Ancien Régime à la Révolution, peuvent rendre compte de cette ambivalence.

En accusant le contraste entre le rêve et le réel, en s'interrogeant sur la foi et la crédulité, le conte de fées et le récit fantastique qui s'en détache mettent en cause les certitudes de la tradition. Ils dégagent l'espace d'une critique, d'autant plus acérée qu'elle est biaisée. Les fées sont toutes-puissantes, mais de quel droit ? quelle est leur légitimité ? Le pouvoir repose soudain sur des bases bien fragiles. Si les enfants, les femmes et les esprits faibles croient aux contes les moins vraisemblables, quelle est la nature des dogmes les plus sacrés ? Les hommes se métamorphosent en animaux, les sexes se confondent : que deviennent le privilège de l'âme humaine, faite à l'image de son Créateur, ou bien la norme hétérosexuelle et le mariage monogamique ? Les monstres les plus hideux cachent souvent les princes les plus charmants, et les souillons se changent en merveilleuses maîtresses. Quelle est la nature, quel est l'objet du désir ? Nombreuses sont les romancières qui se sont plu à composer des contes de fées, de Mme de Villeneuve à Mme Le Prince de Beaumont. Fréquents sont les épisodes où les femmes prennent le pouvoir et réduisent leurs compagnons à l'état d'hommes-objets. Elles revendiquent par l'action un droit au plaisir et à la satisfaction sensuelle. Ce que la marquise de Merteuil expliquait dans l'autobiographie de la lettre LXXXI, ce que Juliette pratiquait et théorisait dans ses excès les moins vraisemblables, les héroïnes des contes de fées le suggèrent derrière le paravent de l'invention fantastique. Ce qui se crispe chez Sade en inversion grotesque ou pornographique demeure chez les romancières des contes de fées sous la forme de suggestions ou d'énigmes.

Bien des thèmes de ces contes se retrouvent dans un roman, salué par Michel Foucault comme une des réussites méconnues du siècle. *Pauliska ou la Perversité moderne* (1798) se présente comme les Mémoires d'une aristocrate polonaise, veuve, chassée de son château par les envahisseurs russes et livrée à une Europe à feu et à sang. Son fiancé se retrouve prisonnier d'une société de femmes qui ont juré de renoncer aux hommes, observé dans une cage comme une bête. Son jeune fils manque d'être châtré dans une Italie qui adore les castrats. Elle-même tombe entre les mains de savants fous, un maniaque de l'inoculation qui prétend lui inoculer l'amour et un amateur d'expériences électrostatiques qui, peu soucieux de sentiments, préfère lui arracher de l'électricité érotique. Cette *perversité moderne* dénonce-t-elle les illusions des Lumières et de la Révolution, les impasses du savoir encyclopédique et du changement social, ou bien s'en prend-elle au détournement de l'idéal encyclopédique et réformiste ? Officier, expert en armement et en stratégie comme Laclos, Révéroni Saint-Cyr a composé une œuvre abondante, romanesque et dramatique, qui fascine par ses trouvailles énigmatiques. La seule lecture de ses titres ouvre les portes de la rêverie : *Sabina d'Herfeld, ou les Dangers de l'imagination. Lettres prussiennes* (1797), *Nos Folies, ou Mémoires d'un musulman connu à Paris* (1799), jusqu'au *Torrent des passions, ou les Dangers de la galanterie* (1818) et à *Taméha, reine des îles Sandwick, morte à Londres en juillet 1824, ou les Revers d'un fashionable* (1825). De Pologne et de Prusse au monde musulman et aux îles Sandwich, Révéroni aura fait faire à ses lecteurs le tour du monde.

Cette veine nourrit au tournant du XVIIIe au XIXe siècle, au milieu du déferlement des traductions et des imitations du roman gothique anglais et du roman de terreur allemand, un *Manuscrit trouvé à Saragosse* de Jean Potocki, dont la destinée vaut celle du *Neveu de Rameau*. Des versions tronquées paraissent à Paris en 1813 et 1814. Une version plus cohérente est publiée en polonais en 1847, il faut attendre 1989 pour avoir un texte complet. Une édition critique de divers manuscrits vient de paraître. La complication de cette histoire éditoriale vaut celle du récit qui accumule les parenthèses, les décrochements et les changements de niveau, à l'image des enjeux moraux et intellectuels qui se dérobent sans cesse. Le décor est une Espagne où se croisent les envahisseurs du Nord, soldat de l'armée napoléonienne qui découvre le manuscrit, officier wallon qui raconte l'histoire principale, et les envahisseurs du Sud, principalement les Maures musulmans. Un cabaliste juif rappelle que les trois monothéismes se côtoient et se contaminent dans cet espace. Les métissages sont suspects et omniprésents. Chacun est étranger, étranger à lui-même et aux autres. Le tremblement des références s'exprime dans les inversions permanentes : les deux belles créatures auprès desquelles le narrateur s'endort se transforment en squelettes de pendus, l'amour devient crime, la fiancée du vice-roi du Mexique se révèle un garçon travesti. Le clergé catholique apparaît grotesque, mais le philosophe qui prétend mettre l'univers en livre se perd dans son projet encyclopédique. Les motifs obsessionnels de la cabale, de la société secrète et du savoir initiatique invitent-ils à chercher un sens caché au texte ou bien cette histoire qui s'achève par l'explosion de la caverne au trésor n'est-elle qu'un jeu de plus en plus complexe ? On a déjà rapproché le roman de Potocki de *Jacques le fataliste*, les récits se ramifient à l'image d'un monde décentré, sans début ni fin et suggèrent un sens final pour mieux rappeler qu'il n'est sans doute de signification que dans la perte des certitudes dogmatiques, dans le déplacement et l'échange. En 1815, le suicide du romancier, dont la patrie a été rayée de la carte européenne et qui n'a cessé de voyager et de s'informer sur les langues et les coutumes des peuples, donne une gravité nouvelle au jeu romanesque sur les valeurs.

On pourrait opposer la complexité de cette histoire, qui a mis deux siècles à trouver ses lecteurs, au bref récit, apparemment si simple, qui paraît à la veille de la Révolution, rencontre un succès immédiat et devient l'un des romans français les plus réédités du XIXe siècle. *Paul et Virginie* est, à l'origine, une illustration des thèses providentialistes, défendues par Bernardin de Saint-Pierre dans les *Études de la nature*. À l'image du philosophe de Potocki, les encyclopédistes, qui accumulent les connaissances objectives, manqueraient la vérité religieuse du monde. Mais quelle est la morale de cette histoire des amours impossibles entre deux jeunes gens, à l'autre bout du monde, dans une nature débordante de vie ? Tout le décor les pousse à une étreinte qu'interdisent les préjugés européens, perpétués par la colonisation et le christianisme. Virginie meurt en martyre de la pudeur, pour n'avoir pas voulu ôter sa robe durant le naufrage du navire qui la ramène dans son île natale. La luxuriance des formes et des couleurs qui semble vanter un monde sensuel et païen est en contradiction avec la permanence de la tradition morale et de la hiérarchie sociale. La richesse des descriptions et la mélancolie qui se dégage d'une histoire ancienne estompent la contradiction, tout comme dans *Atala* et *René* de Chateaubriand, récits *a priori* scandaleux d'inceste et de suicide. *Paul et Virginie* peut devenir, au prix d'une discrète censure, le livre de prix préféré des institutions catholiques.

On peut prendre également comme exemple de la crise des valeurs à la fin du XVIIIe siècle la mutation de la maxime et de la posture du moraliste chez Chamfort et Rivarol. La Rochefoucauld et La Bruyère démasquaient l'hypocrisie humaine au nom de certitudes religieuses. Un siècle plus tard, le moraliste n'est plus tant le défenseur d'une *morale* que l'analyste des *mœurs*. Le XVIIe siècle connaissait la physique et la morale, le XVIIIe siècle s'interroge sur l'interaction du physique et du moral. « L'amour, tel qu'il existe dans la société, n'est que l'échange de deux fantaisies et le contact de deux épidermes ». La maxime de Chamfort est grammaticalement conforme au modèle classique, elle réduit le sentiment amoureux à un effet de l'amour-propre et du désir sexuel. Mais le moraliste ajoute « tel qu'il existe dans la société ». Existe-t-il un amour plus naturel, plus sincère ? existe-t-il un autre modèle de société ? « Le commerce des hommes avec les femmes ressemble à celui que les Européens font dans l'Inde : c'est un commerce guerrier. » Le sens ancien de commerce comme relation sociale joue avec le sens nouveau d'échange économique, le tableau fixe des caractères et des passions laisse place à une réalité historique mouvante, celle, par exemple, de la colonisation et de l'exploitation impérialiste. « Le philosophe qui veut éteindre ses passions ressemble au chimiste qui voudrait éteindre son feu. » La condamnation classique des passions s'inverse chez le lecteur d'Helvétius et de Diderot en apologie de la passion comme moteur de l'héroïsme et de la transformation sociale. « Je ne sais quel homme disait : je voudrais voir le dernier des rois étranglé avec le boyau du dernier des prêtres. » La formule de Meslier, reprise par Diderot, fait de la maxime un mot d'ordre révolutionnaire, un slogan anarchiste. La fin de l'Ancien Régime n'est plus la France louis-quatorzienne et la maxime, ciselée comme chef-d'œuvre de la mondanité et de l'analyse, est emportée par la véhémence de la contestation, elle se perd dans le flot des anecdotes, l'abstraction de la généralité dans la particularité des noms propres.

La Rochefoucauld peut être amer, c'est un duc et pair, rappelé à l'ordre monarchique. Si Chamfort ou Rivarol le sont, c'est que le premier est un bâtard provincial, né des amours d'une jeune fille noble et d'un chanoine, le second est un fils d'hôtelier qui se fait nommer, en montant à Paris, le chevalier de Parcieux, puis le chevalier de Rivarol. Ils conquièrent la bonne société, y collectionnent les bonnes fortunes, s'y font reconnaître par leur verve et esprit, sans pouvoir s'identifier à ce théâtre des réputations. Leurs ambitions littéraires se dilapident en notations fugitives qui sont comme les ruines d'une société et d'une littérature. La morale est relayée par la politique. Mais que s'est-il passé « pour que Chamfort se range du côté républicain et Rivarol du côté monarchique ? » (Cyril Le Meur). L'un et l'autre sont hommes des salons, nourris des valeurs des Lumières, mais Chamfort voit les mensonges de l'Ancien Régime, la course aux pensions et aux honneurs, Rivarol la petitesse des nouveaux grands hommes et le vide de la phraséologie des droits de l'homme. La désillusion leur est commune, Chamfort reste en France, tandis que Rivarol émigre, après avoir donné un savoureux *Petit Dictionnaire des grands hommes de la Révolution*. Il y propose à Condorcet qui a perdu sa place d'inspecteur des monnaies celle de souteneur des assignats et y traite l'abbé Grégoire de « curé sacrificateur ». La popularité de l'astronome Bailly n'a pu le pousser au-delà de la mairie de Paris, « parce que les sciences rappellent sans cesse les vrais principes, et qu'il n'en faut aucun dans une république. » Sa parodie des décisions de l'Assemblée dans *Les Actes des Apôtres* mérite aussi mention : « Article 1er : à compter du 14 juillet prochain, les jours seront égaux aux nuits pour toute la surface de la terre [...] Article IV : la foudre et la grêle ne tomberont jamais que sur les forêts. L'humanité sera à jamais préservée des inondations, et la terre dans toute son étendue, ne recevra plus que de salutaires rosées. » Exilé, Rivarol ne rédigera que le discours préliminaire du dictionnaire de langue dont il rêve. Ce discours préliminaire est l'épitaphe d'un esprit.

LE SENS DE L'HISTOIRE

La pensée classique reste liée à une opposition essentielle entre la vérité et l'erreur, l'éternité des valeurs et les incertitudes de l'existence. Aussi l'histoire a-t-elle été longtemps vouée au ressassement de l'illusion et de la violence, dominée par les desseins impénétrables de la Providence. La vie humaine semblait condamnée à la répétition et aux révolutions, étymologiquement conçues comme le retour régulier au même point sur le modèle des corps célestes. Seule une perspective religieuse donnait sens aux cycles de grandeur et de ruines des puissances terrestres. Dans le domaine politique, les révolutions expriment la fatalité d'une décadence après un épanouissement, la fatalité d'une violence et d'une ruine qui détruisent les empires les plus illustres. La diffusion de l'empirisme de Locke à travers l'Europe du XVIIIe siècle et les transformations des connaissances scientifiques ont pourtant imposé progressivement l'idée que l'être humain se construit à partir de l'expérience sensorielle et que, de génération en génération, la pensée scientifique précise sa compréhension du monde. L'histoire peut échapper à la répétition bégayante et prendre un sens dans l'action humaine. Pascal et Fontenelle ont comparé l'humanité à un être humain « qui subsiste toujours et qui apprend continuellement ». Le savoir scientifique peut donc se constituer par accumulation et rectification progressive. S'esquisse ainsi une histoire des progrès de l'esprit humain. L'histoire événementielle peut se perdre dans le chaos des guerres et des ambitions, l'histoire culturelle peut constater l'épanouissement de grandes civilisations qui se succèdent (Athènes, la Rome ancienne, la Florence de la Renaissance), l'esprit humain peut s'abstraire de cette fatalité cyclique et dessiner un progrès linéaire. Si la raison humaine constitue le fondement d'un tel progrès, l'espoir d'une politique rationnelle ouvre la perspective d'un progrès, non plus seulement de l'esprit, mais de la condition humaine. Dès le milieu du XVIIIe siècle, Turgot affirme la possibilité d'un progrès dans le domaine social et fournit ainsi le fondement théorique de son engagement politique. Les grands philosophes des Lumières ont exprimé des doutes, des réticences, voire, dans le cas de Rousseau, une opposition à cet optimisme, ils ont été sensibles aux menaces qui fragilisent les avancées de la civilisation, aux contradictions qui opposent les intérêts des nations ou des religions. Il n'empêche que l'espoir prend corps plus ou moins confusément, que l'écriture puis l'imprimerie permettent une communication entre les êtres, une continuité entre les générations, donc un progrès de l'humanité. Lorsqu'il publie en 1764 l'*Essai sur les mœurs et l'esprit des nations* et lorsqu'il lui adjoint en 1769 une *Philosophie de l'histoire*, Voltaire substitue au point de vue providentiel et dynastique une perspective purement humaine et nationale. L'histoire devient celle de la civilisation, des usages et croyances de chaque nation, des savoirs et techniques qui se répandent grâce au développement du commerce.

La deuxième moitié du XVIIIe siècle croise étonnamment pessimisme et optimisme, dans la conscience d'une crise sociale qui mène à la catastrophe et l'aspiration à un progrès possible susceptible d'ouvrir un avenir meilleur. Le terme de *révolution* change ainsi radicalement de sens, passant du pluriel exprimant la répétition circulaire au singulier suggérant une rupture sans retour et une invention de l'avenir. Les événements qui bousculent la vieille monarchie française, à la fin du XVIIIe siècle, l'expérimentation tâtonnante, puis brutale de formes politiques radicalement différentes semblent fournir l'exemple d'un possible changement historique. C'est au cœur même de l'événement, dans un Paris en proie à la violence, que le ci-devant marquis de Condorcet, brillant mathématicien, historien du progrès des connaissances à l'Académie des sciences, collaborateur de Turgot au ministère, réformateur de l'enseignement durant la Révolution, compose une *Esquisse d'un tableau historique des progrès de l'esprit humain*. Alors qu'il est poursuivi par cette même Révolution qu'il a appelée de ses vœux et qu'il a contribué à faire avancer, il jette sur le papier, dans la clandestinité avant d'être arrêté et de trouver la mort, une formidable vision de l'humanité échappant aux nécessités physiques, au fanatisme et au despotisme, se transformant lui-même pour améliorer sa condition et s'assurer un avenir rationnel et radieux. Le manuscrit du *Tableau* sera publié après la mort de l'auteur en 1795.

Les principes et le programme de Condorcet sont ceux d'un groupe de *philosophes* (puisque le terme d'*intellectuels* n'existe pas encore), qui poursuivent l'action des encyclopédistes, à travers les bouleversements de la Révolution. Destutt de Tracy donne un nom à leurs références théoriques, celui d'*idéologie*, science des idées qui se constituent à partir des sensations et qui s'organisent en un savoir cohérent et concret. Lui et ses amis seront nommés *Idéologues*. Ils s'engagent dans le mouvement révolutionnaire, œuvrent pour l'avènement de la république et concourent à la mise en place des nouvelles institutions culturelles. Sur le modèle de la collaboration entre les disciplines qui a permis l'*Encyclopédie*, ils organisent une complémentarité organique des méthodes dans les Écoles centrales, l'École normale et l'Institut qui réunit et refonde les anciennes académies. Sans se couper totalement de la culture mondaine qui restait celle des philosophes des Lumières, ils se rapprochent de la tradition allemande avec ses philosophes en poste dans des universités, ils inaugurent une nouvelle figure des intellectuels français, celle des professeurs. Ils couvrent l'éventail des disciplines et marquent l'unité d'une science de l'homme. Dans ses *Éléments d'idéologie*, Destutt de Tracy assure les principes premiers. Dans les *Rapports du physique et du moral de l'homme*, Cabanis établit la continuité de la médecine à la psychologie et à la morale. « Ainsi le physique et le moral se confondent à leur source, ou, pour mieux dire, le moral n'est que le physique, considéré sous certains points de vue particuliers. » Un autre médecin, Philippe Pinel, s'efforce d'expliquer organiquement et moralement la folie, il propose des traitements et transforme la condition des malades dans les asiles (*Traité médico-philosophique sur l'aliénation mentale ou la Manie*). L'exemple d'une coopération intellectuelle est fourni par la Société des observateurs de l'homme (1799-1805) qui réunit linguistes et naturalistes, médecins et ethnologues. Ils se passionnent pour Victor de l'Aveyron, qu'ils hésitent à considérer comme un enfant de la nature ou comme un débile. Ils organisent des expéditions scientifiques telles que le voyage du capitaine Baudin aux terres australes et rédigent à son intention des *Considérations sur les méthodes à suivre dans l'observation des peuples sauvages*. Parmi eux, Volney, dont le pseudonyme est formé de la première syllabe de Voltaire et de la dernière de Ferney, a déjà donné, avant la Révolution, l'exemple d'une enquête ethnologique globale dans *son Voyage en Égypte et en Syrie*, mais ne développe que l'aspect géographique de l'enquête dans le *Tableau du climat et du sol des États-Unis* (1803). *Les Ruines ou Méditations sur les révolutions des empires*, en pleine Révolution, associe un regard mélancolique sur les révolutions humaines et une défense optimiste de la Révolution, une fascination pour les absurdités et les superstitions et une confiance dans la raison. Volney fournit ses principes épistémologiques de voyageur et d'historien dans les *Questions de statistique à l'usage des voyageurs* et dans des *Leçons d'histoire*, professées à la toute nouvelle École normale. La *Décade philosophique, littéraire et politique* qui paraît de 1794 à 1807 sert d'organe au groupe.

Méfiante envers l'athéisme et le matérialisme des idéologues, la fille de Necker, devenue baronne de Staël-Holstein, brave le double préjugé qui interdit aux femmes un autre rôle politique que celui de maîtresse conseillère du prince et un autre rôle théorique que celui de compagne du philosophe. Entre la France et la Suisse, elle œuvre pour l'instauration d'un régime parlementaire représentatif sur le modèle anglais et d'une nouvelle morale religieuse, capable d'apaiser la libre concurrence des intérêts. En tant que femme, elle risque ses *Réflexions sur le procès de la reine* (1793) et s'essaie parallèlement au récit romanesque et à la réflexion théorique. Ses premières nouvelles sont accompagnées d'un *Essai sur les fictions* (1795), tandis que *De l'influence des passions sur le bonheur des indivi-*

dus et des nations (1796) et *De la littérature* (1800) ouvrent respectivement la morale et l'esthétique à la politique. Sa rencontre avec Benjamin Constant pourrait annoncer la complicité intellectuelle et amoureuse de Simone de Beauvoir et de Sartre, par la fécondité de leur production, si le couple ne s'était vite déchiré. Constant se fait connaître par des brochures qui s'élèvent des circonstances aux principes, de l'actualité à une philosophie de l'histoire : *De la force du gouvernement actuel et de la nécessité de s'y rallier* (1796), *Des réactions politiques* (1797) qui fait entrer le lexique de la physique newtonienne dans le vocabulaire politique, *Des suites de la contre-révolution de 1660 en Angleterre* (1798) qui réfléchit sur l'exemple anglais pour terminer la Révolution française et en stabiliser les acquis. Il met en chantier les grands projets de politique et d'histoire des religions qui l'occuperont toute sa vie. La perfectibilité que Germaine de Staël inscrit en tête de *De la littérature* devient le mot d'ordre de ce courant d'opinion.

Ce mot et cette idée révulsent ceux qui continuent à croire que, si l'histoire a un sens, c'est celui voulu par la Providence, et que si la Révolution devait avoir lieu, c'est pour restaurer le Trône et l'Autel dans leur pureté originelle et dans leur alliance fondatrice. Ceux qu'on a pu nommer les « prophètes du passé » dénoncent l'évolution historique depuis la Réforme comme une décadence vertigineuse et la Révolution comme un entraînement diabolique qu'ils prétendent inverser dans un retour aux vraies valeurs de la Révélation. Le théoricien et le poète mystique Louis-Claude de Saint-Martin insiste sur le sens palingénésique de la Terreur dans une *Lettre à un ami ou Considérations politiques*, *philosophiques et religieuses sur la Révolution française* (1795). Nourri de rêveries maçonniques et ésotériques, le savoyard Joseph de Maistre expose sa vision de la Révolution comme bain de sang salutaire dans ses *Considérations sur la France* (1796). Le même terme apparaît dans les deux titres, mais lorsque Montesquieu composait les *Considérations sur les causes de la grandeur et de la décadence des Romains* (1734), c'était en historien, maître des événements d'un passé lointain, comment *considérer* sans recul, c'est-à-dire embrasser par l'esprit des bouleversements qui se déroulent sous vos yeux, vous contraignent parfois à l'exil ? Joseph de Maistre répond à l'urgence par la rectitude du dogme. Son histoire est celle de Bossuet, même si ces métaphores sont celles des Lumières : « Si l'on imagine une montre dont tous les ressorts varieraient continuellement de force, de poids, de dimension, de forme et de position, et qui montrerait cependant l'heure invariablement, on se formera quelque idée de l'action des êtres libres relativement aux plans du créateur. »

La même année, Louis de Bonald donne une *Théorie du pouvoir politique et religieux dans la société civile*. Il s'intéresse moins à la marche sanglante de la Providence qu'à la chaîne des causes humaines qui a détraqué la plus belle des machines. Contre Rousseau, Bonald croit au péché originel et à la méchanceté de l'homme naturel, livré à lui-même. Seule la société le civilise, le polit, le parfait, le fait devenir lui-même, selon les plans divins. La Révolution apparaît alors comme une involution, une rechute, un retour au désordre primitif, « contre-sens catastrophique, révolte contre un ordre imprescriptible et oubli ou négation de principes inaliénables » (Gérard Gengembre). Depuis deux siècles, la haine de la laïcité, la pratique de la politique comme une croisade, la conception hiérarchique des êtres et des sociétés reprennent ou réinventent les principes de la Contre-Révolution. Ceux qui font l'économie d'une philosophie de l'histoire cherchent une explication dans les complots qui auraient préparé la prise de la Bastille et la déflagration générale. Des manipulateurs, des sectes auraient juré dans l'ombre la perte de la monarchie et du catholicisme. Dès 1790, le comte Ferrand publie une brochure, *Les Conspirateurs démasqués*. La thèse devient une somme de cinq volumes, qui transforme le complot en une vaste conspiration aux ramifications infinies, dans les *Mémoires pour servir à l'histoire du jacobinisme* de l'abbé Barruel (1797). Philosophes, francs-maçons, illuminés, tous seraient des jacobins en puissance. Princes et particuliers se retrouvent dans cette secte qui enseigne que tous les hommes sont libres et égaux, qui a déferlé sur l'Europe comme les grandes invasions barbares. « Qu'est-ce que ces hommes sortis, pour ainsi dire, des entrailles de la terre, avec leurs dogmes et leurs foudres, avec tous leurs projets, tous leurs moyens et toute la résolution de leur férocité ? » Pour répondre à sa question initiale, Barruel revient à Voltaire et Frédéric II, cite les correspondances, pique des citations dans les *Œuvres complètes* des uns et des autres, et compose le roman d'une conjuration universelle.

Plus subtils sont ceux qui s'attachent à la ruine intérieure de la société ancienne. Dès 1790, Sénac de Meilhan publie *Des principes et des causes de la révolution en France*, en 1793 Mallet du Pan donne des *Considérations sur la nature de la Révolution de*

France. Cette révolution *en* France ou *de* France n'est pas la Révolution française qui se proclame régénération du genre humain, fondation baptismale des droits de l'homme. C'est un accident historique qui s'explique par l'affaiblissement du pouvoir monarchique et le déplacement des équilibres dans la société. Fils d'un médecin du roi, promu parmi les plus hautes sphères de l'État, grand serviteur de la monarchie, Sénac de Meilhan sait ce que sont une société de la naissance et une société du mérite. Il repère la perte des principes propres au gouvernement monarchique, selon Montesquieu : l'aristocratie a perdu le sens de l'honneur dans le brassage des origines, dans la futilité de la mode, dans le goût du tutoiement, dans une série de signes minuscules et de détails dont l'accumulation prend sens. L'inadaptation d'individus aux fonctions qu'ils occupaient, que ce soit la faiblesse de Louis XVI ou l'ambition désordonnée de Necker, a transformé cette perte des principes en effondrement général. En 1790, Sénac de Meilhan a conscience en publiant cette brochure qu'il ne fait qu'esquisser une explication. Les années passant, il doute de plus en plus de la possibilité d'expliquer à chaud un phénomène d'une telle ampleur. « Je n'entreprendrai certainement pas d'écrire l'histoire de l'incroyable Révolution de la France. » C'est un personnage de roman qui proclame cette impossibilité, car c'est dans un roman que Sénac de Meilhan a finalement raconté le bouleversement des vies et des consciences. Le titre à valeur générale, *L'Émigré*, avoue l'ambition rentrée de l'historien. La forme est celle du roman épistolaire, telle que Richardson et Rousseau l'ont léguée à leurs lecteurs. L'anecdote sentimentale entre un noble français, émigré sur les bords du Rhin, et une belle aristocrate allemande se croise avec de longues missives de réflexion historique. À travers le père du héros, mondain épicurien, coupé des réalités sociales et récusant la politique qui le rattrape, le romancier critique un ordre social qui a perdu le sens de son rôle. La mort de son fils est rapportée par un extrait de gazette, un article de journal, comme si la réalité faisait irruption dans la fiction. Sénac a tenu à signer son roman de tous ses titres anciens : M. de Meilhan, ci-devant intendant du Pays d'Aunis, de Provence, Avignon et du Hainaut, et intendant général de la guerre et des armées du roi de France. Il se met en scène lui-même comme émigré, représentant de l'Ancien Régime, mais aussi ce qu'on appellerait aujourd'hui un haut fonctionnaire, homme de savoir et de compétence. Ses contradictions entre le passé et l'avenir, entre le privilège et le mérite ne pouvaient se dire qu'à travers une fiction qu'on redécouvre, après Étiemble, comme un des plus beaux romans du siècle.

LE SENS DE L'INTIME

« Je mets Montaigne en tête de ces faux sincères qui veulent tromper en disant vrai. Il se montre avec des défauts, mais il ne s'en donne que d'aimables ; il n'y a point d'homme qui n'en ait d'odieux. Montaigne se peint ressemblant mais de profil. Qui sait si quelque balafre à la joue ou un œil crevé de côté qu'il nous a caché, n'eut pas totalement changé sa physionomie. » Quand il ébauche une présentation de ses *Confessions*, Rousseau oppose sa démarche à celle des *Essais*, comme de tous ses prédécesseurs. Il prétend montrer l'humanité en général à travers un homme particulier, mais un homme révélé dans son intimité et ses secrets. Les mémorialistes se mettent en scène en acteurs de l'Histoire ; saint Augustin a déroulé sa vie comme une conversion, un chemin qui doit mener à Dieu ; Montaigne a fait l'expérience de lui-même parmi les exemples antiques et les pesanteurs de la réalité présente.

Attaqué dans ses convictions, mis en cause dans les livres qui l'ont rendu célèbre, Rousseau défend la sincérité de tout son travail intellectuel, en se donnant à voir nu. Il bouscule les bienséances. Si certains se réclament de l'honnêteté comme principe de civilité et de sociabilité, lui ne croit qu'à l'honnêteté comme sincérité. Il ne veut pas reculer devant des « détails révoltants, indécents, puérils et souvent ridicules ». Une personnalité est un tout, un individu ne s'explique que par « le bizarre et singulier assemblage » de toute sa vie. Les détails sont puérils, au double sens d'enfantins et d'insignifiants. Si les Mémoires, rédigées par les Grands de ce monde, commençaient traditionnellement à leur entrée dans le monde, dans la vie sociale, les *Confessions* de Rousseau s'enracinent dans les plus lointains souvenirs de la petite enfance, que ce soit le ramage des hirondelles qui tiraient le père et le fils de leurs lectures romanesques ou bien les airs que chantait sa vieille tante. Les éléments minimes de la vie sensorielle et affective prennent un sens du point de vue de l'individu.

Quand il récrit le préambule des *Confessions* pour lui donner sa forme définitive, Rousseau abandonne le souci de peindre l'homme en général. « Je forme une entreprise qui n'eut jamais d'exemple. » C'est la singularité de son projet qu'il met en avant, l'originalité de l'homme qui n'est fait comme nul autre. Il peut s'adresser à Dieu même, comme au jour du Jugement dernier. Sa solitude le contraint à prendre l'Être éternel comme témoin et comme interlocuteur. La quête des souvenirs infimes se choisit une caution divine, l'insignifiant est magnifié par la perspective céleste. Le plaisir pris à la fessée de Mlle Lambercier ou l'indignation d'être accusé d'avoir cassé les dents du peigne de la même Mlle Lambercier prennent tout à coup l'importance d'événements essentiels, engageant l'avenir d'un homme. La punition est transformée en plaisir dans un cas ; injustice scandaleuse, elle est vécue comme une épreuve de courage dans l'autre. Un événement minime devient le moment décisif d'un drame spirituel dont *Les Confessions* sont l'histoire en douze livres.

Rousseau propose des lectures à haute voix de son manuscrit à des cercles d'amis choisis, mais il en réserve la publication pour la postérité. La conclusion d'une de ses lectures vaut pour l'ensemble de l'histoire : « J'ai dit la vérité. Si quelqu'un sait des choses contraires à ce que je viens d'exposer, fussent-elles mille fois prouvées, il sait des mensonges et des impostures. » En ayant choisi d'intituler l'histoire de sa vie *Les Confessions de J.-J. Rousseau*, le narrateur s'installe dramatiquement sous le regard d'un Juge suprême ou de tous ses contemporains, de tous ses lecteurs à venir, dans un choix radical entre vérité et mensonge, bonté et méchanceté. L'aveu des turpitudes devient essentiel dans cette revendication de bonté. C'est parce qu'il avoue avoir volé un « petit ruban couleur de rose et argent déjà vieux », parce qu'il avoue avoir accusé de ce vol la pauvre Marion, parce qu'il reconnaît avoir abandonné ses enfants, que Jean-Jacques peut être cru dans toutes ses proclamations d'innocence.

La radicalité de l'enjeu moral, l'attente d'un verdict qui engage la personne conduisent Rousseau à prolonger l'entreprise autobiographique par une dramatisation de la lecture et de l'interprétation. Les dialogues de *Rousseau juge de Jean-Jacques* montrent l'écrivain aux prises avec la mauvaise foi de ses adversaires. Le plaisir de se souvenir et de se raconter se crispe en angoisse de ne pas être entendu, compris, cru. L'individu se scinde en Rousseau et Jean-Jacques, tel qu'en lui-même et tel qu'on le voit. Ce n'est qu'au-delà de cette crise de défiance généralisée, une fois dite la certitude de parler parmi les pièges de la mauvaise foi, que Rousseau peut composer *Les Rêveries du promeneur solitaire*. Apaisé, il renonce à dérouler le fil de sa vie, à déployer une argumentation juridique pour s'étudier et, quoiqu'il dise, s'*essayer* au sens de Montaigne, entre Plutarque et le paysage helvétique. « Ces feuilles ne seront proprement qu'un informe journal de mes rêveries [...] je ferai sur moi-même à quelque égard les opérations que font les physiciens sur l'air pour en connaître l'état journalier. J'appliquerai le baromètre à mon âme. » Promeneur dans l'anonymat de la nature, Rousseau accepte d'avoir l'inconstance de l'air qu'on respire, du temps qu'il fait. Il se laisse emporter par des rêveries qui suivent le rythme de l'eau, par les sensations que provoque l'hémorragie après le choc d'un accident. À la narration suivie, à la rhétorique du dialogue succède la libre cristallisation de la songerie autour de d'événements ou de thèmes récurrents. La solitude n'éteint pourtant pas la crainte du jugement. La question du mensonge continue à hanter la quatrième promenade, comme un « postscriptum aux *Confessions* », selon la formule de Jean Starobinski. À l'accusation mensongère contre l'innocente Marion, Rousseau ajoute deux autres mensonges d'enfance, mais commis cette fois pour aider autrui, sans nuire à personne.

Avec leur impudeur et leur pathétique demande d'amour, la publication de ces trois textes autobiographiques posthumes a constitué un choc. Le désir de se confesser s'est mis à travailler toute l'Europe ; le besoin de transcrire sa vie en mots, de conserver quelques traces écrites d'une personnalité est contemporain de la proclamation politique des droits de l'individu qui s'émancipe de sa famille et de la définition juridique du droit d'auteur. Pierre Pachet a pu nommer *Les Baromètres de l'âme* son bel essai sur la pulsion diariste, sur le développement de la pratique du journal intime. Mais on peut aussi suivre les réactions de refus, les efforts pour penser autrement l'intimité et l'individualité. La confession rousseauiste n'est pas séparable d'une logique de l'aveu et de la faute ; le modèle religieux lui impose le principe du châtiment, détourné comme jouissance ou dénoncé comme injustice, mais omniprésent. Peut-on penser une autobiographie sans culpabilité ?

Les anciens amis de Rousseau sont les premiers à s'indigner des manuscrits de Jean-Jacques et de leur publication annoncée. Mme d'Épinay sollicite Diderot pour transformer son journal et une histoire romancée de sa vie d'épouse malheureuse en une *Histoire de Mme de Montbrillant*, justement republiée par Élisabeth Badinter sous le titre de *Contre-Confessions*. Le roman épistolaire y alterne avec des fragments du journal personnel de l'héroïne.

C'est le tuteur de celle-ci qui lui a suggéré de tenir thérapeutiquement le journal de sa vie : « Auriez-vous le temps de vous faire un détail de ce que vous voyez, de ce que vous entendez, de ce que vous pensez surtout, et de la manière dont vous vous affectez des choses ? » L'intrigue par lettres place l'individu au cœur des échanges sociaux et des tensions. L'écriture intime n'existe que par rapport à ce jeu d'influences et de déterminations. La fiction désamorce sans doute l'interprétation du passé fournie par Rousseau, mais la forme choisie dénonce surtout l'illusion d'une parole solitaire qui construirait la vérité ultime d'une vie.

Diderot n'a cessé de s'interroger sur le statut de l'individu d'un point de vue matérialiste. Il s'est plu à composer des dialogues où intervient un personnage qui se nomme Moi ou Diderot et avec lequel il ne se confond jamais parfaitement. L'individu n'y est qu'un faisceau momentané de tendances et d'influences. Il a tenté avec Sophie Volland l'expérience d'un journal par lettres. « Mes lettres sont une histoire assez fidèle de la vie. J'exécute sans m'en apercevoir ce que j'ai désiré cent fois. Comment, ai-je dit, un astronome passe trente ans de sa vie au haut d'un observatoire, l'œil appliqué le jour et la nuit à l'extrémité d'un télescope, pour déterminer le mouvement d'un astre, et personne ne s'étudiera soi-même, n'aura le courage de tenir un registre exact de toutes les pensées de son esprit, de tous les mouvements de son cœur, de toutes ses peines, de tous ses plaisirs. » Rousseau parle de météorologie, Diderot d'astronomie.

L'exemple que prend l'amant de Sophie pourrait être rousseauiste par la focalisation sur l'infime, par l'attention au plaisir sensuel. « On s'accuserait peut-être plus aisément du projet d'un grand crime, que d'un petit sentiment obscur, vil et bas. Il en coûterait peut-être moins pour écrire sur son registre : *J'ai désiré le trône aux dépens de la vie de celui qui l'occupe*, que pour écrire : *Un jour que j'étais au bain parmi un grand nombre de jeunes gens, j'en remarquai un d'une beauté surprenante, et je ne pus jamais m'empêcher de m'approcher de lui.* » Nous ne saurons jamais ce qu'a répondu Sophie, et Diderot n'a jamais transformé en récit suivi ces fragments d'une vie dont il ne croit pas quelle puisse, sans illusion, s'isoler et se constituer en une histoire qui commencerait à la naissance et s'achèverait à la mort. En tout cas, le ton est radicalement antirousseauiste, par la déculpabilisation d'un désir hétérodoxe, par le refus du modèle de la confession religieuse.

À la fin de sa vie, Diderot est occupé par l'idée de bilan et de jugement d'une vie, mais un bilan et un jugement qui excluent toute instance transcendante. L'*Essai sur la vie de Sénèque*, devenu *Essai sur les règnes de Claude et de Néron*, comporte une longue digression agressive à propos de Rousseau et de ses *Confessions*. C'est que la méditation autour de l'œuvre et de l'action du précepteur de Néron pose la question qui traverserait les impossibles *Confessions* de Diderot, celle de la participation à la vie politique et de la responsabilité de l'homme de lettres qu'on nommera un siècle plus tard l'intellectuel. Le jugement porte moins sur la valeur d'un individu que sur le mérite de son action, du point de vue de la postérité. Diderot s'interroge sur la justesse de ses engagements, sur le sens de son voyage en Russie et de son travail de conseiller auprès de Catherine II. Il saisit l'occasion de la traduction des œuvres de Sénèque pour séparer le débat politique et moral de tout pathétique individuel, de toute dramatisation personnelle.

« J'entreprends de vous donner en entier la vie d'un de vos semblables, sans rien déguiser, ni de ses pensées, ni de ses actions. Or cet homme, dont je vais anatomiser le moral ne pouvait être que moi. » Rousseau du ruisseau, selon la formule du temps, Nicolas-Edme Rétif de La Bretonne a choisi l'un de ses prénoms pour le donner au héros romanesque du *Paysan perverti* et l'autre pour servir de titre à son autobiographie, *Monsieur Nicolas ou le Cœur humain dévoilé publié par lui-même*. La partition entre l'imaginaire et le réel n'est pas fixe, car l'imaginaire est une dimension de la vie telle qu'elle est vécue. Mais Rétif aime la posture rousseauiste d'une nudité frontale, au risque d'être accusé d'exhibitionnisme : « Ami de la Vérité ! ne crains pas de lire ! Tu ne seras ni séduit par du clinquant, ni trompé sur les faits. J'ai assez composé de romans, dont les bases vraies n'excluaient pas l'imagination. J'ai soif de la vérité pure, et c'est elle que je te donne, parce qu'elle seule peut être utile dans cet ouvrage. » Comme un mémorialiste noble, le fils de paysan commence son récit par une généalogie, mais elle est aussi glorieuse qu'inventée. Il descendrait de l'empereur romain Pertinax, *rétif* en latin. À partir de cette fiction, Rétif accumule les détails sensibles et les aveux crus, les vantardises d'un amant infatigable et les ambitions littéraires d'un bâtard culturel.

Un autre lecteur attentif de Rousseau compose une histoire de sa vie qui suggère une autre forme de *Contre-Confessions*. La solitude de Casanova au soir de sa vie, dans le château lointain de Dux en

Bohème, le pousse à faire revivre ses belles années. Il entreprend « une confession générale », mais s'empresse d'ajouter à son lecteur : « quoique dans le style de mes narrations vous ne trouverez ni l'air d'un pénitent, ni la contrainte de quelqu'un qui rougit rendant compte de ses fredaines ». Le sens du détail et les souvenirs sensuels pourraient être ceux de Rousseau, mais ils s'inscrivent dans la perspective d'une histoire des plaisirs, d'une déculpabilisation tranquille. Un des premiers souvenirs d'enfance est celui d'un vol, non plus d'un ruban, mais d'un « gros cristal rond brillanté en facettes » qui fascine le jeune Giacomo : celui-ci le met dans sa poche et il accuse son frère de l'avoir volé. S'il se reproche quelque chose, c'est plutôt d'avoir eu la bêtise de se vanter de ce mensonge trois ou quatre ans plus tard : son frère ne le lui a jamais pardonné. Nous sommes dans un contexte catholique bien éloigné de la Genève de Jean-Jacques. « Dans une confession générale, ayant déclaré au confesseur ce crime avec toutes ses circonstances, j'ai gagné une érudition qui me fit plaisir. C'était un jésuite. Il me dit, que m'appelant Jacques, j'avais vérifié par cette action la signification de mon nom, car Jacob voulait dire en langue hébraïque *supplanteur* ». Si Casanova se dénude, ce n'est pas pour paraître au Jugement dernier, c'est pour se glisser dans tous les lits accueillants. Il retrace ses « fredaines » sans se soucier de parvenir à une illusoire vérité de son être, sans regretter le moindre de ses mensonges. Il trace victorieusement sur la première page ce titre de noblesse qu'il s'est forgé, de cette noblesse que lui confèrent son ingéniosité et son charme, *chevalier de Seingalt*. Le rappel de ses plus joyeuses farces et de ses déceptions douces-amères prolonge une existence d'aventurier et de séducteur. Il a toujours écarté toute instance de jugement moralisant, ce n'est pas pour s'y soumettre lorsque les plaisirs de la vie risquent se raréfier. Il s'agit de défier une fois encore toutes les inquisitions publiques et privées, les interdits religieux et intimes.

Enfermé dans l'asile de Charenton, Sade dresse le plan de ses futures œuvres avouables qui ne comprendraient pas moins de trente volumes. À côté des textes qu'il a réellement publiés, on trouve une réfutation de Fénelon et « mes Confessions ». Chaque volume serait précédé d'une gravure. Comment se serait-il fait représenter en tête de ses Confessions ? en homme du monde ou en homme de lettres ? en marquis d'Ancien Régime ou en écrivain révolté ? Il avait réclamé dès leur parution *Les Confessions* de Rousseau et avait laissé éclater son indignation lorsque ses geôliers avaient bloqué l'envoi. Comment aurait-il rédigé une histoire de sa vie ? comme un plaidoyer *pro domo*, une plainte telle que celle de Justine, ou bien comme une réponse furieuse à tous ses détracteurs, une récidive dans l'imaginaire, pire que tout ce qu'on a pu lui reprocher dans la réalité, telle que la criminelle escapade de Juliette ? On a souvent lu dans l'aveu que Valcour fait à sa fiancée de ses fautes de jeunesse une transposition romanesque d'épisodes vécus par le romancier. Valcour inclut dans son évocation biographique une visite à Jean-Jacques et le projet de consacrer sa vie « à l'étude des lettres et de la philosophie ». Le modèle rousseauiste traverse tout le roman, mais l'autre versant de l'écriture de Sade révèle les rêveries d'un érotomane solitaire, d'un prisonnier condamné à l'imaginaire. C'est tout individu qui doit désormais suspecter au fond de soi des cauchemars et des hantises, dignes des pires romans noirs.

Chateaubriand définira à son tour les *Mémoires d'outre-tombe* contre le modèle rousseauiste, dans une tension entre le modèle aristocratique des Mémoires et le souci d'un détail intimiste. Il ne confond jamais cette histoire avec une confession qu'il réserve à son confesseur. Il faudrait encore évoquer Benjamin Constant, né dans un milieu réformé proche de la Genève de Jean-Jacques, mais conscient avec une acuité douloureuse qu'aucune forme linguistique ne sera jamais conforme à la réalité insaisissable de l'existence. Constant pratique toute une gamme d'expressions, du journal intime au roman, pour tenter de fixer l'éparpillement contradictoire de la vie. Il cherche une formalisation chiffrée de son journal, prenant au pied de la lettre les métaphores scientifiques du météorologue ou de l'astronome ou bien concentre les battements d'une conscience perdue dans la rigueur d'un récit littéraire. D'une part, le chiffre : « 1 signifie jouissance physique. 2 désir de rompre mon éternel lien dont il est si souvent question. 3 retours à ce lien par des souvenirs ou quelque charme momentané. 4 travail. 5 discussions avec mon père. 6 attendrissement sur mon père », etc. D'autre part, le travail de mise en forme romanesque : c'est *Adolphe*. Entre ces deux efforts pour se désengluer du regard pathétique sur soi-même, entre la sécheresse du chiffre et la rigueur de la création littéraire, l'autobiographie se révèle impossible. Les multiples *Contre-Confessions* au tournant du XVIIIe au XIXe siècle servent de révélateurs des présupposés de l'écriture de soi rousseauiste : la foi dans l'unité de l'individu, dans un juge providentiel ou transcendant, dans un langage transparent. La conviction que de tels postulats relèvent de l'illusion nourrit des formes non moins fructueuses de connaissance morale et de plaisir littéraire.

1800

Pour l'administration de la République, c'est l'an VIII. Le général victorieux de la campagne d'Italie a pris le pouvoir. Un consensus semble accompagner son coup d'État. On espère qu'il va achever la Révolution, soit pour stabiliser la république, soit pour fermer une parenthèse de désordre et rétablir l'ordre ancien. Une vague d'émigrés rentre, parmi eux Chateaubriand qui va devenir le porte-parole de ces royalistes désireux de réconcilier la France avec l'Église. Le débat est vif dans ces années sur l'héritage des Lumières et le bilan du XVIIIe siècle. Le changement de siècle est l'occasion d'un foisonnement de satires, contre les philosophes ou contre « les nouveaux saints ». Quelques années plus tard, l'Institut reconstitué mettra au concours un Tableau de la littérature au XVIIIe siècle.

L'année 1800 est aussi celle de la capture dans les Pyrénées d'un enfant inconnu, qui errait nu et ne savait pas parler. Les chasseurs l'avaient déjà deux fois repéré et approché par le passé, mais il s'était enfui. Dans les premiers jours de janvier, les autorités sont averties et un commissaire du Gouvernement le recueille, lui donnant le nom du village, Saint-Sernin. Un prêtre le baptise sous condition et lui donne le prénom Joseph. L'information monte à Paris et les savants se passionnent pour ce cas d'enfants sauvages. L'abbé Sicard, directeur des Sourds-muets, venait de sortir de clandestinité et d'être rayé de la liste de proscription comme contre-révolutionnaire. Il souhaite se charger de l'enfant. La Société des Observateurs de l'homme le réclame pour étudier chez lui la pure nature et ses possibilités d'éducation. Six mois plus tard, l'enfant qui reste muet et méfiant arrive dans la capitale. Il est confié à l'Institution des Sourds-muets, pris en charge par un jeune médecin, Jean Itard, qui entreprend un traitement moral. Comme le roman de Ducray-Duminil, *Victor ou l'Enfant de la forêt*, et son adaptation théâtrale par Pixérécourt venaient de triompher, c'est Victor désormais qu'on nomme l'enfant trouvé, Victor de l'Aveyron. Itard lui donne tous ses soins, sans parvenir à l'arracher à son existence machinale, ni à calmer une puberté un peu trop sexualisée. Pour certains, l'échec du docteur Itard signifie la fin des illusions des Lumières. La Révolution n'a pu éviter la Terreur, l'idéal pédagogique des encyclopédistes se heurte aux résistances de la nature, l'empirisme bute contre les limites du corps et des sens.

Le siècle s'était en effet plu aux hypothèses théoriques et expériences littéraires d'enfants isolés qui permettraient d'observer la marche de la pure nature et de saisir le surgissement de la conscience. En 1731, une petite fille, couverte de peaux et de haillons, apparaît dans un village champenois, près de Châlons. Elle ne s'exprime que par des cris et des sons gutturaux ; elle mange les poissons et les animaux crus. On s'empresse de la capturer, de la baptiser, de l'éduquer. On vient la voir. C'est le premier enfant sauvage qui attire l'attention des Grands et des lettrés. Son sort touche le duc d'Orléans et la reine de Pologne, il intéresse Louis Racine et La Condamine. C'est à ce dernier qu'on attribue l'*Histoire d'une jeune fille sauvage trouvée dans les bois à l'âge de dix ans* (1755). Il lui suppose une origine chez les Esquimaux, un voyage en bateau et une fuite à travers la campagne française. De tels enfants trouvés encouragent l'expérience d'enfants volontairement laissés à la conduite de la seule nature. En 1744, Marivaux donne à la Comédie-Française *La Dispute*. Un prince et sa cour se disputent pour savoir qui, de la femme ou de l'homme, fut le premier infidèle. Une expérience a été entreprise, comme l'explique le prince à celle qui lui porte la contradiction : « Quatre enfants au berceau, deux de votre sexe et deux du nôtre furent portés dans la forêt où il [le père du prince] avait fait bâtir cette maison exprès pour eux, et où chacun d'eux fut logé à part, et où actuellement même il occupe un terrain dont il n'est jamais sorti, de sorte qu'ils ne se sont jamais vus. » Deux serviteurs les ont nourris et leur ont appris à parler. Dix-huit ou dix-neuf ans ont passé, il est temps de les mettre en présence les uns des autres ; « on peut regarder le commerce qu'ils vont avoir ensemble comme le premier âge du monde. » Le spectateur assiste donc, avec le prince et ses courtisans, à l'éveil de la conscience chez ces petits êtres, aussitôt narcissiques, séducteurs, égoïstes, libertins. « Les deux sexes n'ont rien à se reprocher... vices et vertus, tout est égal entre eux. » À travers l'image de la statue que des sensations constituent progressivement en être pensant, Condillac vient donner une dignité philosophique à la formation d'un individu isolé selon les principes de la nature. Rousseau valorise ensuite cet état premier qu'il suffirait de retrouver pour échapper aux injustices de l'état social. Il accepte comme seul roman digne d'être lu par un élève *Robinson Crusoe*, histoire d'une solitude laborieuse qui, à partir de souvenirs et d'outils européens, réinvente la civilisation sur une île perdue.

Les romanciers adoptent l'hypothèse d'une éducation isolée. Guillard de Beaurieu publie en 1764 *L'Élève de la nature*. Le héros raconte sa vie peu banale à la première personne. Il est enfermé dans une grande cage de bois, nourri par un tour qui l'empêche de voir celui qui lui apporte à manger. Il fait l'expérience de la privation et de la faim qui l'oblige à observer son environnement et à réfléchir sur sa situation. Libéré de sa cage, il découvre le monde, est ému par la beauté d'un soleil levant ou d'un soleil couchant. Il passe par toutes les étapes successives qui en font un être humain dans la plénitude intellectuelle, morale et même religieuse du terme. L'année suivante, c'est un moine peu orthodoxe, l'abbé Dulaurens, qui donne *Imirce ou la Fille de la nature*. Ils sont deux, cette fois, un garçon et une fille, à être enfermés dans une cave et qu'on force à découvrir progressivement les ressources de chaque sens, jusqu'au sixième sens qui rapproche, l'un de l'autre, Irmice et Emilor et les livre aux émotions amoureuses. Ils s'accouplent sans le savoir mais non pas sans y prendre grand plaisir. Les portes de leur cachot s'ouvrent ensuite et le monde leur est révélé. Le philosophe, organisateur de l'expérience et observateur, pour ne pas dire voyeur, du développement de ses pupilles, profite de l'innocence d'Irmice. Il devient son professeur et son amant, mais Irmice ne découvre pas la réalité sociale sans s'étonner et s'indigner. Emilor, au nom ostensiblement rousseauiste, se prend de passion pour la bibliothèque de son maître. Il se forge une philosophie matérialiste et libertaire, qu'il saura dissimuler s'il le faut.

Dans ces fictions, la nature est bienveillante et prépare ses enfants à une heureuse insertion dans la vie sociale. La jeune champenoise elle-même a su apprendre le français et les bonnes manières, elle a même choisi d'entrer dans un couvent. L'entêtement de Victor de l'Aveyron dans son mutisme et sa stupidité conforte ceux qui récusent la bonté originelle de la nature et la toute-puissance de l'éducation, qui ne croient qu'à la Création divine et à la leçon de l'Église. On finit par expulser de l'Institution des sourds-muets Victor qui mourra dans l'indifférence, sans avoir articulé un mot de sa vie. On est en 1828. Or c'est à cette date qu'est découvert errant à Nuremberg, un beau lundi de Pentecôte, un adolescent qui porte le nom de Kaspar Hauser. Il ne vient pas de la nature sauvage, mais d'une prison obscure. Est-ce un prince victime d'intrigues, est-ce un habile imposteur ? que sait-il, que tait-il de lui-même ? On s'était posé certaines de ces questions à propos de Victor, mais celles qui entourent Kaspar constituent une véritable littérature à travers l'Europe. Le XVIIIe siècle s'interrogeait sur la construction d'une nature humaine, le XIXe se passionne pour le drame personnel d'une victime qui est promue métaphore du poète, du paria social. Récusant le pourquoi, le XVIIIe siècle s'intéressait au comment, ici-bas. Le XIXe siècle restitue les grandes questions de l'origine et de la fin, en référence à un ailleurs. L'arrivée de Victor de l'Aveyron sur la scène intellectuelle marque un changement d'époque, aussi bien que la confrontation du *De la littérature* et du *Génie du christianisme*. Et lorsque Victor devra quitter les Sourds-muets en 1811, il n'abandonnera pas le quartier, il s'installera, un peu plus loin, avec une protectrice, dans l'impasse des Feuillantines. Quelques mois plus tard, un enfant y arrive avec sa mère. Il se nomme Victor lui aussi, François Victor Hugo.

MICHEL DELON

Bibliographie

BIBLIOGRAPHIES

CIORANESCU, Alexandre, *Bibliographie de la littérature française du dix-huitième siècle*, 3 vol., Paris, Éditions du CNRS, 1969. Depuis 1969, voir les volumes annuels de René Rancœur, puis d'Éric Ferey (*Revue d'Histoire littéraire de la France*) et Otto Klapp et successeurs (Francfort-sur-le-Main, Klostermann).

CONLON, Pierre M., *Prélude au siècle des Lumières. Répertoire chronologique de 1680 à 1715*, 6 vol., Genève, Droz, 1970-1975, et *Le Siècle des Lumières. Bibliographie chronologique*, Genève, Droz, depuis 1983, 17 vol. qui vont jusqu'en 1785, et 2 vol. d'index.

MONGLOND, André, *La France révolutionnaire et impériale*, 9 vol., Grenoble, Arthaud, puis Paris, Imprimerie nationale, 1930-1963.

BRENNER, Clarence Dietz, *A Bibliographical List of Plays in the French Language (1700-1789)*, Berkeley, University of California Press, 1947 et TISSIER, André, *Les Spectacles à Paris pendant la Révolution. Répertoire analytique, chronologique et bibliographique. 1789-1792*, 2 vol., Genève, Droz, 1992-2002.

JONES, S. Paul, *A List of French Prose. Fiction from 1700 to 1750*, New York, Wilson, 1939, et MARTIN, Angus, MYLNE, Vivienne G., et FRAUTSCHI, Richard, *Bibliographie du genre romanesque français. 1751-1800*, Londres, Mansell ; Paris, France Expansion, 1977.

GIRAUD, Yves, *Bibliographie du roman épistolaire en France. Des origines à 1842*, Fribourg, Éditions universitaires, 1977.

SGARD, Jean (dir.), *Dictionnaire des journaux. 1600-1789*, Paris, Universitas, 1991, et *Dictionnaire des journalistes. 1600-1789*, Oxford, Voltaire Foundation, 1999.

Parmi les revues et collections consacrées au XVIIIe siècle : *Dix-huitième siècle*, revue annuelle depuis 1969, publiée chez Garnier, aux PUF, puis à La Découverte. *Studies on Voltaire and the Eighteenth Cen-*

tury, collection de recueils et de monographies depuis 1955, Oxford, Voltaire Foundation.

HISTOIRE SOCIALE, HISTOIRE CULTURELLE

CHARTIER, Roger, *Lectures et lecteurs dans la France d'Ancien Régime*, Paris, Éditions du Seuil, 1987.

CHAUNU, Pierre, *La Civilisation de l'Europe des Lumières*, Paris, Arthaud, 1971.

DARNTON, Robert, *Bohème littéraire et Révolution. Le monde des livres au XVIIIe siècle*, Paris, Éditions du Seuil, 1983.

DARNTON, Robert, *Édition et sédition. L'univers de la littérature clandestine au XVIIIe siècle*, Paris, Gallimard, coll. NRF Essais, 1991.

DARNTON, Robert, *Gens de lettres, gens du livre*, Paris, Odile Jacob, 1992.

DELON, Michel (éd.), *Dictionnaire européen des Lumières*, Paris, PUF, 1997.

FARGE, Arlette, *Dire et mal dire. L'Opinion publique au XVIIIe siècle*, Paris, Éditions du Seuil, 1992.

FERRONE, Vincenzo, et ROCHE, Daniel (éd.), *Le Monde des Lumières*, Paris, Fayard, 1999.

GOUBERT, Pierre, et ROCHE, Daniel, *Les Français et l'Ancien Régime*, Paris, Armand Colin, 1984.

HABERMAS, Jürgen, *L'Espace public. Archéologie de la publicité comme dimension constitutive de la société bourgeoise* (*Strukturwandel der Öffentlichkeit*), trad. fr. Paris, Payot, 1978.

KOSELLECK, Reinhart, *Le Règne de la critique* (*Kritik und Krise. Ein Beitrag zur Pathogenese der bürgerlichen Welt*), trad. fr. Paris, Éditions de Minuit, 1979.

LILTI, Antoine, *Le Monde des salons. Sociabilité et mondanité à Paris au XVIIIe siècle*, Paris, Fayard, 2005.

MASSEAU, Dider, *L'Invention de l'intellectuel dans l'Europe du XVIIIe siècle*, Paris, PUF, 1994.

MASSEAU, Dider, *Les Ennemis des philosophes. L'Antiphilosophie au siècle des Lumières*, Paris, Albin Michel, 2000.

MOUREAU, François, *La Plume et le plomb. Espaces de l'imprimé et du manuscrit au siècle des Lumières*, Paris, PUPS, 2006.

NEGRONI, Barbara de, *Lectures interdites. Le travail des censeurs au XVIIIe siècle. 1723-1774*, Paris, Albin Michel, 1995.

POMEAU, René, *L'Europe des Lumières, cosmopolitisme et unité européenne au XVIIIe siècle*, Paris, Stock, 1966.

POULOT, Dominique, *Les Lumières*, Paris, PUF, 2000.

POULOT, Dominique, *Musée, nation, patrimoine. 1789-1815*, Paris, Gallimard, coll. Bibliothèque des Histoires, 1997.
ROCHE, Daniel, *Le Siècle des Lumières en province. Académies et académiciens provinciaux (1680-1789)*, La Haye, Mouton, 1978.
ROCHE, Daniel, *Le Peuple de Paris. Essai sur la culture populaire au XVIIIᵉ siècle*, Paris, Aubier-Montaigne, 1981.
ROCHE, Daniel, *Les Républicains des lettres. Gens de culture et Lumières au XVIIIᵉ siècle*, Paris, Fayard, 1988.
ROCHE, Daniel, *La France des Lumières*, Paris, Fayard, 1993.
VOVELLE, Michel (dir.), *L'Homme des Lumières*, Paris, Éditions du Seuil, coll. L'Univers historique, 1996.

HISTOIRE DES IDÉES

ABRAMOVICI, Jean-Christophe, *Obscénité et classicisme*, Paris, PUF, 2003.
BÉNICHOU, Paul, *Le Sacre de l'écrivain, 1750-1830*, Paris, José Corti, 1973.
BENREKASSA, Georges, *Le Concentrique et l'excentrique. Marges des Lumières*, Paris, Payot, 1980.
BENREKASSA, Georges, *La Politique et sa mémoire. Le Politique et l'historique dans la pensée des Lumières*, Paris, Payot, 1983.
BENREKASSA, Georges, *Le Langage des Lumières. Concepts et savoirs de la langue*, Paris, PUF, 1995.
BONNET, Jean-Claude, *Naissance du Panthéon. Essai sur le culte des grands hommes*, Paris, Fayard, 1998.
BOURGUINAT, Élisabeth, *Le Siècle du persiflage. 1734-1789*, Paris, PUF, 1998.
CASSIRER, Ernst, *La Philosophie des Lumières* (*Die Philosophie der Aufklärung*), trad. fr. Paris, Fayard, 1966.
CITTON, Yves, *L'Envers de la liberté. L'Invention d'un imaginaire spinoziste dans la France des Lumières*, Paris, Éditions Amsterdam, 2006.
DAGEN, Jean, *L'Histoire de l'esprit humain de Fontenelle à Condorcet*, Paris, Klincksieck, 1977.
DARMON, Jean-Charles, et DELON, Michel (dir.), *Classicismes. XVIIᵉ-XVIIIᵉ siècle*, Paris, PUF, 2006.
DELON, Michel, *L'Idée d'énergie au tournant des Lumières. 1770-1820*, Paris, PUF, 1988.
DELON, Michel, *Le Savoir-vivre libertin*, Hachette, 2000 ; coll. Pluriel, 2004.
DEPRUN, Jean, *La Philosophie de l'inquiétude en France au XVIIIᵉ siècle*, Paris, Vrin, 1979.

DOMENECH, Jacques, *L'Éthique des Lumières. Les Fondements de la morale dans la philosophie française du XVIIIe siècle*, Paris, Vrin, 1989.

DUCHET, Michèle, *Anthropologie et Histoire au siècle des Lumières*, Paris, Maspero, 1971 ; rééd. Albin Michel, 1995.

EHRARD, Jean, *L'Idée de nature en France dans la première moitié du XVIIIe siècle*, Paris, SEVPEN, 1963 ; Albin Michel, 1994.

FABRE, Jean, *Lumières et Romantisme. Énergie et nostalgie de Rousseau à Mickiewicz*, Paris, Klincksieck, 1963.

FAVRE, Robert, *La Mort au siècle des Lumières*, Lyon, Presses universitaires, 1978.

GOULEMOT, Jean-Marie, *Discours, révolutions et histoire. Représentations de l'histoire et discours sur les révolutions de l'Âge classique aux Lumières*, Paris, UGE, 1975.

GOULEMOT, Jean-Marie, *Le Règne de l'histoire. Discours historiques et révolutions, XVIIe-XVIIIe siècle*, Paris, Albin Michel, 1996.

HAZARD, Paul, *La Crise de la conscience européenne. 1680-1715*, Paris, Boivin, 1935.

ISRAËL, Jonathan, *Les Lumières radicales. La Philosophie, Spinoza et la naissance de la modernité*, Paris, Éditions Amsterdam, 2005.

JACOT-GRAPA, Caroline, « L'Homme dissonant au XVIIIe siècle », *Studies on Voltaire*, 354, 1997.

LARRÈRE, Catherine, *L'Invention de l'économie au XVIIIe siècle. Du droit naturel à la physiocratie*, Paris, PUF, 1992.

MARKOVITS, Francine, *L'Ordre des échanges. Philosophie de l'économie et économie du discours au XVIIIe siècle en France*, Paris, PUF, 1986.

MAUZI, Robert, *L'Idée du bonheur dans la littérature et la pensée françaises au XVIIIe siècle*, Paris, Colin, 1960 ; Albin Michel, 1994.

STAROBINSKI, Jean, *L'Invention de la liberté, 1700-1789*, Genève, Skira, 1964 et *1789, les emblèmes de la raison*, Paris, Flammarion, 1973. Les deux volumes sont réunis dans un volume de la Bibliothèque illustrée des Histoires, Gallimard, 2006.

STAROBINSKI, Jean, *Le Remède dans le mal. Critique et légitimation de l'artifice à l'âge des Lumières*, Paris, Gallimard, coll. NRF Essais, 1989.

VERNIÈRE, Paul, *Spinoza et la pensée française avant la Révolution*, Paris, PUF, 1982.

LES GENRES LITTÉRAIRES

Sur le roman

COULET, Henri, *Le Roman jusqu'à la Révolution*, Paris, Armand Colin, 1967.

DÉMORIS, René, *Le Roman à la première personne. Du classicisme aux Lumières*, Paris, Armand Colin, 1975.

FABRE, Jean, *Idées sur le roman de Madame de Lafayette au Marquis de Sade*, Paris, Klincksieck, 1979.

FERRAND, Nathalie, *Livre et lecture dans les romans français du XVIIIe siècle*, Paris, PUF, 2002.

JAQUIER, Claire, *L'Erreur des désirs. Romans sensibles au XVIIIe siècle*, Lausanne, Payot, 1998.

LAFON, Henri, « Les décors et les choses dans le roman français du dix-huitième siècle de Prévost à Sade », *Studies on Voltaire*, 297, 1992.

LAFON, Henri, *Espaces romanesques du XVIIIe siècle*, Paris, PUF, 1997.

MARTIN, Christophe, *Dangereux suppléments. L'Illustration du roman en France au XVIIIe siècle*, Louvain, Peeters, 2005.

OMACINI, Lucia, *Le Roman épistolaire français au tournant des Lumières*, Paris, Champion, 2003.

SERMAIN, Jean-Paul, *Métafictions, 1670-1730. La réflexivité dans la littérature d'imagination*, Paris, Champion, 2002.

SERMAIN, Jean-Paul, *Le Conte de fées. Du classicisme aux Lumières*, Paris, Desjonquères, 2005.

STEWART, Philip, *Engraven Desire. Eros, Image, and Text in the French Eighteenth Century*, Durham, Duke University Press, 1992.

Sur le théâtre

FRANTZ, Pierre, *L'Esthétique du tableau dans le théâtre du XVIIIe siècle*, Paris, PUF, 1998.

GOLDZINK, Jean, *Les Lumières et l'idée du comique*, ENS Fontenay-Saint-Cloud, 1992.

JOMARON, Jacqueline de (dir.), *Le Théâtre en France*, tome I, *Du Moyen Âge à 1789*, Paris, Armand Colin, 1988.

LARTHOMAS, Pierre, *Le Théâtre en France au XVIIIe siècle*, Paris, PUF, 1980.

ROUGEMONT, Martine de, *La Vie théâtrale en France au XVIIIe siècle*, Genève, Slaktine, 1988.

Sur la poésie

GUITTON, Édouard, *Delille et la poésie de la nature de 1750 à 1820*, Paris, Klincksieck, 1974.

MENANT, Sylvain, *La Chute d'Icare. La crise de la poésie française, 1700-1750*, Genève, Droz, 1981.

SETH, Catriona, *Les Poètes créoles du XVIIIe siècle. Parny, Bertin, Léonard*, Paris-Rome, Memini, 1998.

ESTHÉTIQUE ET PRATIQUES ARTISTIQUES

BECQ, Annie, *Genèse de l'esthétique française moderne. 1680-1814*, Pise, Paccini, 1984 ; Paris, Albin Michel, 1994.

CHOUILLET, Jacques, *L'Esthétique des Lumières*, Paris, PUF, 1974.

DÉMORIS, René, et FERRAN, Florence, *La Peinture en procès. L'Invention de la critique d'art au siècle des Lumières*, Paris, Presses de la Sorbonne nouvelle, 2001.

FABIANO, Andrea (éd.), *La « Querelle des Bouffons » dans la vie culturelle française du XVIIIe siècle*, Paris, CNRS Éditions, 2005.

HEINICH, Nathalie, *Être artiste. Les transformations du statut des peintres et des sculpteurs*, Paris, Klincksieck, 1996.

LE MÉNAHÈZE, Sophie, *L'Invention du jardin romantique en France. 1761-1808*, Neuilly, Éditions Spiralinthe, 2001.

LEVEY, Michael, *Du rococo à la Révolution. Les principaux courants de la peinture au XVIIIe siècle*, Paris, Thames et Hudson, 1989.

MORTIER, Roland, *La Poétique des ruines en France. Ses origines, ses variations, de la Renaissance à Victor Hugo*, Genève, Droz, 1974.

MORTIER, Roland, *L'Originalité. Une nouvelle catégorie esthétique au siècle des Lumières*, Genève, Droz, 1982.

REICHLER, Claude, *La Découverte des Alpes et la question du paysage*, Genève, Georg, 2002.

ROSENBLUM, Robert, *L'Art au XVIIIe siècle. Transformations et mutations* (*Transformations in Late Eighteenth Century Art*), trad. fr. Saint-Pierre-de-Salerne, Gérard Monfort, 1989.

SAINT GIRONS, Baldine, *Esthétiques du XVIIIe siècle. Le Modèle français*, Paris, Philippe Sers, 1990.

STAROBINSKI, Jean, *Les Enchanteresses*, Paris, Éditions du Seuil, 2005.

VIDLER, Anthony, *L'Espace des Lumières. Architecture et philosophie de Ledoux à Fourier*, Paris, Picard, 1995.

WEISGERBER, Jean, *Les Masques fragiles. Esthétique et formes de la littérature rococo*, Lausanne, L'Âge d'Homme, 1991.

WEISGERBER, Jean, *Le Rococo. Beaux-arts et littérature*, Paris, PUF, 2001.

HISTOIRE DES SCIENCES

BADINTER, Élisabeth, *Les Passions intellectuelles*, tome I, *Désirs de gloire. 1735-1751*, tome II, *Exigence de dignité. 1751-1762*, tome III, *Volonté de pouvoir. 1762-1778*, Paris, Fayard, 1999-2007.

GAUCHET, Marcel, et SWAIN, Gladys, *La Pratique de l'esprit humain. L'Institution asilaire et la révolution démocratique*, Paris, Gallimard, coll. Bibliothèque des Sciences humaines, 1980.

HAHN, Roger, *L'Anatomie d'une institution scientifique. L'Académie des sciences de Paris, 1666-1803* (*The Anatomy of a Scientific Institution. The Paris Academy of Sciences, 1666-1803*), trad. fr. Paris, Éditions des archives contemporaines, 1993.

REY, Roselyne, *Naissance et développement du vitalisme en France de la deuxième moitié du XVIIIe siècle à la fin du Premier Empire*, Oxford, Voltaire Foundation, coll. Studies on Voltaire and the Eighteenth Century, 2000.

ROGER, Jacques, *Les Sciences de la vie dans la pensée française au XVIIIe siècle*, Paris, Armand Colin, 1962.

SALOMON-BAYET, Claire, *L'Institution de la science et l'expérience du vivant. Méthode et expérience à l'Académie royale des sciences, 1666-1793*, Paris, Flammarion, 1978.

LITTÉRATURE ET RÉVOLUTION

BALDENSPERGER, Fernand, *Le Mouvement des idées dans l'émigration française. 1789-1815*, Paris, Plon, 1924.

BONNET, Jean-Claude (dir.), *La Carmagnole des muses. L'Homme de lettres et l'artiste dans la Révolution*, Paris, Armand Colin, 1988.

CHARTIER, Roger, *Les Origines culturelles de la Révolution française*, Paris, Éditions du Seuil, 1990.

GENGEMBRE, Gérard, *La Contre-révolution ou l'Histoire désespérante. Histoire des idées politiques*, Paris, Éditions Imago, 1989.

JAQUIER, Claire, LOTTERIE, Florence et SETH, Catriona, *Destins romanesques de l'émigration*, Paris, Desjonquères, 2007.

MORNET, Daniel, *Les Origines culturelles de la Révolution française*, Paris, Armand Colin, 1933.

SGARD, Jean (éd.), *L'Écrivain devant la Révolution, 1780-1800*, Grenoble, université Stendhal, 1990.

VAN KLEY, Dale Kenneth, *Les Origines religieuses de la Révolution française. 1560-1791* (*The Religious Origins of the French Revolution. From Calvin to the Civil Constitution, 1560-1791*), trad. fr. Paris, Éditions du Seuil, 2002.

DÉBAT SUR LES LUMIÈRES

ADORNO, Theodor Wiesengrund, et HORKHEIMER, Max, *La Dialectique de la raison. Fragments philosophiques* (*Dialektik der Aufklärung. Philosophische Fragmente*), trad. fr. Paris, Gallimard, coll. Bibliothèque des Idées, 1974.

CROCKER, Lester Gilbert, *An Age of Crisis. Man and World in Eighteenth Century French Thought*, Baltimore-Londres, The Johns Hopkins Press, 1959.

CROCKER, Lester Gilbert, *Nature and Culture. Ethical Thought in the French Enlightenment*, Baltimore, The Johns Hopkins Press, 1964.

FOUCAULT, Michel, « Qu'est-ce que les Lumières ? », in *Dits et écrits*, tome IV, *1980-1988*, Paris, Gallimard, coll. Bibliothèque des Sciences humaines, 1994.

GAY, Peter, *The Enlightenment : an Interpretation*, tome I, *The Rise of Modern Paganism*, Londres, Weidenfeld and Nicolson, 1967, tome II, *The Science of Freedom*, Londres, Wildwood House, 1973.

GOULEMOT, Jean, *Adieu les philosophes. Que reste-t-il des Lumières ?* Paris, Éditions du Seuil, 2001.

« Lumières : actualité d'un esprit », *ContreTemps* 17, Éditions Textuel, septembre 2006.

STERNHELL, Zeev, *Les Anti-Lumières. Du XVIIIe siècle à la guerre froide*, Paris, Fayard, 2006.

TODOROV, Tzvetan, FAUCHOIS, Yann, et GRILLET, Thierry (dir.), *Lumières ! Un héritage pour demain*, Paris, BNF, 2006.

Chronologie

Début de la guerre de Succession d'Espagne.	1701	
Fondation de l'Académie de Berlin.		
Révolte des Camisards.	1702	
Fondation de Saint-Pétersbourg par Pierre le Grand.	1703	La Hontan, *Nouveaux voyages dans l'Amérique septentrionale*, suivis des *Dialogues curieux*.
	1704	Bayle, *Réponses aux questions d'un provincial*. Galland, *Les Mille et une Nuits*. Regnard, *Les Folies amoureuses*.
Newton, *Opticks*. Mandeville, *The Fable of the bees*.	1705	
	1706	Houdar de La Motte, *Odes*.
	1707	Lesage, *Le Diable boiteux*, *Crispin rival de son maître*.
Prise de Lille par Marlborough et le prince Eugène.	1708	Regnard, *Le Légataire universel*.
Hiver terrible.	1709	Regnard, *Turcaret*.
Leibniz, *Essais de théodicée*.	1710	Tyssot de Patot, *Voyages et aventures de Jacques Massé*.
Mort du Dauphin, fils de Louis XIV.	1711	Chardin, *Voyages en Perse*. En Angleterre, Steele et Addison lancent *The Spectator*.
Mort du duc de Bourgogne, petit-fils de Louis XIV.	1712	Fénelon, *Dialogues des morts*.

Traité d'Utrecht, Bulle *Unigenitus*.	1713 Challe, *Les Illustres Françaises*. Hamilton, *Mémoires du comte de Grammont*.
Louis XIV reconnaît à ses bâtards le droit de régner.	1714 Houdar de La Motte, *L'Iliade en vers français*. Mme Dacier, *Les Causes de la corruption du goût*. Fénelon, *Lettre à l'Académie*.
Mort de Louis XIV, annulation de son testament. Régence du duc d'Orléans.	1715 Lesage, *Histoire de Gil Blas de Santillane* (I-IV).
Law crée la Banque générale. Retour des Comédiens-Italiens à Paris.	1716
Traité de La Haye, triple alliance de la France, de l'Angleterre et des Provinces-Unies. Voyage en Europe occidentale de l'empereur Pierre le Grand. Watteau, *L'Embarquement pour Cythère*.	1717 Massillon, *Le Petit Carême*.
Découverte de la Conspiration de Cellamare. La Banque générale devient Banque royale.	1718 Fénelon, *Dialogues sur l'éloquence*. Voltaire, *Œdipe*.
Déclaration de guerre à l'Espagne. Fondation de la Compagnie des Indes. La Bourse s'installe rue Quincampoix, la spéculation bât son plein.	1719 Du Bos, *Réflexions critiques sur la poésie et sur la peinture*.
Traité de Madrid. Law devient contrôleur général des finances en janvier. Il fait banqueroute en mai et fuit la France. Watteau, *L'Enseigne de Gersaint*. Exécution de Cartouche.	1720 Marivaux, *Arlequin poli par l'amour*.
	1721 Challe, *Journal d'un voyage fait aux Indes orientales*. Montesquieu, *Lettres persanes*.
Louis XV sacré à Reims.	1722 Marivaux, *La Surprise de l'amour, Le Spectateur français*.

Majorité du roi, mort du duc d'Orléans.	1723	Marivaux, *La Double inconstance*. Voltaire, *La Ligue*.
	1724	Marivaux, *La Double Inconstance, La Fausse suivante*. Montesquieu, *Le Temple des Gnide*.
Maladie de Louis XV : il faut assurer une descendance dynastique. Rupture de ses fiançailles avec une princesse espagnole. Mariage avec Marie Leszcynska, fille de l'ancien roi de Pologne. Son père deviendra duc de Lorraine.	1725	Marivaux, *L'Île des esclaves*.
Fleury premier ministre. Altercation de Voltaire avec le chevalier de Rohan-Chabot, séjour à la Bastille et départ pour l'Angleterre.	1726	
Mort du diacre Pâris, miracles jansénistes sur sa tombe au cimetière Saint-Médard.	1727	Marivaux, *La Seconde Surprise de l'amour, L'Île de la raison, L'Indigent philosophe*.
Montesquieu part pour son « Grand Tour » d'Europe, Jean-Jacques Rousseau quitte Genève. Chardin, *La Raie*.	1728	Voltaire, *La Henriade*. Prévost, *Mémoires et Aventures d'un homme de qualité* (I-IV).
Naissance du Dauphin. Montesquieu en Angleterre, Rousseau chez Mme de Warens puis au séminaire de Turin.	1729	
Naissance du duc d'Anjou, deuxième fils de Louis XV.	1730	Voltaire, *Brutus*. Marivaux, *Le Jeu de l'amour et du hasard*.
Début des convulsions sur la tombe du diacre Pâris au cimetière Saint-Médard, agitation autour de la bulle *Unigenitus*. Chardin, *La Table de cuisine*.	1731	Marivaux, *La Vie de Marianne*. Prévost, *Cleveland* (I-IV), *Manon Lescaut*. Voltaire, *Histoire de Charles XII*. Terrasson, *Sethos*.

Fermeture du cimetière Saint-Médard.	1732	Voltaire, *Zaïre*.
Servandoni, façade de Saint-Sulpice.		Marivaux, *Le Triomphe de l'amour*, *Les Serments indiscrets*.
		Destouches, *Le Glorieux*.
		Lesage, *Guzman d'Alfarache*.
		Pluche, *Le Spectacle de la nature*.
Mort d'Auguste II, roi de Pologne, guerre de Succession de Pologne, élections et contre-élections.	1733	Voltaire, *Le Temple du goût*.
		Marivaux, *L'Heureux stratagème*.
Boucher, *Vénus commandant à Vulcain des armes pour Énée*.		
Boucher, *Renaud et Armide*.	1734	Voltaire, *Lettres philosophiques*.
		Montesquieu, *Grandeur et décadence des Romains*.
		Marivaux, *Le Cabinet du philosophe*, *Le Paysan parvenu*.
Rameau, *Les Indes galantes*	1735	Prévost, *Le Doyen de Killerine*.
		Nivelle de La Chaussée, *Le Préjugé à la mode*.
Maupertuis en Laponie.	1736	Crébillon, *Les Égarements du cœur et de l'esprit*.
La Condamine au Pérou.	1737	Marivaux, *Les Fausses confidences*.
Rameau, *Castor et Pollux*.		
	1738	Voltaire, *Éléments de la philosophie de Newton*, *Discours en vers sur l'homme*.
Chardin, *La pourvoyeuse*.	1739	Prévost, *Cleveland* (VII-VIII).
Frédéric II, *L'Anti-Machiavel*.	1740	Crébillon, *Le Sopha*.
Boucher, *Le Triomphe de Vénus*.		Prévost, *Histoire d'une Grecque moderne*.
Guerre de Succession d'Autriche.	1741	La Chaussée, *Mélanide*.
Soufflot, *Mémoire sur l'architecture gothique*.		Duclos, *Histoire de Mme de Luz*.
		Voltaire, *Mahomet*.
	1742	Louis Racine, *La Religion*.
		Marivaux, *La Vie de Marianne* (X-XI).
		Prévost, *Histoire de Guillaume le Conquérant*.
	1743	Voltaire, *Mérope*.
	1744	Marivaux, *La Dispute*.
Mme d'Étiolles, devenue	1745	Voltaire, *Poème de Fontenoy*.

Chronologie 287

marquise de Pompadour, s'installe à Versailles.	Voltaire et Rameau, *Le Temple de la gloire*.
Victoire de Fontenoy.	Diderot, adaptation de d'*Essai sur le mérite et la vertu*.
Condillac, *Essai sur l'origine des connaissances humaines*. 1746	Diderot, *Pensées philosophiques*.
Représentation de *La Serva padrona* de Pergolèse à Paris.	Voisenon, *Le Sultan Misapouf*.
La Mettrie, *L'Homme-machine*. 1747	Bibiena, *La Poupée*.
	Graffigny, *Lettres d'une Péruvienne*.
	Gresset, *Le Méchant*.
	Voltaire, *Zadig*.
1748	D'Argens, *Thérèse philosophe*.
	Montesquieu, *De l'esprit des lois*.
	Toussaint, *Les Mœurs*.
	Diderot, *Les Bijoux indiscrets*.
	Voltaire, *Sémiramis*.
1749	Diderot, *Lettre sur les aveugles*, incarcération à Vincennes.
	Buffon, *Histoire naturelle*.
Voltaire à Berlin. 1750	Prospectus de l'*Encyclopédie*.
	Rousseau, *Discours sur les sciences et les arts*.
Naissance du duc de Bourgogne, premier fils du Dauphin. 1751	Premier volume de l'*Encyclopédie*.
	Voltaire, *Le Siècle de Louis XIV*.
Début de la Querelle des bouffons. 1752	Tome II de l'*Encyclopédie*, le privilège du libraire est annulé.
	Voltaire, *La Loi naturelle*, *Micromégas*.
	Prévost, adaptation de *Clarissa Harlowe* de Richardson.
	Rousseau, *Le Devin de village*.
1753	Tome III de l'*Encyclopédie*.
	Buffon à l'Académie française, *Discours sur le style*.
	Diderot, *Pensées sur l'interprétation de la nature*.
	Grimm prend la direction de la *Correspondance littéraire*.

Condillac, *Traité des sensations*.
Morelly, *Code de la nature*.
Greuze, *Le Père de famille expliquant la Bible à ses enfants*.
Statue de Louis XV sur la place royale à Nancy.
Début de la guerre de Sept ans : la France est alliée à l'Autriche contre l'Angleterre et la Prusse.
Attentat de Damiens, le 5 janvier. Exécution de Damiens, le 28 mars.
Défaite de Rossbach.
Helvétius, *De l'esprit*.

1754 Fréron lance *L'Année littéraire*.
1755 Rousseau, *Discours sur l'origine et les fondements de l'inégalité parmi les hommes*.
1756 Voltaire, *Essai sur les mœurs*. Coyer, *La Noblesse commerçante*. D'Arcq, *La Noblesse militaire*.
1757 Diderot, *Le Fils naturel*. Palissot, *Petites Lettres sur les grands philosophes*.
1758 Bastide, *La Petite Maison*. Diderot, *Le Père de famille*. Rousseau, *Lettre à d'Alembert sur les spectacles*. Voltaire, *Candide*. Condamnation de *De l'esprit*, révocation du privilège de l'*Encyclopédie*.

Boucher, *Portrait de Mme de Pompadour*.
Greuze, *Jeune fille qui pleure son oiseau mort*.

1759 D'Alembert, *Éléments de philosophie*.
Diderot donne son premier *Salon* à la *Correspondance littéraire*.
Mme Riccoboni, *Lettres de milady Juliette Catesby*.

Voltaire à Ferney.
Capitulation de Pondichéry et de Mahé.
Greuze, *L'Accordée de village*.

1760 Palissot, *Les Philosophes*.
1761 Rousseau, *Julie ou la Nouvelle Héloïse*.
Diderot, *Salon de 1761*.
Philidor, *Le Jardinier et son seigneur*.
Sedaine et Monsigny, *On ne s'avise jamais de tout*.

Exécution de Calas.
Avènement de Catherine II de Russie.
Gabriel, le Petit Trianon.
Gluck, *Orphée*.
Traité de Paris, fin de la guerre de Sept ans. La France

1762 Rousseau, *Émile* et *Du contrat social*. Condamnation d'*Émile*, Rousseau fuit la France.

1763 Bastide, *Contes*.
Diderot, *Salon de 1763*.

Chronologie 289

abandonne ses possessions en Inde et en Amérique du Nord.
Bouchardon, *Statue de Louis XV* (actuelle place de la Concorde).
Interdiction des Jésuites.
Mort de Mme de Pompadour.
Stanislas Poniatowski roi de Pologne.
Soufflot, chantier de la nouvelle église Sainte-Geneviève (actuel Panthéon).
Mort du Dauphin.
Joseph II empereur d'Autriche.
Réhabilitation de Calas.
Fragonard, *Corésus et Callirhoé*.

Voltaire, *Traité sur la tolérance*.
Beccaria, *Des délits et des peines*.

1764 Voltaire, *Dictionnaire philosophique*.
Baculard d'Arnaud, *Les Amants malheureux*.

1765 Nerciat, *Félicia ou mes fredaines*.
Diderot, *Salon de 1765*, suivi des *Essais sur la peinture*.
Sedaine, *Le Philosophe sans le savoir*.

Mort de Stanislas Leszczynski, rattachement de la Lorraine à la France.
Exécution à Paris de Lally-Tollendal, à Abbeville du chevalier de La Barre.
Fragonard, *Les Hasards de l'escarpolette*.

1766 Dulaurens, *Le Compère Mathieu*.

1767 Voltaire, *L'Ingénu*.
Beaumarchais, *Eugénie*.
Diderot, *Salon de 1767*.

Liaisons de Louis XV et de Jeanne Bécu, future comtesse du Barry.
Traité de Versailles, la Corse devient française. Maupeou chancelier.
Quesnay, *Physiocratie*.
Premier voyage de Cook.
Clément XIV pape.

1768 Carmontelle, *Proverbes dramatiques*.

1769 Diderot rédige *Le Rêve de d'Alembert*.
Saint-Lambert, *Les Saisons*.
Lemierre, *La Peinture*.
Dorat, *Les Baisers*.

Mariage du Dauphin et de Marie-Antoinette d'Autriche.
D'Holbach, *Système de la nature*.
Lutte de Maupeou contre les parlements.

1770 Ducis, *Hamlet*.
Raynal, *Histoire des deux Indes*.

1771 Dorat, *Les Sacrifices de l'amour*.
Mercier, *L'An 2440*.

Monge fonde la géométrie analytique, Lavoisier analyse l'air. Premier partage de la Pologne.	1772	Cazotte, *Le Diable amoureux*. Dorat, *Les Malheurs de l'inconstance*. Rousseau, *Dialogues*.
« Boston Tea Party » : début du soulèvement des colonies anglaises en Amérique. Diderot à Saint-Pétersbourg. Houdon, buste de Diderot.	1773	Bernardin de Saint-Pierre, *Voyage à l'île de France*. Mercier, *Du théâtre, ou Nouvel essai sur l'art dramatique*.
Mort de Louis XV, avènement de son petit-fils. Vergennes aux Affaires étrangères, Turgot contrôleur général, Miromesnil garde des sceaux. Liberté du commerce des grains. Gluck, *Iphigénie en Aulide*.	1774	Gérard, *Le Comte de Valmont*.
Washington à la tête des Insurgents américains. Guerre des farines en France, disette à Paris.	1775	Beaumarchais, *Le Barbier de Séville*. Mercier, *La Brouette du vinaigrier*. Rétif, *Le Paysan perverti*.
Renvoi de Turgot, appel de Necker. Déclaration d'indépendance américaine. Troisième voyage de Cook.	1776	Mirabeau, *Essai sur le despotisme*.
La Fayette en Amérique. Pigalle, monument du maréchal de Saxe. Gluck, *Armide*.	1777	Denon, *Point de lendemain*. Rousseau compose *Les Rêveries du promeneur solitaire*.
Naissance du premier enfant du couple royal. Mort de Voltaire et de Rousseau. Fragonard, *Le Verrou*. Houdon, *Diane*. Gluck, *Iphigénie en Tauride*.	1778	Buffon, *Les Époques de la nature*. Diderot, *Essai sur la vie de Sénèque*. Parny, *Poésies érotiques*.
	1779	Roucher, *Les Mois*. Lemierre, *Les Fastes*. Loaisel de Tréogate, *La Comtesse d'Alibre*.
Rochambeau et le corp expé-	1780	Bertin, *Les Amours*.

ditionnaire français en Amérique.
Victor Louis, Théâtre de Bordeaux.
Necker, *Compte rendu au roi*.
Condorcet, *Réflexions sur l'esclavage*.
David, *Les Funérailles de Patrocle*.
Victor Louis, Galeries du Palais Royal.
De Wailly, l'Odéon.

Traité de Versailles, naissance des États-Unis.
Ascensions en ballon.

Mort de Sophie Volland, puis de Diderot.
Laplace et Lavoisier, *Mémoire sur la chaleur*.

Ledoux, les barrières de Paris.
David, *Le Serment des Horaces*.
Mort de Frédéric II.
Mozart, *Les Noces de Figaro*.

Réunion de l'assemblée des notables.
Édit de tolérance en faveur des protestants.
Beaumarchais et Salieri, *Tarare*.
David, *La Mort de Socrate*.
Convocations des États-généraux, rappel de Necker.

Delille, *Les Jardins*.

1781 Mercier, *Tableau de Paris*.
Troisième édition de l'*Histoire des deux Indes*, Raynal doit fuir la France.

1782 Publications des *Confessions* de Rousseau.
Laclos, *Les Liaisons dangereuses*.
Mme de Genlis, *Adèle et Théodore*.

1783 Loaisel de Tréogate, *Dolbreuse*.
Constant de Rebecque, *Le Mari sentimental*.
Ducis, *Le Roi Lear*.

1784 Beaumarchais, *Le Mariage de Figaro*.
Bernardin de Saint-Pierre, *Études de la nature*.
Mme de Charrière, *Lettres de Mistress Henley*.
Rivarol, *Discours sur l'universalité de la langue française*.

1785 Sade rédige *Les Cent vingt Journées de Sodome*.

1786 Mme de Charrière, *Lettres écrites de Lausanne*.
Mme de Montolieu, *Caroline de Lichtfeld*.

1787 Parny, *Chansons madécasses*.
Sénac de Meilhan, *Considérations sur l'esprit et les mœurs*.
Sade rédige à la Bastille *Les Infortunes de la vertu*.

1788 Bernardin de Saint-Pierre, *Paul et Virginie*.
Rétif, *Les Nuits de Paris*.

Réunion des États-généraux, serment du Jeu de paume. Prise de la Bastille, Déclaration des droits de l'homme. David, *Brutus*. Lavoisier, *Traité élémentaire de chimie*.	1789 Rivarol, *Petit almanach de nos grands hommes*. Marie-Joseph Chénier, *Charles IX*. Mme de Staël, *Lettres sur J.-J. Rousseau*.
Constitution civile du clergé, Fête de la Fédération. Mort de Joseph II d'Autriche. Saint-Martin, *L'homme de désir*.	1790 Sénac de Meilhan, *Des principes et des causes de la Révolution en France*.
Fuite de Varennes. Assemblée législative. Décret contre les émigrés et les prêtres réfractaires. L'église Sainte-Geneviève est transformée en Panthéon : les cendres de Voltaire y sont transférées. Chateaubriand en Amérique. Volney, *Les Ruines*. Girodet, *Le Sommeil d'Endymion*.	1791 Sade, *Justine*.
Exécution de Cazotte. Ministère girondin, déclaration de guerre, victoire de Valmy. Proclamation de la République. Réunion de la Convention nationale.	1792
Exécution de Louis XVI. Soulèvement de la Vendée. La Terreur et la révolution culturelle.	1793 Mme de Charrière, *Lettres trouvées dans des portefeuilles d'émigrés*. Nerciat, *Les Aphrodites*.
Exécution de Lavoisier, d'André Chénier et de Roucher. Suicide de Chamfort. Transfert des cendres de Rousseau au Panthéon. Fête de l'Être suprême, élimination de Robespierre. Réaction thermidorienne. Condorcet, *Esquisse d'un tableau des progrès de l'esprit humain*. David, *La Mort de Marat*.	1794 Mme de Staël, *Zulma*. M.-J. Chénier et Méhul, *Le Chant du départ*. Xavier de Maistre, *Voyage autour de ma chambre*.

Le Directoire. Troisième partage de la Pologne : le pays disparaît.	1795	Mme de Genlis, *Les Chevaliers du cygne*. Sade, *La Philosophie dans le boudoir*. Senancour, *Aldomen*. Mme de Staël, *De l'influence des passions*. Constant, *De la force du gouvernement actuel*.
Conjuration de Babeuf. Mort de Catherine II et avènement de Paul Ier. Débat sur la panthéonisation de Descartes. Bonaparte en Italie, Rivoli.	1796	Joseph de Maistre, *Considérations sur la France*. Bonald, *Théorie du pouvoir*. Pigault-Lebrun, *L'Enfant du carnaval*.
	1797	Chateaubriand, *Essai sur les révolutions*. Barruel, *Mémoires pour l'histoire du jacobinisme*. Ducray-Duminil, *Victor ou l'Enfant de la forêt*. Sénac de Meilhan, *L'Émigré*. Publication de *La Religieuse* et de *Jacques le fataliste* de Diderot. Traduction française des romans d'Ann Radcliffe, du *Moine* de Lewis, mode du roman noir.
Pinel, *Nosographie philosophique*.	1798	Ducray-Duminil, *Cœlina ou l'Enfant du mystère*. Fiévée, *La Dot de Suzette*. Pixérécourt, *Victor*. Révéroni Saint-Cyr, *Pauliska ou la Perversité moderne*.
Mort de Beaumarchais et naissance de Balzac. Retour d'Égypte de Bonaparte, coup d'État de Brumaire, établissement du Consulat. Fondation de la Société des observateurs de l'homme. David, *Les Sabines*.	1799	Sophie Cottin, *Claire d'Albe*. Sade, *La Nouvelle Justine* (sous la date de 1797). La Harpe, *Le Lycée*.

Constitution de l'an VIII rati- | 1800 | Mme de Staël, *De la littérature*.
fiée par plébiscite. Polémiques | | Pixérécourt, *Cœlina*.
sous forme de satires. | | Regnault-Warin, *Le Cimetière de la Madeleine*.
| | Sade, *Les Crimes de l'amour*.

Bichat, *Recherches philosophiques sur la vie et la mort*.
Pinel, *Traité de l'aliénation mentale*.

XIXᵉ SIÈCLE

INTRODUCTION

En 1808, Marie Joseph Chénier présente à l'Empereur un « Tableau historique de l'état et des progrès de la littérature française depuis 1789 » ; en 1868 Ustazade Sylvestre de Sacy préface le recueil officiel des rapports sur les progrès des lettres. Une révolution littéraire sépare ces deux rapports.

Chénier, dramaturge qui fut député à la Convention, défend le bilan des Philosophes contre les attaques de Chateaubriand qui, ironie de l'Histoire, lui succédera à l'Académie ; son rapport est moins intéressant par le palmarès touffu de « grands » écrivains que par la définition encyclopédique qu'il donne de la « littérature » : grammaire et logique, morale, politique et législation, rhétorique et critique littéraire, art oratoire, histoire, romans, poésie épique, didactique et lyrique, tragédie, comédie, drame et opéra... l'empire des Lettres s'étend à tout ce qui met en jeu l'art d'écrire et de parler.

Soixante ans plus tard, Sylvestre de Sacy peint le monde tout nouveau d'une culture littéraire de masse. L'écrivain n'a plus pour public les Élites des salons, mais « quarante millions d'hommes » en France — sans compter tous ceux qui lisent le français, jusqu'à Bucarest ou Moscou ; pour satisfaire cette masse anonyme, « l'art s'est transformé en une industrie » et les écrivains en « ingénieux ouvriers » d'un immense atelier. En devenant « industrielle », la littérature change de nature. La « littérature appropriée à notre temps et à nos mœurs, expression de la démocratie, [est] mobile comme elle, violente dans ses tableaux, hardie ou négligée dans les mots, plus soucieuse du succès actuel que de la renommée à venir ». Aux hommes des démocraties, il faut une littérature de divertissement, offrant des plaisirs rapides et des émotions fortes. Aussi bien l'empire des Lettres semble une peau de chagrin : tout ce qui relève du savoir lui échappe. Sacy rappelle que Fontenelle, Buffon, Bailly, Cuvier, Laplace, s'efforçaient de transmettre leur savoir en lettrés ; cette « vieille alliance des sciences et des lettres », s'est dénouée, et les sciences sont devenues « un empire à part » ; « Nous n'exigerions pas aujourd'hui, ou qu'un orateur pût parler de tout comme le voulait Cicéron, ou qu'un Newton, expliquant le système du monde, le chantât sur la lyre philosophique de Platon. » Il en est de même pour ce que nous appelons les sciences humaines : l'érudition, la législation politique et morale, la philosophie et l'histoire ont prétendu à leur domaine propre ; « que restera-t-il à la littérature, toutes ces déclarations faites ? Trois chapitres [...] : la poésie proprement dite, l'art dramatique dans ses genres divers et le roman qui, aujourd'hui, forme à lui seul une littérature tout entière. » À quoi il faut ajouter la critique, dont Sacy développe lui-même l'histoire et qui constitue le porche des essais sur les trois genres littéraires qui constituent désormais toute la littérature : la poésie (Théophile Gautier), le roman (Paul Féval) et le théâtre (Édouard Thierry).

Sacy s'est exagéré la rupture avec l'univers ancien des belles-lettres et les avancées d'une « démocratie » qui inspirait à beaucoup « une terreur religieuse » (Tocqueville). Il n'en reste pas moins qu'une histoire de la littérature française après la Révolution, a d'autres enjeux, et même un autre objet qu'une histoire de la littérature des siècles antérieurs.

La Révolution, en ébranlant l'Église, et en exécutant le Roi, a ouvert une « ère nouvelle ». Dans le désarroi des esprits, l'écrivain se donne pour mission de redonner sens au monde, revendiquant un magistère spirituel inédit que Paul Bénichou a nommé « le sacre de l'écrivain ». La formule, qui dit admirablement la rupture avec le monde ancien, a parfois été mal comprise. Car ce sacre n'est jamais que temporaire, et tributaire de la versatilité de l'opinion, en un siècle qui a inventé le mot et la pratique de la « révolution permanente ». Cette ambition des écrivains qui se sont voulus « prophètes » est inséparable de l'extension de leur public. La littérature entre dans l'âge de « la publicité » : le mot, qui date de la fin du XVIIIe siècle, désigne à la fois l'espace du débat public et la « réclame », le régime de l'Opinion et l'ère de la consommation de masse. D'où l'importance de deux pratiques d'écriture qui relèvent à la fois de la littérature et de la communication : la Critique dont l'essor accompagne la démocratisation du public ; le théâtre, cérémonie sociale où toutes les classes se divertissent ensemble.

Une telle mutation dans la fonction et la condition de l'écrivain a pour corrélat une redéfinition de la littérature et une restriction de son champ, comme Sacy l'avait perçu. C'est au cours du XIXe siècle que les discours savants revendiquent leur autonomie et que s'affaiblit la hiérarchie entre les grands genres éloquents et les petits genres ; le roman, genre démocratique, envahit le champ littéraire, cependant qu'apparaît, en réaction contre la tyrannie de l'opinion, la revendication d'une littérature « pure » dont la poésie est le lieu privilégié. On a donc choisi d'attacher une importance particulière à l'histoire de ces deux genres qui portent les enjeux esthétiques de la modernité.

CHAPITRE PREMIER

UNE ÈRE NOUVELLE

« Les siècles intellectuels ne se règlent pas sur le calendrier comme les siècles proprement dits. » (Joseph de Maistre) Pourtant très vite « le XIXe siècle », le premier qu'on ait désigné par un numéro, a été pensé par les hommes du temps comme un tout, soit qu'ils y voient le siècle du progrès de la civilisation, soit qu'ils dénoncent les erreurs modernes bien avant que Léon Daudet ne s'en prenne au « stupide XIXe siècle » (1922). Les titres des journaux manifestent l'unité du siècle et l'obsession du temps : *Le Siècle* (1836), *Le Temps, L'Ère nouvelle* de Lamennais ; les titres des romans aussi : Balzac intitule une partie de son œuvre *Études de mœurs au XIXe siècle* et Musset son roman *La Confession d'un enfant du siècle*. Un écrivain s'est voulu plus qu'un homme, l'icône du Siècle : Victor Hugo, né quand « ce siècle avait deux ans », fait coïncider sa naissance avec le calendrier séculaire.

Ni le début, ni la fin du XIXe siècle « intellectuel » ne coïncident pourtant vraiment avec le calendrier. Victor Hugo proclame dans *William Shakespeare* en 1864 : « La Révolution, toute la Révolution, voilà la source de la littérature du XIXe siècle ». Le XIXe siècle intellectuel naît donc avant 1800. C'est que la Révolution de 1789 est plus qu'une rupture politique ou sociale, elle est une promesse symbolique, un « événement philosophique » (Lamartine). Si bien que la littérature du XIXe siècle se définit d'abord par le jugement porté sur l'héritage des Lumières, dont la Révolution semblait issue.

C'EST LA FAUTE À VOLTAIRE...

Les réactionnaires accusent les philosophes des Lumières d'avoir engendré la Terreur. La dénonciation court dès le début du siècle chez Joseph de Maistre ou Bonald. Plus mesurés sont les libéraux comme Mme de Staël (*De la littérature*, 1800), Prosper de Barante qui publie en 1808 un *De la littérature française pendant le dix-huitième siècle* souvent réédité ou Tocqueville (*L'Ancien Régime et la révolution*, 1856). Eux reconnaissent la force émancipatrice des Lumières tout en en déplorant l'abstraction. Chaque révolution, chaque défaite repose la question de la faillite des Lumières et de la généalogie intellectuelle du mal français : elle obsède encore Flaubert dans ses lettres de 1871, Renan méditant sur la réforme intellectuelle et morale, Hippolyte Taine, historien de *L'Ancien Régime* (1875) qui fait surgir la Terreur de la raison raisonnante de Boileau, Descartes, Voltaire ou Rousseau.

Pareille hargne trahit la fascination exercée par le XVIIIe siècle et l'impuissance à s'en débarrasser. Fascination exercée par les romans et les drames (voir p. 354), fascination aussi de Rousseau et Voltaire, best-sellers du XIXe siècle. C'est le père de Musset, Musset Pathay, qui publie en 1818-1826 les œuvres complètes de Rousseau. En Rousseau on admire — ou on déteste — le théoricien politique, on aime le rêveur qu'on va honorer en pèlerinage à Ermenonville ; c'est dans la *Nouvelle Héloïse*, les *Confessions* et les *Rêveries* que Nerval nourrit son goût des demi-teintes et des songes.

Le XIXe siècle est plus encore le siècle de Voltaire. On l'avait panthéonisé le 11 juillet 1791, faisant ainsi du défenseur de Calas l'initiateur de la Révolution... Le Voltaire spirituel, néoclassique, apprécié même des salons réactionnaires de la Restauration, agrandit l'audience du Voltaire antichrétien. Entre 1814 et 1824, on tire un million six cent mille exemplaires de ses œuvres ; quarante éditions se succèdent de la mort de Voltaire au centenaire en 1878. En 1817, devant un quadruple projet éditorial de « Voltaire complet », les évêques fulminent un mandement. On en tire une parodie chansonnée : « S'il est du mal sur la terre/C'est la faute de Voltaire/ C'est la faute de Rousseau ». Le chansonnier Béranger se saisit du refrain, le transmet au Gavroche des *Misérables* qui le fait entrer dans le folklore républicain. Aussi bien le XIXe siècle désenchanté est le fils de Voltaire, comme l'écrit Musset dans le poème *Rolla* :

> Dors-tu content, Voltaire, et ton hideux sourire
> Voltige-t-il encor sur tes os décharnés ?
> Ton siècle était, dit-on, trop jeune pour te lire ;
> Le nôtre doit te plaire, et tes hommes sont nés.
> Il est tombé sur nous, cet édifice immense
> Que de tes larges mains tu sapais nuit et jour.

En 1878, après la victoire des républicains, et pour le centenaire de la mort de Voltaire, celui-ci est publiquement reconnu comme le père du XIXᵉ siècle : le 30 mai au théâtre de la Gaîté, Hugo fait de Voltaire un Christ nouveau, siégeant au sommet du Panthéon républicain, entouré de Diderot et de Rousseau, et, plus bas, de Montesquieu, Buffon et Beaumarchais. En 1879, année où « La Marseillaise » devient l'hymne national, on donne le nom de Voltaire au boulevard qui relie la République à la Nation. Au dire de Hugo, Voltaire incarne la Révolution, « cette catastrophe bénie et superbe qui a fait la clôture du passé et l'ouverture de l'avenir ». Ainsi les Lumières et leur postérité révolutionnaire sont bien la « catastrophe » inaugurale du siècle intellectuel : catastrophe qui laisse un champ de ruines, mais catastrophe bénie aussi, du moins aux yeux de certains. À suivre Hugo, « le dix-neuvième siècle glorifie le dix-huitième siècle. Le dix-huitième propose, le dix-neuvième conclut. » (1878) Le XVIIIᵉ siècle ouvre ainsi une histoire dont le XIXᵉ siècle s'imagine pouvoir proclamer la fin.

« UN GRAND MAGASIN DE RUINES »

Une métaphore dit la culture panique qui naît de la « catastrophe » de la Révolution : celle de l'abîme, omniprésente dans les œuvres de Chateaubriand ou de Hugo. Elle dit que le passé n'éclaire plus l'avenir : « nous fixons obstinément les yeux vers quelques débris qu'on aperçoit encore sur le rivage, tandis que le courant nous entraîne et nous pousse à reculons vers des abîmes » écrit Tocqueville en 1835. Après la déception de 1848, George Sand ne s'exprime pas autrement dans la conclusion de son *Histoire de ma vie* : « … ce siècle, ce triste et grand siècle où nous vivons s'en va, ce nous semble, à la dérive ; il glisse sur la pente des abîmes, et j'en entends qui me disent : "Où allons-nous ? Vous qui regardez souvent l'horizon qu'y découvrez-vous ?" »… Tous les temps sont touchés par la catastrophe : le passé est en ruines, le présent tombe en poussière, l'avenir est un gouffre.

La méditation sur les ruines est un lieu commun ; symptomatiquement, un nom s'impose au vieux Michelet, lorsque dans son *Histoire du XIXᵉ siècle* il cherche à peindre le début du siècle ; celui de Grainville, auteur du *Dernier homme*, qui se suicida l'année de la publication de son œuvre, en 1805. La rêverie funèbre sur les ruines caractérise aussi bien Chateaubriand que Hugo s'imaginant Paris en ruines ou bien des écrivains comme Musset ou Gautier, nés dans les années 1810. Octave, le héros de *La Confession d'un enfant du siècle*, exprime le mal de tous : « Je m'étais fait un grand magasin de ruines, jusqu'à ce qu'enfin, n'ayant plus soif à force de boire la nouveauté et l'inconnu, je m'étais trouvé une ruine moi-même ».

Le présent n'est pas plus solide : la société tombe en poussière, selon un cliché inusable. En faisant table rase de l'ancienne société hiérarchique, la Révolution n'a laissé que des individus séparés. Au début des années 1820, les contre-révolutionnaires inventent le mot « individualisme » pour désigner cette atomisation de la société. Le mot est aussitôt adopté par les socialistes, les républicains et les libéraux comme Tocqueville, qui explore toutes les dimensions de cette maladie moderne : dans l'ordre spirituel, l'individu récuse toute autorité, celle du prêtre comme celle du génie ; dans l'ordre social, il récuse toute hiérarchie. Ne reste plus d'autre pouvoir que celui, despotique, de l'opinion majoritaire. L'individu, qui se croyait promis à la liberté, est happé par la servitude et renvoyé à son propre néant et à son « ennui » : l'ennui, le « mal du siècle », le « spleen » sont des leitmotive du discours politique et de la littérature, et désignent à la fois la faillite collective et les désastres intimes. Car la mélancolie moderne diffère de la mélancolie antique en ce qu'elle a toujours une dimension politique, elle est à la fois une maladie de l'âme et un défaut de la vie publique. Dans *Le Nain jaune* du 23 juin 1867, Barbey d'Aurevilly retrouve les accents de Lamartine qui s'était exclamé à la chambre « la France est une nation qui s'ennuie » (1839) : « L'ennui, donc, l'ennui universel, voilà le mal et pour nous servir d'un mot ennuyeux, le mal constitutionnel du XIXe siècle. Nous avons beau soupailler et cocotter, nous nous ennuyons ». L'ennui est le malaise d'une société tout agitée encore de passions révolutionnaires et qui se résigne mal à la grisaille du monde de l'argent. C'est tout particulièrement le malheur des artistes ou des poètes (c'est la thèse du *Chatterton* de Vigny).

De l'avenir, que peut attendre un « cœur lassé de tout même de l'espérance » (Lamartine) ? Un symbole dit l'obsession de la mort prochaine : pour Musset comme pour Baudelaire, il faut se figurer le XIXe siècle portant l'habit noir des bourgeois, comme en deuil de lui-même : « n'est-il pas l'habit nécessaire de notre époque, souffrante et portant jusque sur ses épaules noires et maigres le symbole d'un deuil perpétuel. Remarquez bien que l'habit noir et la redingote ont non seulement leur beauté politique, qui est l'expression de l'égalité universelle, mais encore leur beauté poétique, qui est l'expression de l'âme publique ; — une immense défilade de croque-morts, croque-morts politiques, croque-morts amoureux, croque-morts bourgeois. Nous célébrons tous quelque enterrement. » (Baudelaire, *Salon de 1846*)

« L'HOMME EST SON PROPRE PROMÉTHÉE »

La « catastrophe » révolutionnaire qui fait table rase du passé est aussi une incitation à reconstruire en inventant de nouvelles Lumières. Car tout en critiquant les Philosophes, les penseurs du XIXe siècle en reprennent largement l'ambition encyclopédique. Aux Lumières on reproche leur abstraction, c'est-à-dire à la fois une esthétique trop classique, une science dominée par le modèle de la géométrie et une politique de la table rase. Renan a bien montré la conjonction de ces trois dimensions dans *L'Avenir de la science* qu'il écrit en 1848 : « La philosophie du XVIIIe siècle et la politique de la révolution présentent les défauts inséparables de la première réflexion : l'inintelligence du naïf, la tendance à déclarer absurde ce dont on ne voit pas la raison immédiate. [Ce siècle] étendit beaucoup trop la sphère de l'invention réfléchie. En poésie, il substitua la composition artificielle à l'inspiration intime... En politique, l'homme créait librement et avec délibération la société et l'autorité qui la régit... Ce siècle ne comprit pas la nature, l'activité spontanée... De là cette confiance dans l'artificiel, le mécanique, dont nous sommes encore si profondément atteints. » C'est de cette critique des Lumières et du XVIIIe siècle que naissent le renouveau de la poésie lyrique, la recherche d'un savoir nouveau dont la science du vivant donne le modèle, l'élaboration d'une politique fondée sur une « sociologie » et sur l'étude de l'histoire dont on refuse désormais d'exclure le « naïf », c'est-à-dire la culture populaire, les mythes, et les religions. La littérature du XIXe siècle se rêve comme une Encyclopédie nouvelle et se glorifie d'être une littérature « pensante » qui invente une philosophie du moi, du monde, et de l'histoire.

La période post-révolutionnaire ouvre une crise du Sujet. Les conditions historiques en sont multiples : l'urbanisation qui engendre l'anonymat ; l'égalité civile qui émancipe les individus ; le recul de l'âge de la mort qui donne à la vie un prix accru. L'écriture s'offre alors comme le « *baromètre spirituel* » (Baudelaire, « Poème du haschich ») qui permet à l'individu isolé de ne pas se perdre. La littérature vise moins à la représentation qu'à l'expression de soi, à la mimésis qu'à la signification. C'est ce que Charles Taylor nomme dans *Les Sources du moi* le tournant « expressiviste » de la littérature.

Ce tournant caractérise le roman qui de *René* en 1802 jusqu'au *Culte du moi* de Barrès (1888-1891) fait une large place aux tourments de l'individu ; il est manifeste dans la place croissante prise par la poésie lyrique qu'on peut définir avec Gustave Lanson comme « l'expansion de l'individualisme » puisqu'elle met en évidence la singularité sensible de l'individu. Un genre nouveau a pour fonction exclusive de servir de « baromètre spirituel » : le journal intime qui est la forme, informe, d'un monde dans lequel le gouvernement de soi n'est pas plus assuré que le gouvernement des hommes. Symptomatiquement, les premiers journaux intimes sont rédigés dès le début du siècle : Maine de Biran, Benjamin Constant, Stendhal sont suivis dans les années vingt par Vigny, Delacroix, Michelet puis Amiel ; par fragments, rédigeant souvent sur une très longue période, les diaristes cherchent à fixer la variabilité de leur être. Une telle observation de soi s'opère au moyen d'un dédoublement que Constant exprime mieux que tout autre en 1804 : « ... ce journal est une espèce d'histoire, et j'ai besoin de mon histoire comme de celle d'un autre pour ne pas m'oublier sans cesse et m'ignorer [...] Je ne suis pas tout à fait un être réel. Il y a en moi deux personnes, dont une observatrice de l'autre ». Le roman personnel, contemporain des journaux intimes, et dont on verra l'importance pour le développement du genre romanesque, repose sur le même dédoublement ; dans *Adolphe*, écrit en 1807, Benjamin Constant veut peindre « une des principales maladies morales de notre siècle [...] cette analyse perpétuelle, qui place une arrière-pensée à côté de tous les sentiments, et qui par là les flétrit dès leur naissance. »

Le journal intime, et le roman personnel fondés sur « l'analyse perpétuelle » ne sont pas séparables du développement de la Psychologie, auquel les écrivains participent. Benjamin Constant et Stendhal sont nourris de la pensée des « idéologues » ; Maine de Biran écrit lui-même en 1802 un traité, *Influence de l'habitude sur la faculté de penser*. L'écrivain rivalise avec l'aliéniste, et le psychologue dans l'exploration de la psyché. Il se targue même de mieux comprendre qu'eux les formes de la dissolution du moi : la rêverie, la drogue, la folie. Albert Béguin avait attiré l'attention en 1937 sur cette volonté des romantiques d'explorer les gouffres, dans *L'Âme romantique et le rêve*.

La drogue passe aujourd'hui pour une conduite de fuite de soi. Rien de tel pour Gautier dans le *Club des Haschischins*, Nerval dans le *Voyage en Orient* et Baudelaire dans les *Paradis artificiels* pour qui la drogue est, comme le vin ou le songe, un moyen de « multiplication de l'individualité » qui permet un accroissement du temps et de l'espace. Dans la drogue, on ne sort pas de soi ; l'opiomane, c'est le « même homme augmenté, le même nombre élevé à une très haute puissance. Il est subjugué ; mais, pour son malheur, il ne l'est que par lui-même. » Sort-on davantage de soi dans la folie ? La question, liée aux doutes sur la Raison, a obsédé dès le début du XIXe siècle. Alors que se mettent en place les asiles, on voit se multiplier les ouvrages sur les maladies mentales, les dictionnaires médicaux, les rapports des magistrats, les écrits de malades. Les aliénistes comme Pinel décrivent les symptômes, la physiognomonie les inventorie. Le discours des aliénistes et l'écriture littéraire sont complémentaires et concurrents : complémentaires, car le discours des aliénistes utilise la littérature (Nerval est un exemple de folie lucide), qui à son tour utilise les travaux des aliénistes ; songeons, dans les années 1830, à Balzac (*Le Colonel Chabert, Louis Lambert, L'Illustre Gaudissart, La Recherche de l'Absolu*), Nodier (*La Fée aux miettes*) et Gautier (*L'Homme vexé. Onuphrius Wphly*) ; dans les années soixante : aux Goncourt, à Flaubert ; à Maupassant qui donne au *Horla* en

1887 l'allure d'un récit de cas. Mais la littérature tente autre chose que la psychiatrie. En adoptant un discours objectif sur la folie, l'aliéniste construit un monologue de la raison sur la folie. À l'inverse, la littérature dialogue avec l'insensé ; le fou n'est pas totalement fou, sa folie reste la folie d'un sujet confronté aux limites de son empire sur lui-même. Si bien que le discours de la littérature sur la folie est un discours subversif. À l'obsession du savoir de l'aliéniste répond l'étrangeté du discours littéraire qui prend en charge le « fantastique » c'est-à-dire, selon la définition de Castex et Caillois, « une intrusion brutale du mystère dans le cadre de la vie réelle » ; il est lié généralement aux états morbides de la conscience, qui, dans les phénomènes de cauchemar ou de délire, projette devant elle des images de ses angoisses ou de ses terreurs.

Une œuvre va très loin dans l'exploration du labyrinthe d'un moi insensé : *Aurélia* de Nerval, sous-titré *Le rêve et la vie* (1855), est un récit où le je est à la fois le narrateur et l'objet du récit ; je mélancolique, et frustré, pour lequel le réel est un trou béant, laissant toute la place au rêve et au délire mystique ; le narrateur va dans un fantasme de puissance jusqu'à s'attribuer la marche de la lune... La découverte primordiale de Nerval est ainsi la prise en charge par le discours littéraire de ce qui paraissait inhumain, décousu, déchiré. L'écriture par la distance recrée une identité qui excède la Raison. À Alexandre Dumas qui avait prononcé « l'épitaphe » de l'esprit de Nerval, Nerval réplique par la publication des *Chimères*, ces sonnets composés dans un « état de rêverie supernaturaliste ».

La rêverie supernaturaliste de Nerval n'est mystique que de façon équivoque. Un poème écrit en 1841 au moment de sa première crise de folie clame la mort de Dieu :

> En cherchant l'œil de Dieu, je n'ai vu qu'un orbite
> Vaste, noir et sans fond, d'où la nuit qui l'habite
> Rayonne sur le monde et s'épaissit toujours

Reste que la quête d'un Dieu est bien une ambition majeure de la littérature : Dieu y est « pris, dans une sorte d'immense débat public et libre, avec toute latitude laissée à la négation et à l'affirmation en dehors et au dessus des religions » (Hugo, projet de préface à *Dieu*, 1868). Le premier romantisme réhabilite le sens du sacré, d'où la fascination exercée par l'illuminisme sur Lamartine dans ses *Visions* (1820-1830), Hugo dans *Les Contemplations*, mais aussi Balzac, Baudelaire ou Nerval. D'où aussi le renouveau de l'épopée qui met à jour, dans l'obscurité universelle, la volonté providentielle. L'épopée fait de l'histoire de l'humanité l'action de Dieu rendue sensible, du christianisme un réservoir de mythes pour prophétiser sur l'avenir. Tous les genres, le roman comme l'histoire, la poésie, la philosophie, se prêtent à l'épopée. *La Comédie humaine* de Balzac, l'*Histoire de France* de Michelet, *Jocelyn* de Lamartine, *Ahasverus* de Quinet, *La Grève de Samarez* de Pierre Leroux (1863-1865) sont des épopées ou, pour reprendre l'expression de Max Milner, des « sommes » théologico-poétiques. La permanence d'une symbolique et d'un imaginaire religieux explique que soient des best-sellers des ouvrages inspirés du christianisme ou portant sur lui. Ainsi des *Paroles d'un croyant* de Félicité de Lamennais en 1834, ouvrage politique dont quarante mille exemplaires se vendent en quelques mois, et qui renouvelle la forme du verset biblique pour prophétiser l'émancipation du peuple. Ainsi aussi, en 1863, de *La Vie de Jésus* qui fait de Renan l'un des auteurs les mieux rémunérés du siècle : 168 000 volumes s'en écoulent en 1863-1864, 430 000 de 1863 à 1947, à quoi s'ajoutent les traductions multiples. Ces succès, comme la plupart des événements littéraires, doivent beaucoup au scandale : Lamennais avait été condamné par le pape ; Renan avait vu son cours du Collège de France suspendu en 1862 parce qu'il niait la divinité du Christ tout en exaltant son humanité. Mais le scandale n'était tel que du fait du talent littéraire de Lamennais ou de Renan. Proust dans ses pastiches peut bien qualifier *La Vie de Jésus* d'« une sorte de Belle Hélène du christianisme », la gloire de Renan tint à ce qu'il satisfaisait à la fois l'intérêt pour la critique philologique des textes et le goût du mythe et de l'exotisme oriental.

Il y a donc une religiosité littéraire, souvent hétérodoxe. Car cette religiosité, héritage de la culture chrétienne, dit moins souvent l'attention au surgissement du Tout autre que le fantasme de toute-puissance et de « voyance » des créateurs. Les poètes écrivent des « Élévations », des « hymnes », renouvellent la théorie médiévale des correspondances entre le visible et l'invisible : « la nature est un temple »... Mais chaque poète ayant sa propre imagerie, il interprète le monde plus qu'il ne déchiffre un ordre divin préexistant. « Le seul créateur que le symbole atteste est le *moi* du poète, qui agit dans ce domaine en inventeur, non en révélateur. » (Paul Bénichou) Le romancier se pense lui aussi comme inventeur du monde. On cite souvent une lettre de

Flaubert du 18 mars 1857 à Mlle Leroyer de Chantepie : « l'artiste doit être dans son œuvre comme Dieu dans la création, invisible et tout puissant, qu'on le sente partout, mais qu'on ne le voie pas ». Flaubert, qui plaide ici pour l'impersonnalité de l'art, affirme aussi son pouvoir « tout puissant ». Balzac, Flaubert, Zola nomment leurs personnages, comme Dieu nomme Adam et Ève ; Céline ne donnera que des initiales, au plus, aux siens ; la crise du roman et du théâtre dans les années 1930 aura ruiné la confiance dans le pouvoir de la fiction.

LE SIÈCLE DES INVENTAIRES

Le XIXe siècle, siècle des inventaires du moi et du monde, est aussi le siècle de l'Histoire, qui ressuscite le passé en ruines. Ce qui fait l'importance du récit historique n'est pas seulement le progrès de l'érudition, c'est une véritable révolution du sentiment du Temps que Michelet notait en 1872 : « l'allure du temps a tout à fait changé ». Reinhart Kosseleck dans *Le Futur passé* a étudié ce passage d'une allure du temps à une autre. Avant la Révolution, on jugeait les actions en fonction du passé, réservoir d'exemples de vertu toujours valides. Au XIXe siècle, on se met à juger toutes choses en fonction du tribunal de l'histoire, c'est-à-dire du jugement de la postérité.

Rien ne montre mieux cette mutation que la révolution historique des années 1820-1830. La Révolution française avait montré ce que la France doit au peuple. La révolution politique a pour conséquence une révolution historique rétrospective. Il faut faire revivre « la partie la plus nombreuse et la plus oubliée de la nation » ; « il nous manque l'histoire des citoyens », écrit Augustin Thierry dans les *Lettres sur l'histoire de France* qui, en 1820, inaugurent cette révolution historique. Mais cette irruption des masses anonymes dans l'histoire n'aurait pas été possible sans un mode nouveau de narration. Augustin Thierry écrit avoir trouvé sa vocation d'historien des temps mérovingiens à la lecture des *Martyrs* de Chateaubriand et des romans de Walter Scott ce qui lui valut d'être qualifié par Stendhal de demi-Scott... Thierry, soucieux d'histoire pittoresque, Guizot, dont l'histoire philosophique relève selon Taine du « roman austère », ont en commun l'art romanesque de lier une narration exemplaire et une généralisation philosophique, au service d'une instruction civique. Cette poétique nouvelle qui fait de l'histoire un « concept d'action » (Koselleck) explique la gloire des historiens, corporation rivale des poètes dans l'exercice du magistère spirituel.

Si la révolution historique des années 1820-1830 avait conduit au lancement de grandes collections documentaires en même temps qu'au renouvellement du récit historique, ce n'est qu'après la révolution de juillet 1830 que sont réunies les conditions institutionnelles d'un développement de l'érudition. Un nom symbolise l'intrication nouvelle de l'archive et du grand récit historique, celui de Michelet, que le régime de Juillet nomme directeur de la section historique des Archives en 1831... L'*Histoire de France* (6 tomes des origines à la mort de Louis XI publiés de 1833 à 1844, puis 11 tomes de la Renaissance à la Révolution publiés de 1855 à 1869), l'*Histoire de la Révolution* (7 volumes, 1847-1853) mettent la passion de l'archive et l'art du récit au service d'une philosophie de la libération : « l'homme est son propre Prométhée ». Dans cette émancipation, l'aventure intime n'est pas séparable de l'expérience collective car, pour Michelet, « l'histoire est une violente chimie morale, où mes passions individuelles tournent en généralités, où mes peuples se font moi, où mon moi retourne animer mes peuples ». L'histoire de Michelet est inséparablement l'évangile de la Révolution et l'autobiographie lyrique d'un romantique. La Révolution, parousie de la liberté, rétrospectivement éclaire le long cheminement qui l'a engendrée, mais cette Révolution, Michelet y revient « comme en un foyer de famille ». Aussi bien le rêve d'une humanité en harmonie est commun à Michelet, Hugo ou Lamartine.

Après l'échec de la Deuxième République, et bien davantage après 1870, la vocation civique de l'histoire se réaffirme mais sur le mode de la pénitence nécessaire. La période est dominée par une triade majeure d'hommes de l'âge de l'analyse : Renan, Taine et Fustel de Coulanges. On a vu le succès de *La Vie de Jésus* de Renan. De Fustel on connaît surtout *La Cité antique* (1864). Mais il a consacré toute la suite de sa carrière à une réflexion sur les institutions politiques de l'ancienne France à laquelle la défaite, puis la Commune, donnèrent une couleur noire. On retrouve le même idéal scientiste et la vocation pénitentielle de l'histoire dans *Les Origines de la France contemporaine* de Taine (6 volumes, 1876-1894). Taine se fait le romancier naturaliste de l'histoire des Français : dans le jacobin, il aperçoit le singe lubrique qui sommeille dans l'humanité. Sa science, c'est la psychopathologie des foules criminelles qui obsédaient aussi Zola. Le prestige de ces trois hommes est immense ; leur influence politique, considérable. Ce n'est pas par eux pourtant que va passer le renouveau de l'histoire mais par la réflexion sur le modèle de la science allemande. L'histoire, à la fin du siècle, se constitue en profession avec ses institutions (l'école de Rome en 1876 et celle du Caire en 1890) ; ses grandes entreprises éditoriales, le Lavisse. Ce faisant, l'histoire se pense en rupture avec la littérature, et avec les historiens antérieurs, jugés atteints du « microbe littéraire » (comme disent Langlois-Seignobos).

La révolution dans l'écriture de l'histoire et le changement de l'allure du temps s'accompagne d'une politique de protection des monuments et de la création des musées, politique dont les principes sont posés par les historiens dans la décennie 1820-1830. Là encore, la littérature forme la sensibilité nouvelle. Nodier, Hugo, et, avant eux, Chateaubriand font de leurs œuvres un conservatoire des Antiquités. Chateaubriand est le mémorialiste de l'art antique dans son *Itinéraire de Paris à Jérusalem* (1807), de l'art gothique dans le *Génie du christianisme* (1802), du château de Chambord dans la *Vie de Rancé*. Hugo, qui lance des *Odes* vengeresses contre les vandales en janvier 1824, édifie une cathédrale de papier dans *Notre-Dame de Paris* qui, comme il l'écrit dans une note de 1832, « a peut-être ouvert quelques perspectives vraies sur l'art du Moyen Âge ». Rien d'étonnant dès lors à ce que les deux premiers inspecteurs des monuments historiques aient été l'un, un dramaturge, Ludovic Vitet (1830-1834) et l'autre, un romancier, Prosper Mérimée, inspecteur de 1834 à 1860 à qui la France doit la préservation des restes celtiques de Carnac, des ruines romaines de Vaison, de l'architecture médiévale de Vézelay. Parce que la littérature se sent en charge de la mémoire du passé, on s'explique que les écrivains soient aussi très actifs dans l'élaboration de la politique de protection des monuments religieux rendue nécessaire par la séparation de l'Église et de l'État. En 1904, le jeune Proust publie dans *Le Figaro* un texte resté célèbre : « La mort des cathédrales ». Dans les années qui suivent, Maurice Barrès prononce plusieurs discours à la tribune de la Chambre des députés, qu'il rassemblera dans *La Grande pitié des églises de France* (1914).

Il en est des objets comme des monuments, du mobilier comme de l'immobilier. La littérature est un musée de mots, qui préserve la mémoire des choses : Balzac se présente comme un « archéologue » du passé et du présent en train de devenir passé. Son « iconographie littéraire » préserve la mémoire des objets disparus, vaisselle, vêtements, meubles vétustes. Le *Bouvard et Pécuchet* de Flaubert peut être lu comme l'ironique mise en mots d'un cabinet de curiosités, ou d'un musée kitsch.

L'INVENTION DE « LA LITTÉRATURE FRANÇAISE »

On ne saurait trop insister sur l'importance de ce renouveau de l'Histoire et du désir de mémoire, car l'histoire de la littérature française va se construire sur le modèle donné par les historiens. Comme l'avaient fait Thierry et Guizot pour l'histoire de France, la philologie opère une révolution rétrospective : c'est le sentiment national né de la révolution qui permet de découvrir la littérature médiévale comme littérature de l'origine de la nation, et la littérature classique comme une littérature « française ». Les Allemands avaient donné l'exemple : le romantisme des frères Schlegel s'était nourri de la culture médiévale et principalement du roman. Cette romanistique germanique est mise au service de la nation française sous l'impulsion de Guizot. En 1834 est fondé le comité des travaux historiques, chargé de publier « tous les documents inédits importants et qui offrent un caractère historique... œuvres mêmes de philosophie, de littérature ou d'art, pourvu qu'elles révèlent quelque face ignorée des mœurs et de l'état social d'une époque de notre histoire ».

C'est ainsi que Victor Cousin édita le *Sic et Non* d'Abailard retrouvé près d'Avranches et que Sainte-Beuve fut chargé en introduction aux travaux du comité d'« un compte rendu précis et complet des développements successifs qu'ont reçus en France, durant les trois derniers siècles, l'étude et l'histoire critique de notre ancienne littérature. » L'ambition était immense, puisqu'il s'agissait de publier les chroniques, les miracles ou mystères, les moralités, les farces dans les différents dialectes provinciaux. Avec une difficulté majeure : comment de la fragmentation des dialectes faire surgir l'unité nationale ? Cette nationalisation de l'histoire de la littérature touche aussi, rétrospectivement, la littérature du XVIe au XVIIIe siècle. Avant le XIXe siècle, un écrivain ne se pense pas comme un écrivain « français » ; Descartes, qui meurt en Suède après avoir passé l'essentiel de sa vie en Hollande, ne se glorifiait pas d'être le père de l'esprit cartésien « français » mais le philosophe d'une méthode universelle. Au reste, l'Europe savante des Lumières parle largement le français et la citoyenneté est une notion floue, avant les États-nations. L'objet « littérature française » est donc une invention du XIXe siècle, avec effet rétroactif. François Azouvi a montré comment la référence à la nationalité de Descartes tourne alors au lieu commun : on la trouve au tout début du siècle sous la plume de Destutt de Tracy, puis sous celle de Victor Cousin qui, dans son cours de 1828, décrit Descartes comme « un gentilhomme breton, militaire, ayant au plus haut degré nos défauts et nos qualités : net, ferme, résolu, assez téméraire ». Si bien que Descartes ressemble aux Gaulois peints par Jules César. À Victor Cousin nos histoires littéraires doivent le mythe d'un cartésianisme littéraire français (Nisard), approuvé pour sa clarté (Lanson) ou combattu pour sa rigueur abstraite (Taine, Brunetière). Il est symptomatique que La Fontaine, best-seller du XIXe siècle, ait fait l'objet de la même conversion du regard. La thèse que Taine lui consacre, et publie en 1860 sous le titre *La Fontaine et ses fables*, a été l'essai critique le plus populaire de la seconde moitié du siècle, pour son analyse de « l'esprit gaulois ». La Fontaine est à la France ce que Shakespeare est à l'Angleterre et Goethe à l'Allemagne. Taine débute son ouvrage en touriste, par des remarques sur le paysage français et sa mesure ; du paysage, et du climat, on peut tirer des conséquences sur la race et sur sa littérature — la critique littéraire est ici une branche de la toute jeune science de l'anthropologie. Sont ainsi « gaulois » les fabliaux, Rabelais, Molière, et La Fontaine, auteur vraiment populaire parce qu'il incarne le naturel du style et la clarté française : « L'onde étoit transparente ainsi qu'aux plus beaux jours » ; cette qualité de l'onde est la qualité de la nation...

La révolution rétrospective sur le passé de la littérature s'accompagne, comme pour l'histoire de la nation, d'une révolution dans la méthode. Rien ne le montre mieux que l'écart entre les deux Paris, le père et le fils qui se succèdent comme titulaires de la chaire de langue et littérature française du Moyen Âge au collège de France ; Paulin, le père, pour qui la chaire fut créée en 1852, se consacre surtout à la publication des textes pour en faire apprécier la saveur ; son fils, Gaston, qui lui succède en 1872, est formé à l'école allemande à Bonn et Göttingen ; la philologie devient maîtresse de vérité, l'exactitude est la vertu première. Paul Meyer, collègue de Gaston Paris, est l'un des fondateurs de la Ligue des droits de l'homme, et Gaston Paris est lui-même dreyfusard — par métier, ils étaient soucieux de l'authenticité des pièces d'une accusation. L'effort philologique n'est pas cantonné, évidemment, dans l'érudition des médiévistes. C'est même un des traits majeurs qui, pour Sylvestre de Sacy en 1868, caractérise l'évolution des lettres : « les variantes se sont multipliées... Bientôt nous aurons autant de Pascals qu'il y aura d'éditeurs de ses *Provinciales* et de ses *Pensées* ». La remarque était inspirée par le travail de Cousin, éditeur des *Pensées* de Pascal en 1842, elle vaut bien davantage pour la fin du siècle. Sans doute, il ne faut pas s'exagérer le poids de l'érudition dans la lecture des textes. En 1880, on ne compte encore qu'une soixantaine d'étudiants en licence de lettres, et les études précises restent cantonnées dans des cercles étroits. L'érudit en histoire littéraire comme en histoire passe pour un piocheur d'archives, pédant, myope, et pis, germanophile. La rhétorique est plus « noble » que la grammaire, l'amateur de littérature plus distingué que le savant. Le monde des Lemaître, Brunetière, « amateurs » au demeurant souvent éclairés, domine celui des philologues — ce qui n'empêche pas d'ailleurs les uns et les autres de se côtoyer et la littérature de devenir peu à peu légitimement l'objet d'un discours savant.

La littérature en français se découvre donc au XIXe siècle comme une littérature nationale — au moment même où la grammaire (celle des frères Bescherelle) se découvre comme une « grammaire nationale ». Pareille nationalisation de la littérature n'implique pour autant ni la clôture des frontières ni le refus de la diversité.

Il n'y a en effet d'étude possible de la littérature française que « comparée » parce que la France est une nation « métisse » (Michelet). Le XIXe siècle français est dans l'ordre intellectuel un siècle allemand ; la fortune de Werther, de Faust, des pièces de Schiller, l'importation de la romanistique, la francisation par Mme de Staël de la philosophie de Kant, puis la diffusion de la philosophie allemande par les cours de Victor Cousin sous la Restauration, tout cela contribue au renouveau des années 1820 ; Heinrich Heine, qui arrive à Paris en 1831, s'imagine entendre dans la prose d'Edgar Quinet et de quelques autres un « bourdonnement de hannetons allemands, parfois même un tant soit peu d'ennui allemand... » (*Lutèce*). La guerre de 1870 aigrit la relation franco-allemande, ce qui n'empêche pas les écrivains de définir leur singularité par rapport à l'Allemagne, au point que Claude Digeon a pu intituler un ouvrage sur les trente dernières années du siècle *La Crise allemande de la pensée française*. On pourrait parler aussi d'un siècle anglais : les historiens écrivent sur l'histoire d'Angleterre (Thierry, Guizot), les critiques font de Shakespeare un modèle (Stendhal, Hugo) et écrivent des histoires de la littérature anglaise (Chateaubriand, Taine...). La France littéraire est constamment tentée par l'ailleurs.

Métisse, la littérature française est aussi plurielle. On découvre l'importance d'une littérature française qui n'est pas en français. L'intérêt pour les dialectes et les cultures régionales est contemporain de l'invention d'une culture nationale. Dans les *Mémoires d'outre-tombe*, Chateaubriand déplore que « le bas breton, le basque, le gaëlique meurent de cabane en cabane, à mesure que meurent les chevriers et les laboureurs ». La hantise romantique de la mort et de la ruine assure le succès de la publication des chants bretons dans le *Barzaz Breiz* en 1839 (puis 1845 et 1867) par Hersart de la Villemarqué. L'invention du mythe d'un Âge d'or occitan est elle aussi liée au moment romantique. Les documents rassemblés par Claude Fauriel dans son *Histoire de la Gaule méridionale* (1836) et son *Histoire de la croisade contre les hérétiques albigeois* (1837) permettent une renaissance occitane autour des deux Moyen Âge, des troubadours et du midi martyr. Un nom a symbolisé cette renaissance, celui de Frédéric Mistral qui crée avec six compagnons en 1854 le groupe des félibres, avec le soutien de Lamartine. L'enjeu en est à la fois politique et esthétique puisqu'il s'agit de créer une langue commune provençale à partir des parlers différenciés du peuple, et de reconstituer une histoire et une littérature pour une culture qui a manqué d'un État. D'où chez Mistral le mélange des références savantes, antiques ou mythiques, qui inventent un passé, et des formes populaires. Le félibrige a ses réussites poétiques comme le chef-d'œuvre de Mistral, *Mireio* (1859), que Gounod popularisera en en tirant un opéra représenté en 1864. Mais cela ne doit pas masquer l'échec populaire du mouvement félibrige qui prétend s'adresser au peuple tout en lui tenant un langage incompréhensible. Aussi bien le régionalisme littéraire du XIXe siècle ne trouve qu'une assiette sociale réduite. Le mouvement romantique crée le cadre intellectuel d'un régionalisme littéraire en liant la quête identitaire à une production littéraire, sans que le mouvement prenne l'ampleur revendicative qu'il aura un siècle plus tard.

Il en est de même pour ce que nous appelons aujourd'hui la francophonie, cette littérature en français qui n'est pas française. La revendication francophone est issue du romantisme, qui engendre par imitation et réaction une littérature canadienne. Avant 1840, il n'y a guère de littérature canadienne, les Canadiens étant plus occupés à faire l'histoire qu'à l'écrire ou la chanter. La littérature canadienne naît véritablement avec François Xavier Garneau, du désir de rivaliser avec la littérature française ; Garneau, qui a séjourné à Paris et à Londres en 1831-1832, compose d'abord des poèmes inspirés de Lamartine et de Béranger pour dire le paysage et le destin canadien ; puis, lorsque la politique d'union du Canada en 1841 fait redouter l'assimilation progressive de la population francophone, il publie une *Histoire du Canada* (1845-1852), cherchant dans un récit à la Augustin Thierry la clef de l'interprétation du passé canadien. Si bien que le plus grand auteur canadien français du XIXe siècle est celui qui donne à la poésie des accents romantiques, et pratique le premier le grand récit national, joignant les deux formes de magistère spirituel romantique que sont la poésie et l'histoire.

Le XIXe siècle invente donc bien un pouvoir spirituel nouveau, laïc quoique la promotion de l'esthétique prenne la forme d'une religiosité, « national » quoique beaucoup d'écrivains aient eu le sentiment d'être réduits à la marginalité. Rien ne montre mieux l'autorité de ce magistère nouveau que la multiplication des portraits d'écrivains et le culte qui leur est rendu. Le « portrait » d'écrivain est un genre littéraire à la mode ; Sainte-Beuve consacre des « portraits littéraires » en 1844 aux écrivains disparus avant de les compléter en 1846 par des « portraits contemporains » ; dans les *Poètes maudits*, Verlaine, en 1884, rend hommage à Corbière, Rimbaud et Mallarmé... Pour lutter contre le naufrage de l'oubli, on multiplie aussi les « Tombeaux poétiques » : *Tombeau de Théophile Gautier* avec 83 contributeurs, *Tombeau de Baudelaire* en 1896 sous la direction de Mallarmé. L'objectif est d'instaurer une vraie poétique du nom, et de mettre en branle une machine à gloire. Les images redoublent les mots : on peint les écrivains en groupe dans la *Grande course au clocher académique* de Grandville (1839-1840), le *Grand chemin de la postérité* de Benjamin Roubaud (1843), le *Panthéon Nadar* en 1854, le *Panorama du siècle*, peint par Henri Gervex et Alfred Stevens pour l'exposition universelle de 1889 et qui place Hugo au centre, récapitulant ainsi un siècle de littérature « romantique ». Le culte de l'écrivain s'accompagne d'une curiosité pour son intimité, et même d'un fétichisme nouveau de ses autographes. En donnant ses papiers à la Bibliothèque nationale, Hugo donne à la religiosité littéraire ses reliques.

UN SIÈCLE DE BATAILLES :
« ON A HÂTE DE FAIRE SECTE »

L'unité du XIXe siècle intellectuel ne doit pas détourner d'en tenter une périodisation. Les contemporains nous y invitent, en multipliant les manifestes et les batailles : bataille d'Hernani, avec ses maréchaux et son infanterie (les petits romantiques), bataille du réalisme — quoiqu'elle ait fait rage en peinture plus qu'en littérature —, « cymbalisme » du symbolisme... Sainte-Beuve a noté dans ses *Causeries du lundi* (28 juillet 1855) ce caractère guerrier de notre histoire littéraire : « Et non seulement chaque école qui s'élève en veut à mort à l'école qui a précédé, mais les branches d'une même école n'ont rien de plus pressé que de se fractionner et de réagir contre leurs voisines et leurs parentes : on a hâte de faire secte. » Mais la succession des batailles ne construit pas une histoire. Rien ne le montre mieux que les divergences de nos histoires littéraires ; le romantisme naît tantôt avec Rousseau et Bernardin de Saint-Pierre, tantôt avec Mme de Staël (*De la littérature*, 1800) et Chateaubriand (*Le Génie du christianisme*, 1802) ouvrant le siècle en fanfare, tantôt avec les *Méditations* de Lamartine en 1820 ; il meurt souvent à la chute des *Burgraves* en 1843 — mais les grandes productions de Hugo datent de la seconde partie du siècle (1853 : *Les Châtiments*, 1856 : *Les Contemplations*, 1862 : *Les Misérables*). On présente Baudelaire comme la figure centrale de la modernité après 1850, alors que c'est avant 1850 qu'il définit le concept de modernité dans ses *Salons* et écrit la plupart des poèmes des *Fleurs du mal*. Aussi bien, il n'est guère possible de trouver une chronologie unique qui vaille pour tous les genres littéraires, et on ne s'y est pas efforcé. Plus que les dates comptent les générations, ce que Sainte-Beuve appelle « les esprits de la même volée et du même printemps », partageant une expérience historique commune. Les manifestes sont leur rite de passage à l'âge de la maturité. Dans un siècle où la littérature se donne pour mission de penser les problèmes de son temps, elle en épouse les révolutions. Chaque génération réagit ainsi à sa façon aux grandes « catastrophes » qui jalonnent la « révolution permanente » qui s'étire : le cycle révolutionnaire de 1848-1851 est le pivot autour duquel s'articulent le romantisme prophétique et le romantisme désenchanté ; l'entrée de la République au port dans les années 1880 précède de peu la double clôture du « siècle intellectuel » marquée par la mort de Hugo en 1885, et par la mort de Mallarmé et l'affaire Dreyfus en 1898.

Sur la date de naissance du XIXe siècle intellectuel, on ne s'accorde pas. L'incertitude vient du décalage entre la révolution politique de 1789 et une révolution esthétique retardée par l'Empire, qui a assuré la survie du classicisme comme principe d'ordre moral et politique. Faut-il pour autant qualifier comme Gustave Lanson l'avant 1820 de « ce pénible nulle part » entre le XVIIIe et le XIXe siècle ? Hugo comme Balzac ont eu le désir d'être Chateaubriand ou rien ; le romantisme naît chez les émigrés. Mais le seuil véritable du siècle est bien la décennie 1820-1830, où surgissent la nouvelle Histoire, la poésie et le drame romantiques (1820 : *Méditations* de Lamartine, 1822 : *Poèmes* de Vigny et *Odes* de Hugo, préface de *Cromwell* en 1827). Rien de mieux pour comprendre ce que fut ce seuil que de partir d'un article célèbre du philosophe libéral Jouffroy, « Comment les dogmes finissent », publié dans *Le Globe* du 24 mai 1825 : « une génération nouvelle s'élève » pour laquelle le vieux dogme est sans autorité et le scepticisme destructeur insuffisant. Ces hommes nouveaux ont « le sentiment de leur mission et l'intelligence de leur époque » ; ils établissent « l'empire légitime de la vérité » ; ils sont « prophètes », alliant en eux le savoir philosophique et le pouvoir politique. Telle est bien l'ambition de Guizot et Cousin chez qui le politique l'emporte, de Hugo ou Lamartine. De ce moment fondateur sont issus à la fois le roman réaliste et la poésie ou le drame romantique, si bien qu'on peut dire avec une égale pertinence que le XIXe siècle est un siècle réaliste (surtout dans le roman) ou qu'il est un siècle romantique (surtout en poésie). Auerbach a souligné dans *Mimésis* tout ce qu'ont de commun le réalisme de Stendhal ou Balzac et le romantisme de Hugo ou Lamartine : le sentiment de l'instabilité sociale, et donc la volonté d'intégrer les individus et les choses dans le cours d'une histoire générale ou d'une encyclopédie du monde ; le sens de la particularité historique et de la couleur locale ; le mélange du trivial et du tragique. Si bien que Baudelaire peut écrire sans paradoxe dans son *Salon de 1846* que Balzac est « le plus héroïque, le plus singulier, le plus romantique et le plus poétique » de ses personnages...

Ce premier romantisme — qui inclut le réalisme — avait pour singularité de faire dominer l'espoir sur la douleur. Le second romantisme, que Paul Bénichou a nommé le romantisme du désenchantement, n'espère plus un monde meilleur, mais il renonce moins aux ambitions spirituelles qu'il n'en porte douloureusement le deuil. Le désenchantement est antérieur à 1848, surtout chez les poètes (voir p. 382-386). Mais l'échec de la république de 1848 fait de l'expérience de quelques-uns un trait de génération. 1848 avait été la république des romantiques : Lamartine est chef du gouvernement, George Sand rédige les proclamations officielles, Hugo est député. La chute du régime pousse les jeunes écrivains vers le repli amer dans l'art pur comme éthique et comme esthétique. Lorsque Flaubert intitule *L'Éducation sentimentale* un roman désenchanté structuré autour des scènes de la révolution de 1848, il faut comprendre qu'il désespère à la fois du romantisme intime et du romantisme humanitaire, du romantisme comme éducation sentimentale du moi et du peuple. Il n'en est pas moins, comme Baudelaire, un fils désespéré des romantiques, avec lesquels il ne rompt pas vraiment. Une lettre à Louise Colet du 16 janvier 1852 le dit nettement : « Il y a en moi, littérairement parlant, deux bonshommes distincts : un qui est épris de *gueulades*, de lyrisme, de grands vols d'aigle, de toutes les sonorités de la phrase et des sommets de l'idée ; un autre qui fouille et creuse le vrai tant qu'il peut, qui aime à accuser le petit fait aussi puissamment que le grand, qui voudrait vous faire sentir presque *matériellement* les choses qu'il reproduit ; celui-là aime à rire et se plaît dans l'animalité de l'homme. *L'Éducation sentimentale* a été, à mon insu, un effort de fusion entre ces deux tendances de mon esprit. »

L'ombre de Hugo hante donc encore Baudelaire, Corbière, Zola, Barrès... Sa mort et ses funérailles nationales le 1ᵉʳ juin 1885 marquent à la fois une crise du vers et une crise du magistère ; deux textes disent cette clôture du siècle. Mallarmé, dans *Crise de vers*, montage de textes rédigés entre 1886 et 1895, note qu'« on assiste, comme finale d'un siècle, pas ainsi que ce fut dans le dernier, à des bouleversements ; mais, hors de la place publique, à une inquiétude du voile dans le temple avec des plis significatifs et un peu sa déchirure. » La mort de Hugo est analogue donc, en mode mineur, à la Révolution et à la mort du Christ. Lui mort, toute la langue, ajustée à la métrique, s'évade ; avec « la disparition élocutoire du poète, qui cède l'initiative aux mots » s'ouvre la décennie du symbolisme.

La mort de Hugo est aussi une crise du magistère, que souligne Barrès dans son roman *Les Déracinés* en 1897 ; les funérailles de Hugo y font l'objet d'un chapitre intitulé « La vertu sociale d'un cadavre ». Ce que les foules adorèrent dans le cadavre présenté à la nation sous l'arc de triomphe avant d'être transféré au Panthéon, c'était « le chef mystique, le voyant moderne », le maître des mots français. Ce que Barrès voudra être, mais sur le mode nouveau du nationalisme antidreyfusard, l'année d'après ; l'affaire Dreyfus en 1898 marque à la fois l'essor des idéologies nationalistes et la naissance de l'intellectuel. L'entrée dans le XXᵉ siècle, en somme. Le romantisme cesse d'être une catégorie historique pour devenir un modèle, envers lequel le XXᵉ siècle garde, selon le mot de Breton, une « libre dépendance ».

CHAPITRE II

LA LITTÉRATURE ENTRE L'ÉTAT ET LE MARCHÉ

« Pour saisir l'enracinement historique de nos institutions culturelles et scientifiques, écrivait Renan, il faut rappeler l'idée, tenant à ce qu'il y a de plus profond dans l'esprit français, que les sciences, les lettres et les arts sont une chose d'État, une chose que chaque Nation produit en corps, que la Patrie est chargée de provoquer, d'encourager et de récompenser. » La littérature est au XIXe siècle, plus que jamais, affaire d'État, par les institutions qui en règlent l'exercice comme par son enseignement, cependant qu'elle entre dans l'univers de la consommation.

LA POLICE DE LA LITTÉRATURE

L'Ancien Régime avait inventé la police de la librairie et les Académies. Napoléon, qui perfectionne la machine administrative, lègue au XIXe siècle l'obsession de l'ordre public et l'ambition d'une esthétique officielle. Tyran bavard, il sait mettre à son service des plumes prestigieuses, comme celle de Choderlos de Laclos, et construire son propre mythe dans le *Mémorial* de Sainte-Hélène. La littérature devient un outil de propagande.

Le théâtre est l'objet de la surveillance la plus tatillonne, parce qu'il est le seul espace public où les classes sociales se mêlent et où le peuple peut s'exprimer — ce dont il ne se prive pas. Quolibets, cris séditieux... On conçoit que Napoléon ait supprimé la liberté octroyée en 1791 à tout citoyen d'élever un théâtre public. Trois décrets de 1806-1807 rétablissent la censure et limitent les théâtres parisiens à douze en 1806, huit en 1807 : quatre grands théâtres (la Comédie-Française, l'Odéon, l'Opéra, l'Opéra-comique) et quatre théâtres secondaires (la Gaîté, l'Ambigu comique, les Variétés, et le Vaudeville). Les petits théâtres sont corsetés par tout un ensemble de prescriptions qui limitent le nombre de personnages et la richesse du décor, déterminent les genres théâtraux autorisés afin qu'ils ne concurrencent pas les grands théâtres. Au cœur du dispositif se trouve le Théâtre-Français régi par le décret dit « de Moscou » du 15 octobre 1812, qui recrute les comédiens parmi les meilleurs élèves du Conservatoire national et reçoit pour mission de conserver le répertoire, et surtout la tragédie qui doit sa survie au XIXe siècle à la volonté de Napoléon. Ce système, dit « du Privilège », reste en vigueur jusqu'en 1864, quoiqu'il se fissure dès 1820. On tolère d'abord hors de Paris de petits spectacles comme les spectacles de marionnettes, ou la pantomime ; puis en 1820 est autorisée la création du théâtre du Gymnase, installé boulevard Bonne Nouvelle, et qui n'a d'abord le droit de représenter que des extraits de pièces du répertoire et « des petites comédies dans le genre léger ou mêlées de vaudevilles » en un acte. Une habile guérilla administrative va permettre à ce théâtre, vite imité par d'autres, de s'émanciper de ces contraintes, sans y échapper totalement. L'indigence de beaucoup de textes dramatiques du XIXe siècle tient pour partie à cette interdiction légale de voir grand.

Corsetées, les représentations sont de surcroît soumises à la censure, c'est-à-dire subordonnées à une autorisation préalable ; ce régime préventif ne touche que la littérature dramatique, la plus dangereuse, la censure préalable des livres ayant été supprimée en 1819. Hormis quelques brèves périodes de liberté à la faveur de changements de régimes (de juillet 1830 à la loi du 9 septembre 1835, du 6 mars 1848 au 30 juillet 1850, du 30 septembre 1870 au 18 mars 1871), toutes les pièces sont donc évaluées du point de vue politique et moral, jusqu'à ce que la censure s'éteigne par suppression de ses crédits en 1904-1906. La pratique des censeurs varie. Avant 1850, les quatre censeurs interdisent rarement la représentation (2,4 % des pièces entre 1835 et 1847), mais ils retouchent beaucoup. Le Second Empire est bien moins libéral. En 1852, sur 682 pièces examinées, 246 sont autorisées, 323 modifiées, 59 interdites, 54 mises en quarantaine. *Les lionnes pauvres* d'Émile Augier (1855) n'est autorisée qu'à condition qu'une des héroïnes contracte la variole entre le quatrième et le cinquième acte, pour « prix de sa perversité »...

Une telle rigueur est évidemment de moins en moins tolérée sous la République. Non que les censeurs soient toujours aveugles : ils luttent contre l'antisémitisme au moment de l'affaire Dreyfus. Mais la littérature a cessé de s'identifier à la moralisation.

La pièce, une fois autorisée par la censure, n'échappe pas encore à la vigilance de la police.

Que le public s'agite, et les représentations sont interrompues. C'est ainsi que *Le Roi s'amuse* de Hugo est interdit dès la première représentation le 22 novembre 1832 parce que, le jour même, un coup de pistolet avait été tiré sur Louis-Philippe et que la pièce sembla faire l'éloge du régicide ; en janvier 1891, c'est *Thermidor* de Victorien Sardou, pourtant accepté au Théâtre-Français, qui est interdit après la première représentation parce que certains républicains s'étaient indignés d'y voir Robespierre attaqué.

Cette politique de contrôle et de limitation de la concurrence n'a qu'une efficacité réduite. Certes, il en est du Théâtre-Français comme de l'Académie : on le dénigre tout en essayant d'y entrer, tant le patronage de l'État donne brevet de grande littérature. Parmi les romantiques, Dumas y connaît le succès le 10 février 1829 avec *Henri III* ; Vigny y donne *Chatterton* en 1834 ; Hugo, *Hernani* en 1829 puis *Angelo* en 1835. Mais l'ouverture du Théâtre-Français à la littérature nouvelle reste si timide que les écrivains romantiques doivent recourir aux théâtres populaires : en 1831, *Antony* de Dumas et *Marion de Lorme* de Hugo sont joués à la Porte-Saint-Martin. Le Théâtre-Français, conservatoire des grands genres, est dédaigné du public et de la critique. Souvent la recette d'une soirée n'atteint pas 200 francs quand les frais sont de 1 400 francs et il faut tout le talent de Rachel à partir de 1838 pour faire remonter les recettes. Déserté, le Théâtre-Français échoue donc à remplir le rôle de chaire nationale. Paradoxalement, ce sont donc les théâtres non subventionnés du « boulevard » du Temple qui offrent une véritable tribune : théâtres de la Gaîté, de l'Ambigu comique, de la Porte-Saint-Martin... On a mesuré le succès de ces salles par la croissance de leurs recettes évaluées d'après la taxe pour les pauvres qui est levée sur elles : 5 millions en 1820, plus de 8 millions en 1840 et 1850, 13 500 000 en 1860, 16 millions en 1870, 25 millions en 1880. Au milieu du siècle, chaque soir 24 000 spectateurs se rendent dans les 23 théâtres parisiens où le vaudeville se taille la part du lion. L'État veut donc favoriser les grands genres et surtout la tragédie historique, comme il favorise en peinture les grands tableaux historiques. Mais le grand public s'en détourne.

La lecture solitaire menace évidemment moins l'ordre public que le théâtre ; l'État se contente donc de surveiller la diffusion des livres, comme l'Ancien Régime l'avait fait. Les brevets d'imprimeur et de libraire sont maintenus jusqu'en 1870, Le décret du 5 février 1810 oblige tout imprimeur à déclarer avant l'impression le titre de l'ouvrage et le nom de son auteur — ces déclarations sont la source essentielle des historiens du livre aujourd'hui. Mais la censure préalable ayant été supprimée par la loi du 17 mai 1819, il ne reste plus qu'un contrôle judiciaire après publication qui sera aboli en 1881. Ce contrôle est parfois d'une mansuétude politique surprenante, la Restauration tolère ainsi les pamphlets de Paul Louis Courier ; en revanche, la pruderie conduit à multiplier les poursuites pour délit d'outrage aux bonnes mœurs. Cette inquiétude morale recouvre en fait une inquiétude sociale, car l'immoralité des élites effraie moins que celle du peuple et des femmes, qui accèdent aux joies sulfureuses du roman grâce à la publication des feuilletons-romans dans la presse bon marché, à partir de 1836. Aussi bien le roman-feuilleton suscite le même mépris, et les mêmes attaques que le théâtre populaire. Chapuys-Montlaville, député de la gauche, à la Chambre des députés le 13 juin 1843, accuse la spéculation de vendre « de l'opium aux Chinois et des romans à la France », et s'en prend à la publication de *La Muse du département* de Balzac — en 1845, il s'indigne du *Juif errant* de Sue ; en 1847, des romans et du théâtre historique d'Alexandre Dumas. Après 1848 c'est pis ; la Révolution semble avoir vérifié les pronostics les plus pessimistes sur les effets délétères du roman. Un amendement à la loi sur la presse du 16-19 juillet 1850, dit « amendement Riancey », frappe d'une taxe additionnelle d'1 centime par numéro tout journal publiant un roman-feuilleton — au *Dictionnaire des idées reçues* de Flaubert figurera très légitimement une entrée : « Romans : Pervertissent les masses. » C'est dans ce contexte qu'il faut comprendre les trois procès retentissants de l'année 1857 : celui de Flaubert pour *Madame Bovary*, qui obtint l'acquittement, de Baudelaire pour *Les Fleurs du mal*, qui dut retrancher plusieurs pièces du recueil, d'Eugène Sue pour *Les Mystères du peuple*, saisi pour motifs politiques. Le procès contre Eugène Sue eut des conséquences tragiques, puisque la saisie du roman conduisit Sue, malade, à s'exiler, et bientôt à mourir. Mais ce procès politique n'innovait pas dans les motifs de la condamnation. D'une tout autre importance sont les deux procès intentés à Flaubert et à Baudelaire, poursuivis par le même procureur, Pinard, qui sont un événement de l'histoire littéraire. Car ils portent non sur l'objet représenté (on avait vu pire) mais sur les modalités même de la représentation littéraire. Les deux écrivains sont accusés de « réalisme grossier » alors même qu'ils récusent l'étiquette de réalisme. Ce qu'on leur reproche est de n'avoir pas eu l'intention d'édifier — si bien que ces procès sont ceux de l'autonomie de la littérature. À cette répression par l'État s'ajoute la répression religieuse exercée par la congrégation romaine de l'Index, corps d'un catholicisme intransigeant refusant toute transaction avec la civilisation moderne ; la congrégation s'acharne tout particulièrement sur le roman français à partir des années 1830 ; le point d'orgue est le décret du 20 juin 1864 qui place à l'index presque tous les grands romans du siècle : *Les Misérables*, *Le Rouge et le Noir*, *Madame Bovary* et *Salammbô*, sept romans de Balzac... Avec peu d'effets : les romans français circulent même à Rome. La Congrégation, plus prudente après 1870, s'en prendra surtout aux livres hostiles au christianisme. Signe que littérature et morale sont désormais distinctes, et que même l'Église désespère de son autorité.

Il ne suffit pas de surveiller les lettres, il faut encourager les bons ouvrages. Pour ce faire, le XIXe siècle héritait les académies créées par l'Ancien Régime. À lire les attaques dont l'Académie française fut l'objet, on pourrait douter de son adéquation au monde moderne : Stendhal en fait le refuge du classicisme agonisant dans *Racine et Shakespeare* en 1825 ; en 1864 Barbey d'Aurevilly stigmatise « ce havre de vieux hérons moroses » qui « ratatine le talent », et où trône Sainte-Beuve qui « y va tous les jours de séance, pour y pédantiser un peu... et pour y chercher provision de commérages et de petits scandales qu'il saura distiller plus tard ». Cette virulence manifeste l'enjeu symbolique de l'Académie. C'est autour d'elle que se joue le conflit entre l'univers ancien des belles-lettres et la littérature nouvelle. L'Académie est une « compagnie » dont les décisions sont prises collégialement ; ses séances solennelles sont les cérémonies d'une littérature qui se définit comme un lieu commun national. Elle veille sur la langue par la rédaction — lente — du dictionnaire ; elle distribue des prix et organise des concours ; elle est le conservatoire de la mémoire nationale, tant les historiens sont nombreux sous la coupole. L'Académie, récusant le pédantisme des érudits, est ainsi l'institution qui défend une conception de la littérature inséparable de l'édification et de la culture civique. Rien ne montre mieux cette identification de la littérature à l'édification que les prix Montyon que l'Académie délivre, d'une part pour les actes vertueux, à « un Français pauvre », d'autre part pour les auteurs de livres moraux. Une telle conception de la littérature privilégie les grands genres : la poésie éloquente (Hugo, Vigny), l'histoire (Guizot, Thierry, Tocqueville), les orateurs profanes ou sacrés (Berryer, Lacordaire), les tragiques, mais sans exclure pour autant les vaudevillistes (Scribe ou Labiche) ; elle exclut les romanciers ou les purs littérateurs. Pourtant Balzac ou Baudelaire auraient voulu en être, Valéry y entrera, signe que la légitimation donnée par l'Académie reste déterminante.

L'Académie veille sur la mémoire des lettres, l'enseignement en assure la reproduction. On connaît les programmes nationaux et les exercices pratiqués depuis la création des lycées en 1802. Le bilinguisme latin/français reste vivace. L'élite sociale des jeunes garçons (les filles, élevées à la maison, n'apprennent pas le latin) lit Cicéron, Virgile, Horace, Ovide, Térence, Ésope, César et Salluste, quelques

Grecs (Homère ou Démosthène). Les exercices d'écriture, jusqu'en 1880 où Jules Ferry supprime le discours latin, sont tantôt en français tantôt en latin : Musset, Baudelaire et Sainte-Beuve ont été lauréats du concours général pour leurs vers latins. On s'explique dès lors la multitude des titres en latin chez Hugo (« Magnitudo parvi, pauca meae »...) ou les vers latins que nous ont laissés Baudelaire (« Franciscae meae laudes »), et Verlaine (« Crimen amoris »). Les modèles antiques confortent la prééminence de la rhétorique éloquente, qui caractérise aussi les programmes de français. Sont étudiés les prédicateurs (Bossuet, Fénelon), les dramaturges du XVIIe siècle, les moralistes (La Bruyère et Pascal), tandis que les auteurs du XVIIIe siècle sont jugés moins propres à former le goût, et ceux du XIXe siècle laissés à l'appréciation des professeurs. Les exercices pratiqués visent à la fois à développer la conscience morale des élèves et leur habileté rhétorique : l'élève compose, en français comme en latin, des narrations, des lettres puis des discours sur des sujets tirés de l'histoire ou de la littérature. Ce n'est qu'en 1890 qu'on introduit la dissertation dans l'enseignement secondaire. Au lycée, les élèves acquièrent donc le sens de la maxime, et de l'amplification, mais pas la connaissance de la littérature contemporaine, et surtout pas celle du roman, jugé immoral. Une telle éducation formate les esprits. Peut-être est-ce à l'imprégnation scolaire qu'il faut attribuer le goût de la tirade éloquente, si manifeste chez les romantiques, Lamartine, Hugo, Musset (« Lorsque le Pélican... »), Rostand... On retrouve dans la poésie dramatique et lyrique le même bruit civique que dans les harangues, ce que Julien Gracq appelle « un certain besoin de faire ronfler la littérature, de monter le couplet vers après vers comme une crème fouettée ». Si bien que tout au long du XIXᵉ siècle l'empire scolaire de la rhétorique coexiste avec l'affirmation de l'autonomie de la littérature, et la conception de la littérature comme patrimoine avec le culte de l'originalité et de la fantaisie. Avec Mallarmé la littérature se rêve comme Livre — mais à l'Académie, comme au lycée, la littérature reste un discours éloquent.

LA LITTÉRATURE INDUSTRIELLE :
1830-1870

La littérature est donc une branche de la pédagogie civique, mais cette affaire d'État est de plus en plus aussi affaire d'argent. Des moyens techniques nouveaux permettent la démocratisation de la lecture. L'édition populaire, la presse bon marché, le livre illustré, la photographie font entrer le texte et l'image dans l'ère de la reproduction indéfinie. Les écrivains sont très tôt conscients de ce bouleversement, qui modifie les conditions même de la création : Balzac publie une série d'articles alarmistes (« De l'état actuel de la librairie », 3 mars 1830 ; « De l'état actuel de la littérature » 22 août 1833 ; « Lettre adressée aux écrivains français du XIXᵉ siècle », 1ᵉʳ novembre 1834) et Sainte-Beuve donne un nom à ce phénomène nouveau, « De la littérature industrielle » (1ᵉʳ septembre 1839). Le passage de l'Ancien Régime du livre à la production de masse n'est pourtant qu'un lent processus.

Avant 1830, on peut parler d'un Ancien Régime du livre. Les livres sont rares et chers. Les bibliothèques privées restent le privilège des classes cultivées. Les bibliothèques modestes ne comportent guère que des classiques du XVIIe et du XVIIIe siècle (les *Fables* de La Fontaine, le *Télémaque* de Fénelon et le *Catéchisme historique* de Fleury) et quelques livres d'histoire et de voyage. L'accroissement de la production dès la Restauration, grâce à la stéréotypie, profite surtout à la réimpression d'ouvrages anciens. Très rares sont les gros tirages : les *Méditations poétiques* de Lamartine, avec neuf éditions entre mars 1820 et décembre 1822, atteignirent plus de 40 000 exemplaires, mais la plupart des ouvrages sont tirés autour de cinq cents exemplaires, qui définissent le seuil de rentabilité. À ces livres chers le public préfère les romans et les journaux... qu'il n'achète pas. Aristocrates, bourgeois et domestiques se pressent dans les cabinets de lecture dont les romans forment le plus souvent entre 80 et 100 % des fonds et qui leur permettent de lire une presse vendue exclusivement par abonnement. Ceux qui veulent posséder leurs livres s'offrent les contrefaçons fabriquées en Belgique, nombreuses dans les années 1830-1840, qui diffusent, sans payer de droits aux auteurs, des textes français en petit format. Les années 1830 inaugurent le nouveau régime de l'imprimé qui va permettre de passer rapidement du livre rare à une accumulation de livres, et favoriser l'essor du roman. « Ceci tuera cela. Le livre tuera l'édifice » écrit Hugo dans *Notre-Dame de Paris*. C'est en France que sont inventées les collections en format de poche. Depuis la Révolution circulaient de petits volumes bon marché in-12 de textes dramatiques. En 1811, on introduit de tout petits livres in-32 qui ont le mérite de tromper la surveillance de la police ou de la douane : sous le Second Empire, ce format sera utilisé pour les livres destinés aux voyageurs en chemin de fer ou pour les livres interdits en France, comme *Napoléon le Petit* de Victor Hugo. Mais la modernité passe par l'in-18 (18,5 sur 11,5 centimètres) introduit en 1838 par Charpentier pour la publication de la *Physiologie du goût* de Brillat-Savarin ; chaque volume peut contenir le double de texte d'un in-8 pour un prix de moitié. Michel Levy, en 1846, tire les conséquences de ces possibilités nouvelles : il publie *Le Comte de Monte-Cristo*, puis ce qu'il appelle de la littérature de « délassement agréable ». Sous le Second Empire, l'édition, avec trois grandes figures d'éditeurs — Hachette, Larousse, et Hetzel, éditeur républicain exilé en Belgique —, arrive à l'équilibre ; les cabinets de lecture et les colporteurs régressent, remplacés par les kiosques, les bibliothèques de gare (la première ouvre en 1853). La pratique des collections, souvent appelées « bibliothèques », permet de fidéliser les lecteurs de théâtre et de romans principalement, en leur promettant un produit conforme à leur attente : en 1834-1835, 8 collections de romans sont répertoriées dans le *Journal de l'imprimerie*, en 1860, 170 collections. On conçoit que Lousteau ait dit à Lucien de Rubempré : « Tu seras une collection »... Un tel développement ne profite pas uniquement à la culture de masse, car la coupure entre public cultivé et public populaire, comme entre grande littérature et littérature « de gare », est floue ; lorsque Michel Levy lance en novembre 1855 sa collection « Choix des meilleurs ouvrages contemporains » au prix très bas d'1 franc le volume d'environ 400 pages, son premier titre est *La Bohême galante* de Gérard de Nerval. Mais le bas prix, et la collection, font entrer la littérature dans le système de la mode et modifient la hiérarchie des genres en favorisant la littérature de « délassement », c'est-à-dire surtout le roman. Le marché permet ainsi l'avènement de ce que les contemporains appellent la « démocratie littéraire ».

L'illustration élargit aussi l'accès du public à la littérature. Ou, pour reprendre un calembour du temps, c'est Victor Hugo illustré qui rend Victor Hugo illustre. L'âge d'or de l'illustration — entre 1830 et 1870 — est aussi l'âge d'or du romantisme et de l'alphabétisation. Le mot même d'« illustration » ne prend que vers 1830 son sens moderne d'image associée à un texte imprimé. L'invention de la lithographie au début du siècle avait permis de produire des illustrations à meilleur marché que la technique ancienne de la gravure sur bois. On voit apparaître d'abord, à la fin des années 1820, des vignettes frontispice qui facilitent le lancement des nouveautés : *Notre-Dame de Paris* porte en frontispice une vignette de Johannot montrant un Quasimodo grimaçant ; puis viennent les vignettes multiples : les éditions successives de *Notre-Dame de Paris* montrent bien l'inflation des gravures, de trois dans l'édition originale de mars 1831, jusqu'à deux cents gravures dans l'édition de 1877 (Hugues) ; la littérature devient ainsi le support d'un trésor d'images.

L'image facilite l'extension du marché du livre d'enfants. Hugo raconte son bonheur à découvrir tout jeune, « aux Feuillantines », dans son grenier, une Bible illustrée :

> Des estampes partout ! Quel bonheur ! Quel délire ! …
> Nous lûmes tous les trois ainsi tout le matin,

> Joseph, Ruth et Booz, le bon Samaritain,
> Et, toujours plus charmés, le soir nous le relûmes.

L'essor du livre illustré pour enfants, amorcé dans les années 1810, s'accélère après la loi de Guizot sur l'enseignement primaire en 1833. La seconde moitié du XIXe siècle intègre au répertoire enfantin aussi bien la Bible que les Vies de saints, *La Légende dorée*, *Les Quatre fils Aymon*, *Huon de Bordeaux*. Les périodiques pour la jeunesse (*Le Magasin des enfants*), le livre d'étrennes, le livre de prix, le livre de piété offert pour la première communion, tout cela donne à l'enfant un accès à l'écrit. Des générations successives ont lu Jules Verne dans les « Rouge et or » dorés sur tranche de l'éditeur Hetzel et la comtesse de Ségur dans les ouvrages illustrés par Castelli et Bertall de la Bibliothèque rose. Dans les deux cas, il s'agit d'une littérature de commande, qui joue de l'effet « collection » pour fidéliser le jeune lecteur.

L'image est donc partout : sur la vignette frontispice des livres, dans les livres de luxe et dans les publications populaires, sur l'affiche à la devanture du libraire et sur les parois du kiosque, sur les bibelots bourgeois, les assiettes illustrées, les papiers peints, les toiles imprimées, les décalcomanies inventées en 1836. Elle rivalise avec la « représentation » littéraire, qu'elle accompagne. Avec le daguerréotype, la tyrannie de l'image se renforce. Rien d'étonnant à ce qu'un Baudelaire fasse l'éloge de l'imagination contre la photographie (*Salon de 1859*, « Le public moderne et la photographie »), et à ce que la dénonciation du réalisme et du naturalisme littéraires soit liée à la dénonciation de l'image reproductible. Le débat central sur la représentation littéraire et son impossible fidélité n'est pas séparable des innovations techniques qui répandent la culture visuelle.

Dans la nouvelle économie de l'imprimé, il faut faire une place particulière à la *presse périodique*, dont l'essor caractérise l'entrée dans l'âge de la « Publicité ». Puissance redoutable, la presse est, comme le théâtre, l'objet d'une surveillance vétilleuse, hormis de courtes périodes de liberté après les révolutions (juillet 1830-septembre 1835, février 1848-juin 1849). Les propriétaires de journaux doivent verser des cautions ; les délits, nombreux, sont sanctionnés par des amendes élevées, jusqu'à ce que la liberté de la presse soit accordée par la loi du 29 juillet 1881. Ce corset n'empêche pas la presse d'être le vecteur essentiel de la circulation des idées et des œuvres. Beaucoup d'écrivains écrivent des articles qu'ils recueillent ensuite en volumes, parfois tentent de créer leur journal. Lamennais, Balzac, Stendhal, Lamartine, George Sand, Maupassant, Zola, Barrès... sont « journalistes » La presse apporte à l'écrivain un revenu annexe, et aide à la vente de ses ouvrages. Non sans conséquences littéraires : si la chronique, ou l'article, favorise l'art de la formule et le goût de la brièveté, la presse favorise aussi les clichés, que Gautier dénonce en 1835 dans la préface à *Mademoiselle de Maupin* : « Les journaux sont des espèces de courtiers ou de maquignons qui s'interposent entre les artistes et le public, entre le roi et le peuple [...] Ils nous ôtent la virginité de tout [...] ils font que, toute la journée, nous entendons, à la place d'idées naïves ou d'âneries individuelles, des lambeaux de journaux mal digérés qui ressemblent à des omelettes crues d'un côté et brûlées de l'autre »... Flaubert est l'un des rares écrivains à refuser sa collaboration aux journaux, précisément pour ne pas se laisser contaminer par la langue démocratique de la Publicité. Son *Dictionnaire des idées reçues* est l'encyclopédie critique des lieux communs véhiculés par les journaux, et auxquels peu échappent.

Revues et journaux publient aussi en « bonnes feuilles » de la littérature — favorisant l'essor des genres narratifs brefs : le récit de voyage, la nouvelle et le conte. Balzac proteste en 1832 ne pas vouloir « être exclusivement un *contier* ». De fait les journaux voient dans le conte le moyen de fidéliser leurs lecteurs. Sur les traces d'Hoffmann, Théophile Gautier, Villiers de l'Isle Adam ou Octave Mirbeau, qui publie ses premiers contes en 1882, renouvellent le genre.

Si le rôle de la presse dans la création littéraire est donc considérable, il varie selon qu'il s'agit de quotidiens asservis à l'actualité ou de revues. Les revues généralistes ou spécialisées permettent aux jeunes écrivains de se trouver un public. Flaubert lui-même, si réticent à l'égard des périodiques, publie *Madame Bovary* en chapitres dans la *Revue de Paris*. La plus durable et la plus célèbre de ces revues est la *Revue des Deux Mondes*, créée en 1829, dirigée par Buloz de 1831 à sa mort en 1877 ; sous la direction de Buloz, la revue est passée de 350 abonnés en 1831 à 15 000 en 1870 ; après 1893, elle a un autre directeur célèbre, Ferdinand Brunetière. Elle est le « Livre d'or de la littérature française » (Maxime Du Camp) : elle publie Vigny, Musset, George Sand, Sainte-Beuve ; sous le Second Empire Renan ou Sand, quelques extraits des *Fleurs du mal*. Malgré la multiplicité de ses rivales, la *Revue des Deux Mondes* est, par sa qualité et son audience, le lieu où un écrivain cherche sa légitimité, par sa prudence elle est l'organe de la culture lettrée encyclopédique et académique qui domine jusqu'à la fin des années 1870. Après quoi son audience baisse, la culture académique apparaissant de plus en plus désuète — ce que Barrès, alors prince de la jeune littérature, insinue méchamment dans *La Batte* du 14 juin 1888 : « Quand il va sur quelque plage, n'importe où, hors de Paris, le littérateur un peu vaniteux regrette parfois, le soir, en causant avec des jeunes femmes imbéciles et charmantes, de ne pas collaborer à la *Revue des Deux Mondes* »...

Si les Revues font découvrir la littérature nouvelle à un public restreint, les quotidiens démocratisent l'accès à la littérature, grâce aux progrès techniques. La révolution du journal date de juillet 1836 ; deux titres, *La Presse* (Girardin) et *Le Siècle* (Armand Dutacq), abaissent le prix de l'abonnement de moitié, à 40 francs (vingt jours de salaire ouvrier), ouvrent la quatrième page à la publicité (et notamment la publicité de librairie), et offrent l'espace du feuilleton (souvent le bas de la première page) au roman ; les tirages montent très vite, sans que cette extension du public implique nécessairement la médiocrité du contenu. *La Presse* accueille la critique dramatique de Gautier et de Nerval, les réflexions sociales de Hugo, les récits de voyage de Custine et Nerval et même achète en 1844 les *Mémoires d'outre-tombe* qui, il est vrai, n'y seront publiés que sous une forme tronquée et affadie à partir de 1848. Les journaux contribuent surtout à faire du roman le grand genre du siècle.

Est-ce à dire que le public de la littérature a changé ? Les écrivains en ont eu le sentiment. Les auteurs du XVIIIe siècle rencontraient leurs lecteurs dans les salons ou les académies, si bien que la littérature pouvait se définir comme une conversation entre gens de bonne compagnie. Le public du XIXe siècle semble une poussière de lecteurs anonymes auquel le livre est adressé comme une « bouteille à la mer » (Vigny, *Les Destinées*). La rupture est pourtant moins brutale que les écrivains ne le prétendirent. Les sociétés savantes et les salons continuent à rassembler la « bonne société », qu'on appelle à partir de 1820 le « Tout-Paris ». Si, à partir de 1830, le monde élégant éclate entre le faubourg Saint-Germain (noblesse) et la Chaussée d'Antin (finances), les pratiques se ressemblent ; après 1830, les maîtresses de maison ont leur « jour » ; la plupart des mouvements littéraires ont débuté dans un salon. Delphine de Girardin, épouse d'Émile de Girardin, le fondateur de *La Presse* (où Delphine tient la rubrique « Le courrier de Paris »), reçoit dans son salon Gautier, Lamartine, Hugo, Balzac, Eugène Sue, Musset parfois, le peintre Chasseriau. Sous le Second Empire, la princesse Mathilde accueille Ingres, Nadar, Gautier, Flaubert. Quand le *Journal* des Goncourt (qui tenaient eux-mêmes un salon) explique en 1866 que « le journal a tué le salon, le public a succédé à la société », le propos est donc prématuré. Dans les dernières décennies du siècle, les salons de Leconte de Lisle ou de Mallarmé sont le refuge de l'élitisme et jouent un rôle majeur dans la construction des réputations littéraires. Les salons, outre qu'ils préservent la considération dont jouissaient les femmes dans la société aristocratique, assurent la vitalité d'une sociabilité littéraire dont les revues et les journaux multiplient d'abord les effets, avant de la concurrencer.

Le public est donc moins un public tout nouveau qu'un public de plus en plus différencié. Balzac l'explique dans un article du 22 août 1833 (« De l'état actuel de la littérature ») : « À chaque portion du public, sa littérature spéciale : littérature pour les modistes, littérature pour les antichambres, littérature bourgeoise, littérature de femmes, littérature des dandys, littérature aristocratique. » Balzac lui-même d'ailleurs était réputé plaire aux femmes... Mais cette diversification des publics n'implique pas le triomphe universel du livre. Le nombre des librairies augmente (d'après les calculs de Jean-Yves Mollier, 2 428 en province en 1851, 5 086 en 1877 ; 43 bibliothèques de gare en 1853, presque 500 dix ans plus tard). Mais le colportage recule : 2 millions de livres, selon Jean-Jacques Darmon, étaient vendus par les colporteurs en 1855, un peu plus de la moitié en 1867. Les bibliothèques, qui n'autorisent l'emprunt de romans qu'en complément d'ouvrages « sérieux », contribuent peu au goût de la lecture. Si la lecture des journaux, et donc celle des feuilletons-romans, se répand, le livre contemporain reste un produit réservé. La France est un pays où, dans le peuple, lire pour son plaisir est suspect, jusqu'aux grandes lois scolaires de Jules Ferry ; le roman lui-même ne devient un genre hégémonique qu'au XXe siècle. Les romantiques Hugo, George Sand, Michelet voulaient écrire pour tous, mais ils n'ont touché le peuple qu'incomplètement — et en partie par la médiation des extraits scolaires de la fin du siècle. La dictée et la leçon de lecture sont des lieux de mémoire de la littérature.

L'itinéraire social des écrivains suit le mouvement d'extension du public aux classes moyennes. Quand la littérature devient « industrielle », l'écrivain se fait entrepreneur. Sylvestre de Sacy remarque en 1868 que la littérature « n'est plus comme autrefois la distraction élégante d'une vie d'oisif ou d'abbé pensionné, le privilège de quelques vocations extraordinaires : c'est une profession, un état dont il faut vivre, et où règne comme partout une concurrence meurtrière, un encombrement désastreux ». Le temps n'est plus où un écrivain, à défaut de pouvoir vivre de ses rentes, avait pour seule ressource de chercher un mécène royal ou aristocratique. Certes, l'État est bon prince pour certains : il assure des charges de bibliothécaires, peu absorbantes, à Nodier à l'Arsenal, à Musset au ministère de l'Intérieur — sans parler des libéralités occultes de la liste civile. Mais le bon plaisir du pouvoir est aléatoire, tandis que le marché peut devenir rémunérateur. Si beaucoup de créateurs côtoient la misère, les générations qui parviennent à l'âge adulte en 1820 sont en effet celles qui, les premières dans notre histoire littéraire, peuvent vivre de la vente de leurs ouvrages. Lamartine, aux abois, discute en 1845 avec Bethune un contrat de 350 000 francs pour l'exploitation de ses œuvres complètes à partir de 1849, plus une rente viagère de 8 000 francs par an, à quoi s'ajoute le produit de l'*Histoire des Girondins* encore à écrire, soit 240 000 francs. C'est peu par rapport aux plus gros revenus du temps : Scribe à la fin de sa vie a gagné 5 750 000 francs et Hugo laisse à sa mort un capital de 7 millions de francs.

L'entrée des Lettres dans l'univers de l'argent conduit les artistes à prendre conscience de leur existence comme groupe, pour défendre leurs intérêts contre les directeurs de journaux et de théâtre. La Société des auteurs et compositeurs dramatiques est créée le 7 mars 1829 à l'initiative de Scribe qui réunit 85 auteurs, donnant ainsi vie à un vieux projet de Beaumarchais. Ses travaux aboutiront en 1886 à la convention de Berne qui réglemente la propriété littéraire. Le même effort est fait pour le livre par la Société des gens de lettres fondée en 1838 ; Balzac en avait défendu le principe dès sa *Lettre adressée aux écrivains français du XIXe siècle* de 1834, car il y avait urgence : en l'absence de lois sur la propriété littéraire, la reproduction illicite et l'adaptation des romans au théâtre sans aucun droit ni financier ni moral de l'auteur privaient les écrivains des fruits de leur travail, et exposaient leurs œuvres à la dénaturation, sans défense possible. La Société obtient une protection accrue des droits d'auteur, qui, limités à dix ans par la Convention, étendus à vingt ans en 1810, sont portés à trente ans en 1854 et cinquante ans en 1866. On voit que l'œuvre est désormais associée à un nom, et que la protection juridique sanctionne la prise de conscience de la singularité de la création en même temps que de sa valeur marchande. Non sans tensions. Car les Sociétés sont accusées de banaliser la création littéraire en la traitant comme un commerce de papeterie. L'accusation n'est pas sans fondement. Là où les enjeux financiers sont grands, dans le roman et le théâtre de vaudeville ou de mélodrame, les écrivains pratiquent la division du travail. Un pamphlet d'Eugène de Mirecourt (en fait de Jacquot) : « Fabrique de romans. Maison Alexandre Dumas et Cie » (1845) a de façon tonitruante dénoncé la pratique d'Alexandre Dumas recourant à des « nègres » dont le plus célèbre est Auguste Maquet, qui collabore avec Dumas à partir de 1838 et finit par lui intenter un procès pour impayés en 1858. Au théâtre, l'atelier d'écriture collective rapide est la pratique usuelle ; Scribe écrit les trois quarts de ses pièces en collaboration ; Labiche n'écrit seul que sept pièces, sur plusieurs centaines. On conçoit l'indignation de Brunetière lorsque Labiche fit campagne académique : « on ne fait pas asseoir une *raison sociale* dans un fauteuil académique ». L'indignation est malvenue. Outre que la collaboration n'est pas malhonnête — puisque les collaborateurs de Scribe et Labiche ont leur nom à l'affiche et partagent les droits —, elle n'empêche pas Scribe, Labiche ou Dumas de marquer les ouvrages de leur talent. Quand Maquet écrit du Dumas, il a un autre public que lorsqu'il écrit tout seul du Maquet.

On conçoit que des écrivains se soient très vite inquiétés d'un esprit « industriel » qui multipliait le nombre de ce que Tocqueville appelle les « vendeurs d'idées ». Scribe lui-même en plaisante dès 1825 dans la comédie vaudeville *Le Charlatanisme* : Delmar, auteur à la mode, n'écrit ni tragédies ni poèmes épiques : « Pas si bête ! Je fais l'opéra comique et le vaudeville. On se ruine dans la haute littérature ; on s'enrichit dans la petite. Soyez donc dix ans à créer un chef-d'œuvre ! Nous mettons trois jours à composer les nôtres et encore souvent nous sommes trois. »... C'est le malaise des artistes devant ce « charlatanisme » qui a fait le succès des mythes de la bohème et de l'avant-garde. La représentation de l'artiste maudit mythifie l'expérience de ceux qui se sentent dévalués dans une société marchande, et dont le *Chatterton* de Vigny met en scène le destin tragique. Tragique est en effet le destin de plusieurs de ceux qu'on appelle les « petits » romantiques, dont nous devons la redécouverte aux surréalistes : Aloysius Bertrand meurt de misère ; Alphonse Rabbe se suicide en 1828 et explique son choix dans l'*Album d'un pessimiste*, publié sept ans plus tard (1835). Contre le Bourgeois, la bohème, ou plutôt les bohèmes successives, revendiquent une libération de l'individu inscrite dans la promesse de 1789. Les plus violents de ces marginaux sont ceux qu'on a surnommés les « Jeune-France » qui s'unissent au temps de la bataille d'*Hernani*. Cette première bohème est suivie, dans les années 1840, d'une véritable mode du bohémien ou du « rapin », barbe et cheveux au vent, allongé comme un jour sans pain. Mais c'est en 1845 que la bohème, une seconde bohème, aux contours d'ailleurs fluctuants, fait sa grande entrée en littérature avec la publication en feuilleton des *Scènes de la vie de bohème* d'Henry Murger adaptées à la scène en 1849. La représentation qu'il donne de la bohème est singulièrement adoucie : des rapins talentueux séduisent des grisettes au grand cœur. Cette bohème a peu à voir avec la bohème politique ou révoltée de l'après-1850, celle de Courbet ou de Vallès. La bohème, pittoresque puis révoltée, laisse en tout cas une trace profonde dans l'imaginaire des artistes. À Verlaine, Rimbaud, Apollinaire, elle lègue outre la prédilection pour les cabarets et le goût de la fête, toute une esthétique de la révolte qui peut aller jusqu'au suicide ou à la folie. La fin du siècle va accentuer cette polarisation entre d'une part une littérature entrée dans l'univers du marché, et de l'autre une tentative de sécession.

LA LITTÉRATURE DANS LA RÉPUBLIQUE

Deux écrivains, qui s'estimaient d'ailleurs, peuvent symboliser cette polarisation. Zola incarne le triomphe du roman et des tirages énormes : en 1902, *La Débâcle* atteint plus de 200 000 exemplaires. Mais Zola est vilipendé par les élites, les caricatures le représentent dégoulinant d'immondices, ce qui désigne à la fois le naturalisme de ses œuvres et la nature de son public, le peuple étant associé aux immondices. À l'opposé, Mallarmé, jugé « absolument incompréhensible », est un personnage de la République des lettres grâce au bouche à oreille d'une aristocratie d'écrivains, avant même d'avoir publié un seul recueil. D'un côté l'explosion du roman, de l'autre l'hermétisme, et une poétique de la raréfaction.

Le roman bénéficie de la double révolution de l'école et du journal ; à la fin du siècle triomphe le roman policier, avatar du roman-feuilleton qui répond à la montée du sentiment de l'insécurité et au goût du fait divers des lecteurs de la presse populaire. Arsène Lupin (1907), Rouletabille (1907), Fantômas (1911) et Zigomar (1909), Chéri-Bibi (1913) fascinent tout en suscitant l'inquiétude des conservateurs qui craignent la démoralisation des classes populaires. Face au déluge du papier, la poésie est le refuge de l'aristocratie littéraire et de la littérature nouvelle. On voit proliférer les cafés, comme les Hydropathes ou le Chat noir ; les cénacles comme ceux de Leconte de Lisle ou de Mallarmé ; les revues aussi : on compte 250 revues littéraires entre 1870 et 1914 font place à la littérature en son état naissant. De ces extraordinaires laboratoires on ne mentionnera ici que deux revues restées célèbres : la *Revue Blanche*, née en 1889 et fondée par un groupe de jeunes écrivains admirateurs de Barrès et Mallarmé, propose jusqu'en avril 1903 des livraisons luxueuses ; elle a des collaborateurs célèbres comme Claude Debussy, Alfred Jarry, André Gide, Proust ; Léon Blum y est critique littéraire à partir de 1892 et assure aussi une rubrique « Sport » avec Tristan Bernard ; la revue est capable d'apprécier Mallarmé et l'humour de Tristan Bernard, le théâtre de Strindberg, les estampes japonaises, les nabis ; elle va prendre position pour Dreyfus à partir de 1898 — alors arrivent à la revue Charles Péguy et Julien Benda, polémistes déjà redoutables. Deux revues seront dirigées par des anciens de la *Revue Blanche*, les *Cahiers de la Quinzaine* et la *Nouvelle Revue française*. *Le Mercure de France* est publié à partir du 1er janvier 1890 par un groupe d'amis qui se réunissaient au café de la Mère Clarisse, rue Jacob. On y trouve la génération symboliste, Jean Moréas, Remy de Gourmont, Alfred Jarry. La revue publie des inédits de Mallarmé et Heredia, les premiers textes de Gide et de Claudel, de Colette, d'Apollinaire.

La « tyrannie de la majorité » n'a donc nullement des conséquences uniformes. Elle engendre, surtout chez les poètes, une réaction de fuite, qu'on ne comprend pas si on oublie le monde qu'ils refusaient. L'histoire de la littérature se limite trop souvent à ce qui correspond à notre définition de la « littérature pure » comme écart, renvoyant à l'histoire culturelle les modes d'expression qui relèvent de la production de masse. Si bien que des quatre « genres » — critique, théâtre, poésie, roman — les deux premiers ne sont présents dans les histoires littéraires que par quelques « exceptions » glorieuses, isolées d'un fatras énorme d'écrits éphémères, qui furent pourtant ce que les contemporains lurent.

LE TRIBUNAL DE LA CRITIQUE

La démocratie est un régime d'opinion publique, la critique est le tribunal de ce régime. Thibaudet écrivait en 1927 que la critique était une « puissance » ayant pris conscience d'elle-même au moment du Congrès de Vienne, en 1814-1815. De fait, elle est moins un genre littéraire que le juge de tous les genres et leur conscience esthétique. Polymorphe, elle tire sa puissance des bouleversements que nous avons évoqués : la découverte des littératures étrangères liée à l'émigration sous la Révolution et l'Empire, si bien que se multiplient les revues dont le titre même indique la volonté d'ouverture (*Le Censeur européen*, *Le Globe*, la *Revue britannique*, la *Revue des Deux Mondes* sous la Restauration), l'extension du public qui rend les médiateurs nécessaires pour assurer la publicité des œuvres, l'incertitude des critères du Beau dans une société où toute autorité vacille. D'où l'énorme production, le plus souvent éphémère, d'écrits critiques, qui prolifèrent lorsqu'il s'agit de rendre compte des deux grands événements culturels que sont le salon de peinture et la représentation dramatique.

La critique d'art a pour objet privilégié le salon de peinture, événement ancien, puisque l'Académie en organise depuis 1667, mais qui prend alors une tout autre importance, mondaine, politique et esthétique. C'est une cohue — en 1846, 1 200 000 personnes se bousculent, pour entrevoir des tableaux accumulés au point de transformer le salon en bazar de l'art industriel. Les enjeux en sont considérables : les artistes en attendent des commandes publiques, des récompenses et la faveur du public. Les critiques y cherchent pour certains l'occasion de pratiquer des transpositions d'art à la Diderot (comme Gautier), pour tous une légitimité intellectuelle et l'occasion de déclarations politiques ou esthétiques. Le salon officiel est le conservatoire des normes académiques. Il présente la peinture par genres, pérennisant la division académique fondée sur l'objet représenté, qui hiérarchise les genres (en peinture comme en littérature), et favorisant le maintien d'une peinture de grand format à sujets religieux ou historiques. Le goût du public se tourne dès les années 1820 vers le portrait ou le paysage, « petits genres », d'où la multiplication des salons des Refusés, salons indépendants, etc., auxquels Courbet, Gauguin, les impressionnistes devront leur gloire. La critique a un enjeu politique. Adolphe Thiers publie deux remarquables *Salons* en 1822 et 1824 où il défend, le premier, l'audace de Delacroix contre l'Académie, et aussi la scène de genre face aux grands genres, faisant du réalisme de la peinture de mœurs la forme moderne de l'art. La critique d'art de Thiers consonne ainsi avec l'écriture nouvelle de l'histoire nationale qu'il pratique aussi et avec la glorification des classes moyennes dont il est le représentant. Les écrivains, tout au long du siècle, font de la critique des salons ou des expositions l'occasion de manifestes esthétiques. C'est dans son *Salon de 1846* que Baudelaire énonce la définition du romantisme qui est la première formulation du concept de modernité : « qui dit romantisme dit art moderne, c'est-à-dire intimité, spiritualité, couleur, aspiration vers l'infini, exprimées par tous les moyens que contiennent les arts » ; Champfleury définit le réalisme en commentant les tableaux de Courbet ; Zola réfléchit sur le parallélisme entre le réalisme du roman depuis Stendhal, Balzac et Flaubert et le « naturalisme » des peintres (19 juin 1880) depuis Courbet. On voit qu'il n'y a pas seulement entre les arts des emprunts de « sujets », la peinture illustrant la littérature, mais d'incessantes correspondances : en réfléchissant sur la peinture, l'écrivain cherche comment représenter le monde contemporain, et comment rendre des « impressions ». Si la critique d'art a une telle importance, c'est que s'y joue le désir impossible du réel qui est le trait majeur du XIXe siècle.

Le discours critique sur la littérature se développe pour les mêmes raisons que la critique d'art. L'encombrement de la production, l'inexpérience des nouveaux lecteurs appellent une critique journalistique des « nouveautés » qui participe du système de la publicité et que pratiquent aussi bien les journalistes que les professeurs et les créateurs. Sainte-Beuve lui-même revendique le rôle de vigie, pointant les jeunes talents prometteurs ; la critique, que les créateurs affectent de mépriser en l'assimilant au parasitisme, est donc une forme d'écriture majeure qui donne aux écrivains un revenu, une notoriété, et l'opportunité de légitimer leurs choix esthétiques dans des articles souvent rassemblés ensuite en recueil. Gautier et Musset, Balzac dont l'article consacré à *La Chartreuse de Parme* en 1840 fit date, Barbey d'Aurevilly, Jules Vallès, Zola se saisissent de l'actualité pour situer les enjeux littéraires dans les enjeux philosophiques, historiques ou politiques du temps. Il n'est pas accidentel que Jean Jaurès, Léon Blum, Maurras et ses disciples de l'Action française aient pratiqué la critique littéraire ; le goût a partie liée avec l'ordre de la cité.

Dans cette énorme masse, la critique dramatique se taille la part du lion. Balzac déplore que les journaux s'intéressent peu aux livres « tandis que le dernier vaudeville du dernier théâtre, les flon-flons des Variétés, nés de quelques déjeuners, enfin les pièces manufacturées aujourd'hui comme des bas ou du calicot, jouissent d'une analyse complète et entière. » La critique dramatique a ses forçats : Théophile Gautier se déclare « condamné au théâtre à perpétuité », Jules Janin est le rédacteur de 2 500 feuilletons au *Journal des Débats* entre 1831 et 1872, Francisque Sarcey, qui regroupe ses textes sous le titre *Quarante ans de théâtre*, se rendait quotidiennement au spectacle. Chez ces grands critiques, le gagne-pain est aussi un magistère. Sarcey se proclame fièrement esclave et professeur de l'Opinion. Il est celui qui pense un instant plus tôt ce que tout le monde pensera, d'où son surnom — ambivalent — de « prince du bon sens ». Si la critique est le tribunal de l'opinion, la critique dramatique en est l'instance majeure, parce que le théâtre est le lieu où la société démocratique se donne à elle-même en spectacle.

LE THÉÂTRE, « TRIBUNE » DE LA DÉMOCRATIE

Depuis la Révolution, « le théâtre est une tribune, le théâtre est une chaire » (Hugo, préface de *Lu-*

crèce Borgia). La production dramatique est énorme : sous la monarchie de Juillet, on joue presque trois cents pièces nouvelles par an, qui, il est vrai, restent peu à l'affiche et ont rarement marqué les mémoires. L'art dramatique ne relève pas en effet seulement de la littérature, mais aussi du divertissement et de la pédagogie publique. Dès le début du siècle, Guilbert de Pixérécourt (1773-1844), le plus célèbre des auteurs de mélodrame, avait déclaré écrire « pour ceux qui ne savent pas lire », et tirer du mélodrame « un moyen d'instruction pour le peuple ». L'idée d'une mission collective du théâtre est formulée plus nettement encore dans les années 1820, où se mettent en place les conceptions nouvelles de l'histoire, de la politique, ou du romantisme. Guizot, dans son *Essai sur la vie et les œuvres de Shakespeare* (1821), assigne au théâtre la charge de former l'esprit public : « n'espérez pas devenir national si vous ne réunissez dans vos fêtes toutes ces classes d'esprits dont la hiérarchie bien liée élève une nation à sa plus haute dignité ». Le théâtre reçoit ainsi une mission cérémonielle longtemps assurée par la religion qui, du reste, fut « partout la source et la matière primitive de l'art dramatique ». Il est la cérémonie de la parole dans un régime d'opinion, le corrélat des institutions représentatives. Cette idée d'un apostolat par la scène se retrouve chez Hugo, dont la préface de *Cromwell* (1827) doit beaucoup à Guizot, ou chez les saint-simoniens qui érigent le théâtre en temple.

Ce temple est un temple populaire, où les classes se mêlent, quoique les publics après 1850 se différencient. La disposition même des lieux favorise l'émotion collective ; les salles, à l'italienne, accueillent un public entassé — jusqu'à 1 900 personnes à l'Odéon dès 1782 —, debout, éclairé (on n'éteint pas avant la fin du siècle), et bruyant. Le spectacle commence tôt, vers 6 ou 7 heures, comporte plusieurs pièces, quatre ou cinq vaudevilles en un acte par exemple, ou bien à la Comédie-Française une comédie et une tragédie ; les billets pouvant être revendus entre deux pièces, cela en abaisse le prix, déjà modeste au parterre. De tout cela résulte beaucoup d'agitation : entrées et sorties, bavardages, jet d'objets divers sur les acteurs, invectives, applaudissements bruyants lancés par les claqueurs aux beaux endroits, chaque théâtre ayant sa « claque » rémunérée ; « batailles » enfin, violentes. En 1822, le théâtre de la Porte-Saint-Martin est mis à sac pour protester contre la venue d'acteurs anglais. En octobre 1829, la même anglophobie provoque un chahut à la première du *More de Venise* de Vigny ; en 1830, la bataille d'*Hernani* oppose les classiques et les romantiques ; en 1832, nouveau chahut à la création du *Roi s'amuse* de Hugo ; en 1840, tapage pour la représentation de *Cosima* de George Sand parce qu'on voulait faire expier à l'auteur ses maximes immorales — et le fait d'être une femme ? On s'explique l'extrême vigilance de la censure et de la police...

Le théâtre, temple de l'émotion collective, en un temps où le droit de réunion est très restreint, est aussi un spectacle. Le XIXe siècle est le siècle des musées, des expositions, des grands magasins, des illustrations, du roman réaliste qui donnent à voir ; le théâtre offre une jouissance d'images ; on entasse les objets dans les décors comme on entasse les tableaux dans les musées, et les marchandises dans les bazars. Comme le roman, le théâtre rivalise avec les panoramas, avec la peinture (en 1839, deux Naufrages de la *Méduse* tentent d'égaler la couleur de Géricault), avec l'architecture, et même avec les prodiges de la nature en représentant des incendies, et des éruptions. Si bien que ce qu'on appelle après 1830 la « mise en scène » réalise le rêve de Diderot d'un picturalisme scénique. Le décorateur Cicéri, qui crée les costumes pour la cérémonie du sacre de Charles X à Reims, crée aussi 400 décors, à l'Opéra et au théâtre (*Hernani*) en utilisant d'immenses toiles panoramiques. Les progrès de la machinerie donnent une apparence de réalité même aux créations imaginaires de Jules Verne dans son *Voyage dans la lune* (1875) ou son *Voyage à travers l'impossible* (1882). Une telle débauche d'effets, d'objets, de praticables, comme ces escaliers qu'on gravit et qu'on dégringole dans *Chatterton*, *Hernani*, ou *Marie Tudor*, ne s'accompagne pas nécessairement d'une grande qualité de l'écriture dramatique ; le critique Gustave Planche, en 1834, en vient à souhaiter un théâtre « sans costumes, sans trappes, sans changements à vue, sans décoration, un théâtre littéraire enfin. » Mais le goût du « grand spectacle » conduit à inventer un spectacle total. Les ballets envahissent le mélodrame et l'opéra ; la musique est partout, sauf dans la tragédie et la comédie : elle impose le silence, accompagne les moments pathétiques ou comiques, complétant ainsi le texte par une véritable sémiotique des timbres. Entre la pantomime, la danse, la musique, et la littérature, point de frontière étanche : un écrivain et critique comme Gautier obtient un immense succès avec le livret du ballet *Giselle* en 1841 ; Scribe, le roi du vaudeville, est aussi un prolifique auteur de livrets d'opéras.

Le poids des héritages : tragédies et comédies

Dans la masse énorme des œuvres représentées, les adaptations et les reprises sont nombreuses. Il faut souligner le poids des héritages. Tragédies et comédies classiques bénéficient depuis Napoléon de la protection de l'État. Voltaire est le grand dramaturge du XIXe siècle officiel ; ses tragédies sont jouées 111 fois entre 1841 et 1850 et *Zaïre* fait toujours pleurer. Les théâtres officiels redoublent ainsi l'effet des programmes « classiques » des collèges. La multiplicité des allusions à Corneille, Racine, Voltaire dans les correspondances, confirme ce que dit l'enquête quantitative sur les tirages des livres : le romantisme compte peu face à la familiarité avec les classiques qui dure tout le siècle. Mais cette prédominance des classiques dans les mémoires n'empêche pas qu'on trouve peu de divertissement à les voir représentés. Un texte célèbre de Musset, « Une soirée perdue », dit cette désaffection :

> J'étais seul, l'autre soir, au Théâtre Français,
> Ou presque seul ; l'auteur n'avait pas grand succès.
> Ce n'était que Molière, ...

Sans doute Musset exagère-t-il le dédain du public pour des classiques auxquels les circonstances peuvent rendre une soudaine actualité. À la fin de la Restauration, la bigoterie de la monarchie donne une nouvelle jeunesse à *Tartuffe* ; la tragédie bénéficie du talent de grands acteurs comme Talma ou Rachel ; elle n'en apparaît pas moins comme un « grand genre désuet » : c'est « quoiqu'on en dise, [...] une forme usée, abolie, aussi impossible maintenant que les moralités et les soties du Moyen Âge.

Cela n'empêche pas les chefs-d'œuvre d'être des chefs-d'œuvre ; mais leur place est dans les bibliothèques et non sur les théâtres » (Gautier, mai 1842). La tragédie « néoclassique » ne se trouve un public qu'en satisfaisant aux aspirations nouvelles, selon le principe énoncé par Casimir Delavigne en 1820 : « Aimons la nouveauté en novateurs prudents ». Casimir Delavigne obtint la gloire en recourant à des sujets d'histoire moderne comme les *Vêpres siciliennes* (1819). François Ponsard, chef de l'école du « bon sens » soutenu par l'Académie, n'en traduisit pas moins en 1837 le *Manfred* de Byron ; en 1850, *Charlotte Corday* lui est inspirée par le succès de l'*Histoire des Girondins* de Lamartine. Aussi bien la gloire — éphémère — de Delavigne ou Ponsard vint de ce qu'ils offraient au public autre chose que le masque mortuaire de Racine.

Au modèle classique des « grands genres », le public préfère dès le début du siècle deux genres mineurs : le mélodrame, version populaire de la tragédie, et le vaudeville, version populaire de la comédie. Le XIXe siècle est le siècle de Pixérécourt et de Scribe, maîtres du mélodrame et du vaudeville. En 1894, Sarcey notait encore dans *Le Temps* : « c'est au vaudeville et au mélodrame, pour peu qu'ils soient bien faits, que le public court comme au feu ; et il aime mieux encore payer pour en voir qui soient vieux et usés, que de n'en pas voir du tout. »

Le mélodrame, « moralité de la révolution »

On peine aujourd'hui à comprendre l'enthousiasme de Musset s'écriant (1842) :

Vive le mélodrame où Margot a pleuré.

La puissance du mélodrame vient de ce qu'il satisfait le goût démocratique des émotions violentes. Il est issu du drame bourgeois du XVIIIe siècle, et des drames allemands de Kotzebue ou de Schiller, mais son essor est lié à la Révolution, comme l'explique Nodier dans l'admirable préface qu'il donne au *Théâtre* de Pixérécourt (1841-1843) : « le mélodrame ! c'était la moralité de la révolution. » Pixérécourt, par sa soixantaine de mélodrames, tantôt bourgeois, tantôt historiques, est en somme le Bossuet de la Révolution ; on a vu le mélodrame « dans l'absence du culte, suppléer aux instructions de la chaire muette », enseigner que « ici-bas la vertu n'est jamais sans récompense, le crime n'est jamais sans châtiment. » Entre le prêche et le mélodrame, les valeurs sont donc les mêmes, quoique la pédagogie soit différente ; à des hommes « qui sentaient la poudre et le sang il fallait des émotions analogues à celles dont le retour de l'ordre les avait sevrés ». La naissance du genre peut être datée de 1800, année où triomphe *Cœlina* de Pixérécourt, qui fixe les règles d'un genre, ou plutôt ses recettes qu'un petit *Traité* de 1817 énonce moqueusement : « [...] on fera paraître pour principaux personnages un niais, un tyran, une femme innocente et persécutée, un chevalier et autant que faire se pourra quelque animal apprivoisé [...] On placera un ballet et un tableau général dans le premier acte ; une prison, une romance et des chaînes dans le second ; combats, chansons, incendie, etc., dans le troisième. Le tyran sera tué à la fin de la pièce, la vertu triomphera, et le chevalier devra épouser la jeune innocence malheureuse, etc. ». Nul risque que le spectateur s'égare :

le traître a le cheveu noir et la figure blême — et la pièce se clôt par une exhortation morale.

Le genre mue dans les années 1820, qui marquent là aussi le seuil de la modernité. Le 2 juillet 1823, trois dramaturges obscurs font représenter *L'Auberge des Adrets*. L'intrigue est fort convenue : le personnage principal est le brigand Robert Macaire, qui assassine un voyageur dans une auberge. L'innovation vient de ce que l'acteur Frédérick Lemaître joue le brigand en criminel cynique, déclenchant les rires, et l'interdiction de la pièce. Le cynique Robert Macaire devient un type dont les caricaturistes Charles Philipon et Honoré Daumier font le héros de cent lithographies publiées dans le quotidien *Le Charivari* d'août 1836 à novembre 1838. C'est ainsi que le mélodrame invente le plus grand type caricatural du XIXe siècle — et que ce genre moral tourne à la protestation sociale des petits contre les gros, identifiés à des escrocs. Les conservateurs attribuent aux mélodrames de Soulié ou du socialiste Félix Pyat un rôle dans le déclenchement de la révolution de 1848, comme ils en accusent le roman-feuilleton. Entre les deux genres, la frontière est d'ailleurs poreuse. Eugène Sue, qui écrit des mélodrames en collaboration, adapte aussi pour la scène ses principaux romans : *Les Mystères de Paris* ou *Le Juif errant*. *Les Misérables* de Hugo seront portés à la scène en 1878. Du roman, le mélodrame partage l'art de l'intrigue bien ficelée, le recours à des types sociaux, le pathétique. Le genre, méprisé des doctes, remplit la fonction émotive que le cinéma, qui d'ailleurs a adapté beaucoup de mélodrames, assure au XXe siècle.

Le vaudeville ou le burlesque de l'insignifiance

Le vaudeville est à la comédie ce que le mélodrame est à la tragédie. Il est, comme lui, goûté du public et méprisé des élites. Baudelaire ou Gautier n'ont pas de mots assez durs pour ces pièces écrites en charabia et entremêlées « de petites musiques stridentes d'une fausseté insupportable » (Gautier). Les deux auteurs de vaudevilles et de comédies les plus joués du XIXe siècle, académiciens pourtant, Scribe et Labiche, sont quasi-absents des histoires littéraires. Ils ont d'ailleurs eux-mêmes intériorisé ce mépris. Labiche, en 1880, dit rentrer à l'Académie « comme ces Gaulois, à demi-barbares, entraient dans Rome pour y apprendre l'éloquence et y respirer le parfum des belles-lettres. » Issu du théâtre de foire du XVIIIe siècle, le vaudeville est en effet un « petit genre » de forme variable : c'est d'abord une chanson, puis une pièce avec couplets, ce qui apparente le genre aux productions des chansonniers. Scribe lui-même se présente comme le compagnon de Béranger, le grand chansonnier, lors de sa réception à l'académie le 28 janvier 1836. Comme la chanson, la caricature, ou le roman, le vaudeville crée des types contemporains. Cadet Roussel (1793), Monsieur Dumollet (1808), inventés par des vaudevillistes, sont restés dans notre répertoire de chansons enfantines. Joseph Prudhomme, type du bourgeois solennel, s'égarant dans ses métaphores (« le char de l'état navigue sur un volcan »), est popularisé par Monnier dans les caricatures puis par le vaudeville *Grandeur et décadence de Joseph Prudhomme* de 1852.

Peu de ces innombrables vaudevilles ont survécu. Le vaudeville est en effet un théâtre des clichés, des idées reçues et des airs reçus très caractéristique de l'âge de la Publicité. L'invention musicale est rare ; l'orchestre n'y joue pas si faux que le prétend Gautier, mais il joue surtout du répertoire connu, airs d'opéra ou de vaudevilles antérieurs — dont certains sont détournés de façon ironique. La langue est utilisée de la même façon ; le texte des vaudevilles offre une langue polyphonique, mêlant des lambeaux de langue de toutes origines, juxtaposés sans logique apparente ; Scribe et Labiche sont des virtuoses de la parodie. On a cru lire chez Scribe un attachement bourgeois au « juste milieu » et, chez Labiche, Philippe Soupault a trouvé une critique féroce de la bourgeoisie. C'est prêter trop de conformisme à l'un et trop peu à l'autre. Car tous deux peignent surtout la médiocrité et l'insignifiance modernes ; ils font rire leur public de lui-même en lui renvoyant ses tics de langage et sa bêtise, si bien que d'ailleurs ils montrent moins des personnages ou des caractères que des types, porteurs de parole. On conçoit que Bergson ait tiré ses exemples de comique de répétition surtout du vaudeville, tant le vivant y devient mécanique. Plus que Scribe, Labiche est un virtuose de ce jeu de langages, qui en fait bien le contemporain de Flaubert ; clichés politiques (sous la Deuxième République, *Le Club champenois* moque la logorrhée des quarante-huitards, *Traversin et couverture* celle de Lamartine), énormités du touriste bourgeois (*Le Voyage de M. Perrichon* en 1860). Feydeau reprend ensuite l'art de faire rire des tics verbaux. Le vaudeville tire son succès de la mise en scène de l'insignifiance, voire de l'absurde, sur un rythme endiablé qui pour Labiche constitue tout l'art poétique : « une pièce ressemble à une bête à mille pattes qui doit toujours être en route. Si elle se ralentit, le public baille ; si elle s'arrête, il siffle. » Le vaudeville est donc une écriture du présent, une écriture précipitée comme l'est l'ère nouvelle. L'exemple le plus célèbre est celui d'*Un chapeau de paille d'Italie*, de Labiche (1851, 300 représentations) ; les personnages courent éperdument à la recherche d'un chapeau perdu par une femme mariée dans des circonstances délicates, mais ce chapeau qu'on cherche partout était là, dès le début, inaperçu. Si bien que l'intrigue se réduit au burlesque de l'insignifiance.

Genre constamment populaire, le vaudeville épouse les fluctuations du goût. Les couplets disparaissent progressivement dès le milieu du siècle — l'opérette satisfaisant mieux l'appétit de musique nouvelle. Le vaudeville s'élargit en comédie de mœurs, Scribe avait d'ailleurs montré le chemin en écrivant à la fois des vaudevilles et des comédies en cinq actes qui sont, dit-il, des « vaudevilles en grand ». Labiche donne des comédies sous le Second Empire où triomphent aussi les comédies d'Augier et de Dumas fils. À la fin du siècle, Victorien Sardou redonne au vaudeville sa dimension civique : *Divorçons* en 1880, quatre ans avant l'introduction du divorce par la loi Naquet, traite un des grands débats du temps et *Thermidor* en 1891 égratigne les grands ancêtres révolutionnaires. Courteline est à la Belle époque ce que Labiche avait été au Second Empire. Créateur de type, comme celui du fonctionnaire dans *Messieurs les ronds-de-cuir* en 1893, imitateur du parler petit-bourgeois, il est aussi un metteur en scène novateur au Théâtre Libre. On s'explique l'étrange destin du vaudeville, il fascine encore les dramaturges : Chéreau ou Audiberti en ont fait l'éloge, Labiche et Feydeau sont toujours à l'affiche. Mais il est trop lié au « référent » pour accéder au canon littéraire. Scribe, Labiche, comme le chansonnier Béranger, ou les grands orateurs du temps, un Berryer ou un Gambetta, sont de ces grandes voix du XIXe siècle qui nous semblent devenues lointaines. On comprend mal pourtant la littérature si on la sépare de ces formes plus éphémères de discours.

Les vaudevilles, comme les mélodrames, « petits genres », et grands succès, marquent tout le siècle jusqu'à sa clôture. Donnons-en deux exemples.

Le 27 décembre 1897, Edmond Rostand triomphe avec *Cyrano de Bergerac*. *L'Aiglon*, joué par Sarah Bernhardt le 15 mars 1900, redouble sa gloire. Le XIXe siècle se clôt sur le triomphe du mythe napoléonien, le goût de l'héroïsme, de la bravade, de la tirade (le nez...), le bonheur du vers : le romantisme enfin populaire, en somme, grâce à la veine mélodramatique.

Qu'*Ubu Roi* d'Alfred Jarry marque l'apothéose du vaudeville pourra sembler plus contestable, tant Jarry est souvent étudié en précurseur du surréalisme. En lui pourtant convergent les courants multiples du siècle, si bien qu'Henri Béhar a pu qualifier son œuvre de « kaléidoscope culturel ». Jarry, qui avait fréquenté les mardis de Mallarmé, appartient au symbolisme. Mais *Ubu Roi*, représenté les 9 et 10 décembre 1896 au théâtre de l'Œuvre, renouvelle aussi le refus romantique de séparer le sublime et le trivial, le haut et le bas, la grandeur et le scatologique. Il joue des parodies, comme les potaches... ou comme les vaudevillistes : parodies de Hugo, Goethe, Byron, Jules Janin, Bossuet. Aussi bien

Ubu Roi peut être considéré à la fois comme un drame et comme l'apothéose du vaudeville sous toutes ses formes : vaudeville-farce, vaudeville grivois, folie-vaudeville. La pièce fit scandale et fut rarement reprise avant 1945. Jarry tordait le langage théâtral, en poète, pour lui faire exprimer le tragique moderne.

Si l'importance culturelle du vaudeville et du mélodrame est donc considérable, le renouvellement du langage théâtral au XIXe siècle a relevé plus de la poésie et du roman que du théâtre lui-même. Le drame, qui opère une synthèse originale de la comédie et de la tragédie, mais aussi du mélodrame et du vaudeville, connaît ses plus grands succès après sa sortie de scène (voir p. 391-393). À la fin du siècle, la dramaturgie nouvelle s'inspire du roman naturaliste et de la poésie symboliste. Rien ne montre mieux la rupture du théâtre symboliste avec la pratique théâtrale du XIXe siècle que la réaction de Francisque Sarcey aux psalmodies poétiques de *Pelléas et Mélisande* le 22 mai 1893 : « ce n'était pas un spectacle, c'était un office [...] La jeune fille s'est enfuie, enfuie, enfuie ! » Et de conclure qu'il vaut mieux se contenter de lire la pièce car « le livre met en branle l'imagination qui achève ce que l'auteur indique. Il s'en dégage un subtil parfum de poésie. » On ne saurait dire plus nettement que c'est dans la poésie — ou le roman — que se jouent les formes nouvelles de l'écriture.

CHAPITRE III

LA POÉSIE

À la fin d'un essai (*Sur Racine*) qui fut au cœur de la polémique entre une ancienne critique, d'essence historique, et une nouvelle critique délibérément anachronique, Roland Barthes reprochait ironiquement aux historiens de la littérature de n'être pas assez historiens, en désignant l'impensé paradoxal de toute histoire de la littérature, l'histoire de l'idée même de littérature.

La leçon vaut aussi pour la poésie : avant de dérouler, sinon l'histoire, du moins une histoire de la poésie, il importe de s'interroger sur l'historicité particulière de ce que recouvre ce mot faussement évident, car le XIXe siècle n'est pas seulement celui d'une mutation essentielle de l'idée de littérature ; il consacre une mutation mêmement décisive de l'idée de poésie.

Si de nos jours la poésie est un genre, en vers ou en prose, à côté de deux autres genres (en prose), le théâtre et le roman, l'addition des trois formant la littérature, cette tripartition générique moderne, née au XIXe siècle, s'est construite lentement et tardivement imposée : au début du XIXe siècle, la définition universellement reçue de la poésie, c'est l'art de composer des ouvrages en vers, et cet art-là, avec l'histoire, l'éloquence et la grammaire, constitue l'essentiel de ce que depuis le XVIIe siècle on appelle les belles-lettres, c'est-à-dire de ce que nous appelons la littérature au sens moderne (ou esthétique) du mot. Dans cette conception aristocratique de la littérature, la beauté des belles-lettres tient avant tout à une forme, celle du vers, à laquelle se reconnaît, et s'identifie, la poésie, ce « langage des dieux ». C'est donc à l'intérieur de la poésie, qui n'est pas un genre, que se fait le partage générique, lui aussi classique, entre poésie épique, poésie lyrique et poésie dramatique, avec, pour ces trois genres comme pour les trois mousquetaires, un quatrième en sus, la poésie satirique. Encore faut-il préciser que de ces trois ou quatre genres, les deux plus grands (ou plus nobles) sont l'épique et le dramatique. De là le nom de « poème » qui désigne de préférence une pièce de grande envergure, épopée ou tragédie, par opposition aux petites pièces de vers, en particulier lyriques, qu'on appelle poésies. Dans le *Génie du christianisme*, premier manifeste littéraire du XIXe siècle, Chateaubriand pouvait ainsi convoquer sans paradoxe, pour illustrer le génie poétique, celui qui était à ses yeux, en tant que poète dramatique (*Zaïre*) et poète épique (*La Henriade*), le poète par excellence, Voltaire.

Il y a donc eu au XIXe siècle une mutation profonde, d'une poésie scellée par le vers, qui s'identifie peu ou prou aux belles-lettres, à celle qui n'est plus, en vers ou en prose, que le tiers-genre d'une littérature qui a pris sa place.

D'une conception à l'autre, la mutation est largement liée à l'émancipation de la prose, qui envahit les genres traditionnels de la poésie : le XIXe siècle voit ainsi la disparition progressive de la poésie épique et de la poésie dramatique. Dans le cas de la poésie dramatique, la prose supplante le vers sur la scène, fait donc sortir l'énonciation dramatique de l'espace poétique et constitue le théâtre en genre littéraire. Dans le cas de la poésie épique, si le XIXe siècle voit la coexistence d'épopées en vers et d'épopées en prose, l'épique finit par tomber en désuétude, ou par se recycler, au prix d'un embourgeoisement de l'héroïsme désormais individuel, dans la prose narrative du roman.

La poésie nouvelle qui apparaît avec la modernité née de Baudelaire est donc l'héritière de la poésie lyrique, et se retrouve seule à perpétuer la royauté du vers. Royauté précaire cependant, car l'invasion de la prose n'épargne pas le lyrisme : la poésie moderne advient comme l'ultime avatar de la poésie lyrique dans le temps même où l'invention du poème en prose interdit de l'identifier au vers et remet donc en cause son identité immémoriale, désormais aussi problématique que la notion de lyrisme, minée, elle, par la crise post-baudelairienne du sujet.

Or s'il y a mutation, celle-ci reste largement invisible aux contemporains, tant il est vrai que la modernité poétique demeure un phénomène marginal dans un champ littéraire réglé par la force des institutions et des traditions. La conception traditionnelle de la poésie n'est pas, au XIXe siècle, la queue d'un classicisme attardé ; elle perdure tout au long du siècle comme conception dominante, légitimée non seulement par le conservatisme de l'Académie, de l'institution scolaire et des dictionnaires, mais aussi par la révolution romantique : dès la préface de *Cromwell*, en superposant au schéma synchronique des trois genres un schéma diachronique des trois âges (lyrique, épique, dramatique), le jeune Hugo, après Hegel, Schelling et Schlegel, fit de la triade pseudo-aristotélicienne le support d'une philosophie de l'histoire de la poésie identifiée à la littérature, et s'il fut poète sa vie durant, ce n'est pas à la manière de Baudelaire ou de Mallarmé, mais au sens traditionnel du mot comme poète lyrique (des *Odes* aux *Contemplations*), poète dramatique (de *Cromwell* aux *Burgraves*), poète épique (*La Légende des siècles*) et même poète satirique (*Châtiments*), jusqu'au recueil ultime en quatre livres correspondant aux quatre genres, symboliquement intitulé *Les Quatre Vents de l'esprit* (1881).

Le XIXe siècle est ainsi le siècle où coexistent, et se parasitent fatalement, deux conceptions de la littérature et de la poésie.

Première partie : 1820-1848

LA POÉSIE LYRIQUE

1820-1830

Au sortir d'un siècle réputé antipoétique, ou auquel la métromanie tenait lieu de poésie, il fallait un manifeste refondateur, ce fut le *Génie du christianisme* (1802) ; il fallait surtout une œuvre refondatrice, ce furent les *Méditations poétiques*. Ainsi naquit en 1820, sous le signe d'une régénération religieuse et morale qui était comme le versant spirituel de la Restauration, le romantisme français. Si simpliste que paraisse une telle présentation[1], elle n'en comporte pas moins une part de vérité par le retentissement des *Méditations*, qui semblaient la réalisation poétique du *Génie du christianisme* : « Deux grands écrivains, disons plus juste, deux grands poètes, écrivait Jules Janin en 1832 en tête de la publication des *Œuvres* de Lamartine, se partagent la France aujourd'hui, M. de Chateaubriand et M. de Lamartine. Tous les deux ils ont parlé à l'âme des peuples ce langage de passion et de vertu que les peuples entendent si bien ; tous les deux ils ont réveillé, à peu de distance l'un de l'autre, le sens moral assoupi parmi nous. » Quarante-cinq ans après l'événement, Sainte-Beuve écrirait à Verlaine : « Non, ceux qui n'en ont pas été témoins ne sauraient s'imaginer l'impression vraie, légitime, ineffaçable que les contemporains ont reçue des premières *Méditations* [...]. Notre point de départ est là ».

Or ce point de départ, cet acte de naissance du romantisme français fut, pour le meilleur et pour le pire, une refondation du lyrisme. Comme il s'en ferait gloire lui-même dans la préface postiche de 1849, Lamartine était le premier à avoir donné à la muse, « au lieu d'une lyre à sept cordes de convention, les fibres mêmes du cœur de l'homme », mais ce lyrisme nouveau, des *Méditations* aux *Nouvelles Méditations* (1823) et aux *Harmonies poétiques et religieuses* (1830) qui devaient s'intituler *Psaumes modernes*, donnait aussi à cette lyre du cœur les accents de la harpe sacrée.

---

[1]. L'année précédente avait vu la publication des *Poésies* d'André Chénier, vingt-cinq ans après sa mort, et celle des *Élégies et romances* de Marceline Desbordes-Valmore ; et plus tôt encore, le bucolique Chênedollé et l'élégiaque Millevoye avaient fait entendre des accents nouveaux.

Le jeune Hugo ne s'y tromperait pas, inaugurant deux ans plus tard son œuvre poétique par des *Odes et poésies diverses*, suivies de *Nouvelles Odes* (1824) et d'*Odes et Ballades* (1826-1828). Certes, le premier recueil faisait la part belle au lyrisme pindarique, ou à la poésie officielle d'un poète du trône et de l'autel, mais la deuxième partie, vouée par la préface à dire « les émotions d'une âme », commençait par un poème dédié à Lamartine, « La Lyre et la Harpe ». C'est bien la fonction du poète nouveau né des *Méditations* que définit la préface des *Nouvelles Odes* : « il faut que toutes les fibres du cœur humain vibrent sous ses doigts comme les cordes d'une lyre ».

Moins uniment lyriques furent les premiers recueils de Vigny, qui revendiquent tous, des *Poèmes* de 1822 à ceux de 1829, en passant par les *Poèmes antiques et modernes* (1826), ce mot de « poème » que la préface de 1829 définit comme « une pensée philosophique [...] mise en scène sous une forme épique ou dramatique », mais tous ont au moins en commun, selon les mots de la préface de 1822, de plaindre « des infortunes qui tiennent aux peines du cœur ».

L'ode, sous son nom ou sous le nom d'emprunt de méditation, ne fut d'ailleurs pas le tout du lyrisme romantique des années 1820. Les *Ballades* des *Odes et Ballades* et surtout *Les Orientales* (1829) témoignent d'une inspiration plus légère et plus libre, d'une virtuosité du rythme et de la rime, plus proches des *Lyrical Ballads* du romantisme anglais ou des *Lieder* (romances) du romantisme allemand, avec, dans le cas des *Orientales*, une fantaisie et une couleur hispano-mauresque qui devaient inspirer le premier recueil de Musset, *Contes d'Espagne et d'Italie* (1830). Et Sainte-Beuve, qui venait de ressusciter la poésie du XVIᵉ siècle, contribua aussi à remettre à l'honneur la forme brève du sonnet, en même temps qu'il inaugurait, dans son *Joseph Delorme* (1829), une veine élégiaque intimiste et familière qui ne serait pas sans lendemain.

S'il est vrai, comme l'affirme la Préface de *Cromwell*, que le schéma des trois âges (lyrique, épique, dramatique) ne vaut pas seulement pour l'histoire universelle de la littérature, mais se répète à toutes les époques, le romantisme français connut ainsi dans les années 1820 son baptême lyrique, même si ce lyrisme-là, mâtiné d'épique et de dramatique, fut un lyrisme de synthèse.

1830-1848

Le romantisme de 1820 fut le contrecoup de la Révolution. Une autre révolution, celle de juillet 1830, et ses sœurs européennes allaient en modifier sensiblement la destinée. Modification double et contradictoire : pour la génération des initiateurs (Lamartine, Vigny, Hugo), c'est la conversion au romantisme humanitaire, au sacerdoce du poète, prophète ou mage ; pour la jeune génération de 1830, celle des Jeune-France (Nerval, Musset, Gautier), la monarchie de Juillet fut au contraire ce que Paul Bénichou a appelé « l'école du désenchantement » et du repli sur l'art.

Les Mages romantiques

Si le romantisme, tel que l'a redéfini Paul Bénichou, « est né et a vécu de l'ambition, conçue par la corporation littéraire au début du siècle, de fournir à la société moderne, à travers une refonte du style et des formes littéraires, une formule nouvelle des relations du spirituel et du temporel », c'est entre les deux révolutions de 1830 et de 1848, et dans la nébuleuse des socialismes utopiques qui sont, peu ou prou, des religions de substitution, que ce romantisme-là trouva sa pleine dimension.

Les années 1830 furent ainsi pour Lamartine, pour Hugo, celles de l'engagement. Hugo salua la révolution de Juillet dès le 19 août 1830 par un poème « À la jeune France » repris, sous le titre « Dicté après juillet 1830 », non dans *Les Feuilles d'automne* (1831), recueil presque entièrement composé avant les Trois Glorieuses, mais en tête des *Chants du crépuscule* (1835), dont l'inspiration politique occupe les dix-sept premiers poèmes. Quant à Lamartine, la revue *Némésis* lui reproche-t-elle, en juillet 1831, d'avoir été candidat aux élections ?

> Honte à qui peut chanter pendant que Rome brûle,
> S'il n'a l'âme et la lyre et les yeux de Néron !
> [...]
> C'est l'heure de combattre avec l'arme qui reste !
> C'est l'heure de monter au Rostre ensanglanté !
> Et de défendre au moins de la voix et du geste
> Rome, les dieux, la liberté !

La poésie, écrivait-il en 1834 («Des destinées de la poésie »), « ne sera plus lyrique dans le sens où nous prenons ce mot ». « La poésie sera de la raison chantée, voilà sa destinée pour longtemps ; elle sera philosophique, religieuse, politique, sociale, comme les époques que le genre humain va traverser ». La conversion fraternitaire du lyrisme ouvre alors le temps de la palinodie complaisamment trompetée :

> Frères ! le temps n'est plus où j'écoutais mon âme
> Se plaindre et soupirer comme une faible femme

> Qui de sa propre voix soi-même s'attendrit,
> Où par des chants de deuil ma lyre intérieure
> Allait multipliant comme un écho qui pleure
> 	Les angoisses d'un seul esprit !
>
> [...]
> Puis mon cœur, insensible à ses propres misères,
> S'est élargi plus tard aux douleurs de mes frères ;
> Tous leurs maux ont coulé dans le lac de mes pleurs,
> Et, comme un grand linceul que la pitié déroule,
> L'âme d'un seul, ouverte aux plaintes de la foule,
> 	A gémi toutes les douleurs !

Elle consacre surtout l'avènement d'un nouveau sujet lyrique, celui des *Voix intérieures* (1837), comme Hugo s'en explique dans une note manuscrite : « ... il vient une certaine heure dans la vie où, l'horizon s'agrandissant sans cesse, un homme se sent trop petit pour continuer de parler en son nom. Il crée alors, poète, philosophe ou penseur, une figure dans laquelle il se personnifie et s'incarne. C'est encore l'homme, mais ce n'est plus le moi. » Le nom de ce sujet qui ne se confond plus avec le moi, c'est Olympio, ou le Verbe hugolien incarné, double du poète dont la mission est de « fondre dans un même groupe de chants » les voix de l'homme, de la nature et des événements. Désormais animé d'une foi en un Dieu sans Église et d'un amour universel, Victor Hugo pouvait définir, au seuil de son dernier recueil avant l'exil, *Les Rayons et les ombres* (1840), la nouvelle « Fonction du poète » :

> Dieu le veut, dans les temps contraires,
> Chacun travaille et chacun sert.
> Malheur à qui dit à ses frères :
> Je retourne dans le désert !

> [...]
> Honte au penseur qui se mutile,
> Et s'en va, chanteur inutile,
> Par la porte de la cité !
>
> Le poète en des jours impies
> Vient préparer des jours meilleurs.
> Il est l'homme des utopies ;
> Les pieds ici, les yeux ailleurs.
> C'est lui qui, sur toutes les têtes,
> En tout temps, pareil aux prophètes,
> Dans sa main, où tout peut tenir,
> Doit, qu'on l'insulte ou qu'on le loue,
> Comme une torche qu'il secoue,
> Faire flamboyer l'avenir !

Vigny, lui, n'avait pas attendu 1830 pour s'identifier à la figure de Moïse, mais un Moïse solitaire et désenchanté, premier des doubles du poète monologuant devant un ciel muet. Après 1830, après la perte de sa foi religieuse et de ses illusions politiques des années 1820 (libéralisme, néo-catholicisme mennaisien, saint-simonisme), Vigny n'en maintint pas moins pour le poète, au-delà des contingences de l'action politique dans laquelle il refusait de compromettre la poésie, le magistère solitaire d'un Christ humanitaire désormais orphelin, d'un poète berger qui, selon le mot de Chatterton, « lit dans les astres la route que nous montre le doigt du Seigneur », ou, en termes moins spiritualistes, prétend « amener les hommes au bien pratique par la route du Beau poétique » (Carnet de 1845).

Cette conversion humanitaire n'a pas déterminé pour autant une mutation radicale du lyrisme romantique : chez Lamartine en particulier, elle concerne plus l'homme politique et l'orateur que le poète. Si l'on excepte quelques poèmes (« Contre la peine de Mort » ou l'« Ode sur les révolutions »), l'inspiration ne change guère et l'ultime recueil, *Recueillements poétiques* (1839), exprime pour l'essentiel, comme le dit la lettre-préface, « cette poésie de l'âme qui ne parle qu'à voix basse dans le silence et dans la solitude ». Il n'en reste pas moins que c'est cette conjonction historique du lyrisme et de l'humanitarisme qui devait donner au romantisme son identité la plus durable.

L'École du désenchantement

Musset s'était fait, dans *La Confession d'un enfant du siècle* (1836), l'(auto)analyste des états d'âme de cette génération qui eut vingt ans en 1830, de ces jeunes gens venus trop tard dans un monde trop vieux et qui faisaient l'épreuve d'un triple désenchantement. Désenchantement historique : à ces enfants du siècle dont les jeunes années avaient été bercées par l'épopée napoléonienne, la société de la Restauration n'offrait d'autre ambition que la carrière ecclésiastique ; désenchantement religieux : ces âmes éprises d'idéal, et nourries de la religiosité catholique même hétérodoxe du premier romantisme, restaient cependant les héritières de l'incrédulité du XVIIIe siècle prolongée par l'éducation des collèges. Comme cet autre « Enfant d'un siècle sceptique plutôt qu'incrédule », Gérard de Nerval, cette génération flottant « entre deux éducations contraires, celle de la révolution, qui niait tout, et celle de la réaction sociale, qui prétend ramener l'ensemble des croyances chrétiennes », se débattait entre l'incrédulité et le dogme, entre le désir de croire et l'impossibilité de la foi. À ce double désenchantement historique et religieux, les lendemains des Trois Glorieuses devaient ajouter, à la mesure des espérances qu'elles suscitèrent, un profond désenchantement politique, qui détournerait durablement cette génération de la Cité et ferait de l'Art un absolu de substitution.

La révolution de Juillet avait joué un mauvais tour à Théophile Gautier puisque son premier recueil, *Poésies*, paru le jour même de l'insurrection, était passé inaperçu. Deux ans plus tard, la préface d'*Albertus* (en tête duquel étaient repris les quarante-deux poèmes des *Poésies* de 1830) définissait ainsi l'attitude de l'auteur :

> Il n'a vu du monde que ce que l'on en voit par la fenêtre, et il n'a pas eu envie d'en voir davantage. Il n'a aucune couleur politique ; il n'est ni rouge, ni blanc, ni même tricolore ; il n'est rien, il ne s'aperçoit des révolutions que lorsque les balles cassent les vitres. [...] Il fait des vers pour avoir un prétexte de ne rien faire, et ne fait rien sous prétexte qu'il fait des vers.
> [...]
> Quant aux utilitaires, utopistes, économistes, saint-simonistes et autres qui lui demanderont à quoi cela rime, — il répondra : Le premier vers rime avec le second quand la rime n'est pas mauvaise, et ainsi de suite.
> À quoi cela sert-il ? — Cela sert à être beau.

Le romantisme s'est tellement identifié pour la postérité à son versant humanitaire que Gautier fait encore aujourd'hui figure de parnassien avant la lettre, alors qu'il restait fidèle, avec cette « œuvre d'art et de fantaisie », qui s'ouvre sur une « Méditation » et alterne élégies, ballades, rêveries et pièces pittoresques, pour s'achever sur « la légende semi-diabolique, semi-fashionable » d'« Albertus », à ce qui était pour lui la vocation originelle du romantisme, particulièrement du romantisme fantaisiste des *Odes et Ballades* et surtout des *Orientales*, « ce livre inutile de pure poésie » selon les mots mêmes de leur auteur.

Mais la légèreté jusque dans l'élégie et la fantaisie volontiers parodique ne furent pas le tout de la poésie de Gautier, non plus que l'art de la miniature ciselée des *Émaux et camées* (1852), son ultime recueil. Dans *La Comédie de la Mort* (1838), dans les grandes pièces des *Poésies diverses*, « Ténèbres », « Thébaïde » (1837), et surtout « Melancholia » (1834), longue méditation historique sur la mélancolie inspirée de la gravure éponyme d'Albert Dürer, dans les Vanités modernes, ou nihilistes, d'*España*, qui inspireront Nerval, Baudelaire et le jeune Mallarmé, se manifeste la sensibilité à vif d'un pessimiste, dans lequel l'auteur des *Fleurs du mal* reconnaîtra à la fois le continuateur de « la grande école de la mélancolie, créée par Chateaubriand », et celui qui a introduit dans le romantisme un élément nouveau, « la consolation par les arts ».

Pour son compagnon de bohème, qui ne signait pas encore Nerval mais Gérard, la désillusion de 1830 fut l'occasion d'une forme de renaissance. Le précoce traducteur de *Faust*, en 1827, avait publié à la même date des *Élégies nationales et satires politiques* de facture classique et d'inspiration libérale. Après les Trois Glorieuses qu'il salua par un long poème, « Le Peuple », dans *Le Mercure de France* du 14 août 1830, la désillusion fut rapide comme en témoigne le poème « À Victor Hugo. Les Doctrinaires », daté du 16 octobre. Le 14 mars 1831, le dernier poème politique de Gérard, « En avant marche ! », soldait l'espérance révolutionnaire en faisant de la « Liberté de juillet ! femme au buste divin, / Et dont le corps finit en queue ! » une chimère, qui ne serait pas la dernière de son œuvre poétique. Désormais, la poésie de Gérard, qui pourra dire quelque vingt ans plus tard « En ce temps je ronsardisais », s'identifie à l'odelette. C'est que la désillusion de 1830 s'accompagna d'une conscience nouvelle de la poésie par un retour aux sources du romantisme, mais d'un romantisme plus allemand que français. En février et octobre 1830, deux longues préfaces à des anthologies de commande, un choix de *Poésies allemandes*, et un *Choix des Poésies de Ronsard*, avaient donné à Gérard l'occasion de développer les deux versants d'un même manifeste romantique en forme de défense et illustration d'une poésie nationale et populaire : s'inspirant de Friedrich Schlegel, de Mme de Staël, de Sainte-Beuve, il n'avait pas proposé moins que l'histoire, cavalière, de la poésie française et de la poésie allemande : s'il faisait reproche à Ronsard et à la Pléiade, quels que fussent leurs mérites poétiques, d'avoir, par un art savant imité de l'antique, rompu la tradition populaire et nationale de la poésie, il saluait en Allemagne un romantisme identifié avec le retour à cette tradition rejetée dans l'oubli par deux siècles de classicisme tourné vers la Grèce. Malgré le reproche fait à Ronsard, le choix de l'odelette remettait à l'honneur le genre léger où la poésie savante de Ronsard était la moins éloignée de la tradition populaire des Villon et Marot qu'elle était censée avoir rompue, et consonnait ainsi avec le lied ou la romance du romantisme allemand. Une telle préoccupation devait conduire Nerval, au début des années 1840, à jouer les pionniers de l'ethnomusicologie ou du folklorisme en exhumant « Les Vieilles Ballades françaises » (1842) qui deviendraient dans *Les Filles du feu* les

« Chansons et légendes du Valois ». Mais avec le début des années 1840 et la première grande crise de folie de Nerval commençait aussi une autre histoire, celle des *Chimères*.

Tôt revenu des illusions de la littérature et de la politique («Les Vœux stériles », 21 octobre 1830), enfant d'un siècle déicide (« Rolla », 15 août 1833) et voué dans les années 1830 aux désillusions de l'amour, Musset, dans ce qui devait être sa seule décennie créatrice, allait incarner, avec un succès contemporain aussi éclatant que sa détestation posthume, le romantisme de l'effusion et du sentiment. À une époque où les grands aînés se convertissaient à l'humanitarisme, celui qui avait commencé sa carrière par l'insolente fantaisie des *Contes d'Espagne et d'Italie* revenait au Lamartine de 1820, à celui qui avait essayé « pour la première fois / Ce beau luth éploré qui vibre sous [ses] doigts » (« Lettre à M. de Lamartine », 1er mars 1836), et renouait, dans le cycle des *Nuits* (1er juin 1835-15 octobre 1837), entre lyrisme éloquent et grâce élégiaque, avec l'inspiration des *Méditations*. Mais ces *Nuits* trop fameuses où se manifeste l'éternel décalage entre les saisons nocturnes de la Muse et celles du cœur valent mieux que la caricature d'une poésie qui parle du cœur comme on parle du nez. Dans cette poésie à deux voix, celles de la muse et du poète, ou de l'harmonie et de la douleur, ce que la Muse, cette harmonie personnifiée qui joue la consolatrice des affligés, enseigne au poète rendu muet par les épreuves — mutisme bien bavard dira-t-on —, c'est une forme d'« alchimie de la douleur » avant la lettre (« L'homme est un apprenti, la douleur est son maître ») qui fait de l'harmonie autre chose qu'une simple effusion du cœur.

LA POÉSIE DRAMATIQUE :
LE DRAME ROMANTIQUE

Siècle de la prose triomphante, le XIXe siècle a fait sortir le théâtre de son univers d'origine, la poésie, et créé, comme succédané de la défunte poésie dramatique, le genre moderne du théâtre en prose que Stendhal appelait de ses vœux dès 1823 :

> Je prétends qu'il faut désormais faire des tragédies pour nous, jeunes gens raisonneurs, sérieux et un peu envieux de l'an de grâce 1823. Ces tragédies-là doivent être en prose. De nos jours, le vers alexandrin n'est le plus souvent qu'un cache-sottise.

Cette émancipation fut cependant progressive. Le genre nouveau du théâtre fut bien loin de réaliser, comme il le ferait au XXe siècle par la prise en compte de ce qu'Artaud appellerait son langage propre — la mise en scène —, son autonomie. Le théâtre du XIXe siècle reste un théâtre essentiellement littéraire, et ne s'émancipe de la poésie dramatique que pour osciller, dans la configuration nouvelle des genres non plus poétiques (épique, dramatique, lyrique) mais littéraires au sens moderne du mot (roman, théâtre, poésie), entre l'attraction du roman (dont il constitue, par le jeu des adaptations, le débouché naturel) et la tutelle de la poésie.

De la poésie dramatique à la prose

La révolution romantique eut beau agiter contre les règles classiques l'étendard de la liberté, elle n'en pensa pas moins le théâtre comme partie intégrante de la poésie et à partir des catégories traditionnelles du lyrique, de l'épique et du dramatique. Même Stendhal, qui définit le romantisme par la seule modernité et qui revendique la prose, ne fait que récupérer pour celle-ci lesdites catégories : « notre tragédie, déplore-t-il, n'est qu'une suite d'odes, entremêlées de narrations épiques, que nous aimons à voir déclamer à la scène par Talma ». Quand les tragédies classiques ne lui proposaient que des plaisirs épico-lyriques, Stendhal réclamait en somme pour les spectateurs du XIXe siècle des plaisirs authentiquement dramatiques.

À cette tripartition, la préface de *Cromwell* devait donner une forme de légitimité historique, en déroulant, superposée à l'histoire du monde, une histoire de la poésie et en faisant du drame non seulement le dernier mot de cette histoire, mais sa synthèse, ou « la poésie complète ». Certes, la poésie est déjà pour Hugo le vrai nom de la littérature tout entière, en vers ou en prose, mais il n'empêche qu'à l'encontre de la plupart de ses contemporains, qui tiraient toutes les conséquences de la revendication romantique de liberté, de naturel et de vérité, Hugo maintint pour son drame le privilège du vers jusqu'à faire de cet ultime bastion du classicisme « la forme optique de la pensée ».

Combat d'arrière-garde : c'est en prose que Dumas, d'*Henri III et sa cour* (1829) à *Kean* (1836), fit le succès public du drame romantique ; c'est en prose que Vigny écrivit *La Maréchale d'Ancre* (1831) et *Chatterton* (1835), ne gardant le vers que pour ses traductions-adaptations de Shakespeare ; c'est en prose que Musset écrivit son *Spectacle dans un fauteuil* proprement dramatique. Et Hugo lui-même, à côté de *Cromwell* (1827), d'*Hernani* (1830), du *Roi s'amuse* (1832), de *Ruy Blas* (1838), des *Burgraves* (1843), recourut à la prose pour *Lucrèce Borgia* (1833), *Marie Tudor* (1833), *Angelo, tyran de Padoue* (1835). Musset, à sa façon, entérina cette coupure entre théâtre et poésie (en vers) : seul le second volume d'*Un spectacle dans un fauteuil*, en prose, serait repris à partir de 1840 dans ses œuvres théâtrales, alors que le premier volume entièrement en vers, qui comportait pourtant un drame, *La Coupe et les lèvres*, et une comédie, *À quoi rêvent les jeunes filles*, serait reversé à partir de la même date dans les différentes éditions de ses *Poésies*.

Ce choix du vers ou de la prose n'était pas de pure forme. Contre l'alliance poétique immémoriale du vers et de la mythologie, nourricière de la poésie et particulièrement de la tragédie, le choix de la prose et celui de la modernité historique entérinent, de pair avec le passage de l'épopée au roman, et bien avant que la poésie elle-même passe à la prose, ce que suggérait le *Cours de littérature dramatique* d'August Schlegel, la prosaïsation conjointe de la littérature et du monde.

Le drame romantique, drame de la totalité

Si la Révolution avait libéré le théâtre, l'Empire lui avait imposé une réglementation stricte, tant des salles que des répertoires, dont la Restauration, pour l'essentiel, s'accommoda. Cette réglementation faisait des genres nobles de la poésie dramatique, la tragédie et la grande comédie en cinq actes, de préférence en vers, le répertoire exclusif du Théâtre-Français qu'elle consacrait comme le conservatoire d'un classicisme fossilisé, boudé par le public, tandis que le succès populaire allait, sur les petites scènes des boulevards, aux genres mineurs qui échappaient à la tyrannie des règles. C'est ainsi que la sanctuarisation des grands genres détermina par contrecoup la mutation de deux de ces genres mineurs hérités du XVIIIe siècle, le vaudeville et le mélodrame, en succédanés populaires de la comédie et de la tragédie. Le XIXe siècle fut d'abord, pour le théâtre, le siècle de Pixérécourt et de Scribe, comme il fut, pour la poésie, celui de Béranger.

Le drame romantique fut ainsi, au nom de la liberté et sous le patronage de Shakespeare, une protestation contre ce double partage : le partage générique entre tragédie et comédie ; le partage esthétique et politique entre genres majeurs et genres mineurs. Si la préface de *Cromwell* se contentait de décliner de toutes les façons le mariage de la tragédie et de la comédie (le sublime et le grotesque, le beau et le laid, le haut et le bas, Corneille et Molière ou encore, dans la préface de *Marie Tudor*, le grand et le vrai), il faudrait attendre une autre préface, celle de *Ruy Blas*, pour que fût reconnue une autre filiation générique, et que ce jeu d'oppositions binaires intégrât un tiers élément :

> De là, sur notre scène, trois espèces d'œuvres bien distinctes, l'une vulgaire et inférieure, les deux autres illustres et supérieures, mais qui toutes les trois satisfont un besoin : le mélodrame pour la foule ; pour les femmes, la tragédie qui analyse les passions ; pour les penseurs, la comédie qui peint l'humanité.

Viser la synthèse de ces trois genres, de ces trois publics, de ces trois objets, c'était reconnaître la filiation du drame avec le mélodrame, et surtout concevoir le drame, ce bâtard sublime, comme la promotion démocratique du mélodrame sur un théâtre idéal qui ne visait plus la foule, mais le peuple souverain.

Mais le drame romantique ne se contentait pas de faire la synthèse de la tragédie, de la comédie, du mélodrame (et accessoirement du vaudeville comme dans les deux premières scènes d'*Hernani*) ; tout en récusant le modèle de la tragédie, il ne réinventait rien de moins que le tragique. L'essence du tragique, selon la définition aristotélicienne reprise par les théoriciens du classicisme, était bien moins d'ordre métaphysique (la fatalité) qu'esthétique : la tragédie suscitait le plaisir esthétique par des émotions extrêmes, terreur et pitié. En mettant en place un héroïsme nouveau, celui de l'individu aux prises avec une fatalité historique (politique, sociale) ou métaphysique, le drame romantique inventait le tragique moderne (à la lumière duquel il relisait d'ailleurs le tragique grec ou le tragique racinien). Fatalité externe, mais aussi interne : être de passion, être double (selon la définition hugolienne de la modernité chrétienne), le héros romantique, enfant trouvé (Didier, Antony) ou orphelin (Hernani, Chatterton, Ruy Blas), noble déclassé (Hernani) ou perverti (Lorenzo), porte en lui un abîme et ne trouve la résolution de ses contradictions que dans un sacrifice qui a le plus souvent la forme d'un suicide.

Sortie de scène

Il reste que si le drame romantique inventait le tragique de la fatalité, sa fatalité à lui fut d'abord de nature politique et scénique : fatalité politique de la censure, même relâchée dans les premières années de la monarchie de Juillet ; fatalité scénique de la spécialisation des salles et du surcoût entraîné par la multiplication des personnages et des décors. Même lorsque le drame romantique fut reçu au Théâtre-Français, il fut (des)servi par des acteurs formés à la diction tragique, non au jeu plus physique qu'il exigeait. Il manqua ainsi une salle à ce théâtre d'avant-garde, une salle qui pût réaliser la synthèse du Théâtre-Français et du Boulevard, de la diction tragique et de l'expressivité mélodramatique. Cette salle aurait pu être le bien nommé Théâtre de la Renaissance, inauguré en novembre 1838 avec la première de *Ruy Blas*, et qui, selon le mot de Nerval, collaborateur de Dumas pour *Piquillo* et *Leo Burckart*, venait « prendre place entre le Théâtre-Français et la Porte-Saint-Martin pour le drame ». Mais le Théâtre de la Renaissance devait tôt disparaître en mai 1841.

La principale fatalité fut cependant de nature historique. Quelques années avant que les Républicains ne découvrissent que le suffrage universel pouvait être conservateur, le drame qui visait le peuple souverain découvrait à ses dépens que cette souveraineté plébiscitait d'autres spectacles.

Cette triple fatalité ne contribua pas peu à faire du théâtre romantique, pour une bonne part, un théâtre sans théâtre. Dès le milieu des années 1820, Ludovic Vitet avait créé, avec sa trilogie de *La Ligue* sur les guerres de religion, la formule des scènes historiques, dont la théâtralité se réduisait à la mise en dialogues, plutôt qu'en récit, de moments historiques. C'est dans le même esprit que Mérimée publia son *Théâtre de Clara Gazul*, et que George Sand rédigea privément, en 1831, *Une conspiration en 1537* qui fut la matrice de *Lorenzaccio*.

Musset, lui, n'avait pas dédaigné les prestiges de la scène. Mais l'échec de *La Nuit vénitienne* en décembre 1830 le conduisit à concevoir désormais pour la seule scène de l'esprit un théâtre en liberté avant la lettre, ou *Un spectacle dans un fauteuil* qui lui permit de réaliser avec *Lorenzaccio*, sans égard aux contraintes scéniques, le drame romantique à la postérité la plus durable, ainsi que des comédies et proverbes qui ne connurent que très tard (à partir de 1847) l'épreuve de la scène. À cette date, Vigny avait depuis longtemps (1835) fini d'écrire pour la scène, Alexandre Dumas s'était tourné vers le roman historique ; quant à Hugo, après l'échec (relatif) des *Burgraves*, en 1843, il avait aussi abandonné la scène pour se vouer à d'autres tribunes et d'autres Sinaï, et, pour l'inspiration dramatique, au seul *Théâtre en liberté* qui ne paraîtrait, posthume, qu'en 1886.

LA POÉSIE ÉPIQUE

Malgré l'éclatant renouveau d'un lyrisme volontiers expansionniste ou attrape-tout, il n'était pas écrit, au début du XIXe siècle, que l'épopée était un genre condamné par l'histoire. Avec la tragédie, l'épopée reste le grand genre, de cette grandeur qui faisait la différence entre poème et poésies, ne serait-ce que par la persistance, jusqu'à la fin du siècle, du canon classique grâce à l'Académie et à l'enseignement secondaire. Les premières décennies du siècle virent ainsi la floraison, sur le modèle de l'*Énéide* devenu, de la *Franciade* de Ronsard à la

Henriade de Voltaire, celui des épopées nationales, de *Napoléonides* sous l'Empire, de *Louisiades* sous la Restauration ou de *Philippides* sous la monarchie de Juillet, soit la légitimation par des Virgiles au petit pied des nouveaux August(ul)es. Mais le romantisme même devait donner à l'épique une nouvelle dimension : alors que le modèle de l'épopée classique, c'était l'*Iliade* et l'*Odyssée* et leur avatar latin, l'*Énéide*, l'archéologie proche ou lointaine du romantisme et sa passion des cultures nationales allaient élargir l'horizon géographique et historique de l'épopée, invoquant « les Védas, les Râmayana, le Mahâbhârata, l'Edda, les Niebelungen, le Heldenbuch, le Romancero » (Hugo, *William Shakespeare*), sans oublier, pour la France même, la *Chanson de Roland*, redécouverte au début des années 1830. En outre, le grand bouleversement révolutionnaire de 1789 et ses répliques au XIXe siècle appelaient une refondation symbolique de l'histoire par l'épopée, à une époque où celle-ci représentait la forme privilégiée de la philosophie de l'histoire : ainsi du grand projet de *Palingénésie sociale* de Ballanche. Enfin, en pensant l'épopée dans une dialectique à la fois poétique, historique et anthropologique avec le lyrisme et le drame, le romantisme gardait à ce genre qu'on pouvait présumer dépassé une capacité infinie de régénération.

Mais la conscience historique même du romantisme faisait aussi que l'épopée moderne ne pouvait se contenter de reproduire, comme le faisaient les classiques, un modèle immémorial. Le temps n'était plus, au XIXe siècle, des épopées premières ou naïves, fondatrices d'une culture ou d'une cité. L'épopée des cultures vieillies de l'Occident ne pouvait plus être que seconde, ou refondatrice, et refondatrice d'autres valeurs que celles du passé : l'héroïsme devait changer de nature dans un temps d'émancipation démocratique de l'individu, la logique guerrière cédait la place à des combats d'ordre spirituel, et la collectivité à refonder dépassait le cadre ancien des nations pour s'égaler à l'humanité. De l'« Arma virumque cano » virgilien, l'épopée romantique ne gardait les armes qu'au prix d'une métaphorisation, et l'homme que par une substitution à *vir*, le héros, d'*homo*, l'être humain. « L'épopée, dira Lamartine dans l'« Avertissement » de son *Jocelyn*, n'est plus nationale ni héroïque, elle est bien plus, elle est humanitaire ». Humanitaire et, le plus souvent, chrétienne, fût-ce de façon hétérodoxe. Car l'épopée romantique n'a pas été pour rien baptisée par le *Génie du christianisme* qui, renouvelant la querelle des Anciens et des Modernes, vantait la supériorité des sujets et d'un modèle chrétiens d'épopée — *La Divine Comédie* de Dante, *La Jérusalem délivrée* du Tasse ou *Le Paradis perdu* de Milton (traduit par Chateaubriand lui-même) — sur les modèles païens. L'épopée humanitaire devait ainsi prendre le plus souvent la forme, à la façon du *Paradis perdu* ou de *La Messiade* de Klopstock, de réécritures bibliques dont le héros, ange ou Christ même, porte en lui la liaison problématique de l'humain et du divin et peut embrasser l'histoire universelle comme une histoire du mal et de sa rédemption : *Eloa ou la Sœur des Anges* (1824) de Vigny, *Jocelyn* (1836) et *La Chute d'un ange* (1838) de Lamartine, *La Divine Épopée* (1840) d'Alexandre Soumet, *La Mère de Dieu* (1844) de l'abbé Constant. À quoi il faudrait ajouter d'autres épopées humanitaires, en prose celles-là, *Orphée* (1829) et *La Vision d'Hébal* (1831) de Ballanche, ou *Ahasverus* (1833) d'Edgar Quinet. Sort-on, avec ces épopées en prose, du paradigme de la poésie épique pour entrer dans le paradigme moderne d'une poésie indifféremment en vers ou en prose ? Non, car si la poésie classique s'identifie au vers, elle n'en connaît pas moins le poème en prose, non pas au sens moderne du mot, mais au sens de poème épique en prose, dont l'exemple canonique est le *Télémaque* de Fénelon, qui présente, à l'exception du vers, toutes les caractéristiques de la poésie (fiction, style, figures). Les auteurs d'épopée en prose pouvaient en outre se recommander là encore de Chateaubriand, traducteur en prose du *Paradis perdu*, et auteur en 1809 d'une épopée en prose, *Les Martyrs*, dont les premières lignes décalquent exactement, tout en le prosaïsant (et en le christianisant) le modèle poétique de l'« Arma virumque cano » :

> Je veux raconter les combats des Chrétiens, et la victoire que les Fidèles remportèrent sur les Esprits de l'Abîme, par les efforts glorieux de deux époux martyrs.
> Muse céleste, vous qui inspirâtes le poète de Sorrente [Le Tasse] et l'aveugle d'Albion [Milton], vous qui placez votre trône solitaire sur le Thabor, vous qui vous plaisez aux pensées sévères, aux méditations graves et sublimes, j'implore à présent votre secours. Enseignez-moi sur la harpe de David les chants que je dois faire entendre ; donnez surtout à mes yeux quelques-unes de ces larmes que Jérémie versait sur les malheureux de Sion : je vais dire les douleurs de l'Église persécutée !

Il reste que l'épopée romantique, en vers ou en prose, se heurte à une limite inhérente à son projet même : si l'on peut raconter la guerre de Troie en vingt-quatre chants, quelle œuvre peut contenir l'histoire de l'humanité ? Les épopées humanitaires ne sont ainsi le plus souvent que des fragments d'une épopée rêvée, et qui reste à l'état de rêve : fragment l'*Eloa* de Vigny, fragments *Jocelyn* et *La Chute d'un ange* d'une épopée qui se fût appelée *Les Visions* ; fragments *Orphée* et *La Vision d'Hébal* de *La Palingénésie sociale* avortée.

Dès avant les lendemains de 1848 qui marqueront une forme de péremption historique de l'épopée, la vocation épique du romantisme rencontre donc sa limitation dans sa démesure même, la démesure d'une visée de la totalité qui la voue au fragment. Ou bien, autre forme de fragmentation, les « poèmes » de Vigny, ces idées philosophiques à forme épique, se donnent à lire dans une œuvre qui, quelle que soit sa dimension épique, a, elle, la forme par excellence de l'œuvre lyrique : le recueil. D'un côté le fragment d'une épopée impossible, de l'autre une collection de modèles réduits d'épopée : dans les deux cas, l'épopée romantique bute sur la double aporie de la totalité et de l'unité.

Deuxième partie : 1848-1900

Les années charnière du demi-siècle, de la révolution de 1848 au coup d'État du 2 décembre 1851, courte parenthèse républicaine entre la monarchie de Juillet et le Second Empire, ne furent pas qu'une fracture historique ; la littérature et la poésie y jouèrent aussi une bonne part de leur destin. Si la révolution encore spiritualiste de 1848 marque l'apogée du romantisme humanitaire — c'est le poète des *Méditations* qui proclame la République au balcon de l'Hôtel de Ville —, ses lendemains qui déchantent inaugurent pour la poésie un temps d'exil, de retrait, de désillusion politique qui fait pendant, quelque vingt ans après, au désenchantement de 1830. Mais les premières années du Second Empire marquent aussi la consécration d'une seconde génération romantique. Cette seconde génération du romantisme, qui, lorsqu'elle s'affiche comme anti-romantique, vise avant tout le romantisme humanitaire et sentimental de ses aînés, est celle qui lierait son destin à l'invention d'une modernité fondée, contre l'empire rhétorique, sur l'autonomie du poétique, une autonomie qui se paierait, pour cette poésie non discursive, de la perte de son public.

DESTINÉES DE L'ÉPIQUE

Après la révolution confisquée par la bourgeoisie, après le coup d'État et les désillusions qui s'ensuivirent, l'épopée avait toutes les raisons de devenir anachronique[1]. Alors que l'histoire du XIXe siècle semblait se parodier elle-même (Napoléon III après Napoléon Ier, ou la farce tragique après l'épopée), les temps n'étaient plus à la convocation des héros de la Fable ou de l'histoire, sinon sur le mode parodique des opérettes d'Offenbach. C'est pourtant dans les années 1850, avant même que Vigny, avec « L'Esprit pur », compose l'épilogue de son recueil testamentaire, *Les Destinées*, que s'inventent, en guise de chant du cygne de l'épopée, deux rapports inédits à l'*epos*.

---

1. Sauf dans une langue renée, au service de la renaissance provençale, comme celle de Mistral, l'auteur de *Mireille*.

Poèmes antiques

En décembre 1852 paraissait un premier recueil, dont le titre rappelait, tronqué symboliquement de sa part moderne, le recueil de Vigny, et dans la préface duquel son auteur, qui attaquait à la fois le romantisme et son siècle, invitait les poètes de ce temps de décadence et de barbarie à s'isoler du monde de l'action pour se « réfugier dans la vie contemplative et savante ». Ce républicain désenchanté des lendemains de 1848 qui avait, dans les années 1840, caressé les chimères de l'utopie socialiste, inaugurait sous le Second Empire une forme inédite, à la fois archéologique et mélancolique, de l'épopée. Il ne s'agissait pas d'inventer la formule d'une épopée moderne, ni de redonner vie à l'épopée antique, mais de restituer, dans une modernité nécessairement en deuil de l'épique, les voix des épopées mortes, et de les restituer, à l'envers de la familiarité classique, dans leur distance temporelle et leur étrangeté culturelle irréductibles — de là les graphies archaïques. Ce qui vaut pour l'épopée vaut d'ailleurs pour l'ensemble de la poésie, une poésie dont l'histoire est celle d'une décadence. Dans un temps où d'autres, comme Maxime Du Camp dans ses *Chants modernes* (1855), chantaient la vapeur ou le télégraphe électrique, Leconte de Lisle trouvait dans l'Antiquité la terre de son exil intérieur, qui était en même temps l'exil de la poésie. L'Antiquité, ou plutôt les Antiquités : les *Poèmes antiques* s'ouvraient en 1852 sur deux poèmes indiens, ils en comporteraient sept vingt ans plus tard, conjuguant ainsi la beauté grecque et la sagesse (nihiliste) de l'Inde. Avec les *Poèmes barbares* (1872) et les *Poèmes tragiques*

(1884), ce suppôt de Maya (l'Illusion) devait élargir sa Bible de l'humanité aux théo-cosmogonies et autres récits de fondation hébraïques, égyptiens, scandinaves, celtiques, polynésiens, arabes, amérindiens..., composant ainsi, à l'envers de l'optimisme romantique, sa légende des siècles morts, ou son requiem du génie épique, et témoignant, dans un monde moderne dégénéré, d'un temps où la poésie était le chant de fondation des cultures et des civilisations.

La Légende des siècles

Au début de ses années d'exil, le temps pour Hugo était bien moins à l'épopée qu'à la satire, celle de *Châtiments* (1853), même si cette satire avait aussi, comme le suggérait la fin du premier poème, « Nox », une dimension épique :

> Muse Indignation ! viens, dressons maintenant,
> Dressons sur cet empire heureux et rayonnant,
> Et sur cette victoire au tonnerre échappée,
> Assez de piloris pour faire une épopée !

Publiée en 1859, *La Légende des siècles* devait élargir aux dimensions de l'histoire universelle l'inspiration et le mouvement d'ascension, de « Nox » à « Lux », de *Châtiments*. La modernité de *La Légende* sous-titrée *Petites Épopées* tient sans doute à sa forme : non pas une grande épopée, mais une série de petites épopées. Aux yeux de Baudelaire pour qui « un long poème est une parfaite contradiction de termes », Hugo, fabriquant un épique nouveau à partir de la petite forme, réalisait ainsi « le seul poème épique qui pût être créé par un homme de son temps pour des lecteurs de son temps ». Mais à la différence des *Destinées* de Vigny ou des *Poèmes antiques* de Leconte de Lisle, les *Petites Épopées*, qui devaient constituer le premier tome d'une trilogie avec *La Fin de Satan* et *Dieu*, ne composent pas simplement un recueil, mais une véritable épopée organique, même fragmentée ou discontinue, en forme d'histoire universelle, une contre-Bible, de la Genèse du « Sacre de la femme » à l'Apocalypse de « La Trompette du jugement ».

En outre, cette épopée qui manifeste, comme le dira un titre de la seconde série, un « Changement d'horizon » de l'épique, est à la fois une épopée critique de l'épopée et une contre-épopée : critique de l'épopée guerrière, de l'épopée qui rime avec l'épée, de l'épopée du tambour et du clairon, symboliquement inaugurée, grâce à un petit détournement du texte de la Genèse, par la descendance de Caïn ; critique de l'épopée des puissants, de l'épopée qui fait rimer la poésie avec la tyrannie ; contre-épopée de l'âne, du mendiant, du satyre, des enfants, du crapaud, des pauvres gens, des misérables ; contre-épopée de l'Homme et d'un héroïsme nouveau, qui ne trouve plus à s'illustrer dans la bataille mais « Après la bataille », d'un héroïsme qui n'est plus synonyme de violence, mais de douceur et de charité : « Mon père, ce héros au sourire si doux ». Pour autant, *La Légende* n'est pas une contre-épopée lénifiante qui escamoterait le tragique de l'histoire : comme « La Révolution » hugolienne est inséparable du « Verso de la page », *La Légende des siècles* doit se lire aussi au verso des pages épiques les plus sombres de l'histoire. Hugo fait ainsi du grand avec le petit, qu'il s'agisse des humbles devenus les héros nouveaux, ou de l'idylle (« petite forme ») transfigurée, comme « Le Satyre », sur le modèle virgilien de la VIe églogue, en épopée universelle.

Surtout, *La Légende des siècles* n'est pas seulement épique, mais lyrique et dramatique. Elle est en somme, tout à la fois, primitive, antique et moderne.

Lyrique, cette bible de l'humanité l'est, comme la Bible, dans sa Genèse, « Le sacre de la femme » ; elle l'est encore en ce que l'ægipan, double mythique de Hugo dans cette légende des siècles en miniature du « Satyre », troque ses pipeaux estropiés pour la flûte puis la lyre, et fait de celle-ci l'instrument d'une épopée nouvelle, transfiguration de l'idylle autant que de la fable ; elle l'est surtout parce que, s'il est vrai qu'« il n'y a pas de poésie lyrique sans le moi » (Hugo à Hetzel, 21 décembre 1852), l'impersonnalité de la voix épique se ressource, avec la section « Maintenant » — ce titre déictique, qui détonne par rapport aux titres historiques qui le précèdent et qui le suivent (« Seizième siècle », « Dix-septième siècle », « Vingtième siècle »), marque bien l'irruption du discours dans le récit épique, et inscrit dans *La Légende des siècles* sa situation d'énonciation —, dans un « je » lui-même en retour historicisé et refondé dans une éthique post-révolutionnaire de « La pitié suprême ».

Cette épopée lyrique est aussi une épopée dramatique (« Ce livre a été écrit, dit un projet de préface, au point de jonction de l'élément épique et de l'élément dramatique ») par l'abondance des dialogues quasi théâtraux, par la concentration et la dramatisation du récit ; elle l'est, surtout, en tant qu'elle est une contre-épopée, ou une épopée qui contient en elle sa propre négativité, par ce qui définit le drame au-delà de sa dimension simplement générique : la grande loi de l'antithèse et de l'alliance du sublime et du grotesque. Tout le mouvement de l'épopée dramatique, recto et verso, est ainsi dans la transfiguration du grotesque en un sublime nouveau.

L'épopée réalise en somme ce que le drame réalisait au temps de la Préface de *Cromwell*, la synthèse poétique par excellence, lyrique, épique et dramatique, à cette différence près que la synthèse des temps de l'exil s'est augmentée d'une quatrième dimension, la satire. L'attelage des quatre inspirations, c'est le quadrige de « Plein Ciel », mué en aéroscaphe :

> Jadis des quatre vents la fureur triomphait ;
> De ces quatre chevaux échappés l'homme a fait
> L'attelage de son quadrige ;

L'attelage, qui réalise la vision d'Ézéchiel, c'est *La Légende des siècles* comme figure double du progrès et de la poésie ; et les quatre vents sont les quatre vents de l'esprit qui donneront son titre au grand recueil de 1881, à la différence qu'en 1859 le livre satirique, le livre dramatique, le livre lyrique et le livre épique ne sont pas simplement juxtaposés mais forment, par-delà la discontinuité apparente des petites épopées, un seul livre, *La Légende des siècles*, un seul instrument, la grande lyre, une seule strophe, « la strophe du progrès ». Car *Les Quatre Vents de l'esprit* sont aussi une autre façon de faire chanter *Toute la lyre*.

La Légende des siècles devait connaître une seconde série en 1877, et une version définitive en 1883, un an avant les *Poèmes tragiques* de Leconte de Lisle, mais l'épopée n'est plus, à cette date, qu'un genre qui se survit. La dernière illustration marquante du genre au XIXe siècle est la publication en 1893 des *Trophées* d'Heredia qui, poussant à la limite la miniaturisation de l'épopée, proposent une légende des siècles plus lislienne qu'hugolienne dans le format des *Émaux et camées*.

Un épique nouveau

La péremption progressive du genre de l'épopée au XIXe siècle ne signifie pas pour autant la disparition de l'épique, mais sa transformation, que ce soit dans l'Histoire de Michelet, vouée à consacrer symboliquement la Révolution (*Histoire de France*, 1833-1867, *Histoire de la Révolution française*, 1847-1853, *Histoire du XIXe siècle*, 1872-1875), avant qu'une histoire plus positiviste ne périme cette histoire poétique, ou, plus massivement, dans le roman. Cet ultime avatar de l'épique relève évidemment d'une autre histoire, qu'on lira ailleurs.

Est-ce à dire que l'épique dégradé ou transformé du roman est complètement extérieur à l'espace poétique traditionnel qui s'efface au XIXe siècle pour laisser la place à un partage générique nouveau ? Non, car le roman se pense encore, en ce siècle, moins comme le tout autre du poème que comme la formule d'une poésie plus complète. On ne s'étonnera pas de retrouver Hugo qui écrit dans *William Shakespeare* : « L'épopée a pu être fondue dans le drame, et le résultat, c'est cette merveilleuse nouveauté littéraire qui est en même temps une puissance sociale, le roman. / L'épique, le lyrique et le dramatique amalgamés, le roman est ce bronze. *Don Quichotte* est iliade, ode et comédie » et qui, après *La Légende des siècles*, trouve dans *Les Misérables* la formule moderne de l'épopée humanitaire. Mais Balzac ? Mais Flaubert ? Mais Zola ? Le premier n'a pas choisi pour rien, pour son grand œuvre, un titre démarqué de l'épopée dantesque ; le second, à l'époque où il peinait sur *Madame Bovary*, écrivait le 27 mars 1853 vouloir « donner à la prose le rythme du vers (en la laissant prose et très prose) et écrire la vie ordinaire comme on écrit l'histoire ou l'épopée », non pas pour opposer la prose à la poésie, mais pour faire de la prose l'instrument d'une « poésie complète », baptisée « la grande synthèse ». Et d'ajouter : « Autrefois on croyait que la canne à sucre seule donnait le sucre. On en tire à peu près de tout maintenant ; il en est de même de la poésie. Extrayons-la de n'importe quoi, car elle gît en tout et partout ».

Quant au troisième, confrontant en 1866 les romans antique et moderne, il écrivait :

> [...] lorsque le ciel a été dépeuplé, lorsque la science a tué les fantômes du rêve et ouvert à l'intelligence les larges horizons de l'observation et de la méthode, lorsque l'homme s'est replié sur lui-même, lorsque le drame de la vie s'est compliqué et déroulé de façon diverse à chaque foyer domestique, il est forcément arrivé que l'épopée, que le roman des dieux et des héros a dû disparaître pour faire place au roman des hommes. J'entends parfois certaines personnes réclamer le poème épique français qui n'existe pas, disent-elles. Certes, il n'existera jamais pour elles si elles attendent une nouvelle *Iliade*, si elles veulent que l'humanité retourne en arrière, dans les matinées et dans les rêveries lumineuses de son adolescence. Nous ne pouvons, nous les esprits savants et inquiets, causer face à face avec les dieux et croire aux beaux mensonges de l'imagination. Mais, pour les penseurs qui ont interrogé l'histoire et qui savent comment se comportent les forces créatrices de l'intelligence, l'épopée moderne est créée en

France. Elle a pour titre *La Comédie humaine*, et pour auteur Honoré de Balzac.

Quelques années plus tard, l'épopée moderne serait *Les Rougon-Macquart*.

DE LA POÉSIE LYRIQUE À LA POÉSIE

> Le monde, que troublait leur parole profonde,
> Les exile. À leur tour ils exilent le monde !
> VERLAINE

Le Second Empire inaugure pour la poésie le temps de l'exil : Hugo est proscrit, Lamartine abandonne la poésie, Vigny complète dans le silence son recueil des *Destinées* qui ne paraîtra qu'après sa mort, Musset n'écrit plus. Phénomène de génération ? Pas seulement : derrière l'exil réel du poète par excellence, c'est toute la poésie qui se pose orgueilleusement en exilée de l'intérieur dans une société bourgeoise vouée à l'industrie et au profit. Ce fantasme d'exil se double en outre d'un désenchantement profond qui renvoie le romantisme humanitaire à ses chimères et détache la poésie de toutes les fonctions politique, sociale, religieuse que lui avait généreusement dévolues le magistère prophétique des lendemains de 1830. Dans une société où, selon la formule du « Reniement de saint Pierre », paru en 1852, « l'action n'est pas la sœur du rêve », mais devient l'affaire des industriels, la poésie choisit la part du rêve, ou l'Idéal, conçu comme l'antonyme absolu des valeurs sociales. Alors que le roman, à la même époque, prend à charge de faire entrer dans la littérature les réalités nouvelles du temps et fait siennes les valeurs de science et de progrès, la poésie, dans un partage des rôles non concerté, se voue, sous le signe de l'Art promu au rang de valeur suprême et désintéressée (l'art pour l'art), à la quête de son autonomie. S'il est un constat qui est, Hugo excepté, largement partagé, c'est bien que « la Poésie, réalisée dans l'art, n'enfantera plus d'actions héroïques ; elle n'inspirera plus de vertus sociales » (Leconte de Lisle) : *exit* la poésie épique ; *exit* la poésie dramatique. Il en résulte que la poésie en quête d'autonomie du second romantisme, ce n'est plus la poésie telle que le premier romantisme l'avait reçue du classicisme et conservée, épique, lyrique et dramatique, mais la seule poésie lyrique, dans le temps même où se produit une réaction anti-sentimentale qui va faire du Musset des *Nuits* la tête de Turc de trois générations, avant deux crises plus décisives, la crise de prose, et la crise du sujet, qui constituent les deux versants d'une crise générale de la communication poétique. L'autonomie de la poésie se cherchera dès lors dans deux voies différentes, même si elles se recoupent parfois, celle de l'amour exclusif du Beau et de l'art pur (Gautier, Banville), celle d'une conversion du lyrisme sentimental en lyrisme spirituel et visionnaire. C'est dans cette deuxième voie, où l'opposition entre l'art pour l'art et l'art pour le progrès se trouve dépassée («Au fond, c'est la même chose » écrivait l'œcuménique Hugo à Baudelaire), que l'auteur des *Contemplations* rejoint le Nerval des *Chimères* et le Baudelaire des *Fleurs du mal* dans une commune visée surnaturaliste, celle d'un romantisme voué au dépassement du visible.

L'art pour l'art

Au temps des prophètes succède le temps des artistes ou des artisans : paru en juillet 1852, *Émaux et camées* sonna comme l'œuvre manifeste des temps nouveaux, avec la désinvolture affichée de la Préface pour les événements récents (« Sans prendre garde à l'ouragan / qui fouettait mes vitres fermées / Moi, j'ai fait *Émaux et Camées* »), ses métaphores sculpturales et son usage exclusif du quatrain d'octosyllabes, même s'il fallut attendre l'édition de 1858 pour y lire son poème le plus célèbre (et de forme inédite), « L'Art », destiné à clore le recueil :

> Oui, l'œuvre sort plus belle
> D'une forme au travail
> Rebelle,
> Vers, marbre, onyx, émail.

Or le Oui initial de cet incipit fameux n'est pas un oui simplement rhétorique. Avant de s'appeler « L'Art », la préoriginale de ce poème s'intitulait « À Monsieur Théodore de Banville ; réponse à son Odelette », laquelle Odelette, intitulée « À Th. Gautier », commençait ainsi :

> Quand sa chasse est finie
> Le poète oiseleur
> Manie
> L'outil du ciseleur.

> Car il faut qu'il meurtrisse
> Pour y graver son pur
> Caprice,
> Un métal au cœur dur.

Restituer le dialogisme effacé de ce manifeste à deux voix, ce n'est pas rappeler seulement la proximité de deux poètes, mais aussi que, chez l'un et l'autre, le poète ciseleur ne doit pas faire oublier le poète oiseleur, ni la forme dure le caprice ou la fantaisie qui s'y grave.

Dix ans avant *Émaux et camées*, Banville avait, dans *Les Cariatides*, fait du poète le serviteur des « rythmes polis » et de « la Muse au front sans tache ». Mais ni le titre de ce premier recueil, ni celui du suivant (*Les Stalactites*) ne font de lui le dévot d'un art minéral sans âme ni passion. Baudelaire, plus sûrement (et Mallarmé après lui), reconnut dans l'auteur des *Odes funambulesques* le lyrique pur, c'est-à-dire, à l'opposé de tout sentimentalisme, celui qui, porté par l'enthousiasme (au sens propre du mot), transfigure le réel et opère ainsi « un retour vers l'Éden perdu ».

De la poésie du visible à la poésie de l'invisible

Au-delà des oppositions convenues de l'histoire littéraire (prophètes et artistes, romantiques et parnassiens, anciens et modernes), Claude Pichois a justement proposé d'identifier les années 1850 à l'apparition d'une constellation inédite, représentant sans doute la meilleure part du romantisme français, celle d'un surnaturalisme voué à l'exploration de l'envers nocturne de l'homme et du monde.

« Je suis le ténébreux [...] »

Le 10 décembre 1853, Alexandre Dumas révélait dans *Le Mousquetaire* la folie de Nerval et publiait à titre de pièce à conviction le sonnet « El Desdichado ». Nerval, qui s'apprêtait à publier ses *Filles du feu*, en remplaça *in extremis* l'introduction par une lettre à Dumas et ajouta à la fin, sous un titre, *Les Chimères*, qui prenait au mot celui qui l'avait présenté comme un « guide entraînant dans le pays des chimères et des hallucinations », les douze sonnets composés dans un « état de rêverie supernaturaliste ». Ces sonnets avaient donc à voir avec la folie de Nerval, qu'ils remontent à la première crise de 1841 ou à celle de 1853. Pour autant, ces *Chimères* qui inaugurent dans la poésie française une poésie des gouffres ne sont pas des poèmes délirants. Ils témoignent d'une crise qui n'est pas seulement la crise psychique du moi nervalien, mais la crise historique du rêve (ou de la chimère) romantique et du moderne sujet lyrique. L'expérience fondamentale des *Chimères* est celle d'une descente aux enfers, par laquelle le je nervalien s'identifie à la fois au poète lyrique par excellence, Orphée (« El Desdichado »), et à cet autre double du poète, le Christ porteur du rêve romantique d'harmonie universelle (« Le Christ aux Oliviers »). La mélancolie des *Chimères* est celle d'une poésie consciente de son historicité, qui enregistre le deuil, dans le lyrisme moderne tel qu'il résulte de l'avènement de l'individu (l'« Homme, libre penseur »), de la vocation traditionnellement religieuse de la poésie, et le changement de statut d'une mythologie qui ne dit plus la vérité du monde, mais la seule vérité du sujet. Mais la descente aux enfers nervalienne n'a pas que la dimension mélancolique d'un sujet, nouvel Orphée ou nouveau Christ, confronté à ses chimères ou à sa folie (« C'était bien lui ce fou, cet insensé sublime ») ; elle est aussi, comme pour cet autre héros nervalien de la descente aux enfers, l'Adoniram du

Voyage en Orient, le lieu d'une initiation. Comme Adoniram, le poète découvre, dans le chaos du monde souterrain, le secret de la création : l'art authentique n'est pas un art d'imitation de la nature sous le double signe de l'unité et de l'harmonie ; c'est un art de création qui ne crée pas de rien, mais par accouplement contre nature d'éléments préexistants, ce qui est la formule même de la chimère, ce monstre composite, et le contre-modèle exact de l'art poétique horatien (« ut turpiter atrum desinat in piscem mulier formosa superne »). *Les Chimères* thématisent ainsi cette logique d'accouplement contre nature (« La treille où le pampre à la rose s'allie », « Le pâle hortensia s'unit au myrthe vert »...), mais la réalisent aussi poétiquement : « Delfica » est le rapiéçage poétique de la « Chanson de Mignon » de Goethe et de la IVe églogue de Virgile, comme « Le Christ aux Oliviers » est l'accouplement monstrueux du récit évangélique de la Passion et du « Discours du Christ mort » de Jean Paul. La descente aux enfers est alors une spéléologie de l'art poétique, et la grotte, qui désigne le lieu d'origine caché des chimères (« la grotte où nage la syrène », « la grotte [...] / Où du dragon vaincu dort l'antique semence »), est aussi le lieu d'origine des *Chimères* et d'un art poétique proprement *grotesque*.

Les Chimères sont ainsi une plongée dans cette grotte qui conjoint les trois expériences nervaliennes de la profondeur : elle est à la fois la face cachée du monde, ce que Nerval appelle le monde souterrain, et qui est le monde des mythes, la face cachée du moi, qu'on n'appelle pas encore l'inconscient, et la *camera obscura*, ou la grotte obscure, de la création, soit le monde des chimères au triple sens, mythologique, psychologique et poétique, du mot.

> « L'homme en songeant descend
> au gouffre universel. »

C'est une autre plongée dans les gouffres, et, en volume au moins, d'une tout autre dimension, que propose Hugo, après un silence lyrique de seize ans, dans un recueil qui met en scène, dès le prologue, la figure du poète « penché sur l'abîme des cieux », et ces gouffres ont aussi à voir, même s'ils ne s'y réduisent pas, avec le deuil et la mélancolie.

« *Autrefois*, *Aujourd'hui*. Un abîme les sépare, le tombeau ». Coupées en deux par la mort de Léopoldine matérialisée au début de la quatrième partie («Pauca meae ») par une page blanche portant une simple date (« 4 SEPTEMBRE 1843 ») suivie d'une ligne de points, *Les Contemplations* ne sont pas seulement le Tombeau de Léopoldine, ni même la grande pyramide d'un mort-vivant. La solitude de l'exil et surtout l'expérience des Tables (les deux tiers des poèmes ont été écrits dans les deux années de communication avec les Esprits) font de ces « *Mémoires d'une âme* » l'œuvre-somme du lyrisme hugolien, de l'idylle au lyrisme apocalyptique en passant par l'ode et l'odelette, la chanson, l'élégie, le lyrisme éloquent et la grande méditation philosophique, et dessinent, à travers l'évocation successive de l'enfance, des amours, des « luttes et [d]es rêves », du tombeau, de l'exil jusqu'aux méditations finales, l'assomption christique d'un Moi universel (« Ah ! insensé, qui crois que je ne suis pas toi ! »), d'un Moi aimant et souffrant, portant toutes les misères du monde, de la nature visible à Dieu invisible, Celui qui parle par la bouche d'ombre : dans les deux derniers plans conservés, *Les Contemplations* devaient avoir pour ultime section « Solitudines Cœli », soit le poème finalement abandonné de « Dieu ».

Par-delà la disproportion des deux œuvres, *Les Contemplations* et *Les Chimères* se rejoignent ainsi dans une inspiration visionnaire et mystique : « Ce que dit la bouche d'ombre » est comme l'orchestration gigantesque de « Vers dorés », et l'« affreux soleil noir d'où rayonne la nuit » voisine désormais dans l'imaginaire romantique avec « le Soleil noir de la Mélancolie ».

> « Pascal avait son gouffre, avec lui se mouvant,
> — Hélas ! tout est abîme, — action, désir, rêve,
> Parole [...]. »

Baudelaire a son gouffre aussi, mais rien n'est moins cosmique que cette poésie du gouffre ou de l'abîme. L'exploration baudelairienne de l'envers nocturne de l'homme et du monde est d'une autre nature. Elle est l'invention d'une *terra incognita* de la poésie comme Sainte-Beuve l'avait suggéré : « Tout était pris dans le domaine de la poésie. / Lamartine avait pris les *cieux*, Victor Hugo avait pris la *terre* [...]. Que restait-il ? / Ce que Baudelaire a pris », c'est-à-dire le mal. Mais le mal baudelairien n'est pas, malgré Sainte-Beuve, une sorte de « Kamtchatka romantique » ou de territoire excentré pour un poète excentrique en mal de fleurs exotiques ; il serait plutôt le troisième terme exact du ciel lamartinien et de la terre hugolienne, ou le troisième niveau de la cosmologie romantique : le monde souterrain, ou l'enfer. Baudelaire, qui avait envisagé d'intituler son recueil *Les Limbes*, est le Dante moderne d'un enfer intérieur où les démons s'appellent l'ennui, le remords, l'ironie, mais aussi la beauté ou l'amour, et où la muse dégradée, vénale et malade, s'identifie à celle que Mallarmé nommerait la « Muse moderne de l'Impuissance ».

Un siècle après Sainte-Beuve, Pierre Jean Jouve devait identifier une autre *terra incognita* de cette poésie en faisant de Baudelaire l'inventeur de l'inconscient. D'une certaine façon, ces deux terres n'en font qu'une, et le mal est le nom baudelairien de l'inconscient, ou plutôt le mal est au moi (et au monde) ce que l'inconscient est à la conscience, surtout en un temps où « le satanisme a gagné. Satan s'est fait ingénu. Le mal se connaissant était moins affreux et plus proche de la guérison que le mal s'ignorant. G. Sand inférieure à de Sade. » Avec Baudelaire, Orphée découvre en somme l'enfer d'un inconscient proprement diabolique (« la plus belle des ruses du diable est de vous persuader qu'il n'existe pas ! ») et se donne, à défaut de vaincre la mort, le privilège de regarder le mal en face (« Soulagement et gloire uniques, / — La conscience dans le Mal ! »).

Mais Baudelaire n'est pas seulement le psychologue des profondeurs ou le moraliste paradoxal qui soulève les masques et exhibe les vices sous le voile des vertus ; cet enfer est d'abord une mine poétique encore inexploitée : « Des poëtes illustres, écrirait-il, reprenant l'argument de Sainte-Beuve et donnant ainsi la clé d'un titre mystérieux ou pétard, s'étaient partagé depuis longtemps les provinces les plus fleuries du domaine poétique. Il m'a paru plaisant, et d'autant plus agréable que la tâche était plus difficile, d'extraire la *beauté* du *Mal*. »

Que Baudelaire ait mis beaucoup de lui-même dans son recueil qui n'est pas qu'un livre d'art pur (« dans ce livre atroce, j'ai mis tout *mon cœur*, toute *ma tendresse*, toute *ma religion* (travestie), toute *ma haine* ») ne fait pas des *Fleurs du mal* une autobiographie poétique ni une confession ; il faut y voir plutôt, conformément au projet originel (« représenter les agitations et les mélancolies de la jeunesse moderne »), le recueil des postures et des contradictions (qui sont aussi les postures et les contradictions assumées du romantisme) d'un sujet divisé, inaugurant un lyrisme moins impersonnel que profondément dialogique.

La postérité a fait de ce Baudelaire-là, en son temps largement méconnu, le fondateur de la poésie moderne. Cette modernité peut se résumer en quelques mots :

— Autonomie. Le procès des *Fleurs du mal* devait évidemment exacerber la question du mal et de la moralité. Baudelaire n'avait cependant pas attendu le réquisitoire du procureur Pinard pour revendiquer, après Poe, une autonomie de l'art irréductible à l'idolâtrie formelle de l'art pour l'art : « La poésie ne peut pas, sous peine de mort ou de défaillance, s'assimiler à la science ou à la morale ; elle n'a pas la Vérité pour objet, elle n'a qu'Elle-même », ce qui n'est pas nier la moralité ou la vérité de l'art, mais distinguer le beau, le bien et le vrai, et reconnaître ainsi la spécificité du dire poétique par rapport aux discours démonstratifs (l'hérésie de l'enseignement).

— Modernité. Bien avant le manifeste tardif sur Constantin Guys, Baudelaire s'est voulu « Le Peintre de la vie moderne », lui qui écrivait à la fin du *Salon de 1845* : « Celui-là sera le *peintre*, le vrai peintre, qui saura arracher à la vie actuelle son côté épique, et nous faire voir et comprendre, avec de la couleur ou du dessin, combien nous sommes grands et poétiques dans nos cravates et nos bottes vernies ». La modernité, qui suppose ainsi l'historicité du Beau, c'est de faire entrer la réalité contemporaine (réalité industrielle et urbaine, mais aussi réalité spirituelle) dans l'univers de convention de la poésie, non pas sur le mode réaliste du roman, mais pour en dégager l'héroïsme ou la beauté propres, irréductibles aux conventions périmées de l'idéalisme esthétique.

— Prose. La modernité n'est pas seulement affaire de sujets, mais aussi de mots. Baudelaire a introduit en poésie une trivialité verbale, le prosaïsme, donnant ainsi aux *Fleurs du mal* cet aspect mêlé de tragédie grecque et de fait divers. Du prosaïsme à la prose, Baudelaire devait sauter le pas après l'achèvement de ses *Fleurs*, lorsqu'il eut le sentiment d'avoir atteint les limites du vers et qu'il choisit d'abandonner cette ultime convention, même si la condamnation devait le contraindre à y revenir pour compléter le recueil mutilé. Ainsi naquit le poème en prose, que Baudelaire n'avait pas inventé — il revendiqua lui-même l'exemple, passé inaperçu, d'Aloysius Bertrand, tout en adaptant la peinture de la vie ancienne de *Gaspard de la Nuit* « à la description de la vie moderne » —, mais dont il inventait au moins la formule « d'une prose poétique, musicale sans rhythme et sans rimes, assez souple et assez heurtée pour s'adapter aux mouvements logiques de l'âme, aux ondulations de la rêverie, aux soubresauts de la conscience », ou d'une « prose lyrique » appelée à devenir la forme même de la modernité.

— Brièveté. L'aspect cependant le plus manifeste de la révolution baudelairienne est l'accent mis, à la suite de Poe, sur une triple nécessité : brièveté, concentration, effet, qui allait identifier durablement la poésie, à l'envers d'une tradition immémoriale, à la forme brève et à la densité sémantique d'un « infini diminutif ».

Le Parnasse

Une histoire littéraire encore accréditée a résumé l'histoire de la poésie du XIXe siècle à la succession du romantisme, du Parnasse et du symbolisme, faisant du Parnasse une réaction anti-romantique dont les figures de proue s'appellent Gautier, Leconte de Lisle et Banville. Si une telle présentation n'est pas tout à fait fausse, elle est pour le moins anachronique. Le Parnasse représente plus justement, après celle de 1820 (Lamartine, Vigny, Hugo), puis celle de 1840 (Leconte de Lisle, Baudelaire, Banville), la troisième génération romantique, la génération poétique de 1860, dont le rôle historique sera de consacrer comme maîtres nouveaux, contre les anciens de la première génération, leurs aînés de la deuxième.

En mars 1866, Louis-Xavier de Ricard et Catulle Mendès lancèrent chez l'éditeur Lemerre une anthologie poétique, *Le Parnasse contemporain*, qui se voulait représentative de la poésie vivante, toutes générations confondues, en même temps qu'elle offrait un premier espace de visibilité à la jeune génération à laquelle appartenaient eux-mêmes les deux promoteurs. Cette anthologie de trente-sept auteurs n'était nullement anti-romantique (même la première génération romantique y était représentée par les frères Deschamps, et si Hugo n'y figurait pas, pour des raisons d'exclusivité éditoriale, Auguste Vacquerie jouait les lieutenants). Ce premier *Parnasse* ne fut donc pas « parnassien », au sens anachronique du terme, et ce sont surtout les caricatures et les parodies — le *Parnassiculet contemporain* de Paul Arène et d'Alphonse Daudet, les « Médaillonnets du *Parnasse* » de Barbey d'Aurevilly — qui assurèrent la prime fortune du mot sous le signe de la dérision.

Si l'anthologie se voulait donc œcuménique, les contributions de la jeune génération (Heredia, Coppée, Mendès, Dierx, Mérat, Valade, Sully Prudhomme, Cazalis, Villiers de l'Isle-Adam, Mallarmé, Verlaine) montrent que pour celle-ci, les modèles et les valeurs avaient changé. Hugo restait sans doute la statue du Commandeur, mais les illusions du romantisme humanitaire s'étaient évanouies pour ces poètes de vingt ans qui avaient grandi sous le Second Empire et qui déclinent de toutes les façons le divorce du rêve et de l'action, de l'art et de la vie, de l'idéal et de la réalité. C'est à l'Art, au Rêve, à l'Idéal que se vouait cette génération qui se reconnaissait des maîtres nouveaux, Leconte de Lisle, Gautier, Banville, à qui furent symboliquement consacrées les deux premières livraisons, et, pour les plus perspicaces d'entre eux, Baudelaire, dont parurent, dans la cinquième livraison, les « Nouvelles *Fleurs du mal* ». Tous avaient en commun avec leurs aînés — qu'on n'appelait pas parnassiens, mais les impassibles, les fantaisistes ou encore, comme le ferait Rimbaud dans sa lettre du voyant, les seconds romantiques — le rejet du romantisme humanitaire et surtout du romantisme sentimental, le culte néo-classique de la forme et le respect de la versification traditionnelle.

Le Parnasse contemporain connaîtrait une deuxième série datée de 1869 mais qui paraîtrait pour l'essentiel, en raison de la guerre et de la Commune, en 1871, puis une troisième en 1876. Alors que la deuxième gardait encore une certaine ouverture d'esprit — Mallarmé y publia sa Scène d'*Hérodiade* —, la troisième, à une époque où le titre de la revue était devenu, à l'égal du romantisme dans les années 1830, l'appellation non contrôlée de la modernité poétique, conjuguait, grâce au zèle d'Anatole France, qui censura Mallarmé (pour le *Faune*), Verlaine et Charles Cros, sectarisme et médiocrité. L'aventure du *Parnasse contemporain* s'arrêta donc en 1876, mais ceux qu'on appelait désormais les Parnassiens, et qui arrivèrent dans les années 1880 à l'âge des positions sociales et des honneurs, fourniraient bientôt leur contingent d'académiciens et surtout un académisme durable, que consacrerait, en 1901, le premier prix Nobel de littérature décerné à Sully Prudhomme.

Marginaux et maudits

C'est donc en marge du Parnasse dominant, dans des publications à compte d'auteur (*Les Chants de Maldoror* et les *Poésies* d'Isidore Ducasse, *Une saison en enfer* de Rimbaud, *Le Coffret de santal* de Charles Cros, *Les Amours jaunes* de Corbière, tous les recueils de Verlaine jusqu'à *Sagesse* inclus), qui ne furent parfois même pas distribuées (*Les Chants de Maldoror*, *Une saison en enfer*), et qui ne trouvèrent un écho que dix, vingt ou cinquante ans plus tard, que se joua, à l'insu du public, le destin de la poésie, entre désenchantement et tentatives de réenchantement, et sous le signe d'une crise générale des formes, des valeurs — à commencer par la beauté — et des représentations.

La crise fut d'abord celle des formes, et se traduisit, entre vers et prose, par un brouillage des genres qui produisit des œuvres hors normes : les *Chants de Maldoror*, les *Poésies*, *Une saison en enfer*, les *Illuminations*.

Les Chants de Maldoror, qui jouent de la transgression des codes moraux autant que des codes littéraires, en exhibant leur fabrique, ou leurs « ficelles », sont une œuvre aussi mal identifiée que leur auteur longtemps sans visage ni biographie. Cette œuvre en prose, en six chants composés de « strophes », et qui se propose comme « poésie », est une épopée lyrique du mal (« J'ai chanté le mal comme ont fait Mickiewickz, Byron, Milton, Southey, A. de Musset, Baudelaire, etc. Naturellement, j'ai un peu exagéré le diapason »), en même temps qu'une parodie des épopées romantiques dont le héros est un ange déchu — Maldoror est un avatar sadien du Satan romantique —, avant qu'au dernier chant cette épopée mâtinée de roman noir ne tourne au roman-feuilleton, faisant de Maldoror un nouveau Rocambole. Quant aux *Poésies*, elles aussi en prose, que Ducasse présente explicitement comme une palinodie (qui n'est peut-être qu'une ironie seconde) de ses *Chants*, elles n'ont rien des poèmes en prose à la manière de Bertrand ou de Baudelaire, mais se présentent comme une succession de maximes ou de considérations sur la littérature qui composent un art poétique anti-romantique. Avec le diptyque problématique des *Chants de Maldoror* et des *Poésies*, réinventé par le surréalisme et le structuralisme, la poésie devient le lieu privilégié de toutes les transgressions et d'une déconstruction ironique de la littérature.

Plus problématique encore en raison des aléas de leur publication (les exemplaires de la *Saison* restèrent chez l'imprimeur, les *Illuminations* ne furent publiées par Verlaine, sans l'aval de Rimbaud, qu'en 1886) et des incertitudes persistantes quant à la chronologie de leur composition, le couple d'*Une saison en enfer* et des *Illuminations* marque sans doute le passage rimbaldien à la prose, mais la *Saison* comporte encore des vers (il est vrai sous forme de citations) et l'édition originale des *Illuminations* comprenait, outre trente-cinq poèmes en prose, composés en romains, onze poèmes en vers (aujourd'hui reclassés dans les *Derniers vers*) et même deux poèmes en vers libres avant la lettre, composés en italiques. En outre, la prose narrative de la *Saison* n'a pas grand-chose à voir avec la prose extatique des *Illuminations*. *Une saison en enfer*, au lendemain de la rupture tragique avec Verlaine, se présente comme la relation, et la liquidation, d'une expérience indissociablement conjugale (celle de la « Vierge folle » et de « L'Époux infernal ») et poétique (l'« Alchimie du verbe »), une expérience qui prend la forme d'une descente aux enfers désormais dépassée. Il reste que, contrairement à ce qu'on a cru longtemps, la *Saison* n'est pas le dernier mot de Rimbaud, ni son adieu (poétique) à la poésie : la palinodie explicite ne concerne que les *Derniers Vers*, complaisamment cités, et même si le projet des *Illuminations* est sans doute antérieur à la *Saison*, les poèmes en prose de ce recueil problématique devaient être la forme ultime de l'aventure poétique de Rimbaud, sous le signe non de la raison classique, mais d'« une Raison » nouvelle porteuse d'une « nouvelle harmonie » et d'un « nouvel amour ».

La crise fut aussi, par une forme de passage à la limite (le diapason exagéré de Lautréamont) de l'expérience baudelairienne, celle du romantisme et de ses valeurs : c'est en imitateur exalté de Baudelaire (et de Poe) que Mallarmé débuta dans le *Parnasse contemporain*, un Baudelaire en qui Verlaine avait, dans un article de 1865, quelques mois avant ses propres débuts dans le même *Parnasse* et un an avant ses *Poèmes saturniens* placés par le titre sous le patronage mélancolique de l'auteur des *Fleurs du mal*, reconnu celui qui représente « puissamment et essentiellement l'homme moderne ». Quant à Rimbaud, dans sa lettre à Paul Demeny du 15 mai 1871 où il procédait à une révision générale du romantisme au regard de son idéal de voyance et de poésie objective (« Les premiers romantiques ont été *voyants* sans trop bien s'en rendre compte [...]. / Les seconds romantiques sont très *voyants* [...]. / [...] la nouvelle école, dite parnassienne, a deux voyants, Albert Mérat et Paul Verlaine »), c'est en Baudelaire qu'il reconnaissait « le premier voyant, roi des poètes, *un vrai Dieu* ». Au-delà des anathèmes pittoresques lancés contre les « jérémiades lamartiniennes » (Verlaine) ou contre Musset « quatorze fois exécrable » (Rimbaud), la génération des poètes maudits devait dans les années 1870, grâce à Baudelaire que chacun récrivait et dépassait à sa façon, profondément renouveler le dire poétique : l'année de la publication avortée d'*Une saison en enfer* fut aussi celle du *Coffret de santal* de Charles Cros, et des *Amours jaunes*, unique recueil de Tristan Corbière qui devait mourir deux ans plus tard. « Poète, en dépit de ses vers ; / Artiste sans art, — à l'envers », ce mal aimé, réfractaire au romantisme de l'emphase et de la pose, au romantisme qui, à la manière de Lamartine « inventeur de la larme écrite », chante trop complaisamment son désenchantement, pratiquait cette forme particulière de parodie ou d'antipoésie qu'il nommait le déchant, contrepoint ironique et bas du grand chant romantique. L'année suivante, alors que l'impressionnisme devenait l'appellation consacrée de la modernité picturale, *Romances sans paroles* n'inventait pas seulement une forme d'impressionnisme poétique ; ce recueil publié par le prisonnier de Mons inaugurait aussi, par le titre et par la facture, une forme de non-dire poétique. Quant à son mauvais génie qui, selon le mot de Mallarmé, devait bientôt s'opérer vivant de la poésie, toute son œuvre, quelles que fussent ses palinodies réelles ou supposées, trouvait sa cohérence sous le signe de la révolte et de la quête conjointe d'une humanité et d'une langue nouvelles. Comme programmée par le dernier vers des *Fleurs du mal* (« Au fond de l'Inconnu pour trouver du *nouveau !* »), elle poussait à la limite (de la folie ou du renoncement) la logique baudelairienne de la poésie comme expérience des profondeurs et en radicalisait la crise du sujet en inventant, contre l'illusion romantique du moi, la formule d'un contre-cogito poétique (« Je est un autre »), légitimant ainsi une forme de poétique de l'inconscient. Mais en résolvant à sa façon le divorce du rêve et de l'action (« La Poésie ne rhythmera plus l'action ; elle *sera en avant* »), l'œuvre de Rimbaud prolongeait aussi le prométhéisme romantique et son rêve d'harmonie universelle, à la différence que ce prométhéisme-là débouchait sur une poétique de la discontinuité, de la violence extatique et du sens dérobé (« J'ai seul la clef de cette parade sauvage »).

La crise fut enfin une « crise de vers » avant la

lettre, crise de vers au sens strict, mais aussi et surtout au sens mallarméen d'une crise générale des représentations. Comme le reconnut Mallarmé, Verlaine fut un précurseur de la « Crise de vers » des années 1880 : suivant l'exemple de Baudelaire, dont il avait noté, dans son article de 1865, qu'il était « le premier en France qui ait osé des vers comme ceux-ci : / ...pour entendre un de *ces* concerts riches de cuivres... / ... Exaspéré comme *un* ivrogne qui voit double... », c'est-à-dire qui ait placé avant la césure un mot proclitique (ou atone), il ne renouvela pas seulement la versification (par le vers impair ou de savantes discordances), mais aussi le langage poétique encore très oratoire du temps par la destructuration de la syntaxe discursive et un art de la décoloration sémantique fondant les mots dans la monotonie de la chanson grise, ou dans ce que Laforgue appellerait « de la vraie poésie, des vagissements, des balbutiements dans une langue inconsciente ayant tout juste le souci de rimer ». Le vers fit aussi, avec Corbière, l'apprentissage du déchant : déchanter, c'est alors casser le chant, le désarticuler par un vers segmenté, par la ponctuation (tirets, points de suspension), par la parataxe, les ellipses de la langue parlée, la trivialité et les calembours. Mais avec Mallarmé, la crise prit une tout autre dimension.

À la date de parution des dix poèmes (baudelairiens) que publia la onzième livraison du *Parnasse contemporain* en mai 1866, un autre Mallarmé était déjà né. Alors qu'il travaillait sur *Hérodiade* dans les premiers mois de 1866, Mallarmé fit en effet la découverte du néant, qui détermina une crise de plusieurs années, une conversion de l'idéalisme absolu au matérialisme athée, et une conscience nouvelle de la poésie qui n'est plus une voie d'accès à l'absolu mais, comme Dieu, un « Glorieux Mensonge ». Or ce n'est pas en philosophe mais en poète, « en creusant le vers », et par la seule sensation, que Mallarmé avait trouvé le néant. De là la volonté de ressaisir intellectuellement cette découverte poétique par des années de réflexion sur la science du langage et sur la liaison des mots et des dieux — le poète envisagea même en 1870 une thèse de linguistique sur les langues indo-européennes et une thèse latine sur la divinité —, et de refonder ainsi théoriquement sa poésie en lui donnant un « fondement scientifique » ; de là, surtout, la profonde réorientation de son ambition poétique : la poésie n'avait plus pour fonction de saisir l'absolu ni d'exprimer le moi, mais de se ressaisir comme glorieux mensonge, ou comme fiction, et par là même de réfléchir les processus inconscients du langage. Au baudelairisme attardé, simplement corrigé par la poétique de l'effet de Poe, des poèmes du *Parnasse contemporain*, se substituait alors une poésie moins référentielle qu'autoréflexive qui consacrait, contre toutes les transcendances illusoires, l'immanence du sens. De cette neuve conscience de soi de la poésie témoigne le « Sonnet allégorique de lui-même » de 1868, première version du sonnet en -ix. Mais dans ces années de reconstruction intellectuelle solitaire, qui échappaient même aux amis les plus proches, Mallarmé ne publia que de rares poèmes, anciens (la scène d'*Hérodiade*, qui passa inaperçue dans l'« Année terrible », *L'Après-midi d'un faune* en édition de luxe après la censure du *Parnasse*) ou de circonstance (« Toast funèbre », « Le Tombeau d'Edgar Poe »), si bien que lorsque *Les Poètes maudits* de Verlaine et *À rebours* de Huysmans lui donnèrent en 1884 une notoriété inattendue, ce poète désormais célèbre était un poète proprement illisible, non pas tant à cause de l'hermétisme de ses poèmes que parce qu'à quarante-deux ans, il n'avait encore publié aucun recueil.

La Décadence

Dès 1834, Désiré Nisard, dans ses *Études de mœurs et de critiques sur les poètes latins de la décadence*, avait fait la fortune littéraire du mot : pour historiques qu'elles fussent, ces études n'en visaient pas moins, par derrière, à l'apogée du romantisme anticlassique, les décadents contemporains. Quelque vingt ans plus tard, Baudelaire devait faire de l'anathème un drapeau, par la note qui accompagnait, dans *Les Fleurs du mal* de 1857, le poème imité des proses latines de la décadence, « Franciscae meae laudes », et surtout par le début, la même année, des « Notes nouvelles sur Edgar Poe », vigoureux manifeste pour une littérature de décadence. La décadence devenait ainsi l'autre nom de la modernité, une modernité placée, contre un classicisme voué à l'imitation de la nature, sous le signe de la culture et de l'artifice. Une décennie plus tard, préfaçant la troisième édition, posthume, des *Fleurs du mal*, Gautier se ferait le relais de ce manifeste en faisant du goût pour le style de décadence l'élément essentiel de son illustration du poète. À la fin des années 1870, qui avaient réactualisé, avec la chute de l'Empire et les horreurs de la Commune, le fantasme historique de la décadence, et plus encore au début des années 1880, la décadence devint pour une génération désenchantée et anti-bourgeoise qui avait fait ses classes poétiques dans les cabarets de la bohème montmartroise une enseigne ironique, dont s'emparerait l'opportuniste Verlaine (« Je suis l'Empire à la fin de la décadence »). Mais elle devint surtout, avec Paul Bourget qui la théorisa dans ses *Essais de psychologie contemporaine*, et avec Huysmans qui la romança dans *À rebours*, le nom de la modernité post-baudelairienne identifiée au raffinement esthétique et à un goût de la décomposition qui n'était plus simplement un thème, traité comme chez Baudelaire avec « une étrange santé d'expression », mais qui affectait, chez Verlaine ou Mallarmé, la langue même. C'est bien au nom de cette décadence-là, qui venait de connaître, après *Les Névroses* de Rollinat, sa consécration parodique avec *Les Déliquescences d'Adoré Floupette*, d'Henri Beauclair et Gabriel Vicaire, publiées en mai 1885, à « Byzance » chez « Lion Vanné » (Léon Vanier), que Laforgue publia ses *Complaintes*, si l'on en croit un article anonyme du 31 août suivant (l'auteur n'en était autre que Laforgue lui-même) : « Au moment où les *Déliquescences* raillaient le cénacle [la décadence], celui-ci donnait son *ut* avec les *Complaintes* de M. Jules Laforgue. »

Dans ses *Complaintes*, ce représentant de la quatrième génération romantique (dont le désenchantement s'était nourri du bouddhisme philosophique de Schopenhauer et surtout de Hartmann, le philosophe de l'inconscient) proposait, sous les auspices de la décadence, la réécriture ironique ou carnavalesque d'un recueil qu'il avait composé trois ans plus tôt mais non publié, *Le Sanglot de la terre*, où s'exprimait un désespoir cosmique dans la veine éloquente de la poésie philosophique à la manière de Leconte de Lisle, de Sully Prudhomme, d'Henri Cazalis ou de Louise Ackermann. De ce recueil grandiloquent aux *Complaintes*, la différence ne tenait point à un changement de philosophie, mais à un changement de posture (du bouddhiste tragique au bouddhiste dilettante, ou du prophète au clown), et surtout à un changement d'écriture poétique : le modèle de cette réécriture, ce n'était plus l'éloquence philosophique des Parnassiens, mais le « petit bonheur des consonances imprévues » et la phrase « sans syntaxe presque » du Verlaine de *Sagesse* ou du Mallarmé des poèmes en prose, appropriés à ce qui se voulait, pour cet admirateur de Hartmann, une poésie de l'inconscient.

La décadence fut ainsi le premier nom (impropre) de ce qui allait bientôt s'appeler (de façon tout aussi impropre) le symbolisme.

Symbolisme ou crise de vers

Étiquette commode pour nommer, dans les histoires de la littérature, la modernité poétique de Baudelaire à Claudel et Valéry, le symbolisme fut d'abord, avec ses manifestes presque simultanés de septembre 1886 (le *Traité du Verbe* de René Ghil, le manifeste du symbolisme de Jean Moréas dans *Le Figaro*), une opération publicitaire — ce que Verlaine nomma par dérision le cymbalisme —, ou une stratégie d'auto-promotion pour la quatrième génération romantique ; il fut surtout la consécration, par cette quatrième génération, des marginaux et dissidents de la troisième (Corbière, Rimbaud, Mallarmé, Verlaine) que *Les Poètes maudits* de Verlaine et *À rebours* de Huysmans venaient opportunément de redécouvrir, et par là même de la modernité post-baudelairienne que ces poètes incarnaient. René Ghil convoquait ainsi pour son instrumentation verbale la caution du Baudelaire de « Correspondances », du Rimbaud de « Voyelles », du Mallarmé du « Faune » et du Verlaine d'« Art poétique ». « Charles Baudelaire, disait de son côté Moréas, doit être considéré comme le véritable précurseur du mouvement actuel ; M. Stéphane Mallarmé le lotit du sens du mystère et de l'ineffable ; M. Paul Verlaine brisa en son honneur les cruelles entraves du vers ». En même temps qu'il donne à lire Mallarmé et Rimbaud (*Une saison en enfer* et les *Illuminations* sont publiées en 1886, la première édition des *Poésies* de Mallarmé en 1887), le symbolisme invente en somme, en guise de père fondateur, un autre Baudelaire que le parnassien marginal des années 1860 ou que le décadent des années 1870 : le poète des « Correspondances » et le fondateur de la poésie moderne.

Mais cette modernité prétendue n'en naquit pas moins sous d'étranges auspices. Le symbolisme fut en effet un néo-romantisme, ou un romantisme fin de siècle représentant la conjonction d'une réaction idéaliste contre le positivisme (et son avatar littéraire, le naturalisme) et d'une double revendication : la liberté du vers — le vers libre, dont Gustave Kahn, pourtant devancé par Marie Krysinska et quelques autres, revendiqua la paternité en 1887, fut pour les contemporains la marque la plus évidente de cet anarchisme littéraire —, et l'autonomie de la poésie, redéfinie comme l'essence même de la littérature. De là la tentation symboliste de repoétiser non seulement le théâtre, mais le roman même, en tirant celui-ci, contre la dérive scientiste du naturalisme, vers le poème en prose. Autonomie de la poésie ou religion de la littérature ? S'il est difficile de faire la part, dans cette revendication d'autonomie, d'une conscience esthétique neuve, du fétichisme, et d'une réaction élitiste ou antidémocratique à une époque où le public consacrait le roman et le théâtre, tandis que la poésie était vouée aux plaquettes à diffusion confidentielle ou nulle, le symbolisme n'en produisit pas moins, dans une fin de siècle en mal de sacré et stimulée par le défi wagnérien, une religion de la littérature pure, qui prolongeait le magisme romantique, mais dont les mages nouveaux avaient plus l'esprit de chapelle que le sens de l'universel, une religion de la littérature qui fit de la poésie, et pour longtemps, un art difficile sinon un culte pour initiés, préservé des profanes par un hermétisme souvent artificiel.

Plus profondément, cependant, Mallarmé reconnut dans le symbolisme la manifestation d'une crise essentielle.

L'effervescence symboliste représenta d'abord ce que Mallarmé appelle une « crise de vers », la revendication du vers libre contre le vers fixe. Cette crise consacrait, au lendemain de la mort de celui qui « était le vers personnellement », Victor Hugo, l'individualisme poétique d'une génération nouvelle rebelle à la norme imposée du vers régulier. Mais s'il est vrai que la distinction du vers et de la prose, à l'âge du poème en prose, n'est plus pertinente pour fonder l'identité de la poésie ; s'il est vrai, même, qu'« il n'y a pas de prose, mais des vers plus ou moins serrés, plus ou moins diffus », la crise de vers est aussi une crise générale de la littérature. À l'opposition traditionnelle du vers et de la prose, Mallarmé substitue donc un partage nouveau, qui n'est plus de nature, ni de forme, mais d'usage, ou de fonction. C'est « le double état de la parole », qui oppose une logique instrumentale (représentation, communication) de la parole — « l'universel *reportage* » —, et une logique qui désinstrumentalise les mots — des mots qui deviennent, comme l'écrit Valéry en 1891, « des élémentaux comme les couleurs et les notes » —, non pour en faire de purs objets dans un espace insignifiant, mais pour en interroger le mystère. D'un côté la transparence illusoire du langage courant, qui fait du sujet parlant la dupe de l'illusion expressive ou de l'illusion référentielle ; de l'autre l'opacité énigmatique des signes qui portent, à l'insu du sujet, le secret de son être au monde. La crise que révèle le symbolisme est donc indissociablement une crise de la représentation — le monde ne saurait se donner dans la transparence de l'universel reportage —, et une crise du sujet cartésien, dont le langage constitue la profondeur opaque, ou l'inconscient.

Le cymbalisme fit long feu (Ghil, dès 1888, évolua vers une forme de positivisme poétique et Moréas, en 1891, revint au classicisme en fondant l'école romane) ; l'atmosphère de serres chaudes du symbolisme suscita elle aussi des réactions de rejet, et des retours à la nature et à la vie ; mais la modernité post-baudelairienne (Mallarmé, Verlaine, Rimbaud), sous le signe de laquelle la génération de 1890, celle des maîtres du premier XXe siècle (Claudel, Gide, Valéry, Proust, Jarry), entra en littérature, devait être la véritable matrice de la poésie du siècle suivant, un siècle qui donnerait toute leur dimension aux *Illuminations* ou au *Coup de dés*.

LE THÉÂTRE SYMBOLISTE :
UN THÉÂTRE POÉTIQUE

Au milieu des années 1880, quand le symbolisme devint le prête-nom de la modernité poétique, la poésie dramatique n'était plus qu'une survivance résiduelle et le théâtre, quand il ne servait pas la comédie bourgeoise et l'éternel vaudeville, devenait le débouché scénique du roman contemporain. Le symbolisme fut pourtant une autre façon de restituer le magistère perdu du poète sur la scène.

— D'abord par la défense et illustration d'un théâtre sans théâtre, d'un théâtre en liberté, ou d'un théâtre à lire.

De novembre 1886 à juillet 1887, Mallarmé avait tenu le feuilleton dramatique de *La Revue indépendante*, pour y rêver, face à l'éclectique médiocrité de la scène contemporaine (*Hamlet* à la Comédie-Française, les adaptations de romans, *Le Crocodile* de Sardou, les comédies d'Henri Becque, *Renée* de Zola, *Le Lion amoureux* de Ponsard, la première de *Lohengrin*, les pantomimes, les ballets et les vaudevilles), l'idéal d'un théâtre purement littéraire, ou mental, préférant à l'espace scénique jugé trop réaliste et à l'encombrante incarnation des acteurs, l'espace vierge de la page :

> À la rigueur un papier suffit pour évoquer toute pièce : aidé de sa personnalité multiple chacun pouvant se la jouer en dedans [...]

Si Mallarmé lui-même devait attendre 1898, quelques mois seulement avant sa mort, pour se remettre à son *Hérodiade*, qu'il laissa inachevée, 1890 fut l'année d'une conjonction miraculeuse pour ce théâtre à lire, avec la publication posthume d'*Axël*, le drame testamentaire de Villiers de l'Isle-Adam, celle de *La Princesse Maleine* de Maeterlinck, tirée à trente exemplaires et saluée par un article enthousiaste d'Octave Mirbeau faisant du dramaturge belge un nouveau Shakespeare, celle enfin de *Tête d'or*, publiée sans nom d'auteur et à cent exemplaires. Théâtre à lire circonstanciel, faute de scène capable de l'accueillir ? Pour une part peut-être, mais ce théâtre-là assume sa dimension livresque (*Axël* n'est pas divisé en actes mais en parties, avec des titres et des épigraphes ; *Tête d'or* joue d'effets graphiques dans le traitement du verset) et illustre moins un genre distinct de la poésie que la forme dialogique de celle-ci, comme le revendique Maeterlinck :

> La plupart des grands poèmes de l'humanité ne sont pas scéniques. *Lear, Hamlet, Othello, Macbeth, Antoine et Cléopatre* ne peuvent être représentés et il est dangereux de les voir sur la scène. Quelque chose d'Hamlet est mort pour nous le jour où nous l'avons vu mourir sur la scène. Le spectre d'un acteur l'a détrôné et nous ne pouvons plus écarter l'usurpateur de nos rêves.

« Rien de ce que j'ai fait, écrirait quant à lui Claudel à Gide, en 1909, n'a été écrit en vue de la scène ».

— Mais le théâtre symboliste ne fut pas qu'un théâtre à lire ; il fut aussi, paradoxalement, la réalisation scénique d'une pensée anti-scénique du théâtre, ou d'une utopie de poète.

Tout en se faisant dans ses articles de 1887 le théoricien d'un théâtre de papier, l'auteur d'*Hérodiade*, comme pour répondre au défi wagnérien, avait pu rêver, à l'envers de tout réalisme, une incarnation minimale de ce théâtre-là, sur une scène aussi dématérialisée que la page blanche, où l'acteur fût moins un corps parasite qu'un signe pur dans une dramaturgie quasi chorégraphique, l'action se réduisant, comme dans le drame par excellence d'Hamlet, à une alternative essentielle.

Le théâtre symboliste offrit une scène à ce théâtre rêvé. En 1891, un jeune poète de dix-neuf ans, Paul Fort, créait le Théâtre d'Art et vainquit les réticences de Maeterlinck pour monter *L'Intruse* et *Les Aveugles*. Le Théâtre d'Art fit long feu, mais Aurélien Lugné-Poe (qui en était issu) et Camille Mauclair firent deux ans plus tard l'événement avec la représentation unique de *Pelléas et Mélisande* le 17 mai 1893, avant de créer en octobre de la même année le Théâtre de l'Œuvre qui, fut au symbolisme ce que le Théâtre Libre d'Antoine fut au naturalisme ; en février 1894 enfin, Paul Larochelle portait à la scène l'*Axël* de Villiers. Seul Claudel ne profita pas de cette frénésie de mise en scène. Ce n'est qu'en 1912 que fut monté pour la première fois — par Lugné-Poe encore — un drame claudélien, *L'Annonce faite à Marie*. Quant à *Tête d'or*, la pièce dut attendre 1924 pour sa création, et encore dans sa seconde version.

Le répertoire du théâtre symboliste ne se limita pas à ce théâtre en liberté : il contribua à populariser en France le théâtre scandinave (Ibsen, Strindberg), suscita des œuvres nouvelles comme la trilogie d'inspiration wagnérienne de *La Légende d'Antonia* d'Édouard Dujardin, et permit surtout la création d'œuvres que le théâtre traditionnel eût difficilement reçues, comme la *Salomé* d'Oscar Wilde ou *Ubu Roi* de Jarry.

— La subordination de la scène symboliste à la poésie se manifesta encore, dans la dernière décennie du siècle, par la multiplication, sur les scènes de théâtre, de la forme de théâtralité poétique la plus élémentaire, la pure et simple récitation de poèmes ou de grands textes fondateurs.

Au-delà du répertoire nouveau qu'il apporta, en portant à la scène des œuvres qui ne lui étaient pas destinées ou en jouant des œuvres réputées injouables, le théâtre symboliste contribua enfin à renouveler l'art de la mise en scène. Marqué du double patronage contradictoire de Wagner et de Mallarmé, le théâtre symboliste oscilla, dans la mise en scène, entre la formule wagnérienne de l'œuvre d'art totale, requérant le concours de tous les arts et la ferveur quasi religieuse du spectateur, et le modèle mallarméen, tout de dépouillement et de suggestion, d'un anti-théâtre poétique qui, par des jeux de voile et de lumière, recrée ce « milieu, pur, de fiction » qui est pour Mallarmé la scène du rêve ou de l'idée. C'est paradoxalement par cette transposition scénique de l'écriture que le théâtre symboliste inventa la sémiotique moderne de la scène.

EN GUISE DE BILAN

Le XIX\ siècle a reçu des siècles précédents la poésie comme un objet (et un système de valeurs) clairement identifié : la poésie était un *discours* qui se définissait à la fois par sa forme, le vers, par la dignité de son objet — qui faisait la primauté de l'épique et du dramatique sur le lyrique —, par sa langue (vocabulaire, tournures, figures). À la fin d'un siècle qui a repensé le processus historique à partir du modèle biologique de l'évolution des espèces, il ne reste plus de ce système-là que son spectre académique : l'évolution anti-discursive de la poésie, renforcée par l'esthétique baudelairienne du poème court, a conduit à la disparition des dinosaures, épique ou dramatique, et consacré la survie de la poésie la mieux adaptée à un temps d'émancipation de l'individu, la poésie lyrique, dans le temps même où le lyrisme se trouve désaccordé à la mesure d'un sujet altéré : la poésie, identifiée depuis des millénaires à la forme longue, se voue désormais à la concentration et à l'effet de la forme courte. Cette mutation est inséparable d'une autre émancipation, celle de la prose : non seulement une bonne part de la poésie est passée à la prose, mais le vers même s'est prosaïsé, que ce soit dans son vocabulaire, dans ses images ou dans son rythme. Prosaïsation encore, quand la poésie délaisse son univers de convention, la mythologie, pour s'ouvrir à la modernité urbaine et industrielle. Ce processus général de prosaïsation de la poésie, doublé d'une trivialisation de son objet, aurait pu, aurait dû conduire à sa disparition pure et simple. Mais la poésie s'est maintenue, au prix d'une crise d'identité, et d'une mutation de son système de valeurs qui, devenu caduc, s'est trouvé un autre repoussoir, non plus la prose *stricto sensu*, mais la prose métaphorique du langage courant. Ce nouveau système de valeurs, celui du symbolisme, promeut désormais comme distinctives du poétique les valeurs d'autonomie sinon d'autotélisme, de brièveté, de densité et par là même de difficulté, voire d'obscurité : la poésie fin de siècle, qui a imposé l'idée d'un nouveau régime du dire, ou d'un non-dire poétique (« Moi, disait Laforgue, je rêve de la poésie qui ne dise rien […]. Quand on veut dire, exposer, démontrer quelque chose, il y a la prose »), n'a pas peu contribué à imposer l'idée que l'illisibilité pouvait être une valeur poétique. De Baudelaire au symbolisme, la poésie du XIXᵉ siècle est ainsi sortie de l'âge de l'éloquence pour inaugurer une ère nouvelle, celle de la royauté du texte.

Le XIXᵉ siècle n'a donc pas laissé au siècle suivant la poésie dans l'état où il l'avait trouvée. De la poésie identifiée aux belles-lettres à la poésie qui n'est plus, face à la toute-puissance du théâtre et du roman, qu'un genre mineur et sans public ; de la forme longue, porteuse des valeurs collectives, à la forme courte qui n'est plus que le chant ou le déchant de l'individu ; de la poésie éloquente à celle qui se refuse à dire, du vers à la prose et du poète prophète au poète maudit, l'évolution de la poésie au XIXᵉ siècle peut se décrire en termes de minoration et de marginalisation. Pourtant cette poésie socialement minorée et marginalisée s'est symboliquement majorée et recentrée : majorée parce qu'elle s'est elle-même créditée d'une valeur symbolique inversement proportionnelle à son crédit social, mais aussi parce qu'elle a fait sienne, à sa manière, la formule virgilienne (« paulo majora canamus ») de reconquête (ironique ou non) du grand chant de l'intérieur de la petite forme lyrique, ou de l'infini dans le fini par une visée de la totalité qui n'est plus affaire d'extension mais de concentration ; recentrée parce qu'en se redéfinissant comme l'espace privilégié de ce qu'on n'appelait pas encore la littérarité, elle est devenue le modèle réduit et le moteur de la littérature moderne vouée à repenser, dans les mots, son rapport à l'altérité du moi et à l'étrangeté du monde.

CHAPITRE IV

LE ROMAN

Il n'est pas facile de se faire une idée d'ensemble claire de ce que Thibaudet, dans ses *Réflexions sur le roman*, appelle « le genre triomphateur du XIXᵉ siècle ». En effet, le propre du roman, en tous les siècles et particulièrement au XIXᵉ, paraît être de se refuser à toute définition, à toute règle, à toute méthode. Il ne se définit pas, parce qu'il ne se délimite pas. Il est informe et multiforme. C'est un monstre, c'est Protée. « Il forme au-dessous des genres, dit encore Thibaudet, une sorte de milieu commun, vague, un mélange, une confusion, dont l'essence est précisément d'être ce mélange et cette confusion ». Comment, dans ces conditions, distinguer ce qui est roman de ce qui ne l'est pas ? Maupassant, dans l'étude sur « Le roman » qui sert de préface à *Pierre et Jean*, se livre à ce jeu impossible de la définition du genre pour en souligner l'absurdité :

> Existe-t-il des règles pour faire un roman, en dehors desquelles une histoire écrite devrait porter un autre nom ?
>
> Si *Don Quichotte* est un roman, *Le Rouge et le Noir* en est-il un autre ? Si *Monte-Cristo* est un roman, *L'Assommoir* en est-il un ? Peut-on établir une comparaison entre *Les Affinités électives* de Goethe, *Les Trois Mousquetaires*

de Dumas, *Madame Bovary* de Flaubert, *M. de Camors* de M. O. Feuillet et *Germinal* de M. Zola ? Laquelle de ces œuvres est un roman ? Quelles sont ces fameuses règles ? D'où viennent-elles ? Qui les a établies ? En vertu de quel principe, de quelle autorité et de quels raisonnements ?

Si le roman n'est pas définissable, comment nommer alors ce qui ne se laisse pas cerner, ce qui n'est un genre que par défaut, et presque par hasard ? Le terme qui sert à le désigner ne renvoie pas à une nature, mais seulement à un médium : la langue dans laquelle le texte est écrit. Quant à l'œuvre, on dirait que l'auteur répugne à la qualifier ainsi, tant il paraît redouter qu'elle ne soit alors assimilée à cet étranger, à cet *autre* de la littérature que le roman est toujours resté, à l'ombre des grands genres codifiés. C'est un lieu commun des préfaciers du XVIIIe siècle que ce refus de reconnaître pour roman le texte qu'ils présentent au lecteur. Les écrivains du XIXe siècle ne se conduisent pas autrement. *Atala*, déclare Chateaubriand dans sa préface (1801), n'est pas un roman, mais « une sorte de poème, moitié descriptif, moitié dramatique », et, précise-t-il encore dans une note, « je suis obligé d'avertir que, si je me sers ici du mot de *poème*, c'est faute de savoir comment me faire entendre autrement ». « Ces lettres ne sont pas un roman », affirme Senancour en 1804 dans la préface d'*Oberman*. Balzac, dans la « Note » de la première édition des *Scènes de la vie privée*, parle en 1830 des « ouvrages improprement appelés *Romans* ». À la fin du siècle encore, en 1884, Edmond de Goncourt annonce dans la préface de *Chérie* qu'il faudra trouver pour le roman de l'avenir « une nouvelle dénomination, une dénomination autre que celle de roman », tandis que Zola note dans un article de 1880 repris dans *Le Roman expérimental* (« De la description ») que « le mot "roman" […] ne signifie plus rien, quand on l'applique à nos études naturalistes ». Il y a quelque chose d'étrange dans cette unanimité à refuser une appellation considérée à la fois comme impropre et presque comme infamante. Entre le roman du passé que l'on refuse (trop bas, trop informe, trop extravagant) et le « livre de pure analyse » que devrait être, selon Goncourt, le roman de l'avenir (préface de *Chérie*), le roman du XIXe siècle peine à trouver sa forme, son essence, et même son nom.

Pourtant il existe. Mieux encore, il grandit, il s'impose, il domine, il envahit tout le champ de la prose. Signe des temps : c'est en 1858 que le roman fait son entrée à l'Académie française, en la personne de Jules Sandeau, l'auteur sensible et correct de *Mademoiselle de La Seiglière* (1848) et de *La Roche aux mouettes* (1871). Mais cet avènement n'est pas une fin, ni un accomplissement. Il faut penser le roman, tout au long du XIXe siècle, non comme un genre fixé, comme peut l'être la poésie lyrique, la comédie ou le drame, mais comme un processus en continuel développement, un projet collectif dont chaque œuvre représente une avancée, vers un horizon qui recule toujours. Le roman, né de la confusion, ne peut exister que dans le devenir et l'inachèvement. Ce qui le définirait peut-être le mieux, ce ne serait pas un contenu si variable qu'il est impossible d'en saisir globalement les thèmes et les idées. Ce ne serait pas une forme si plastique qu'elle peut adopter librement toutes les métamorphoses. Ce serait l'énergie qui l'anime, une tension vers des fins d'abord obscures puis de plus en plus clairement conçues, un programme idéologique et esthétique lentement élaboré. L'histoire du roman, au XIXᵉ siècle, est celle d'un désir et d'une volonté. Quel serait alors l'objet de ce désir, le but de cette volonté ? On pourrait répondre schématiquement que c'est le désir du *vraisemblable* (d'un vraisemblable nouveau, délivré des règles traditionnelles de l'art classique), et la volonté de parvenir à sa réalisation littéraire. Au XIXᵉ siècle triomphe un projet moderne de représentation de l'homme et du monde dont les premiers signes se sont manifestés deux siècles plus tôt dans la littérature (de *Francion* au *Roman comique*), et dont le XVIIIᵉ siècle a marqué le véritable point de départ. Ce projet a trouvé dans le roman, en raison même de sa plasticité, une forme disponible adaptée à sa réalisation. On donne généralement à ce projet le nom de *réalisme*, et l'on fait souvent du XIXᵉ siècle, en matière de roman, mais aussi parfois dans d'autres genres comme la poésie et le théâtre, le siècle *réaliste* par excellence. Il faudrait pourtant nuancer. Le réalisme n'est qu'un aspect particulier d'un intérêt général pour le réel qui touche tous les arts, se fonde sur des systèmes philosophiques et politiques divers, suscite des esthétiques et des œuvres variées. C'est pourquoi il peut sembler plus commode de parler, en général, de roman de représentation mimétique plutôt que de roman réaliste. Tâchons, pour tenter d'y voir clair, de reprendre les choses par le commencement.

AUX ORIGINES DE LA REPRÉSENTATION ROMANESQUE MODERNE

Le roman que l'on voit s'affirmer au XIXᵉ siècle comme le genre littéraire majeur est issu d'une mutation qui s'opère à partir de la fin du XVIIe siècle et qui se fait définitivement sentir au siècle suivant. C'est le moment où le roman abandonne les facilités du romanesque hérité des récits d'aventures de l'Antiquité, des romans de chevalerie et des fictions interminables du roman précieux, pour se tourner vers la représentation vraisemblable des personnages et des situations. Certes, il s'en faut encore de beaucoup que le roman romanesque, avec ses inventions extravagantes, ses coups de théâtre, ses artifices, ses situations hors du réel, ait complètement disparu. On le retrouve dans les aventures et les rebondissements du roman picaresque. Il revient à la fin du XVIIIe siècle, sous une forme plus angoissante, dans les sombres inventions du roman sadien et du roman noir venu d'Angleterre (*Les Mystères d'Udolphe*, d'Ann Radcliffe, sont traduits en 1794). Il nourrit encore les romans mélodramatiques de Ducray-Duminil qui connaissent autour de 1800 un immense succès (*Victor ou l'Enfant de la forêt*, 1797, *Cœlina ou l'Enfant du mystère*, 1798). Pourtant, une tendance se dessine, de plus en plus nette et puissante, vers la représentation vraisemblable de la vie réelle, et les enseignements moraux que le romancier peut en tirer pour l'instruction du lecteur. Claude Crébillon l'indique très clairement dès 1736 dans sa préface des *Égarements du cœur et de l'esprit* :

> Le Roman, si méprisé des personnes sensées, et souvent avec justice, serait peut-être celui de tous les genres qu'on pourrait rendre le plus utile, s'il était bien manié, si, au lieu de le remplir de situations ténébreuses et forcées, de Héros dont les caractères et les aventures sont toujours hors du vraisemblable, on le rendait, comme la Comédie, le tableau de la vie humaine, et qu'on y censurât les vices et les ridicules.

Le lecteur n'y trouverait plus à la vérité ces événements extraordinaires et tragiques qui enlèvent l'imagination, et déchirent le cœur ; plus de Héros qui ne passât les Mers que pour y être à point nommé pris par les Turcs, plus d'aventures dans le Sérail, de Sultane soustraite à la vigilance des Eunuques, par quelque tour d'adresse surprenant ; plus de morts imprévues, et infiniment moins de souterrains. Le fait, préparé avec art, serait rendu avec naturel. On ne pécherait plus contre les convenances et la raison. Le sentiment ne serait point outré ; l'homme enfin verrait l'homme tel qu'il est ; on l'éblouirait moins, mais on l'instruirait davantage.

Il s'agira donc désormais de faire le « tableau » vraisemblable de la vie humaine, de montrer « l'homme tel qu'il est », selon la raison et les « convenances » de la morale et de la société. Ainsi le romancier pourra-t-il, comme le poète comique, faire œuvre utile en « censurant » les vices et les ridicules, et en instruisant le public au lieu de l'« éblouir » (de l'aveugler) par des inventions extraordinaires. Prévost, dans l'« Avis de l'auteur » (1731) qui précède *Manon Lescaut*, ne disait pas autre chose : le mérite de cet ouvrage, parce qu'il présente, sous la forme d'un « tableau » vrai, un « exemple terrible de la force des passions », sera d'abord de « servir à l'instruction des mœurs ». C'est aussi le projet de Marivaux dans *Le Paysan parvenu* (1734) : raconter des faits dont le narrateur peut « assurer qu'ils sont vrais » (« ce n'est point ici une histoire forgée à plaisir »), pour le bénéfice de « ceux qui aiment à s'instruire ». Le roman marchera donc du même pas dans la double voie de la vérité et de la morale : il montrera le vrai pour enseigner le bien. Il peindra, non des abstractions ou des fictions invraisemblables, mais des exemples précis empruntés à la réalité contemporaine : « Je vous peins, déclare la Marianne de Marivaux à propos de l'infidèle Valville, non pas un cœur fait à plaisir, mais le cœur d'un homme, d'un Français qui a réellement existé de nos jours ». Le roman se rattache désormais à un temps, à un lieu, à une société. Il se rapproche de l'histoire. Diderot, dans son *Éloge de Richardson* (1762), loue le romancier anglais de s'être intéressé, non aux « régions de la féerie », mais au monde réel : « le monde où nous vivons est le lieu de sa scène ; le fond de son drame est vrai ; ses personnages ont toute la réalité possible ; ses caractères sont pris du milieu de la société ; ses incidents sont dans les mœurs de toutes les nations policées ; les passions qu'il peint sont telles que je les éprouve en moi ». La vraisemblance du roman viendra donc de sa conformité au décor, aux situations, aux personnages de la réalité. C'est de là que naîtra l'« illusion » nécessaire pour produire dans l'âme du lecteur l'« impression forte » qui l'entraînera vers le bien. On pourrait multiplier les exemples : à partir du XVIIIe siècle, le romancier ne craint plus (c'est le reproche qu'adresse à Rousseau son adversaire fictif dans la préface dialoguée de *La Nouvelle Héloïse*) de « tenir registre de ce que chacun peut voir tous les jours dans sa maison, ou dans celle de son voisin ».

Cette nouvelle tendance qui pousse le romancier à s'intéresser à la simplicité de la vie quotidienne va se combiner à partir du XVIIIe siècle avec une constante du genre romanesque et de la littérature tout entière depuis les origines, qui est la peinture de l'homme et de ses passions. Mme de Staël le rappelle en 1802 dans la préface de *Delphine* : « Les événements ne doivent être dans les romans que l'occasion de développer les passions du cœur humain ». Balzac le dira encore en 1842 dans l'« Avant-propos » de *La Comédie humaine* : « La passion est toute l'humanité. Sans elle, la religion, l'histoire, le roman, l'art seraient inutiles ». La plupart des grands romans du XVIIIe siècle, *Manon Lescaut*, *La Nouvelle Héloïse*, *Les Liaisons dangereuses*, développent, comme ceux qui les ont précédés, des drames passionnels et des histoires sentimentales. Mais la nouveauté est que ces drames se jouent dans des conditions de vraisemblance sociologique et psychologique accrues. Le Paris de *Manon Lescaut* n'est pas une idée, ni même un simple décor : c'est une scène, avec ses personnages, ses mouvements, ses forces visibles ou cachées. Sa fonction est toute dramatique. Les questions économiques et sociales ne manquent pas dans *La Nouvelle Héloïse*, qu'il s'agisse de l'opposition entre Paris et la province vaudoise, ou de la manière de gérer un domaine agricole. La société des *Liaisons dangereuses*, quelque abstraite que paraisse l'intrigue, est constamment présente dans le roman, comme témoin, comme acteur, comme vaste chambre de résonance et d'amplification des crises que vivent les personnages. Jamais plus, même dans les romans les plus soumis en apparence aux exigences de la fantaisie, la représentation des passions ne se séparera du cadre dans lequel elles sont situées, ni des circonstances dans lesquelles elles sont vécues.

Cette combinaison du thème sentimental avec les réalités de la vie sociale ou domestique n'empêche pas que le roman ne soit dominé, à la fin du XVIIIe siècle, par ce que Mme de Staël appelle encore, dans la préface de *Delphine*, « la connaissance approfondie des affections de l'âme ». « N'estimons les romans, poursuit-elle, que lorsqu'ils nous paraissent, pour ainsi dire, une sorte de confession, dérobée à ceux qui ont vécu comme à ceux qui vivront ». L'influence de Rousseau s'étend sur tout le siècle finissant, et jusque sur les premières années du XIXe. L'étude des secrets du cœur humain, de ses mouvements, de ses misères, de ses sacrifices sublimes, dès lors qu'ils sont rapportés selon la vérité de la nature, doit l'emporter sur toutes les autres entreprises romanesques possibles. La Justine de Sade elle-même, déplorable image de la vertu résistante et martyre, n'est qu'une Julie retournée, et Balzac, en 1836 encore, retrouvera dans *Le Lys dans la vallée* l'idylle campagnarde, le drame sentimental à trois personnages, l'érotisme concentré et censuré qui caractérisent l'histoire de Julie et de Saint-Preux. Mais l'influence n'est pas seulement celle de *La Nouvelle Héloïse*. Le goût de la confession, venu lui aussi de Rousseau, domine les fictions de l'époque romantique. René, Oberman, Adolphe, sont des héritiers de Jean-Jacques. Le roman s'emplit des effusions d'un *moi* douloureux qui n'est bien souvent que le double de celui de son créateur. Et ces effusions trouvent souvent à s'épancher — autre souvenir de Rousseau — dans une nature sauvage et puissante (l'Amérique de Chateaubriand, l'île de France de Bernardin de Saint-Pierre, les Alpes d'*Oberman*) en harmonie avec les passions humaines. Le spectacle de la nature, tantôt riant et harmonieux, tantôt grandiose ou effrayant, s'accorde avec les mouvements de l'âme, suscite des rêveries, des émotions, des méditations qui fécondent la vie intime du personnage.

L'archétype de ce héros rêveur et souffrant, au début du XIXe siècle, c'est René, figure tombée des pages de la vaste épopée démembrée des *Natchez*, reprise dans *Le Génie du christianisme* (1802) pour vivre enfin d'une vie propre (le roman séparé est publié en 1805) et devenir pour plusieurs générations, jusque vers 1840, l'emblème fraternel du malheur de l'homme romantique. René, c'est d'abord l'être du secret, de la honte cachée d'un amour interdit et partagé qui l'entraîne vers sa sœur Amélie, et que ni le cloître ni la mort même ne pourront faire disparaître. C'est aussi l'homme du paradoxe, puisque le sentiment tragique qui domine son existence, celui du manque, du néant, du vide intérieur d'un être à la recherche de l'essence perdue dans un monde déserté par Dieu, se combine avec la sensation d'un excès, d'une « surabondance de vie », d'un débordement passionnel impossible à satisfaire. Chateaubriand commente dans un chapitre célèbre du *Génie du christianisme* (« Du vague des passions ») ce paradoxe dans lequel est enfermée la destinée du héros romantique : « On est détrompé sans avoir joui ; il reste encore des désirs, et l'on n'a plus d'illusions. L'imagination est riche, abondante et merveilleuse ; l'existence pauvre, sèche et désenchantée. On habite avec un cœur plein un monde vide, et sans avoir usé de rien on est désabusé de tout ». Le tragique de René comme de ses semblables est d'être un homme de désir, mais d'un désir indéfini qui s'annule dans l'excès même de son expansion : « On m'accuse de passer toujours le but que je puis atteindre : hélas ! je cherche seulement un bien inconnu, dont l'instinct me poursuit. Est-ce ma faute, si je trouve partout des bornes, si ce qui est fini n'a pour moi aucune valeur ? » La forme de la destinée de René, ce sera donc l'échec. Sa conséquence, le malheur dans la solitude : « J'avais essayé de tout, et tout m'avait été fatal ». Au terme de la route, la solution du suicide écartée, il ne reste plus que l'attente d'une catastrophe cosmique qui changerait magiquement l'ordre du monde (« Levez-vous vite, orages désirés... »), et la délectation morose de celui qui se croit élu pour la souffrance : « on jouit de ce qui n'est pas commun, même quand cette chose est un malheur ». La mélancolie de René, ce *style* de la sensibilité romantique, est une posture aristocratique appelée à une grande fortune, dans le monde comme dans les lettres. C'est elle qu'on retrouvera, parfois mêlée aux expansions du jeune Werther (le roman de Goethe est de 1774), chez Sénancour dans *Oberman* (1804), chez Stendhal dans le personnage d'Octave de Malivert (*Armance*, 1827 — roman du secret comme *René*), chez Sainte-Beuve dans Amaury, le narrateur de *Volupté* (1834), chez Balzac dans le Félix de Vandenesse du *Lys* (1836) — entre bien d'autres —, et encore, plus tard, sous une forme dégradée et parodique, chez le Frédéric de *L'Éducation sentimentale* (1869) ou chez le des Esseintes d'*À rebours* (1884). Sur tout le XIXe siècle, jusqu'en pleine période positiviste, roulera le flot débordant d'une sensibilité qui prend sa source dans les épanchements de Saint-Preux, de René ou de Werther.

Chateaubriand, dans *Le Génie du christianisme*, attribue les causes de ce « mal du siècle », pour une part, à l'influence des femmes : « Elles ont dans leur existence un certain abandon qu'elles font passer dans la nôtre ; elles rendent notre caractère d'homme moins décidé, et nos passions, amollies par le mélange des leurs, prennent à la fois quelque chose d'incertain et de tendre ». Cette crainte d'une contamination de la pensée virile par la « mollesse » des manières féminines est un signe de l'importance qu'ont prise, au cours du XVIIIe siècle, les salons, lieux de sociabilité, de sensibilité et d'intelligence dominés par quelques figures féminines d'exception : Mme de Tencin, Mlle de Lespinasse, Mme Du Deffand, Mme Geoffrin, Mme d'Houdetot. La place que tiennent les femmes dans la vie intellectuelle à la fin du siècle se prolonge dans la création littéraire. Jamais le nombre des romancières n'a été aussi élevé qu'aux alentours de 1800. Jamais leur production n'a été aussi abondante. Les romans de Mme Cottin (*Malvina*, 1801, *Mathilde*, 1805), de Mme de Genlis (*Mademoiselle de Clermont*, 1802), de Mme de Krüdener (*Valérie*, 1803), de Mme de Souza (*Charles et Marie*, 1802, *Eugène de Rothelin*, 1808) reprennent et varient les thèmes du roman sentimental, de la passion ardente mais contrariée, de l'amour vaincu par l'obstacle social, du désenchantement qui domine la vie affective et morale. Une génération plus tard, Mme de Duras (*Ourika*, 1824, *Édouard*, 1825) retrouvera ce courant psychologique et pessimiste. Sainte-Beuve, recueillant des articles parus dans la *Revue des Deux Mondes*, fera l'histoire de cette pléiade sentimentale dans quelques-uns de ses *Portraits de femmes* (1844). Une telle abondance, une telle similitude de thèmes et de formes (le roman par lettres, notamment), une telle force d'impact sur un public majoritairement composé de lectrices vont marquer durablement l'image du roman. Jusque vers 1830, celui-ci apparaîtra le plus souvent comme un genre féminin, écrit par des femmes, destiné à des femmes. Les premiers romans de George Sand (*Indiana*, 1832, *Lélia*, 1833), semblent découler de la même veine. Balzac, qui publie en 1830 les deux volumes de ses *Scènes de la vie privée*, n'échappe pas non plus à cette assimilation : Mme Hanska ne lui aurait sans doute jamais envoyé, le 28 février 1832, sa première lettre signée « l'Étrangère », si elle ne l'avait considéré comme un peintre délicat de la psychologie féminine, digne de recevoir les confidences d'un cœur tourmenté. Il faudra quelque temps pour que se dissipe ce malentendu.

Si l'on jette un regard rétrospectif vers le début du XIXe siècle, la figure qui domine la vie intellectuelle et littéraire, plus encore que Chateaubriand ou Benjamin Constant, c'est Mme de Staël. Non pas tellement pour ses romans (*Delphine*, 1802, *Corinne*, 1807) qui appartiennent à la veine sentimentale et mélancolique du roman féminin de la même époque, même si la représentation de la souffrance dans *Delphine*, l'image lumineuse ou violente de l'Italie dans *Corinne* élèvent la romancière bien au-dessus de ses semblables. Mais l'apport fondamental de Mme de Staël est celui de ses essais critiques, et surtout des deux principaux, *De la littérature* (1800) et *De l'Allemagne* (1810, publié à Londres en 1813). Dans le premier, elle examine la littérature (entendue au sens large de prose d'idées comme de littérature de fiction) d'abord dans le passé (première partie), puis dans l'avenir (deuxième partie), et fidèle à l'esprit progressiste des philosophes du XVIIIe siècle, elle annonce l'avènement d'une littérature démocratique dont le théâtre et le roman (dans le domaine de la fiction) pourraient être les genres dominants. Dans le second, elle ouvre la culture française aux influences du Nord, et en même temps prépare le développement d'une littérature nationale liée au génie du sol et à l'histoire, sans rompre avec la foi dans le progrès héritée des Lumières. Elle fonde la création littéraire sur deux principes en apparence antagonistes, mais en réalité complémentaires, la mélancolie et l'enthousiasme. « À l'époque où nous vivons, la mélancolie est la véritable inspiration du talent », écrit-elle dans *De la littérature*. Et dans *De l'Allemagne* elle affirme : « l'enthousiasme se rallie à l'harmonie universelle : c'est l'amour du beau, l'élévation de l'âme, la jouissance du dévouement, réunis dans un même sentiment, qui a de la grandeur et du calme ». Dans ce va-et-vient sans relâche entre ces deux pôles opposés, le dégoût de l'existence et l'élan mystique, la tristesse née de la découverte de la vérité du monde et le désir d'expansion indéfinie d'un moi toujours désirant, entre « l'horreur de la vie » et « l'extase de la vie » (pour anticiper les formules de Baudelaire), Mme de Staël situe et définit pour longtemps le lyrisme et la sensibilité romantiques.

Cette esthétique nouvelle a, dans le domaine du roman, des prolongements intéressants qui s'expriment avec le plus de netteté dans l'*Essai sur les fictions*, un des premiers textes théoriques de Mme de Staël (1795). Le genre y est rangé dans la catégorie des « fictions où tout est à la fois inventé et imité, où rien n'est vrai mais où tout est vraisemblable ». Cette alliance de l'invention et de l'imitation du réel produit, lorsqu'elle est pratiquée par un écrivain de talent, un effet auquel les autres genres n'atteignent pas. Le roman devient alors « une des plus belles productions de l'esprit humain, une des plus influentes sur la morale des individus, qui doit former ensuite les mœurs publiques ». Jamais l'éloge de ce genre réputé mineur n'avait été proclamé si haut et si fort. Il faut cependant, pour que le roman atteigne à sa plus grande efficacité, qu'il cesse de se limiter à la peinture de la passion amoureuse. Le roman de l'avenir devra s'intéresser à tous les mouvements du cœur humain : « L'ambition, l'orgueil, l'avarice, la vanité pourraient être l'objet principal de romans, dont les incidents seraient plus neufs, et les situations aussi variées que celles qui naissent de l'amour ». Stendhal, Balzac se chargeront bientôt de mettre ce programme en application. Cependant, Mme de Staël, comme les théoriciens du XVIIIe siècle, considère essentiellement le roman du point de vue moral. Les romanciers, mieux que les historiens, « peuvent peindre les caractères et les sentiments avec tant de force et de détails, qu'il n'est point de lecture qui doive produire une impression aussi profonde de haine pour le vice, et d'amour pour la vertu ». La force des « détails » (un mot sur lequel il faudra revenir avec Balzac), qui sont la marque particulière du roman, ne doit produire son effet que dans le champ de la « moralité » : « rien ne donne une connaissance aussi intime du cœur humain, que ces peintures de toutes les circonstances de la vie privée, et des impressions qu'elles font naître ; rien n'exerce autant la réflexion, qui trouve bien plus à découvrir dans les détails que dans les idées générales ». Balzac, ici encore, aurait pu souscrire à ces affirmations. Mais il n'aurait sans doute pas pu suivre Mme de Staël, lorsqu'elle déclare que « le détail scrupuleux d'un événement ordinaire, loin d'accroître la vraisemblance, la diminue ». C'est que l'auteur de *Delphine* ne considère le détail que comme l'auxiliaire de l'« illusion » nécessaire pour produire l'effet moral qui est le but de l'œuvre. Si le détail se ramène à « l'idée positive du vrai », c'est-à-dire à la peinture trop minutieuse du réel ordinaire, s'il n'est, dirait-on un demi-siècle plus tard, que *réaliste*, alors le lecteur « sort de l'illusion », et se fatigue bientôt « de ne trouver ni l'instruction de l'histoire, ni l'intérêt du roman ». C'est l'intérêt des textes théoriques de Mme de Staël de proposer une conception du roman encore ambiguë, rattachée à celle du siècle précédent par les fins morales qu'elle assigne au genre romanesque, mais travaillant aussi à l'avènement du roman futur, à ce roman de tous les possibles contenus dans le réel, dans lequel la « vérité des tableaux » remplacera « la circonstance arbitraire que l'auteur invente » : « Tout est si vraisemblable dans de tels romans, qu'on se persuade aisément que tout peut arriver ainsi ; ce n'est pas l'histoire du passé, mais on dirait souvent que c'est celle de l'avenir. »

Tel est donc, vers 1800, l'état du roman au moment où s'ouvre devant lui le vaste champ de son développement moderne. Si les limites du genre peuvent sembler confuses, et ses formes encore disparates, à l'image d'une société mal remise des bouleversements révolutionnaires, les grandes lignes de force commencent à apparaître clairement. Les « objets » du roman, sa matière première pour ainsi dire, ce sont les passions de l'âme, saisies au sein de la nature, de la famille ou de la société. Ses fins, ce sont l'élévation morale du lecteur (l'utile), la recherche du beau idéal (l'art) et de la vérité de l'homme (le vrai). Ses moyens, ce sont l'invention et l'imitation, une invention libérée des facilités de la féerie et une imitation dirigée vers une représentation vraisemblable des situations et des personnages réels. Ces constantes persisteront pendant tout le XIXe siècle, au-delà des esthétiques ou des idéologies. De Stendhal à Flaubert, de Balzac à Zola, tous les romanciers, quelles que soient leurs différences, pourront se réclamer de ces grands principes. Désormais, tout est prêt pour que le roman connaisse l'expansion qui va faire de lui le genre le plus créatif et le plus puissant du siècle.

VERS LA REPRÉSENTATION RÉALISTE

La tendance à la représentation mimétique du réel qui se manifeste à partir de la fin du XVIIe siècle et qui triomphe au XIXe entraîne une évolution de la notion classique de *vraisemblable*. En effet, la vraisemblance classique supposait une conformité entre l'objet représenté et l'idée que nous nous formons de cet objet dans notre esprit d'après nos propres expériences. Elle était inséparable des conventions et des préjugés qui règlent la vie morale et sociale. Elle référait, non à un réel, mais à un système d'idées et à un discours. Le vraisemblable classique était donc une *doxa* (un ensemble d'idées communes) et une rhétorique (un ensemble de figures et de lieux communs) chargée d'exprimer cette *doxa*. Au contraire, la représentation mimétique moderne cherche à produire un vraisemblable, non d'idées, mais de choses. La relation de conformité tendra désormais à s'établir directement entre l'objet représenté dans le texte et l'objet réel dont il est le correspondant. Elle supposera donc, en principe, une transparence entre le monde et l'œuvre, une translation immédiate et objective de l'un à l'autre. Il ne serait pourtant pas difficile de montrer qu'une telle transparence est impossible (ce sera l'objet, au XXe siècle, de la critique de l'illusion réaliste inaugurée par Maupassant dans la préface de *Pierre et Jean*). En fait, l'avènement du vraisemblable moderne n'entraîne aucune libération par rapport aux conventions de la représentation littéraire traditionnelle, mais un simple glissement d'un système conventionnel vers un autre, nécessitant la construction d'une autre *doxa*, et d'une autre rhétorique. C'est à ce système nouveau que l'on donnera, vers 1850, le nom de *réalisme*.

Le roman, genre bourgeois

Plusieurs raisons concourent à l'établissement de ce vraisemblable moderne. La première est d'ordre historique et social. L'apparition du roman de représentation mimétique coïncide en effet, vers la fin du XVIIe siècle, avec l'avènement de la bourgeoisie comme classe possédante nombreuse, disposant d'un pouvoir économique de plus en plus étendu et d'une quantité de biens toujours accrue. Cet accroissement du poids et de la visibilité sociale de la bourgeoisie s'accompagne de la création d'un système propre de valeurs, esthétiques, morales, métaphysiques même. Dans le domaine artistique et littéraire, elle suscite des genres spécifiques, la nature morte réaliste, la peinture anecdotique, la comédie larmoyante, le drame dit « bourgeois ». Le roman de représentation mimétique relève, quant à lui, d'un projet général d'inventaire. Son but est de « tenir registre », comme disait Rousseau, des avoirs de cette classe qui s'enrichit. Il constate un pouvoir naissant. Il témoigne d'une prise de possession du monde. Son héros est à l'image de Jacob, le paysan parvenu de Marivaux, qui jouit du plaisir de contempler ses nouveaux biens : « Je restai le lendemain toute la matinée chez moi ; je ne m'y ennuyai pas ; je m'y délectai dans le plaisir de me trouver tout à coup un maître de maison ; j'y savourai ma fortune, j'y goûtai mes aises, je me regardai dans mon appartement ; j'y marchai, je m'y assis, j'y souris à mes meubles, j'y rêvai à ma cuisinière, qu'il ne tenait qu'à moi de faire venir, et que je crois que j'appelai pour la voir ; enfin j'y contemplai ma robe de chambre et mes pantoufles ». Les personnages du roman réaliste sont tous un peu Jacob sur ce point (Gobseck et Grandet n'étant que des cas limites). Les lecteurs du XIXe siècle aussi. Ils jouissent des fruits de leur travail. Ils se reconnaissent et s'admirent dans le décor qui les entoure et dans les objets qui leur appartiennent. Ils attendent du roman qu'il leur renvoie l'image de leur aisance et de leur bonheur matériel.

S'agit-il donc d'une question d'argent (titre d'une comédie d'Alexandre Dumas fils — 1857) ? Pas seulement. On a coutume d'opposer l'aristocratie et la bourgeoisie, comme s'opposeraient l'être et l'avoir, l'honneur et l'argent (autre titre d'une comédie de Ponsard — 1853). L'honneur serait la valeur d'Ancien Régime qui s'éteint avec l'aristocratie déclinante, et l'argent la nouvelle idole d'une époque dégradée et « américanisée » (le terme est fréquent, de Baudelaire à Huysmans). Cela n'est pas vrai. L'argent est aussi une valeur aristocratique, même si c'est souvent sous la forme plus noble (et plus vaine) de l'or : voir l'*Axël* de Villiers de l'Isle-Adam. Quant à l'honneur, c'est aussi une vertu bourgeoise : voir *César Birotteau*, roman de l'honneur commerçant. Il faudrait plutôt dire que la bourgeoisie est une classe possédante, et que cette possession, au XIXe siècle, se matérialise dans des objets. La bourgeoisie ne spécule pas encore (ce sont les poètes et les aventuriers qui spéculent, comme Saccard dans *La Curée*), elle accumule, elle thésaurise, elle collectionne. Le roman fera comme elle. Il va bientôt s'encombrer d'objets, enrichir son décor, s'intéresser, comme dit Balzac dans l'« Avant-propos » de *La Comédie humaine*, au « mobilier social » aussi bien qu'aux types humains. Il s'encombre aussi de mots. Il décrit, il dénombre, il catalogue. Il énumère les plantes de la serre dans *La Curée*, les poissons dans *Vingt mille lieues sous les mers*. Il accumule les descriptions comme des meubles, les mots savants comme des bibelots. Il construit un monde plus riche, plus dense où les objets multipliés témoignent d'une nouvelle organisation et d'une nouvelle conception du monde.

En même temps qu'il adopte la mentalité accumulative de son public bourgeois, le roman lui emprunte aussi son mode d'être et de pensée spécifique : l'*esprit de sérieux*. Les gauloiseries un peu laborieuses des *Contes drolatiques* de Balzac ou la blague des *Scènes de la vie de bohème* de Murger ne sauraient rivaliser avec la légèreté, la liberté et la fantaisie qui faisaient souvent le prix des romans de l'époque des Lumières. Le XIXe siècle n'aura ni son *Jacques le fataliste*, ni son *Candide*. Quant à l'ironie noire qui, de Flaubert à Huysmans et à Villiers, imprègne de nombreux textes de la mouvance réaliste ou symboliste, elle n'est pas le contraire du sérieux, mais ce sérieux même, poussé jusqu'au désespoir. C'est que le roman s'est chargé d'une partie du tragique échappé à la tragédie moribonde, et qu'il en reprend souvent les thèmes et les intentions (les romans de Victor Hugo, de ce point de vue, sont des tragédies modernes en prose). Le sérieux du roman, on le retrouve aussi dans les développements sentimentaux et moralisateurs du roman-feuilleton (rien de plus sérieux que le roman populaire : voir *Les*

Mystères de Paris ou *Monte-Cristo*), mais aussi chez George Sand et dans les fades récits des écrivains élus par la *Revue des Deux Mondes* : Sandeau, Feuillet, Theuriet, Cherbuliez. On le retrouve enfin dans des projets didactiques qui n'appartiennent pas seulement aux écrivains qui, comme Jules Verne, ont été courbés par la main de fer de l'éditeur Hetzel dans la voie salutaire de l'éducation et de la récréation, mais chez tous ceux qui, comme Balzac ou Flaubert, pensent que le roman doit contenir et transmettre une somme de connaissances, techniques, artistiques, sociales, historiques ou autres. Il y a plus d'éléments de savoir dans *Illusions perdues* que dans *Vingt mille lieues sous les mers*. C'est que le romancier, depuis Balzac, s'est senti investi d'une responsabilité nouvelle, qui exclut les facilités de la fantaisie ou de l'ironie légère. Il lui faut *rendre compte*. Il est devenu, comme le dit l'« Avant-propos » de *La Comédie humaine*, le « peintre [...] des types humains, le conteur des drames de la vie intime, l'archéologue du mobilier social, le nomenclateur des professions, l'enregistreur du bien et du mal ». Rude cahier des charges qui l'occupe tout entier. Il n'est plus temps, désormais, de plaisanter.

Puissance du modèle scientifique

La deuxième raison du développement du roman de représentation mimétique au XIXe siècle tient au progrès rapide des sciences, et surtout des sciences biologiques et naturelles pendant toute la période. Naguère encore province de la littérature, au point que Buffon pouvait apparaître indifféremment à son époque comme un homme de lettres ou un homme de science, et que Mme de Staël, dans *De la littérature*, pouvait inclure dans son champ d'étude « tout ce qui concerne l'exercice de la pensée dans les écrits, les sciences physiques exceptées » — y incorporant donc l'histoire naturelle et la médecine —, la science, au cours du XIXe siècle, gagne progressivement son autonomie, se subdivise, se spécialise, délimite son territoire et constitue son langage. Le domaine des lettres, immense au début du XIXe siècle, ne cesse de se rétrécir, et son histoire est celle d'un long et inexorable démembrement. Les sciences physiques dites « dures » et les mathématiques sont les premières à quitter la place, puis l'histoire naturelle (qui bientôt se proclamera science à son tour) et la médecine, puis les sciences qu'au siècle suivant on appellera « humaines » : histoire, sociologie, linguistique, philosophie. Il ne restera bientôt plus dans le champ de la littérature que les trois genres canoniques : poésie, théâtre, roman. Mais cette série de sécessions n'affectera guère le roman, le plus vivace et le plus adaptable des trois genres survivants. Au contraire, il va récupérer une partie de ce que la littérature semblait perdre, en empruntant à la science et en s'assimilant des éléments qui vont l'enrichir à son tour.

Ce que la science peut apporter au romancier touche à trois domaines différents. Tout d'abord, elle lui fournit une conception générale de son sujet. Balzac, le premier, a compris l'intérêt du modèle théorique des sciences naturelles, et notamment de la zoologie, pour son projet de description et d'analyse de la société contemporaine. Très tôt, il a lu Buffon. Il connaissait les travaux des « messieurs du Muséum » relatifs à la paléontologie et, autour de 1830, il s'est passionné pour la controverse qui opposait Cuvier et Geoffroy Saint-Hilaire à propos de l'évolution des espèces. Il en a tiré « l'idée première » de *La Comédie humaine*, celle d'une « comparaison entre l'Humanité et l'Animalité » (« Avant-propos »), qui soutient la théorie plus vaste d'une analogie formelle entre le monde social et le règne animal : « je vis que, sous ce rapport, la Société ressemblait à la Nature. La Société ne fait-elle pas de l'homme, suivant les milieux où son action se déploie, autant d'hommes différents qu'il y a de variétés en zoologie ? » Il doit exister des « espèces sociales » comme il y a des espèces animales, puisque les mêmes lois d'adaptation au milieu, d'évolution et de spécialisation s'appliquent dans les deux domaines, et il faut les étudier de la même façon. Le projet général de *La Comédie humaine* tel que Balzac le reconstitue *a posteriori* en 1842 dans l'« Avant-propos » est donc ouvertement assimilé au projet des sciences naturelles, et ce n'est pas un hasard si Taine, dans un article paru en 1858 (repris en 1865 dans les *Nouveaux Essais de critique et d'histoire*), qui constitue la première grande étude critique consacrée à Balzac, qualifie à plusieurs reprises l'auteur de *La Comédie humaine* de « naturaliste », au sens scientifique du terme. C'est là, à peu près certainement, que Zola, grand lecteur de Taine (et de Balzac) à partir de 1864, a découvert cette appellation qu'il reprendra bientôt à son propre compte.

Zola lui aussi, pour concevoir sa série des *Rougon-Macquart*, s'est inspiré de modèles scientifiques. Vers 1868, au moment où il dressait les plans de son grand cycle romanesque, il a lu et annoté les ouvrages de deux médecins, la *Physiologie des passions* du docteur Letourneau, et surtout le *Traité de l'hérédité naturelle* du docteur Lucas, dans lequel il a puisé l'idée première du lien (et de la tare) héréditaire qui unira ses personnages, et l'image de l'arbre généalogique qui va constituer l'emblème de son projet romanesque. Le choix de la physiologie, science plus récente et plus hardie, notamment dans ses recherches sur l'hérédité, que la zoologie chère à Balzac, est significatif d'un désir de modernité, et presque de provocation. Ce qui distingue le naturalisme zolien du réalisme qui l'a précédé, alors que ces mots vagues recouvrent des principes, des méthodes et des buts souvent identiques, c'est la volonté de renchérir sur la scientificité balzacienne par une scientificité supérieure. Dans une note curieusement intitulée « Différences entre Balzac et moi », contemporaine des premiers plans des *Rougon-Macquart* (1868), Zola s'empresse de souligner le caractère purement « scientifique » de son projet, reprochant à Balzac d'être un moraliste et un sociologue plutôt qu'un homme de science. « Je me contenterai, écrit-il, d'être savant, de dire ce qui est en en cherchant les raisons intimes. Point de conclusion d'ailleurs. Un simple exposé des faits d'une famille, en montrant le mécanisme intérieur qui la fait agir ». Des propos de ce genre, souvent réaffirmés jusque vers 1880 dans de très nombreux articles de critique, attireront sur l'écrivain bien des sarcasmes. Mais même s'ils témoignent d'une certaine naïveté, ils expriment aussi un projet sincère de rapprochement entre le roman et la science, afin d'utiliser les ressources que les découvertes scientifiques proposent à l'imagination des écrivains. Balzac n'avait pas fait autre chose, et Zola, en cette matière comme en beaucoup d'autres, et sans le nier d'ailleurs, n'a fait que développer ce qu'il avait reçu de lui.

Comme elle propose au romancier un projet, la science lui apporte aussi une méthode, qu'il est possible de résumer en trois points : exactitude de l'observation, objectivité de la description, totalité de l'investigation. Ici encore, des intuitions balzaciennes ont été précisées et développées après lui, et spécialement par Zola. Les articles de doctrine naturaliste, publiés par celui-ci pour l'essentiel entre 1875 et 1880, ont été réunis dans cinq recueils critiques publiés coup sur coup en l'espace de douze mois à peine (d'octobre 1880 à octobre 1881), afin d'obtenir un effet d'impact médiatique tout à fait insolite dans le domaine littéraire (*Le Roman expérimental*, *Le Naturalisme au théâtre*, *Nos auteurs dramatiques*, *Les Romanciers naturalistes*, *Documents littéraires*). Ils établissent un corpus théorique homogène qui ne sera plus modifié. C'est dans l'étude intitulée « Le roman expérimental » (1879), placée significativement en tête du premier recueil, que Zola résume ce qu'il aime appeler sa « formule », en s'inspirant d'un livre qu'il vient de découvrir, l'*Introduction à l'étude de la médecine expérimentale* de Claude Bernard. Il y trouve la confirmation de ses propres idées, et propose, de manière à la fois naïve et provocatrice, une pure et simple transposition de la méthode expérimentale « établie avec une force et une clarté merveilleuse par Claude Bernard » dans le domaine de la création romanesque : « Le plus souvent, il me suffira de remplacer le mot "médecin" par le mot "romancier" pour rendre ma pensée claire et lui apporter la rigueur d'une vérité scientifique ». Le roman deviendra donc « expérimental » comme la science, dans la mesure où il ne se contentera plus de la simple observation, mais fera de cette observation le point de départ d'une

« expérience » visant à confirmer une hypothèse de départ.

Ainsi *L'Assommoir* pourrait représenter le type du roman expérimental, dans la mesure où il réduit la part de l'imagination au minimum et prétend se limiter à une simple « expérimentation » sur un petit nombre de personnages déterminés. L'hypothèse de départ est celle-ci : étant donné une femme honnête et courageuse, mais marquée par une hérédité hystérique et alcoolique (Gervaise) ; étant admis que cette femme est partagée entre deux hommes, un ouvrier d'abord honnête et travailleur (Coupeau), et un autre ouvrier malhonnête et paresseux (Lantier), qu'elle cherche à fuir, mais à qui elle est attachée par la loi « scientifique » de l'imprégnation, puisqu'il a été son premier amant (Zola reprend ici un thème mélodramatique qu'il a trouvé chez Michelet et le docteur Lucas et qui lui a déjà servi dans *Madeleine Férat*) ; étant donné deux péripéties que le romancier expérimentateur décide (arbitrairement) d'introduire dans le cours de son expérience : l'accident du travail de Coupeau qui, pendant sa convalescence, prend des habitudes de paresse et d'ivrognerie, et le retour de Lantier auquel Gervaise ne pourra que céder à nouveau. Étant donné donc toutes ces conditions, que deviendra le ménage de Gervaise et de Coupeau ? La réponse est évidente : Gervaise, poussée par son hérédité et l'influence pernicieuse du « milieu », ne pourra que rejoindre Coupeau dans l'alcoolisme, dans l'avilissement, dans la mort. Zola résume cette logique de la dégradation dans la préface de son roman : « J'ai voulu peindre la déchéance fatale d'une famille ouvrière, dans le milieu empesté de nos faubourgs. Au bout de l'ivrognerie et de la fainéantise, il y a le relâchement des liens de la famille, les ordures de la promiscuité, l'oubli progressif des sentiments honnêtes, puis comme dénouement la honte et la mort. C'est de la morale en action, simplement ». Il serait facile de montrer pourtant que ce projet appartient à l'imagination autant qu'à l'expérimentation. Cette déchéance programmée entraîne le choix des péripéties, orientées vers l'issue nécessairement « fatale » et la « chute » des personnages. Il n'y a donc pas ici objectivité, mais intervention subreptice de l'expérimentateur en fonction, non d'une hypothèse scientifique, mais d'une idée préconçue : la « déchéance fatale » des personnages, le caractère « corruptible » du peuple ouvrier. Zola reprend ici pour le retourner un préjugé optimiste du romantisme social (celui de Hugo, de George Sand, de Vallès) qui supposait au contraire l'existence d'une *nature* populaire essentiellement saine, bonne et vertueuse. Dans les deux cas, c'est toujours l'imagination qui prime sur la réalité objective des faits. Avec *L'Assommoir*, le roman « expérimental » donne son chef-d'œuvre, mais montre aussi ses limites. L'écrivain n'est pas tenu à l'objectivité comme l'est le savant. Il reste libre d'inventer et d'intervenir dans l'intrigue de son roman, même lorsque, non sans mauvaise foi, il affirme le contraire.

Paradoxe de l'histoire du naturalisme : son esthétique est définitivement arrêtée en 1880, au moment où Zola, devenu le romancier à succès de *L'Assommoir* (1877) et de *Nana* (1880), s'apprête à évoluer vers un naturalisme élargi moins doctrinaire et plus lyrique, qui s'épanouira au-delà des *Rougon-Macquart*, dans *Les Trois Villes* et *Les Quatre Évangiles*, mais dont les premiers signes se remarquent dans *Au bonheur des dames* (1883), dans *Le Rêve* (1888), dans *Le Docteur Pascal* (1893). En fait, les recueils de 1880-1881 sont plus rétrospectifs que prospectifs. Ils constituent un bilan, non une ouverture. En même temps qu'ils fixent la doctrine naturaliste, ils proposent un lexique de ses principaux concepts. En ce qui concerne l'observation, les mots-clefs sont ceux d'*enquête* et de *document*. Maîtres mots qui ne renvoient pas seulement à la science, mais aussi à l'histoire (on y reviendra). La collection des faits vrais qui fournissent au romancier sa matière première doit être réunie par un double travail de recherche sur le terrain et d'information livresque. « Je m'entoure d'une bibliothèque et d'une montagne de notes avant de prendre la plume », écrivait Zola à l'époque de *L'Assommoir*. Mais il n'est pas le seul, au même moment, à s'engager dans cette voie documentaire. Balzac, déjà, avait beaucoup lu, retenu, accumulé. Flaubert entasse les notes, les dossiers, les carnets de travail. Les Goncourt, Huysmans, feront de même. L'époque est aux écrivains documentalistes, pour qui le fait recueilli ne doit pas seulement servir à nourrir l'œuvre avant de disparaître, mais doit encore être enregistré, archivé, exposé pour témoigner de la qualité du travail préparatoire du romancier et de son sérieux.

C'est de la science encore que proviennent deux autres caractères fondamentaux de la méthode du roman de représentation mimétique : la volonté de description objective et le désir de totalité. Les critiques du XIXe siècle ont souvent reproché à l'écrivain réaliste une tendance excessive à la description. Balzac s'en défend dans la préface d'*Une fille d'Ève* (1839) et se justifie par les exigences de son entreprise. En effet, le romancier est forcé de décrire, lorsqu'il a choisi « de dépeindre et de rassembler les éléments de notre vie, de poser des thèmes et de les prouver tout ensemble, de tracer enfin l'immense physionomie d'un siècle en en peignant les principaux personnages ». On admet donc que la description est l'un des instruments nécessaires du projet réaliste de peinture totale d'une société et d'une époque, et on a pris l'habitude de la considérer comme une sorte d'ingrédient naturel de cette peinture, sans s'interroger sur ses origines et sur les raisons de son développement. Il ne faut pas oublier cependant que le projet de synthèse réaliste et son accompagnement descriptif découlent directement de la visée scientifique. C'est la science, en effet, qui cherche à proposer une théorie et une explication générale du monde, et, pour y parvenir, elle commence par décrire et par classer. Les sciences modernes développées à partir de la fin du XVIIIe siècle, spécialement celles de la nature, se fondent d'abord sur des classifications qui ne sont que la mise en ordre des caractères visibles des objets et des espèces. Les sciences commençantes sont nécessairement descriptives, puisque l'inventaire exhaustif du donné objectif de la nature est la condition première de toute constitution d'un savoir. La description moderne, libérée des lieux communs de la rhétorique traditionnelle qui ne voyait là qu'un exercice d'école, adaptée enfin aux besoins de l'étude historique et sociale, vient de la science. Quant à l'exigence de totalité, à cette volonté d'accumulation globale et de transmission des connaissances qui produit au XIXe siècle les grandes séries romanesques (*La Comédie humaine*, *Les Voyages extraordinaires*, *Les Rougon-Macquart*), comme elle produit les grandes entreprises didactiques (le *Dictionnaire universel des sciences naturelles* de Charles d'Orbigny, le *Grand Dictionnaire universel du XIX*ᵉ *siècle* de Pierre Larousse, le *Dictionnaire raisonné d'architecture* de Viollet-le-Duc, la *Grande Encyclopédie* de Marcelin Berthelot), elle n'a pas non plus d'autre origine. Le roman, comme la science, se charge de constituer et de transmettre un savoir. *Illusions perdues*, *Les Misérables*, *Les Travailleurs de la mer*, *L'Île mystérieuse*, *Bouvard et Pécuchet* sont des encyclopédies. Comme la science, le roman élargit au maximum le champ de ses investigations. Désormais, les marges de la société, les bas-fonds, les envers sociaux lui sont ouverts (*Les Mystères de Paris*, *Splendeurs et misères des courtisanes*), les pathologies, la folie, l'hystérie, la sexualité et ses déviances lui sont accessibles (*Germinie Lacerteux*, *La Conquête de Plassans*, *Splendeurs et misères* encore). Il visite tous les mondes, toutes les classes, tous les métiers. Il n'a, littéralement, plus de bornes. C'est encore à la science qu'il doit cette liberté.

Ce n'est pas encore tout. La science offre au roman de représentation mimétique des thèmes nouveaux. Toute une littérature « naturaliste », venue de Buffon, se développe à travers le XIXᵉ siècle, faisant longtemps de l'histoire naturelle la plus « littéraire » de toutes les sciences. Elle propose de beaux textes parfois mal connus, qui témoignent de l'intérêt que les plus grands écrivains ont porté à la géologie, à la botanique, à la zoologie, à l'entomologie : *Le Peuple inconnu* de Charles Nodier, *L'Esprit des bêtes* ou *Zoologie passionnelle* d'Alphonse Toussenel, *La Mer*, *La Montagne*, *L'Insecte*, *L'Oiseau* de Michelet, *La Vie des abeilles*, *L'Intelligence des fleurs* de Maurice Maeterlinck. Les progrès de la science engendrent aussi tout un courant de vulgarisation dont les *Voyages extraordinaires* de Jules Verne sont l'exemple le plus illustre et *Vingt mille lieues sous les mers* (1870) le chef-d'œuvre. Ils favorisent aussi l'apparition de rêveries philosophiques ou mystiques comme l'étrange *Lumen* (1887) de l'astronome Camille Flammarion. Plus généralement, le roman est redevable à la science d'un nouveau genre, qu'on pourrait appeler roman d'aventures spirituelles, dont *La Recherche de l'absolu* de Balzac, *L'Ève future* de Villiers de l'Isle-Adam, et même, sous une forme dégradée et parodique, *Bouvard et Pécuchet*, pourraient être le type. La science procure encore au romancier de nouveaux personnages (le savant, le savant fou, l'inventeur, l'ingénieur, le médecin, etc.) et de nouvelles situations dramatiques. Elle est pour le roman de représentation mimétique, pendant tout le XIXe siècle, une inépuisable pourvoyeuse de thèmes, de types, d'idées.

Séductions du modèle historique

Le projet du roman de représentation mimétique étant de s'intéresser à l'homme dans ses rapports avec la société et l'époque dans laquelle il vit, la rencontre du roman et de l'histoire était inévitable et nécessaire. Elle se produit, au début du XIXe siècle, sous le signe de Walter Scott. Après les fadeurs du roman sentimental en vogue sous le Premier Empire, la découverte des drames puissants de l'écrivain écossais fit, sur le public comme sur les romanciers de l'époque, l'effet d'un choc salutaire. Les traductions des romans de Scott par Auguste Defauconpret commencent à paraître en 1822, et la grande édition Furne des *Œuvres complètes* date de 1830-1832. Dans les années 1820 et 1830, Walter Scott est avec Hoffmann l'un des deux grands inspirateurs de la prose romantique française. Balzac rend hommage dans l'« Avant-propos » de *La Comédie humaine* à ce « trouveur (trouvère) moderne » qui a su élever le roman « à la valeur philosophique de l'histoire » : « il y mettait l'esprit des anciens temps, il y réunissait à la fois le drame, le dialogue, le portrait, le paysage, la description ; il y faisait entrer le merveilleux et le vrai, ces éléments de l'épopée, il y faisait coudoyer la poésie par la familiarité des plus humbles langages ». Drame, épopée, comédie : le roman de Walter Scott réussit à être tout cela, et à renouer avec les puissantes origines du genre. Balzac ne reniera jamais cette admiration, qu'il répète encore dans une lettre à Mme Hanska du 20 janvier 1838, en mettant l'œuvre de Walter Scott bien au-dessus de celle de Byron. Hugo, dans un article sur *Quentin Durward* publié en 1823, loue ce « roman dramatique, dans lequel l'action imaginaire se déroule en tableaux vrais et variés comme se déroulent les événements réels de la vie ». *Notre-Dame de Paris*, en 1831, sera le fruit romanesque de cette lecture hugolienne de Walter Scott, comme *Cromwell*, quatre ans plus tôt, en avait été le fruit dramatique. À la même époque, se multiplient les romans historiques inspirés de Scott. Vigny publie en 1826 *Cinq-Mars*, image documentée de la société sous Louis XIII, Mérimée donne en 1829 sa *Chronique du règne de Charles IX*, et Balzac la même année ses *Chouans*, sous-titrés *La Bretagne en 1799*, fragment d'un projet inabouti d'« histoire pittoresque de la France » dont il méditait, à l'exemple de Scott, de composer la vision d'ensemble dans une série de tableaux chronologiques.

L'influence de l'écrivain écossais a donc été décisive pour la naissance d'un roman français de représentation mimétique qui passe d'abord par l'histoire. Ce qu'elle apporte sera déterminant dans trois domaines. D'abord, elle donne au romancier le goût de l'exactitude et du « pittoresque ». Balzac fournit le meilleur exemple de cette recherche de la précision du détail et du relief de l'image. Il a voulu être à la fois ce que vers 1820 on appelait un « antiquaire » (c'est-à-dire un connaisseur et un collectionneur des objets du passé) et un peintre, préoccupé du dessin et de la couleur des tableaux qu'il construit et met en action. Il s'est donné pour but, comme le conseille d'Arthez à Lucien dans *Illusions perdues*, de peindre « les costumes, les meubles, les maisons, les intérieurs, la vie privée, tout en donnant l'esprit du temps ». Ce double projet, analytique (le rendu du détail) et synthétique (« l'esprit du temps ») pouvait aisément s'appliquer au passé comme au présent : Balzac passera de l'un à l'autre à partir de 1830. Mais même lorsqu'il représente sa propre époque, le romancier doit rester un « archéologue » : comme le paléontologue fait revivre une espèce disparue à partir d'un fragment d'os, de même Balzac fera renaître son époque (la monarchie de Juillet), ou celle qui l'a précédée (la Restauration) à partir d'un lieu, d'un objet, d'un personnage typique : le restaurant Flicoteaux ou les Galeries de bois du Palais-Royal dans *Illusions perdues*, la voiture de Pierrotin dans *Un début dans la vie*, les jeunes gens de Paris dans *La Fille aux yeux d'or*. Le romancier qui, comme Balzac, cherche à écrire l'histoire des mœurs de son temps doit adapter à son époque la méthode de Walter Scott : il sera d'abord un archéologue du présent.

L'influence de l'histoire conduit aussi à développer un genre particulier de récit historique que l'on pourrait appeler le « roman chronique ». L'histoire est ici entendue sous sa forme la plus récente et la plus concrète. La chronique parle d'événements contemporains familiers au lecteur du temps comme à l'écrivain, d'un processus historique en cours dont il est difficile encore de discerner la fin et le sens. Elle est une mémoire immédiate, la forme *chaude* de l'histoire. Elle ne propose pas seulement un compte rendu objectif des événements, mais aussi une réflexion souvent passionnée ou ironique sur les faits qu'elle va rapporter. Elle est plus libre de prendre parti. *Le Rouge et le Noir*, écrit à partir de 1829, publié en 1831, sous-titré *Chronique de 1830*, fournit un bon exemple de ce genre de roman nouveau. Il est possible en effet de lire le roman à partir de l'épigraphe attribuée à Danton (« la vérité, l'âpre vérité ») et d'y retrouver un relevé précis des faits et des événements qui ont préparé la révolution de 1830 (l'influence de la Congrégation, les complots des nobles ultras, la faiblesse des libéraux, la permanence de l'exemple napoléonien, etc.). Julien, le héros « en guerre avec toute la société » y incarne une violence révolutionnaire qui n'est pas représentée dans le roman, mais suggérée et préparée, et qui s'accomplira au moment même de l'élaboration du livre. De la même façon, et peut-être mieux encore, *Lucien Leuwen* appartient au même genre. La politique y est partout présente, comme le ressort principal de l'action, supérieur même à l'amour, et les événements des années 1830-1835 emplissent ce roman écrit à partir de 1834 : agitation légitimiste, émeutes ouvrières, élections, marchandages ministériels, scandales divers, toute l'époque défile dans un roman dont les personnages secondaires tiennent si fort au réel que des clefs sont toujours possibles. *Le Rouge et le Noir*, *Lucien Leuwen* surtout, sont des romans du présent dans lesquels passe quelque chose d'un talent de journaliste que Stendhal avait d'abord essayé dans ses chroniques anglaises. Mieux que Balzac qui se donne toujours un peu de recul pour apprécier et interpréter les faits, Stendhal est le premier à faire passer dans le roman l'*actualité*, à mêler ses personnages à l'Histoire en train de se faire : une Histoire vue par le regard nécessairement myope d'un témoin qui, comme Fabrice à Waterloo, est plongé au cœur de l'événement, et ne peut saisir l'ensemble que confusément, sans y rien comprendre. L'ironie (celle du narrateur plutôt que du personnage) devient alors le mode d'appréhension nécessaire d'un réel fragmentaire, mobile, chaotique, sur lequel le héros n'a pas de prise. Le sens naîtra ici, non d'une reconstitution artificielle des faits, mais de cette confusion même, de cette image pessimiste d'une réalité fuyante, d'une humanité aveugle et impuissante livrée à des passions divergentes, d'une Histoire opaque, informe, absurde, mais puissante et motrice *quand même*.

On retrouverait la même attention au réel historique et politique, jointe à la même tonalité ironique dans *L'Éducation sentimentale*. Et même si les faits rapportés ne peuvent appartenir à l'actualité immédiate, puisqu'il s'agit essentiellement d'une chronique de 1848 écrite entre 1864 et 1869, la perception des faits et la conception du rôle de l'homme dans l'Histoire ne sont pas fondamentalement différentes. C'est encore, comme chez Stendhal, une vision fragmentaire et décousue, saisie au ras de l'événement sur le mode du reportage (les émeutes de février 48, le sac des Tuileries, les journées de Juin) par un témoin placé au cœur de l'action. L'effet de chronique tient à cette proximité, à cette immersion dans un réel immense et confus, dont le sens échappe et qui ne peut être dominé, sinon par le regard ironique du narrateur. Le genre du roman chronique connaîtra encore à la fin du siècle un grand développement, lié aux soubresauts de l'actualité politique. Zola dans *Paris* (1896) romance l'histoire immédiate, celle du scandale de Panama et des attentats anarchistes. Barrès fera de même un peu plus tard dans *Leurs Figures* (1902), relatant ses souvenirs de Panama et son expérience de député sous une forme à peine transposée. Anatole France tire les quatre volumes de son *Histoire contemporaine* (1897-1901) de chroniques d'abord publiées dans *Le Figaro* où se reflètent les crises de la Troisième République et l'affaire Dreyfus. Mirbeau construit ses derniers romans, *Les Vingt-et-un jours d'un neurasthénique* (1901), *La 628-E8* (1907), où se mêlent l'actualité politique et littéraire, les souvenirs personnels, les réflexions, la polémique, comme un curieux collage de textes souvent issus d'articles ou de contes parus dans la presse.

Ainsi le roman de représentation mimétique, à travers tout le XIXe siècle, proclame ses affinités avec l'Histoire (le mécanisme général des faits historiques), comme avec l'histoire (le récit et l'interprétation de ces faits). Qu'il s'agisse de l'histoire générale des mœurs d'une époque, comme chez Balzac, de la chronique politique, comme chez Stendhal, de l'histoire « naturelle et sociale » d'une famille lancée dans le grand mouvement de la modernité, comme chez Zola, le but de l'écrivain est toujours de raconter, de montrer, de commenter l'aventure de personnages liés aux événements de la vie sociale et politique de leur temps. Il n'y a pas de fiction romanesque, au XIXe siècle, qui ne rencontre finalement l'histoire. À son exemple, et pour rivaliser avec elle, le roman précise son décor et ses situations, dessine ses objets et ses personnages, s'efforce de construire un univers qui, à force de vraisemblance, pourra faire croire à sa vérité. Prolongeant et complétant le travail de l'historien jusque dans le désordre de l'actualité, le romancier trouve enfin sa gloire et sa justification dans la création de ce que Balzac appelle, dans l'« Avant-propos » de *La Comédie humaine*, « une grande image du présent ».

PROBLÈMES DE LA VRAISEMBLANCE RÉALISTE

L'écrivain qui, selon le mot de Balzac, s'est donné pour but de faire « l'histoire des mœurs », se trouve confronté dès le départ à une difficulté qui tient au caractère inorganisé de la matière qu'il veut étudier. Au commencement, en effet, il y a ce qu'on peut nommer faute de mieux « le réel », cet amas de faits chaotiques dont il s'agit de tirer des formes et des lois. Le romancier est devant la société comme le savant devant la nature, et son travail est le même. Il doit rassembler, décrire, classer. Sa première expérience est celle du désordre. Il se heurte à ce que Balzac, dans la préface d'*Une fille d'Ève* (1839), appelle la « mosaïque » de la réalité. Découverte douloureuse et nécessaire, par laquelle doit passer, selon lui, tout apprenti romancier : « il n'y a rien qui soit d'un seul bloc dans ce monde [...] l'auteur a devant lui pour modèle le dix-neuvième siècle, modèle extrêmement remuant et difficile à faire tenir en place ». L'état habituel du romancier, ce sera donc l'*insécurité*. Pour maîtriser son sujet, il devra accepter le désordre mouvant du réel, l'approcher patiemment, le cerner, tâcher de le fixer par une série de tentatives descriptives localisées et juxtaposées. Cette entreprise induit toute une esthétique du morcellement, de l'énumération, de la focalisation. Il ne s'agit plus de recréer par l'imagination de vastes ensembles artificiellement recomposés, mais de se limiter aux accidents, de s'accrocher aux petites aspérités du réel. « La marque distinctive du talent est sans doute l'invention », reconnaît Balzac dans sa « Note » jointe à la première édition des *Scènes de la vie privée* (1830). « Mais, aujourd'hui que toutes les combinaisons possibles paraissent épuisées, que toutes les situations ont été fatiguées, que l'impossible a été tenté, l'auteur croit fermement que les détails seuls constitueront désormais le mérite des ouvrages improprement appelés *Romans* ». Pour remédier à l'usure de toutes les « combinaisons » et de tous les artifices de la fiction, le romancier devra s'en tenir, au ras de l'existence réelle et des faits, à une sorte de degré zéro du romanesque. Zola dira de même que l'écrivain doit « cacher l'imaginaire sous le réel ». Objectivité, observation, analyse : telles sont donc, au XIXe siècle, les missions que s'assigne le romancier. Il s'agit toujours de se tenir au plus près du réel pour l'inspecter, le démonter, l'expliquer. Stendhal collectionne les « petits faits vrais ». Flaubert déclare à Louise Colet qu'il « aime à accuser le petit fait aussi puissamment que le grand ». On aurait pu croire le romancier réaliste, et pas seulement l'auteur de *La Comédie humaine*, attaché aux vastes structures, à une approche panoramique et totalisante du monde. On est surpris de le retrouver au contraire plongé dans une scrutation myope des êtres et des choses. La vérité du roman, si elle existe, doit d'abord se trouver dans les détails.

La recherche de la vérité

Tous les romanciers du XIXᵉ siècle, quelle que soit leur esthétique ou leur idéologie, s'accordent au moins sur un point, qui est celui de la finalité de leur œuvre. L'horizon du roman, son idéal pourrait-on dire, c'est la vérité. Vérité des choses, vérité de l'homme, vérité de la société et de l'Histoire. Il n'est pas un écrivain qui ne recherche, par des voies différentes sans doute et selon des points de vue souvent divergents, cette valeur suprême. La vérité, déclare Vigny dans la préface de *Cinq-Mars*, « est comme l'âme de tous les arts ». Pour Stendhal, elle est cette « âpre vérité » qui domine *Le Rouge et le Noir* et place le roman, dès son ouverture, sous le signe d'une lucidité cruelle mais salutaire. Edmond de Goncourt englobe, dans la préface de *Chérie*, « tout ce qui a été fabriqué [...] sous le nom de réalisme, naturalisme, etc. » sous l'appellation générale de « recherche du *vrai* en littérature ». Zola voit dans l'écrivain naturaliste le promoteur « d'une enquête exacte, d'une vérité humaine mise debout, indestructible ». Qu'il soit romantique ou réaliste, idéaliste ou positiviste, le romancier du XIXᵉ siècle se revendique avant tout comme un chercheur et un producteur de vérité.

Cette recherche de la vérité touche aussi à deux autres domaines fondamentaux de la pensée et de l'action, celui de l'art, et celui de la morale. On retrouve ici des idées déjà défendues par les écrivains du XVIIIᵉ siècle et par Mme de Staël dans l'*Essai sur les fictions*. Parce qu'elle est la plus compréhensive et la plus productive des valeurs, la vérité entraîne à sa suite toutes les autres. L'utilité du roman de représentation mimétique, si souvent proclamée au cours du XIXe siècle, sera donc immédiatement triple. Parce qu'il est le support de la vérité, il se fera aussi œuvre d'art, et œuvre morale. Produire le vrai, ce sera nécessairement produire le beau et le bien. Laissons pour l'instant la question de l'art, que nous retrouverons bientôt, pour nous arrêter sur celle de la morale, qui fait le fond de très nombreuses polémiques pendant toute la période réaliste. Balzac, dans l'« Avant-propos », se plaint du reproche infondé d'immoralité dont il a été toujours la victime : « Si vous êtes vrai dans vos peintures, [...] on vous jette alors le mot immoral à la face ». Barbey d'Aurevilly, dans la préface d'*Une vieille maîtresse* (1865), lie fortement la vérité de l'œuvre d'art et sa valeur morale : « la moralité de l'artiste est dans la force et la vérité de sa peinture. En peignant la réalité, en lui infiltrant, en lui insufflant la vie, il a été assez moral : il a été vrai ». Celui qui a le plus bataillé contre le reproche d'immoralité adressé au roman naturaliste par des générations de censeurs, de Louis Ulbach (auteur, à propos de *Thérèse Raquin*, d'un violent article sur « La littérature putride ») jusqu'à Pontmartin, Faguet ou Brunetière, c'est certainement Zola, qui proclame l'utilité d'une littérature de vérité qui oppose aux fadeurs hypocrites de la littérature bien-pensante les « leçons du réel » tirées de l'observation et de l'expérimentation : « Chez une femme qui prend un amant, il y a toujours au fond la lecture d'un roman idéaliste, que ce soit *Indiana* ou *Le Roman d'un jeune homme pauvre* ». Au contraire, « les œuvres de vérité apportent forcé-

ment avec elles une leçon certaine et profitable »
(« De la moralité dans la littérature », repris dans
Documents littéraires).

Il faudrait s'interroger cependant sur l'origine de
cette vérité que revendiquent les écrivains de l'époque, qu'ils appartiennent ou non à la mouvance réaliste. Il semble qu'elle provienne pour tous de la
« mosaïque » du réel, c'est-à-dire de la masse informe du donné physiologique et social soumis au
travail de la fiction romanesque. La vérité apparaît
comme le produit d'une opération de transformation du réel dont l'œuvre d'art serait à la fois l'acteur et le théâtre. Il convient cependant de préciser
des termes qui ne sont pas toujours clairs, surtout
au XIXe siècle, où les mots de « réalité » et de « vérité » sont très souvent employés l'un pour l'autre. Il
paraît plus commode de les distinguer, en réservant
le premier pour tout ce qui concerne la « matière
première » de la création romanesque, et le second
pour tout ce qui désigne le résultat de l'opération.
La transformation du réel en vrai serait ainsi le but
et la raison même du roman de représentation mimétique, et le roman « réaliste » serait celui qui,
travaillant sur le réel, cherche à extraire de ce réel
une vérité. Mais si l'on y regarde d'un peu plus près,
on s'aperçoit que cette transformation ne s'opère
pas toujours de la même façon, et qu'il existe plusieurs formes de réalisme, comme il y a plusieurs
types de traitement romanesque du réel. On en distinguera schématiquement deux, que l'on pourrait
appeler le réalisme qualitatif et le réalisme quantitatif.

Le premier, le *réalisme qualitatif*, postule une différence de nature entre le réel et le vrai. Les éléments de réalité travaillés par l'imagination y sont en quelque sorte transfigurés pour aboutir à une vérité supérieure. Ce type de réalisme, qui a subi la marque de l'idéalisme romantique, fait de la recherche de la vérité une quête transcendantale. Pour lui, la vérité est une essence dont les éléments, épars dans le réel, sont irréductibles à ce réel même. Les métaphores alchimiques employées pour la poésie romantique ou symboliste (le « tu m'as donné ta boue et j'en ai fait de l'or » de Baudelaire, par exemple) conviendraient assez bien pour désigner cette opération de sublimation. Cette conception idéaliste du réalisme domine pendant toute l'époque romantique, et jusqu'à Flaubert. Elle suppose parmi les éléments du réel un choix lié à leur qualité expressive ou symbolique. C'est ce que souligne Mme de Staël, dans son *Essai sur les fictions* : pour accroître la « vraisemblance » d'un caractère, le romancier pourra se saisir d'« un regard, un mouvement, une circonstance inaperçue ». Mais il devra se garder d'accumuler les détails, car « il est impossible de supporter ces détails minutieux dont sont accablés les romans, même les plus célèbres ». Vigny, dans la préface de *Cinq-Mars*, dit à peu près la même chose : ce qui importe à l'œuvre d'art, c'est sa vérité, qui se confond avec sa « beauté idéale ». Le « vrai » (entendons : le réel) n'est que secondaire, et la vérité des Muses sera toujours « plus belle que le vrai » (le réel, toujours), parce qu'elle s'élève à une « *vérité d'observation sur la nature humaine* » plus haute que « *l'authenticité du fait* ».

Le réalisme balzacien est lui aussi de la même espèce. La vérité qu'il recherche ne se réduit pas à la mosaïque de la réalité, même si le romancier doit commencer par celle-ci. Mais l'immensité du réel et son caractère chaotique imposent un traitement qui suppose à la fois un choix et une concentration des éléments que le romancier en tire : « le propre de l'art est de choisir les parties éparses de la nature, les détails de la vérité, pour en faire un tout homogène, un ensemble complet », peut-on lire dans l'« Introduction » aux *Études de mœurs au XIXe siècle* (1835), publiée sous le nom de Félix Davin, mais inspirée et souvent rédigée par Balzac lui-même. L'idée de choix est ici moins importante que celles d'homogénéité et de totalité. L'intention du créateur, le but de son effort et de sa pensée est, à partir d'un échantillon nécessairement fini et disparate d'éléments de réalité, de parvenir à une idée vraie, complète, harmonieuse de cette réalité. « Qu'est-ce que l'Art, monsieur ? c'est la Nature concentrée », affirme d'Arthez à Lucien dans *Illusions perdues*. Toute la poétique balzacienne pourrait tenir dans cette formule. La concentration de la réalité est la première étape de l'opération *chimique* par laquelle le génie parvient à la vérité. On trouverait un bon exemple de ce travail d'idéalisation dans la conception balzacienne du *type*. L'idée, au moment où Balzac s'en empare, n'était pas nouvelle. Elle avait déjà été exprimée par Vigny dans la préface de *Cinq-Mars* : la vérité de l'œuvre d'art est de rassembler « les traits d'un caractère épars dans mille individus complets », pour en composer « un type dont le nom seul est imaginaire ». Mais Balzac va lui donner son extension définitive et sa plus grande profondeur. Dans l'« Avant-propos » de *La Comédie humaine*, il définit le type comme « la réunion des traits de plusieurs caractères homogènes », et dans la préface d'*Une ténébreuse affaire* (1843), il précise encore qu'« un type […] est un personnage qui résume en lui-même les traits caractéristiques de tous ceux qui lui ressemblent plus ou moins, il est le modèle du genre ». Dans l'« Avant-propos », Balzac étend la notion à tous les aspects du réel : « non seulement les hommes, mais encore les événements principaux de la vie, se formulent par des types ». Ainsi les êtres, les lieux, les événements, les situations seront également soumis à l'opération de concentration. Goriot deviendra le « Christ de la paternité », comme la maison de Balthazar Claës dans *La Recherche de l'absolu* résumera « l'esprit de la vieille Flandre » parce qu'elle représente « le type des modestes maisons que se construisit la riche bourgeoisie au Moyen Âge ». Un processus de généralisation et d'éternisation conduit, à partir d'un élément limité du réel, à une vérité universelle. L'univers balzacien obéit donc à un principe général semblable, *mutatis mutandis*, à celui des correspondances baudelairiennes. C'est le même système à deux étages, régi par les lois de l'analogie, dont la division introduite dans *La Comédie humaine* entre *Études de mœurs* et *Études philosophiques* tâchera de rendre compte. En bas, un réseau d'objets, de matière, de sensations, une « multitude d'existences » dont l'accumulation produit la richesse, mais aussi l'opacité : « Mon ouvrage, écrit Balzac dans l'« Avant-propos », a sa géographie comme il a sa généalogie et ses familles, ses lieux et ses choses, ses personnages et ses faits ; comme il a son armorial, ses nobles et ses bourgeois, ses artisans et ses paysans, ses politiques et ses dandies, son armée, tout son monde enfin ! ». Le système du retour des personnages d'un roman sur l'autre, progressivement mis en place à partir du *Père Goriot* et perfectionné jusqu'à la fin, donne à cette complexité sa structure d'ensemble. Cet univers trop foisonnant, trop *copieux*, il s'agira donc de le transfigurer en essences, éternellement belles et vraies, par une opération transcendante de concentration et de typisation, afin de « surprendre le sens caché dans cet immense assemblage de figures, de passions et d'événements » (« Avant-propos »). Mais inversement les essences, trop abstraites, ne pourront prendre force et vie que parce qu'elles s'appuient sur les réalités du monde sensible, génératrices de l'énergie et de l'intérêt romanesques. En haut donc, les vérités et les lois. En bas, les objets et les passions, plus savoureuses que les idées. La richesse de la création balzacienne, comme celle de la poésie baudelairienne, naîtra de l'interpénétration indissoluble de ces deux niveaux de perception et d'interprétation du monde.

Le cas de Flaubert, encore différent, fournit lui aussi un bon exemple de réalisme qualitatif. L'ambiguïté de sa position en fait l'intérêt. En effet, Flaubert, en même temps qu'il revendique son statut d'écrivain qui « fouille et creuse le vrai tant qu'il peut », ne cesse de répéter son mépris pour « cette ignoble réalité » qui lui fait « sauter le cœur » de « dégoût » (lettre à Léon Laurent-Pichat, directeur de la *Revue de Paris* où paraissait *Madame Bovary*, 2 octobre 1856). Toujours, dans sa correspondance, il revient sur cette idée : « on me croit épris du réel, tandis que je l'exècre » (à Edma Roger des Genettes, 30 octobre 1856) ; « les *objets* immédiats me semblent hideux ou bêtes » (à Louis Bouilhet, 24 août 1853). L'entreprise réaliste de *Madame Bovary* est toujours présentée par Flaubert comme une ascèse, un effort masochiste de détournement de sa propre nature, foncièrement lyrique et romantique : « si vous me connaissiez davantage, écrit-il encore à

Laurent-Pichat, vous sauriez que j'ai la vie ordinaire en exécration. Je m'en suis toujours, personnellement, écarté autant que j'ai pu. — Mais esthétiquement j'ai voulu, cette fois et rien que cette fois, la pratiquer à fond. Aussi ai-je pris la chose d'une manière héroïque, j'entends minutieuse, en acceptant tout, en disant tout, en peignant tout ». Pourtant, même dans ce cas, le projet de description minutieuse et totalisante du réel ne peut pas se séparer d'un travail de transformation de ce réel même. « Je voudrais écrire tout ce que je vois, non tel qu'il est, mais transfiguré », écrit-il à Louise Colet au moment même où il prépare *Madame Bovary* (26 août 1853). « On ne peut faire vrai qu'en choisissant et en exagérant », répète-t-il à Taine (14 juin 1867). Et encore à Tourguéniev : « Il ne s'agit pas seulement de voir, il faut arranger et fondre ce que l'on a vu. La Réalité, selon moi, ne doit être qu'un *tremplin* » (8 décembre 1877). Balzac n'aurait pas désavoué de telles affirmations. Toujours, Flaubert proclamera la nécessité d'un travail de composition et de style destiné à élever le roman, sur le « tremplin » de la réalité, jusqu'aux vérités éternelles.

En face de ce réalisme qualitatif, lié à l'idéalisme et à la subjectivité romantiques, émerge à partir du milieu du siècle un autre type de réalisme, que l'on pourrait appeler *quantitatif*, parce qu'il cherche à accumuler les éléments de la réalité plutôt qu'à les transfigurer. L'influence des sciences, de leur méthode documentaire et descriptive, de leur esprit encyclopédique, est ici plus sensible. La vérité ne se trouvera plus au-delà du réel, mais au cœur de ce réel même. La figure exemplaire de ce réalisme scientifique et matérialiste, ce serait Zola, qui proclame dans ses textes théoriques à partir de la préface de *Thérèse Raquin* (1868) la nécessité de l'exploration objective de la réalité, du « procès-verbal humain », et l'utilité morale et sociale d'une littérature naturaliste analogue aux sciences naturelles, humaines ou politiques, qui s'accomplit en tant que physiologie et que sociologie pratique. Le travail de l'écrivain, comme celui du savant, sera d'ouvrir aussi largement que possible le champ de son observation, de transférer dans son œuvre le plus grand nombre d'éléments de réalité. Vérité et réalité s'égalent ici et se confondent : plus le « procès-verbal » sera complet, plus l'œuvre sera vraie. La voie d'accès du romancier à la vérité sera donc « le sens du réel » (titre d'un article de 1878 recueilli dans *Le Roman expérimental*), qualité maîtresse qui remplace l'imagination et la « fantasmagorie » des écrivains romantiques, comme elle doit se substituer au réalisme idéaliste de Balzac et de ses émules. Le sens du réel suppose, selon Zola, « le don de voir », plus rare encore que le don de créer. Le regard du romancier, à la fois précis, exact et objectif, établit entre l'œuvre et le monde une sorte de libre circulation, une relation d'équivalence. Zola évoque, dans une lettre à Valabrègue du 18 août 1864, les trois types d'« écrans » (classique, romantique, réaliste) qui s'interposent entre l'œuvre d'art et la réalité. L'écran qu'il préfère, l'« écran réaliste », est défini comme « un simple verre à vitre, très mince, très clair, et qui a la prétention d'être si parfaitement transparent que les images le traversent et se reproduisent ensuite dans leur réalité ». Posséder le sens du réel, ce serait donc pouvoir se tenir au plus près de cette transparence.

Mais le sens du réel implique aussi, pour Zola, le don de « rendre la nature avec intensité ». C'est ici que naît l'ambiguïté, car la question de « l'intensité » fait sortir le travail du romancier du domaine de l'objectivité scientifique pour le faire entrer dans le champ de l'esthétique littéraire ou picturale. Et de fait, il suffit de lire les textes théoriques de Zola pour voir que sa position repose sur une ambiguïté qui ne sera jamais levée, et qui finira par être purement et simplement « oubliée ». Car Zola, tout en se proclamant « savant », se revendique aussi « artiste ». À côté du sens du réel, il installe, comme qualité majeure du romancier, l'« expression personnelle » (autre titre d'un article recueilli dans *Le Roman expérimental*). Le « tempérament » original de l'artiste fait retour comme condition nécessaire de la création. Zola n'a pas de mots assez durs pour flétrir les œuvres dépourvues selon lui de cette originalité créatrice, comme le tableau de Caillebotte *Les Raboteurs de parquet* : « c'est une peinture tout à fait anti-artistique, une peinture claire comme le verre, bourgeoise, à force d'exactitude. La photographie de la réalité, lorsqu'elle n'est pas rehaussée par l'empreinte originale du talent artistique, est une chose pitoyable » (*Salon de 1876*). Il faut donc continuer à réserver, à côté de l'objectivité « scientifique », les droits de la subjectivité créatrice. L'allusion à la photographie est symptomatique, parce qu'elle réfère à une querelle qui s'éternise depuis 1840 entre partisans et adversaires de ce mode nouveau de reproduction du réel. Zola prend place ici, aux côtés de Gautier, Baudelaire, Flaubert, Champfleury, dans le camp des ennemis de la photographie, qui considèrent ce procédé comme le contraire même de l'art. Ce ne sera pas toujours le cas, on le sait, puisqu'à partir de 1890 il développera, parallèlement à l'écriture, des talents certains de photographe. Mais l'important est qu'il défende ici un point de vue « artiste » qui le rapproche en apparence des esthétiques idéalistes et subjectivistes qu'il paraît combattre. Toujours, en littérature comme en peinture, Zola défendra l'originalité du tempérament créateur, à commencer par le sien propre : « j'ai l'hypertrophie du détail vrai, écrit-il à Henry Céard à l'époque de *Germinal*, le saut dans les étoiles sur le tremplin de l'observation exacte ». Balzac, Hugo ne diraient pas autre chose, ni Flaubert pour qui, on l'a vu, « la réalité ne doit être qu'un tremplin ». Pour Zola non plus il n'y a pas d'œuvre d'art sans « tremplin » ni sans « étoiles »... Le romantisme dans lequel a baigné sa jeunesse (il est né en 1840) l'a marqué d'une façon indélébile, comme il le reconnaît lui-même dans *L'Œuvre*, par la bouche du peintre Claude : « Ah ! nous y trempons tous, dans la sauce romantique. Notre jeunesse y a trop barboté, nous en sommes barbouillés jusqu'au menton. Il nous faudra une fameuse lessive ».

Cette place de l'art, Zola n'est pas le seul des écrivains de son époque à la réserver. Tous les romanciers de la deuxième moitié du siècle se pensent et se proclament artistes. « Le réaliste, s'il est un artiste », écrit Maupassant dans son étude sur « Le roman », dite préface de *Pierre et Jean* (1888) : comme si l'accolade de ces deux termes allait de soi, au moins pour les plus grands. Flaubert place le Beau au sommet de la hiérarchie des valeurs littéraires (« ce qui fait pour moi le but de l'Art, à savoir : la Beauté ! », déclare-t-il à George Sand le 3 avril 1876). Désormais, c'est le Beau qui englobe le Vrai, et non plus l'inverse comme au temps de Balzac, et le Style va devenir, pour les romanciers de la tendance flaubertienne, une nouvelle idole. Faut-il voir là une sorte de réaction contre l'esthétique réaliste du plat et du médiocre, comme le fait Valéry dans *Variété* (« La tentation de (saint) Flaubert ») : « Cette opposition entre le dogme même du Réalisme — l'attention au banal — et la volonté d'exister en tant qu'exception et personnalité précieuse eut pour effet d'exciter les réalistes au soin et aux recherches du style ». Quoi qu'il en soit, le souci du style est bien, chez les réalistes de la fin du siècle, une préoccupation constante. Les Goncourt créent l'« écriture artiste » qui influencera plus tard la phrase de Proust, ils s'efforcent, selon le mot d'Edmond dans la préface de *Chérie*, de « mettre dans [leur] prose de la poésie », c'est-à-dire de construire « un rythme et une cadence », de rechercher « l'image peinte », « l'épithète rare », le néologisme même, lorsqu'il permet d'introduire une nuance plus délicate et plus juste. Huysmans poursuit dans la même voie, celle du raffinement du mot et de l'image, et proclame avec des Esseintes, le héros d'*À rebours*, que l'artifice est « la marque distinctive du génie de l'homme ». Le souci de l'Art et la recherche de l'Artifice iront de pair, à la fin du siècle, chez toute une série d'écrivains issus de la mouvance réaliste : Paul Bourget dans *Cosmopolis* (1892), Anatole France dans *Le Lys rouge* (1894), Jean Lorrain dans *Monsieur de Phocas* (1901), Octave Mirbeau dans *Le Jardin des supplices* (1899). Sur le terreau naturaliste poussent avec vigueur, après 1890, les fleurs splendides et cruelles de la Décadence.

De l'image à la scène :
logiques de la représentation réaliste

Il resterait à s'interroger sur les différentes manières dont s'inscrit dans le texte romanesque le projet de représentation mimétique dans lequel on a tenté, au début de cette étude, de reconnaître le programme unificateur du roman au XIXe siècle. Cela reviendrait à examiner comment se fabrique littérairement ce produit indispensable à toute représentation du réel, c'est-à-dire à toute production de l'effet (de l'illusion) qui tient lieu pour le lecteur de représentation du réel, et qu'on appelle le *vraisemblable*. Entre la mosaïque confuse des objets du monde extérieur dont le romancier, au XIXe siècle, tire sa matière première, et l'image ou l'idée que le lecteur se fait de cette réalité à la lecture du livre, le vraisemblable se dresse comme un artefact de langage, une double rhétorique du réel destiné à se substituer à ce réel même. Cet artifice est aussi vieux que la littérature. Mais ce qui distingue le vraisemblable moderne construit par le roman réaliste du vraisemblable classique, c'est, on l'a vu, que celui-ci est une *idée*, alors que le vraisemblable moderne est une *image*. Les choses n'apparaissent plus au romancier réaliste comme des signes conventionnels abstraits et interchangeables, mais comme des objets concrets, sensibles, uniques, dont il faudra reproduire l'image *visible*. Telle est la révolution qui s'accomplit dans la littérature à partir du XVIIIe siècle. La représentation littéraire du monde ne passe plus seulement par un faire comprendre ou un faire rêver, mais par un *faire voir*. Quand Prévost évoque la beauté de Manon, il se contente de dire qu'elle est « charmante ». Au lecteur d'imaginer le reste. Quand Balzac veut montrer la beauté d'Esther, au début de *Splendeurs et misères des courtisanes*, il compose « un portrait que Titien eût voulu peindre » (c'est le titre du chapitre), qui s'étend sur plusieurs pages. Ce n'est pas ici le lieu de décider si la littérature sort de son rôle originel en s'arrogeant ainsi les pouvoirs de la peinture. Mais il faut remarquer tout de même que cet effort vers la visualisation qui marque le roman réaliste du XIXe siècle se fait en rupture avec ce qui constituait sa vocation première : donner à penser, à sentir, à rêver, par les vertus de l'imagination et les moyens du récit.

À l'origine de ce changement, on peut trouver plusieurs causes, dont certaines ont été déjà évoquées. Il existe sans doute un lien entre le désir moderne de représentation visuelle et le développement de la mentalité bourgeoise. La vue, plus que tout autre sens, est l'instrument privilégié du dénombrement et de la surveillance des biens accumulés. Voir, c'est contrôler et posséder. La vue est aussi le moyen de s'assurer de la conformité d'un fait (d'un détail) romanesque avec son équivalent réel. Voir, c'est aussi vérifier. Le lecteur bourgeois, méfiant ou inquiet comme Charles Bovary à l'opéra, est celui qui « aime à se rendre compte ». Il ne veut pas *s'en laisser conter*. Le « c'est bien cela » rassurant qui garantit, en régime réaliste, la véracité de l'œuvre, passe par une comparaison et une reconnaissance visuelle. Le regard est la condition du vraisemblable, qui est la version réaliste (bourgeoise) de la vérité. Cette idée d'une rencontre du réel et du vrai sous la forme visible du vraisemblable engendre une métaphore de la représentation romanesque appelée à une grande vogue pendant tout le XIXe siècle, celle du miroir. Il faut que le roman « reflète ». On connaît la définition que donne Stendhal dans *Le Rouge et le Noir* : « un roman : c'est un miroir qu'on promène le long d'un chemin ». La formule revient dans la première préface de *Lucien Leuwen* : « l'auteur pense que, excepté pour la passion du héros, un roman doit être un miroir ». On retrouve la métaphore dans la préface d'*Indiana* de George Sand (1832) : « l'écrivain n'est qu'un miroir qui les reflète [les vices de la société], une machine qui les décalque, et qui n'a rien à se faire pardonner si ses empreintes sont exactes, si son reflet est fidèle ». Le roman, miroir du monde, aura donc pour fonction de réfléchir, aussi exactement que possible, les objets qui passent à sa portée, et sa vérité sera d'autant plus grande que l'image sera plus nette, et la reproduction plus complète.

D'autres techniques de reproduction de la réalité développées au XIXe siècle ont certainement influencé cette esthétique de la représentation visuelle. Les panoramas, dont la vogue ne se dément pas entre 1800 et 1900, exposent sur d'immenses toiles circulaires installées dans des rotondes souvent monumentales des paysages, des vues de villes, des scènes de batailles. Jean-Charles Langlois, qui fait construire le Panorama des Champs-Élysées, présente l'*Incendie de Moscou* (1839), la *Bataille d'Eylau* (1843), le *Siège de Sébastopol* (1860), etc. Il a de nombreux imitateurs et continuateurs. La mode des spectacles panoramiques influence certainement les romanciers de l'époque, elle leur donne le goût des vastes espaces, des coups d'œil circulaires, des points de vue surélevés. Le défi à Paris jeté par Rastignac des hauteurs du Père-Lachaise dans *Le Père Goriot*, le tableau de « Paris à vol d'oiseau » dans *Notre-Dame de Paris*, l'adieu à Paris d'Edmond Dantès à la fin du *Comte de Monte-Cristo*, l'arrivée d'Emma à Rouen dans *Madame Bovary*, les cinq grandes descriptions de Paris qui terminent chacune des parties d'*Une page d'amour* témoignent (entre bien d'autres exemples) de la fréquence de cette vision élargie et synthétique, souvent appliquée au paysage parisien, que le romancier emprunte aux toiles panoramiques. La photographie, aussi, joue son rôle. Le daguerréotype, répandu à partir de 1840 surtout pour les portraits, la photographie sur papier qui lui succède après 1860 apparaissent vite comme des instruments insurpassables de reproduction du réel. La querelle qui oppose pendant près d'un demi-siècle partisans et adversaires de la photographie sur la question de savoir si celle-ci est un art ou un simple procédé mécanique (parmi les adversaires se rangent, on l'a vu, la plupart des écrivains et des artistes, même réalistes), n'empêche pas que l'exactitude photographique n'apparaisse à tous comme une sorte de limite par rapport à laquelle le romancier est forcé de se situer. Ou bien il la refuse absolument (comme Flaubert), et il se réclame d'une autre forme de représentation du réel, celle qui, préférant les « tableaux complets », veut peindre « le dessous et le dessus » des choses. Ou bien il ne la refuse qu'en apparence, lorsqu'elle se réduit à une pure transparence et ne s'accompagne pas de « l'expression personnelle » qui doit lui donner son accomplissement artistique : c'est le cas de Zola, pour qui la photographie deviendra, après 1890, une activité parallèle et un *analogon* de la création littéraire.

Cette tendance à la visualisation explique aussi que le roman, depuis la fin du XVIIIe siècle, se soit peu à peu rapproché de l'esthétique picturale. Des genres traditionnels en peinture depuis l'Antiquité (le paysage, la nature morte, le portrait) sont importés par la littérature et adaptés aux besoins nouveaux du roman. La description, naguère encore secondaire par rapport au récit qui constitue le moteur originel du romanesque, s'installe et s'épanouit dans le texte réaliste comme l'instrument nécessaire de cette représentation visualisée. Décrire, ce n'est pas seulement évoquer, c'est montrer, c'est *faire voir* le réel dans tous ses états. Les portraits de Balzac, comme ceux d'Ingres à la même époque, font ressortir le détail, la particularité caractéristique du modèle, sans craindre le banal, le médiocre, le trivial même. L'attention portée aux lieux, aux objets, aux personnages aboutit souvent à la création de tableaux, dans lesquels le romancier cherche à reconstruire, sous une forme concrète plus saisissante, un élément de la réalité passée ou présente qu'il veut décrire. « Notre jeune littérature procède par tableaux où se concentrent tous les genres, la comédie et le drame, les descriptions, les caractères, le dialogue, sertis par les nœuds brillants d'une intrigue intéressante », déclare le journaliste Blondet, porte-parole de Balzac dans ce passage d'*Illusions perdues*. Le roman de représentation mimétique renoue ainsi avec une esthétique déjà théorisée par Diderot dans ses *Salons* et son *Essai sur la peinture*. Le tableau propose un décor précis et situé, des objets et des personnages vraisemblables. Mais il suppose aussi une unité de composition qui souligne l'effet produit par le tableau et accroît son caractère spectaculaire. Les romans historiques se prêtent facilement à ce genre de représentation, et Walter Scott le premier l'a utilisé et répandu. Batailles, duels, scènes de rue, effets de foules, scènes d'intérieurs, rencontres d'auberge, tout peut fournir matière à tableau pour l'écrivain soucieux d'inscrire son récit dans une réalité historique précise (que l'on songe, par exemple, à l'assaut des truands contre la cathédrale dans *Notre-Dame de Paris*, à l'exécution de Milady dans *Les Trois Mousquetaires*, au massacre de la Vivetière dans *Les Chouans*, à la mort des mercenaires dans *Salammbô*, au sac des Tuileries dans *L'Éducation sentimentale*). Mais l'esthétique du tableau peut être étendue à tous les romans de mœurs contemporaines, où l'effet de forte actualisation produit par la mise en image permet de donner du relief à la représentation sociale ou à la peinture des caractères. L'agonie du père Goriot, la rencontre de Vautrin et de Lucien à la fin d'*Illusions perdues*, le bal de la Vaubyessard dans *Madame Bovary*, la visite de Mlle de Varandeuil au cimetière à la fin de *Germinie Lacerteux*, l'enterrement de Claude à la fin de *L'Œuvre* sont des tableaux, ou des suites de tableaux, et l'on pourrait multiplier à l'infini les exemples. Ce que ce procédé apporte au roman de représentation mimétique, c'est une visualisation forte qui le distingue du roman sentimental ou psychologique du siècle précédent, mais c'est aussi un surcroît de dramatisation.

En effet, du tableau à la scène, la distance n'est jamais grande : il suffit qu'un dialogue s'ajoute au tableau, que l'action s'engage ou se précipite, pour que la mise en image devienne mise en scène. Ainsi la mort du père Goriot est à la fois un tableau, inspiré par la peinture de genre du XVIIIe siècle (c'est une variation sur *Le Fils puni* de Greuze), et une scène, dramatisée par les monologues délirants de l'agonisant et par l'attente, déçue jusqu'à la fin, de la venue de ses filles. Très tôt, le roman de représentation mimétique affirme la parenté qui l'unit au théâtre. Il faudrait encore remonter à Diderot, qui dans ses *Entretiens sur Le Fils naturel*, rapproche théâtre et peinture, et définit le tableau théâtral comme « une disposition [des] personnages sur la scène, si naturelle et si vraie, que, rendue fidèlement par un peintre, elle [lui] plairait sur la toile ». Le tableau devient ainsi le moyen terme qui réunit le roman et le théâtre, comme deux versions parallèles d'une même entreprise de représentation visuelle. Le roman, se rapprochant de la peinture comme de la scène, cherchera aussi à en utiliser les pouvoirs et les instruments. Si la métaphore picturale s'applique à la littérature presque depuis les origines (peinture, dessin, couleur, etc.), la métaphore théâtrale se répand au XVIIIe siècle (scène, drame, décor, etc.). Le roman réaliste en fait grand usage. Balzac place toute son entreprise sous le signe du théâtre en qualifiant de *scènes* (de la vie parisienne, de la vie privée, de la vie de province, de la vie de campagne, etc.) les différentes subdivisions de son œuvre. Le titre général lui-même, *La Comédie humaine*, bien que placé sous l'invocation de Dante, renvoie aussi le lecteur à une tentative précise de théâtralisation des passions humaines et de la matière sociale. La comédie, entendue au sens shakespearien et romantique du terme, apparaît alors comme le mode ambigu, burlesque et tragique à la fois, selon lequel doit s'exprimer la vie moderne : ainsi doit-on lire, par exemple, la scène entre Crevel et Adeline Hulot (entre la vulgarité concupiscente et la vertu souffrante) qui sert d'exposition à *La Cousine Bette*.

Zola est peut-être, de tous les écrivains réalistes, celui dont la méthode de composition se rapproche le plus du théâtre. Dans les ébauches et les plans préparatoires de ses romans, il procède souvent par scènes et construit les épisodes romanesques sous une forme immédiatement dramatisée. Ainsi le dossier de *La Curée* réserve une place essentielle à la « grande scène d'audace » qui constitue le sommet de l'action (Saccard surprenant sa femme Renée dans les bras de son fils Maxime), et qui sera traitée dans le roman comme une scène de mélodrame, même si la fin revient à plus de vraisemblance psychologique et de cynisme. Dans *Rome*, toute une partie de l'ébauche, puis du roman définitif, tourne autour de la scène extraordinaire dans laquelle Benedetta entre nue au lit de son amant agonisant, et meurt dans ses bras. L'imagination de Zola, naturellement dramatique, se plaît à construire des mises en scène et des coups de théâtre. Mais l'écrivain n'est pas seulement un scénariste inventif, c'est aussi un théoricien du théâtre, le meilleur sans doute de son époque. C'est dans *Le Naturalisme au théâtre* et *Nos auteurs dramatiques* (1881) qu'il expose des idées qui influenceront le Théâtre Libre fondé par André Antoine en 1887 : refus des conventions, exactitude des décors, des accessoires et des costumes, vraisemblance du langage, naturel du jeu des acteurs. La question du décor, notamment, est pour Zola capitale : « le décor fait partie intégrante du drame ; il est de l'action, il l'explique, et il détermine le personnage » (« Les décors et les accessoires », dans *Le Naturalisme au théâtre*). La précision et la vraisemblance des décors sont donc une nécessité de la mise en scène moderne, inhérente à la composition dramatique elle-même : « ils ont pris au théâtre », dit encore Zola, « l'importance que la description a prise dans nos romans ». On voit l'importance de cette affirmation : elle établit l'équivalence de la description en régime réaliste et de la décoration théâtrale. Roman et théâtre se rencontrent et se confondent, au XIXe siècle, sur cette question fondamentale de la représentation vraisemblable et de la visualisation du réel.

C'est donc une logique forte qui rapproche le roman de représentation mimétique et le théâtre, au point qu'on pourrait presque dire que l'un est l'aboutissement de l'autre. Cette proximité peut être constamment remarquée. C'est elle, plus que l'appât du gain ou de la gloire, qui attire vers le théâtre tous les romanciers de l'époque. Balzac (*Vautrin*, *Les Ressources de Quinola*, *Mercadet*), Flaubert (*Le Candidat*), les Goncourt (*Henriette Maréchal*), Zola (*Les Héritiers Rabourdin*), Maupassant (*Musotte*), Daudet (*La Lutte pour la vie*, *L'Obstacle*) se sont tour à tour essayés au théâtre. Ces tentatives ont en été en général malheureuses, sans doute parce qu'elles heurtaient les habitudes du public et de la critique, et bousculaient des conventions théâtrales encore fortement établies. Il n'en reste pas moins qu'une sorte de relation d'échange s'établit entre le texte romanesque et son équivalent dramatique. Sans parler des versions théâtrales de romans réalisées par des professionnels de l'adaptation (Busnach, Dennery, etc.), qui sont aussi nombreuses au XIXe siècle que les versions cinématographiques au siècle suivant, on constate de fréquents croisements entre les deux genres. *Charles Demailly*, premier roman des Goncourt, était d'abord une pièce de théâtre, tout comme *Madeleine Férat* de Zola, qui donna aussi une version théâtrale de *Thérèse Raquin* (1873) et plus tard de *La Curée* (*Renée*, 1887). Inversement, *La Dame aux camélias*, le premier succès d'Alexandre Dumas fils, était d'abord un roman (1848) avant de passer à la scène en 1852. Une telle porosité montre qu'il existe alors entre le roman de représentation mimétique et le théâtre des affinités si fortes que les deux genres peuvent être examinés ensemble.

Les formes de rapprochement sont en effet nombreuses. Au roman historique développé dans les années 1820 dans le sillage de Walter Scott correspondent les scènes historiques de Ludovic Vitet (*Les États de Blois*, 1827) ou les drames historiques de Dumas (*Henri III et sa cour*, 1829) et de Hugo (*Marion Delorme*, 1829). Le roman populaire et le mélodrame théâtral procèdent de la même veine (certains écrivains, d'ailleurs, pratiquent les deux genres, comme Frédéric Soulié, l'auteur des *Mémoires du diable*, qui fait jouer en 1846 *La Closerie des genêts*). Au début du siècle, Pixérécourt adapte pour le théâtre de nombreux romans noirs ou sentimentaux, comme le célèbre *Cœlina ou l'Enfant du mystère* de Ducray-Duminil (1800), et remporte d'immenses succès (*La Femme à deux maris*, 1802, *Le Chien de Montargis*, 1814). Son attention aux décors, aux costumes, la précision de ses didascalies en font un précurseur de la mise en scène réaliste. Dans *L'Auberge des Adrets* (1823), mélodrame d'Antier, Saint-Amand et Paulyanthe, apparaît le personnage de Robert Macaire, brigand cynique, tragique et dérisoire immortalisé par l'acteur Frédérick Lemaître, qui revient en 1834 dans une suite (*Robert Macaire*) donnée à la pièce par l'acteur lui-même aidé de l'auteur Benjamin Antier. Élevé à la hauteur d'un mythe, ce personnage finit par incarner les angoisses et le pessimisme d'une époque désenchantée. Comme le roman-feuilleton, le mélodrame se fait souvent après 1830 le véhicule d'une certaine subversion morale ou politique. Dans la comédie, un des genres les plus en vogue est le vaudeville, comédie légère d'abord agrémentée de couplets, dans laquelle s'illustre Scribe (*L'Ours et le pacha*, 1820), puis Labiche (*Un chapeau de paille d'Italie*, 1851). Mais l'un comme l'autre dépassent le vaudeville pour s'élever à la grande comédie de mœurs et de caractères (Scribe : *Le Mariage d'argent*, 1827, Labiche : *Le Voyage de M. Perrichon*, 1860, *La Cagnotte*, 1864). Courteline (*Boubouroche*, 1893) et Feydeau (*Un fil à la patte*, 1894, *La Dame de chez Maxim's*, 1899) tireront ensuite le genre vers un humour plus pessimiste et plus décapant.

Le genre théâtral le plus prestigieux à partir du milieu du siècle, c'est le drame, qui grandit parallèlement au roman réaliste. Issu des genres sérieux développés au XVIIIe siècle, la comédie larmoyante et le drame dit « bourgeois », destiné à un public qui lit aussi les romans de Jules Sandeau, d'Octave Feuillet ou même de Balzac, le drame aime les sujets « de société », fondés sur une peinture attentive des mœurs (le ménage bourgeois, l'adultère, les questions d'argent, le demi-monde, la satire de l'arrivisme, etc.) et destinés à produire une leçon morale. Émile Augier (*Le Gendre de M. Poirier*, 1854, *Les Fourchambault*, 1878), François Ponsard (*L'Honneur et l'argent*, 1853), Victorien Sardou (*La Famille Benoîton*, 1865), Alexandre Dumas fils surtout (*Le Demi-Monde*, 1855, *Les Idées de Mme Aubray*, 1864, *Denise*, 1885) sont les principaux représentants de ce réalisme social corrigé par des intentions moralisatrices et un respect des conventions qui l'éloignent des tentatives réalistes et naturalistes qui apparaissent au théâtre à la même époque. Après eux, le drame, influencé davantage par le pessimisme naturaliste, se noircit avec les pièces d'Henri Becque (*Les Corbeaux*, 1882) et d'Octave Mirbeau (*Les affaires sont les affaires*, 1903), peintures féroces du cynisme capitaliste. Dans le drame réaliste, successeur de la tragédie défunte et de l'éphémère drame romantique, la bourgeoisie triomphante de la deuxième moitié du XIXe siècle trouve un genre à son image et à la mesure de ses préoccupations.

FAUT-IL CONCLURE ?

Au terme de ce rapide survol d'un siècle de roman et de romanciers, comment faire le bilan de cet assemblage immense et confus d'œuvres, de thèmes, de formes toujours mouvants ? « Les gens légers, bornés, les esprits présomptueux et enthousiastes veulent en toute chose une conclusion », écrit Flaubert à Mlle Leroyer de Chantepie le 18 mai 1857. Mais, ajoute-t-il, « aucun grand livre ne conclut, parce que l'humanité est toujours en marche et qu'elle ne conclut pas ». Il en va des œuvres de l'humanité comme de l'humanité elle-même. Le roman, la plus haute peut-être, avec la peinture, des productions esthétiques en France au XIXe siècle, ne peut être saisi que sous la forme du désordre et du mouvement. C'est la mosaïque balzacienne. « C'est l'Océan, cette fois », comme disait Zola au moment d'entreprendre *Rome*, le plus vaste de ses romans, qu'il ne savait comment dominer. Cette matière confuse, nous avons cherché à la structurer en discernant à travers le siècle une tendance majeure à la représentation mimétique du réel. Ce parti pris, qui semble justifié par un mouvement historique de fond qui touche à la fois toutes les productions anthropologiques, les arts, les sciences, les mœurs et l'idéologie, aboutissait nécessairement à centrer le roman du XIXe siècle sur la question de la *mimésis*, et sur l'œuvre de Balzac, essentielle pour le roman autant que l'est celle de Baudelaire pour la poésie, tant ces deux figures jumelles et géniales de *peintres de la vie moderne* attachés à tirer l'or poétique de la fange du réel dominent la littérature de leur siècle. Il ne faudrait pas cependant que cette réduction nous fasse oublier que le travail de représentation du réel est aussi, et sans doute d'abord, un travail de fiction, c'est-à-dire de *fabrication*. Les réalistes sont des bricoleurs qui cherchent à construire, avec les moyens du bord, un objet de mots qu'ils appellent le réel. Roland Barthes remarque justement dans sa *Leçon* inaugurale au Collège de France que l'histoire de la littérature se ramène à celle des expédients employés par les écrivains pour se masquer à eux-mêmes et dissimuler à leurs lecteurs cette idée angoissante que le réel n'est pas représentable, parce qu'il n'y a pas d'adéquation entre l'ordre unidimensionnel du langage et l'ordre pluridimensionnel de la réalité. Le désir de réel, qui traverse au XIXe siècle la littérature romanesque et l'entraîne, est d'abord un désir de l'impossible. Mais cette impossibilité, loin d'être désespérante pour le romancier réaliste, est ce qui lui donne son énergie. *Chaos vaincu*, titre symbolique de l'« interlude » créé par Ursus pour Gwynplaine dans *L'Homme qui rit*, pourrait être sa devise. L'instrument de cette victoire, c'est l'imagination. C'est elle qui emporte l'écrivain, au-delà de la confusion du réel et des déficiences du langage, vers les régions utopiques de la fiction, pour que renaisse enfin, dans et par l'écriture, un univers régénéré et recomposé. « Faire concurrence à l'état-civil », ce grand rêve balzacien, ce n'est pas imiter ce qui existe, mais créer ce qui devrait être et qui n'existe pas encore. « *Le roman*, dit encore Balzac citant Mme de Staël dans son « Avant-propos », *doit être le monde meilleur* ». Meilleur moralement sans doute, mais aussi (et peut-être surtout) meilleur esthétiquement, c'est-à-dire plus cohérent, plus consistant, plus structuré, plus « concentré ». On aurait beau jeu de relever toute la part d'illusion que recèle cette espérance. Maupassant le premier, dans son étude sur « Le roman » (1888), dira que « faire vrai consiste [...] à donner l'illusion complète du vrai », et que « les Réalistes de talent devraient s'appeler plutôt des Illusionnistes ». Dans cette brèche ouverte dans la bonne conscience réaliste s'engouffreront au siècle suivant tous les critiques du roman dit « balzacien », déconsidéré et censuré comme la forme la plus naïve et la plus rusée à la fois de l'illusion référentielle. Laissons au XXe siècle la responsabilité de ses injustices. Flaubert écrivait à Louise Colet (16 septembre 1853) que « la première qualité de l'Art et son but est l'*illusion* ». Disons donc que le roman du XIXe siècle a cherché à donner *l'illusion* d'un monde meilleur. Ce qui est déjà quelque chose.

FRANÇOISE MÉLONIO,
BERTRAND MARCHAL
ET JACQUES NOIRAY

Bibliographie

(On ne citera ici aucune monographie.)

De très nombreux articles sur le XIXe siècle sont publiés dans la *Revue d'histoire littéraire de la France* (RHLF, revue trimestrielle, PUF). La revue trimestrielle *Romantisme. Revue du dix-neuvième siècle* propose de très riches numéros thématiques. Il existe aussi des revues de très grande qualité consacrées à un auteur ou une école comme *l'Année balzacienne* ou les *Cahiers naturalistes*.

HISTOIRES LITTÉRAIRES, OUVRAGES GÉNÉRAUX

AMBRIÈRE, Madeleine (dir.), *Précis de littérature française du XIXe siècle*, Paris, PUF, 1990.

BÉGUIN, Albert, *L'Âme romantique et le rêve*, Paris, José Corti, 1939 ; reprint Slatkine, 2000.

BÉNICHOU, Paul, *Le Sacre de l'écrivain. 1750-1830, essai sur l'avènement d'un pouvoir spirituel laïque dans la France moderne*, Paris, José Corti, 1973.

BÉNICHOU, Paul, *Le Temps des prophètes. Doctrines de l'âge romantique*, Paris, Gallimard, coll. Bibliothèque des Idées, 1977.

BÉNICHOU, Paul, *Les Mages romantiques*, Paris, Gallimard, coll. Bibliothèque des Idées, 1988.

BÉNICHOU, Paul, *L'École du désenchantement. Sainte-Beuve, Nodier, Musset, Nerval, Gautier*, Paris, Gallimard, coll. Bibliothèque des Idées, 1992.

(L'ensemble est repris en deux volumes sous le titre *Romantismes français* dans la collection Quarto, Gallimard, 2004.)

CELLIER, Léon, *L'Épopée romantique*, Paris, PUF, 1954.

Collectif (Société des études romantiques et dix-neuviémistes), *L'Invention du XIXᵉ siècle*, tome I, *Le XIXᵉ siècle par lui-même*, tome II, *Le XIXᵉ siècle au miroir du XXᵉ*, Paris, Klincksieck-Presses de la Sorbonne nouvelle, 1999, 2002.

COMPAGNON, Antoine, *La Troisième République des Lettres*, Paris, Éditions du Seuil, 1983.

MURAY, Philippe, *Le XIXᵉ siècle à travers les âges*, Paris, Denoël, 1984, rééd. Gallimard, coll. Tel, 1999.

PICHOIS, Claude (dir.), *Littérature française*, 16 vol., Paris, Arthaud : tome XII, Max MILNER, *Le Romantisme I. 1820-1843*, 1973 ; tome XIII, Claude PICHOIS, *Le Romantisme II. 1843-1869*, 1979 ; tome XIV, Raymond POUILLIART, *Le Romantisme III. 1869-1896*, 1968.

PICHOIS, Claude (dir.), *Littérature française*, 8 vol., Paris, Arthaud, nouv. éd. : tome VII, Max MILNER et Claude PICHOIS, *De Chateaubriand à Baudelaire. 1820-1869*, 1990 (bibliographie importante, nouvelle édition révisée des volumes consacrés au romantisme) ; tome VIII, Michel DÉCAUDIN et Daniel LEUWERS, *De Zola à Guillaume Apollinaire. 1869-1920*, 1989.

PICHOIS, Claude, *Le Surnaturalisme français*, Neufchâtel, La Baconnière, 1979.

TADIÉ, Jean-Yves, *Introduction à la vie littéraire du XIXᵉ siècle*, Paris, Bordas, 1970.

THIBAUDET, *Histoire de la littérature française de 1789 à nos jours*, Paris, Stock, 1936.

VADÉ, Yves, *L'Enchantement littéraire. Écriture et magie de Chateaubriand à Rimbaud*, Paris, Gallimard, coll. Bibliothèque des Idées, 1990.

VAILLANT, Alain, *La Crise de la littérature : romantisme et modernité*, Grenoble, Ellug, 2005.

VAILLANT, Alain, BERTRAND, Jean-Pierre et RÉGNIER, Philippe, *Histoire de la littérature française du XIXᵉ siècle*, Paris, Nathan, 1998.

De nombreux articles relatifs à la littérature et ses institutions dans NORA, Pierre (dir.) *Les Lieux de mémoire*, 3 tomes en 7 volumes, Paris, Gallimard, 1984-1992 ; rééd. en 3 volumes, coll. Quarto, 1997.

Un exemple de relations interculturelles, la France et l'Allemagne :

DIGEON, Claude, *La Crise allemande de la pensée française 1870-1914*, Paris, PUF, 1959 ; rééd. 1992.

WERNER, Michael et ESPAGNE, Michel (dir), *Transferts, les relations interculturelles dans l'espace franco-allemand. XVIIIᵉ et XIXᵉ siècle*, Paris, Éd. Recherche sur les civilisations, 1988.

HISTOIRE DES IDÉES ET DES MŒURS

BARBÉRIS, Pierre, *Balzac et le mal du siècle. Contribution à une physiologie du monde moderne*, 2 vol., Paris, Gallimard, coll. Bibliothèque des Idées, 1970.

BOWMAN, Frank, *Le Christ romantique*, Paris, Klincksieck, 1973.

BOWMAN, Frank, *Le Christ des barricades*, Paris, Éditions du Cerf, 1987.

GUSDORF, Georges, *Les Sciences humaines et la pensée occidentale*, Paris, Payot : tome IX, *Fondements du savoir romantique*, 1982 ; tome X, *Du néant à Dieu dans le savoir romantique*, 1983 ; tome XI, *La Nature dans le savoir romantique*, 1984 ; tome XII, *L'Homme dans le savoir romantique*, 1985.

PRAZ, Mario, *La Chair, la mort, le diable dans la littérature du XIXe siècle. Le romantisme noir*, trad. fr. Constance Thompson-Pasquali, Paris, Denoël, 1977 ; rééd. Gallimard, coll. Tel, 1999.

SAGNES, Guy, *L'Ennui dans la littérature française de Flaubert à Laforgue*, Paris, Armand Colin, 1969.

RIGOLI, Juan, *Lire le délire. Aliénisme, rhétorique et littérature en France au XIXe siècle*, Paris, Fayard, 2001.

STAROBINSKI, Jean, *Portrait de l'artiste en saltimbanque*, Genève, Skira, 1970.

LES INSTITUTIONS LITTÉRAIRES

Bibliothèques, musées

GEORGEL, Chantal (dir), *La Jeunesse des musées. Les musées de France au XIXe siècle*, Paris, Musée d'Orsay, 1994 (catalogue d'exposition).

POULOT, Dominique, et SCHAER, Roland, *L'Invention des musées*, Paris, Gallimard, coll. Découvertes, 1993.

VARRY, Dominique (dir.) *Histoire des bibliothèques françaises*, tome III, *Les bibliothèques de la Révolution et du dix-neuvième siècle (1789-1914)*, Paris, Promodis-Éditions du Cercle de la librairie, 1991.

Politique du patrimoine

CHOAY, Françoise, *L'Allégorie du patrimoine*, Paris, Éditions du Seuil, 1992.

MORTIER, Roland, *La Poétique des ruines en France. Ses origines, ses variations de la Renaissance à Victor Hugo*, Genève, Droz, 1974.

Académies

FUMAROLI, Marc, *Trois institutions littéraires. La Coupole, la conversation, « le génie de la langue française »*, Paris, Gallimard, coll. Folio histoire, 1994.

Enseignement

CHARLE, Christophe et VERGER, Jacques (dir.), *Histoire des universités*, Paris, PUF, 1994
PROST, Antoine, *Histoire de l'enseignement en France 1800-1967*, Paris, Armand Colin, 1968.

Condition de l'artiste

BENJAMIN, Walter, *Paris capitale du XIXe siècle. Le livre des Passages*, Paris, Éditions du Cerf, 1993
GOULEMOT, Jean-Marie et OSTER, Daniel, *Gens de lettres écrivains et bohèmes*, Paris, Minerve, 1992.
GUICHARD, Léon, *La Musique et les lettres au temps du romantisme*, Paris, PUF, 1955.
GUICHARD, Léon, *La Musique et les lettres au temps du wagnérisme*, Paris, PUF, 1963.
HEINE, Henri, *Lutèce*, rééd. Genève, Slatkine, 1979 (articles de 1840-1844 ; son témoignage est particulièrement intéressant).
PISTONE, Danièle, *La Musique en France de la révolution à 1900*, Paris, Champion, 1979.
SABATIER, François, *Miroirs de la musique. La musique et ses correspondances avec la littérature et les beaux-arts, 1800-1950*, Paris, Fayard, 1995.
SEIGEL, Jerrold, *Paris Bohème. Culture et politique aux marges de la vie bourgeoise (1830-1930)*, Paris, Gallimard, coll. Bibliothèque des Histoires, 1991.
STIERLE, Karlheinz, *La Capitale des signes. Paris et son discours, (Der Mythos von Paris. Zeichen und Bewusstsein der Stadt)*, trad. fr. Éd de la Maison des sciences de l'homme, 2001.

Voir aussi la collection des Dossiers du musée d'Orsay.

LES GENRES LITTÉRAIRES

Critique et critique d'art

BOUILLON, Jean-Paul (dir.), *La Critique d'art en France. 1850-1900*, Saint-Étienne, CIEREC, 1989.
BOUILLON, Jean-Paul, *La Promenade du critique influent. Anthologie de la critique d'art en France, 1850-1900*, Paris, Hazan, 1990.
NORDMANN, Jean-Thomas, *La Critique littéraire française au XIXe siècle (1800-1914)*, Paris, Librairie générale française, coll. Le Livre de poche. Références, 2001.

Le théâtre

AUTRAND, Michel, *Le Théâtre en France de 1870 à 1914*, Paris, Champion, 2006.
BERTHIER, Patrick, *Le Théâtre au XIXe siècle*, Paris, PUF, 1984.
CORVIN, Michel, *Dictionnaire encyclopédique du théâtre*, Paris, Bordas, 1995 et Larousse, 1998.
JOMARON, Jacqueline de (dir), *Le Théâtre en France. Du Moyen Âge à nos jours*, Paris, Librairie générale française, coll. La Pochothèque, 1993.
KRAKOVITCH, Odile, *Censure des répertoires des grands théâtres parisiens, 1835-1906*, Paris, Documentation française, 2003.
ROBICHEZ, Jacques, *Le Symbolisme au théâtre*, Paris, L'Arche, 1957.
THOMASSEAU, Jean-Marie, *Le Mélodrame*, Paris, PUF, 1984.
THOMASSEAU, Jean-Marie, *Drame et tragédie*, Paris, Hachette, 1995.
UBERSFELD, Anne, *Le Drame romantique*, Paris, Belin, 1993.

Le roman

AUERBACH, Erich, *Mimesis. La Représentation de la réalité dans la littérature occidentale*, Paris, Gallimard, coll. Bibliothèque des Idées, 1968.
BALZAC, Honoré de, *Écrits sur le roman*, textes choisis, présentés et annotés par Stéphane Vachon, Paris, Librairie générale française, coll. Le Livre de poche. Références littérature, 2000.
BUTOR, Michel, *Essais sur le roman*, Paris, Gallimard, coll. Idées, 1970.
GIRARD, René, *Mensonge romantique et vérité romanesque*, Paris, Grasset, 1961.
Littérature et réalité, recueil réalisé sous la direction de Gérard GENETTE et Tzvetan TODOROV, Paris, Éditions du Seuil, coll. Points, 1982.
LUKACS, Georg, *La Théorie du roman*, Genève, Gonthier, 1963.

LUKACS, Georg, *Balzac et le réalisme français*, Paris, Maspero, 1967.
MITTERAND, Henri, *Le Discours du roman*, Paris, PUF, coll. Écriture, 1980.
MITTERAND, Henri, *Le Regard et le signe. Poétique du roman réaliste et naturaliste*, Paris, PUF, coll. Écriture, 1987.
La Querelle du roman-feuilleton. Littérature, presse et politique, un débat précurseur, 1836-1848, recueil de textes par Lise DUMASY, Grenoble, Ellug, 2000.
TADIÉ, Jean-Yves, *Le Roman d'aventures*, Paris, PUF, coll. Écriture, 1982.
THIBAUDET, Albert, *Réflexions sur le roman*, Paris, Gallimard, coll. blanche, 1938.
Travail de Flaubert, recueil réalisé sous la direction de Gérard GENETTE et Tzvetan TODOROV, Paris, Éditions du Seuil, coll. Points, 1983.
ZOLA, Émile, *Écrits sur le roman*, anthologie établie, présentée et annotée par Henri MITTERAND, Paris, Librairie générale française, coll. Le Livre de poche. Références littérature, 2004.

La poésie

ABASTADO, Claude, *Mythes et rituels de l'écriture*, Bruxelles, Éditions Complexe, 1979.
BERTRAND, Jean-Pierre et DURAND, Pascal, *La Modernité romantique. De Lamartine à Nerval*, Paris-Bruxelles, Impressions nouvelles, 2006.
BERTRAND, Jean-Pierre et DURAND, Pascal, *Les Poètes de la modernité. De Baudelaire à Apollinaire*, Paris, Éditions du Seuil, 2006.
KRISTEVA, Julia, *La Révolution du langage poétique*, Paris, Éditions du Seuil, 1974.
MESCHONNIC, Henri, *Modernité modernité*, Lagrasse, Verdier, 1988 ; rééd. Gallimard, coll. Folio essais, 1993.
MICHAUD, Guy, *Message poétique du symbolisme*, Paris, Nizet, 1947.
MORTELETTE, Yann, *Histoire du Parnasse*, Paris, Fayard, 2005.
PIERROT, Jean, *L'Imaginaire décadent*, Paris, PUF, 1977.
TADIÉ, Jean-Yves, *Le Récit poétique*, Paris, PUF, 1978 ; rééd. Gallimard, coll. Tel, 1994.

LE LIVRE, LE JOURNAL, L'IMAGE

Presse, édition, diffusion

BELLANGER, Claude, GODECHOT, Jacques, GUIRAL, Pierre, et TERROU, Fernand (dir.), *Histoire générale de la presse française*, tome II, *De 1815 à 1871*, Paris, PUF, 1969. DARMON, Jean-Jacques, *Le colportage* de librairie en France sous le Second Empire. Grands colporteurs et culture populaire, Paris, Plon, 1972.

LYONS, Martyn, Le Triomphe du livre. Une histoire sociologique de la lecture dans la France du XIXe siècle, Paris, Promodis, Éditions du Cercle de la librairie, 1987.

MARTIN, Henri-Jean, et CHARTIER, Roger (dir.), Histoire de l'édition française, tome III, Le Temps des éditeurs. Du Romantisme à la Belle époque, Paris, Promodis, 1985.

MOLLIER, Jean-Yves, L'Argent et les lettres, Paris, Fayard, 1988.

MOLLIER, Jean-Yves, La Lecture et ses publics à l'époque contemporaine. Essais d'histoire culturelle, Paris, PUF, 2001.

PARENT-LARDEUR, Françoise, Les Cabinets de lecture. La lecture publique à Paris sous la Restauration, Paris, Payot, 1982.

PLUET-DESPATIN, Jacqueline, LEYMARIE, Michel, et MOLLIER, Jean-Yves (dir.), La Belle époque des revues 1880-1914, Paris, Éditions de l'IMEC, 2002.

THÉRENTY, Marie-Ève, et VAILLANT, Alain (dir.), Presse et plumes. Journalisme et littérature au XIXe siècle, Paris, Nouveau monde Éd., 2004.

L'image, la photographie

BENJAMIN, Walter, L'Homme, le langage et la culture. Essais, Paris, Denoël/Gonthier, 1974.

COMMENT, Bernard, Le XIXe siècle des panoramas, Paris, Adam Biro, 1997.

HAMON, Philippe, Expositions. Littérature et architecture au XIXe siècle, Paris, José Corti, 1989.

MICHAUD, Stéphane, MOLLIER, Jean-Yves, et SAVY, Nicole (dir.), Usages de l'image au XIXe siècle (1848-1914), Paris, Éd. Créaphis, 1992.

ROUILLÉ, André, La Photographie en France. Textes et controverses. Une anthologie 1816-1871, Paris, Macula, 1989.

Chronologie

PÉRIODE 1800-1814

(Jusqu'en 1820, en ce qui concerne les événements, ne sont indiquées que les dates importantes pour la compréhension de la période 1820-fin de siècle.)

26 août : déclaration des Droits de l'homme et du citoyen : proclamation de la liberté d'opinion et de la liberté de la presse. *29 août :* premier numéro du *Journal des débats.* *24 novembre :* premier numéro du *Moniteur universel.*	1789
15 mai : inauguration du théâtre des Variétés au Palais-Royal (salle actuelle de la Comédie-Française) qui devient en 1791 le Théâtre-Français.	1790
Mai 1798-août 1799 : expédition d'Égypte ; son échec entraîne le *30 septembre 1801* la reconnaissance par la France de la souveraineté de l'Empire ottoman sur l'Égypte. L'expédition donne lieu à la publication de la monumentale *Des-*	1798-1799

cription de *l'Égypte* (1809-1828), bible de l'orientalisme.

	1800 *Mai :* Mme de Staël, *De la littérature considérée dans ses rapports avec les institutions sociales.* *2 septembre :* Cœlina ou l'Enfant du mystère*, de Guilbert de Pixérécourt, est créé au théâtre de l'Ambigu-comique.
15 juillet : signature du Concordat. David, *Bonaparte passant les Alpes au grand Saint-Bernard.*	1801 *3 avril :* Chateaubriand, *Atala, ou les Amours de deux sauvages dans le désert.* Vogue d'Ossian : Baour Lormian publie un recueil de *Poésies galliques* ; Girodet peint une *Apothéose des héros morts pour la patrie pendant la guerre de la liberté* (Salon de 1802).
	1802 *14 avril :* Chateaubriand, *Génie du christianisme, ou Beautés de la religion chrétienne.* *Octobre :* Maine de Biran, *De l'influence de l'habitude sur la faculté de penser.* *Novembre :* Bonald, *Législation primitive, considérée dans ces derniers temps, par les seules lumières de la raison.* *Décembre :* Mme de Staël, *Delphine.*
	1804 Senancour, *Oberman.*
20 mars : l'Institut de France créé par la Convention le *25 octobre 1795*, hébergé dans le Louvre, est transféré quai Conti. *8 juin :* le nombre des théâtres autorisés à Paris est réduit par décret de 17 à 12, puis à 8, le *29 juillet.* *27 février :* une députation de l'Institut conduite par Marie Joseph Chénier remet à Napoléon le *Rapport historique sur*	1805
	1806 *25 avril :* Mme de Staël, *Corinne ou l'Italie.*
	1808 *Septembre :* Charles Fourier, *Théorie des quatre mouvements et des destinées générales.*

l'état et les progrès de la littérature.
6 mai : fondation de la Faculté des lettres de Paris (en application du décret du *7 mars 1808* organisant une Université impériale divisée en académies).
Août : Lamarck publie *Philosophie zoologique, ou Exposition des considérations relatives à l'histoire naturelle des animaux*, où il expose une théorie de l'évolution.
Septembre : publication en français de Malthus, *Essai sur les principes de la population.*
5 février : création de la direction générale de l'Imprimerie et de la librairie sous l'autorité du ministère de l'Intérieur (le ministère de la Police gardant le contrôle des journaux). Les imprimeurs et libraires sont soumis à l'obligation d'obtenir un brevet et leur nombre diminue.
3 août : décret limitant le nombre des journaux à un par département, quatre à Paris.
Cuvier, *Discours sur les révolutions de la surface du globe.*
15 octobre : décret de Moscou organisant la Comédie-Française (quatre jours avant le début de la retraite de Russie).

Ingres, *Grande Odalisque.*
6 avril : abdication sans conditions de Napoléon.
3 mai : Louis XVIII fait son entrée dans Paris. Première Restauration.

1809 *Mars :* Chateaubriand, *Les Martyrs.*

1810

1812

1813 *Juin :* Mme de Staël publie à Londres *De l'Allemagne.*

1814 *30 janvier :* Benjamin Constant, *De l'esprit de conquête et de l'usurpation.*
5 avril : Chateaubriand, *De Buonaparte, des Bourbons et de la nécessité de se rallier à nos*

	princes légitimes pour le bonheur de la France et celui de l'Europe.
20 mars : Napoléon aux Tuileries. Début des Cent Jours. *18 juin :* défaite de Napoléon à Waterloo. *8 juillet :* Louis XVIII regagne les Tuileries. Début de la seconde Restauration.	1815

SECONDE RESTAURATION
8 JUILLET 1815-2 AOÛT 1830
ABDICATION DE CHARLES X

	1815	*7 décembre :* Pierre-Jean Béranger, *Chansons morales et autres*, premier recueil (autres recueils en 1821, 1825, 1828, 1833, 1834, 1842).
Chateaubriand, *De la monarchie selon la Charte* (18 septembre). L'ouvrage est saisi, Chateaubriand est déchu de son titre de ministre d'État deux jours plus tard. La brochure, qui propose liberté de la presse et régime parlementaire, devient la référence de l'opposition royaliste au régime. Début des traductions de Walter Scott : 1816, *Guy Mannering*. *Ivanhoe* paraît en 1820. Création du prix de Rome du paysage historique, qui donne du prestige au genre jusqu'alors mineur du paysage.	1816	Benjamin Constant, *Adolphe*.
	1817	*20 décembre :* Félicité de Lamennais, *Essai sur l'indifférence en matière de religion*, première partie (les trois parties suivantes paraissent de 1820 à 1823). Immense succès.

	1818 *22 octobre* : naissance de Leconte de Lisle. Casimir Delavigne, premières *Messéniennes*, poésies patriotiques.
Le Radeau de la Méduse de Géricault (Salon, 25 août). Le tableau, qui fait scandale, inaugure le romantisme en peinture.	1819 *Février :* Benjamin Constant, *De la liberté des Anciens comparée à celle des Modernes* (conférence à l'Athénée royal). André Chénier, *Poésies* (posthume). Marceline Desbordes-Valmore, *Élégies et romances*. *23 octobre :* Casimir Delavigne, *Les Vêpres siciliennes* au théâtre de l'Odéon.
Le baron Taylor entreprend avec Charles Nodier la publication des *Voyages pittoresques et romantiques dans l'ancienne France* (1820-1878). *9 mars :* Guizot publie une édition des *Œuvres complètes* de Shakespeare, précédée d'un *Essai sur la vie et les œuvres de Shakespeare*.	1820 *11 mars :* Lamartine, *Méditations poétiques* (anonyme).
	1821 *26 février :* mort de Joseph de Maistre. *Les Soirées de Saint-Pétersbourg, ou Entretiens sur le gouvernement temporel de la Providence* paraissent peu après. *9 avril :* naissance de Baudelaire. *13 décembre :* naissance de Flaubert.
Champollion présente à l'Académie des inscriptions et belles lettres sa découverte du système hiéroglyphique (*27 septembre*). En *1826*, il sera chargé d'organiser le département des Antiquités égyptiennes du Louvre inauguré en *1827*. Las Cases, *Mémorial de Sainte-Hélène, ou Journal où se trouve consigné jour par jour ce qu'à dit et fait Napoléon durant dix-huit mois*. Immense succès.	1822 *Mars :* Vigny, *Poèmes* (anonyme). *22 mai :* naissance d'Edmond de Goncourt. *Juin :* Hugo, *Odes et poésies diverses*. *16 juillet :* Paul Louis Courier, *Pétition à la Chambre des députés pour les villageois que l'on empêche de danser*.
	1823 *2 février :* naissance de Renan. *14 mars :* naissance de Banville. *Mars :* Stendhal, *Racine et Shakespeare* I.

Juillet : première livraison de *La Muse française* ; la revue, publiée en 1823-1824, rassemble Hugo, Vigny, Marceline Desbordes-Valmore. Rapide dispersion.

2 juillet : création à l'Ambigu-comique de *L'Auberge des Adrets* par Antier, Saint-Amand et Paulyanthe, avec Frédérick Lemaître dans le rôle du personnage de Robert Macaire.

29 décembre : Nodier est nommé bibliothécaire à l'Arsenal.

Salon d'avril : Delacroix, *Les Massacres de Scio* ; Ingres, *Le Vœu de Louis XIII*.

19 mai : mort de Saint-Simon ; ses disciples s'organisent en mouvement.

1er décembre : premier numéro de *La Gazette des tribunaux*.

Juin : fondation de *La Muse française*.

27 septembre : Lamartine, *Nouvelles méditations poétiques*.

1824 *Mars* : Hugo, *Nouvelles Odes*.
24 avril : Vigny, *Eloa*.

1825 Barante, *Histoire des ducs de Bourgogne, de la maison de Valois, 1364-1477* (1825-1826).
Mars : Stendhal, *Racine et Shakespeare* II.
7 mai : Augustin Thierry, *Histoire de la conquête de l'Angleterre par les Normands*.
10 mai : Lamartine, dernier chant du *Pèlerinage d'Harold*.
Mai : Mérimée, *Théâtre de Clara Gazul*.
10 décembre : Brillat-Savarin, *Physiologie du goût, ou Méditations de gastronomie transcendante*.

22 avril : Fenimore Cooper, *Le dernier des Mohicans, histoire de 1757*, traduit par Defauconpret. Immense succès.

1826 *11 janvier* : Vigny, *Poèmes antiques et modernes*.
Mars : Vigny, *Cinq-Mars*.
Novembre : Hugo, *Odes et ballades*.
Ludovic Vitet, *Les Barricades*.

Au Salon, bataille romantique : Delacroix, *Le Christ au jardin des Oliviers*, *La mort de Sarda-*

1827 *6 juin* : Augustin Thierry, *Lettres sur l'histoire de France* (édition de lettres publiées en

napale ; Eugène Devéria, *La Naissance d'Henri IV* ; Louis Boulanger, *Le Supplice de Mazeppa* ; Horace Vernet, *Mazeppa aux loups*.
6 juillet : La Russie, l'Angleterre et la France décident d'obliger la Turquie à signer un armistice avec les insurgés grecs. Le *20 octobre*, le port de Navarin est repris aux Égyptiens. Le Péloponnèse sera entièrement libéré en *octobre 1828*.
Février : fondation de la Société des concerts du Conservatoire. Le premier concert (*9 mars*) est consacré à la Symphonie héroïque de Beethoven.
Décembre : les saint-simoniens donnent à Paris une série de leçons qui seront reprises en 1830 dans *Exposition de la doctrine de Saint-Simon*.
1er juillet : premier numéro de *La Revue des Deux Mondes*, créée par François Buloz (1804-1877).
Août : création de *La Revue de Paris*, rachetée par Buloz en 1834.
Octobre : création du journal *La Mode*, par Émile de Girardin (le journal paraît jusqu'en *septembre 1854*).
Novembre : Auguste Comte ouvre chez lui un cours de philosophie qui sera publié de 1830 à 1842 dans le *Cours ou système de philosophie positive*.
Décembre : Niepce et Daguerre s'associent pour exploiter le procédé de la photographie. Le procédé du daguerréotype sera acheté par l'État le *30 juillet 1839*.

1820 dans *Le Censeur Européen* et *Le Courrier français*).
Novembre : Nerval, traduction du *Faust* de Goethe.
Décembre : Hugo, *Cromwell*.

1828 *8 février :* naissance de Jules Verne.
Juillet : Sainte-Beuve, *Tableau de la poésie française au XVIe siècle*.
Novembre : Émile Deschamps, *Études françaises et étrangères*.

1829 *Janvier :* Hugo, *Les Orientales*.
10 février : première représentation d'*Henri III et sa cour*, d'Alexandre Dumas.
Mars : Fourier, *Le Nouveau Monde industriel et sociétaire*.
Avril : Sainte-Beuve, *Vie, poésies et pensées de Joseph Delorme*.
Balzac, *Le dernier Chouan, ou la Bretagne en 1800* (1er roman publié sous le nom de Balzac).
Août : Marion Delorme de Hugo est interdite par la censure.
Émile Deschamps, traduction (en vers) de la *Divine Comédie* de Dante.
24 octobre : première représentation du *More de Venise* de Vigny (adaptation d'*Othello*).

3 janvier : Thiers, Mignet, et Armand Carrel fondent le journal *Le National*. Ce journal va prendre la tête de la résistance contre les ordonnances répressives signées par Charles X le *25 juillet*.
25 mai : la flotte française appareille pour une expédition sur Alger. La ville est prise le *5 juillet*.
27-28-29 juillet : insurrection. Charles X abdique le *2 août*. Le *9 août*, le duc d'Orléans prête serment à la Charte révisée adoptée par la Chambre le *7 août* et il prend le titre de Louis Philippe Ier, roi des Français. Le *19 août* Hugo célèbre les journées de Juillet dans *À la jeune France*.
5 décembre : la *Symphonie fantastique* de Berlioz est jouée par la Société des concerts du Conservatoire.
Corot : *La Cathédrale de Chartres*.

1830 *Janvier :* Musset, *Contes d'Espagne et d'Italie*.
Janvier : Vigny, *Le More de Venise*.
25 février : première représentation d'*Hernani*.
Mars : Sainte-Beuve, *Les Consolations*.
Avril : Balzac, *Scènes de la vie privée* (6 nouvelles parmi lesquelles *Les Dangers de l'inconduite*, futur *Gobseck*).
15 juin : Lamartine, *Harmonies poétiques et religieuses*.
Juillet : Gautier, *Poésies*.
8 septembre : naissance de Frédéric Mistral.
13 novembre : Stendhal, *Le Rouge et le Noir*.
1er-2 décembre : première représentation de *La Nuit vénitienne* de Musset : échec. Musset décide de ne plus faire représenter ses pièces.
17 décembre : naissance de Jules de Goncourt.
31 décembre : mort d'Alphonse Rabbe, auteur d'un recueil de poèmes en prose, *Album d'un pessimiste*, publié en *1835-1836*.

MONARCHIE DE JUILLET/DEUXIÈME RÉPUBLIQUE

22 novembre : triomphe de *Robert le diable* de Giacomo Meyerbeer, sur un livret d'Eugène Scribe.

1831 *16 mars :* Hugo, *Notre-Dame de Paris*.
1er avril : Michelet, *Introduction à l'histoire universelle*.
16 avril : Vigny, *Paris, élévation*.
3 mai : première d'*Antony* de Dumas.
20 juillet : Lamartine, « À Némésis ».

28 juin : Loi Guizot sur l'enseignement primaire : chaque département doit créer une école normale pour former les instituteurs, chaque commune doit entretenir une école primaire, qui est gratuite pour les indigents. Une ordonnance du *23 juin 1836* réglemente l'organisation des écoles primaires de filles.
Juillet : premier congrès des Sociétés savantes, organisé par Arcisse de Caumont à Caen.
5 juillet : l'abbé Migne lance le journal catholique *L'Univers*, dont Veuillot prendra la direction en 1842 en lui donnant une orientation intransigeante. François Rude sculpte *Le Départ des volontaires de 1792*, aussi appelé *La Marseillaise* sur le piédestal de l'Arc de Triomphe achevé en 1836.

27 mai : Mérimée succède à Ludovic Vitet comme inspecteur général des monuments historiques ; il effectue une

1ᵉʳ août : Balzac, *La Peau de chagrin*.
Novembre : Hugo, *Les Feuilles d'automne*.
Décembre : Pétrus Borel, *Rhapsodies*.

1832 *Avril :* Sainte-Beuve, *Critiques et portraits littéraires*, premier recueil.
Mai : George Sand, *Indiana*.
9 juin : Vigny, *Stello*.
Juillet : Nodier, *La Fée aux miettes*.
Décembre : Musset, *Un spectacle dans un fauteuil*.
Ballanche, *La Ville des expiations*.

1833 *2 mars :* Borel, *Champavert, contes immoraux*.
15 mai : Musset, *Les Caprices de Marianne*.
25 mai : Michelet, *Histoire de France*, volume 1. L'œuvre comptera
17 volumes (*1833-1844* et *1855-1867*).
Juillet : George Sand, *Lélia* (première version).
Août : Musset, *Rolla*.
15 août : Gautier, *Les Jeunes-France. Romans goguenards*.
Septembre : Balzac, *Le Médecin de campagne*.
Quinet, *Ahasvérus*.
Décembre : Balzac, *Scènes de la vie de province* (incluant *Eugénie Grandet*, roman inédit).

1834 *15 mars :* Lamartine, *Les Destinées de la poésie*.
5 mai : Lamennais, *Paroles d'un croyant*. Immense succès.

tournée annuelle de 1834 à 1855.
12 juillet : L.-N. et H. Bescherelle, *Grammaire nationale*.
18 juillet : Guizot crée le comité des travaux historiques et scientifiques, pour publier les documents relatifs à l'histoire de France.

10 janvier : Guizot crée un comité pour l'histoire de la philosophie, des sciences et des arts.
8 mars : Lacordaire inaugure les conférences de Carême à Notre-Dame.
2 mai : Adolphe Quételet publie *Sur l'homme et le développement de ses facultés, essai de physique sociale*.

Parent-Duchâtelet, *De la prostitution dans la ville de Paris, considérée sous le rapport de l'hygiène publique, de la morale et de l'administration*.
29 février : création à l'Opéra des *Huguenots* de Meyerbeer.
1er juillet : Émile de Girardin crée *La Presse*, premier quotidien à bon marché, grâce à la publicité. Le même jour, Armand Dutacq crée le journal concurrent *Le Siècle*.
25 octobre : l'obélisque de Louksor est érigé sur la place de la Concorde.

Le livre est condamné par l'encyclique *Singulari nos* le *25 juin*.
1er juillet : Musset, *On ne badine pas avec l'amour*.
19 juillet : Sainte-Beuve, *Volupté*.
Août : Musset, *Lorenzaccio* (dans *Un spectacle dans un fauteuil*).

1835 *16 janvier* : Tocqueville, *De la Démocratie en Amérique*, 1re partie.
12 février : première de *Chatterton* de Vigny.
2 mars : Balzac, *Le Père Goriot*.
Avril : Lamartine, *Voyage en Orient*.
15 juin : Musset, *La Nuit de mai*.
26 octobre : Hugo, *Les Chants du crépuscule*.
Octobre : Vigny, *Servitude et grandeur militaires*.
28 novembre : Gautier, *Mademoiselle de Maupin* (publication achevée en 1836).
1er décembre : Musset, *La Nuit de décembre*.

1836 *13 février* : Musset, *La Confession d'un enfant du siècle*.
20 février : Lamartine, *Jocelyn*.
Juin : Chateaubriand, traduction du *Paradis perdu* de Milton.
Juin : Musset, *Nuit de juin*.
Juillet : Balzac, *Le Lys dans la vallée*.
15 août : Musset, *Nuit d'août*.

10 juin : Louis-Philippe inaugure les Galeries historiques du château de Versailles, musée consacré à « toutes les gloires de la France ».
29 septembre : Guizot crée la Commission des monuments historiques, chargée d'en établir l'inventaire.
5 décembre : Berlioz, *Grande Messe des morts* créée en la chapelle Saint-Louis des Invalides.
10 décembre : fondation par Louis Desnoyers, de la Société des gens de lettres.
7 janvier : ouverture au Louvre du Musée espagnol de Louis-Philippe (1838-1848) qui fait découvrir en France Velasquez, Murillo, Zurbaran, le Greco.
12 juin : débuts de Rachel à la Comédie-Française dans le rôle de Camille (*Horace*).
Construction de l'hospice de Charenton pour aliénés, modèle d'architecture rationaliste.

1837 *Février :* Balzac, *Illusions perdues*, première partie.
26 juin : Hugo, *Les Voix intérieures*.
8 juillet : début du feuilleton des *Mémoires du diable* de Frédéric Soulié. La publication durera jusqu'en 1838.
30 septembre : Sainte-Beuve, *Pensées d'août*.
15 octobre : Musset, *Nuit d'octobre*.

1838 *Février :* Gautier, *La Comédie de la mort*.
Mars : Quinet, *Prométhée*.
9 mai : Lamartine, *La Chute d'un ange*.
Juin : Stendhal, *Mémoires d'un touriste*.
12 novembre : Hugo, *Ruy Blas*, au théâtre de la Renaissance.
17 novembre : Timon (pseudonyme de Cormenin), *Études sur les orateurs parlementaires*.

1839 *Mars :* Lamartine, *Recueillements poétiques*.
6 avril : Stendhal, *La Chartreuse de Parme*.
Août : Hersart de la Villemarqué, *Barzaz-Breiz, Chants populaires de la Bretagne*.
Septembre : George Sand, *Lélia* (deuxième version).
Balzac publie *Le Cabinet des Antiques* (mars), *Un grand homme de province à Paris* (juin : deuxième partie d'*Illusions perdues*), *Une fille d'Ève* (août), *Béatrix* (novembre).

Publication de deux grandes enquêtes sociales : Buret, *La Misère des classes laborieuses en France et en Angleterre*, et Villermé, *Tableau de l'état physique et moral des ouvriers employés dans les manufactures de coton, de laine et de soie*.
28 juillet : inauguration de la colonne de Bastille. Création de la *Symphonie funèbre et triomphale* de Berlioz.
Septembre : fondation de la revue mensuelle *L'Atelier* par des ouvriers typographes.
15 décembre : transfert des cendres de Napoléon aux Invalides. Hugo et Casimir Delavigne écrivent des vers pour la circonstance.

28 juin : création à l'Opéra du ballet *Giselle*, sur un livret de Gautier.

Leçons de Michelet et Quinet sur les jésuites au Collège de France (elles seront publiées en *juillet 1843*). En *mars* Veuillot les attaque dans le journal *L'Univers*. Leur cours sera suspendu en *1845*.

1840 *14 mars :* Augustin Thierry, *Récits des temps mérovingiens*.
2 avril : naissance d'Émile Zola.
Avril : Tocqueville, *De la Démocratie en Amérique*, 2ᵉ partie.
Avril : Sainte-Beuve, *Port Royal*, tome I. Les tomes suivants seront publiés en 1842, 1848 et 1859.
13 mai : naissance d'Alphonse Daudet.
15 mai : Le Centaure de Maurice de Guérin, composé en 1835, est publié dans la *Revue des Deux Mondes*.
Mai : Hugo, *Les Rayons et les ombres*.
16 mai : Flora Tristan, *Promenades dans Londres*.
Juin : Proudhon, *Qu'est ce que la propriété ?*
Juillet : Musset, *Poésies complètes, Comédies et proverbes*.
1ᵉʳ juillet : Mérimée, *Colomba* (publié dans la *Revue des Deux Mondes*).

1841 *Mars :* Balzac, *Le Curé de village*.
29 avril : mort d'Aloysius Bertrand.
2 octobre : contrat de Balzac avec Furne et un consortium de libraires pour l'édition de ses « *Œuvres complètes* » sous le titre de *La Comédie humaine*.

1842 *18 février :* naissance de Mallarmé.
12 mars : Cabet, *Voyage en Icarie*.
23 mars : mort de Stendhal.
22 juin-15 octobre : Les Mystères de Paris d'Eugène Sue paraissent en feuilleton dans le *Journal des débats*.

	Juillet : Balzac écrit l'« Avant-propos » de *La Comédie humaine*.
	1ᵉʳ octobre : naissance de Charles Cros.
	Octobre : Banville, *Les Cariatides*.
	12 novembre : Louis Reybaud, *Jérôme Paturot à la recherche d'une position sociale*.
	Décembre : Aloysius Bertrand, *Gaspard de la Nuit* (posthume).
	Décembre : George Sand, *Consuelo* (la publication s'achève en *novembre 1843*).
4 mars : Fondation de la revue *L'Illustration*. Construction de la bibliothèque Sainte-Geneviève sur des plans de Labrouste.	**1843** Vigny, « La Mort du loup » (*1ᵉʳ février*) ; « Le Mont des Oliviers » (*1ᵉʳ juin*) ; « La Maison du berger » (*15 juillet*).
	7 mars : première des *Burgraves* de Hugo.
	13 mai : Custine, *La Russie en 1839*.
Mars : Début des travaux de restauration de Notre-Dame de Paris par Viollet-le-Duc et Lassus. Ils dureront vingt ans. Inauguration du Musée de Cluny (*17 mars*).	**1844** *8 janvier :* naissance de Verlaine.
	Mars : Balzac, *David Séchard* (troisième partie d'*Illusions perdues*).
	Dumas, *Les Trois Mousquetaires* (dans *Le Siècle* du *14 mars* au *11 juillet*) ; *Le Comte de Monte-Cristo* (dans le *Journal des débats* du *28 août 1844* au *16 janvier 1846*) ; *La Reine Margot* (dans *La Presse*, du *25 décembre 1844* au *5 avril 1845*).
	31 mars : Nerval, « Le Christ aux Oliviers ».
	Juin : Balzac, *Splendeurs et misères des courtisanes* (1ʳᵉ et 2ᵉ parties).
	Eugène Sue, *Le Juif errant* (dans *Le Constitutionnel*, de *juin 1844* à *juin 1845*).

L'abbé Migne lance l'édition de la *Patrologie latine et grecque*.
Marx, expulsé de France, se réfugie à Bruxelles et publie *La Sainte Famille*.
22 février : Eugène de Mirecourt publie un pamphlet : *Fabrique de romans. Maison Alexandre Dumas et compagnie*.
Avril : Baudelaire, *Salon de 1845*.

Octobre : Gautier, *Les Grotesques*.

1845 Dumas, *Vingt ans après*, (dans *Le Siècle* du *21 janvier* au *28 juin*).
18 juillet : naissance de Tristan Corbière.
Juillet : Gautier, *España* dans *Poésies complètes*.
1ᵉʳ octobre : Mérimée, *Carmen*.

1846 *28 janvier :* Michelet, *Le Peuple*.
4 avril : naissance d'Isidore Ducasse.
Mai : George Sand, *La Mare au diable*.
2 juin : la première partie de *Joseph Balsamo*, d'Alexandre Dumas, paraît en feuilleton dans *La Presse* (jusqu'au *13 juillet*). Deuxième partie du *4 août* au *6 septembre*. Fin du feuilleton du *3 septembre 1847* au *22 janvier 1848*.

Au Salon, Thomas Couture présente *Les Romains de la décadence*, chef-d'œuvre de la peinture éclectique.

1847 *6 février :* Louis Blanc, *Histoire de la Révolution* (la publication se poursuivra jusqu'en 1862).
Michelet, *Histoire de la révolution française* (*13 février 1847-1853*).
Balzac, *Le Cousin Pons* dans *Le Constitutionnel* (*18 mars-10 mai*).
Lamartine, *Histoire des Girondins* (*17 mars-19 juin*).
Juillet : Balzac, *La Dernière Incarnation de Vautrin* (fin de *Splendeurs et misères des courtisanes*).
Dumas, *Le Vicomte de Bragelonne* (dans *Le Siècle* du *20 octobre 1847* au *12 janvier 1850*).

24 février : après l'abdication de Louis-Philippe, Lamartine combat à la Chambre contre la régence, et fait voter la formation d'un gouvernement provisoire composé de lui-même, Dupont de l'Eure, le savant Arago, Ledru-Rollin, Garnier-Pagès, Crémieux et Marie.

25 février : place de l'Hôtel de ville la foule réclame la République (elle sera proclamée le 27) et le remplacement du drapeau tricolore par le drapeau rouge : Lamartine défend les trois couleurs dans un discours célèbre.

4 mars : suppression du droit de timbre des journaux. S'ensuit une vague de créations de journaux souvent éphémères : *La cause du peuple* (George Sand) ; *Le Mois* (Alexandre Dumas), *Le Volcan* et *La Vraie république* (Pierre Leroux), *La Commune de Paris* (Eugène Sue), *Le Salut public* (Baudelaire et Champfleury), *Le Peuple constituant* (Lamennais), *Le Représentant du peuple* (Proudhon).

6 mars : abrogation de la censure sur les journaux, gravures, spectacles.

23-24 avril : élections à l'Assemblée constituante (premières élections au suffrage universel). Lamartine est élu par dix départements.

4-5 juin : élections complémentaires, Louis-Napoléon Bonaparte, Victor Hugo, Proudhon et Pierre Leroux sont élus.

1848

5 février : naissance de Charles-Marie-Georges (futur Joris-Karl) Huysmans.

4 juillet : mort de Chateaubriand.

29 juillet : Dumas fils, *La Dame aux camélias*, roman.

19 octobre : Les *Mémoires d'outre-tombe* de Chateaubriand commencent à paraître dans *La Presse*.

24 juin : pour combattre l'insurrection ouvrière, l'Assemblée donne les pleins pouvoirs à Cavaignac. Les membres de la Commission exécutive (qui avait succédé au gouvernement provisoire), dont Lamartine, démissionnent. Le *25,* Cavaignac interdit plusieurs journaux et ferme tous les clubs. Le *28 juin,* victorieux de l'insurrection, il dépose les pleins pouvoirs mais devient président du Conseil des ministres.
22 juillet : création d'une commission pour surveiller les théâtres.
1ᵉʳ août : Hugo dénonce les mesures répressives contre la presse. Il lance *L'Événement,* avec ses fils.
9 août : rétablissement du cautionnement des journaux supprimé de fait en février 1848.

10-11 décembre : élection du président de la République au suffrage universel. Louis-Napoléon Bonaparte obtient 74,4 % des voix, Cavaignac 19,6 % ; Lamartine 0,3 %.
Au salon de 1848 (salon sans jury) : Millet, *Le Vanneur ;* Courbet, *L'Après-dîner à Ornans* (acquis par l'État).
Avril : Lamartine fonde *Le Conseiller du peuple* (qui cesse de paraître après le coup d'État).
13-14 mai : élections législatives qui marquent le triomphe du parti de l'ordre. Lamartine n'est pas réélu.
2 juin : formation du second ministère Barrot. Tocqueville

1849 *23 février-8 juin : Le Collier de la reine,* d'Alexandre Dumas, paraît en feuilleton dans *La Presse* (deuxième série du *14 novembre* au *27 janvier 1850*).
4 août : George Sand, *La Petite Fadette.*
1ᵉʳ octobre : Sainte-Beuve, premier *Lundi* dans *Le Constitu-*

est ministre des Affaires étrangères jusqu'à la chute du ministère le 31 octobre.
9 juillet : Hugo présente le rapport sur une proposition d'Armand de Melun de lutte contre la misère. La proposition n'est pas adoptée.
15 mars : loi Falloux favorisant l'enseignement privé et la tutelle du clergé sur l'enseignement public.
28 avril : élections législatives partielles. Eugène Sue est élu par la gauche.
Au Salon, Courbet présente *L'Enterrement à Ornans*.
Daumier crée dans *Le Charivari* le personnage de Ratapoil, agent provocateur bonapartiste.
14-19 juillet : Hugo s'oppose à la révision de la Constitution que proposait le rapport de Tocqueville. Louis Napoléon Bonaparte se trouve poussé au coup d'État.
28 août : interdiction pour immoralité de l'adaptation théâtrale de *La Dame aux Camélias* de Dumas fils. La pièce amendée triomphera au vaudeville le *1ᵉʳ février 1852*.
2 décembre : coup d'État. 230 députés sont arrêtés (dont Tocqueville). Répression violente. Le *11 décembre*, Hugo s'exile en Belgique.

tionnel. Les *Causeries du lundi* seront reprises en volume de 1851 à 1862.

1850 *12 janvier :* George Sand, *François le Champi*.
23 mars : Daniel Stern (pseudonyme de Marie d'Agoult), *Histoire de la révolution de Février 1848*.
5 août : naissance de Maupassant.
18 août : mort de Balzac.

1851 *14 août :* première d'*Un chapeau de paille d'Italie*, d'Eugène Labiche (théâtre du Palais-Royal).
31 juillet : naissance de Germain Nouveau.

SECOND EMPIRE

17 février : un décret maintient le timbre et le cautionnement des journaux, rétablit la censure des images, et crée un régime d'avertissements à la presse qui permet la suspension au deuxième avertissement.

11 avril : Michelet, dont le cours avait été suspendu en mars 1851, est destitué de sa chaire du Collège de France.

20 mai : Marx publie à New York *Le 18 Brumaire de Louis Bonaparte*.

2 décembre : Louis-Napoléon Bonaparte est proclamé empereur sous le nom de Napoléon III.

Nadar (pseudonyme de Félix Tournachon 1820-1910) ouvre un atelier de photographie rue Saint-Lazare.

Haussmann nommé préfet de la Seine.

21 mai : Frédéric Mistral, Théodore Aubanel et Joseph Roumanille fondent le Félibrige.

Henri Labrouste construit une nouvelle salle de lecture à la Bibliothèque impériale.

14 mars : Sainte-Beuve nommé professeur de poésie latine au Collège de France le *13 décembre 1854* doit démissionner, hué pour son éloge de Napoléon III.

1 mai-novembre : Exposition universelle à Paris.

1 mai : au pavillon du réalisme, Courbet expose ses toi

1852 *Juillet* : Gautier, *Émaux et camées*.
Juillet-août : Hugo, *Histoire d'un crime* et *Napoléon le Petit*.
1ᵉʳ juillet-15 décembre : Nerval, *La Bohême galante*.
23 novembre : création à l'Odéon de *Grandeur et décadence de M. Joseph Prudhomme* de Henri Monnier et Gustave Vaez.
4 décembre : Leconte de Lisle, *Poèmes antiques*.

1853 *Janvier* : Nerval, *Petits châteaux de Bohême*.
10 septembre : Gobineau, *Essai sur l'inégalité des races humaines* (tome 1).
21 novembre : Hugo, *Châtiments*.

1854 *Janvier* : Nerval, *Les Filles du feu* (avec *Les Chimères*).
20 octobre : Naissance de Rimbaud.

1855 *1ᵉʳ janvier-15 février* : Nerval, *Aurélia* (en partie posthume).
25-26 janvier : Mort de Nerval. Publication sous le titre *Le Chasseur vert* des 18 premiers chapitres de *Lucien Leuwen* de Stendhal.
Du Camp, *Chants modernes*.

les refusées au salon, notamment *L'Atelier du peintre* et *Un enterrement à Ornans*.
Début de la publication du Catalogue de l'histoire de France.
29 février : Leçon inaugurale de Claude Bernard au Collège de France.

1856 *12 mars* : Baudelaire, traduction des *Histoires extraordinaires* d'Edgar Poe précédée d'un essai, *Edgar Poe, sa vie et ses œuvres*.
23 avril : Hugo, *Les Contemplations*.
28 juin : Tocqueville, *L'Ancien Régime et la Révolution*.
Madame Bovary paraît en feuilleton dans la *Revue de Paris* à partir du *1er octobre*.

7 février : Flaubert et le directeur de la *Revue de Paris* sont acquittés dans le procès intenté pour immoralité et irréligion à l'auteur et l'éditeur de *Madame Bovary*.
Novembre : Louis Émile Duranty publie le premier numéro de l'éphémère journal *Le Réalisme*.

1857 *21 février* : Fromentin, *Un été dans le Sahara*, suivi en *1858* d'*Une année dans le Sahel*.
Mars : Lamartine, *La Vigne et la maison*.
Avril : Flaubert, *Madame Bovary* (publication en volume).
2 mai : Mort de Musset.
25 juin : Baudelaire, *Les Fleurs du mal*.
16 juillet : funérailles de Béranger.
20 août : condamnation des *Fleurs du mal*.
Banville, *Odes funambulesques*.

11 février-16 juillet : Apparitions de la Vierge à Bernadette Soubirous à Lourdes. Les pèlerinages se multiplient très vite.
Millet, *L'Angélus*.

1858 *15 mai* : Comtesse de Ségur, *Les Petites Filles modèles*.
Août : Leconte de Lisle, *Poésies complètes*.
28 août : Quinet, *Histoire de mes idées*.
18 septembre : Guizot, *Mémoires pour servir à l'histoire de mon temps* (l'édition comptera 8 volumes et durera jusqu'en 1867).
9 octobre : Gautier, *Le Roman de la momie*.

Mars : chute du *Tannhaüser* de Richard Wagner à l'Opéra de Paris. Baudelaire en fait l'éloge.
20 avril : début des fouilles sur le site d'Alésia (fin du chantier *décembre 1865*).
25 avril : Nefftzer lance le quotidien *Le Temps* (1861-1942).
Premier guide Joanne (chez Hachette) consacré à la ligne PLM (Paris-Lyon-Méditerranée).
Charles Garnier commence la construction de l'Opéra de Paris.
Gustave Doré illustre les *Contes* de Perrault (en 1863 *Don Quichotte*, en 1866 la Bible, en 1868 les *Fables* de La Fontaine).

1859   *5 mars :* Mistral, *Mireille*.
16 avril : mort de Tocqueville.
Juin-juillet : Baudelaire, *Salon de 1859*, dans la *Revue française*.
14 juillet : mort de Pétrus Borel.
22 juillet : mort de Marceline Desbordes-Valmore.
Septembre : Hugo, *La Légende des siècles* (première série).
15 octobre : Ponson du Terrail, *Les Exploits de Rocambole*.

1860   *Fin mai :* Baudelaire, *Les Paradis artificiels*.
16 août : naissance de Jules Laforgue.
Marceline Desbordes-Valmore, *Poésies inédites* (posthume).
10 septembre : Labiche, *Le Voyage de M. Perrichon*, représenté au Gymnase.
4 novembre : Sainte-Beuve, *Chateaubriand et son groupe littéraire sous l'Empire* (édition datée de *1861*).

1861   *Février :* Baudelaire, *Les Fleurs du mal* (2ᵉ édition).
About, *L'Homme à l'oreille cassée*.

22 février : Renan consacre au Collège de France un cours à Jésus « homme incomparable » ; le cours est suspendu le 26 février.
21 juin : première traduction du livre de Darwin, *De l'origine des espèces, ou des Lois du progrès chez les êtres organisés* (édition anglaise 1859).
Destruction du Cirque olympique, fermeture des Funambules (fin du « boulevard du crime ») ; construction du théâtre du Châtelet.
1er février : Millaud fonde *Le Petit Journal* vendu 5 centimes.
21 février : première livraison du *Dictionnaire de la Langue française* d'Émile Littré.
15 mai : au Salon des refusés Manet expose *Le Déjeuner sur l'herbe*.

12 mars : première livraison du *Grand Dictionnaire universel du XIXe siècle* de P. Larousse.
19 mars : Mireille de Gounod à l'Opéra.
17 décembre : La Belle Hélène d'Offenbach aux Variétés.
Manet, *Olympia* (salon, *mai*).

1862 *30 mars-15 mai :* Hugo, *Les Misérables*.
29 août : naissance de Maurice Maeterlinck.
Novembre : Flaubert, *Salammbô*.
22 novembre : Michelet, *La Sorcière*.

1863 *17 janvier :* Jules Verne, *Cinq semaines en ballon*.
31 janvier : Fromentin, *Dominique*.
24 juin : Renan, *Vie de Jésus*.
17 septembre : mort de Vigny.
7 novembre : Gautier, *Le Capitaine Fracasse*.
Viollet-le-Duc, *Entretiens sur l'architecture* (volume 1).

1864 *16 janvier :* Vigny, *Les Destinées* (posthume).
Avril : Hugo, *William Shakespeare*.
26 novembre : Fustel de Coulanges, *La Cité antique*.

1865 *16 janvier :* Edmond et Jules de Goncourt, *Germinie Lacerteux*.
29 avril : Erckmann-Chatrian, *L'Ami Fritz*.
1er août : Taine, *La Philosophie de l'art. Leçons professées à l'École des beaux-arts*.
Octobre : Hugo, *Les Chansons des rues et des bois*.
25 novembre : Quinet, *La Révolution*.
Claude Bernard, *Introduction à la médecine expérimentale*.

31 octobre : Offenbach, *La Vie parisienne,* au théâtre du Palais-Royal.
Jean Macé crée la Ligue de l'enseignement.

19 juin : Maximilien, empereur du Mexique est fusillé par les troupes de Juarez. Manet commence peu après *L'Exécution de Maximilien.*
30 mai : 1ᵉʳ numéro de *La Lanterne* de Rochefort.

1866 *Mars-juin :* Le Parnasse contemporain.
12 avril : Hugo, *Les Travailleurs de la mer.*
Novembre : Verlaine, *Poèmes saturniens.*
22 décembre : Gaboriau, *L'Affaire Lerouge.*

1867 *31 août :* mort de Baudelaire.
7 décembre : Zola, *Thérèse Raquin.*

1868 *6 août :* naissance de Paul Claudel.
Août 1868-1869 : Lautréamont, *Les Chants de Maldoror.*
Décembre : Baudelaire, *Les Fleurs du mal* (3ᵉ édition, posthume).

1869 *28 février :* mort de Lamartine.
24 avril : Hugo, *L'Homme qui rit.*
Juin : Baudelaire, *Petits Poèmes en prose* (tome IV des *Œuvres complètes* posthumes).
10 juillet : Verlaine, *Les Fêtes galantes.*
13 octobre : mort de Sainte-Beuve.
20 octobre : début du *Deuxième Parnasse contemporain.*
Octobre : Jules Verne, *Vingt mille lieues sous les mers*, premier volume in-18 (le 2ᵉ volume le *25 juin 1870*, l'édition in-8 illustrée le *16 novembre 1871*).
17 novembre : Flaubert, *L'Éducation sentimentale.*
22 novembre : naissance d'André Gide.
Été : Lautréamont (Isidore Ducasse), *Les Chants de Maldoror.*

19 juillet : la France déclare la guerre à la Prusse.
31 août-2 septembre : défaite de Sedan, capitulation de l'armée française, captivité de Napoléon III.
4 septembre : proclamation de la République.

1870 *Avril-juin :* Lautréamont (Isidore Ducasse), *Poésies.*
12 juin : Verlaine, *La Bonne Chanson* (mise en vente en *1872*).
24 novembre : mort d'Isidore Ducasse.
5 décembre : mort d'Alexandre Dumas.
10 décembre : naissance de Pierre Louÿs.

TROISIÈME RÉPUBLIQUE

26 février : préliminaires de paix. Le gouvernement français présidé depuis le *19 février* par Thiers abandonne l'Alsace et une partie de la Lorraine à l'Allemagne. Cette cession sera confirmée le *10 mai* par le traité de Francfort.
18 mars : début de la Commune de Paris. Rochefort, Vallès et Courbet y participent.
21 mai-28 mai : « Semaine sanglante » : écrasement de la Commune par l'armée française.
10 janvier : ouverture de l'École libre des sciences politiques fondée par Émile Boutmy.
15 août : Charles Renouvier fonde une revue néokantienne, *La Critique philosophique, politique et littéraire* (1872-1889).
L'architecte Bossan commence les travaux de la Basilique Notre-Dame de Fourvière.

1871 *Juin :* Mallarmé, Scène d'*Hérodiade.*
15 septembre : Leconte de Lisle, *Poèmes barbares.*
14 octobre : Zola, *La Fortune des Rougon* (1er volume des *Rougon-Macquart*).
30 octobre : naissance de Paul Valéry.
16 décembre : Renan, *La Réforme morale et intellectuelle de la France.*

1872 *30 janvier :* Zola, *La Curée.*
Avril : Hugo, *L'Année terrible.*
23 octobre : mort de Gautier.
Banville, *Petit traité de poésie française.*

20 septembre : Charcot publie le premier volume de ses leçons sur les maladies du système nerveux données à La Salpêtrière.

15 avril-15 mai : exposition impressionniste dans l'atelier de Nadar.

2 mars : création de *Carmen*, musique de Bizet, d'après Mérimée. Bizet meurt le *2 juin*.
16 juin : début des travaux de la basilique du Sacré-Cœur à Paris.
Janvier : Gabriel Monod fonde *La Revue historique*.
29 janvier : première édition du manuel d'histoire de Lavisse pour l'enseignement primaire.

Mme Fouillée publie sous le pseudonyme de G. Bruno *Le*

1873 *30 janvier :* Jules Verne, *Le Tour du monde en quatre-vingts jours*.
Avril : Cros, *Le Coffret de santal*.
Août : Corbière, *Les Amours jaunes*.
Octobre : Rimbaud, *Une saison en enfer*.
23 octobre : Le Tombeau de Théophile Gautier.

1874 *9 février :* mort de Michelet.
19 février : Hugo, *Quatre-vingt-treize*.
Mars : Verlaine, *Romances sans paroles*.
Avril : Gobineau, *Les Pléiades*.
Avril : Flaubert, *La Tentation de Saint-Antoine*.
Novembre : Barbey d'Aurevilly, *Les Diaboliques*.

1875 *1er mars :* mort de Corbière.
Juillet : Mallarmé, Verlaine et Cros exclus du troisième *Parnasse contemporain*.

1876 *4 mars :* Taine, *Origines de la France contemporaine* : 1er volume, *L'Ancien Régime*.
16 mars : troisième *Parnasse contemporain*.
Avril : Mallarmé, *L'Après-Midi d'un faune*.

1877 *24 janvier :* Zola, *L'Assommoir*.
26 février : Hugo, *La Légende des siècles* (nouvelle série).
24 avril : Flaubert, *Trois contes*.
Novembre : Daudet, *Le Nabab*.

1878 *Juin-août :* publication dans *Le Siècle* de *L'Enfant*, de Jules

Tour de la France par deux enfants. Devoir et patrie, livre de lecture courante pour le Cours moyen.
1er juillet : fête de la République pour le centenaire de la mort de Voltaire.
10 juillet : grand pèlerinage à Domrémy en hommage à Jeanne d'Arc.
14 juillet : commémoration solennelle du centenaire de la mort de Rousseau.
30 juin : la Marseillaise devient l'hymne national.

Rodin, *Le Penseur*.
Début de la publication du *Dictionnaire de pédagogie et d'instruction primaire* dont Ferdinand Buisson dirigera la publication avec pour collaborateurs Viollet-le-Duc, Lavisse, Durkheim, Victor Duruy, Marcelin Berthelot, Paul Bert...

13 février : Hubertine Auclert fonde *La Citoyenne*, pour la conquête du droit de vote des femmes.
13 juin : Pasteur publie *Sur la vaccination charbonneuse*.
29 juillet : loi sur la presse supprimant les mesures préventives et les délits d'opinion.
Ouverture du cabaret Le Chat noir à Montmartre, fondation d'un journal sous ce titre.

Vallès (en volume en *mai 1879*).

1879 *18 janvier* : Malot, *Sans famille*.
9 août : Mistral, *Le Trésor du Félibrige*.

1880 *14 février* : Zola, *Nana*.
Avril : Brunetière, *Études critiques sur l'histoire de la littérature française* (publiées de 1880 à 1925).
1er mai : *Les Soirées de Médan*, manifeste de l'école naturaliste. Maupassant y publie *Boule de suif*.
8 mai : mort de Flaubert.
Octobre : Zola, *Le Roman expérimental*.
Décembre : Verlaine, *Sagesse*.

1881 *Mars* : Flaubert, *Bouvard et Pécuchet*.
Mai : Hugo, *Les Quatre Vents de l'esprit*.
Octobre : Daudet, *Numa Roumestan*.
Vallès, *Le Bachelier*.
Anatole France, *Le crime de Sylvestre Bonnard*.

28 mars : loi Jules Ferry rendant l'instruction primaire obligatoire et laïque dans les écoles publiques.

Début de la publication du Catalogue général des manuscrits des bibliothèques publiques de France.
30 janvier : Création d'une section « Sciences religieuses » à l'École pratique des hautes études
12 mars : inauguration du cours d'histoire de la Révolution par Aulard à la Sorbonne.

1882 *8 avril :* Du Camp, *Souvenirs littéraires* (fin de la publication en 1883).
12 avril : Zola, *Pot-Bouille.*

1883 *9 février :* Villiers de l'Isle-Adam, *Contes cruels.*
2 mars : Zola, *Au bonheur des dames.*
Avril : Maupassant, *Une vie.*
Juin : Hugo, *La Légende des siècles* (dernière série).
Octobre : Paul Bourget, *Essais de psychologie contemporaine* (*Nouveaux Essais* fin 1885).
Rollinat, *Les Névroses.*

1884 *25 mars :* Leconte de Lisle, *Poèmes tragiques.*
Avril : Verlaine, *Les Poètes maudits.*
Mai : Huysmans, *À rebours.*

1885 *3 janvier :* Verlaine, *Jadis et naguère.*
Janvier : Mallarmé, « Prose pour des Esseintes ».
2 mars : Zola, *Germinal.*
Mai : Maupassant, *Bel-Ami.*
22 mai : Mort de Hugo ; funérailles nationales le *1er juin.*
Juillet : Laforgue, *Les Complaintes. L'Imitation de Notre-Dame la Lune* paraît en *novembre.*

1886 *13 mars :* Louise Michel, *Mémoires écrits par elle-même.*
4 mai : Villiers de l'Isle Adam, *L'Ève future.*
26 juin : Loti, *Pêcheur d'Islande.*
Mai-juin : Rimbaud, *Les Illuminations. Une saison en enfer* paraît en septembre.
18 septembre : Moréas, *Manifeste du symbolisme* publié dans *Le Figaro.*

15 mai : Édouard Drumont publie *La France juive, essai d'histoire contemporaine.*
Saint-Saëns, *Le Carnaval des animaux.*
Bartholdi, *La Liberté éclairant le monde* : la statue, commencée en 1871, est offerte aux États-Unis.
8 janvier : début de la construction de la Tour Eiffel ; le *14 février, Le Temps* publie une protestation d'écrivains et d'artistes parmi lesquels Gounod, Leconte de Lisle, Garnier, Sardou, Bonnat, Meissonier.
30 mars : fondation du Théâtre Libre d'Antoine, qui représente *Jacques Damour* de Zola.

1ᵉʳ avril : Boulanger s'enfuit à Bruxelles ; aux élections du *22 septembre-6 octobre :* seulement 44 boulangistes (dont Barrès) sont élus. La crise est close.
6 mai : inauguration de l'exposition du centenaire de la Révolution française, dont le

22 septembre : René Ghil, *Traité du Verbe.*
17 décembre : Feydeau, *Tailleur pour dames* au théâtre de la Renaissance.
Courteline, *Les Gaietés de l'escadron.*
Vallès, *L'Insurgé* (publication posthume).

1887 *29 janvier :* Léon Bloy, *Le Désespéré.*
3 mars : premier volume du *Journal* des Goncourt (le tome IX et dernier paraîtra le *26 mai 1896*).
Mai : Gustave Kahn, *Les Palais nomades.*
25 juin : Hugo, *Choses vues.*
20 août : mort de Laforgue.
Octobre : Mallarmé, *Poésies.*
Novembre : Laforgue, *Moralités légendaires* (posthume).
15 novembre : Zola, *La Terre.*

1888 *9 janvier :* Maupassant, *Pierre et Jean.*
3 mars : Barrès, *Sous l'œil des barbares,* premier volume de la trilogie *Le Culte du Moi,* qui comportera *Un homme libre* (1889) et *Le Jardin de Bérénice* (1891).
Juillet : Mallarmé, *Les Poèmes d'Edgar Poe.*
9 août : mort de Charles Cros.
Novembre : Verhaeren, *Les Débâcles.*

1889 *Février :* Aristide Bruant, *Dans la rue. Chansons et monologues* (1889-1895) illustrés par Steinlen.
31 mai : Maeterlinck, *Serres chaudes* ; *La Princesse Maleine* paraît en *décembre.*

clou est la Tour Eiffel éclairée à l'électricité.
Novembre : fondation du *Mercure de France*.
Christophe, *La Famille Fenouillard*, bande dessinée publiée dans *Le Petit Français illustré*.
3 janvier : Sarah Bernhardt joue le rôle-titre dans *Jeanne d'Arc*, de Jules Barbier au théâtre de la Porte-Saint-Martin.
Novembre : fondation du Théâtre d'Art de Paul Fort.
12 novembre : le cardinal Lavigerie, archevêque d'Alger, invite les catholiques à se rallier à la République.

29 juin : Bourget, *Le Disciple*.
19 août : mort de Villiers de l'Isle-Adam.
28 décembre : Bergson, *Essai sur les données immédiates de la conscience*.
Claudel, *Tête d'or* (première version).

1890
Janvier : Villiers de l'Isle-Adam, *Axël* (posthume).
4 mars : Zola, *La Bête humaine*.
10 mars : Henri de Régnier, *Poèmes anciens et romanesques*.
8 avril : Renan, *L'Avenir de la science. Pensées de 1848*.
Novembre : Claudel, *Tête d'or*.
Décembre : Tarde, *Les Lois de l'imitation*.
Maeterlinck, *L'Intruse*, *Les Aveugles*

1891
1ᵉʳ janvier : Gide, *Traité du Narcisse* ; *Les Cahiers d'André Walter* paraissent le *27 février*.
24 janvier : *Thermidor*, de Victorien Sardou, est créé à la Comédie-Française. La pièce est interdite le *29 janvier* pour attaques contre la Révolution.
13 mars : Mort de Banville.
Mars : Valéry, *Narcisse parle*.
3 mars : première interview de l'*Enquête sur l'évolution littéraire* de Jules Huret, dans *L'Écho de Paris* (dernière interview le *5 juillet*, le volume paraît en *août*).
5 juin : Alphonse Allais, *À se tordre, histoires chatnoiresques*.
27 juin : Huysmans, *Là-bas*.
14 septembre : Moréas, *Manifeste de l'École romane*.
10 novembre : mort de Rimbaud.

16 février : l'encyclique *Inter sollicitudines* appelle les catholiques français à se rallier à la République.
20 avril : Édouard Drumont fonde le quotidien antisémite *La Libre Parole* où écriront la journaliste Séverine, et Léon Daudet. En septembre, *La Libre Parole* publie des révélations sur l'affaire de Panama qui sera jugée en *février 1893.*

4 février : début de la publication de l'*Histoire générale du IVe siècle à nos jours*, dirigée par Ernest Lavisse (12 volumes, *1893-1901*).

29 octobre : arrestation de Dreyfus révélée par *La Libre Parole.*
22 décembre : création de *Prélude à l'après midi d'un faune* de Debussy à la Société nationale de musique.

1892 *Janvier :* Jules Renard, *L'Écornifleur.*
Avril : Régnier, *Tel qu'en songe.*
Mai : Rodenbach, *Bruges-la-Morte.*
21 juin : Zola, *La Débâcle.*
6 octobre-2 décembre : Anatole France, *La Rôtisserie de la reine Pédauque*, en feuilleton dans *L'Écho de Paris* (en volume l'année suivante).
15 novembre : Mallarmé, *Vers et prose.*
Maeterlinck, *Pelléas et Mélisande.*

1893 *Février :* Heredia, *Les Trophées.*
17 mai : Maeterlinck, première de *Pelléas et Mélisande.*
19 juin : Zola, *Le Docteur Pascal*, 20e et dernier volume des *Rougon-Macquart.*
6 juillet : mort de Maupassant.
15 juillet : Mallarmé, *Vers et prose*, 2e éd.
Octobre : fondation du théâtre de l'Œuvre (Lugné-Poe).
27 octobre : Sardou, *Madame Sans-Gêne*, au théâtre du Vaudeville.
Courteline, *Messieurs les ronds-de-cuir.*

1894 *26 février :* première d'*Axël* de Villiers de l'Isle-Adam, au théâtre de la Gaîté.
17 juillet : mort de Leconte de Lisle.
25 juillet : Zola, *Lourdes*, première des *Trois Villes* (suivie de *Rome* en 1896, *Paris* en 1898).
5 octobre : Jarry, *Minutes de sable mémorial.*
Octobre : Jules Renard, *Poil de Carotte.*
12 décembre : Louÿs, *Les Chansons de Bilitis.*

5 janvier : dégradation de Dreyfus dans la cour des Invalides. Le *21 janvier*, il embarque pour l'île du Diable.
22 mars : première démonstration du cinématographe par Louis Lumière.
Juin : première exposition automobile au Champ de Mars.
2 juin : Marconi dépose le brevet de la TSF.

1895

Durkheim, *Les Règles de la méthode sociologique*.
6 décembre : Verhaeren, *Les Villes tentaculaires*.
Vielé-Griffin, *Poèmes et poésies*.

1896

8 janvier : mort de Verlaine.
11 février : première de *Salomé* d'Oscar Wilde.
12 juin : Proust, *Les Plaisirs et les Jours*.
16 juillet : mort d'Edmond de Goncourt.
5 septembre : Huysmans, *En route*.
Octobre : Valéry, *La Soirée avec Monsieur Teste*.
6 novembre : Bernard-Lazare, *Une erreur judiciaire : la vérité sur l'affaire Dreyfus*.
10 décembre : Jarry, *Ubu Roi*.

Mars : Georges Méliès ouvre à Montreuil-sous-bois le premier studio de cinéma.
Thérèse Martin, carmélite à Lisieux, meurt l'année de la publication de son *Histoire d'une âme*.

1897

10 janvier : Saint-Georges de Bouhélier, *Manifeste du Naturisme*.
15 janvier : Mallarmé, *Divagations*.
Janvier : Anatole France, *L'Orme du mail*, premier volume de l'*Histoire contemporaine*.
Mai : Gide, *Les Nourritures terrestres*.
4 mai : Mallarmé, *Un coup de dés jamais n'abolira le hasard*.
15 novembre : Barrès, *Les Déracinés*.
25 novembre : Zola, premier article sur l'Affaire Dreyfus, dans *Le Figaro*.

18 juillet : Zola, poursuivi pour sa lettre « J'accuse », est condamné par la Cour d'assises de Versailles à un an de prison et se réfugie en Angleterre. En *août*, on découvre que le document à charge contre Dreyfus est un faux. Le *29 octobre*, la Cour de cassation ordonne un supplément d'enquête.

15 janvier : Jules Lemaitre fonde avec le soutien de Barrès la Ligue de la patrie française qui va prendre la tête du parti hostile à la révision du procès de Dreyfus.

1ᵉʳ juillet : retour de Dreyfus en France ; le second procès Dreyfus s'ouvre devant le Conseil militaire de Rennes le *7 août*. Le *9 septembre* le Conseil déclare Dreyfus coupable avec circonstances atténuantes.

1898
Décembre : Péguy, *Jeanne d'arc*.
28 décembre : Rostand, première de *Cyrano de Bergerac*.
13 janvier : Zola, « Lettre à M. Félix Faure, président de la République » (« J'accuse »), dans *L'Aurore*.
5 août : Jammes, *De l'Angélus de l'aube à l'Angélus du soir*.
9 septembre : Mort de Mallarmé.

1899
Février : Mallarmé, *Poésies* (posthume).
13 juin : Octave Mirbeau, *Le Jardin des supplices*.
12 octobre : Zola, *Fécondité* (premier des *Quatre Évangiles*).

1900
5 janvier : Péguy publie le premier numéro des *Cahiers de la quinzaine*
7 mars : Rostand, première de *L'Aiglon* avec Sarah Bernhardt dans le rôle-titre.
10 juillet : Octave Mirbeau, *Le Journal d'une femme de chambre*.
Claudel, *Connaissance de l'Est*.

XXᵉ SIÈCLE

Si on me demandait quand a commencé en France le XXᵉ siècle, j'en placerais les débuts dans les cinq ans qui vont de 1902 à 1907 et qui sont marqués, orientés par un fait pédagogique : la réforme universitaire de 1902 ; un fait politique : la chute de Delcassé après l'accord franco-anglais ; un fait intellectuel : le bergsonisme devenu « philosophie nouvelle ».

ALBERT THIBAUDET,
Réflexions sur la critique.

CHAPITRE PREMIER

L'ÈRE DU SOUPÇON

Traverser le XXᵉ siècle en deux cents pages, le défi semble absurde et la tâche impossible. Le siècle vient de finir ; nous sommes nés dedans et nous manquons de recul. Mais n'est-ce pas un exercice comme un autre ? Comme dans tout jeu, ne suffit-il pas d'en refaire les règles ? Au demeurant, en ce début du XXIᵉ siècle, n'est-il pas temps de risquer un bilan ?

Le XXᵉ siècle ne peut pourtant pas être abordé comme les autres, à travers une série de grands thèmes, problèmes ou enjeux, suivant une vision culturelle, sociologique ou anthropologique de la littérature sur la longue durée. La distance n'est pas suffisante, et il est difficile d'imaginer un chapitre sur la « Querelle des femmes » au XXᵉ siècle, ou sur la « Querelle des Anciens et des Modernes », ou sur « Politique et littérature », ou sur « Religion et littérature ». Les rubriques s'éparpillent aussitôt, au risque de reconduire à une histoire littéraire plus traditionnelle : sur les hommes (et les femmes), sur les œuvres, les genres et les écoles. Au mieux, nos littératures du XXᵉ siècle en français donneront lieu à un nouveau Lanson, ou à un nouveau Thibaudet.

Le premier problème, de taille, porte sur la date à laquelle faire commencer le XXᵉ siècle. Au-delà de l'hésitation entre 1900, date retenue par la *vox populi*, et 1901, début du siècle suivant les spécialistes — *Connaissance de l'Est* de Claudel ou bien *Le Cœur innombrable* d'Anna de Noailles —, la difficulté est sérieuse.

Pour les historiens de la France et de la Troisième République, le XXᵉ siècle commence en août 1914, du point de vue politique, économique et social, avec la guerre, tandis que le XIXᵉ se poursuit jusque-là, avec la Belle Époque et sa « douceur de vivre ». Roger Shattuck intitulait un ouvrage marquant sur la culture du tournant des siècles *The Banquet Years : 1885-1914*, soulignant ainsi la continuité depuis le symbolisme et le vers libre jusqu'à l'avant-garde et à l'abstraction. Du point de vue poétique et esthétique, on peut cependant soutenir que tout était joué avant 1914, et que, de fait, la guerre a imposé un coup d'arrêt à la modernité en marche.

La preuve en est la floraison extraordinaire d'œuvres créées, publiées ou révélées en 1913, année célèbre et même magique, année d'un prodigieux renouveau de tous les arts à la veille de la guerre : *Ève* de Péguy, *La Prose du Transsibérien* de Cendrars, *Alcools* et *Les Peintres cubistes* d'Apollinaire furent dévoilés cette année-là, mais aussi, du côté du roman, *La Colline inspirée* de Barrès, *Jean Barois* de Martin du Gard, *Le Grand Meaulnes* d'Alain-Fournier, *Du côté de chez Swann* de Proust, et encore quelques œuvres restées plus confidentielles comme *Locus solus* de Roussel, le *Journal d'A. O. Barnabooth* de Larbaud, ou « Le roman d'aventure », article-programme de Jacques Rivière dans la *NRF*. Ailleurs qu'en littérature — mais l'œuvre d'Apollinaire montre que la nouveauté émergeait à la frontière des arts, à l'intersection de la poésie et de la peinture —, c'est l'apogée du futurisme, le passage de Braque et Picasso à l'abstraction, la création du *Sacre du printemps* de Stravinsky et des Ballets russes de Diaghilev, sans oublier le *Nu descendant un escalier* de Duchamp et l'exposition de l'Armory Show à New York, qui a fait franchir l'Atlantique à l'avant-garde.

Il est donc impossible de suivre la périodisation des historiens politiques : en littérature et dans les arts, les années 1909-1914 sont parmi les plus originales et fécondes du XXe siècle, son temps fondateur. La nouvelle poésie, le cubisme, la réflexion dans le roman sur l'identité et sur la personne, à la suite de Bergson et de Freud, tout cela conduit au sommet de 1913. Tout était donc posé depuis un moment, et la rupture de la guerre devait ensuite provoquer une régression ou une réaction, un retour à des formes plus traditionnelles en poésie comme en peinture.

Pour marquer le début du siècle, 1898 semble du coup aussi ou plus significatif que 1914 : c'est l'année cruciale de l'affaire Dreyfus, après la publication par Zola de « J'accuse » en janvier ; c'est l'année de la naissance et de la mobilisation des « intellectuels » contre les antidreyfusards, et notamment contre l'Académie française, dans l'ensemble hostile à la révision. 1898 marque ainsi le début de l'« engagement » de la littérature, question politique qui devait traverser presque tout le siècle, avec le fascisme durant l'entre-deux-guerres, le communisme d'un bout à l'autre mais surtout après 1945, le gauchisme autour de 1968, enfin le non-engagement et la fin des idéologies, culminant en 1989 avec la chute du mur de Berlin.

Or, autre raison de privilégier cette date, 1898 est l'année de la mort de Mallarmé et de la fin du symbolisme. Tout le XXᵉ siècle vivra pour ainsi dire sous le signe de Mallarmé, pour ou contre Mallarmé, pour ou contre la poésie pure, pour ou contre l'absolu littéraire. Le désarroi, voire le silence de ses disciples, tels Gide ou Valéry, dont le triomphe littéraire, aux côtés de Proust et de Claudel — la merveilleuse génération des classiques de 1870 —, n'aura pas lieu avant 1918, laissèrent le champ libre à un certain retour au classicisme jusqu'aux années 1910. Mais le triomphe de *Cyrano de Bergerac* (1897) de Rostand ne doit pas faire oublier la création d'*Ubu Roi* de Jarry en décembre 1896, événement qui est encore mentionné comme un tournant dans *Les Faux-Monnayeurs* (1926) de Gide, et qui fait de Jarry le père de toutes les subversions et de tous les iconoclasmes littéraires du XXᵉ siècle : avec lui, c'est l'avènement de la littérature anti-littéraire, ou de la littérature comme anti-littérature, contestant le théâtre de l'illusion et de la belle langue, libérant l'expression poétique et l'image de toute signification, leur reconnaissant une autonomie presque totale. La propagande classique de Maurras et de l'Action française dans les premières années du siècle ne doit pas non plus dissimuler le rôle considérable de Bergson dans la mise en cause du cartésianisme et de l'intelligence conceptuelle. Le tournant des siècles est crucial pour Claudel, qui récrit ses œuvres des années 1890 dans *L'Arbre* (1901), pour Valéry, qui ébauche le conte expérimental *Agathe* (publié en 1956 seulement), pour Gide, qui publie *L'Immoraliste* (1902), ou pour Proust, qui travaille à

Jean Santeuil de 1895 à 1899. Et les premiers poèmes d'*Alcools* datent aussi de ces années-là.

Alors, 1914 ou 1898 ? Le vrai début du XXᵉ siècle pourrait aussi coïncider avec la révolution scolaire de 1902, date qui est encore celle de la mort de Zola et de la fin du naturalisme. Dès lors, suivant Thibaudet, « les langues anciennes, la formation humaniste ne constituent plus la marque nécessaire et éminente de la culture ». Distinctes de la tradition gréco-latine, les « humanités modernes » désignent tout « ce qui s'insinue d'anti-ancien, d'anti-classique, d'anti-traditionnel dans l'éducation des générations nouvelles ». Les surréalistes constitueront en effet la première école littéraire issue du baccalauréat moderne, et Breton sera pour ainsi dire le premier poète français non familier du vers latin, tandis que Céline et Malraux, par exemple, en finiront avec la culture ancienne dans le roman.

À tout moment coexistent cependant des hommes et des œuvres qui appartiennent à des âges différents, comme l'alexandrin et le vers libre, ou la convention et l'avant-garde, ou la « littérature de boulevard », comme disait Gide, et « le champ restreint de la littérature autonome », comme dira Pierre Bourdieu. La pensée allemande de l'entre-deux-guerres appelait cette coexistence la « simultanéité des non-contemporains ». La littérature n'est jamais homogène ni univoque, mais elle parle toujours avec plusieurs voix. Aujourd'hui comme hier, il y a des lecteurs pour tous les âges de la littérature, et il y a des écrivains de tous les âges de la littérature. La difficulté de choisir un *terminus a quo* plus précis pour faire commencer le XXᵉ siècle est donc aussi liée à l'hétérochronie de l'histoire littéraire : le nouveau siècle commence en 1896 avec *Ubu Roi*, mais le XIXe siècle se prolonge au moins jusqu'en 1910 avec *Chantecler* de Rostand, qui ne rencontre toutefois plus le succès de *Cyrano* et de *L'Aiglon* (1900).

Deuxième problème, au-delà de ce *terminus a quo* mouvant : quelle périodisation adopter, quel ordre donner à la « continuité vivante », à la « durée » qu'est une littérature ? Thibaudet, en tête de son *Histoire de la littérature française de 1789 à nos jours* (1936), publiée quelques mois après sa mort, distinguait trois types d'ordre chez ses prédécesseurs : les Époques, la Tradition, les Siècles. Suivant le premier modèle, adopté notamment par Brunetière dans son *Manuel d'histoire de la littérature française* (1898), les Époques sont « datées par des événements littéraires, mieux par des avènements littéraires, ceux des *Essais*, de *L'Astrée*, des *Précieuses ridicules*, du *Génie du christianisme* », œuvres fondatrices d'Époques, inaugurant de grands cycles de la vie littéraire. Suivant le deuxième modèle, animant une histoire classique à la Nisard, la littérature française est la réalisation continue d'une idée supérieure, l'accomplissement téléologique d'une essence : « l'esprit français qui se cherche, se trouve, se réalise, se trompe, s'égare, se connaît à travers la littérature ». Suivant le troisième modèle, d'apparence plus modeste, suivi par Lanson, la littérature française est « une succession d'empires dont chacun est renversé par une guerre littéraire ou une révolution, et auquel un autre empire succède », en l'occurrence le Moyen Âge chrétien, l'humanisme, le classicisme et le romantisme, ou encore les quatre grands siècles.

Ordre par « époque d'un développement », par « suite d'une idée », ou par « remplacement d'ensembles » : ces trois modèles concurrents sont empruntés aux divisions successives du *Discours sur l'histoire universelle* de Bossuet. Thibaudet y ajoutait l'ordre des générations, et il découpait sa propre *Histoire* en cinq « classes », comme on disait au service militaire, depuis la Révolution française : trois classes qui vécurent des événements déterminants vers l'âge de vingt ans, les générations de 1789, 1850 et 1914, et deux générations intermédiaires, moins nettement identifiées à une date historique, celles de 1820 et de 1885. Époques, suite, empires, générations : autant de récits historiques possibles de la littérature française, autant de manières de raconter le mouvement des lettres, de l'ordonner et de le classer.

Comment accommoder notre histoire des littératures du XXᵉ siècle en langue française ? Comme une histoire de la littérature, de l'idée de littérature, génération après génération, ou bien, plus conventionnellement, comme une histoire des auteurs et des œuvres ?

Sera-t-elle le tableau d'une époque ? En un sens, oui : l'époque de Mallarmé. En 1912, Thibaudet publia le premier grand livre sur Mallarmé, alors apparemment démodé, mais qui devait revenir en gloire vers 1920. Le XXᵉ siècle, tout du long, dépend de l'avènement littéraire que fut l'œuvre de Mallarmé, même si, depuis Marcel Raymond (*De Baudelaire au surréalisme*, 1933), on distingue deux branches dans la descendance « de Baudelaire au surréalisme », une branche Mallarmé-Valéry et une branche Rimbaud-Claudel.

Et l'accomplissement d'une idée ? En un sens, oui aussi : on retracera le destin de l'idée de littérature, destin étant peut-être trop dire, les aventures, la vie imprévisible de l'idée de littérature. Un *Qu'est-ce que la littérature ?* étendu à l'échelle du siècle. Là aussi, il y aurait bien un axe, au moins un certain temps, celui de la littérature en puissance comme littérature suprême, au regard de laquelle, depuis *La Soirée avec Monsieur Teste* de Valéry (1896), toute littérature réelle résulte d'une « faiblesse » et signifie une chute. Mais la grande opposition des anciens et modernes, de l'ordre et de l'aventure, traverse tout le siècle.

Et le renouvellement des générations ? En un sens, oui encore. On suivra, moins strictement que Thibaudet, le fil de cinq générations au cours du siècle : celles de 1898, 1914, 1945, 1968 et 1989, ou vingt ans au moment de l'affaire Dreyfus, de la Première Guerre mondiale, de la Libération, etc. Ces dates marquent quelques grands moments, mais non pas des ruptures absolues : on retrouve les mêmes variantes avant et après, mais les dominantes changent, sans qu'il y ait d'uniformité ni de clôture temporelle. Les œuvres, toujours individuelles, se placent malaisément dans des cases prescrites. On aura tendance à souligner la présence politique et sociale des écrivains entre 1918 et 1940, mais toute apparence littéraire a aussi son envers : l'engagement des uns implique le désengagement des autres. On aura tendance à raconter l'histoire des grands écrivains, de l'émergence du canon, mais ce n'est pas celle de la réception des œuvres. Notre vision de la littérature du siècle dépend d'une lente sédimentation : *Alcools*, le recueil de poésie le plus vendu du dernier tiers du XXe siècle, a eu très peu de lecteurs en 1913. C'est pourquoi il est nécessaire de comprendre les œuvres à la fois dans leur temps et dans le nôtre, de reconstruire autant que possible les questions auxquelles les œuvres ont répondu ou cherché à répondre.

Mais les auteurs ? En un sens, non. On en parlera le moins possible, on ira au plus différent d'une chronologie des auteurs, vers une cartographie, une topographie de la littérature. Auprès des époques, de la suite d'une idée, des empires et des générations, on proposera une autre manière de représenter la littérature, son histoire et sa géographie, qui soit plus fidèle à la fois à l'hétérogénéité de l'instant (l'asynchronie du contemporain) et à l'homogénéité de la durée (les persistances de l'ancien dans le nouveau). Contrairement aux représentations habituelles, on voudra rendre compte du fait que tout présent est fait d'une coïncidence de moments appartenant à des chronologies différentielles (le vers libre et le sonnet coexistent en 1945, et le sonnet semble même l'emporter), et que le mouvement n'exclut pas le retour du même, du même mais autre, comme dans la spirale chère à Vico ou à Barthes. Cette histoire pourrait être dessinée en cercles, comme autant d'ondes qui diffusent au cours du siècle, un cercle Mallarmé — l'onde de fond —, puis une onde Proust, une onde surréaliste, une onde Céline... Une histoire de la littérature doit pouvoir parler des auteurs sans se réduire à une histoire des auteurs, être un peu, comme Thibaudet le suggérait, le récit d'une vie qui change et qui dure, ou le roman historique de la littérature.

Ainsi suivra-t-on quelques grandes ponctuations, quelques grands moments avec dominante et opposition : 1898-1914, « La montée des avant-gardes » (et leur refus : le maintien de la tradition) ; 1918-1940, « La question morale » (et son refus : le divertissement) ; 1944-1968, « L'engagement » (et son refus : le nouveau roman, ou la poésie ontologique) ; 1968-2000, « La fin de la littérature » (et son refus : la renaissance de la littérature). Reste la question du *terminus ad quem*, aussi épineuse que celle du *terminus a quo*. On reproche souvent aux critiques de méconnaître la littérature contemporaine, de ne pas savoir lire, comprendre la littérature créée au-delà de leurs vingt ans, comme le trop fameux Sainte-Bévue. La dernière partie de ce parcours sera la plus inconcevable, avec le risque du tri et aussi le risque de l'absence de tri.

Troisième problème, enfin : quelle sera l'intrigue ? Qui seront les personnages, les héros du roman historique de la littérature française du XXe siècle ? Comment raconter l'histoire ? Quelques notions héroïques feraient sans doute l'affaire.

La première porte le nom de *Crise*. On pourrait narrer l'histoire entière des littératures du XXe siècle en français comme les aventures de la crise de la littérature. « Crise de vers », ainsi Mallarmé intitulait-il déjà un texte essentiel et composite de *Divagations* (1897). Deux très grands livres d'histoire littéraire sur la naissance du XXe siècle ont choisi de faire figurer le mot *crise* dans leur titre : *La Crise des valeurs symbolistes, 1895-1914*, par Michel Décaudin (1960), et *La Crise du roman des lendemains du naturalisme aux années 1920*, par Michel Raimond (1966). On pourrait en ajouter un troisième : *La Crise du personnage dans le théâtre moderne*, par Robert Abirached (1978). Crise de la poésie après le symbolisme et la mort de Mallarmé, crise du roman après le naturalisme et la mort de Zola : la crise est bien le point de départ et la toile de fond. Le XXe siècle sera d'un bout à l'autre celui de la crise de la littérature, ou celui d'une littérature en crise, d'une littérature qui n'en finit pas de finir.

Crise du vers, crise de la poésie, crise du roman, crise du théâtre : c'est que la crise touche notamment au genre, à la notion de genre ou au système des genres, ainsi que la montée du vers libre et du poème en prose l'atteste dès avant le tournant des siècles. Les frontières des genres sont transgressées délibérément ou spontanément par les écrivains du XXe siècle. C'est pourquoi une histoire de la littérature au XXe siècle ne peut plus se conformer au découpage générique traditionnel. La distinction du roman, de la poésie, du théâtre et de l'essai semble de moins en moins pertinente comme classement. L'opposition de la prose et de la poésie elle-même n'est plus fondamentale. Et la fiction est envahie par la première personne, par l'autobiographie, et par ce qu'on nommera à la fin du siècle l'autofiction. Entre le roman et le document ou le témoignage, la séparation semble elle aussi de moins en moins étanche.

D'autres notions protagonistes de premier plan dont on peut suivre le sort tout au long du siècle seraient le *Nouveau*, le *Moderne*, la *Révolution* ou l'*Avant-Garde*. L'histoire du XXe siècle serait celle de l'idée du nouveau, c'est-à-dire de la lutte des anciens et des modernes, ou de l'ordre et de l'aventure, comme disait Apollinaire. Mais derrière la crise, le nouveau, le moderne, n'oublions jamais qu'une autre littérature ignore la crise, le nouveau, le moderne, et se perpétue dans la bonne santé apparente.

Un enjeu majeur pour la littérature du XXe siècle a encore été la *Littérature* elle-même. Certes, cela n'est pas entièrement nouveau, puisque se définissait déjà ainsi l'ironie romantique, comme conscience de soi de la littérature. « Qu'est-ce que la littérature ? », se demande toute la littérature du XXe siècle, ou, si elle ignore la question, ce ne peut être que sciemment et en la déniant. « Qu'est-ce que la littérature ? », ou même : « À quoi bon la littérature ? » De Valéry à Blanchot, depuis *La Soirée avec Monsieur Teste*, véritable charte de la littérature du XXe siècle, la littérature est parcourue ou fascinée par le mythe du silence, de la fin et de la mort. « Pourquoi écrivez-vous ? — Par faiblesse », répondait Valéry en 1919 à l'enquête de la revue *Littérature*, lancée par les surréalistes. La littérature est un pis-aller, une naïveté ou une bêtise, et « La bêtise n'est pas mon fort », s'écriait d'emblée le narrateur de *La Soirée avec Monsieur Teste*. Jusqu'au bout du siècle, la littérature restera suspecte, que ce soit pour Sartre, qui y voyait un évitement du monde social, ou pour Sarraute, qui donna pour titre *L'Ère du soupçon* (1957) à son manifeste d'une nouvelle littérature. Sans le doute et l'angoisse, la littérature se réduirait à un jeu qui n'en vaut plus la chandelle. Le risque doit y être réintroduit, comme le faisait Leiris dans « De la littérature considérée comme tauromachie », préface de son autobiographie, *L'Âge d'homme* (1939). Suivant le mythe d'Orphée, Blanchot devait lier la littérature à la mort et l'identifier à l'impossible dans *L'Espace littéraire* (1955).

On pourrait écrire une histoire du *Soupçon*, ou une histoire du mythe d'Orphée, ou encore du mythe de Narcisse et de la réflexivité littéraire : depuis Baudelaire et Flaubert, en passant par Mallarmé et Rimbaud, jusqu'à l'ensemble de la littérature du XXe siècle, ou du moins de la littérature restreinte, ce serait l'histoire même de la modernité. Ce serait encore l'histoire du conflit de la littérature et du monde (comme dans *Les Faux-Monnayeurs*), ou de la littérature comme absence, mais aussi, parce que l'envers et l'endroit sont inséparables, de la littérature comme présence ou comme incarnation (Claudel et Valéry au-delà de l'échec mallarméen, ou bien Bonnefoy et Jaccottet au-delà de l'interdit de la poésie après Auschwitz), de la littérature comme rédemption (Proust, Sartre, et même Beckett). Sans jamais omettre l'autre bord : l'inertie, la routine, le plaisir de la littérature de consommation.

Le mouvement de la littérature du XXe siècle pourrait encore être raconté comme une histoire de la *Difficulté*, de la difficulté et non de l'obscurité, car celle-ci est destinée à être levée, à révéler un sens, tandis que celle-là est une fin. La littérature moderne — tel serait l'axiome — est difficile, elle n'est pas accessible à tous, elle ne se donne pas au premier venu, elle exige un effort de lecture, elle suppose des intermédiaires qui y initient le profane. Comme le dira Lévi-Strauss, c'est un message sans code, ou un message qui est à lui-même son code. Marcel Raymond faisait déjà de la difficulté le principe du mouvement littéraire dans *De Baudelaire au surréalisme* (1933) ; Hugo Friedrich a encore accentué ce schéma dans *Structure de la poésie moderne* (1956). Les deux descendances de la poésie depuis Baudelaire, la lignée Rimbaud-Claudel-surréalisme et la lignée Mallarmé-Valéry-Bonnefoy, ont la difficulté en commun.

Ainsi la littérature est-elle littérature en tant que difficile. Dès le début du siècle, les formalistes russes, contemporains des avant-gardes, faisaient de la *défamiliarisation* la définition de la *littérarité*. Pas de littérature digne de ce nom sans déconcerter les lecteurs, sans briser leurs automatismes de lecture. Autrement dit, la littérature qui n'est pas difficile se disqualifie d'elle-même.

Bourdieu ne dira pas autre chose au travers de la notion d'*autonomie* de la littérature, remontant aux années 1848-1857, années de gestation de *Madame Bovary* et des *Fleurs du mal*. Avec Baudelaire et Flaubert, la littérature devient un champ autonome et ésotérique ; elle s'adresse à des pairs, comme une littérature de littérateurs, ou pour littérateurs ; elle se sépare de la vie. Dès lors, la malédiction de l'écrivain et son échec auprès du public deviennent signes de qualité. Il y a la littérature qui se vend, et c'est mauvais signe, disait Zola ; et il y a la littérature qui ne se vend pas et qui espère se vendre plus tard. Une histoire des littératures françaises du XXe siècle n'a pas pour objet de parler beaucoup de la littérature qui s'est vendue, de la « littérature de boulevard », sauf si elle se vend encore (comme les « quatre M » qui firent la fortune de Grasset dans les années 1930 : Maurois, Mauriac, Morand et Montherlant). Une histoire des littératures françaises du XXe siècle est plutôt une histoire de l'autonomie, une histoire de la difficulté, une histoire de la forme.

Crise, soupçon, difficulté, ainsi que leur envers : l'axe de notre histoire sera le *fait littéraire* durant chaque grand moment du siècle, en tenant compte de son hétérochronie. Et le fait littéraire doit être aperçu à la fois de manière externe et interne : historique ou sociologique d'une part, littéraire, stylistique ou critique de l'autre. Plus qu'une histoire des sommets, des grands écrivains, des hommes et des œuvres, mais incluant une histoire des conditions et de la réception de la littérature, notre histoire sera une histoire théorique de la littérature — une histoire de la catégorie de littérature, cherchant à répondre à ces questions : Qu'est-ce que la littérature ? Qu'est-ce qu'être écrivain au XXe siècle ?

Reste qu'une histoire de cette sorte ne saurait se substituer à d'immenses lectures, car la littérature du XXe siècle est immense. Le canon semble maintenant bien établi, au moins pour les deux tiers ou les trois quarts du siècle. Les photographies de Claudel, Valéry, Éluard, Saint-John Perse et Char figurent en couverture du tome I de l'*Anthologie de la poésie française du XXe siècle*, dans la collection « Poésie », chez Gallimard. Au-delà, du modernisme au postmodernisme, la littérature est moins stabilisée.

CHAPITRE II

CONDITIONS DE LA LITTÉRATURE AU TOURNANT DES SIÈCLES

Entre 1896, année d'*Ubu Roi*, et 1913, année magique du modernisme avant la réaction liée à la guerre, les conditions de la littérature sont à la fois celles d'une crise et d'une accélération. C'est en tout cas un moment de latence et d'incertitude, à la suite de quelques transformations, intellectuelles, sociales, économiques, qui ont profondément changé la donne.

APRÈS MALLARMÉ

Mallarmé a peu publié durant sa vie et il a eu peu de lecteurs, mais son influence sur l'avant-garde littéraire était devenue considérable durant ses dernières années. Son ambition artistique le détachait du monde et l'éloignait de la parole ordinaire. Il aspirait à un idéal de parole poétique et de style littéraire aux antipodes de la réalité quotidienne ; il croyait à la séparation absolue de la poésie et du journal, symbole de l'étalage et du tirage : « Un commerce, résumé d'intérêts énormes et élémentaires, ceux du nombre, emploie l'imprimerie, pour la propagande d'opinions, le narré du fait divers et cela devient plausible dans la Presse, limitée à la publicité, il semble, omettant un art. » Il ne défendait pas l'art pour l'art, mais une métaphysique de la littérature, et aussi une éthique, à la fois individuelle et sociale, distinguant la parole essentielle de la parole brute, l'exercice esthétique ayant pour fin la jouissance de l'art par opposition au commerce pratique, lequel vise la communication de la pensée pour l'utilité de la vie : « Le pliage est, vis-à-vis de la feuille imprimée grande, un indice, quasi religieux », ou encore « tout, au monde, existe pour aboutir à un livre ». Telle était la doctrine émanée du recueil *Divagations* (1897), publié un an avant la mort du poète, sorte de manifeste de la rareté et de la rigueur.

Or, aussitôt Mallarmé mort, laissant Gide et Valéry orphelins, l'achèvement du symbolisme fut proclamé. Le post-symbolisme fut d'abord un rejet du symbolisme, un appel à la vie, à la nature et à la nation. Jean Moréas lança le mouvement de la renaissance classique, marqué par la lassitude à l'égard du vers libre et par le retour aux formes traditionnelles du lyrisme. Après Mallarmé, la poésie se signale par un retour au classicisme, à un « classicisme moderne » appelé de leurs vœux par l'Action française comme à la *NRF*. L'héritage de Mallarmé pèsera longtemps, qu'on soit pour ou contre, sur la littérature comme idéal inaccessible ou comme revendication de la vie.

APRÈS LE POSITIVISME

Le tournant des siècles coïncide avec une baisse de l'influence du rationalisme et du déterminisme, c'est-à-dire du scientisme du XIXᵉ siècle, incarné par Taine et Renan. La vie personnelle, la conscience et l'identité sont en question : c'est le moment de la naissance des sciences humaines. Certains écrivains prolongent l'héritage du rationalisme de Renan, non sans scepticisme, comme Anatole France, ou celui du déterminisme de Taine, non sans lyrisme, comme Barrès. Péguy sera leur adversaire impitoyable dans ses grands pamphlets des années 1906-1914, se réclamant contre eux de Bergson, qui a publié ses deux ouvrages fondateurs, *Essai sur les données immédiates de la conscience* (1889) et *Matière et mémoire* (1896), peu avant le début du siècle.

Hostile au positivisme scientiste et matérialiste, mais aussi aux philosophies intellectualistes, Bergson opère un retour aux données de l'intuition, coïncidence immédiate et spontanée permettant d'atteindre l'être profond des choses, lequel est durée pure et spirituelle, mais aussi liberté jaillissante. *L'Évolution créatrice* (1907) marquera une inflexion, après la phase de la critique du positivisme, vers l'affirmation d'une doctrine spiritualiste.

Les concepts fondamentaux de la pensée de Bergson sont la *durée*, conçue comme opposée au temps et représentant la succession même de l'esprit, alors que le temps est une idée mathématique et spatiale, et l'*intuition*, envisagée comme « sympathie par laquelle on se transporte à l'intérieur d'un objet pour coïncider avec ce qu'il a d'unique et d'inexprimable ». L'intuition est d'abord ce qui nous permet de saisir notre vie intérieure, et en particulier la durée. Le temps objectif correspond à la vision scientifique du temps, mesuré par l'horloge. Or Bergson reproche à la science de manquer l'essence du temps. Croyant mesurer le temps, elle mesure de l'espace et manque l'essentiel, ignore la réalité du temps. Le temps réel est la durée, dimension de la conscience. Le temps subjectif est le temps vécu, celui qui fait paraître certaines heures plus longues et d'autres plus courtes, celui surtout qui se révèle dans l'expérience de l'attente. La durée est l'étoffe du moi, un devenir imprévisible.

L'œuvre de Bergson a aussi pour point de départ une mise en cause du langage, dont les catégories ne peuvent communiquer que ce qui nous est commun. Les mots sont les mêmes pour tous dans une communauté et ne peuvent exprimer ce que nous ressentons : il y a mille façons d'aimer, mais un seul verbe pour l'exprimer. Pas plus qu'il ne peut communiquer notre psychisme profond, le langage ne peut exprimer le réel objectif. Il n'est qu'un instrument d'action. C'est ce qui explique le privilège de l'intuition, mode de connaissance direct, immédiat, qui nous fait pénétrer l'être profond du réel. Pour Bergson, l'art a pour but de provoquer une telle intuition et de remédier au défaut du concept et du langage.

En ce début du siècle où la subjectivité n'est plus reniée, Schopenhauer a lui aussi une influence capitale sur les écrivains, qui n'hésitent plus à révéler une subjectivité tragique et désespérée, et sur l'art comme dépassement du flux temporel et organique. On reconnaît des thèses qui seront celles de Proust. Au-delà, c'est le sentiment schopenhauerien de l'absurdité de l'existence qui inspirera encore Céline, Sartre ou Beckett. Le monde, privé de sens, est soumis au temps destructeur et englué dans la matière, mais l'art rédempteur peut produire un monde imaginaire. Dans la hiérarchie des arts, la musique est au sommet, déliée de la matière, et permet de rêver à une synthèse.

Avec Bergson, avec Schopenhauer, la littérature s'éloigne du réalisme et du naturalisme, et se méfie du langage comme du concept. Elle ne prétend plus copier le réel, mais cherche à atteindre une connaissance subjective et intuitive du monde. Une troisième influence philosophique éloigne encore la littérature du positivisme : celle, athée, de Nietzsche, critique de l'utilitarisme de la morale dominante. L'art échappe aux normes, comme fable lucide d'un sujet en devenir permanent : Gide et Cendrars, parmi bien d'autres, seront marqués par ce nietzschéisme vulgarisé.

Enfin, couronnant ces diverses influences philosophiques, le sujet rationnel est également ébranlé par la psychologie et la psychanalyse, notamment par les théories de Freud. Fondé sur la méconnaissance de soi, le sujet se révèle par sa parole et par la pathologie du quotidien.

La littérature conquiert ainsi une nouvelle légitimité, du point de vue de la connaissance, de l'exploration de la subjectivité et de l'identité. Toute l'œuvre de Valéry ou de Proust peut s'entendre par cette visée, mais l'influence de Bergson, Schopenhauer, Nietzsche et Freud se prolongera tard dans le siècle, par exemple dans le surréalisme ou chez Céline. La méfiance du langage — la « misologie » comme l'appellera Paulhan — caractérisera une bonne part de la littérature du XXe siècle, ou bien la réaction contre cette méfiance.

APRÈS LA RHÉTORIQUE

Le programme d'éducation républicain s'était attaqué en priorité à l'école primaire, avec les réformes de Jules Ferry dans les années 1880. Leurs effets dans l'enseignement secondaire et supérieur, et plus généralement dans la société française, ne se firent pas sentir avant une génération, notamment avec l'arrivée en nombre de jeunes filles au lycée et à l'université. Les conséquences de l'école de Jules Ferry devinrent massives vers 1900. Le résultat le plus évident de la scolarisation républicaine fut la croissance du lectorat, l'accès d'un nouveau public à la lecture, dans un pays où 95 % de la population était désormais alphabétisée. Il en résulta un fort accroissement de la diffusion des journaux — contre lequel Mallarmé réagissait —, mais aussi des livres.

L'accès à la littérature se fait dorénavant par l'école, laquelle privilégie les textes à vocation sociale et morale. Des livres à bon marché sont distribués par Hachette, en particulier dans les kiosques de gare, et le feuilleton initie au roman dans la presse : Sartre rappelle dans *Les Mots* (1963) comment son enfance se déroula sous le signe des romans de Michel Zévaco. Georges Ohnet est le représentant le plus éminent de cette littérature conventionnelle très présente dans une société où les médias ont remplacé le colportage pour satisfaire la demande d'un immense public nouveau. Le lien de la littérature et de la vulgarisation ne doit pas être sous-estimé : à mi-chemin entre le discours savant et le discours scolaire, manuels, livres de lecture et anthologies forment une part importante de la production littéraire. L'école a aussi généralisé auprès du public un attrait pour la forme littéraire qui n'est pas propre aux avant-gardes, mais qui caractérise aussi la production à grand tirage.

Le tournant des siècles — autre effet de l'école de Jules Ferry — coïncide également avec la disparition de la culture rhétorique, regrettée par exemple par Brunetière, et avec la marginalisation de la culture littéraire impressionniste et élitiste inoculée jusque-là par la famille, à laquelle se substitue une culture historique transmise par l'école. Pour Lanson, fondateur de l'histoire littéraire française, auteur d'une *Histoire de la littérature française* à la veille du siècle (1895), les méthodes de l'histoire sont plus démocratiques et modernes que celles de la rhétorique ; elles forment des professionnels de tous niveaux, non plus des amateurs privilégiés.

Les premières années du siècle sont animées par une vive polémique entre les défenseurs des humanités classiques, du latin et de la rhétorique, et les partisans de ce qu'on appelle la « Nouvelle Sorbonne », gagnée aux méthodes dites allemandes de la philologie. Un important débat sur l'école secondaire eut lieu au Parlement au printemps 1899, d'où résulta le décret de 1902 instituant l'égalité de sanction entre le baccalauréat moderne et le baccalauréat classique. C'est ce qui fait de 1902, pour Thibaudet, le véritable début du XXe siècle.

On ne saurait exagérer l'importance de ce tournant. Au XIXe siècle, les écrivains avaient fait leur rhétorique, puis souvent des études de droit. Après 1902 vint le temps des premiers écrivains issus de l'enseignement moderne, moins imprégnés de culture classique, comme Breton, sorti du lycée Chaptal avant de faire des études de médecine. Les transformations de l'école et leurs répercussions sur la société et sur la littérature elle-même sont au centre de la polémique de Péguy avant 1914, dénonçant la trahison de l'idéal républicain et le nivellement de la culture dans *Notre jeunesse* (1910). La division entre les classiques et les modernes, avivée par la réforme de 1902, restera une donnée majeure de la première moitié du siècle, car l'école changera peu jusqu'aux années 1960.

APRÈS LA RÉPUBLIQUE ATHÉNIENNE, UNE RÉPUBLIQUE DES LETTRES

Durant les dernières années de sa vie, Mallarmé repérait un changement du statut de la littérature, la perte du sacré, un « interrègne », disait-il, avant qu'une autre religion prenne le relais : « [O]n traverse un tunnel — l'époque ». Il était particulièrement sensible, comme Baudelaire auparavant, aux transformations de la société, dont la modernisation et la démocratisation n'étaient pas sans conséquences sur la vie littéraire, elle-même démocratisée. Le changement avait été progressif : depuis Balzac jusqu'à Zola, les écrivains jouissent de moins en moins de rentes personnelles ; un écrivain se définit de plus en plus par sa profession d'écrivain, à côté du métier qui le fait vivre par ailleurs. Mallarmé fut un des premiers écrivains professeurs. Durant les premières années du siècle, au milieu de la *NRF*, encore doté de rentes, comme Gide et Schlumberger, s'oppose celui des novateurs, plus bohème, au premier chef Apollinaire. Entre les deux, le groupe des unanimistes bénéficie du capital scolaire sinon financier, tels Jules Romains, normalien, et Georges Duhamel, médecin. Les discordes entre groupes littéraires révèlent aussi des luttes sociales. Entre l'adhésion nostalgique aux classiques des critiques traditionalistes et l'audacieux hermétisme de l'avant-garde, la retenue des futurs grands écrivains de la génération de 1870 est remarquable : Gide, Valéry, Claudel et Proust respectent les classiques sans en faire un culte.

L'incompatibilité de la vie littéraire et de la vie sociale est de plus en plus profondément ressentie, par exemple par Proust, qui oppose radicalement le moi créateur au moi mondain. « Impersonnifié, le volume, autant qu'on s'en sépare comme auteur, ne réclame approche de lecteur », affirmait Mallarmé. Les salons n'en restent pas moins des lieux précieux de la création et du débat littéraires, pour les écrivains établis comme pour les aspirants. L'art et le monde s'y côtoient : Anatole France, Montesquiou, Barrès et le jeune Proust se rencontrent chez Mme Arman de Caillavet, Mme Straus ou Mme de Loynes. Les salons sont les foyers de la vie intellectuelle et politique : chacun a ses auteurs et ses hommes en vue. La littérature féminine y fait son apparition, avec Rachilde, Lucie Delarue-Mardrus, Anna de Noailles, Gyp, Colette. Cocteau fera ses premiers pas dans le salon d'Anna de Noailles, fréquenté par Barrès.

D'autres lieux de la sociabilité littéraire s'organisent cependant autour des revues, tel le cabinet de Vallette, directeur du *Mercure de France*, communiquant avec le salon de Rachilde, sa femme. Les banquets en l'honneur des poètes sont à la mode jusqu'à la guerre. On y célèbre le prince des poètes : Paul Fort, après Verlaine et Mallarmé. Gide caricaturera encore une soirée littéraire de revue dans *Les*

Faux-Monnayeurs. De nouveaux espaces illustrent cependant la complicité moderne des peintres et de leurs amis poètes, comme le Bateau-lavoir ou La Ruche, à Montmartre et à Montparnasse.

L'« autonomisation » de la littérature, suivant l'expression de Bourdieu, est une donnée qui s'impose de plus en plus, divisant la production littéraire, l'édition, les revues en deux secteurs : le grand public et la littérature de production restreinte. Mais tous les ponts ne sont pas coupés. De nouveaux modes de consécration — telle l'académie Goncourt, laquelle tranche avec le moralisme classique de l'Académie française et décerne son premier prix en 1903 — rapprochent les goûts de l'élite et ceux du grand public. Les débats dans la presse influencent les ventes et répandent une littérature plus accessible, mais non sans qualité formelle, car le public, passé par l'école, est plus exigeant : c'est l'empire de l'« artisanat du style » que Barthes évoquera dans *Le Degré zéro de l'écriture* (1953). Les feuilletons, comme au XIXe siècle, lancent les œuvres dans la grande presse, mais les chroniques littéraires s'y multiplient aussi, telle celle d'Anatole France, « La vie littéraire », dans *Le Temps*. Dans *L'Écho de Paris*, *Le Figaro*, *Le Gaulois*, les collaborations de Barrès ou de Proust font aussi la liaison entre la littérature de qualité et le public.

En face des grandes revues établies comme la *Revue des Deux Mondes* ou la *Revue de Paris*, et en rupture avec l'édition commerciale et la grande presse, de nombreuses petites revues sont lancées par les écrivains eux-mêmes depuis les années 1880. Le tournant des siècles est le temps des revues, comme Gourmont l'observa. Laboratoires de la création, elles se situent souvent à l'avant-garde, prétendent à l'édition littéraire et constituent un banc d'essai pour une littérature nouvelle peu soucieuse de rentabilité. On y publie des textes courts et expérimentaux destinés à un public de pairs. Rien ne témoigne mieux de l'autonomie croissante de la littérature que la multiplication de ces petites revues, lesquelles visent la consécration des écrivains par eux-mêmes. Leurs ventes sont limitées et leur durée de vie est en général courte, mais une maison d'édition naît souvent autour d'une revue, comme les *Cahiers de la quinzaine* de Péguy, le *Mercure de France*, ou la *NRF*.

Une nouveauté du tournant des siècles est encore l'internationalisation de la vie littéraire à travers les échanges qui se nouent autour des revues, notamment entre les avant-gardes française et allemande, puis française et italienne au moment du futurisme. Les quelques années précédant la guerre sont ainsi marquées par le cosmopolitisme.

La collaboration entre les arts se développe elle aussi. Si, depuis Baudelaire et Mallarmé, le modèle de la poésie n'est plus la peinture, mais la musique, une nouvelle alliance avec les peintres se scelle autour des petites revues, dont la typographie est soignée, signe de recherche distinguant l'avant-garde de la production de masse.

Parmi de nombreux titres vite évanouis, quelques revues seront plus durables comme *La Revue blanche* des frères Natanson (1889-1903), le *Mercure de France* (1890-1965), et bien sûr la *NRF*, à partir de son second et vrai départ en 1909. Toutes ont des ambitions littéraires et multiplient les activités, organisent des réunions et se lancent dans l'édition. Toutefois, si l'art est encore une valeur de distinction dans les salons et les revues, il devient rapidement une valeur marchande. L'édition est désormais pleinement « industrielle ». Quand Lemerre se contentait de vendre cinquante exemplaires d'un livre par an, le tirage moyen passe à 4 000 ou 5 000 exemplaires au début du siècle. Un écrivain qui se vend, comme Loti, n'est plus disqualifié, comme Zola l'avait été après les 100 000 exemplaires de *L'Assommoir*. L'abaissement des coûts donne lieu à des rééditions à bon marché de livres qui sont vendus à moins d'1 franc, alors que les éditions originales valent 3 francs en moyenne. Les auteurs à succès, comme Bourget et Barrès, y sont rapidement repris.

Le fossé se creuse entre les grands tirages et l'avant-garde des livres rares et des revues de luxe, entre l'idéologique et l'esthétique. La littérature industrielle implique son double : celle du renouvellement, de la rupture, littérature destinée à un public restreint et ne craignant pas la difficulté. L'écrivain d'avant-garde est souvent lui-même un éditeur, voire un typographe, produisant des tirages limités, en conflit avec l'édition grand public. Mais ces petites maisons sont fragiles et la plupart ne résisteront pas à la guerre comme le Mercure de France, tandis que les écrivains peu à peu reconnus passent dans les nouvelles grandes maisons, telles Gallimard et Grasset. D'autres maisons marginales surgiront dans l'après-guerre pour publier les surréalistes (Kra, Au Sans Pareil), avant d'être absorbées à leur tour, suivant un mouvement incessant de régénération du cœur de l'édition par sa périphérie plus littéraire.

Ainsi la *NRF*, d'abord revue rare et émanation d'un petit groupe autour de Gide, s'adjoignit à partir de 1911 un comptoir, puis une maison d'édition, pour publier ses auteurs. Schlumberger fit appel à Gaston Gallimard, qui prit la direction de la maison d'édition, puis en fit la Librairie Gallimard en 1919. Publiant *Jean Barois* (1913), refusé par Grasset, Gallimard innova en versant des mensualités à Martin du Gard. La maison d'édition passa en quelques années de la diffusion confidentielle à l'hégémonie, et la revue, changeant de statut, devint sa vitrine, même si, avec Rivière, puis Paulhan, comme directeur, elle ne renonça pas à expérimenter durant l'entre-deux-guerres. L'édition littéraire n'en était pas moins devenue une entreprise financière. Au théâtre, la contrainte du goût mondain pèse sans doute plus sur la production, mais Gallimard et Grasset ont prouvé que, pour le roman, l'exigence littéraire n'était pas incompatible avec les succès de librairie. Signe de l'alliance commerciale de la qualité littéraire et du tirage populaire, c'est Gallimard qui lancera l'hebdomadaire *Détective* dans les années 1930.

Les conditions de l'édition ont donc changé en profondeur autour de la guerre. Gide et Proust avaient encore débuté à compte d'auteur. Or, après 1918, les éditeurs se mettent à constituer des écuries. Grasset est plus déterminé encore que Gallimard. Économiste de formation, chef d'entreprise, il a créé sa maison en 1907. Elle est moins littéraire que les Éditions de la NRF, ce qui explique que Proust n'ait eu de cesse qu'il ne soit passé de l'un à l'autre. Après 1918, Grasset a été le premier à promouvoir ses romans pour le Goncourt, à faire de la publicité — à l'occasion du *Bal du comte d'Orgel* de Radiguet (1923) —, et il lancera bientôt les « quatre M ». La littérature et le commerce sont de plus en plus visiblement liés : publicité, relations publiques, coups, rivalité, course aux prix.

Les écrivains n'hésitent d'ailleurs plus à parler d'argent : la correspondance de Proust et de Gallimard entre 1918 et 1922 est pleine de considérations financières. Larbaud, pourtant fortuné, se fait payer pour ses livres. On vit toutefois peu de sa plume. Marcel Prévost, interrogé en 1909, donnait la courte liste des écrivains qui étaient dans ce cas : France, Bourget, Loti, Paul et Victor Margueritte, René Bazin, Mirbeau, plus quelques romanciers populaires. La fortune personnelle, les alliances dans la bourgeoisie, les subsides, le mécénat continuent de nourrir les écrivains. Jacques Doucet pensionne Suarès avant 1914, puis il engagera Aragon et Breton, situation curieuse pour des écrivains d'avant-garde et contestataires, mais qui témoigne de la faveur que conservent les arts auprès d'une élite cultivée.

Ainsi, après le tournant des siècles, une nouvelle sociabilité rassemble les écrivains, qui sont de plus en plus spécialisés. En dépit de divergences esthétiques, philosophiques et politiques, ils ont en commun l'affirmation de l'autonomie de la littérature. Les unit la croyance à la valeur irréductible de l'art, constitutive d'un esprit de corps dans les lettres, comme il y en a un dans les arts. Or les contradictions entre la vie littéraire et la vie sociale s'aggravent, contemporaines de la sécularisation de la littérature et de sa perte d'identité. La société fait encore une place aux écrivains, les honore, comme France et Barrès, mais beaucoup refusent ce compromis, cherchent des voies nouvelles, résistent à une sanction venue du dehors pour parier sur la capacité de la littérature — de l'ordre littéraire — à déterminer elle-même, de manière immanente, sa valeur et ses qualités.

Si l'on peut parler de crise du roman, c'est que la recherche de la qualité littéraire engendre la difficulté et la marginalité. En poésie, la découverte de Rimbaud, Lautréamont, Laforgue ou Corbière conduit à se défier du monde littéraire et à cultiver l'innovation formelle ou la forme populaire. Gourmont, venu du symbolisme, a consacré son *Esthétique de la langue française* (1899) à l'histoire de la langue littéraire et marquera l'avant-garde, dont Apollinaire et Cendrars. Le refus par la littérature de se soumettre à l'ordre bourgeois et à la morale convenue ne trouve toutefois pas de formes satisfaisantes. D'un côté, la recherche formelle se fait sur un mode ironique, comme chez Jarry. De l'autre, la multitude des manifestes, polémiques et cénacles témoigne d'une incertitude générale. L'ambivalence de la fin du symbolisme ne sera résolue qu'à la veille de la guerre, avec Apollinaire, dans l'alliance avec les peintres et l'assentiment à la vie moderne, et à la *NRF*, en quête d'une qualité littéraire qui ne dépende pas de théories, manifestes et polémiques, d'inspiration classique.

Les modèles anciens de l'écrivain persistent, mais de nouvelles stratégies apparaissent. L'écrivain est souvent un intellectuel depuis 1898 — journaliste, philosophe ou historien —, mais cette attitude n'a pas bonne presse à droite et soulève la méfiance. Dans *Les Déracinés* (1897), premier tome du *Roman de l'énergie nationale* (1897-1902), Barrès s'en prenait à la nouvelle figure du « prolétariat intellectuel » : fonctionnaires, employés, fils de commerçants et d'artisans passés par les écoles, ces aspirants écrivains sont des « boursiers de la littérature » sans prédestination sociale.

FIGURES DE LA CONVENTION AU TOURNANT DES SIÈCLES

Qui sont les grands écrivains au tournant des siècles ? En poésie, la queue du Parnasse tient lieu de poésie officielle, représentée à l'Académie et couronnée par la critique. Elle a résisté au symbolisme, mais les frontières se brouillent au temps du postsymbolisme. Heredia est entré à l'Académie en 1894, après *Les Trophées* (1893) ; il a pour gendres Henri de Régnier et Pierre Louÿs ; Fernand Gregh et Valéry fréquentent son salon. Mendès, gendre de Gautier, sollicite le goût des amateurs mondains, avec Régnier, Moréas et les symbolistes modérés qui penchent désormais vers le néoclassicisme en combinant tradition formelle et nouveauté thématique. Coppée et Sully Prudhomme, premier prix Nobel de littérature en 1901, sont les poètes officiels de la République.

Anna de Noailles illustre, avec Robert de Montesquiou, les liens qui subsistent entre l'aristocratie et la littérature, tandis que, avec Renée Vivien, elle atteste la nouvelle présence des femmes dans le monde des lettres, non seulement comme lectrices mais encore, désormais, comme écrivains. Aristocrate roumaine mariée en France, amie de Gide, Barrès, Valéry et Cocteau, elle est devenue une protectrice des lettres. Son lyrisme classique révèle peu d'originalité formelle, mais *Le Cœur innombrable* (1902), par son flux verbal et son éloquence, a été un succès poétique. La prosodie, les thèmes, le ton oratoire sont proches de la renaissance classique de Moréas. Son frère, le prince de Brancovan, dirige *La Renaissance latine*, en lutte contre le modernisme nordique associé au symbolisme. *Les Éblouissements* (1907) est salué par France et Proust. Cultivant les adjectifs et les lieux communs, la poétesse deviendra la figure officielle de la poésie dans l'après-guerre, représentant la tradition contre le monde nouveau.

Suivant une autre modalité d'existence en contrepoint de la littérature indépendante, les romanciers populaires sont en vogue. Leur production convient au feuilleton en rez-de-chaussée de la première page, sur les quatre ou six du journal, position juste pour une littérature conservatrice et pédagogique. Ces romans stéréotypés mêlent les clichés moraux et sociaux. Les principaux représentants de cette littérature pour classes moyennes et populaires sont Georges Ohnet, Paul d'Ivoi, Antoine Albalat, mais aussi quelques écrivains plus soucieux d'invention, tels Hector Malot ou les frères Rosny, laissés pour compte du naturalisme. Quelques grands succès, tels ceux de Maurice Leblanc avec Arsène Lupin, de Gustave Le Rouge, de Souvestre et Allain avec Fantômas, de Gaston Leroux avec Chéri-Bibi, ne seront pas sans marquer le mouvement même de la littérature d'avant-garde, car des écrivains comme Cendrars, Jacob et Desnos s'intéresseront à ces romans et les détourneront.

Le théâtre de boulevard, au Châtelet, aux Folies-Bergères, résiste bien au nouveau théâtre d'art. Rostand est le dramaturge le plus en vue, depuis *Cyrano* (1897), mélange de romantisme attardé et d'alexandrins déclamatoires, d'amour et de guerre, de chauvinisme et d'esprit de revanche. On crie au

« bluff littéraire » et on lui oppose la quête d'un vrai théâtre poétique chez Lugné-Poe, Paul Fort, Saint-Pol Roux, marqués par le symbolisme. *L'Aiglon* (1900) est la pièce de la revanche, avec Sarah Bernhardt dans le rôle-titre, mais *Chantecler* (1910) n'est plus un aussi grand succès. Henry Bataille, Porto-Riche, François de Curel représentent le drame naturaliste et abordent, avec maîtrise et savoir-faire, des problèmes sociaux dans un théâtre d'idées. En face d'eux, Ibsen, Strindberg ou Tolstoï séduisent le public cultivé, ou Jacques Copeau et le « Théâtre d'art ».

Anatole France est le grand écrivain, modèle du Bergotte de Proust, républicain laïque, dreyfusard, favorable à la séparation, adversaire de Barrès et de Maurras, continuateur du rationalisme de Taine et Renan. Il sera, avec Barrès, la bête noire des surréalistes. Fils de libraire, érudit, parnassien, anti-communard, d'abord hostile aux symbolistes, il a conquis son magistère peu à peu. Sa liaison avec Mme Arman de Caillavet l'a introduit à la vie mondaine — c'est ainsi qu'il a donné une préface aux *Plaisirs et les Jours* du jeune Proust (1896) —, mais il sera un dreyfusard de la première heure. Élu à l'Académie, il n'y siège pas jusqu'en 1916. Défenseur des Universités populaires et des valeurs républicaines, proche de Jaurès et de la première *Humanité*, il est le modèle de l'écrivain et de l'intellectuel engagé, sans renoncer à son scepticisme humaniste. Son *Histoire de la France contemporaine* (1897-1902) intègre l'actualité, de l'affaire Dreyfus à l'Exposition universelle. Ce conte idéologique, sans beaucoup d'intrigue, ne s'embarrasse ni de philosophie ni de psychologie, mais fait preuve d'esprit critique contre tous les préjugés, dans la tradition des Lumières.

En 1904, lors du débat sur la séparation, Barrès, qui l'a admiré dans sa jeunesse, s'oppose à France, qui défend la laïcité pour des raisons idéologiques et politiques, tandis que Proust se sépare de lui pour des raisons culturelles. Ses contes philosophiques, *L'Île des pingouins* (1908) et *Les Dieux ont soif* (1912), dénoncent les professionnels de la politique et les excès de la Révolution. Pourtant cet érudit ironique et non nationaliste, dont l'opposition à Drumont, Barrès et Maurras a été efficace, est vite tombé dans un oubli relatif. C'est sans doute que son œuvre ne fut pas novatrice et qu'il manque de contacts avec la jeune littérature du début du siècle, sauf avec Proust. Prix Nobel en 1921, il est violemment rejeté après la guerre par la jeunesse, en compagnie de Loti et de Barrès : « Un cadavre vient de mourir », proclament les surréalistes à sa mort en 1923. Et Valéry, qui lui succède à l'Académie française et qui a signé le monument Henry en 1898, ne prononce pas le nom de France dans son discours de réception en 1927, sans doute parce que France a refusé, avec Banville et Coppée, de publier l'« Improvisation d'un faune » de Mallarmé dans le troisième *Parnasse contemporain* en 1875. Avec Valéry, Mallarmé triomphe définitivement.

CHAPITRE III

CLASSIQUE OU MODERNE : DU SYMBOLISME À LA *NRF* ET À L'ESPRIT NOUVEAU

En poésie, les premières années du siècle voient une réaction contre l'héritage symboliste, confronté à la queue du Parnasse et à une génération de poètes qui aspirent à une plus grande diffusion pour leur œuvre. Thibaudet observait en 1912 la résistance de l'époque à Mallarmé. Deux courants post-symbolistes se font alors jour : le « naturisme » et le « classicisme moderne ». De fait, la consécration graduelle de Mallarmé mettra de plus en plus en valeur son classicisme, fondé notamment sur son refus du vers libre, et son meilleur disciple, Valéry, en profitera pour devenir le poète classique par excellence de l'entre-deux-guerres. Entre-temps, deux très grands poètes sont apparus là où on ne les attendait pas : Claudel et Apollinaire, qui échappent au naturisme comme au classicisme moderne.

LE SYMBOLISME OU LA VIE

On reproche au symbolisme de creuser le fossé entre la littérature et le public, d'éloigner la poésie du plaisir immédiat. Proust, à l'époque des *Plaisirs et les Jours*, est un bon témoin du grief d'obscurité fait aux symbolistes, par « désir de protéger leur œuvre contre les atteintes du vulgaire ». Le futur auteur de la *Recherche* voudrait une poésie qui se tienne à égale distance du bavardage et de l'isolement : « Tout regard en arrière vers le vulgaire, que ce soit pour le flatter par une expression facile, que ce soit pour le déconcerter par une expression obscure, a fait à jamais manquer le but à l'archer divin. Son œuvre gardera impitoyablement la trace de son désir de plaire ou de déplaire à la foule, désirs également médiocres, qui raviront, hélas, des lecteurs de second ordre... »

La reconnaissance de Mallarmé progresse cependant de 1900 à la guerre : avec la publication des *Poésies* (1913) et d'*Un coup de dés* (1914), avec le premier livre important sur le poète, celui de Thibaudet (1912), grâce à Valéry et à Gide, lesquels en bénéficieront après la guerre. Tout l'avant-guerre n'en est pas moins marqué par une lassitude à l'égard du symbolisme, perçu comme une impasse, même par les plus fidèles. Ceux-ci s'éloignent du culte de l'image rare, qu'ils jugent attardé et qu'illustre encore Montesquiou. Vielé-Griffin, Gourmont, Saint-Pol Roux, Jammes s'apprêtent à renier le maître, tandis que les plus proches, tel Valéry, se taisent, ou, tels Gide et le groupe de la *NRF*, s'orientent vers une littérature plus ouverte aux préoccupations morales et vers des formes plus classiques.

Le symbolisme, recherche épurée de l'idéal, privilégiait les représentations mythologiques des désirs humains, par exemple Narcisse, ainsi que les constructions poétiques fragiles et compliquées, traits désormais associés à la fin de siècle. La Nature et la Vie sont opposées au Rêve et à l'Idéal dès 1898. Certes, la Vie n'a pas le même sens pour Gide, les naturistes et les poètes sociaux, mais c'est un mot d'ordre commode, qui renvoie à une commune mise en question des valeurs symbolistes et désigne la volonté de faire des formes de la vie la matière de la poésie. Telle est la crise intellectuelle et esthétique traversée par la génération de 1898. Face à l'idéal et à la pureté, en réaction contre la décadence, et non sans sympathie pour les anarchistes, s'affirme le besoin d'agir, comme si l'action devait guérir du rêve. Les œuvres sont-elles pourtant aussi nouvelles que du temps du symbolisme ? Stuart Merrill, Kahn et Vielé-Griffin, comme les naturistes ou Gide, représentent autant de tentatives inabouties d'adaptation du symbolisme à la nouvelle exigence de vie et de sincérité.

Les mots d'ordre de santé, d'art social et de renaissance se répandent dans les Universités populaires qui prolongent le dreyfusisme et veulent retrouver un public pour la poésie. Nombreux sont alors les congrès de poètes. Mais, sous l'unanimité apparente, la confusion règne. D'abord dans la réduction du symbolisme à l'obscurité et au cosmopolitisme — il y a de la xénophobie dans la réaction contre un mouvement alors représenté par Verhaeren ou Vielé-Griffin —, ou dans l'ignorance de la révolution qu'il a accomplie. « La Vie » : le slogan est équivoque. S'agit-il de renouer avec le lyrisme romantique et les mouvements de l'âme ? Ou de communier avec le peuple ? Pour les traditionalistes, la fidélité à la réalité française impose l'équilibre, la raison, l'ordre, l'attachement au terroir. Pour les naturistes, la renaissance française se fera dans les valeurs révolutionnaires alliant, grâce au peuple, le sens national et les vertus humanitaires. Gregh publie en 1902 un manifeste humaniste dans *Le Fi-*

garo : « Nous ne sommes ni mystiques ni sceptiques. Nous sommes plongés dans la vie : il faut la comprendre et la vivre. » On tâtonne, et peu d'œuvres sont libres de théorie, comme celle d'Anna de Noailles, ce qui explique son succès.

Saint-Pol Roux « le Magnifique », qui a eu des débuts rosi-cruciens et dont les surréalistes feront leur précurseur, donne pour mission au poète de célébrer le monde tel un prophète. Installé en Bretagne, hostile au rationalisme et à l'institution littéraire, sa poésie versifiée et sa prose rythmée vireront bientôt à la religiosité. Jammes, au pied des Pyrénées, revient à un symbolisme naïf mettant en scène le monde rural et les humbles. Peu d'images ponctuent sa phrase descriptive au rythme inégal. Converti par Claudel en 1905, il donnera des *Géorgiques chrétiennes* (1912), rabattant le symbolisme sur la vie quotidienne.

Quelques revues hautement littéraires, comme *La Revue blanche* (1891-1903) et *L'Ermitage* (1890-1906), réunissent les derniers symbolistes, mais le panorama est des plus divers, mêlant l'humanisme de Gregh, le catholicisme attendri de Jammes, ou conquérant de Claudel — lequel fait paraître *L'Échange* en 1900 dans *L'Ermitage* —, le dandysme de Louÿs, l'immoralisme de Gide — lequel appelle à la libération sensuelle par la littérature —, l'ironie de Valéry. La fin de la *Revue blanche* marquera un tournant : le vitalisme l'emporte, comme culte de la beauté quotidienne, morale de l'énergie, optimisme panthéiste, mais l'insuffisance des réponses formelles apparaît dans le vers romantique et l'éloquence facile.

Vers et prose (1905-1914), revue de Paul Fort — « prince des poètes » après Verlaine et Mallarmé —, est une des plus vivantes. Elle publie Cendrars, Apollinaire et Salmon (dès 1904), ainsi que Claudel et Valéry (*La Soirée avec Monsieur Teste*, 1905-1906), ou encore Jammes, Ghéon et Gide (*Poésies d'André Walter*, 1906-1907), sans oublier Barrès et Jarry, ainsi que Mallarmé, mais ni les naturistes ni les humanistes. On se presse aux mardis de la revue à la Closerie des Lilas. *La Phalange* (1906-1914) de Jean Royère publie les symbolistes, mais aussi Gide, Jammes, Apollinaire, Jacob, le jeune André Breton, ou encore l'unanimiste Jules Romains et le néo-classique Jean-Marc Bernard. *Les Marges* (1903-1937) d'Eugène Montfort, avec qui Gide fera le projet de la première *NRF* en 1908, fait suite au naturisme.

À LA RECHERCHE D'UN NOUVEAU CLASSICISME

La question du classicisme occupe la plupart des esprits. À l'école romane, puis autour de Maurras, on fait l'éloge du Sud contre le Nord, on condamne le romantisme, lui reprochant de mettre l'accent sur l'individu, la sensibilité et le moi au détriment des valeurs universelles et rationnelles. Le subjectivisme en morale, la démocratie en politique, la corruption de la langue, du style et du vers ont détruit le beau, au nom d'un romantisme féminin et étranger. Or l'art est exigence de beauté, c'est-à-dire ordre et harmonie ; l'art est respect d'une tradition. Tel est le principe d'une théorie du renouveau classique, louant « l'olivier d'Attique et le laurier latin, unis à la mode française », et conduisant, à partir de 1903, au développement du néo-classicisme.

L'idée de renaissance classique inspirera bientôt la *NRF*, mais Ghéon affirmait dès 1904 : « Classicisme, voilà le grand problème de l'art moderne », tout en s'élevant contre la « poésie statique » des formules traditionalistes : « Nous sommes classiques, mais prendrons le parti inverse. Qui définira clairement et justement notre classicisme moderne ? » La formule fera fortune.

Sur le moment, c'est le lyrisme féminin qui y répond le mieux : Lucie Delarue-Mardrus, Renée Vivien, et surtout Anna de Noailles, à la mode en 1900, l'écrivain le plus cité avec Barrès dans une enquête de 1905. Les vers de « L'Offrande à la Nature », dans *Le Cœur innombrable* (1901) sont connus :

> Je me suis appuyée à la beauté du monde,
> Et j'ai tenu l'odeur des saisons dans mes mains.

L'union à la beauté, le panthéisme sensuel et vibrant, la fusion avec les êtres, les choses et la terre ne sont pas si éloignés de Jammes. Romantisme mélancolique, culture classique et souvenirs antiques se mêlent, avec un attachement à la France qui reste suspect à Maurras. *La Renaissance latine*, revue néo-classique du prince de Brancovan, frère de la poétesse, offre la meilleure fusion de la sensibilité moderne et de la tradition poétique française, et elle séduit les naturistes comme les traditionalistes.

Gourmont joue un rôle charnière, plus encore que Gide, entre le symbolisme et l'avant-garde, Mallarmé d'un côté, Apollinaire de l'autre. Nouveau Sainte-Beuve, son influence est grande comme analyste du style, défenseur du symbolisme, mais aussi précurseur du surréalisme. Romancier, poète, polygraphe, auteur des *Promenades littéraires* (1904-1913), sa vision de la littérature est celle d'un érudit, médiéviste à ses heures. Sa théorie de la « dissociation des idées », prémisse de l'image surréaliste fondée sur la rupture des clichés, est au centre de ses ouvrages du tournant des siècles : *Esthétique de la langue française* (1899), *La Culture des idées* (1900), *Le Problème du style* (1901). Il s'intéresse aux chansons anciennes et populaires, aux formes élidées qu'Apollinaire exploitera, à Villon, qui sera à l'honneur en 1910. Aujourd'hui méconnu, Gourmont était le maître en 1900, admiré par Léautaud et Cendrars. Le *Mercure de France*, à la fondation duquel il avait pris part en 1889, s'identifie à lui plus encore que la *NRF* à Gide, et c'est là que se publie la poésie nouvelle. Pour cet athée libertaire et anarchisant, le symbolisme va de pair avec une critique sociale, économique (de l'édition), idéologique (de la mentalité bourgeoise). Révoqué de la Bibliothèque nationale après « Le joujou patriotisme » (février 1891), il a été le propagateur du symbolisme sur le plan moral, politique et idéologique.

Ses relations avec Gide, apparemment amicales, sont ambiguës. Ils dirigent ensemble *L'Ermitage* en 1905 : Gourmont y représente l'érudition, Gide le classicisme moderne, et Claudel y donne ses *Vers d'exil* (15 juillet 1905) qui, après la première *Ode*, l'imposent comme le poète moderne par excellence. Puis Gide attaquera violemment Gourmont en 1910. La rivalité de la *NRF* et du *Mercure de France* a joué, mais Gide lui écrivait dès 1902 : « Vous êtes un des esprits que j'ai le plus détestés. » Gourmont fut pourtant de ceux qui anticipèrent le mieux le nouveau siècle, sachant lier la tradition, dont la poésie médiévale et populaire, et la liberté moderne, défendant une littérature difficile, mais non élitiste. Dans le *Mercure* du 1ᵉʳ janvier 1905, Gourmont dénonçait lucidement la « mort apparente » de la jeune littérature, réduite aux bonnes intentions dans son lyrisme éclectique.

Jules Romains et Georges Duhamel y ont débuté comme poètes avant de se convertir aux vastes fresques romanesques qui feront leur réputation entre les deux guerres, *Les Hommes de bonne volonté* (1932-1947) et *Chronique des Pasquier* (1933-1945). Le groupe tient son nom de l'abbaye de Créteil où se réunit, à la fin de 1906, un phalanstère d'artistes. Ils visaient l'expression de la vie collective et unanime, la revue de cette colonie d'artistes s'appelant justement *La Vie* (1904). L'Abbaye, dont Marinetti et Jouve furent proches, affichait un optimisme attendri et croyait à l'éternel progrès de l'art. Épique et fraternelle, leur poésie sociale loue la ville et la machine. Romains, à vingt ans, publia *La Ville consciente* (1904) et *Le Poème du métropolitain* (1905), fondés sur une théorie de la foule comme âme collective, sous une forme narrative où l'alexandrin domine, et refusant les conventions poétiques, tant l'image symboliste que la comparaison parnassienne et la rhétorique romantique. *La Vie unanime* (1908), grand poème épique, proclame la révolte de l'individu, puis accepte et exalte le nous unanime.

L'« esprit nouveau » se manifeste d'abord dans *Le Festin d'Ésope* (1903-1904), revue d'Apollinaire où publient des artistes peu théoriciens, mais audacieux et ingénus, appartenant à la nouvelle bohème de Montmartre et de Montparnasse. Apollinaire et Salmon, qui s'étaient rencontrés aux soirées littéraires de *La Plume*, sont proches de *La Revue blanche*, de *L'Ermitage* et du *Mercure*, et voient en Paul Fort et Jarry des aînés, mais ils ont aussi connu à Montmartre Max Jacob, lié à Picasso depuis 1901, ainsi que Vlaminck et Derain. Cette conjonction est capitale, car la peinture a déjà fait sa révolution formelle, et elle devient alors le modèle de la poésie, jouant un rôle comparable à la musique depuis Baudelaire jusqu'à Mallarmé et au symbolisme. Critiques du lyrisme élégiaque à la mode, séduits par Maeterlinck, par la liberté étrange de Fort, mais surtout par Jarry, faisant de l'humour, de la mystification et de la surprise le ressort d'une esthétique discordante qui libère l'expression poétique et l'image de toute signification, ils plaident pour l'autonomie totale de l'expression, sans contrainte logique ni analogique, à l'exemple des peintres. Picasso donnera bientôt *Les Demoiselles d'Avignon* (1907), puis passera au cubisme en 1908, et Apollinaire écrit sur lui dès 1905. L'exemple des fauves l'inspire aussi, par l'affranchissement de la nature, le goût de la couleur et de la forme pure, ou encore la découverte de l'art africain. *Le Festin d'Ésope* eut neuf numéros en 1903-1904, puis *Les Lettres modernes* réunit Apollinaire, Salmon et Jacob en mai 1905, avant que Salmon, plus en avant qu'Apollinaire, ne devînt secrétaire de *Vers et prose*.

Leur appartenance à la bohème les préserve de l'art social et les rend ironiques à l'égard des doctrines. Leur innocence lyrique et l'exemple des peintres les poussent à inventer des ressorts poétiques nouveaux, nouveauté qui n'a pas trait aux idées, comme chez les unanimistes, mais au regard et au langage, et qui fait d'eux la première avant-garde, au moment où les autres mouvements poétiques échouent : naturisme, humanisme, poésie sociale ou provinciale, école française, renaissance classique ou latine, poésie féminine. Avec eux, une autre génération apparaît, encore ignorée dans les enquêtes. *La Revue blanche* ayant disparu en 1903, *La Plume* en 1905 et *L'Ermitage* en 1906, on est à la veille d'un complet reclassement.

Les nouvelles revues se multiplient entre 1908 et 1911, dans l'éclectisme et la défiance des théories et des écoles. Après les dilemmes de 1900 entre l'art et la vie, entre le vers libre et la tradition, l'aspiration à un nouveau classicisme passe au premier plan. Tandis que l'avant-garde est guidée par la peinture et que, avec Régnier, un symboliste entre à l'Académie en 1911, les idées de Maurras inspirent la *Revue critique des idées et des livres* et *Les Guêpes*, et la *NRF* entre en scène. Cependant Claudel s'impose peu à peu.

La renaissance classique restera à l'ordre du jour jusqu'à la guerre. La séparation et Agadir rappellent à la revanche et au nationalisme contre le cosmopolitisme. Le désir d'ordre pousse vers le catholicisme et la tradition. Depuis 1900, le néo-classicisme est lié au renouveau politique, moral et social promu par Maurras (*Le Romantisme féminin*, *Les Amants de Venise*), plus influent que le traditionalisme de Barrès. Le système esthétique et le style critique de Maurras dominent alors les idées littéraires.

La thèse de Pierre Lasserre, meilleur critique d'Action française, *Le Romantisme français* (1907), faisait le procès de tout un siècle, de Rousseau à Flaubert. Le remède proposé était le nationalisme littéraire, la condamnation du rêve, de l'imagination et de l'intuition, et une poésie d'idées. Mais le paradoxe de la poésie néo-classique fut de dessécher la poésie sous prétexte de la régénérer. Une enquête d'Henri Clouard, accueillie dans *La Phalange* en 1908 et 1909, demandait si la haute littérature nationale pouvait être continuée. Les réponses étaient nationales sans être nationalistes. *La Revue critique des idées et des livres* (1908-1924) est l'organe doctrinal des intellectuels maurrassiens. La revue *Les Guêpes* (1909-1912) est plus offensive, antidreyfusarde et anti-romantique. Prenant la suite de l'école romane, l'école néo-classique a été plus critique que créatrice.

Une exception : le poète Jean-Marc Bernard, hostile au Parnasse et au symbolisme, admirateur de Jules Romains et nuancé à propos de Gide et de la *NRF* dans *Les Guêpes*. Il a débuté en 1902 par des vers classiques, puis des vers libres, a été tenté par le symbolisme (*La Mort de Narcisse*, 1905), avant de dénoncer l'impuissance de Mallarmé, ce qui devait susciter une polémique après le premier numéro de la *NRF* en 1908. Converti en 1908 au royalisme, il saluait encore *La Porte étroite* (1909) comme modèle de classicisme vivant et devait rester proche de Ghéon, Gide et Claudel. Mais ses poèmes de 1909 à 1912, fidèles à Virgile, Horace et La Fontaine, illustrent les limites du néo-classicisme, dans la simplicité, l'épicurisme, l'art savant, facile et fantaisiste.

LA NAISSANCE DE LA *NRF*

La vraie relève devait venir de la *NRF*. Après la fin de *L'Ermitage* en 1906, il n'y avait plus d'espace pour ce que Ghéon appelait le « classicisme moderne ». Divers projets de revue occupèrent l'année 1908. Gide se rapprocha de Montfort, fondateur des *Marges*, naturiste qu'il critiquait naguère, mais avec qui il partageait la méfiance de la renaissance classique et l'admiration pour Claudel. Après une circulaire de septembre 1908, le premier numéro vit le jour en novembre de la même année, signalant le « ralliement d'une génération [...] qui dans la chronologie littéraire suivit immédiatement le symbolisme ». Ouverte à toutes les tendances, sauf les symbolistes, ce n'était pas une « revue de jeunes », mais une « jeune revue », intégrant des alliés comme Salmon et Romains. Défendant la haute littérature comme le *Mercure*, mais hostile à l'orthodoxie symboliste et à l'intellectualisme de Gourmont, la *NRF* ne regroupait pas des débutants, de Gide (né en 1869) à Jacques Copeau (né en 1879), en passant par Jean Schlumberger, Marcel Drouin ou Henri Ghéon. S'élevant contre le mélange de la littérature et de la politique, contre l'esthétisme symboliste, la mondanité littéraire et la virtuosité, elle se voulait exclusivement littéraire. La cohérence du projet résultait d'une longue préparation dans un groupe dominé par Gide, mais la revue n'avait ni manifeste ni théorie : éloignée des modes dominantes, elle se voulait un lieu de réflexion sur le statut de la littérature, de l'artiste, de leurs rapports avec la tradition et l'innovation.

Une crise éclata aussitôt le premier numéro publié, suivie de la rupture des deux fondateurs, Gide et Montfort. La chronique des revues avait rendu compte positivement d'un article de Jean-Marc Bernard, « L'idée d'impuissance chez Mallarmé ». Gide s'en indigna, jugeant sa responsabilité engagée, et Montfort se retira aux *Marges*. Après un temps d'arrêt, la *NRF* reprit sur une base plus homogène, élargie à Jammes, Verhaeren et Vielé-Griffin, sous la direction de Copeau, Ruyters et Schlumberger. Un nouveau premier numéro s'ouvrit en février 1909 par des « Considérations » de Schlumberger, insistant sur les problèmes essentiels de la littérature, opposés aux problèmes de circonstance, et sur la nécessité d'une discipline de la création contre le vers libre : « On ne veut rien attendre que du don et, pour un peu, on déclarerait l'ébauche supérieure à l'œuvre. » Or « l'effort ne remplace pas le don, mais il l'exploite ». L'esprit de la *NRF* désignait une identité de vues sur les conditions et la fin de la création esthétique, sur le travail de « l'artiste-artisan » par opposition à l'inspiration. Revenant sur l'affaire, une note de Gide, « Contre Mallarmé », jugeait que l'œuvre poétique était « à considérer non comme un point de départ, mais comme un aboutissement, un point extrême, un parachèvement », et s'élevait à la fois contre les détracteurs traditionalistes et contre les disciples du poète.

Modérée, réservée à l'égard de l'avant-gardisme et du futurisme comme du Parnasse et de la mondanité — c'est pourquoi Gide commit l'erreur de refuser Proust en 1912 —, la *NRF* renvoie dos à dos les partisans du classicisme nationaliste et ceux du romantisme social. En 1909, dans « Nationalisme et littérature », Gide s'en prend au classicisme étriqué, même s'il avoue avoir « toujours eu le romantisme et l'anarchisme artistique en horreur ». Il rejoint donc Maurras dans la défiance à l'égard du romantisme, mais au nom de l'universalisme, non pas de la clarté classique et de la tradition française. La *NRF* défend la seule valeur littéraire, ce qui ne signifie pas l'art pour l'art : le souci éthique et l'investissement spirituel déterminent une littérature d'affirmation, mais non politique. L'art reste une affaire vitale, mais privée, ni de droite ni de gauche, répugnant au dogmatisme (Maurras) comme au scepticisme et au dilettantisme (France, Gourmont). Un terme essentiel est celui de « métier », par opposition à l'inspiration sacrée aussi bien qu'à l'agitation mondaine. L'artiste est un homme de son temps, travaillant dans la durée et sans souci de gloire, éloigné des préoccupations du marché littéraire.

Claudel, dont *L'Otage* et *L'Annonce faite à Marie* furent publiés en 1911 et 1912 dans la *NRF*, y devint vite l'écrivain prépondérant, auprès de Fargue et Valéry — dont la publication de l'*Album de vers anciens* est acquise dès 1912 —, auprès de l'Abbaye, avec Vildrac, Duhamel et Romains, de néo-symbolistes comme Alain-Fournier, Rivière, ou de Larbaud et de Thibaudet, venus de *La Phalange*, tandis que Saint-Léger Léger, futur Saint-John Perse, dont *Éloges* (1904-1908), publié en 1911, célèbre la magnificence du monde, apporte un accent moderne à la revue. Le débat sur le vers libre reste vif, et Ghéon rappelle qu'il n'est pas anarchie, mais exigence plus profonde que la prosodie classique. Le problème est pourtant réglé tant par le verset de Claudel ou de Saint-Léger Léger que par le vers de Romains, Salmon et Apollinaire, ou par celui de Whitman, traduit par Larbaud. La *NRF* publie encore Anna de Noailles et Régnier par politesse, Verhaeren, Vielé-Griffin et Jammes par fidélité, ou encore Charles-Louis Philippe, Carco, Martin du Gard, Giraudoux.

VERS LE VERSET

Plusieurs voies s'offraient pour redonner du souffle et de l'énergie à la poésie après le symbolisme, son alexandrin disloqué ou son vers libre flottant, par exemple la prosodie whitmanienne des *Feuilles d'herbe*, qui fit grand effet sur Larbaud lorsqu'il les découvrit en 1901 et qui inspira ses *Poèmes par un riche amateur* (1908), ou encore l'esprit nouveau. Or, après quelques hésitations, ce furent « trois grands lyriques », dira Mauriac, qui s'imposèrent solitairement avant 1914 : Claudel, Jammes et Péguy. Leurs œuvres, indépendantes des débats littéraires qui occupaient l'époque et les revues, semblaient irréductibles aux doctrines contemporaines : le symbolisme vivant de Claudel échappait aux discussions des néo-symbolistes ; l'exaltation du sentiment national chez Péguy avait peu à voir avec les exigences des néo-classiques ; les poètes de la *NRF* en général, tel encore Saint-Léger, ne répondaient pas au programme du « classicisme moderne » suivant Ghéon. À partir de 1905 et surtout de 1910, leur influence alla croissant, malgré leur intransigeance religieuse ou politique. La vraie révolution poétique n'apparut pas là où on la préparait depuis la mort de Mallarmé et ne fut pas subordonnée à un projet intellectuel, mais résulta de l'appel au concret le plus charnel chez Péguy ou à une expérience cosmique chez Claudel. Loin d'accumuler les sensations, ces nouveaux lyriques révélaient l'unité profonde du monde et de l'humanité. L'idéal symboliste du poème unique restait actuel, mais l'ampleur narrative de leurs productions montrait qu'ils renouaient aussi avec l'épique, sans compter que chacun réalisait une révolution formelle en rompant avec la prosodie traditionnelle comme avec le vers libre symboliste. On a pu dire qu'avec leur poésie immédiate, c'était la descendance de Rimbaud, revendiquée par Claudel, qui triomphait de celle de Mallarmé.

De Jammes, après le naturisme du tournant des siècles et la conversion de 1905, ce sont les *Géorgi-*

ques chrétiennes (1912) qui, racontant l'histoire d'une famille de paysans, célèbrent la création en sept chants divisés en distiques. Mais c'est bien sûr Claudel qui proclama le rôle du souffle en poésie et donna au verset ses lettres de noblesse. Bien qu'apparu en dehors des modes et des courants, il fut reconnu d'emblée comme un grand poète. *Connaissance de l'Est*, description de choses vues en Chine, publié au Mercure de France en 1900, marque l'entrée dans le siècle, avec *L'Arbre* (1901), où il récrit ses drames symbolistes, et *L'Échange*, publié dans *L'Ermitage* en 1900, puis de nombreux textes qui susciteront un article admirateur de Montfort dans *Les Marges* en 1905. *Vers d'exil*, publiés dans *L'Ermitage* en 1905, *Partage de Midi* (1906), *L'Art poétique* (1907) éveilleront une vogue croissante jusqu'en 1914 — avant l'éclipse des années 1920, face à la double hostilité des surréalistes et de l'Action française. Comparé à Dante et Eschyle pour la puissance, Claudel est reconnu aussi bien par Jules Romains que Jean-Marc Bernard et Gide, mais non par Apollinaire, et il est le grand écrivain de la *NRF* à ses débuts, avec *Cinq Grandes Odes* (1910), *L'Otage* (1911) et *L'Annonce faite à Marie* (1912), deux pièces représentées avec succès au théâtre de l'Œuvre avant la guerre. Duhamel lui consacre un livre au Mercure de France dès 1913. On parle de lui dans la presse quotidienne. Son prestige est reconnu par toutes les tendances poétiques. Sa poésie barbare, éprise de tradition et d'ordre, attachée au Moyen Âge mystique et réaliste, apporte la réponse que tous attendaient, du côté du classicisme moderne comme du réalisme spirituel. Retiré des débats contemporains, Claudel est à la fois le plus actuel et le plus intemporel des poètes.

Venu du symbolisme, nourri de Baudelaire, Verlaine, Rimbaud, Mallarmé — il a fréquenté les mardis avec Gide, Valéry et Louÿs —, et Villiers de l'Isle-Adam, Claudel proteste contre le scientisme et le rationalisme de Taine et de Renan. Converti le jour de Noël 1886 à Notre-Dame, il chante le mystère de l'intuition poétique de l'unité profonde de la nature, dans ce qu'elle a de familier comme de sublime. La mission du poète est la divination du mystère et de l'unité, une recréation qui fait de l'artiste l'égal de Dieu. Suivant l'idéalisme symboliste du premier théâtre, le monde doit être déchiffré pour révéler sa signification spirituelle. Claudel, qui lit saint Thomas à partir de 1895, voit la Création comme le poème de Dieu, et l'artiste comme Dieu devant sa Création. Ainsi, ni la révolte de Rimbaud ni le rêve de Mallarmé ne seront au bout de la poésie, mais l'épanouissement dans une acceptation sereine du monde amenant le poète au surnaturel. *Cinq Grandes Odes* chante la reconnaissance du monde comme la Genèse : c'est le cycle de la *conaissance*, ou découverte du monde créé et participation à sa création.

Le verset, emprunté à la Bible, souffle d'*anima* contre l'intellectualisme d'*animus*, répète la création du monde dans une poésie qui est accordée à l'ensemble de l'univers par sa matière et par sa forme, par l'unité de la représentation et de la profération, comme ce que l'on peut concevoir et énoncer d'une traite, sans avoir besoin de se reprendre. Par son rythme, annoncé dès les premiers alexandrins de Claudel, il a « cette fonction double et réciproque / Par laquelle l'homme absorbe la vie, et restitue, dans l'acte suprême de l'expiration, / Une parole intelligible » (*La Ville*). Claudel insiste sur cette unité du vers, « 1° dans le sentiment dont il est la mesure physiquement perceptible ; 2° dans le couple musical ou iambe d'une aiguë et d'une grave ». La « forme instinctive du vers que j'ai inventé », dit-il, est justifiée par deux théories, celle de la respiration et celle de la différence, et réalise un symbolisme total.

Péguy semble tout aussi étranger aux recherches poétiques du temps. Indemne du symbolisme, mais admirateur des classiques, il renonce après *Jeanne d'Arc* (1897) au drame et à la poésie pour le militantisme socialiste et dreyfusard. Mais, revenu du dreyfusisme et du socialisme, en lutte avec le monde moderne, il se convertit lui aussi ; *Le Mystère de la charité de Jeanne d'Arc* révèle en 1910 un poète qui sera admiré de Barrès, de Lasserre, ou de Gide et de la *NRF*, non sans réserves toutefois. Suivent une série de longs poèmes laissant entendre une « voix de mémoire » française et chrétienne : *Le Porche du mystère de la deuxième vertu* (1912), *La Tapisserie de sainte Geneviève* (1912) et *La Tapisserie de Notre Dame* (1913), *Ève* (1913). Péguy édifie une cathédrale. Comme Claudel, c'est l'intuition de l'unité de la création qu'il chante, et l'espérance (la deuxième vertu) ; c'est l'ordre de Dieu dans la beauté du monde, grand et humble. Son instrument est un vers libre différent de tous les autres, caractérisé par un développement continu, ponctué par des reprises dans un inlassable piétinement. Le retour à l'alexandrin dans les quatrains d'*Ève* provoque la même monotonie dans une litanie de dizaines de strophes. Disciple de Bergson, c'est la durée et le mouvement que la poésie de Péguy exhibe, dans un jaillissement indéfini qui donne l'intuition d'une unité organique. Le poème remédie aux défauts du langage en cherchant à faire coïncider la conception et la formulation de la pensée, et donc à faire se rejoindre l'ordre spirituel et l'ordre matériel. *Ève*, poème de la Chute et de la Rédemption, déroule ainsi des variations infinies à partir d'un vers qui pose une image. Proust, comme beaucoup, a résisté aux litanies de répétitions de Péguy, lesquelles restent une singularité de la littérature du siècle.

D'autres variantes du vers libre ou du verset devraient encore être citées, comme « ces grands vers plus libres que tous ceux que nous avions vus jusqu'alors, et ce ton nouveau, ce ton d'effusion lyrique, quotidienne et prophétique », ainsi que Rivière caractérisait les *Poèmes par un riche amateur* de Larbaud, avec leur « ton de conversation » venu de Whitman, leur rythme dépourvu de structure mélodique et leur exotisme désabusé. Ou encore la poésie sociale d'André Spire, dans *La Cité présente* (1903) ou *Et vous riez* (1906), publiés aux *Cahiers de la quinzaine* de Péguy.

LE CLASSIQUE

Auprès de Claudel, Péguy, et Saint-Léger Léger, dont l'œuvre ignore superbement les débats postsymbolistes contemporains, ou encore d'Apollinaire et de Cendrars, à qui l'avant-garde des peintres donne une liberté inconnue à tous ceux qui s'enferrent dans la quête improbable d'un classicisme moderne, il faut enfin citer le vrai classique, celui qui, silencieux, retiré entre 1898 et 1914, se détachera au lendemain de la guerre comme le poète français par excellence, Valéry, qui mène alors une réflexion secrète et follement ambitieuse, non seulement sur la littérature en général, mais encore sur le fonctionnement de l'esprit. Après des débuts parnassiens, recueillis dans l'*Album de vers anciens*, et des rencontres avec Louÿs, Gide et Mallarmé, il a vite renoncé à la littérature, devant la perfection indépassable des œuvres de Mallarmé et Rimbaud, pour méditer sur les conditions et les possibilités de la création, ainsi que l'illustrent *La Soirée avec Monsieur Teste* (1896) et *Introduction à la méthode de Léonard de Vinci* (1895). Très vite, c'est alors le silence actif des *Cahiers*, qui ne seront connus qu'après sa mort.

Valéry, sollicité par Gide et la *NRF*, esquisse quand même un mouvement de retour à son œuvre poétique à la veille de la guerre : ce seront, tout en préparant l'*Album de vers anciens* (1920), *La Jeune Parque* (1917), puis *Charmes* (1922), avec « Le Cimetière marin », son poème emblématique. Et Valéry, héritier de Mallarmé, connaîtra une gloire immédiate et pleine durant tout l'entre-deux-guerres. Contre le dogme romantique de l'inspiration, cette poésie difficile offre le terrain approprié pour expérimenter une conception de la création pour laquelle, au-delà du point de départ, seul compte le travail.

Le débat sur la poésie pure avec l'abbé Bremond en 1925 fera de Valéry le poète officiel, connu du public, élu à l'Académie la même année, président du Pen Club, professeur au Collège de France en 1937. Depuis « La crise de l'esprit » (1919), retentissant article publié au lendemain de la guerre, ce brillant conférencier et spirituel conversationniste est aussi devenu un maître à penser consulté non seulement sur la culture, mais aussi sur la démocratie, l'Europe et l'univers.

Ce statut suréminent, plus proche des mondains que des modernes, dérangera certains de ses admirateurs, à commencer par les surréalistes, qui l'avaient reconnu comme un patron et l'avait invité au sommaire du premier numéro de *Littérature* en 1919. Breton s'interrogera dans le *Manifeste :* « A-t-il tenu parole ? » Mais il ne reviendra jamais sur son admiration pour *Teste :* « Pour moi, Valéry avait atteint là la formulation suprême... Après avoir donné une telle mesure de lui-même, il semblait avoir pris congé définitivement de la *littérature*. »

CHAPITRE IV

L'ADIEU À LA LITTÉRATURE

Quel est l'état du roman au début du XXe siècle ? Anatole France, le grand écrivain de 1900, ainsi que Barrès et Loti, accusés de nationalisme et d'exotisme, ou de colonialisme, seront les trois bêtes noires de Breton et des surréalistes au début des années 1920. Figure complexe, Barrès fut pourtant le « prince de la jeunesse », le dandy égotiste des années 1880, et son influence sur la prose de l'entre-deux-guerres devait rester considérable, bien que son « socialisme nationaliste » ait été, suivant Zeev Sternhell, précurseur du fascisme. Lorrain, député boulangiste en 1889, il s'était de plus en plus engagé, après le scandale du Panama, l'affaire Dreyfus et la séparation, pour la nation et la tradition. Il y eut donc successivement deux Barrès, et le second déçut ses admirateurs initiaux, tel Léon Blum. Le premier Barrès, journaliste et esthète, disciple de Chateaubriand pour le style, de Renan pour le scepticisme, de Bourget pour l'égotisme, est l'auteur du *Culte du moi* (1888-1891), s'élevant contre les Barbares étrangers à la civilisation, disséquant l'« expérience du dégoût que donnent à une âme fine la cuistrerie des maîtres, la grossièreté des camarades, l'obscénité des distractions » ; il se met à la recherche de « professeurs d'énergie », car un « danger bien plus grave est, dans le monde intérieur, la stérilité et l'emballement ». Avec *Le Jardin de Bérénice*, dernier volume de la trilogie, vient la décision de l'action. La seconde trilogie de Barrès sera toute différente : avec le premier tome du *Roman de l'énergie nationale*, *Les Déracinés* (1897), Barrès — dandy en politique — analyse les maux de la société moderne sur le cas de sept Lorrains jetés à Paris et bascule dans le camp de l'ordre : *L'Appel au soldat* (1900) le porte à la défense de la civilisation contre l'« anarchie mentale », et *Leurs figures* (1902) dénonce les mœurs politiques révélées par le Panama. Barrès, désormais proche de la droite conservatrice, défend la doctrine traditionaliste du racinement. Les romans suivants, tel *Colette Baudoche* (1909) militeront pour la revanche avec un patriotisme lyrique que Barrès transformera en propagande dans son abondante chronique de la guerre dans *L'Écho de Paris*, mais sans que la part du rêve disparaisse jamais, comme dans *La Colline inspirée* (1913), sur trois prêtres exaltés, en lutte contre l'Église officielle, et surtout dans *Un jardin sur l'Oronte* (1922), dont l'orientalisme érotique vaudra la condamnation de la critique catholique. La trilogie de Thibaudet, *Trente ans de vie française*, en faisait, avec Maurras et Bergson, un des trois maîtres à penser des années 1890-1920, et la publication posthume des *Cahiers* qu'il avait tenus de 1896 à sa mort en 1923, prolongera l'intérêt pour son œuvre durant tout l'entre-deux-guerres. Oscillant entre la littérature et l'action, par sa prose rythmée, son lyrisme et son sentiment tragique du monde, Barrès restera le maître de Malraux et de Drieu La Rochelle, de Mauriac et de Montherlant, ou encore d'Aragon et de Camus.

De Bergson, il a déjà été question, mais c'est le moment de dire un mot du troisième maître de l'avant-guerre suivant Thibaudet, Maurras, dont on mesure mal aujourd'hui le poids dans le siècle littéraire, sans doute en raison de son engagement dans l'action et de sa compromission ultérieure avec Vichy. Or il fut un littéraire d'abord, lié à l'école parisienne du félibrige et à l'École romane, fondée par Moréas en 1891, un défenseur des valeurs classiques, de la culture gréco-latine, de la clarté méditerranéenne, de la poésie rythmée et rimée. Ses choix furent esthétiques avant de devenir philosophiques et de faire de lui un défenseur de la raison (Auguste Comte) contre la rêverie, un censeur du romantisme, du Parnasse et du symbolisme, un ennemi de l'individualisme et de la sensibilité. Pour Maurras, le poète est un ouvrier : « Dans le déraisonnable, le mouvant, l'incompréhensible, il pose clairement le rythme assuré d'une loi », écrivait-il dans *Anthinéa* (1901). Telle est la mission de l'art, clairement opposée à celle que lui prêtait Bergson.

Maurras a publié des articles, des contes et de la poésie avant de se consacrer à la civilisation et à la société, et de lancer en 1899, avec des antidreyfusards (et Bourget) *L'Action française*, revue remplacée par un quotidien en 1908. Contre le libéralisme, la démocratie, l'égalitarisme, il fait alors l'éloge de l'ordre, de la rationalité, de l'efficacité ; il défend la monarchie et la religion comme facteurs d'ordre social et de continuité. Son œuvre touche à la politique, à la religion et à la philosophie, et son influence est considérable, au moins jusqu'à la condamnation de l'Action française par le Vatican en 1926, sur tous les déçus de la IIIe République et des avant-gardes artistiques, parmi lesquels il faut compter Léon Daudet, Maritain, Bainville, Massis, Bernanos, Maulnier, Brasillach, Blanchot, etc.

Le troisième grand romancier du tournant des siècles, Loti, se rattache au courant de la littérature des voyages lié à l'expansion coloniale et stimulant l'imaginaire. Du côté de la poésie, Claudel, Segalen, Saint-John Perse, Cendrars y trouvent une partie de leur inspiration. Comme Kipling et Conrad, Larbaud, Roussel ou Morand exploitent l'exotisme dans la prose, avant que Céline ne le décape dans *Voyage au bout de la nuit* (1932) et Michaux dans ses voyages imaginaires. Mais nul ne l'a mieux incarné que Loti, marin et voyageur dont les romans, très lus, sont simples et répétitifs, de style musical, marqués par le pointillisme et la fragmentation. Breton s'acharnera contre son exotisme traditionnel qui a évolué vers le pessimisme dans *Les Désenchantés* (1906). La même année, dans *L'Immoraliste*, situé en Afrique du Nord, Gide donne une parabole de l'épanouissement d'un homme à qui son corps se révèle, à la manière de Nietzsche. Cette libération physique, dans une culture païenne, met en évidence le sens de l'exotisme européen.

Après France, Barrès et Loti, ou auprès d'eux, les formes romanesques sont cependant remises en question. Pour les dissidents, la forme ne peut pas être séparée de l'invention, car elle est elle-même créatrice. C'est pourquoi beaucoup de nouveaux écrivains recherchent une forme créatrice. Pour eux, le roman ne reproduit plus le monde mais le crée. Au début du siècle, le genre semble perdre sa pertinence. Valéry parle de « littérature » pour toute production artistique dont le matériau est le langage, tandis que Roussel parle de « livre », et la catégorie du « roman » perd ses contours.

LA CRISE DU ROMAN

Comme pour la poésie après le symbolisme, il y a une *Crise du roman des lendemains du naturalisme aux années 1920*, suivant le titre du grand livre de Michel Raimond (1966). « Crise du roman », tel était déjà le titre d'un article de Léon Daudet en 1910 dans *L'Action française*. Les transformations du genre romanesque au tournant des siècles ont été immenses, avant la riche moisson des romans français de l'entre-deux-guerres.

En 1891, dans l'*Enquête sur l'évolution littéraire* de Jules Huret, la crise du naturalisme depuis 1887 fait l'objet d'un diagnostic unanime, mais les remèdes proposés divergent : soit la poursuite du roman naturaliste, soit l'exploration du roman psychologique ou encore du roman social, soit le retour au divertissement. Le roman est contesté au nom des développements de la sociologie et de la psychologie. Le roman réaliste, puis naturaliste, conçu comme un système de connaissance de la société contemporaine, ne semble plus légitime après Taine, Durkheim et Tarde. Le sommet de la psychologie romanesque a été atteint dans *Le Disciple* de Bourget (1889), auteur des *Essais de psychologie contemporaine* (1883-1886), mais la psychologie expérimentale de Binet et de Janet, puis les théories freudiennes, vulgarisées par l'*Introduction à la psychanalyse* (1916), rendent caduc ce type d'analyse rationnelle.

L'ouverture à l'étranger — au roman russe ou anglais — met aussi en question le modèle du roman français bien fait, à la construction claire, et suggère l'aptitude du genre au foisonnement, à la divagation sans jugement, à l'exploration de l'épaisseur mystérieuse du monde, des êtres, des choses et des lieux.

Les insuffisances esthétiques, spirituelles et morales du genre sont soulignées par tous. Le symbolisme et l'idéalisme s'opposent au réalisme et au naturalisme français, au roman romanesque comme enquête sur la nature et sur l'homme. La concurrence semble vaine à l'état civil, au particulier et à l'accidentel. Le symbolisme a conquis la poésie et le théâtre, mais peu le roman, qui reste un genre rigide et utilitaire, usant de la langue comme instrument.

Après le naturalisme, l'écriture romanesque a donc été tentée de s'éloigner de la présentation dramatique de la vie. Sur le modèle de *L'Éducation sentimentale*, on a rêvé d'un roman où il ne se passait rien, à l'envers du roman d'aventure. Avec les Goncourt, le roman est devenu une suite d'épisodes lâchement reliés par le fil de l'intrigue, un défilé de descriptions, d'évocations et d'impressions face au spectacle de la réalité. Avec Huysmans, toutes sortes de développements non narratifs ont pu s'intégrer au roman, comme les chapitres de critique littéraire dans *À rebours* (1886) ; dans *Là-bas* (1891) et *En route* (1895), le truchement de la fiction servait à l'écrivain pour faire part de ce qui lui tenait à cœur : le satanisme, l'histoire de Gilles de Rais, l'art gothique, la religion, tandis que les personnages restaient vagues. Les romans de Bloy, multipliant les intrusions d'auteur, ont confirmé la déchéance de la doctrine réaliste après 1890 et établi le roman comme genre fourre-tout.

De son côté, l'œuvre de Bergson, contestant le rationalisme, le positivisme et le déterminisme, a mis en cause le principe même du roman dans la représentation du temps vécu. Contre l'intellectualisme, il reviendra au roman de plaider pour une connaissance immédiate permettant de pénétrer la réalité du moi et des choses, de saisir la durée pure.

Non négligeable dans cette conjoncture, doit aussi être mentionné le puissant mouvement des conversions catholiques au début du siècle : Bloy, Huysmans, Claudel, Jammes, Péguy, Larbaud en ont fait l'expérience, qui les a éloignés du roman naturaliste.

Auprès de France et de Barrès, le roman se trouve ainsi partagé entre le roman exotique et poétique de Loti, multipliant les variations sur un thème, le réalisme spiritualiste du troisième Zola, auteur des *Trois Villes*, *Lourdes*, *Rome* et *Paris* (1894-1898) et des *Quatre Évangiles* (1899-1903), le roman psychologique, puis à thèse, de Bourget, la réaction idéaliste de Huysmans et de Bloy, faisant du roman un prétexte, ou encore le réalisme symboliste de Jules Renard, méprisant au fond le roman et lui substituant de courtes proses ironistes. Le roman se fait volontiers recueil de réflexions, ou bien il est tenté par la poésie et l'essai. Les amplifications poétiques ou philosophiques supplantent le déroulement de l'action et l'évolution des personnages, par exemple dans *Jean-Christophe*, roman-fleuve de Romain Rolland (1904-1912).

Deux exceptions remarquables : *Paludes* (1895) de Gide et *La Soirée avec Monsieur Teste* (1896) de Valéry, qui se présentent franchement comme des antiromans, annoncent le nouveau siècle. Roman d'un roman, *Paludes* désire inquiéter son lecteur qui ne peut rester spectateur passif. L'écrivain fictif de *Paludes* déclare que « [s]es principes esthétiques s'opposent à concevoir un roman » et reconnaît son impuissance à inventer. L'œuvre se détruit du dedans en progressant. Gide vise un livre qui contienne « sa propre réfutation », ou « de quoi se nier, se supprimer lui-même ». Le roman ne cesse donc jamais son va-et-vient entre le réel et le livre.

Montfort, dans *Les Marges* en 1904, reproche à France et Bourget de mettre dans le roman des considérations sur la politique, l'histoire, la sociologie et la morale. Gide avance en 1910 que « là où la France excelle à [s]es yeux, ce n'est pas dans le roman ». Passionné de Dostoïevski, il imagine un roman de la complexité du réel et des grandes questions qui ont toujours été celles de la littérature, par opposition à la spécialisation scientifique : « Que peut l'homme ? Que peut un homme ? » Ainsi la nécessité d'un renouveau formel, conforme à ce que le symbolisme a réussi pour la poésie et le théâtre, est-elle partout posée.

Cependant, c'est le roman de consommation qui inonde le marché littéraire du début du siècle, vérifiant une proposition que Taine avait énoncée depuis longtemps : « Je pense que tout homme cultivé et intelligent, en ramassant son expérience, peut faire un ou deux romans, parce qu'en somme un roman n'est qu'un amas d'expériences. » La fécondité des frères Margueritte, de Rosny aîné, par exemple *La Guerre du feu* (1911), de Paul Adam, qui publie trois romans par an, satisfait le commerce. C'est aussi le moment de l'apparition des prix littéraires : le Goncourt en 1903 — que Proust obtiendra en

1919 —, le Femina en 1904, le Grand Prix de l'Académie en 1918, puis le Renaudot en 1925. La production romanesque inclut un immense déchet, comme le vérifie la liste des prix Goncourt, témoignant de l'affaiblissement de la littérature d'invention de 1895 à 1914. Les nouveaux maîtres sont encore inconnus, tels Valéry, Gide, Claudel et Proust, mais Colette, accompagnée de Willy, s'est fait un nom avec les cinq volumes des *Claudine* (1900-1907). La *NRF* proteste contre la dégradation de la littérature descriptive et édifiante. Rivière en est le secrétaire dès 1911, et Alain-Fournier, Claudel, Larbaud, Suarès, Proust et Valéry apparaissent bientôt au sommaire.

Les procédés techniques et les caractères sont usés. La vieille règle du *post hoc ergo propter hoc* ne fait plus recette. On critique les descriptions convenues et la causalité mécanique, illustrée par « La marquise sortit à cinq heures », rendue célèbre par Valéry et Breton. L'alternance des descriptions, des analyses, des récits et des dialogues ennuie. Avec *Jean Barois* (1913), Martin du Gard tente ainsi un roman dialogué. Mais les principes de composition restent identiques : un roman, c'est une préparation, une crise et un dénouement, ainsi que la peinture d'un milieu. Le but est toujours de présenter un tableau de mœurs et de raconter une histoire. L'observation sociale et l'affabulation romanesque règnent solidement, et les bouleversements du roman traditionnel demeurent rares.

Contre la vogue du roman à thèse (Bourget, France, Barrès), Rivière réclame un « roman d'aventure » dans un long essai de la *NRF* en 1913 : plus poétique, imaginaire et libre, il cultiverait le risque et la découverte, il transmuerait les impressions en événements. Cocteau et Giraudoux devaient réaliser ce nouveau genre. Parallèlement, Valery Larbaud, qui avait découvert Whitman en 1901, s'aventure dans la prose poétique de *Barnabooth* (1908, 1913), avant *Fermina Marquez* (1911), puis tente l'expérience du monologue intérieur dans *Amants, heureux amants* (1923). Ce roman d'une aventure spirituelle ne ressemble guère à un roman, car son intrigue est négligeable : c'est le journal du héros, allant de Florence et Venise à Moscou dans quatre cahiers de récits sans progression. On peut déjà parler de composition musicale, de variations sur les thèmes de l'amour, de l'aventure et du bonheur, et de la formation d'un esprit. Ainsi s'annoncent d'ailleurs la plupart des romans, comme déjà le cycle de Durtal par Huysmans : écrits à la première personne sans être autobiographiques, on y retrace les étapes d'une démarche intellectuelle.

Plusieurs pistes seront alors explorées pour sortir de la crise : le récit poétique pratiqué par Alain-Fournier, la sotie gidienne, le roman d'aventure théorisé par Rivière.

LE RÉCIT POÉTIQUE

Gourmont, théoricien trop méconnu de la littérature au début du siècle, disait en 1893 de *Là-bas* : « [L]e roman est un poème, tout roman qui n'est pas un poème n'existe pas. » Il touchait là à une question qui devait bientôt connaître une grande fortune, celle de la nécessité des formes romanesques, ou de leur arbitraire. Il plaidait pour le retour à l'épopée afin de lutter contre « la paresse et l'ignorance croissante des lecteurs plus nombreux ».

Dans son roman *Sixtine* (1890), récit incluant des poèmes, le héros écrit un roman dont l'intrigue se mêle à celle du récit principal : c'est déjà une œuvre totale, un roman poétique, un roman sur le roman, et aussi une méditation sur l'amour. *Une nuit au Luxembourg* (1906) met en scène un roman dans le roman : on y trouve un écrivain mort auprès d'un manuscrit dont il traçait les derniers mots, « le bonheur de ne pas vivre... » Il était mort d'une mort « tout ce qu'il y a de plus naturel » : « Excès sexuels, suivis d'excès cérébraux. » Il s'agit d'un conte philosophique ou d'un récit poétique à valeur symbolique, et la mise en abyme institue une nouvelle voie romanesque de plus en plus frayée.

La formule du nouveau roman poétique a été élaborée à la *NRF*, sans le décor destiné à faire poésie qui caractérisait les productions de Gourmont et du *Mercure de France*. Henri Fournier, futur Alain-Fournier, formula ses conceptions du roman à dix-neuf ans, dans une lettre de 1905 à Jacques Rivière, après la lecture de Dickens (« écrire des histoires et n'écrire que des histoires »), des Goncourt (grouper des sensations autour d'un personnage secondaire), et de Laforgue (« il n'y a plus de personnage du tout. [...] Il est à la fois l'auteur, le personnage et le lecteur de son livre »). Avant d'affirmer : « [J]e ne crois qu'à la poésie », plus apte pour réaliser son projet, c'est-à-dire « exprimer le mystère de ces impressions particulières que le monde me laisse ». L'écrivain se proposait de noter des instants et des rencontres, qu'il nommait des « intervisions ». Il rédigea des fragments intermédiaires entre la nouvelle et le poème en prose (*Miracles*, 1924), puis, après 1910, « une histoire assez simple qui pourrait être la mienne ». Ce sera *Le Grand Meaulnes* (1913), qu'Alain-Fournier publia peu de temps avant sa mort aux premiers jours de la guerre.

Peu d'œuvres ont autant marqué leur époque. Sur le thème de l'enfance, Alain-Fournier retrouvait l'inspiration de Nerval et de Rimbaud, s'éloignant du réalisme aussi bien que du symbolisme. Ce récit d'une aventure se hausse à la poésie, au mystère de la vie passée, et à l'ineffable. La prose sert à évoquer le merveilleux dans le quotidien. Le point de départ est autobiographique : c'est la petite école de campagne de ses parents instituteurs, avant la rencontre à Paris d'une jeune fille mystérieuse suivie d'un amour « d'une pureté si passionnée qu'il en devint presque épouvantable à souffrir ». Sensations et événements se succèdent dans un paysage de campagne, de forêts et d'humidité. À rebours d'un roman d'amour ou de formation, le récit déconstruit l'éblouissement initial. Non réaliste, mais mélodramatique et réflexif, ce sera l'archétype du roman poétique, aux marges du merveilleux, mettant l'accent sur les sensations et les paysages, faisant fi de la psychologie réaliste.

EXPÉRIMENTATIONS GIDIENNES

Paludes (1895) a fixé, sous le nom de « mise en abyme », l'un des dispositifs essentiels de la littérature du XXe siècle dans son ambition de réflexivité : « À six heures entra mon grand ami Hubert ; il revenait du manège. Il dit : "Tiens ! Tu travailles ?" Je répondis : "J'écris *Paludes*." — Qu'est-ce que c'est ? — Un livre. » Publié avant 1900, ce petit livre occupe une place exceptionnelle dans la littérature du XXe siècle, car c'est le modèle du livre sur l'écriture du livre. Un roman ? Plutôt une sotie suivant Gide, comme *Le Prométhée mal enchaîné* (1899), mais tous les textes de Gide sont expérimentaux et inclassables, par exemple à mi-chemin du poème et du traité moral, comme *Les Nourritures terrestres* (1897), où il fait preuve d'un hédonisme à la Gourmont. Il s'agit de l'initiation d'un adolescent à un panthéisme fervent et immanentiste — « Assumer le plus possible d'humanité, voilà la bonne formule » —, dans le décor sensuel de l'Italie et de l'Afrique du Nord. Son mentor, Ménalque, profère des maximes extrêmes : « Familles, je vous hais ! [...] Je me suis fait rôdeur pour pouvoir frôler tout ce qui rôde », et professe une morale de l'instant, mais sans prôner l'abandon facile aux sens. Le livre lui-même est dénoncé comme un danger en raison du système qu'il implique, ce qui induit cette leçon nietzschéenne et autodestructrice : « Nathanaël, à présent, jette mon livre. »

Dans ses deux « récits » suivants, Gide explore, toujours en guise d'expérience, deux conduites de vie opposées : l'hédonisme et l'ascétisme. Le héros de *L'Immoraliste* (1902), Michel, convoque ses amis pour le récit de ses trois dernières années. Élevé dans l'austérité, il a épousé une amie d'enfance, Marceline. Tombé malade en voyage de noces en Afrique du Nord, il semblait condamné. Guéri à Biskra, il a fait la connaissance de Bachir, qui lui a rendu la santé sensuelle d'un corps épanoui. Revenu à Paris, il a rencontré Ménalque, professeur d'immoralisme. Marceline étant malade à son tour, Michel l'a entraînée en Italie et en Sicile, puis à Biskra et Toggourt, où elle est morte durant une escapade de Michel avec Moktir : « Je me suis délivré, c'est possible ; mais qu'importe ? Je souffre de cette liberté sans emploi. »

La Porte étroite (1909), publié dans la *NRF*, propose l'alternative de l'oblation suprême. Jérôme, orphelin de père, a été élevé auprès de sa cousine, Alissa, laquelle a souffert de l'inconduite de sa mère. Leur réaction de pureté est symbolisée par une image de l'Évangile : « Efforcez-vous d'entrer par la porte étroite, car la porte large et les chemins spacieux mènent à la perdition. » En dépit de leur ferveur mutuelle, Alissa refuse leurs fiançailles, puis leur impose une séparation héroïque, même si, dit-elle, « de loin je t'aimais davantage ». Puis Jérôme apprend la mort d'Alissa, et reçoit du notaire le journal de la jeune fille, grâce auquel il comprend qu'il aurait pu fléchir sa résolution et la rendre heureuse.

Le dilemme de l'hédonisme et l'ascétisme, de *L'Immoraliste* et de *La Porte étroite*, sera pour ainsi dire résolu par la théorie de l'acte gratuit dans *Les Caves du Vatican* (1914), encore une sotie, avant que, dans *Les Faux-Monnayeurs* (1925), cette fois présenté comme un roman, Gide ne réplique enfin à Claudel, qui lui reprochait depuis longtemps ses complaisances : « Il est bon de suivre sa pente, pourvu que ce soit en montant. »

Dans tous ces textes expérimentaux, de *Paludes* aux *Faux-Monnayeurs*, la grande question technique du roman reste pour Gide celle de la relativité du point de vue, ou, ainsi qu'il l'écrit dans un projet de préface du roman *Isabelle* (1911) : « [L]e roman, tel que je le reconnais ou l'imagine, comporte une diversité de points de vue, soumise à la diversité des personnages qu'il met en scène ; c'est par essence une œuvre déconcentrée. » Parfaite introduction au défi du roman au XXᵉ siècle.

LE ROMAN D'AVENTURE

L'article de Rivière, « Le roman d'aventure », publié dans la *NRF* de mai à juillet 1913, se voulait lui aussi le manifeste du « roman nouveau ». Au départ, il s'agissait de se dégager du symbolisme, qualifié d'« art d'extrême conscience, l'art des gens qui savent terriblement ce qu'ils pensent, ce qu'ils veulent, ce qu'ils font ». Rivière dénonçait ce principe intellectuel, car « l'œuvre symboliste est une œuvre dont plus de la moitié se passe dans l'esprit de son auteur ». Le symbolisme est un idéalisme : les choses y ont perdu leur réalité et tout y est mental. En revanche, Rivière insiste sur la « nouveauté de vivre », sur le « plaisir d'abord d'être quelqu'un à qui quelque chose arrive », sur le « plaisir d'être au milieu de l'univers », le « plaisir d'être au milieu des hommes » — toujours ce vitalisme du début du siècle —, et il appelle donc de ses vœux une littérature nouvelle à la mesure du « vivre ».

Pour rejoindre la vie, le roman nouveau devra être « en acte », et non virtuel. Rivière s'en prend lui aussi — comme Maurras — au romantisme, jugé inachevé : « L'œuvre classique, c'est l'œuvre en acte. » Il réclame donc une œuvre classique renouvelée, « parfaite et achevée en toutes ses parties ». La perfection existe aussi dans la complexité et dans la plénitude des détails, comme chez Dostoïevski, dans l'ombre et non dans la clarté du classicisme du XVIIᵉ siècle. Rivière veut des œuvres achevées comme du Bach et non inachevées comme du

Wagner. Il vante Stevenson contre Schwob ou Gourmont, réclame un roman total, un roman d'événements, d'aventure et non de mémoire. Il s'élève contre l'« esprit trop conscient » de la littérature française et loue la création contre la perspicacité. Le créateur lui-même n'y voit pas tout : « Il y a chez le romancier une sorte de stupidité qui fait corps avec son pouvoir créateur », une sorte d'« intimité aveugle [...] avec ses imaginations ». Bref, le romancier d'aventure à la Rivière sera tout le contraire de M. Teste, tentation majeure du siècle.

Il en résulte plusieurs caractéristiques de l'œuvre nouvelle. D'abord, elle sera longue, car « l'écrivain ne sait pas où il va » et il est « inhabile à cette élimination, où justement l'écrivain symboliste excellait ; au contraire, il ne trouve que des choses à ajouter », et l'œuvre « s'encombre et se surcharge » au lieu de se réduire à l'essentiel sous les acides de la critique : « À la fin, c'est un monstre ; elle apparaît couverte d'excroissances. » La longueur est donc un effet positif de la maladresse ou de l'aveuglement. La complication et la profusion seront le propre du roman nouveau par opposition au récit français. Ensuite, les personnages seront distincts de celui qui leur donne vie ; ils déborderont ce que l'écrivain sait d'eux ; ils existeront, et ce sera « tout un peuple de personnages qui vivront tout seuls ».

L'aventure, rappelle Rivière, c'est « ce qui advient », ce qui a lieu « par-dessus le marché », hors de tout déterminisme : « À aucun moment on n'y voit le présent sortir tout fait du passé. » L'œuvre, dit Rivière en s'opposant encore au récit français, est comme une plante qui pousse, elle bafoue tout principe d'économie, car « l'auteur dépense tout son bien à chaque fois » et recommence toujours.

Enfin, l'aventure est une forme. Rivière conçoit en effet deux types de roman d'aventure : d'une part le roman d'aventure proprement dit, d'autre part celui qu'il appelle le « roman psychologique d'aventure » et qui est la « peinture du développement spontané des âmes », à la Dostoïevski derechef. L'émotion qu'il suscite est en tout opposée à l'émotion poétique, laquelle se donne d'un seul coup, sans progression, dans la perfection de la forme poétique.

Or, constate Rivière, les romans d'aujourd'hui n'en sont pas. À la Bourget, ils proposent l'étude d'un cas, sur le modèle du *Disciple* ; ils dissèquent, ils vont en sens inverse de la vie. Ou bien ce sont des romans policiers à la Conan Doyle, qui nous rendent curieux, mais aussi déductifs.

Rivière, dans cet essai prophétique, plaide pour un roman qui s'abandonne à la beauté du monde, à la Dickens, à la Dostoïevski ou à la Stevenson. S'il aborde peu les questions de technique narrative, il n'annonce pas moins *Le Grand Meaulnes*, *Les Caves du Vatican* comme parodie, surtout la *Recherche du temps perdu*, qui paraîtra bientôt et réalisera parfaitement son programme du « roman d'aventure ».

ILLÉGITIMITÉ DU ROMAN, VANITÉ DE LA LITTÉRATURE

Une œuvre entre toutes a représenté l'impasse de la littérature à la fin du XIXe siècle et son destin angoissant au XXe siècle : c'est *La Soirée avec Monsieur Teste* de Valéry. Après des débuts littéraires précoces dès 1889 auprès de Gide et de Pierre Louÿs, Valéry a traversé une « crise » en 1892, qu'il a nommée la

« Nuit de Gênes », et connu une seconde naissance. La perfection de Mallarmé et de Rimbaud a été ressentie par lui comme indépassable, et ces idoles inaccessibles ont été renversées au profit de son propre intellect dans un souci de maîtrise et de silence. Valéry s'est éloigné du vers et concentré dans de minces publications, *Introduction à la méthode de Léonard de Vinci* (1895) et *La Soirée avec Monsieur Teste* (1896), alimentant la légende d'un silence de vingt ans jusqu'à *La Jeune Parque* (1917). Mais la fécondité intérieure de ces années a été remarquable, comme en témoignent les Cahiers entrepris dès 1894. Il s'agissait de refonder la littérature, contre Mallarmé, qui avait atteint la plus haute maîtrise du poème par le sacrifice de la vie à l'Œuvre. Avec Edgar Poe, Valéry privilégie, aux dépens de l'œuvre, le pur pouvoir de l'accomplir. Or ce pouvoir de l'Esprit, souverain chez Léonard, reste virtuel et caché chez Teste, comme en réserve. Ces deux êtres sont les héros de la conscience, comme plus tard Faust, dont l'exception se manifeste hors de la littérature. Et Valéry ne cessera d'enrichir Teste, tel son double, jusqu'à sa mort. Alors que la création est réelle chez Vinci, elle reste virtuelle chez Teste, génie inconnu, héros de l'esprit pur faisant de la pensée le tout de son existence. Seule sa banalité extrême est visible, tandis que ses qualités restent en puissance : « [S]'il eût tourné contre le monde la puissance régulière de son esprit, rien ne lui eût résisté. »

Teste est donc le héros moderne emblématique du refus de la littérature : « [T]out produit littéraire est un produit impur », affirmait Valéry. Ni conte ni nouvelle, *La Soirée* relate donc l'expérience narcissique de la crise de la conscience occidentale et annonce la tragédie de l'aventure intellectuelle au XXe siècle. L'esprit est avide de réalité, mais il observe la déréalisation du monde et refuse le refuge de la rêverie ou de la mémoire : il lui reste la puissance de l'intellect.

Valéry entretenait un tel projet dès 1894 : « [É]crire la vie d'une théorie comme on a écrit celle d'une passion [...]. Mais c'est un peu moins commode. » Il s'agira donc de raconter la vie d'un esprit, car Teste est un héros impossible, « personnage de fantaisie », « monstre » et « chimère ». Michel Raimond l'appelle un « idéal composé des exigences de Valéry », car il y a en lui du Degas, du Mallarmé, du Poe et du Dupin. Il est « le démon même de la possibilité », suivant une tentation que chaque esprit reconnaît en soi. Et il illustre aussi l'impossibilité du roman, car le deuxième chapitre n'aura pas lieu : « Que devient M. Teste souffrant ? » Teste contient l'ébauche de tout un roman, mais le roman n'aura pas lieu car il est l'homme qui refuse d'agir. Un roman passionnant aurait pu s'écrire avec lui, mais il vit dans un garni médiocre, manque de tout pittoresque, « a tué la marionnette » et détruit en lui-même toute personnalité. Il se voit se voir, et il ne lui arrive plus rien. Bref, *La Soirée* est le roman d'un cerveau : Teste fait de la pensée le tout de l'existence et plie la vie à l'Esprit. Privilégiant le sujet intérieur sur les choses extérieures, il est fasciné par la question : « Que peut un homme ? »

« Tous les héros de Valéry se ressemblent en ce sens que, maîtres du possible, ils n'ont plus rien à faire. Leur œuvre est de demeurer désœuvrés », dira Blanchot dans *La Part du feu*, voyant dans Teste le modèle de l'artiste moderne, « le plus haut pouvoir d'agir, lié à la plus complète maîtrise de lui-même », menant au néant. Teste incarne l'adieu à la littérature. « La littérature est pleine de gens qui ne savent au juste que dire, mais qui sont forts de leur besoin d'écrire », jugera Valéry dans *Tel Quel*. L'à quoi bon de Rimbaud, le dégoût d'écrire chez Valéry inspireront l'œuvre comme une expérience initiatique. « Toute œuvre moderne est hantée par la possibilité de son propre silence », reprendra Genette à propos de Valéry.

Ainsi l'œuvre de Valéry sera-t-elle désormais toute entière portée par la décision inaugurale de ne plus écrire mise en scène dans *La Soirée* : les *Cahiers*, puis *La Jeune Parque*, poème mis en chantier en 1912, et *Charmes*. Le nouveau point de départ est la dépréciation ou la dévaluation de la littérature, dont l'« arbitraire » rebute Valéry. Chaque phrase de roman mériterait d'être suivie de cette notation : « Pourrait être changée », car elle est contingente et non nécessaire. « La manie perverse des substitutions possibles me saisit », rappellera Valéry, et, d'une certaine manière, le problème de toute la littérature moderne est ainsi posé magistralement. Gide, à la même époque, donne aussi à *Paludes* pour sous-titre *Traité de la contingence*. L'obsession de l'arbitraire rend l'art du roman désormais inconcevable. La fameuse phrase « La marquise sortit à cinq heures » résumera cette aporie. La littérature est saisie par le vertige des possibles. On dénonce l'imposture littéraire qui consiste à dissimuler les conventions. On rêve d'un livre qui, à chaque articulation, donnerait la liste des virtualités délaissées (un livre à la Borges). Ce programme est devenu l'idée fixe de la littérature moderne. La question de l'arbitraire, parfaitement introduite par Valéry, mène à Breton, à Queneau, à l'Oulipo et à toute la littérature moderne comme conscience définitive de son arbitraire.

Une issue consiste à se donner explicitement des

contraintes au lieu d'observer des conventions inconscientes. La versification peut jouer ce rôle : « La rime a ce grand succès de mettre en fureur les gens simples qui croient naïvement qu'il y a quelque chose sous le soleil de plus important qu'une convention », rappellera Valéry, fidèle, comme Mallarmé, à la prosodie. La poésie sera délire de l'interprétation *ou* fête de l'intellect : Valéry annonce la modernité, même s'il est néo-classique. Le classicisme préservait de l'arbitraire. La littérature doit être assumée, comme chez Poe, dans une poésie d'ingénieur. Manifeste quand il se dissimule, l'arbitraire disparaît quand il s'affiche. Avec Valéry et ses héritiers, les postulats et axiomes de la littérature doivent être mis en évidence comme ceux des mathématiques, afin qu'elle devienne un jeu gratuit.

Avec le Teste de Valéry, c'est donc toute l'illusion réaliste qui est battue en brèche, et l'idée même que la littérature peut reproduire le réel. Valéry, comme Gide, part de l'échec du naturalisme, faillite liée au fait que celui-ci méconnaît les rapports entre l'art et la réalité : « Le seul réel, dans l'art, c'est l'art », écrit encore Valéry. Or le naturalisme a donné lieu à l'écriture la plus fausse et la plus opaque qui soit : l'écriture artiste. Mais c'est aussi la seconde illusion littéraire, l'illusion expressive, qui est dénoncée par Valéry, qui n'a que mépris pour la littérature personnelle et pour la biographie : « Toute œuvre est l'œuvre de bien d'autres choses qu'un *auteur* », avance-t-il, préfigurant la thèse de la mort de l'auteur qui connaîtra de beaux jours plus loin dans le siècle. Hors des illusions réaliste et expressive, les mots et les formes sont le seul réel auquel l'auteur ait affaire, et l'œuvre devient une machine littéraire.

CHAPITRE V

L'ÂGE D'OR DU ROMAN

Après 1913, année magique de l'innovation romanesque, celle-ci a marqué le pas durant la guerre. La littérature relève de la forme et du sens ; son pouvoir est à la fois esthétique et social. Entre 1914 et 1918, oubliant l'angoisse de l'arbitraire, le roman est revenu aux formes plus traditionnelles du naturalisme et du populisme pour s'engager dans l'union sacrée. Le pacifisme exprimé dans *Au-dessus de la mêlée* (1915) par Romain Rolland, romancier reconnu, est resté un désaccord isolé qui l'a fait accuser de lâcheté. La censure a été inutile : les grands écrivains, Barrès, Bourget et même France, de tendance socialiste, ont tous collaboré à la presse patriotique. Gide s'est rapproché de Maurras, et Apollinaire, poète bohème et d'avant-garde, n'est pas non plus resté sur la touche.

Dans toute cette littérature de convention, le roman de Barbusse, *Le Feu, journal d'une escouade*, qui s'est vu attribuer le prix Goncourt dès 1916, fait quand même figure d'exception. Sans fiction ni intrigue, le livre porte témoignage en transcrivant la voix des combattants, notamment dans le chapitre « Les gros mots ». C'est une date, car la langue du peuple s'introduit ici massivement dans la littérature, avant Céline, sans que ce soit pour le pittoresque des personnages : c'est la parole des hommes ordinaires que la guerre a plongés dans des conditions inhumaines. Pour dénoncer l'héroïsme des représentations de la guerre et faire entendre une voix en rupture avec le discours officiel, Barbusse, engagé volontaire de 1914, écrivain mystique et post-symboliste jusque-là, a choisi une prose brève et brutale. Son livre témoigne du ralliement de la jeunesse bourgeoise et esthète au pacifisme et au socialisme. Il restera lui-même un militant après la guerre, collaborateur de *Clarté* dans les années 1920, du *Monde* dans les années 1930, considérant toujours la littérature comme un moyen d'action.

Une nouvelle génération de romanciers est cependant sortie de la guerre, dont les œuvres sont pour la plupart médiocres et expriment des sentiments stéréotypés de chauvinisme, jusqu'à *Voyage au bout de la nuit* de Céline en 1932. Typique est le débat qui suivit l'attribution du prix Goncourt aux *Jeunes filles en fleurs* en 1919, contre *Les Croix de bois* de Dorgelès, roman proche de l'expérience des tranchées, alors que Proust, plus âgé et malade, n'a pas pris part aux combats. Nombreuses sont alors les œuvres qui relatent des moments de la vie de soldat, comme *Ceux de 14* de Genevoix (1916-1923), ou *Le Guerrier appliqué* de Paulhan (1917), mais *Le Temps retrouvé* (1927) cassera aussi le consensus en proposant une autre vision de la guerre, ironiquement perçue de l'arrière. Avant cela, quelques œuvres avaient quand même plaidé, sinon pour le pacifisme, du moins pour un autre avenir et pour la réconciliation, comme *Siegfried et le Limousin* (1922) de Giraudoux, *Le Diable au corps* (1923) de Radiguet, où la guerre était vécue de loin par un adolescent, ou encore *Thomas l'imposteur* (1923) de Cocteau.

UN AUTRE MÉTIER

Après 1918, le statut de l'écrivain est profondément transformé du point de vue économique et social, du point de vue aussi de son image publique. L'expansion de l'édition est considérable de 1918 à 1921, avant une suite de crises. Les petites maisons sont absorbées : Gallimard, qui a repris Proust à Grasset durant la guerre, rachète Apollinaire et s'associe les surréalistes, après un premier moment d'auto-édition et de publication au Sans Pareil. La *NRF*, dirigée par Paulhan, discrètement mais efficacement, après la mort de Rivière en 1925, sert de vitrine à une maison qui devient littérairement dominante et n'hésite pas à se développer en direction du grand public, par exemple avec *Marianne* et *Détective*. L'autre grand éditeur parisien, Grasset, est le premier à lancer des campagnes de publicité pour *Le Diable au corps* (1923), et il s'attache Giraudoux ainsi que les « quatre M ». Entre Gallimard et Grasset, l'émulation est productive.

Le mécénat des revues n'a pas disparu : *Commerce*, dirigé par Valéry, est financé par Jacques Doucet, couturier, collectionneur d'art et de manuscrits, qui pensionne des écrivains et embauche notamment les jeunes surréalistes, Breton et Aragon, comme secrétaires. Peut-être y a-t-il un paradoxe à ce que ces écrivains qui résistent aux lois du marché s'accommodent de cette vie entretenue.

Le journalisme attire les écrivains, qui font paraître des opinions politiques, des chroniques littéraires et culturelles, des reportages dans la presse parisienne et aussi provinciale : Colette, Maurois, Mauriac, Cendrars, Soupault ou Desnos collaborent régulièrement à divers quotidiens. Ils répondent volontiers à des commandes qui les détournent momentanément de Gallimard ou de Grasset, ce qui ne dévalorise pas nécessairement leur production.

Bref, les écrivains sont sortis de leur tour d'ivoire à la faveur de la guerre et s'installent dans l'espace public après la paix. Les anciens combattants participent à la vie publique : on passe du témoignage à l'engagement, et des souvenirs de guerre à l'action. Même Proust, après le prix Goncourt, répond aux enquêtes des journaux et joue le jeu de la vie littéraire. La génération de 1870 — Gide, Valéry, Claudel et Proust — est tardivement consacrée et continuellement consultée. De Drieu La Rochelle à Bernanos, bien d'autres écrivains prennent position, si bien que Julien Benda peut crier à *La Trahison des clercs* (1927).

MODE DU ROMAN

La vogue du roman est alors considérable. L'entre-deux-guerres est l'âge d'or du roman français. Les prix littéraires, la publicité, les maisons d'édition commerciales, la presse littéraire, tout contribue au phénomène du roman. *Les Nouvelles littéraires* sont fondées en 1922, dirigées de 1922 à 1936 par Maurice Martin du Gard, et elles publient chaque semaine un nouvel entretien de Frédéric Lefèvre, « Une heure avec ». L'inflation romanesque succède à la crise du genre durant l'avant-guerre. Barrès et Loti disparaissent en 1923, France en 1924, Bourget en 1935. De nombreux écrivains plus jeunes sont tombés à la guerre, comme Péguy et Alain-Fournier. Claudel, Proust, Valéry, Gide, qui ont commencé à publier dans les années 1890, sont des « gloires à retardement », comme dit Thibaudet, et Colette est consacrée. Voilà les nouveaux chefs de file. Auprès d'eux les talents de la nouvelle génération révélés durant les années 1920 s'appellent Giraudoux, Mauriac, Montherlant, Arland, Drieu La Rochelle, Green, Bernanos, Malraux, Céline... Mais la frontière entre la littérature de consommation et les œuvres novatrices devient incertaine, d'autant plus que la publicité se mêle désormais au lancement commercial des romans. Duhamel, Carco, Bernanos ou Chardonne sont publiés dans des collections populaires.

La réflexion théorique sur le genre, toujours difficile à définir, anime les débats de la presse spécialisée. Face à la littérature industrielle, on défend le roman pur, à l'image de la poésie pure, suivant une querelle célèbre du milieu des années 1920. Breton, suivant les traces de Valéry, jette le soupçon sur la littérature et notamment sur le roman. La démarche romanesque est brutalement contestée dans le *Manifeste du surréalisme* en 1924, car elle « laisse en berne le drapeau de l'imagination ». Breton fait le procès de « l'attitude réaliste, inspirée du positivisme, de saint Thomas à Anatole France », car elle est « hostile à tout essor intellectuel et moral ». Et il se réclame de Valéry, hostile au roman depuis *Monsieur Teste* : « Par besoin d'épuration, M. Paul Valéry proposait dernièrement de réunir en anthologie un aussi grand nombre que possible de débuts de romans, de l'insanité desquels il attendait beaucoup. Les auteurs les plus fameux seraient mis à contribution. Une telle idée fait encore honneur à Paul Valéry qui, naguère, à propos des romans, m'assurait qu'en ce qui le concerne, il se refuserait toujours à écrire : La marquise sortit à cinq heures. Mais a-t-il tenu parole ? » Breton condamne encore la description, récuse la psychologie, prévisible et appauvrissante, tautologique et creuse, qui se donne libre cours dans le roman en général — procès qu'instruiront à nouveau les Nouveaux Romanciers des années 1950. Valéry condamnait la production romanesque sous prétexte qu'elle manquait de construction, que sa forme n'avait pas de nécessité intérieure, qu'elle était arbitraire par rapport au réel. Dans « Le Roman du Roman » (*Autres Rhumbs*, 1927), il s'étonne encore qu'un romancier puisse dire que ses personnages « vivent en lui à leur guise ». Ces attaques annoncent sans doute l'« ère du soupçon » de Sarraute, mais l'exclusivisme de Valéry et de Breton, pas plus que le purisme de Sarraute, n'emporteront le morceau, et tout ce battage laisse Montherlant perplexe : « Décadence du roman, roman genre inférieur, tout cela n'existe pas. C'est un prétexte pour passer des "papiers" dans les Revues, et ne fait qu'embrouiller ce qui est clair. Il y a des gens qui ont du talent, et des gens qui n'en ont pas, et c'est tout. »

L'après-guerre est aussi l'« ère du cosmopolitisme », suivant Michel Raimond, et de nombreuses traductions sont rendues disponibles après 1918. Dostoïevski est très lu : Gide donne ses conférences sur l'écrivain russe en 1922 au Vieux-Colombier. Le roman anglo-saxon est à la mode : Meredith, Eliot, Hardy et Conrad sont publiés, et Larbaud traduit Joyce. Autres contemporains, Woolf, Forster, Mansfield, Huxley ne manqueront pas d'influer sur le roman français. Dans le théâtre et en poésie, on parle de Pirandello et de Rilke. Les nouvelles techniques du « monologue intérieur » et du « point de vue » sont analysées chez James, Conrad et Joyce, et on s'interroge sur l'inconscient avec Dostoïevski. Bref, le roman étranger pousse à mettre en question les modalités narratives, le statut du sujet, les relations entre l'auteur, le narrateur et le personnage.

Enfin, la réflexion sur le roman est inséparable des problématiques venues de la philosophie comme des nouvelles sciences humaines. Schopenhauer et Nietzsche continuent de marquer les esprits. Le bergsonisme, souterrain avant-guerre, devient central en littérature vers 1925 et modifie la conception du temps et de la mémoire. Les romans de l'adolescence, nouvel âge de la vie, se multiplient. À partir de 1922, les découvertes de Freud, après celles de Charcot, Ribot et Janet, rendent les personnages plus complexes et ambivalents. On s'intéresse aux cas étranges, et chacun doit prendre parti pour ou contre la psychanalyse. Paulhan s'interroge ainsi sur les effets esthétiques du psychisme flou, et le roman de Proust est reçu dans ce contexte : les lacunes de la mémoire et les intermittences du cœur sont mis en rapport avec le refoulement et le rôle de la mère. Dans *Les Faux-Monnayeurs*, Gide se montre à la fois curieux et méfiant de la psychanalyse à travers le personnage du docteur Sophroniska. À travers son héroïne Thérèse Desqueyroux, Mauriac analyse ses propres fantasmes, ainsi que Bernanos avec l'abbé Donissan. Mais c'est surtout Céline qui, dans *Voyage au bout de la nuit*, exploitera le second Freud, celui de la pulsion de mort découverte à l'occasion des traumatismes de guerre. Ainsi l'attention aux forces obscures et au décryptage du psychisme est-elle très répandue. C'est encore une caractéristique du surréalisme et une donnée de l'œuvre de Leiris, à partir de *L'Âge d'homme* (1938).

LES NOUVELLES TECHNIQUES NARRATIVES

La réflexion théorique, elle, porte pour l'essentiel sur la relativité narrative et sur la notion de point de vue. Le roman novateur tend à refuser de privilégier un point de vue, car chaque observateur a une optique particulière et limitée. L'omniscience devient une partialité inacceptable. Que de chemin aura été parcouru entre *Paludes* (1895) et *Les Faux-Monnayeurs* (1925) !

Au lendemain de la guerre, l'analyse des techniques romanesques s'oriente vers une interrogation sur les formes narratives, notamment la voix et le point de vue. Gide élabore *Les Faux-Monnayeurs* en réfléchissant sur le genre, tandis que Larbaud, qui organise l'édition d'*Ulysse* en anglais et la traduction en français, fait porter son attention sur le monologue intérieur.

LE MONOLOGUE INTÉRIEUR

Venu d'Irlande, Joyce publie *Ulysse* à Paris en 1922. Larbaud en parlait dès 1921 et publiera la traduction en 1929. La grande nouveauté du roman est liée à la technique du monologue intérieur qui y est employée massivement. Joyce se réclame d'un récit peu connu d'Édouard Dujardin, *Les lauriers sont coupés* (1888). Ainsi est rendue « une pensée au moment qu'elle se forme dans le cerveau de celui qui nous en fait part ». Larbaud rééditera *Les lauriers sont coupés* avec une préface, et Dujardin lui-même publiera un essai sur *Le Monologue intérieur* en 1931. Grâce à cette technique, le lecteur est installé dans le personnage qui soliloque et il assiste au déroulement de ses états de conscience. Le monologue intérieur permet l'expression spontanée des sentiments intimes et de la pensée naissante, alors que les monologues romanesques étaient jusque-là narratifs ou dramatiques, comme chez Balzac ou Zola. Dans *Ulysse*, à la différence du récit traditionnel, on a affaire à ce qu'on appelle un « courant de conscience » (*stream of consciousness*) dans son immédiateté. Le lecteur lit la pensée du personnage, confuse et proche de la rêverie, avec le résultat que la phrase se défait pour céder au jaillissement spontané de la pensée.

La technique semble conforme au flux vital de *L'Évolution créatrice* bergsonienne, ou au courant de conscience de William James, ou encore à l'association libre de Freud. Elle se trouve donc en phase avec la pensée contemporaine et elle répond à l'intérêt du surréalisme pour le fonctionnement même de la pensée. Elle permet aussi la manifestation de la durée à l'état pur, elle rend sensible à la discontinuité des états dans la continuité du courant, et elle fait voir les étages de la mémoire et les niveaux de la conscience. Elle peut au reste s'apparenter à l'écriture automatique du surréalisme.

Larbaud y a recours dans *Amants, heureux amants* (1923), et le débat à son sujet occupe les années 1920, au cours desquelles sont publiés, suivant Michel Raimond, « les meilleurs exemples connus aujourd'hui du monologue intérieur ». Mais des réserves sont vite exprimées sur la littérature qui en résulte, Edmond Jaloux prévoyant par exemple que, « [p]ouvant tout dire, on finira par dire n'importe quoi ». Le monologue intérieur tend au bavardage. Avec lui, on risque l'hermétisme, et il faut donc choisir : ou bien suivre la pensée en formation, ou bien la rendre perceptible au lecteur. La phénoménologie incite par ailleurs à montrer comment le réel apparaît à une conscience au lieu de tenter d'épuiser le contenu de celle-ci. Giraudoux se moque en tout cas de l'engouement pour cette technique dès *Juliette au pays des hommes* (1924).

Proust est souvent cité comme un précurseur du monologue intérieur, avec Dostoïevski et Browning, mais il est mort avant le débat sur le roman de Joyce. La sonate de Vinteuil entendue par Swann chez Mme de Saint-Euverte et la mort de Bergotte nous font pénétrer, à la première personne, dans l'intériorité d'un personnage, mais le narrateur lui-même n'a jamais recours à ce procédé pour son propre compte. Sa phrase souple et compliquée saisit les nuances de sa pensée intime, de ses impressions et de ses états d'âme, mais la distinction du héros et du narrateur est toujours maintenue. En revanche, l'audition de la sonate par Swann et l'agonie de Bergotte suivent le courant d'une conscience qui restitue par exemple, dans le cas de Swann, l'afflux des souvenirs. Lors de la mort de Bergotte, des guillemets montrent qu'elle est vécue de l'intérieur par le mourant. Mais Proust a choisi de ressusciter le passé au lieu d'enregistrer fictivement la durée comme Joyce. Le monologue intérieur donne des héros instantanés, dépourvus de développement temporel et de destin, alors que la complexité des personnages proustiens n'est pas de l'ordre du latent, mais du révolu. Le narrateur se livre sans cesse à des anticipations et à des retours en arrière, non à des courants de conscience. Au début de *La Prisonnière*, les impressions matinales correspondent à un moment unique dans toute la *Recherche*, mais Proust insère très vite ce moment dans le temps ; renonçant à rendre compte de la durée concrète, il classe les impressions des différents matins et passe incessamment du régime singulatif au régime itératif. L'enchaînement des pensées du narrateur de la *Recherche* diffère donc toujours de la spontanéité joycienne. Au début de « Combray », le réveil initial donne très vite lieu à un classement et à des généralisations, au lieu d'un abandon à la durée. Le développement romanesque vise la révélation d'une vérité, non la manifestation d'une conscience dans son immédiateté, et la phrase de Proust reflète un ordre : elle épouse non pas la durée intérieure, mais les circonvolutions de l'analyse. En cela, elle est en vérité très éloignée du monologue intérieur tel que le roman des années 1920 devait l'exploiter.

Procédé d'exploration de la pensée intime en formation chez Joyce, le monologue intérieur s'est toutefois transformé dans le roman français en un dispositif tout autre, à savoir le moyen d'illustrer la relativité des points de vue. L'accent sera mis non sur la confusion dans laquelle il fait pénétrer, mais sur l'intelligibilité supérieure qu'il procure en exposant les arrière-plans de la conscience. C'est donc avec une autre fonction que dans le roman britannique que des monologues intérieurs seront insérés dans *Paulina 1880* de Jouve (1925) ou *Solal* de Cohen (1930), afin d'éclairer les données immédiates de la conscience ou la part obscure de l'âme. Les motifs véritables et les ressorts intimes restent inexplorés, mais des morceaux de monologue intérieur, séparés par des blancs, créent dans le roman français un effet d'étrangeté, permettent des échappées vers le récit poétique en mélangeant le réel et la rêverie. Le monologue intérieur peut servir deux fins, car il peint les profondeurs du moi et montre comment le réel lui apparaît. Dans le roman français, rarement composé en entier par monologue intérieur, il a servi à supprimer l'instance narratrice omnisciente et à mettre la réalité en perspective à partir d'une conscience qui reste malgré tout centrale. C'est ainsi que de nombreux romans se sont mis à insérer des monologues intérieurs, ou à les juxtaposer, comme chez Mauriac, pour rendre sensible la relativité et la diversité des points de vue. La technique s'est donc principalement répandue en France pour un usage épisodique dans des romans qui recouraient par ailleurs au récit traditionnel, et elle a été assimilée à l'intelligibilité et à l'ordonnance du récit français.

LE POINT DE VUE

On a l'habitude de caractériser le roman du XIXe siècle comme un roman omniscient à la Balzac, mais le roman s'est parfois limité à la perspective d'un personnage, par exemple dans la célèbre page du *Rouge et le Noir* où Julien se fait un devoir de prendre la main de Mme de Rênal et où Stendhal, par réalisme psychologique, élimine toute considération de milieu, comme Zola devait le regretter. Deux techniques s'opposent en principe : l'une ne retient de la réalité que ce qu'en perçoit le héros et s'installe en lui ; l'autre décrit le milieu qui influence le personnage. Le lecteur éprouvera le contenu d'une conscience en situation, ou bien il saisira l'interaction du héros et du milieu. Le réalisme objectif des naturalistes peint le monde, non l'image qu'en a le personnage, et ce procédé descriptif a déjà été critiqué par Bourget, qui recommandait au romancier, à la manière de Stendhal et de Tourgueniev, ou encore de James, de copier des choses « ce que ses héros en voient ».

Un livre de Browning, *The Ring and the Book* (1868-1869), raconte ainsi l'histoire d'une cause célèbre de tous les points de vue possibles. Gide et Du Bos en étaient familiers, mais le principal romancier du point de vue, James, a été peu traduit en France avant les années vingt, c'est-à-dire avant la diffusion des œuvres de Proust, de Bergson et de Freud. James, ami de Bourget, lui reprochait l'anticipation analytique de ses romans et suggérait de laisser apercevoir. Méfiant à l'égard de l'omniscience, il utilisait une conscience centrale comme un réflecteur. Le récit en devenait ambigu, voire énigmatique. Le réalisme subjectif était apparu de manière intermittente dans le roman français avant 1914. Gide défendait le point de vue dans la préface d'*Isabelle* en 1911 : « Le roman, tel que je le reconnais ou l'imagine, comporte une diversité de points de vue soumis à la diversité des personnages qu'il met en scène : c'est, par essence, une œuvre déconcentrée. » Le récit du *Grand Meaulnes* était vu par un enfant, et *Fermina Marquez* adoptait la perspective de l'adolescence. On en débattait dans la *NRF* à la veille de la guerre, opposant l'événement à l'analyse, *Showing* et *Telling*. Après 1918, la technique du point de vue est soudain très en vogue. La philosophie, du bergsonisme à la phénoménologie, la rend opportune, ainsi que la science de la relativité depuis Einstein. Elle est aussi assimilée au cinéma dès 1925 — le point de vue, c'est l'œil de la caméra —, et James, Browning, Conrad, Woolf sont traduits. Elle est par ailleurs conforme à la progression du roman policier, où les choses sont présentées dans l'ordre de la découverte, non dans l'ordre des événements. Toute une série de données contemporaines tendent ainsi à imposer la prise en compte du point de vue aux romanciers de l'entre-deux-guerres.

RELATIVISME DE LA *RECHERCHE*

Là encore, la place de Proust est singulière. Le relativisme de son œuvre a été signalé dès 1922 par des critiques, puis par Curtius dans son essai de 1923, et le rapprochement avec Einstein s'est vite imposé. Pourtant, il ne s'agit nullement chez lui de la technique du point de vue au sens strict, mais d'une sensibilité relativiste moderne. Le début de la *Recherche* — « Un homme qui dort tient en cercle autour de lui le fil des heures, l'ordre des années et des mondes » — impose au lecteur la présence d'un moi central et solipsiste autour duquel tout gravite. Le roman manque apparemment d'intrigue, et ses événements seront des impressions. L'idéalisme du roman semble absolu, car le monde est intérieur au narrateur et les faits seront évoqués dans l'ordre aléatoire de la présentation des souvenirs à l'esprit. Le roman se résout toutefois vite à donner une relation chronologique des souvenirs, comme si la tradition des Mémoires, le goût de l'analyse et des portraits, et l'histoire d'une vocation l'avaient emporté sur la prose poétique. Tout le roman dépend cependant d'une conception immanentiste de la conscience qui ne trouve pas d'issue hors d'elle-même. Le narrateur peint « la chose vue par moi, de mon côté du verre ». L'amour et la jalousie aveuglent les personnages comme le narrateur, et cette vérité est celle du roman : « L'homme est l'être qui ne peut sortir de soi, qui ne connaît les autres qu'en soi. » Seuls l'art et la littérature nous permettent de sortir de nous et de « voir l'univers avec les yeux d'un autre, de cent autres » — autant de lunettes sur le monde, suivant l'image optique mémorable du *Temps retrouvé*.

La limitation de la conscience individuelle, posée comme une vérité générale tout au long du roman, est donc dépassée dans *Le Temps retrouvé*. Jusque-là, si le roman insistait sur le caractère incomplet de la conscience des personnages et notamment du héros, c'était au nom d'un savoir ultérieur, celui du narrateur, sans doute non omniscient, mais qui en savait beaucoup plus que son point de vue particulier n'autorisait. Les erreurs sont peu à peu redressées et les personnages, sur lesquels le héros s'est trompé, comme Charlus, deviennent intelligibles. Le roman révèle la vérité sur les êtres tout en disant que celle-ci n'existe pas. Proust se réclame de Dostoïevski et de Sévigné pour ce choix d'une écriture qui procède par la rectification des illusions : le roman part des effets, non des causes. Comme le dira Deleuze, c'est un apprentissage des signes. Ainsi le roman ne nie pas le progrès de la connaissance : l'impressionnisme et l'intellectualisme y sont entrelacés afin de ménager un passage platonicien des apparences à la réalité.

De fait, plus on avance dans la *Recherche*, plus on a affaire à un romancier traditionnel montrant le comportement de ses personnages en analysant leur psychologie et en multipliant les portraits. À partir de *Sodome et Gomorrhe II*, les bavures témoignant de l'omniscience de l'auteur sont nombreuses : on assiste par exemple à un dialogue de Charlus et de Cottard qui n'a pas eu de témoins, comme si l'œuvre était infidèle à ce qu'il y avait de plus original dans les débuts de la *Recherche*.

Il n'en reste pas moins que la conscience percevante est toujours caractérisée par la mobilité dans la *Recherche*. On a souvent noté que les paysages étaient volontiers décrits par un observateur en mouvement, ce qui accroît encore le relativisme d'un point de vue limité. Le relativisme de Proust signifie que l'on approche de la vérité à partir de l'illusion, en multipliant les points de vue, à la fois dans l'espace et dans le temps. Une des scènes les plus remarquables à cet égard est celle du sommeil d'Albertine, ou bien la scène où le narrateur s'approche de son visage pour l'embrasser et décrit ce baiser plan par plan. La variété des angles de vue cerne le personnage. Le temps, comme l'espace, permet des changements de perspective sur les êtres, que l'on voit autrement. La multiplicité des perspectives permet de dépasser les limitations du point de vue. L'espace et le temps sont à la fois l'obstacle et le moyen d'accès à la vérité. Comme on le sait, le narrateur de la *Recherche* se fait souvent voyeur : c'est ainsi, notamment, que son rapport avec Charlus s'inverse et qu'il le comprend enfin. Le relativisme de la *Recherche* est donc en fin de compte ambivalent, puisqu'il est destiné à être dépassé par l'art et par la littérature dans *Le Temps retrouvé*.

On ne trouvera pas de roman français qui s'en tienne rigoureusement à la technique du monologue intérieur ou du point de vue.

PURETÉ DES *FAUX-MONNAYEURS*

Gide, on l'a vu, écrivait dans un projet de préface à *Isabelle* en 1911 : « Le roman, tel que je le reconnais ou l'imagine, comporte une diversité de points de vue soumis à la diversité des personnages qu'il met en scène : c'est, par essence, une œuvre déconcentrée. » Tel sera bien le programme des *Faux-Monnayeurs* (1925), que Gide appellera son seul roman et où il fera jouer à plein les éclairages multiples. Il conçoit ce roman comme une synthèse de toutes les formes romanesques alors disponibles. Même si l'on a pu parler d'échec, notamment en raison de l'impatience de Gide dans l'utilisation des points de vue, ce livre reste une référence majeure dans l'expérimentation romanesque de l'entre-deux-guerres.

Son originalité tient au fait qu'un des personnages est lui-même un romancier en train d'écrire *Les Faux-Monnayeurs*. On ne lira que deux ou trois pages du roman dans le roman, mais son auteur, Édouard, en parle, ainsi que du roman en général. *Les Faux-Monnayeurs* est donc à la fois un roman, et le roman d'un roman en train de se faire, ou de ne pas se faire, car l'achèvement du roman d'Édouard est improbable et, comme souvent dans l'œuvre moderne depuis *Monsieur Teste*, la genèse s'avère finalement plus intéressante que le produit. Or, aux *Faux-Monnayeurs*, s'ajoute encore le *Journal des Faux-Monnayeurs*, comme un degré de plus dans le jeu. *Paludes* (1895) et *Les Caves du Vatican* (1914) mettaient déjà en scène un romancier, fidèles en cela à la manière intellectuelle de Poe, de Baudelaire et de Mallarmé. Comme chez Proust, l'esthétique de l'œuvre est dans l'œuvre. Chaque art recherche la pureté de ses moyens, c'est le temps de la querelle de la poésie pure, et Gide tient, lui, à l'idée du roman pur. « Purger le roman de tous les éléments qui n'appartiennent pas spécifiquement au roman. On n'obtient rien de bon par le mélange » :

cette injonction essentielle figure à la fois dans *Les Faux-Monnayeurs* et dans le *Journal des Faux-Monnayeurs*. Dans la bouche d'Édouard, elle se révèle pourtant une chimère. Le roman pur n'est jamais saisi que négativement : sans descriptions, sans dialogues, sans événements, sans aventures, il se réduit à l'essentiel ; il est mental, comme l'œuvre idéale de Valéry, mais il risque de rester abstrait et ennuyeux. Gide joue sur l'échec du roman pur d'Édouard pour réussir son propre roman, plus composite, car, en quête du roman pur comme de l'absolu, on manque le roman, lequel requiert un peu de bêtise. Trop de lucidité est néfaste au roman, et *Les Faux-Monnayeurs* sera finalement moins un roman que le canevas de nombreux romans possibles.

Si Gide fait des *Faux-Monnayeurs* son « premier roman », dédié à Martin du Gard, c'est que ses récits antérieurs étaient plus brefs, que leur intrigue était plus simple, comprenant seulement un ou deux personnages principaux, et se réduisant à une crise, conformément à la tradition française du roman d'analyse. Son idéal est maintenant celui du roman complexe à la russe ou à l'anglaise, et du roman d'aventure aux personnages multiples et aux situations embrouillées. *Les Caves du Vatican* n'étaient encore qu'une parodie du grand roman complexe, mais *Les Faux-Monnayeurs* tresse cinq ou six intrigues, après des premiers chapitres qui, suivant la technique des points de vue, et comme Malraux le fera dans *La Condition humaine*, sautent d'un personnage à l'autre de manière déroutante, ces déplacements étant censés illustrer la complexité du réel. Comme dans beaucoup de romans modernes, on a longtemps affaire à une suite de débuts de roman, d'amorces d'histoires qui ne seront pas toutes exploitées, sans que le lecteur sache lesquelles le seront. Gide bafoue ainsi le modèle du roman « tranche de vie », auquel il reproche que la tranche soit toujours coupée dans le même sens, celui de la longueur. Son roman se veut moins éparpillé qu'épais, suggérant l'infinité des motivations de tout geste et l'imprévisibilité de ses conséquences. La causalité romanesque n'est donc plus linéaire, mais, de manière peut-être utopique, fidèle au foisonnement de la vie.

Les Faux-Monnayeurs sont soumis à deux exigences contradictoires, chez Édouard comme chez Gide : d'une part embrasser la complexité du réel, d'autre part lui imposer une forme classique. Le roman est éclaté, mais il veut montrer l'écart entre la réalité et l'idée qu'on s'en fait ; il se partage entre le fait divers et le roman à idées. De ce fait, l'auteur est présent, tout en prétendant ne pas tout savoir de ses personnages et de leurs aventures, comme s'il enquêtait sur eux, mais il commente l'action et juge ses héros. L'auteur intervient dans le roman pour corriger l'éclatement des points de vue, et le récit est donc partiellement impersonnel. Voilà un roman à « deux foyers », à la fois réaliste et transgressif du réalisme, par conséquent très libre. Thibaudet annonçait dès 1912 le grand roman que Proust et Gide devaient tenter de réaliser lorsqu'il écrivait dans la *NRF* : « Le romancier authentique crée ses personnages avec les directions infinies de sa vie possible. Le romancier factice les crée avec la ligne unique de sa vie réelle. »

ROMANS INTERMÉDIAIRES

La controverse sur l'omniscience a profondément infléchi le roman français de l'entre-deux-guerres, contraignant les écrivains à se prononcer pour la partialité ou pour la pluralité du point de vue, à choisir un seul ou plusieurs foyers narratifs. Proust et Gide représentent les deux esthétiques concurrentes, même si tous deux ont pris des libertés avec l'esthétique qu'ils ont adoptée. La nouvelle règle impose de « réaliser le point de vue », autrement dit de lui assigner une origine dans le roman. Ou bien le monde est découvert par un héros, et l'histoire se déploie à partir d'une conscience centrale, comme dans le *life novel* ou le *Bildungsroman*. C'est la solution adoptée de Stendhal à Proust : le roman retrace la découverte progressive du réel par une conscience qui passe des illusions à la réalité. Cette conscience centrale peut être celle du héros, comme dans la *Recherche*, ou celle d'un témoin, comme dans une enquête. Le roman de l'entre-deux-guerres multiplie les confessions. Dans *Thérèse Desqueyroux*, l'optique majoritaire de Thérèse domine : le roman rapporte ses souvenirs et projets durant le voyage du retour après son procès. La seconde solution consiste à présenter une même réalité à partir de consciences différentes. *Les Faux-Monnayeurs* est cette fois le modèle. Le roman illustre alors l'incommunicabilité moderne, l'isolement dans un monde où les individus se côtoient sans se comprendre. C'est ainsi que Mauriac a procédé dans *Le Désert de l'amour* pour montrer des êtres enfermés, non sans que l'auteur se permette d'intervenir à travers des maximes morales sur l'amour et le mariage.

Ainsi la plupart des romans penchent-ils vers le point de vue et le réalisme subjectif, mais sans s'y engager tout à fait. Mauriac, Green ou Bernanos, comme Proust et Gide, se situent à mi-chemin du roman objectif et du roman subjectif. L'omniscience n'a pas disparu, mais elle s'ajoute aux autres points de vue, comme une perspective supplémentaire, permettant de révéler des secrets et de résumer des psychologies. Mauriac formulera sa doctrine dans *Le Roman* (1928) et *Le Romancier et ses personnages* (1933), avant d'être pris à partie par Sartre en 1939 dans un article célèbre de la *NRF*, « M. François Mauriac et la liberté ». Sartre y dénonce le recours de Mauriac à l'omniscience dans ses romans. De fait, Sartre reviendra plus tard sur cette condamnation, reconnaissant que toutes les techniques sont des artifices. Le réalisme subjectif scrupuleux interdirait de mêler dans une phrase des temps différents et exclurait d'autres voix que celles des personnages, privant ainsi le romancier de ressources et s'exerçant au détriment de l'effet romanesque. L'application stricte de la technique du point de vue serait donc une limitation pour le romancier, qui ne pourrait plus faire saisir les mobiles de ses personnages. C'est pourquoi l'alternance de la coïncidence et de la distance du récit avec le personnage, de la sympathie et de la lucidité de la part de l'auteur, permet sans doute le mieux de ménager le plaisir de lire et d'écrire.

Bernanos, dans ses grands romans des années 1930, oscille lui aussi entre l'omniscience et la réalisation du point de vue. Le portrait de l'abbé Donissan dans *Le Soleil de Satan* (1926) combine les effets de mystère et d'incertitude de la technique subjective avec les traits de moraliste qui relèvent de l'esthétique réaliste. Green fait de même dans *Adrienne Mesurat* (1927), pour relier la nature humaine et divine de l'expérience. Tous les grands romans des années 1920 et 1930 sont intermédiaires, avant que l'influence du roman américain ne fasse franchir au roman français un nouveau cap technique.

L'IDÉAL D'UNE COMPOSITION MUSICALE

Le débat sur la composition a été central dans la réflexion sur le roman à partir de 1910, avant la *Recherche* et *Les Faux-Monnayeurs*. On se méfie, comme Gide, de la « tranche de vie » et de l'entassement de documents que pratiquait le roman naturaliste ; on s'éloigne du roman à thèse comme du roman symboliste. Une œuvre comme *Le Culte du moi* est sans doute construite, mais est-ce bien un roman ? Exemplaire du débat est la contradiction que Thibaudet apporte à Bourget en 1912, et de nouveau en 1922, en opposant le roman étranger au roman français. Suivant Bourget, le propre du roman français est d'être composé, à la différence notamment du roman russe, par exemple *Guerre et Paix*, qui se présente comme une somme. Les romans français tiennent du théâtre et de l'essai. De fait, leur construction est souvent simple et linéaire, avec un commencement, un milieu et une fin, suivant l'exigence aristotélicienne, à la différence du roman russe ou anglais. Quand on parle de composition en France, on a à l'esprit la composition dramatique serrée de la tragédie. Thibaudet, lui, se prononce pour une forme romanesque souple et libre, car la composition romanesque ne peut être réduite à la construction d'une intrigue ; il est favorable à une esthétique de ce qu'il appelle la « composition desserrée, de temps, d'espace ». Le meilleur exemple en serait encore *L'Éducation sentimentale*, où Bourget ne voit que des épisodes sans unité centrale, une œuvre inorganique avec des longueurs et des digressions. Thibaudet plaide pour un roman qui ne sorte pas d'une idée, et pour une composition bergsonienne de durée vécue qui se gonfle et de mémoire qui se forme : un roman, c'est « de la vie qui se crée à travers une succession d'épisodes ». L'ordre doit s'y déposer, non y être composé. Thibaudet fait en 1919 du « thème » le principe de la composition chez Flaubert. Sur ce modèle, contrastes, échos et contrepoints construisent un ordre dans la confusion et l'incohérence apparente du monologue intérieur, par exemple chez Joyce. Outre le wagnérisme, le cinéma influe sur le roman.

Bref, le dépassement de la stricte composition romanesque à la française ne correspond pas nécessairement au renoncement à toute composition. Thibaudet expose ainsi le défi qui sera celui du roman français de l'entre-deux-guerres : la recherche d'un autre principe de composition que celui de la tradition française. Or cet ordre sera souvent pensé sur le modèle de la musique, comme un « ordre symphonique ». Au moment où la poésie s'éloigne du modèle musical qui a été le sien du romantisme au symbolisme et se réclame de nouveau de la peinture avec l'Esprit nouveau et le surréalisme, c'est au tour du roman de chercher à se renouveler du côté de la musique.

Romain Rolland, lui-même historien de la musique, fut l'un des premiers à théoriser le « roman musical » dans *Jean-Christophe* (1904-1912, 10 volumes), avant de l'exploiter dans *L'Âme enchantée* (1922-1924). Non seulement son premier « roman-fleuve » raconte l'histoire de la vie d'un « héros de type beethovenien », « représentant héroïque de cette génération qui va d'une guerre à l'autre », un grand musicien allemand dans l'Europe des années 1870-1914, mais encore, rompant avec le récit français, l'œuvre ambitionne d'atteindre une composition à la Wagner, à travers une suite d'épisodes orchestrant des thèmes dans un « roman musical ». Le roman qui en résulta n'en est pas moins d'allure dispersée et contient aussi des essais sur la musique, l'art, la question sociale. Ce sera pourtant le modèle des nombreux romans totalisants de l'entre-deux-guerres, comme les sagas familiales de Duhamel (*Vie et aventures de Salavin*, 1920-1932 ; *Chronique des Pasquier*, 1933-1945), ou les grandes fresques de la France contemporaine de Jules Romains (*Les Hommes de bonne volonté*, 1932-1946, 27 volumes) et Martin du Gard (*Les Thibault*, 1922-1929, puis *L'Été 1914* en 1936, et *Épilogue*, 1940 ; prix Nobel 1937).

Le problème de la composition romanesque est de ceux qui hantèrent Proust. De nombreux critiques reprochèrent le manque de composition de *Du côté de chez Swann* en 1913. Jacques Boulenger écrivait encore en 1919 : « L'œuvre de Proust n'est pas composée si peu que ce soit. » Elle n'a d'ailleurs pas de sujet ni de dessein. Proust demande toujours à ses lecteurs et critiques d'attendre la fin de son roman pour en juger. C'est ce qu'il explique dans une lettre de février 1914 à Rivière, où il affirme son souci de composition. Boulenger corrigera d'ailleurs son verdict en 1923, et *Le Temps retrouvé* convaincra les lecteurs que le roman avait bien un dessein. Mais la composition n'est plus celle du récit français traditionnel. Proust parle de « large échelle » et de composition « complexe », de « rigueur inflexible bien que voilée ». Son roman présente autre chose qu'une thèse, un cas, un caractère, ou une intrigue. Ses propos doivent toutefois être accueillis avec prudence, car ils datent d'avant la guerre et se réfèrent à des intentions que l'accroissement de l'œuvre a pu déborder, tout en laissant subsister la structure initiale — le temps perdu et le temps retrouvé —, assez solide pour supporter l'énorme excroissance du roman d'Albertine. Pour la composition de la *Recherche*, on cherche des analogies avec l'architecture — la cathédrale —, mais surtout avec la musique : la reprise de thèmes permet de décrire les esquisses successives du même sujet, comme la jalousie pour une femme, Odette, Gilberte, puis Albertine. En tout cas, le débat intense de l'après-guerre sur la composition du roman proustien — est-il construit ? a-t-il été écrit au fil de la plume ? — a cristallisé la réflexion sur le roman.

Dans *Les Faux-Monnayeurs*, Gide se heurte lui aussi à un défi : il s'agit non seulement d'embrasser la totalité du réel, mais encore de la soumettre à une ordonnance classique. Pour Édouard comme pour Gide, le souci de composition est essentiel et les fait tiquer devant les longueurs de Balzac ou Tolstoï. Mais Édouard n'a pas de plan pour son roman et laisse l'œuvre se composer elle-même, tout en évoquant l'« Art de la Fugue » comme un moyen de combiner intrigues et thèmes. Gide, lui, construit soigneusement son roman, où les symétries se multiplient, ce qui explique en partie son succès en face de l'échec d'Édouard.

Pour Giraudoux également, la musique est un modèle, à une époque où la question de la composition est centrale pour tous. Il s'agit de saisir la vie dans sa confusion et sa complexité, mais aussi d'écrire une œuvre harmonieuse. Il s'agit de réfuter le naturalisme et le symbolisme, ainsi que le récit français traditionnel. Pourtant, comme avec le monologue intérieur et le point de vue, les romanciers adaptent les techniques venues du roman étranger, mais sans s'y plier. Ainsi le roman typique des années 1920 et 1930 n'a guère une structure complexe et musicale, et, dans l'ensemble, c'est un récit plutôt bref, élégant et bien conduit, comme *Silbermann* de Lacretelle (1922), *Génitrix* de Mauriac (1923), *Le Bal du comte d'Orgel* de Radiguet (1924), *Paulina 1880* de Jouve (1925), *Adrienne Mesurat* de Green (1927), ou *Les Enfants terribles* de Cocteau (1929), toutes œuvres caractérisées par la brièveté, la rapidité et le tempo. On pourrait même dire que les romans-fleuves se présentent comme des suites de récits brefs, sans avoir l'ampleur ni l'épaisseur des romans russes et anglais.

UNE PSYCHOLOGIE COMPLEXE

Après les *Essais de psychologie contemporaine* (1883-1885) de Bourget, fondés sur la philosophie de Taine et fondateurs du roman d'analyse, Rivière se réclamera des *Quelques progrès dans l'étude du cœur humain* (1926) réalisés par Proust et Freud. Les personnages deviennent complexes et ambivalents ; ils n'ont plus la raideur typique du personnage balzacien ou zolien. Dépourvus de cohérence claire et de logique à la française, ils recèlent des ombres, comme chez Dostoïevski, ou comme chez Stendhal, qui montrait Julien tirant sur Mme de Rênal sans commenter son geste afin de suggérer l'action de forces obscures. Chez Proust, Gide ou Mauriac, il reste au lecteur beaucoup à interpréter. Ainsi, dans *Les Faux-Monnayeurs*, le suicide d'Olivier, événement central, reste inexpliqué et énigmatique. Comme pour les innovations techniques, toutefois, les innovations relatives à la psychologie des personnages peuvent sembler timides. Mis à part quelques œuvres exceptionnelles comme la *Recherche* ou *Les Faux-Monnayeurs*, le gros du roman conserve la forme du récit entrecoupé de dialogues, plus quelques monologues intérieurs et quelques « réalisations du point de vue » pour faire sentir les profondeurs des consciences.

Rivière louait la psychologie nouvelle à l'œuvre chez Proust, mettant en scène l'inconscient et la multiplicité du moi. Le personnage proustien apparaît dissocié — contre l'association des idées à la Taine, Gourmont insistait déjà sur la « dissociation des idées » comme dispositif littéraire majeur —, c'est-à-dire qu'il se montre incohérent, complexe et contradictoire. On a parlé à son propos de mobilité bergsonienne. Pourtant, moins que de complexité inhérente, il s'agit le plus souvent des transformations du personnage dans le temps et de sa diversité suivant les points de vue. Les « intermittences du cœur » théorisent la pluralité du moi et la diversité subjective, mais le narrateur ne progresse pas moins vers la lucidité et l'omniscience. Proust est sensible à l'œuvre de la durée, à la diversité dans le temps et l'espace, mais il cherche encore les grandes lois ; il maintient donc des intérêts parallèles pour le sensible et pour l'intelligible. Aussi l'évocation de la complexité subjective tend-elle chez lui vers la généralisation. Plutôt qu'à une authentique mobilité bergsonienne, on assiste le plus souvent dans la *Recherche* à la relativité du point de vue et aux aléas de la mémoire. Charlus, d'abord un être contradictoire aux réactions imprévisibles, Morel, Albertine et Saint-Loup se métamorphosent certes dans le temps, mais tous se mettent peu à peu à ressembler à leurs parents. Cependant, même après sa mort Albertine reste insaisissable, tandis que les points de vue sur elle continuent de se multiplier.

Disloqués, les personnages proustiens n'en restent pas moins intensément présents et vivants. Rivière écrivait à Proust après la parution de *Sodome et Gomorrhe II* : « Charlus est prodigieux ! C'est plus grand que Balzac, étant plus intérieur, je veux dire plus analytique... Jamais un être n'a vécu entre les pages d'un livre comme celui-là vit ! » Ainsi la complexité psychologique, loin de nuire à l'efficacité romanesque, la sert. Charlus est une énigme peu à peu résolue. Ses grandes tirades incompréhensibles marquent le sommet de la réussite romanesque proustienne.

Pourtant, en dépit de la nouveauté qu'il a manifestement apportée dans l'analyse psychologique, Proust affecte volontiers une attitude conventionnelle à l'égard de ses personnages et prétend les avoir laissés libres de se développer à leur gré, car, explique-t-il, « je ne suis pas libre d'aller contre la vérité et de violer les lois des caractères ». Il est vrai que c'est pour justifier, en 1920 auprès de Paul Souday, critique du *Temps*, l'évolution parfois scabreuse de tel ou tel : « Mes personnages ne tournent pas bien ; je suis obligé de les suivre là où me mène leur défaut ou leur vice aggravé. » Mais n'y a-t-il pas un peu d'ironie de sa part à avancer : « Vous croyez donc que je peux faire ce que je veux ? »

DESTINS DU ROMAN D'AVENTURE

Rivière réclamait un roman d'aventure avant 1914. L'après-guerre l'a apporté, mais la littérature d'évasion et de loisir qui s'est multipliée durant les années 1920 a vite été suivie par une littérature de l'inquiétude dans les années 1930. Du côté de l'évasion, Pierre Benoît, Mac Orlan, Carco ont connu de beaux succès, et surtout Morand, maître incontesté du voyage, ou encore Cendrars. *Le Grand Meaulnes* a aussi donné lieu à une suite du côté du roman poétique ou merveilleux, comme chez Cocteau, dont *Le Potomak* (1919), *Thomas l'imposteur* (1923) et *Les Enfants terribles* (1929) accumulent les événements étranges et les comportements bizarres, chez Jouve, dans *Paulina 1880* (1925) et *Hécate* (1928), mais surtout chez Giraudoux — à qui Proust fait allusion dans *Le Côté de Guermantes* comme au « nouvel écrivain » —, dont la prose poétique, dans des récits séduisants, a déconcerté par l'absence de hiérarchie entre l'important et l'accessoire, comme dans *Bella* (1926), qui transpose les démêlés de deux grandes familles républicaines, les Poincaré et les Berthelot. Giraudoux déplacera son humour et sa virtuosité au théâtre après 1930.

Il faudrait encore mentionner de nombreux récits d'enfance, autobiographiques ou non, entre *Si le grain ne meurt* (1922) de Gide et *La Maison de*

Claudine (1922) ou *Sido* (1930) de Colette. Le recours à l'enfance permet de fuir le réel et d'échapper au poids de l'histoire, ce qui semble avoir été un trait courant du roman de l'après-guerre. On songe encore au « réalisme poétique » de Giono, ou bien au roman rural de Pourrat ou de Ramuz. La dimension sociale ou morale, suivant un grief bientôt formulé, aura été peu présente dans le roman des années 1920.

CHAPITRE VI

DE L'AVANT-GARDE
AU SURRÉALISME

« L'Esprit nouveau et les poètes », conférence d'Apollinaire au théâtre du Vieux-Colombier en novembre 1917, a été publiée dans le *Mercure de France* en décembre 1918, un mois après sa mort. Au seuil de l'après-guerre, le poète se réclamait d'un monde matériel transformé pour justifier la nouveauté esthétique et la modernité littéraire. Il s'écriait : « Quoi ! On a radiographié ma tête. J'ai vu, moi vivant, mon crâne, et cela ne serait en rien de la nouveauté ? À d'autres ! » La nouveauté, liée au bouleversement de la réalité, induisait la liberté des thèmes, de la langue, des sentiments et des techniques littéraires. Dans *Les Mamelles de Tirésias* (1917), qualifié de « drame sur-réaliste », Apollinaire revendiquait un réalisme supérieur qui devait faire de la poésie un langage nouveau. La vérité du monde devait être préférée à la perfection esthétique, malgré le choc que les matériaux prélevés quasi bruts dans le monde moderne ne manqueraient pas provoquer en art. Mises en sommeil par la guerre, les avant-gardes allaient vite se réveiller dès la paix conclue.

FANTAISIE ET AVANT-GARDE

On ne parlait pas de l'avant-garde avant 1910, mais sa percée fut rapide en quelques années avant 1914, après que les fantaisistes eurent libéré la poésie du romantisme et du symbolisme. À la veille de la guerre, le prince des poètes élu en 1912, à la mort de Léon Dierx, est Paul Fort, non pas Verhaeren, Vielé-Griffin, Jammes ou Anna de Noailles, post-symbolistes ou classiques modernes. C'est un poète de la rive gauche, qui vient de publier la treizième série des *Ballades françaises* (1912). Symboliste dans sa jeunesse, puis proche des naturistes, il s'est converti à la vie au tournant du siècle. Fondateur de *Vers et Prose* (1905-1914), sa revue au titre mallarméen attire la poésie nouvelle depuis 1905. Il est apprécié des unanimistes sociaux, des traditionalistes sensibles à la poésie populaire, mais aussi d'Apollinaire ou de Salmon pour sa fantaisie. Seule la *NRF* juge qu'il abuse de la facilité et ignore les contraintes nécessaires à la création.

C'est la fantaisie qui a servi de prélude à l'avant-garde. *Les Œuvres burlesques et mystiques de Frère Matorel* (1912) de Max Jacob, avant *Le Cornet à dés* (1917), jouent entre le grotesque et le pastiche. Salmon précède Apollinaire dans *Le Calumet* (1910). On parle d'une école fantaisiste réunissant Carco, Pellerin, Derème, en contact avec Toulet, leur maître. Leur manifeste de novembre 1912 loue la tradition face au désordre romantique ou symboliste et à l'héritage sentimental du XIXe siècle, tandis qu'Apollinaire préfère le « surnaturalisme » comme souci de vérité. La vogue des fantaisistes est celle d'une certaine facilité aimable, mais elle illustre aussi une réponse possible aux problèmes de la poésie depuis Mallarmé, en opposant les œuvres aux théories et aux manifestes, en défendant avec détachement une autre variante du « classicisme moderne », celle de la tradition burlesque. Les fantaisistes privilégient les formes régulières et strictes, les irrégularités savantes et une rigueur non conformiste. Peu productifs après 1918, ce sont néanmoins eux qui ont libéré la poésie à la veille de la guerre, même s'ils n'ont pas pressenti la violence de ses forces neuves.

Le premier Cocteau — *La Lampe d'Aladin* (1909), *Le Prince frivole* (1910), *La Danse de Sophocle* (1912) — leur a été proche, enfant prodige protégé par Mendès, Rostand et Anna de Noailles. Duhamel réprouvait alors son « détestable talent », tandis que Ghéon le mettait garde dans la *NRF* contre son « métier parnassien et néo-classique ». Mais les Ballets russes le firent vite évoluer dans *Le Potomak* (écrit en 1913-1914, publié en 1916), et il mua grâce à Gide et Stravinsky, puis Picasso et Apollinaire — parfait exemple du fantaisisme comme propédeutique de l'avant-garde.

L'ESPRIT NOUVEAU

Pour l'avant-garde de l'avant-guerre, à la différence des fantaisistes, mais aussi des unanimistes et des tenants de la poésie sociale, l'art est à réinventer dans la rupture avec le passé. Regardant vers l'avenir, l'avant-garde réclame des formes neuves ; l'audace et l'expérimentation sont préférées à l'ordre et à la perfection. Préparée par le futurisme de Marinetti, inspirée par la peinture, l'avant-garde poétique s'épanouit à partir de 1912. Le manifeste futuriste a été publié dans *Le Figaro* du 20 février 1909. Incendiaire, il a été peu pris au sérieux. Exaltant les forces mécaniques, leur vitesse et leur énergie, il représente pourtant un acte de foi décisif en l'avenir. Tourné vers le XXe siècle, l'automobile, l'aéroplane, le télégraphe et le cinématographe, le futurisme en finit avec l'ère de la machine à vapeur. En littérature, il dénonce l'inanité de la vieille syntaxe et propose de disposer les substantifs au hasard, d'employer le verbe à l'infinitif, de supprimer l'adjectif et l'adverbe, de créer des images fortes en abolissant les termes de comparaison et la ponctuation. Les jeux d'images et les analogies sont loués, conformément à une « obsession lyrique de la matière » et au procès fait à la psychologie. L'homme est devenu mécanique. En 1913, *Les Mots en liberté* de Marinetti proclament l'abandon total du poète à « la violence spontanée, illogique, de l'émotion lyrique ». Cette image frappe l'avant-garde en France, qui vise à sont tour la destruction de la syntaxe et le choc des mots.

Ambigu, Apollinaire exprime pourtant dès 1911 son scepticisme à l'égard des peintres futuristes et raille leur non-conformisme. Ils ne trouveront d'ailleurs pas place dans *Les Peintres cubistes* (1913). Apollinaire souligne les limites de la technique des mots en liberté dans *Les Soirées de Paris* (1912-1915), revue qu'il publie avec Salmon. Le manifeste de *L'Antitradition futuriste* (1913) se présente comme une parodie du futurisme, mais Apollinaire n'en est pas moins sensible à la condamnation de la ponctuation.

Nouveaux venus en littérature par leur origine de classe ou leur statut social, les poètes de l'avant-garde sont souvent pauvres, provinciaux ou étrangers, peu éduqués, « métèques » suivant Maurras. Proches de l'ancienne bohème littéraire, ils fréquentent peu les salons, mais vivent de petits travaux d'édition. Sans cultiver le romantisme de la misère, ils sont attentifs à la vie urbaine et à l'existence quotidienne, aux formes populaires, aux spectacles de la rue et aux choses vues, comme Apollinaire dans « Zone ». Salmon et Cendrars sont aussi attirés par l'anarchisme finissant. Tous ont le souci des autres arts et perpétuent par là le rêve symboliste de l'art total, ou de l'autonomie absolue de l'art, mais le modèle de la poésie passe de la musique à la peinture, et, loin d'imaginer une utopique synthèse des arts, ils trouvent leur stimulation chez leurs pairs et réalisent des œuvres communes.

Pour l'avant-garde poétique française, le rôle du cubisme a été éminemment constructif. Dès 1905, les fauves, puis les cubistes, séduisent Apollinaire et Salmon. En 1910, les frères Duchamp et Léger adhèrent au cubisme de Picasso, Braque, Delaunay et Gleizes, puis Juan Gris en 1911. Ils sont exposés aux salons des Indépendants et d'Automne en 1911 et 1912. Salmon et Apollinaire se portent à leur défense contre une critique hostile. Leur solidarité s'affirme de manière croissante : les poètes seront à la fois les avocats et les disciples du cubisme, qui ne se définit ni comme imitation ni comme impression, mais comme conception et création. Il s'agit d'éliminer l'accident visuel et l'anecdotique. Le mouvement provient d'éléments inattendus comme dans les collages. La voie est donc ouverte par les peintres, comme la musique avait joué pour les symbolistes, Apollinaire n'hésitant pas à proclamer : « Et moi aussi je suis peintre ! »

Cendrars, né en Suisse et qui a séjourné en Russie et à New York, se porte d'emblée à l'avant-garde. Ayant pratiqué tous les métiers, familier de Gustave Le Rouge et de Gourmont, intéressé à tous les arts, cosmopolite, parlant allemand et russe, il sera un des poètes les plus novateurs jusqu'au surréalisme, et il publie deux textes majeurs à la veille de la guerre, *Les Pâques à New York* (1912) et *La Prose du Transsibérien et de la petite Jeanne de France* (1913). « On n'est moderne, écrit-il, que quand on a tout foutu par terre. » Le premier texte, sous la forme de distiques à prédominance d'alexandrins, rimant le plus souvent pour l'oreille, laisse entendre la détresse du poète seul dans la ville étrangère et relate son errance à la recherche d'une lueur, le jour de Pâques. Le poème, allant vers un appel à Dieu, est plus classique que « Zone » dans son lyrisme expressif et narrativisé. L'obsession de l'humanité entière, émigrants, vagabonds, prostituées et réprouvés, y est transposée dans la pulsation et le halètement. Le second texte, où la typographie joue un rôle essentiel, est une œuvre totale relevant de la prose liturgique à la Gourmont. Sous la forme d'une bande de deux mètres, à mi-chemin du tableau et de la partition, colorée au pochoir par Sonia Delaunay, c'est le premier livre simultané, poème-objet, partition et affiche, mais aussi un récit de voyage à la fois lyrique et épique. Cendrars y relate un voyage à travers la Russie et à travers la vie. La cadence de l'alexandrin devient l'exception, et les rimes ont disparu. Le vers est justifié par l'image ou par l'idée qui lui donne sa mesure, et cette poésie brute, interdisant toute jouissance artistique, se transforme en un délire d'images. La tentative est cette fois plus radicale que chez Apollinaire, mais Cendrars, s'essayant à une nouvelle esthétique dans chaque œuvre, restera un aventurier isolé.

Apollinaire, poète, journaliste et critique d'art est indéniablement le chef de file de l'avant-garde après 1911. Théoricien du cubisme, il participe à tout et tente tout, mais sans la fougue de Marinetti, en combinant invention et tradition. *Alcools*, publié au Mercure de France en 1913 — tiré à 500 exemplaires, il en restera 200 lors du rachat des droits par Gallimard au début des années 1920, preuve que l'influence ne se mesure pas aux ventes —, réunit, sous le sous-titre *Poèmes 1898-1913*, toutes les étapes de son cheminement. L'inspiration symboliste marque les souvenirs du séjour rhénan de 1901-1902, avant la « Chanson du mal-aimé » (1904), « Le Pont Mirabeau » (fin 1911 ou début 1912), et enfin « Zone », ajouté aux épreuves en novembre 1912. Mais la chronologie est bouleversée, les dates sont supprimées, et les poèmes sont déguisés par la suppression de la ponctuation. Le recueil a pu sembler disparate, car c'est une somme, rassemblée sous le chef de la surprise. Apollinaire théorise peu, mais il expérimente, oscillant entre la pureté mélodique, héritée de la tradition, et la poésie de la vie, liée à l'invention. « Zone », le dernier poème composé, mis en tête du recueil, est la manifestation même de l'esprit moderne : exprimant la modernité dans toute sa diversité quotidienne, il trouve la poésie dans « les prospectus les catalogues les affiches qui chantent tout haut » et réalise l'intuition d'une poétique nouvelle liée à la simultanéité et au choc des images.

Avant la conférence d'Apollinaire au théâtre du Vieux-Colombier en novembre 1917, « L'Esprit nouveau et les poètes », le public lettré n'avait pas vraiment perçu le renouvellement de la poésie qui avait été accompli par l'avant-garde, mais les surréalistes, eux, s'étaient déjà reconnus dans ces formes riches des traditions, mais ouvertes au monde moderne, et ils les loueront longtemps.

LA POÉSIE PURE

Comme pour le roman, les années de l'immédiat avant-guerre ont été celles d'une prodigieuse fortune poétique, non seulement avec Cendrars, Apollinaire et l'esprit nouveau, mais aussi grâce à l'approfondissement de la connaissance de Mallarmé et de Rimbaud, ou avec les *Cinq Grandes Odes* de Claudel, les *Tapisseries* et *Ève* de Péguy, ou encore avec le retour, encore ignoré, de Valéry à la poésie dans *La Jeune Parque*, mais cet essor a été brisé par la guerre. Le *Mercure de France* reprend en 1915, la *NRF* seulement en 1919, et le mouvement littéraire est freiné par l'enthousiasme patriotique. Péguy est tué dès septembre 1914, et Apollinaire disparaît en novembre 1918. Les années 1920 verront pourtant l'achèvement magistral de l'œuvre poétique de Claudel et de Valéry, et l'aventure surréaliste dans son entier sera liée aux innovations de Cendrars et d'Apollinaire.

La poésie doit-elle réagir par l'humanisme ou par le nihilisme à la guerre et à son non-sens ? Le poème sera-t-il un moment de beauté arraché à l'incohérence du monde ou bien achèvera-t-il la destruction de toutes les illusions ? L'alternative est à peu près celle de la poésie pure et du dadaïsme. Ou bien, troisième possibilité, cette alternative pourrat-elle être dépassée dans la fidélité aux richesses et aux désordres du monde moderne ? Ainsi le surréalisme ambitionnera-t-il de « changer la vie » par l'action poétique.

L'abbé Bremond ouvrit la querelle de la poésie pure dans un discours académique d'octobre 1925. Souday lui répliqua aussitôt dans *Le Temps*, et une polémique suivit, comprenant plus de deux cents articles. Bremond reprenait une expression de Valéry, dans « La poésie pure au XIXe siècle », conférences de 1922-1923 au théâtre du Vieux-Colombier, mais il lui donnait un sens mystique. Suivant Bremond, le plaisir poétique est lié au mystère du sens, à une expérience intérieure informulable, proche du mysticisme et transmise par les mots indépendamment du sens : le but du poème est de « faire passer en nous un certain ébranlement ». La réaction de Claudel fut positive, mais Valéry, gêné par le sens religieux donné par Bremond à la pureté poétique, tenta vainement de se démarquer, réduisant sa propre pureté à l'élimination en poésie de la narration et de la description. Il en résulta une perception mallarméenne de Claudel et Valéry face à laquelle les tenants de la modernité réagirent en se réclamant de Rimbaud. Breton traite ainsi Bremond de « cancrelat » dans le *Second Manifeste*, mais il doit quand même se mettre à critiquer Rimbaud, dont Claudel revendique lui aussi la parenté.

La querelle définit en tout cas les deux pôles de la poésie durant l'entre-deux-guerres : en face de l'avant-garde associée à la peinture, une poésie de haute ambition musicale se glisse entre le sens et les sens, l'imaginaire et l'intelligence. Par exemple, l'ambition cosmogonique de Saint-John Perse, dans *Élo-*

ges (1909), mais surtout dans *Anabase* (1924) et plus tard dans *Exil* (1944), peut être ainsi entendue.

DE DADA AU SURRÉALISME

Doutant de toutes les valeurs à l'instar de Jarry, dont le nihilisme aurait été validé par la guerre, le dadaïsme assigne à la littérature une mission de dérision. En 1916, au cabaret Voltaire à Zurich, Tzara lance « Dada », pseudonyme grotesque à la Ubu, qui se propose la subversion systématique de toute la culture et le sabotage du beau et du bien. Mouvement étendu à Berlin et à Cologne, Dada prend la suite des « ready-made » de Duchamp dans la contestation de l'art. Peu après le *Manifeste Dada 1918*, Tzara rejoint Paris. Poète, auteur de *La Première Aventure céleste de Monsieur Antipyrine* (1916), il entend montrer que la poésie est une force vivante dans le monde, et que l'écriture n'est qu'un moyen parmi d'autres, moyen nullement indispensable en tant qu'expression de la spontanéité. La poésie réside au-delà du langage. Aussi est-ce le rapport de la poésie et du langage qui doit être mis en cause, ou même nié. La poésie consistera à faire violence au langage, à le faire servir à la négation de la nécessité du langage poétique. Dada entend donc démolir le langage pour en libérer la poésie : suivant l'expression de Paulhan, pas de meilleur exemple de « la Terreur dans les Lettres », car la révolte contre le langage se fait au nom de la poésie.

Telle est aussi la prémisse du mouvement surréaliste. Breton, mallarméen avant 1914, lié à Valéry, a rencontré durant la guerre l'humour noir de Jacques Vaché. Puis il a été en contact avec Apollinaire. En hôpital psychiatrique, il a découvert Freud. Et en 1919, le noyau constitué de Breton, Soupault et Aragon est formé. La revue *Littérature* — titre donné par dérision — est fondée en mars 1919. Avec l'arrivée de Picabia et de Tzara à Paris, la jonction avec Dada se fait de 1919 à 1921, à l'occasion d'une série de manifestations communes. En janvier 1920, sous le titre de « poème », Tzara lit un article de journal. Toutes les valeurs littéraires sont attaquées : « Si vous lisez André Gide tout haut pendant dix minutes, vous sentirez mauvais de la bouche. » Le programme est intégralement négatif, suivant le *Manifeste Dada :* « Plus de peintres, plus de littérateurs,... RIEN, RIEN, RIEN. / De cette façon nous espérons que la nouveauté qui sera la même chose que ce que nous ne voulons plus s'imposera moins pourrie... »

Mais la gratuité de Dada lasse Breton. L'échec du projet d'un « Congrès international pour la détermination et la défense des tendances de l'esprit moderne », à Paris en mars 1922, provoque la rupture. « Lâchez tout », suivant le titre d'un article de Breton dans *Littérature*, veut dire aussi dire : « Lâchez Dada ». En 1924, la publication du premier *Manifeste* correspondra à la véritable fondation du surréalisme, dont la revue prendra pour titre *La Révolution surréaliste*. Après la phase de destruction, on est passé à la construction.

D'autres influences que celle de Dada, ou d'autres recherches parallèles sur le langage, comptèrent dans cette inflexion, dont celles de Jacob, Jouve ou Reverdy, ou encore la réflexion sur l'image dans le milieu de l'Abbaye. Reverdy, proche à Montmartre des cubistes et d'Apollinaire, oppose au silence, soit une écriture dépouillée entre des blancs, soit une prose compacte. Par l'image, le poète constitue le réel ; il ne le retranscrit pas. Or Reverdy sera le « poète exemplaire » de Breton, Aragon, Soupault et Éluard.

Le surréalisme est ainsi défini dans le *Manifeste* en 1924 : « Automatisme psychique pur par lequel on se propose d'exprimer, soit verbalement, soit par écrit, soit de toute autre manière, le fonctionnement réel de la pensée. » Au sens étroit, le surréalisme est donc un procédé d'écriture, mais au sens large, c'est une attitude philosophique, mystique, poétique, politique et éthique. Tous les textes surréalistes ne se ramènent d'ailleurs pas à la dictée aux ordres de la voix, réduisant le poète à un « appareil enregistreur ». Héritier du surnaturalisme baudelairien, de l'onirisme nervalien et freudien, de la révolte absolue de Lautréamont, Rimbaud et Dada, ainsi que de la philosophie de Bergson, le surréalisme se veut moins une poétique qu'une philosophie révolutionnaire de la vie. Face au refus de Dada, Breton se soucie de recomposer une tradition d'ascendants marginaux, de Sade et Chateaubriand à Reverdy et Saint-John Perse. Lautréamont est publié dans *Littérature*, où Baudelaire, Hegel et Rimbaud ont été « bien notés » en mars 1921.

Les Champs magnétiques de Breton et Soupault (1920) est le premier texte surréaliste, publié dans *Littérature* en 1921. Écriture automatique à deux, le livre réalise le projet d'une nouvelle définition de la littérature. Malgré une syntaxe toujours correcte, l'incohérence éclate dans le choc des mots. Le sujet se laisse traverser par une parole qui vient d'en deçà du moi conscient et social : « Le vice appelé *surréalisme* est l'emploi déréglé et passionnel du stupéfiant *image* », dira Aragon dans *Le Paysan de*

Paris (1926). Multipliant les condensations et les contradictions, le déroulement des images produites par l'automatisme défie le bon sens. Tout est possible, et il serait erroné de chercher à percevoir un rapport raisonnable entre les termes associés. La création est révélation : « L'image est une création pure de l'esprit », écrivait Reverdy en 1918, cité dans le *Manifeste*, car « le propre de l'image forte est d'être issue du rapprochement spontané de deux réalités très distantes dont l'esprit seul a saisi les rapports ». Reposant sur le pouvoir de substitution de l'inconscient, l'automatisme fait participer les objets les uns aux autres, comme dans le rêve, où tout est substituable sans cesser d'être concret. Chaque poème retourne à un chaos d'images poétiques illustrant les évidences d'une autre nature, mais le résultat est parfois stéréotypé.

Le surréalisme, qui se méfie du réel, reprend à son compte le rêve romantique de rompre avec les choses qui sont, et parie sur la toute-puissance de la pensée pour changer le monde. Il fait appel à la liberté totale de l'esprit, car la vie est ailleurs. Sa haute ambition est de posséder le monde dans une métaphore, comme Breton l'écrira dans le *Second Manifeste* (1930) : « Tout porte à croire qu'il existe un certain point de l'esprit d'où la vie et la mort, le réel et l'imaginaire, le passé et le futur, le communicable et l'incommunicable, le haut et le bas cessent d'être perçus contradictoirement. Or c'est en vain qu'on chercherait à l'activité surréaliste un autre mobile que l'espoir de déterminer ce point. » Le surréalisme rejoint ici un spiritualisme ésotérique, mais il se tournera bientôt vers le matérialisme dialectique dans un essai de rationalisation.

Avec leur « Bureau de recherches surréalistes », les surréalistes mènent une action collective et publient des textes d'intervention sociale, comme « Un cadavre », à la mort d'Anatole France : « Loti, Barrès, France, marquons tout de même d'un beau signe blanc l'année qui coucha ces trois sinistres bonshommes : l'idiot, le traître et le policier. Avec France, c'est un peu de la servilité humaine qui s'en va. » Dans des jeux comme le « cadavre exquis », l'écriture devient elle aussi collective, par exemple dans *152 proverbes mis au goût du jour* (Éluard et Péret, 1925), *L'Immaculée Conception* (Breton et Éluard, 1930), ou *Ralentir travaux* (Breton, Éluard, Char, 1930). Mais le caractère collectif du surréalisme n'a pas freiné l'expression des originalités. Éluard, avec *Capitale de la douleur* (1926), a renouvelé la lyrique amoureuse par l'image surréaliste et a multiplié les explorations formelles, de l'alexandrin au vers libre et à la prose. Un vers : « La terre est bleue comme une orange / Jamais une erreur les mots ne mentent pas », dans *L'Amour la poésie* (1929), est devenu le symbole des possibilités de l'image surréaliste. Au surréalisme, Aragon a pris la révolte, la soif de scandale, la fureur érotique. *Le Paysan de Paris* (1926), suivant un titre paradoxal, s'ouvre sur une « Préface à une mythologie moderne » : il s'agit de rompre avec le « matérialisme grossier » et le « sot rationalisme humain », d'aller vers « le merveilleux quotidien ». Le délire verbal atteint son sommet chez Desnos, qui laisse les mots penser par eux-mêmes, comme dans *Corps et biens* (1930), tandis que Soupault poursuit la poésie intérieure d'Apollinaire et Reverdy.

Malgré l'emprise de la doctrine surréaliste, la diversité poétique de la période est donc frappante.

Un nouvel univers poétique est exploré par Max Jacob, Reverdy, Cocteau, Éluard, Desnos ou Supervielle, tandis que Tzara, Breton et Soupault, Queneau, mais aussi Jacob, Desnos et Cocteau, se livrent à une poésie expérimentale. Rien n'empêche le lyrisme libéré de Desnos ou Éluard, l'humour mystique de Jacob, la fantaisie orphique de Cocteau. Et les thèmes poétiques restent ceux de toujours : l'amour, la femme, la nature, le monde, la mort ou Dieu.

Les rapports avec la peinture sont essentiels, avec Picasso, De Chirico, Ernst, Masson, Braque, Klee, Arp, Miró. Breton, d'abord réticent, fut bientôt convaincu que le collage procédait par collision comme l'image surréaliste, et il a théorisé ce rapport dans *Le Surréalisme et la peinture* (1929). Dali et Magritte ont pris le relais, ainsi que Buñuel avec le cinéma, à partir d'*Un chien andalou* (1929), et Man Ray pour la photographie.

La question de la révolution politique est restée centrale pour les surréalistes, car, à leurs yeux, la fonction sociale de la pratique artistique lui est inhérente. *La Révolution surréaliste* s'en prend à la patrie en 1925. Breton s'oppose en 1926 à la confusion entre révolution surréaliste et révolution communiste, mais Breton, Éluard, Aragon et Péret adhèrent en 1927 au parti communiste, même si leur sensibilité à la révolution permanente les apparente davantage aux trotskistes. Une scission advient bientôt. Aragon et Sadoul se rendent en 1930 au congrès de Kharkov, où la psychanalyse et le trotskisme sont condamnés, et Aragon publie *Front rouge* en 1931. Breton réplique dans *Misère de la poésie* (1932), dénonçant la politique littéraire du parti. Entre eux, la rupture est alors définitive.

Le surréalisme, suivant Breton, « pape du surréalisme », est incompatible avec une activité littéraire traditionnelle, notamment avec le roman. Ainsi le *Second Manifeste* (1930), prônant la révolte absolue, procédera-t-il à un certain nombre de règlements de comptes avec tous ceux qui ont fait des concessions : Artaud, Delteil, Vitrac, Desnos, Ribemont-Dessaignes, Soupault, Masson, Baron et Naville, Daumal, Gilbert-Lecomte, Bataille, Leiris, Limbour... La liste des exclus ne cessera de s'allonger, et elle comprend même quelques anciens — « Rimbaud s'est trompé », « crachons, en passant, sur Edgar Poe » —, à l'exception notable de Lautréamont. Le dogmatisme de Breton a pu choquer, mais il n'a pas empêché son œuvre de s'enrichir. *Nadja* (1928), se dressant contre le roman traditionnel, s'intéresse aux manifestations de l'irrationnel en nous et du merveilleux dans le quotidien. Vie et écriture y sont liées par la puissance de l'amour. Le *Second Manifeste* met l'accent sur la vie intérieure et l'inspiration poétique. Breton aura été un prosateur classique plus qu'un poète ; l'automatisme l'aura conduit à la prose. « Seul le merveilleux est beau », écrivait-il dans le *Manifeste*, et c'est dans la prose de *Nadja* et de *L'Amour fou* (1937) que le merveilleux se développera et deviendra réel, et que la rencontre d'une femme fera entrer l'extraordinaire dans la vie.

Après 1930, le surréalisme influence tous les arts. Breton déploie une activité intense, de l'*Appel à la lutte* antifasciste de 1934 à de nombreux congrès et expositions. Après sa rupture avec le parti communiste, il renoue avec Bataille dans *Contre-Attaque*, puis avec Trotski, tandis qu'Aragon, Éluard et Tzara restent fidèles au communisme.

L'apport poétique du surréalisme a été considérable durant l'entre-deux-guerres et au-delà, introduisant dans la littérature un nouveau merveilleux issu de l'analogie. Sans doute cette rupture est-elle commune avec des poètes indépendants, tel Cocteau ou Jacob, mais le surréalisme a porté l'universelle analogie à son plus haut degré de puissance et a ainsi libéré la poésie de ce qui relevait encore de la raison et de la forme, de la conscience même. Les deux grandes techniques de l'écriture automatique et du rêve, spontané ou provoqué, ont éveillé l'intérêt pour les formes pathologiques du jeu désintéressé de la pensée. Artaud a pu incarner la pointe extrême de la poétique du mouvement, dans la dictée psychique ou le compte rendu de rêve.

Le surréalisme n'a pas toujours échappé à l'hermétisme, comme le symbolisme avant lui. Or le surréalisme voulait être un humanisme, voulait « changer la vie ». Sur ce plan-là, la scission a été encore plus grave que la scission politique. Comment concilier surréalisme et humanisme ? Telle est par exemple la question d'Éluard, qui voit dans les techniques surréalistes des procédés de libération et non d'abolition du langage. Éluard s'attache à l'automatisme comme recours poétique et maintient la différence entre le poème et la dictée psychique. Réclamant la liberté de la parole, il rappelle en 1937 son vœu « d'établir les différences entre rêves, poèmes et textes automatiques ».

Le surréalisme a rencontré les mêmes obstacles ontologiques que Baudelaire et Mallarmé dans leur ambition que se rejoignent, dans et par le langage, l'expérience humaine et la surréalité poétique. Le problème de la poésie et le problème de l'être ont ainsi été confondus, de manière délibérée chez Breton, qui entretenait, comme les romantiques, une utopie prométhéenne de la poésie intégrale. « Si vous écrivez, suivant une méthode surréaliste, de tristes imbécillités ce sont de tristes imbécillités. Sans excuses », répliquait Aragon, qui n'était pas dupe, dans le *Traité du style* (1928).

LES TROIS CONCEPTS FONDAMENTAUX DU SURRÉALISME

Le surréalisme a légué à la littérature du XXe siècle trois concepts fondamentaux qu'elle ne pourra plus ignorer et qui ne cesseront de marquer son histoire : l'automatisme, le merveilleux, et le hasard objectif.

Le premier, l'automatisme, a introduit une réflexion essentielle sur les rapports de la littérature et du langage. Aux origines du surréalisme se trouve la découverte par Breton et Soupault, en 1919, après la fondation de *Littérature*, des pouvoirs de l'écriture automatique. Les proses des *Champs magnétiques*, écrites durant six semaines en mai et juin 1919, ont été publiées de septembre 1919 à février 1920. Les phrases surgissant à l'approche du sommeil et les associations libres de Freud intéressaient Breton depuis 1916, mais Mallarmé, Rimbaud, Valéry et Reverdy seront aussi invoqués comme précurseurs dans le *Manifeste*. Au cours d'une série de séances, comme Breton le relate dans le *Manifeste*, Breton et Soupault tinrent la plume tour à tour, par exemple comme dans « La Glace sans tain » : « Prisonniers des gouttes d'eau, nous ne sommes que des animaux perpétuels. Nous courons dans les villes sans bruits et les affiches enchantées ne nous touchent plus. À quoi bon ces grands enthousiasmes fragiles, ces sauts de joie desséchés ? [...] Lorsque les grands oiseaux prennent leur vol, ils partent sans un cri et le ciel strié ne résonne plus de leur appel. Ils passent au-dessus des lacs, des marais fertiles... »

L'automatisme renouvela soudainement l'inspiration poétique, comme Aragon, absent de Paris, devait le découvrir à son retour, et la rupture avec Dada fut suivie d'une intense activité automatique jusqu'en 1923. Dans le bilan intitulé « Le Message automatique » (1933), recueilli dans *Point du jour* (1934), Breton, devenu plus sceptique, parlera cependant de l'« infortune continue » de l'automatisme. C'est un mode de production du texte — mais aussi de la parole ou du dessin — sans contrôle de la raison ni du goût : « Il s'agissait de remonter aux sources de l'imagination poétique », dit Breton dans le *Manifeste*. L'automatisme provoque une mise en question du sujet par lui-même, du sens de la parole et de la communication. Les séances de sommeil hypnotique prendront le relais en 1922 avec Crevel, Péret et Desnos, le plus doué. Ce qui relevait auparavant de la médecine ou du spiritisme, de l'aliénation ou de la magie, devient un instrument poétique, avant qu'on ne parle d'« autonomisation du signifiant ». Breton est par ailleurs frappé par la « remarquable analogie » entre les productions des uns et des autres, ce qui témoignerait à ses yeux de l'impersonnalité de l'instance subjective qui s'exprime dans l'automatisme.

Théorisé en 1922 dans « Entrée des médiums », l'automatisme, après cette première phrase, a inspiré des pratiques très diverses. Breton, fidèle au procédé original, n'a jamais voulu altérer ses productions automatiques, tandis qu'Aragon considérait que la première phrase survenue dans l'automatisme lui proposait un rythme, une image ou un sens, quelque chose comme un *incipit* qu'il déployait ensuite par une combinatoire consciente. En revanche, Breton cherchait à maintenir artificiellement l'état initial où la première phrase « cognait à la vitre ». Restait cependant entier le problème du passage d'une phrase automatique à une autre : « Il est assez difficile de se prononcer sur le cas de la phrase suivante », mais « le fait d'avoir écrit la première entraîne un minimum de perception », concédait Breton. S'il évitait ici le mot de *signification*, celui de *perception* impliquait quand même une intervention de la conscience. Breton insistait pourtant sur la technique, sans trop s'appesantir sur les rapports de la pensée et du langage impliqués par l'automatisme. Celui-ci, grâce à la vitesse, révèle « la *pensée parlée* », il est la trace du « fonctionnement de la pensée ». Met-il au jour une singularité de pensée individuelle, ou bien une matière mentale commune ? Breton semblait pencher pour la seconde thèse. L'automatisme satisfait-il la volonté de démocratisation de la fonction artistique que Lautréamont réclamait ? Aragon, moins aventureux ou moins imprudent, admettait néanmoins les différences de talent : « Le surréalisme est l'inspiration reconnue, acceptée, et pratiquée. Non plus comme une visitation inexpliquée, mais comme une faculté qui s'exerce. » Alors que Freud ne préjugeait pas de l'instance qui se dévoilait dans l'association libre, pour Breton la parole automatique paraît la voix de « notre inconscience », dont nous sommes les « *appareils enregistreurs* » — hétérodoxie qui justifie que Starobinski ait pu présenter le surréalisme comme une « branche aberrante » de l'histoire de la psychiatrie. Renversant la hiérarchie entre conscience et inconscience ou extra-conscience, inversant les valeurs en faveur de la folie, Breton valorise en effet en tant que tel le produit des associations libres, là où Freud ne voyait qu'un moyen d'accéder au refoulement.

Breton, qui se méfie du langage — il est « misologue », comme dira Paulhan —, distinguait donc la pensée du langage, comme s'il pouvait y avoir une pensée hors du langage. Aragon, plus philosophe, écrivait : « Il n'y a pas de pensée hors des mots. » Or, dans ces interrogations sur le langage provoquées par l'automatisme devait résider tout le destin de la littérature, une fois écarté le moralisme de Breton, pour qui la poésie devait mener quelque part, apporter une « solution particulière du problème de la vie ».

La deuxième notion surréaliste essentielle est l'image. Breton fait l'apologie du merveilleux dans le *Manifeste* : « [L]e merveilleux est toujours beau, n'importe quel merveilleux est beau, il n'y a que le merveilleux qui soit beau », et encore dans *Nadja* : « La beauté sera CONVULSIVE ou ne sera pas. » Ces propositions condamnent le roman et privilégient l'image poétique insolite. Après le surréalisme, la poésie, ayant coupé les amarres avec le vers, sera de plus en plus identifiée ou réduite à l'image.

Or les images sont produites en abondance par l'écriture automatique, et la richesse poétique des *Champs magnétiques*, puis de *Poisson soluble* (1924), est fondée, comme le dira Breton dans le *Manifeste*, sur « un choix considérable d'images d'une qualité telle que nous n'eussions pas été capables d'en préparer une seule de longue main ». Ainsi le surréalisme a-t-il pu être défini par l'image selon Aragon lui-même : « Le vice appelé Surréalisme est l'emploi déréglé et passionnel du stupéfiant image. [...] chaque image à chaque coup vous force à réviser tout l'Univers. Et il y a pour chaque homme une image à trouver qui anéantit tout l'Univers. » Les textes automatiques fournissent les modèles de mondes à venir, sans contradiction logique, où les mots du désir désignent la réalité.

Dans le *Manifeste*, Breton emprunte la définition de l'image à un texte de Reverdy publié dans *Nord-Sud* en mars 1918 : « L'image est une création de l'esprit. / Elle ne peut naître d'une comparaison mais du rapprochement de deux réalités plus ou moins éloignées. / Plus les rapports des deux réalités seront lointains et justes, plus l'image sera forte. » De cette formulation, on a surtout retenu que l'image surréaliste, l'effet poétique moderne, naît d'un choc de réalités. Breton adaptait en fait le texte de Reverdy, qui n'insistait pas sur les réalités mises en rapport par l'image et qui ajoutait au contraire : « L'émotion ainsi provoquée est pure, poétiquement, parce qu'elle est née en dehors de toute imitation, de toute évocation, de toute comparaison. » En l'occurrence, Reverdy s'opposait à Jules Romains et à Duhamel qui, au moment de l'unanimisme, avaient souligné les ressources d'énergie et de tension de l'image en termes de réalités juxtaposées : « Plus une image s'adresse à des objets naturellement distants dans le temps et l'espace, plus elle est surprenante et suggestive », écrivait Duhamel en 1913, tandis que Jules Romains admirait en 1909 chez Apollinaire « l'explosion d'analogies imprévues, et qui juxtaposent si soudainement des parcelles de l'univers si distantes ». Là où Duhamel voyait les images comme des heurts de réalités, suivant Reverdy l'image n'a pas pour rôle d'expliciter des liens réels, existant indépendamment du poète. Ainsi l'image surréaliste, si elle est entendue à la manière de Reverdy, doit creuser l'écart entre le monde poétique et le monde perçu. C'est pourquoi Reverdy et Breton sont hostiles à la comparaison, laquelle est hiérarchisée et fait dépendre les images d'un sens homogène. Malgré la formulation de Reverdy sur les « réalités » mises en présence par l'image, et en dépit de son allusion à la « justesse » de l'image, celle-ci n'est plus référentielle en poésie, et une étape fondamentale a été franchie dans la séparation de la littérature et du réel : « C'est du rapprochement en quelque sorte fortuit des deux termes qu'a jailli une lumière particulière, *lumière de l'image* [...]. La valeur de l'image dépend de la beauté de l'étincelle obtenue ; elle est, par conséquent, fonction de la différence de potentiel entre les deux conducteurs. »

L'image surréaliste n'est donc pas référentielle. Reste que du réel y est produit et que l'effet d'étincelle dépend de la tension entre l'image et ce réel. Breton insiste sur l'apparition simultanée des deux termes qui constituent l'image, dans un rapprochement immédiat et aléatoire de signifiants : « [L]es deux termes de l'image [...] sont les produits simultanés de l'activité que j'appelle surréaliste. » Une image n'est donc pas plus ou moins « juste », car il n'y a rien de préalable à cette image dont le critère est « le degré d'arbitraire », comme dans cet exemple de Breton : « Sur le pont la rosée à tête de chatte se berçait. »

Chez Éluard, la réflexion sur l'image est sensiblement différente. Comme Aragon pour l'automatisme,

Éluard instrumentalise l'image surréaliste. Le poète est à la recherche d'un nouveau langage qui n'a pas l'obligation de signifier et qui est ouvert au plaisir des sens. Le jeu avec les proverbes met à nu les vraies réalités du monde. Le langage est matière et agent de la transformation de l'homme. C'est pourquoi le travail poétique intervient cette fois sur des métaphores convenues ou sur des clichés. Alors que pour Breton l'image crée du sens et que ses termes en présence définissent l'insolite, pour Éluard l'insolite vient de la syntaxe par laquelle les termes sont mis en présence : sous l'image éblouissante, on retrouve les clichés dissociés, comme dans un collage de Max Ernst. Or les affinités du surréalisme avec la peinture, qui dépayse le regard par collision d'éléments incompatibles, imposeront de plus en plus la conception de l'image proposée par Éluard, plus accommodante et moins exigeante que celle de Breton. Le philosophe Ferdinand Alquié posait excellemment l'alternative, qui restera celle de toute la poésie du second XXe siècle : « L'imagination crée-t-elle un réel qui lui soit propre ? Exprime-t-elle un réel de nous inconnu ? » La poésie crée-t-elle du sens, ou le révèle-t-elle ? Devant cette incertitude, la nature du merveilleux restera incertaine tout au long du surréalisme.

Après l'automatisme, après l'image, le « hasard objectif » est le troisième concept fondamental du surréalisme. Il aura lui aussi la vie dure. C'est la « lumière de l'anomalie », ou encore la manifestation de la nécessité extérieure dans l'inconscient humain. Dans le hasard objectif, la nécessité naturelle et la nécessité humaine coïncident exceptionnellement, ou objectivement, comme si la subjectivité se projetait dans un objet.

Le début de *Nadja* accumule ce que Breton appelle « des rapprochements soudains, des pétrifiantes coïncidences », c'est-à-dire des rencontres surprenantes qui s'imposent comme des signaux en raison de leur force et dont le sujet est le « témoin hagard ». Dans le hasard objectif, l'événement devient signe, mais à la condition que l'on ait un « comportement lyrique », caractérisé par l'attention aux mots, la disponibilité et l'attente, par opposition à la « volonté d'application, de butin, de récolte ». C'est la flânerie sur les boulevards et dans les passages parisiens, l'errance aux Puces, qui procurent ces états. Breton tentera d'intégrer la recherche de ces hasards à une conception matérialiste du monde.

Or automatisme, merveilleux et hasard objectif resteront les ressources essentielles de l'art poétique du second XXe siècle, même si le surréalisme connut rapidement une phase politique et vit le départ de la plupart des premiers compagnons de Breton. Après que le *Second Manifeste* leur eut réglé leurs comptes, les exclus répliquèrent dans le pamphlet « Un cadavre », adressé à Breton. Il n'empêche que le surréalisme aura été une formidable école de poésie, dont devaient encore sortir Artaud, Bataille, Michaux, Char, Ponge, *Le Grand Jeu*, avec Daumal, Gilbert-Lecomte et Vailland, et plus tard Gracq ou Bonnefoy. La constellation du surréalisme — écriture automatique, image et hasard objectif — devait marquer toute la littérature jusqu'à la fin du siècle, à de rares exceptions près.

CHAPITRE VII

LE ROMAN DE L'HOMME

Quand le roman revint à l'histoire, on peut dire que ce fut le signe du passage de l'après-guerre à l'avant-guerre, et la transition est frappante après 1930. Les recherches littéraires d'avant 1914 se poursuivent jusque-là, après la parenthèse de la guerre. Brasillach intitule « La fin de l'après-guerre » un article dans *Candide* en 1931. La crise économique, la montée des totalitarismes, le sentiment de la décadence et de la faiblesse des démocraties parlementaires : tout cela conduisit à l'engagement croissant de la littérature, et le contenu idéologique l'emporta de plus en plus sur la recherche formelle dans le roman des années 1930. Giono, dans *Le Grand Troupeau* (1931), écrit un pamphlet contre la guerre ; Bernanos, dans *La Grande Peur des bien-pensants* (1931) et *Les Grands Cimetières sous la lune* (1938), déserte le roman pour le pamphlet ; Gide, dans *Retour d'URSS* (1936), rompt avec le communisme qui l'avait un moment séduit. C'est le temps de grands romans fresques, *Les Thibault* (1922-1940) de Martin du Gard, *Les Hommes de bonne volonté* (1932-1947) de Jules Romains, où la morale sociale passe au premier plan. Les choix politiques s'imposent : la notion sartrienne d'« engagement » date de

1944, à la Libération, mais elle est partout présente à partir de 1930, pour désigner le communisme, le personnalisme ou l'antifascisme. *La Trahison des clercs* (1927), suivant le titre de l'essai de Benda, est devenue de règle, et les passions de nation ou de classe envahissent la littérature.

Les formes de cette littérature engagée peuvent être diverses, comme l'illustrent les voies différentes suivies par Aragon et Drieu La Rochelle, proches au début des années 1920 avant de diverger sur le plan politique, mais le rôle social et la valeur publique de la littérature sont toujours en question. Liée à la bourgeoisie, elle est jugée responsable des scandales de la société. Une littérature populaire, populiste ou prolétarienne n'est pas la seule à s'en prendre à Proust en raison de l'absence de préoccupations sociales et morales dans son œuvre. L'influence du marxisme et du réalisme socialiste se fait sentir dans *Les Cloches de Bâle* (1934) et *Les Beaux Quartiers* (1936) d'Aragon, mais les écrivains les plus engagés théorisent peu leur pratique, tels Céline, Drieu La Rochelle ou Malraux. Leur exemple montre d'ailleurs que la recherche formelle n'est pas absente du roman d'idées, comme dans *Voyage au bout de la nuit* (1932) ou *La Condition humaine* (1933). Et les préoccupations de société n'éliminent pas le roman de l'individu, tel celui de Mauriac ou de Green. Le surréalisme, qui condamnait le roman, n'a pas non plus manqué d'avoir des effets sur la prose narrative, comme dans le premier récit de Gracq, *Au château d'Argol* (1938).

Signe exemplaire du retournement : la nouvelle place occupée dans la littérature par la guerre, laquelle était frappée d'interdit depuis une première vague au début des années 1920. De ce point de vue, l'amnésie de *Siegfried et le Limousin* (1922) avait été emblématique. Les surréalistes s'en étaient pris à Barrès lors de son « Procès » de 1923, mais aussi à Barbusse, modèle de l'écrivain ancien combattant. Et l'on a tourné le dos à la guerre après la mort de Barrès et de France. Péret publie *Mort aux vaches et au champ d'honneur* (1923), puis *Je ne mange pas de ce pain-là* (1936), contre la littérature militante. Le groupe surréaliste proscrit toute expression sur la guerre. Or ce moment-là est passé et l'on revient désormais sur l'expérience de la guerre dans l'inquiétude d'une autre guerre prochaine, avec des livres qui marquent un changement profond des attitudes. Giono, dans *Le Grand Troupeau*, puis dans *Jean le Bleu* (1932), relate une enfance et une adolescence rompues par la guerre. *Voyage au bout de la nuit* (1932) bouleverse la vision héroïque convenue de la guerre. Et Drieu La Rochelle, avant *Gilles* (1939), paru à la veille de la seconde guerre, a déjà montré l'horreur et l'absurdité de la première guerre dans *La Comédie de Charleroi* (1934).

Parmi les maîtres de l'époque, plus que Gide, passé aux essais, ou Proust, qui traverse un purgatoire durant les années 1930, les écrivains catholiques occupent une place centrale, sans que leur production soit conventionnelle ni qu'elle s'attache à l'édification : tels Mauriac, Green et Bernanos, dont les œuvres tendent vers une interrogation éthique et métaphysique sur le Mal. Mauriac décrit les déchirements de la haute bourgeoisie bordelaise hantée par le péché. Bernanos, royaliste à Rouen en 1914, proche de l'Action française dans les années 1920, polémiste brillant dans ses essais des années 1930, publie des romans foisonnants et fantastiques sur les ravages du Mal ; avec ceux de Céline, ils comptent parmi les romans les plus novateurs du siècle, proches de Faulkner.

Les recherches formelles des années trente mènent aux pratiques théoriques complexes de la seconde moitié du siècle, mais le monologue intérieur français reste lisible. La rupture avec la composition stricte des récits psychologiques se marque dans les fragments enchaînés sans logique et les redites de Mauriac ou de Bernanos. Le roman se fait aussi polyphonique, mêlant volontiers d'autres modes, comme les journaux, les lettres et la conversation, chez Jouve, Mauriac, Green, Montherlant, Drieu La Rochelle ou Malraux. Enfin le récit surréaliste, malgré la condamnation du *Manifeste*, infléchit les formes comme chez Gracq. Le premier roman de Sartre, *La Nausée* (1938), à la fois proustien, phénoménologique et existentialiste, couronne dignement le roman de l'entre-deux-guerres.

UNE TROUPE REMARQUABLE

Le roman des années 1930, œuvre d'une remarquable génération d'écrivains, frappe par son abondance et par sa diversité. Les maisons d'édition jouent à présent un rôle décisif pour orienter le marché : à côté du genre soigné de la NRF, on reconnaît le roman à grande diffusion publié chez Albin Michel, ou le récit bref et élégant de Grasset, identifié aux « quatre M », ou encore les romans sérieux de Plon-Nourrit. Les prix littéraires se multiplient, sans contribuer au renouvellement de la littérature. Le roman littéraire se distingue nettement du roman de consommation, encore qu'un Simenon, admiré par Gide, franchisse la barre. Il n'y a plus de mouvement dominant comparable au naturalisme, même si le populisme — Carco, Dabit, Guilloux — représente un courant non négligeable des années 1930. Colette poursuit sur la lancée, mais Giraudoux se convertit au théâtre à partir de 1930. Mauriac, avec *Le Nœud de vipères* (1932) ou *La Fin de la nuit* (1935), Maurois, après *Climats* (1928), Green, Lacretelle et Chardonne sont les vedettes du public bourgeois. Avec *Le Journal d'un curé de campagne* (1936), Bernanos quitte les pamphlets et donne son roman qui sera le plus lu. Jouhandeau, Giono, Ramuz ont chacun leur public. Quant à la nouvelle génération, elle est principalement représentée par Céline, Montherlant, Aragon et Malraux, qui instruisent le procès des valeurs bourgeoises. Entre les deux générations, les points communs sont réduits. La mainmise de l'immense génération de 1870 — Claudel, Valéry, Gide, Proust — s'estompe, et le roman retrouve l'histoire, la condition humaine, l'action, avant de rencontrer l'absurde. Les contenus intellectuels et moraux passent au premier plan dans des œuvres qui témoignent. Le refus de la gratuité, le mépris de l'individualisme, et le goût du risque et de l'histoire s'imposent aussi bien à Saint-Exupéry qu'à Céline. Les discussions techniques sur les modalités de la narration l'emportent sur les considérations sur la valeur du genre, sous l'influence du cinéma, du roman américain ou du roman policier. Les procédés romanesques sont de plus en plus elliptiques. Chez Céline, sans qu'elles soient absentes, les considérations techniques s'effacent devant l'inspiration véhémente, mais le début de *La Condition humaine* jette le lecteur *in medias res*, dans la coïncidence avec une conscience en situation. Le réalisme subjectif de Malraux, ou de Sartre dans *La Nausée*, s'efforce de ne présenter la réalité fictive qu'à travers l'optique du protagoniste. La divergence des optiques, le monologue intérieur et le behaviorisme deviennent des procédés courants. Typiquement, *La Condition humaine* présente une suite accélérée de moments essentiels, qui sont juxtaposés sans que le récit fasse lui-même la liaison. Ailleurs, on reconnaît une liberté d'allure et une désinvolture à la Stendhal, chez Aragon ou Montherlant par exemple. S'ils adoptent pour la plupart l'optique des personnages, les romanciers ne renoncent pas à juger, et passent avec plus ou moins de souplesse d'un plan à l'autre.

Un constat n'en est pas moins curieux : presque tous les romanciers à succès des années 1930 auront été des romanciers de passage. Ils ont fait des romans parce qu'ils ont eu quelque chose à dire par le roman, ou parce qu'ils ont jugé que le roman était la meilleure façon de dire ce qu'ils avaient à dire, puis ils ont délaissé le roman pour l'essai, désormais plus opportun. Le roman a été pour eux un moyen d'action qu'ils ont choisi en raison de son efficacité pour intervenir dans le monde.

LE ROMAN CATHOLIQUE

Quelques grands écrivains catholiques de l'entre-deux-guerres — Mauriac, Bernanos, Green — ont perçu la permanence du péché sous le matérialisme et le scepticisme modernes, ou bien ils ont vu le péché du monde moderne dans le fait même de ne plus croire au péché.

Mauriac est le principal écrivain catholique de la période. Peu après qu'il eut quitté Bordeaux, ses débuts poétiques avaient été célébrés par Barrès, et il produisit une suite impressionnante de romans en une dizaine d'années : *Le Baiser au lépreux* (1922), *Génitrix* (1923), *Le Désert de l'amour* (1925), *Thérèse Desqueyroux* (1927), *Le Nœud de vipères* (1932), le gros de son œuvre. Ces livres, attaqués par les catholiques pour leur tableau d'une vie où Dieu est absent, marqués par l'omniprésence du péché, rattachent leur auteur au jansénisme de Pascal et de Racine, auxquels Mauriac a d'ailleurs consacré des ouvrages : *Vie de Jean Racine* (1927) et *Blaise Pascal et sa sœur Jacqueline* (1931).

Ce sont toujours Bordeaux et ses familles bourgeoises de propriétaires qu'il met en scène. Dans un milieu fermé et strict, les déchirements mondains, financiers et sentimentaux provoquent l'angoisse, la solitude et la hantise du péché. Sous les pins des landes et les vignobles étouffants, la chaleur et la lumière de l'été déchaînent les passions élémentaires. Tous les romans de Mauriac dépeignent l'absence de communication dans le couple et la famille. Thérèse Desqueyroux a tenté d'empoisonner son mari, Bernard, qui décide que le mieux serait qu'elle vive désormais à Paris. Il envisage une réconciliation, mais elle se trouve incapable de lui dire pourquoi elle a essayé de le tuer. Comme Phèdre condamnée au mal, elle ne peut s'expliquer, sinon par l'affirmation janséniste d'un monde sans Dieu et sans grâce.

Mauriac découvre ses histoires au lecteur à partir d'une conscience centrale. Le roman s'en tient la plupart du temps à l'optique de Thérèse, qui revit son passé, fait des projets, cherche à évoquer l'avenir, mais ne comprendra pas comment elle a été menée au crime. Sa psychologie reste obscure.

Mauriac laisse au lecteur le soin d'interpréter la conduite de ses personnages, afin, comme chez Dostoïevski, Green ou Bernanos, de donner le sentiment de l'abîme de l'âme humaine.

Le roman se situe pourtant à mi-chemin du récit objectif et du réalisme subjectif. Mauriac se soumet à l'optique du personnage, mais il résume aussi à l'occasion en quelques formules toute une psychologie ou un destin. Le point de vue de Thérèse domine, sans que le narrateur omniscient renonce à pénétrer les autres consciences.

Sartre lui reprochera en 1939 ce regard venu d'ailleurs dans le célèbre article de la *NRF*, « M. François Mauriac et la liberté ». Il condamne alors la technique de Mauriac au nom d'une esthétique de la liberté : « Lorsqu'il juge que cela lui est plus commode, il quitte Thérèse et va soudain s'installer au beau milieu d'une autre conscience [...]. Il y fait trois petits tours et puis s'en va, comme les marionnettes. » Aux yeux de Sartre, un romancier n'aurait pas le droit de quitter momentanément la perspective unique qu'il a choisie, de pénétrer ainsi les secrets et de recourir à des intrusions de son narrateur. Surtout, Mauriac soumet ses personnages à un destin, confondu avec la volonté du romancier : « M. Mauriac a décidé que Georges était perdu pour Thérèse. Il l'a décidé comme les dieux antiques ont arrêté le parricide et l'inceste d'Œdipe. »

Or ce procédé est inséparable d'une métaphysique : « Toutes les bizarreries de sa technique s'expliquent parce qu'il prend le point de vue de Dieu sur ses personnages : Dieu voit le dedans et le dehors, le fond des âmes et les corps, tout l'univers à la fois. De la même façon, M. Mauriac a l'omniscience pour tout ce qui touche à son petit monde, ce qu'il dit sur ses personnages est parole d'Évangile, il les explique, les classe, les condamne sans appel. » Pour Sartre, cela est tout simplement inacceptable : « Il n'a pas le droit de porter ces jugements absolus. » Les personnages sont détruits par un tel examen de conscience sous le regard de Dieu. Mauriac transforme ses personnages en choses. Sartre admettra pourtant vingt ans plus tard que les méthodes ne sont pas sacrées et que toutes les techniques sont des truquages. Quoi qu'il en soit, les romans de Mauriac, féroces pour son propre monde, y ont été mal reçus.

Bernanos aura été « le plus grand romancier de son temps », dira Malraux en 1974. Appartenant à la droite catholique, royaliste en 1914, un temps d'Action française, représentant de la France réactionnaire dans les années 1920, aussi essayiste et polémiste, Bernanos a écrit des romans ardus, foisonnants et confus, imprégnés de fantastique et de mystère. Essentiel dans son univers est un ingrédient du catholicisme absent chez Mauriac : le diable, perçu comme l'agent actif du mal dans la vie spirituelle de l'humanité. Pour Bernanos, la présence du Malin est tangible dans le monde moderne, et le terrain de combat privilégié du diable est l'âme du prêtre, être contradictoire dans une société matérialiste et hédoniste, et être assigné à la limite du bien et du mal. *Sous le soleil de Satan* (1926) relate la rencontre entre un curé de campagne, l'abbé Donissan, et un maquignon, incarnation du diable, rencontre tout entière vécue du point de vue de Donissan. Bernanos s'en prend à la notion moderne et psychologique du mal, lequel existe à ses yeux hors de la subjectivité.

Dans *Le Journal d'un curé de campagne* (1936), un des plus forts romans français du XXe siècle, un jeune curé anonyme tout juste ordonné, « le curé d'Ambricourt », petit village des Flandres, se consume d'ennui. Ses paroissiens ne croient qu'à l'argent, au pouvoir et au plaisir. Leur manque de foi les dévore. Lui-même souffre d'un cancer de l'estomac qu'il ignore encore. Né dans un milieu pauvre socialement et culturellement, il confie ses défaillances à son journal, ses contacts difficiles avec le comte, la comtesse, leur fille Chantal, et sa gouvernante, Mlle Louise. La comtesse hait Dieu et son mari à cause de la mort de son autre enfant. Chantal vit éloignée de son père à cause de la liaison de celui-ci avec Mlle Louise. Le curé voit dans les âmes. Au cours d'une une grande scène, il convainc la comtesse d'accepter la volonté de Dieu, mais elle meurt le lendemain d'une crise cardiaque, et il s'en veut de l'avoir troublée. Sa propre santé se dégrade. Il consulte à Lille, avant de mourir auprès d'un ancien camarade de séminaire, Dufréty, curé défroqué, qui trouvera le journal, y ajoutera une lettre sur la fin du curé d'Ambricourt. La forme du journal donne au roman une unité et une cohérence en général absente chez Bernanos. Le curé ressasse son regret d'avoir échoué dans sa mission, mais, suivant Bernanos, ces échecs mêmes sont des succès aux yeux de Dieu. « Tout est grâce » : ce sera le dernier mot du roman. Si Léon Daudet a reproché à Bernanos de n'écrire que des « histoires de prêtres », Malraux, l'un de ses meilleurs lecteurs, a compris qu'il écrivait moins le roman du prêtre que « le poème du sacerdoce, donc du surnaturel ».

Essayiste, Bernanos s'écarte dans les années 1930 de la droite traditionnelle, dont les positions politiques heurtent sa morale chrétienne. Il rompt avec la pensée de Maurras dans *La Grande Peur des bien-pensants* (1931), tout en faisant l'éloge de Drumont. Ayant pris à fond le parti du pauvre contre le monde de l'argent, il dénonce la bourgeoisie. Sa vision tragique de l'histoire se déploie dans *Les Grands Cimetières sous la lune* (1938), diatribe contre Franco et ses partisans catholiques, pamphlet contre l'indifférence française à la guerre d'Espagne et contre l'argent-roi. Comme Mauriac, qui se tourne vers le journalisme durant les années 1930 et 1940, Bernanos s'est opposé très tôt au fascisme, avec le résultat que tous deux seront haïs des catholiques conservateurs. Il abandonne alors le roman, comme si celui-ci n'avait été qu'un moyen momentané.

Tous les romanciers du premier XXe siècle ont été fascinés par Dostoïevski, y compris Proust qui l'a lu à la fin de sa vie, mais Bernanos est le seul qui s'apparente à lui, car sa vision du monde précède en quelque sorte l'art classique du roman français. Le personnage de Bernanos n'a rien à voir avec le personnage balzacien, type humain à passion majeure et constante, et sa psychologie ne montre ni ne prévoit rien. Malraux cite une réplique de Gide, pourtant lui aussi amateur de Dostoïevski, sur Bernanos : « Tout cela, cher, c'est la lignée de Léon Bloy et de Barbey d'Aurevilly. — En diablement mieux ! — Mais c'est la même chose. Et cette chose m'est contraire. » Chez Bernanos, le créateur n'a pas d'existence autonome par rapport à ses personnages : l'homme apparaît en tant qu'énigme. « Les créateurs avaient entendu gouverner leurs personnages ; Dostoïevski, le premier, cherche à se perdre dans les siens. Bernanos va s'y vouer », estimera encore Malraux. Bernanos charge « des créatures d'exception — presque toujours des prêtres — d'assumer la vocation sacerdotale telle que nous la suggèrent les saints ». Sans respecter les lois du roman et tout en réduisant les personnages à des voix, Bernanos réussit pourtant à imposer à son lecteur un lien passionnel puissant avec une expérience dont il ignore tout. Il est, dit encore Malraux, « persuasif au second degré ».

LES ROMANS
DE LA CONDITION HUMAINE

Voilà donc des romans dont le projet n'est pas de distraire, mais d'intervenir dans le monde contemporain, de défendre une attitude intellectuelle ou morale à l'égard de la société, de la politique et de l'histoire. Quelques œuvres parmi les plus marquantes du siècle relèvent de cette visée et, de Saint-Exupéry à Céline, témoignent de l'expérience de leur auteur. À travers des héros modernes, substituant la réflexion à la description, le roman exerce une critique sociale.

Ainsi Montherlant, dans *Les Jeunes Filles* (1936), propose une satire des femmes et critique la bourgeoisie, dans un roman qui mêle les modes de la narration, incluant par exemple des lettres et un journal, et dont le héros, Costals, cynique et nietzschéen, semble un héritier du jeune Barrès. Drieu La Rochelle, ami d'Aragon et de Malraux, éprouvé par la guerre, dandy, rompt avec les surréalistes et la gauche à la fin des années 1920 en raison du sentiment de faillite que lui inspire la France radicale. Pourfendeur de la médiocrité et de la décadence bourgeoises, défenseur de l'énergie et d'une morale de l'homme supérieur, il fait l'apologie d'une société fondée sur la force des individus. Annonce d'une autre révolution, *Le Jeune Européen* (1928) voit une issue pour la France dans le fascisme de Mussolini. La nouvelle *La Comédie de Charleroi* (1934) est une dénonciation des mauvais usages de la guerre, une mascarade, suivant un ancien combattant, le secrétaire d'une femme qui cherche les restes de son fils mort au combat. Dans *Gilles* (1939), enfin, fidèle à son engagement, le héros participe à la guerre d'Espagne du côté franquiste. Avec une ironie désabusée, dans une langue heurtée, Drieu La Rochelle, qui sera directeur de la *NRF* sous l'Occupation, a suivi jusqu'au bout le chemin de l'écrivain séduit par l'action et dévoyé par les idéologies. Son suicide en 1945 achèvera un destin exemplaire.

Chez Malraux, la représentation de l'histoire est immédiate, et l'écrivain, héritier lui aussi de Barrès et de Nietzsche, s'intéresse à ses effets sur des individus typiques. Après des débuts vaguement surréalistes et des voyages en Extrême-Orient, *La Condition humaine* (1933), qui obtient le prix Goncourt, aura une influence considérable. Le cadre est celui de la révolution à Shanghai en mars 1927, à la veille de l'entrée de Chang Kaï-Shek, qui écrasera l'insurrection lancée par les communistes. Une série de personnages, du grave au bouffon, représentent toutes les nuances de l'engagement dans une situation révolutionnaire : Kyo, fils d'une Japonaise et d'un intellectuel français, le vieux Gisors ; Katow, Russe militant ; Tchen, terroriste extatique ; May, la femme de Kyo ; le banquier Ferral et le baron Clappique. Le sommet du roman sera la mort de Kyo et de Katow, arrêtés par la police de Chang. Dans ce roman touffu et impossible à résumer, le débat semble porter sur le rôle du terrorisme dans la préparation d'une nouvelle société, mais Malraux affirmait lors de la publication du livre : « Le cadre n'est naturellement pas fondamental. L'essentiel est évidemment [...] l'élément pascalien. » C'était dire que l'histoire n'avait d'autre importance que de définir un lieu et un temps où les conditions de l'héroïsme étaient réunies : tous les personnages sont contraints de se poser la question du sens de leur vie ; ils sont tous confrontés au mystère de l'existence individuelle, au tragique de la solitude, et surtout à l'angoisse de la mort et à la « misère de l'homme sans Dieu » : « Que faire d'une âme, s'il n'y a ni Dieu ni Christ ? », lit-on dans la première partie. « J'ai essayé d'exprimer la seule chose qui me tienne à cœur et de montrer quelques images de la grandeur humaine », expliquera Malraux après la remise du prix Goncourt. L'écriture du roman est tout aussi complexe que sa composition, allant des phrases saccadées dans l'action aux périodes à la Chateaubriand dans l'évocation de la nature et de la nuit. Malraux n'ignore pas les questions techniques de la voix et du point de vue. Il fait alterner les scènes d'action, comme le meurtre que Tchen exécute à l'ouverture du roman, et les scènes de méditation, en particulier chez le vieux Gisors. Le dénouement est confié à celui-ci et à May, mais aucune voix ne s'impose en conclusion. Malraux recourra à la même focalisation multiple dans *L'Espoir* (1937), car cette technique du récit lui permet d'illustrer au mieux la diversité des positions idéologiques et existentielles face à l'histoire et aux choix essentiels qu'elle impose. Dostoïevski est encore une fois une référence explicite, mais l'influence du roman américain pour la notation comportementale est elle aussi évidente, ou encore celle du cinéma pour le mouvement du point de vue modelé sur celui d'une caméra. Et le roman de Malraux ne rompt pas avec la tradition française de l'analyse psychologique, même si la phénoménologie nouvelle déplace la réflexion sur l'existence vers le sentiment de l'absurde. Le lecteur est d'emblée précipité dans l'opacité d'une situation : dès la première scène, l'angoisse de Tchen face au geste à accomplir est vécue à travers une suite de sensations visuelles et auditives qui signalent la présence immédiate d'un monde de ténèbres et d'inquiétudes. Les explications sont toujours incidentes et elliptiques, tandis que dialogues, sensations et gestes sont brutalement présentés au lecteur. À lui de reconstituer la ligne du récit, sans qu'un tissu narratif subordonne ses éléments à une compréhension globale de la réalité fictive. La réalité n'est pas racontée, mais donnée par bribes, et elle reste toujours incertaine et discordante, en train de s'accomplir. Comme Bernanos qu'il admirait, Malraux déporte le roman vers un monde nouveau où, dans l'angoisse et le désespoir, la réalité n'est plus soumise aux lois de l'esprit ni à un discours cohérent. Puis, après 1945, comme les autres, Malraux délaissera le roman, qui n'était pas pour lui une fin en soi, mais l'instrument d'une « méditation interrogative ».

Comparés à une telle ambition, les romans de Saint-Exupéry, illustrant des aviateurs en action, ne renouvellent pas les formes romanesques, pas plus que les romans d'inspiration communiste de Nizan, *Antoine Bloyé* (1933) et *La Conspiration* (1938), tandis que l'œuvre d'Aragon, devenu communiste, *Le Monde réel* (1934-1944) situe des destins typiques parmi les événements de l'histoire. On se rapproche du roman-fleuve, dont c'est aussi le grand moment.

LES ROMANS DE L'ABSURDE

Au roman de la condition humaine a succédé le roman de l'existence, avec ses héros médiocres, toujours célibataires : Bardamu, Roquentin ou Meursault. C'est autour de la Seconde Guerre mondiale que le genre s'impose, avec *La Nausée* de Sartre (1938) et *L'Étranger* de Camus (1942), mais l'œuvre de Céline, depuis *Voyage au bout de la nuit* (1932), prix Renaudot, les a fortement marqués, malgré les divergences idéologiques, comme l'atteste l'épigraphe de *La Nausée*, empruntée à Céline.

Témoignage du cuirassier de 14, *Voyage au bout de la nuit* tient aussi du roman d'apprentissage à la *Candide*, de la fresque allégorique du mal, auquel la guerre sert de révélateur, ou encore du pamphlet contre la guerre et les autres maux modernes, colonialisme, capitalisme et misère des banlieues. Critique sociale, *Voyage* fit un effet extraordinaire en raison de son écriture entièrement nouvelle, qui enthousiasma ou indigna, choc confirmé par *Mort à crédit* (1936). Céline prenait des libertés avec son expérience de la guerre, de l'Afrique, de l'Amérique, puis avec celle du médecin de banlieue, et ses attaques contre les inégalités allaient bientôt s'avérer ambiguës. Séduite par *Voyage*, aussitôt traduit en URSS, la gauche devait désavouer *Mort à crédit*, avant que le délire antisémite de *Bagatelles pour un massacre* (1937) et des autres pamphlets ne situe nettement leur auteur à l'autre extrême. Mais la manière de Céline devait être profondément renouvelée par la guerre, la fuite en Allemagne en 1944 et la prison au Danemark en 1945, pour une seconde moisson de romans autobiographiques remarquables, notamment *D'un château l'autre* (1957), sur Sigmaringen en 1944, grâce auquel Céline devait renouer avec le public.

Le *Voyage* est une longue imprécation rageuse entrecoupée de rares moments de tendresse, la manifestation la plus radicale de l'absurde dont l'auteur est un témoin traumatisé par la guerre et scandalisé par l'après-guerre, marqué par Nietzsche — faisant de la démocratie le triomphe du ressentiment des faibles — et par Freud. La mort, comme chez Bernanos et Malraux, est au centre du livre, comme la « vérité de ce monde ». « La mort, sujet de votre livre, seul sujet ! », lui écrivit d'ailleurs Bernanos. Bardamu passe tout le *Voyage* à faire une série d'expériences qui sont toutes des avatars de la cruauté foncière, de l'envie de tuer et de se tuer, de l'instinct de mort auquel l'a initié la guerre comme « révélateur de l'Esprit humain ». Il ressent profondément la peur des hommes « jusqu'à la mort de tout le monde ». Céline s'approprie la pulsion de mort freudienne, pulsion non seulement homicide, mais encore suicidaire, et justifiée par la biologie. Céline a lu *Au-delà du principe de plaisir* (1920), inspiré par les traumatismes de guerre et traduit en 1927, où Freud soutient que « tout ce qui vit retourne à l'état inorganique, meurt pour des raisons *internes* », et que « *la fin vers laquelle tend toute vie est la mort* ». Ainsi Céline traite-t-il les hommes de « sacs à larves », car un homme, « ce n'est rien après tout que de la pourriture en suspens ». Les personnages sont menacés du dedans et du dehors, suivant une conception de la vie comme mauvaise, impossible à guérir, qui emporte une vision pessimiste de l'histoire, dépourvue de tout sens du devenir. Les hommes s'affirment jusqu'à l'auto-destruction, mus par une pulsion de mort contradictoire, ressort à la fois des drames individuels et collectifs. La leçon de *Voyage* est donc extrêmement noire : « La vie c'est ça, un bout de lumière qui finit dans la nuit. »

Sans doute *Voyage* est-il aussi représentatif de la nouvelle objectivité du roman des années trente, roman animé par un réalisme social reprochant à la génération précédente — Proust ou Gide — de s'être limitée à traiter de problèmes subjectifs. La littérature aborde cette fois les grands problèmes du XXe siècle, sans s'illusionner sur le progrès ni sur l'histoire, en renvoyant dos à dos les idéologies, et en dénonçant l'aliénation sociale sans espoir de la corriger : on songe encore aux célibataires de Bove ou de Malaquais, errant dans un monde hostile. Le narrateur du *Voyage* est blasé. Ses fuites et ses nausées expriment son intuition que la mort est dans la vie. Cependant, il conserve son ironie, et son errance existentielle a de la drôlerie. *Voyage* est déjà un roman existentialiste ou un roman de l'absurde, car le voyage, comme la condition humaine, est voué à l'échec et à l'éternel recommencement.

Et la langue est entièrement nouvelle : à la première personne, le récit est dès les premiers mots enfoncé dans la poisse de la langue. L'usage du français parlé, comme le notera Queneau, « n'est pas limité au dialogue », ainsi que le voulait le roman naturaliste ou populiste, « mais étendu au narré ». Ce « parlé écrit », cet « oral populaire » ou ce « style émotif parlé », charriant les affects et mêlant les registres, sera d'une immense d'influence sur toute la littérature du second XXe siècle, fille de Proust ou de Céline, lequel s'écriera plus tard : « J'ai inventé l'émotion dans le langage écrit... le langage écrit était sec, c'est moi qui ai donné l'émotion au langage écrit... ce n'est pas un petit turbin, je vous jure ! ».

Céline continuera de porter témoignage sur les déconvenues du siècle dans *Mort à crédit* (1936), qui résoudra son incertitude politique, la médecine hygiéniste contribuant à renforcer sa conviction de la décadence sociale, avant qu'il ne recherche des boucs émissaires, puis n'entreprenne ses pérégrinations de collaborateur pourchassé et n'y trouve l'inventivité renouvelée de son œuvre de l'après-guerre.

Le roman célinien de l'absurde sera déterminant pour Sartre — qui à la Libération s'en prendra à Céline, lequel le traitera d'« agité du bocal » — et pour Camus. Chez eux, informés de la psychanalyse et de la phénoménologie, les délibérations intellectuelles sont transposées en malaises physiques, et les descriptions d'objets, notamment dans *La Nausée*, révèlent l'inquiétude sur l'être. C'est aussi l'âge du roman américain : Steinbeck, Dos Passos, Hemingway et Faulkner. *Le Procès* de Kafka est traduit en 1933. Le roman français rejoint la philosophie comme expérience métaphysique et épreuve de la condition humaine. Le temps des héros est passé. Loin des romans exaltés de Malraux, où l'on vivait des minutes rares, le roman montre la prostration quotidienne dans une sorte d'accablement lucide, de lumière triste, ou de défaite glauque. Dans le goût du sordide, Sartre renoue aussi avec le naturalisme, et son Roquentin rappelle le Folantin de Huysmans.

La Nausée (1938), roman où les événements sont rares et les aventures pauvres, tient aussi de l'essai philosophique. La seule décision significative de Roquentin consiste à cesser d'écrire la vie de M. de

Rollebon, puis à quitter Bouville. Rien d'autre n'aura eu lieu, sinon sa prise de conscience de l'existence. Le récit rend compte d'une expérience philosophique, à travers le journal métaphysique de Roquentin. Céline se tient à l'arrière-fond, mais aussi Proust, car Sartre renverse l'itinéraire spirituel de la *Recherche* et aboutit à la platitude de l'existence. Quelques applications de la réduction phénoménologique ponctuent le récit, comme l'observation par le héros d'un galet, de sa main sur la table comme un corps étranger, de son visage dans le miroir, ou de la racine d'un marronnier. Le langage enfin fait défaut. Ces expériences lui révèlent l'existence comme une chose présente qui envahit la conscience, et rien d'autre n'existe que ce qui est là : « Les choses sont tout entières ce qu'elles paraissent et derrière elles, il n'y a rien. » Cet apprentissage de la contingence annule Proust, chez qui la mémoire donnait lieu à des expériences privilégiées de coïncidence entre le présent et le passé et initiait à la vérité. Or le héros de Sartre est englué dans le présent de la sensation. Roquentin ne connaîtra jamais de ces « moments parfaits » où le monde est racheté dans une sensation poétique. En revanche, ses moments privilégiés lui font découvrir l'angoisse du débordement de l'esprit par l'existence, du divorce de l'expérience et de la pensée. Le roman ne repose plus sur une quête ni sur un secret du monde à déchiffrer, mais sur l'évidence de l'existence dont l'absurdité doit être constatée.

La Nausée est le roman de la mort du romanesque. Même si le héros tranche avec les bourgeois de Bouville, son intuition de l'existence rend toute aventure impossible. Les aventures et les moments parfaits appartiennent à la littérature, qui est elle aussi discréditée par la contingence, sans commencement ni fin : « Quand on vit, il n'arrive rien. » Le simple fait de raconter produit une illusion, car, dès le début, la fin est là, qui oriente le récit. Mais notre existence ne peut jamais se dérouler sur le mode de l'existence romanesque. La littérature nous a mis en tête l'idée que la vie peut parfois prendre une « qualité rare et précieuse ». La narration arrache les événements à leur contingence et les fait briller, comme dans la *Recherche*, où la vie est retrouvée dans un éclairage romanesque qui lui donne son éclat.

Certes, le roman se termine encore, de manière ambiguë, par un moment d'allure proustienne, quand Roquentin semble dépasser la contingence pour découvrir la nécessité en écoutant un air de jazz, et il s'apprête à écrire lui-même un roman. Après le procès du roman comme mensonge de la totalisation rétrospective, l'art, en l'occurrence la musique, rachèterait encore la vie dans l'être. L'existence serait sauvée par le romanesque. Mais cette tentation esthétique restera sans salut. Loin d'élever la vie jusqu'à l'art, elle manifeste leur déchirement : à différents moments de *La Nausée*, peinture, musique et littérature donnent la nostalgie d'un monde nécessaire et rigoureux, mais ne promettent plus de rachat. La littérature n'est plus la vraie vie. Elle est irrémédiablement séparée de la vie. Reste que Sartre se débat encore avec une conception sacrée de la littérature. Pour Proust, le romanesque n'était plus dans le rêve d'une vie autre, mais il touchait au poétique, quand le réel se pare des prestiges de l'imaginaire. Il y a des moments où l'existence devient romanesque, non dans les événements ni dans les rêves, mais dans les émotions qu'elle procure.

La vraie vie serait constituée de ces moments parfaits. Pour Sartre, à la fin de *La Nausée*, il subsiste certes un absolu de l'art, mais Roquentin en est à jamais éloigné. L'existence surgit, n'émeut pas, mais accable comme une chose fade qui glisse en nous. C'est sans doute la fin du romanesque, mais non pas des romans de la fin du romanesque.

Le renversement est radical et marquera tout le roman du second XXe siècle, soumis au réalisme brut de la subjectivité existentielle. Un événement ne sera plus rapporté à la lumière de ce qui a suivi, car le récit a renoncé à toute téléologie : il laissera le personnage apprendre à partir de son expérience, en excluant qu'il atteigne une compréhension subite et miraculeuse. Toute voix étrangère aux personnages est absente, tandis que le lecteur se transforme lui-même en personnage, car il lui revient d'achever le texte, comme Sartre l'avancera dans la théorie phénoménologique de la lecture exposée dans *Qu'est-ce que la littérature ?* La temporalité du roman est transformée : l'événement est relatif à une conscience percevante, et l'observation s'en tient au présent de cette conscience, ce qui exclut tout récit reliant par un système d'explications des instants séparés.

Sartre oppose le roman au récit, c'est-à-dire la complexité du présent au déterminisme de la narration. Celle-ci, infidèle à la réalité vécue dans la conscience, s'extrait du temps pour offrir un cadre explicatif et une histoire organisée et séparée du moi. Dans le roman, par opposition au récit, l'événement a lieu au lieu d'avoir eu lieu. Le récit s'ordonne autour d'un passé, fait connaître les événements, tandis que le roman les fait naître. Alors que, chez Proust, la temporalité est amputée de l'avenir, depuis Joyce, en passant par Bernanos, Malraux et Céline, le temps conceptuel du récit cède la place à la durée vécue, tissée de souvenirs et de projets. Le thème de la liberté met en cause la conclusion encore esthétique de *La Nausée* et souligne la connivence qu'il y a entre le roman et l'existentialisme, tous deux restaurant la contingence et exposant un temps où l'avenir n'est pas fait. Ainsi s'explique encore le procès intenté à Mauriac, contre qui Sartre plaide pour la liberté des personnages et à qui il reproche de les expliquer comme des essences *a priori*. Sartre parviendra-t-il cependant à faire vivre des personnages libres ? Les trois volumes des *Chemins de la liberté* (1945-1949) mettront en scène les années 1930, Munich et l'été 1940, avec des techniques américaines donnant accès au contenu d'une conscience en situation, enregistrant sensations, rêves et perceptions. Le simultanéisme permettra de passer d'une conscience à l'autre, et le relativisme des points de vue montrera la conscience tronquée de chacun, car personne n'a de vision globale, mais Sartre, dont *La Nausée* avait été le roman réussi de la conscience engluée, retomba, comme romancier de la liberté, dans le roman à thèse, et renonça à poursuivre son œuvre romanesque.

La sensibilité à l'absurde fut à son comble autour des années 1940-1945. Le sujet est perçu comme conscience phénoménale séparée, comme contingence et liberté. Dans *L'Être et le néant* (1943), Sartre soutient que, si la contingence est refusée comme liberté, cela conduit à la « mauvaise foi », c'est-à-dire à la peur devant le choix libre et au repli vers des valeurs inauthentiques. Les cinq nouvelles du *Mur* (1939) déclinent autant de versions de la mauvaise foi, par exemple « L'enfance d'un chef », où un jeune bourgeois, refusant de savoir qui il est, se réfugie dans l'antisémitisme comme définition imaginaire de soi par la haine d'autrui. C'est sur cette base qu'a pu être rebâtie une morale de l'action lors du débat sur l'engagement à la Libération. Sartre et Camus développent le même thème fondamental : la révélation de la pure contingence du monde et de sa factualité brute — le sentiment de l'« être de trop » qui sera encore la leçon de l'autobiographie de Sartre dans *Les Mots* (1963). La nausée advient dans l'absence de sens d'un pur exister, dans la sensation écœurante d'un monde sans transcendance ni forme. Des anti-héros servent désormais à critiquer toute prétention à saisir le sens d'une existence. Tout ce qui les rattache à la vie s'évanouit devant le sentiment de l'absurde. Rien ne sauve du réel, pas même l'art.

L'Étranger (1942) de Camus, achevé en 1940, ouvre magistralement le « cycle de l'absurde ». La contingence du monde est éprouvée par un homme ordinaire qui raconte, à la première personne, ses impressions banales : « pourrait ne pas être », ce sera le commentaire de Sartre. Dans un univers sans signification, Meursault, indifférent, qui refuse de pleurer à l'enterrement de sa mère, vit au jour le jour, jusqu'à ce que tout bascule lorsqu'il assassine un Arabe qui se dispute avec son ami Raymond. Meursault est l'incarnation de l'homme absurde, représentant la sensibilité d'un temps. Après le crime, il assiste à son procès en étranger, avant de découvrir un art de vivre en prison et un accord avec le monde qui le fait accéder à la conscience. La grande réussite de ce récit simple, à l'« écriture blanche », comme la qualifiera Barthes, tient à l'originalité de la narration : Meursault ne dit jamais ce qu'il pense, mais note ses sensations, rapporte des faits et gestes, comme un narrateur extérieur. Il est à la fois présent et opaque, homme sans conscience apparente dont les conduites, suivant la technique du roman de comportement, nous sont livrées sans leurs significations. Puis la contingence se transforme en destin : il devient la victime expiatoire de l'absurde. Refusant de mentir, il est « un homme qui, sans attitude héroïque, accepte de mourir pour la vérité ». Il accepte sa condamnation et s'ouvre à « la tendre indifférence du monde ». Dans un dépassement de l'absurde, Meursault trouve alors un accord nietzschéen avec les forces de la nature.

Pour Sartre et Camus, journalistes, essayistes et dramaturges, l'absurde est dépassé dans l'action. L'existentialisme est un humanisme, comme Sartre le soutient dans une conférence retentissante de 1945, et *Les Chemins de la liberté* vise un emploi positif de la liberté assumée dans l'engagement. Dans *La Peste* (1947), située hors de l'histoire, la peste d'Oran sert d'allégorie de l'engagement, dans la Collaboration ou dans la Résistance. Face au mal, toutes les attitudes sont possibles : son acceptation, le déchirement religieux, ou bien le travail quotidien de ceux qui luttent. Le combat contre l'épidémie ne demande pourtant aucun héroïsme, contrairement à la bataille contre les totalitarismes, mais simplement d'avoir le sens de la communauté et d'accomplir des actions ordinaires. Chargée d'exposer des débats moraux, l'écriture se fait instrumentale : Sartre et Camus ne retrouvent plus la forme qui avait fait la réussite de *La Nausée* et de *L'Étranger*. Il en va de même du roman réaliste d'Aragon, après le surréalisme, *Le Monde réel* (1934-1944), tableau de la France et roman cyclique, et il est sans doute significatif que le cycle d'Aragon ne soit pas plus achevé que celui de Sartre. Ces romans à thèse touchent un public plus vaste que les expérimentations auxquelles leurs auteurs reviendront ensuite, mais ils leur donnent manifestement un sentiment d'impasse. Simone de Beauvoir, après *Les Mandarins* (1954), se tournera vers les Mémoires, Sartre tentera une autobiographie, *Les Mots* (1963), chemin sur lequel Leiris l'avait précédé dans une des entreprises les plus ambitieuses de l'après-guerre, *La Règle du jeu* (1948-1976). Dans *La Semaine sainte* (1958), puis *Blanche ou l'Oubli* (1967), Aragon, autour de ce qu'il appelle le « mentir-vrai », se mettra lui-même en scène, méditera sur le vieillissement, dans des œuvres comparables par leur inventivité formelle au Nouveau Roman, et avec la grâce de la virtuosité. Dans *La Chute* (1956), inspiré par *Le Bavard* (1946) de Des Forêts, long monologue d'un avocat, Clamence, qui a tout quitté, devant un interlocuteur muet, Camus explorera le mythe de la chute qui hante la conscience occidentale. Clamence, qui croit au bien, mais n'a pas sauvé une jeune fille de la noyade, tient table ouverte dans un bar d'Amsterdam. Dans ce texte féroce, le problème du langage est abordé à travers l'éloquence de l'avocat. Le monde moderne a perdu le sens du dialogue. La démocratie, c'est la culpabilité, et le narrateur exprime l'inquiétude de l'individu moderne, obsédé par la culpabilité, mais refusant d'être jugé par autrui et s'interrogeant sur l'authenticité humaine. Après l'absurde et les romans à thèse qui l'ont exploité, c'est la fiction qui est mise en cause dans les dernières créations d'Aragon, de Sartre et de Camus, en phase avec « l'ère du soupçon » décrétée par les Nouveaux Romanciers des années 1950.

CHAPITRE VIII

LA SCÈNE D'AVANT-GARDE ?

Le roman et la poésie étaient en crise autour de 1900, et ils ont traversé tout le siècle sous le signe de la crise. Mais le théâtre ? Peut-on parler de crise du théâtre au moment du triomphe de *L'Aiglon* de Rostand (1900), alors que quelques grands acteurs, quelques monstres sacrés s'imposent à la scène, tels Sarah Bernhardt, Réjane, Mounet-Sully, alors que plusieurs dramaturges sont très célèbres, tels Courteline, Curel, Bernstein, Flers et Caillavet, ou que *Les affaires sont les affaires* de Mirbeau triomphe à la Comédie-Française ? Auprès du théâtre de boulevard, ou du théâtre à thèse, il faut pourtant compter avec les provocations d'*Ubu Roi* de Jarry (1896), ou les expériences du Théâtre libre d'Antoine (1887-1897), du théâtre d'Art de Paul Fort (1891-1893), du théâtre de l'Œuvre de Lugné-Poe (1893-1899), et, comme le roman, le théâtre est exposé à une profusion de fortes œuvres européennes qui marquent la scène, au premier chef celles d'Ibsen et de Strindberg, qui exercent sur la dramaturgie française une influence comparable à celle du roman russe sur la composition du roman français. Gide est de ceux qui protestent contre la convention et il fait l'éloge de Maeterlinck, Claudel, Ghéon, Verhaeren. Copeau, l'un des fondateurs de la *NRF*, qui y a publié en septembre 1913 un « Essai de rénovation dramatique », ouvre en octobre le théâtre du Vieux-Colombier « pour réagir contre toutes les lâchetés du théâtre mercantile ». Il se déclare en faveur d'un théâtre littéraire et veut « entretenir le culte des chefs-d'œuvre classiques, français et étrangers ». Mais Claudel, comme le dira Dullin, sera « le seul apport vraiment créateur du théâtre moderne », et, comme en poésie, c'est lui qui s'imposera, avec la *NRF*, comme le nouveau dramaturge du siècle, même si son théâtre est d'abord un théâtre écrit.

LE THÉÂTRE TOTAL DE CLAUDEL

La publication de *Tête d'or* (1890) a suscité un intérêt considérable, avant que cette pièce, avec *La Ville*, *La Jeune Fille Violaine*, *L'Échange* et *Le Repos du septième jour*, écrits et réécrits durant les années 1890 et recueillis dans *L'Arbre* (1901), ne mettent en place les grands thèmes claudéliens de l'amour, du désir et du sacrifice. *Partage de midi* (1906) transpose une passion vécue dans un drame classique et wagnérien, solaire et ténébreux, mais Claudel refusera longtemps sa représentation, et seuls des fragments de l'œuvre seront lus avant que la pièce ne soit enfin créée en 1948 par Jean-Louis Barrault. La trilogie de *L'Otage* (publié dans la *NRF* en 1910), du *Pain dur* (1918) et du *Père humilié* (1920) déploie une large fresque sur l'histoire et le mal. Cependant *L'Annonce faite à Marie*, écrite et réécrite de 1892 à 1911, pièce préférée de Claudel, et la plus jouée, a été créée avec succès par Lugné-Poe au théâtre de l'Œuvre en 1912.

Ce drame mystique, ou ce mystère néo-médiéval, de la maternité et de la résurrection de l'enfant narre l'histoire de la paysanne Violaine, fille aînée d'un riche paysan champenois, Anne Vercors, et du maçon d'église Pierre de Craon. Celui-ci a tenté de la violer, puis il a découvert qu'il était lépreux, mais, dans le prologue, Violaine lui donne un baiser de pardon que surprend sa sœur Mara. Anne Vercors, avant son départ en pèlerinage vers la Terre sainte, fiance Violaine avec un voisin, Jacques Hury, mais Mara, qui aime Jacques, lui apprend que Violaine est lépreuse. Sept ans plus tard, pendant la veillée de Noël, Mara apporte à sa sœur, désormais recluse et aveugle, la petite fille qu'elle a eue de Jacques et qui est morte soudainement. La douleur de Mara arrache à Violaine un miracle : la petite revient à la vie, tandis que passent Jeanne d'Arc et Charles VII. Le miracle a redoublé la haine de Mara qui cherche à tuer sa sœur. C'est alors que le père revient, portant dans ses bras Violaine agonisante. Mara se justifie et Violaine pardonne. La France a un roi et le monde un pape, grâce au sacrifice de Violaine et de son père. Mêlant réalisme et surnaturel, alors que de telles correspondances entre le visible et l'invisible étaient devenues impossibles dans le monde et la littérature modernes, la pièce, dira plus tard Claudel, se voulait « la représentation de toutes les passions humaines rattachées au plan catholique ».

Entre les deux guerres, la grande œuvre de Claudel sera *Le Soulier de satin*, composé entre 1919 et 1924, fresque de la conquête de nouvelles terres à évangéliser et œuvre complexe, espagnole, chinoise et japonaise, à la fois épique et romanesque, bouffonne et théologique, et avant tout baroque, en rupture avec le « bon goût » français. Trois fois plus longue que les autres pièces de Claudel, *Le Soulier de satin* est une somme personnelle réfléchissant sur la dette intellectuelle de l'écrivain envers Thomas d'Aquin. Les moyens des premières pièces symbolistes sont amplifiés par une variété de techniques dramaturgiques, y compris celles du Kabuki. Le thème reste celui du *Partage de midi* : des couples d'individus sont réunis mystérieusement sur terre ; leurs mots et leurs actes sont symboliques d'une réalité spirituelle cachée. Dans l'Espagne de 1600, au début des temps modernes, le Vieux et le Nouveau Monde se rencontrent, tandis que le message chrétien est diffusé dans le monde. L'amour adultère mais chaste de Don Rodrigue et Doña Prouhèze, séparés physiquement mais unis par leur amour, témoigne de ce que, malgré les péchés des individus et ceux de l'Église, Dieu agit encore dans le monde. Le pouvoir de l'invisible et la réalité du spirituel interviennent dans la vie humaine, suivant le proverbe portugais : « Dieu écrit droit, mais en lignes tordues. » De cette pièce longtemps injouable, Barrault obtint enfin une version pour la scène : sa création à la Comédie-Française en 1943 fut l'un des événements culturels majeurs des années sombres de l'Occupation.

Féconde, diverse, originale, l'œuvre dramatique de Claudel est immense. Toutes ses pièces, toujours *in progress* et qui ont connu plusieurs versions successives, composent une œuvre complexe et foisonnante, pourtant cohérente, où les thèmes abondants témoignent d'une permanence littéraire, spirituelle, dramatique et mystique. Claudel, qui a traduit l'*Orestie*, a quelques phares : Shakespeare, Eschyle et Wagner. Ses images terrestres et cosmiques se mêlent dans une écriture métaphorique. La composition est mouvementée, heurtée, à la fois pathétique et héroïque, mais aussi comique et fantaisiste. *Partage de midi* peut servir de modèle, avec un premier acte construit, mettant en place l'intrigue minimale d'un drame de la passion entre Ysé et Mesa, voguant dans le double infini de la mer et du ciel, un deuxième acte lyrique tournant au duo d'opéra, et un troisième acte composite de recherche symboliste et mystique se dénouant dans le salut. C'est Ysé, incroyante, qui enseigne le chemin de Dieu, la conversion d'Éros à Agapê. Le théâtre religieux de Claudel fait intervenir des forces divines de création et de destruction, de damnation et de salut, et cherche un sens transcendant dans un drame total. L'amour et la religion, le sacrifice, la conversion — « Une conversion... est une espèce de catastrophe. C'est un peu comme si on changeait de sexe », écrivait Claudel à Massignon en 1912 —, ces thèmes reviennent d'une pièce à l'autre, sans exclure l'expression de soi, car *Tête d'or* est le témoignage d'une crise, et Mesa, dans *Partage de midi*, figure un autoportrait. Il s'agit toujours d'aller du sentiment au sens, de l'anecdote à la parabole, car « tout ce qui existe est symbole — tout ce qui arrive est parabole ».

Le paradoxe est que ce plus grand théâtre du XXe siècle a été longtemps peu ou pas joué, ou n'a rencontré qu'un succès d'estime et a été rejeté par la critique académique. Puis la création du *Soulier de satin* par Barrault à la Comédie-Française en 1943, ensuite celle de *Partage de midi* au théâtre Marigny en 1948, ont inauguré pour le théâtre de Claudel une période d'immense succès. Claudel lui-même s'est occupé de la mise en scène de son œuvre, à partir de sa rencontre avec Barrault en 1937, et jusqu'à *L'Annonce faite à Marie*, représentée au Théâtre-Français en 1955, l'année de sa mort. Depuis lors, le succès a été continu, Antoine Vitez ayant même relevé le défi de monter la version intégrale du *Soulier de satin* en 1987.

« Je m'occupe d'un drame humain, que je m'efforce de rendre aussi poignant que possible. J'ai tiré de mon vers tous les effets de musique, d'expression personnelle et de prosodie qu'il comportait pour le présent », écrivait Claudel en 1905. Car le verset est essentiel dans l'efficacité du théâtre de Claudel. Au début du XXe siècle, le vers a déserté la scène, à l'exception de la forme conventionnelle de l'alexandrin de Rostand, tandis que la prose semble avoir atteint un degré de perfection insurpassable. Claudel a pourtant inventé un nouveau mode d'expression au théâtre, mélange de prose et de poésie — « la cadence, le mouvement de la poésie » dans la prose — qui a constitué une vraie révolution, à l'aide de deux innovations : d'une part un rythme d'iambes et d'anapestes (brève, longue, ou deux brèves, une longue), d'autre part un « patron dynamique ». Pour Claudel, « le *mot* n'est qu'une portion mal apaisée de la phrase, un tronçon du chemin vers le sens ». Sa phrase de théâtre cherche donc un élan qui mette le texte en mouvement vers l'auditeur. Le verset claudélien est une unité respiratoire, musicale, intelligible et psychologique. Les reprises d'haleine ne coïncident pas avec la ponctuation, faisant du verset la mesure de l'émotion, avec un débit saccadé ou régulier, et créant une complicité affective entre acteurs et spectateurs. La syntaxe s'emballe, devient haletante. Des répétitions, reprises immédiates, échos remâchés, leitmotive figurent l'obsession psychologique et musicale. L'emploi itératif de la conjonction *et* de concaténation — ligature de mots et ligature de propositions

— donne un rythme essoufflé. L'interjection *Ô* répétée ajoute à la phrase une surcharge affective et fait du drame un poème symphonique parlé, ou un opéra, avec ses grands airs, ses cantiques, ses duos et ses récitatifs.

VERS LE CARTEL

Auprès de la grande œuvre dramatique du XXe siècle, celle de Claudel, poursuivie durant soixante-cinq ans à travers une vingtaine de pièces sans cesse récrites jusqu'à la veille de sa mort en 1955, œuvre hautement littéraire et longtemps peu jouée, mais omniprésente et dominante à partir des années 1940, le reste du théâtre français peut sembler manquer un peu de souffle. Le « Théâtre d'Art » de Jacques Copeau, plus attaché au texte qu'à la scène et aux décors, refusant le vedettariat et insistant sur le travail de la troupe et sur le métier de l'acteur, préconisant une stylisation décorative dépouillée, paraît se situer aux antipodes de la dramaturgie baroque de Claudel et se conformer au « classicisme moderne » de la première *NRF*. En tournée aux États-Unis durant la guerre, de 1917 à 1919, le Vieux-Colombier représente fidèlement le « bon goût » français, et, par l'accent qu'il met sur le texte dramatique et sur le jeu de l'acteur, il préfigure la conception qui sera celle du théâtre de l'entre-deux-guerres et après, avec le Cartel, puis avec Vilar.

Par ailleurs, un théâtre d'avant-garde est apparu à la veille de la Première Guerre mondiale, auprès de la poésie d'avant-garde, et influencé par les Ballets russes. En témoignent *Parade* (1917) de Cocteau, avec une musique de Satie et des décors de Picasso, ou *Les Mamelles de Tirésias* (1917) d'Apollinaire, « drame sur-réaliste » où le thème patriotique de la repopulation entre en conflit avec une dramaturgie moderniste, et qui, avant Dada, fait scandale. Dans les années 1920, l'incertitude semble toutefois avoir gagné la scène. Le cirque, le music-hall et la « Revue nègre » sont à la mode et transforment les attentes. Le théâtre de boulevard mène le jeu, avant que le Cartel, puis le Théâtre populaire, dès 1945, n'imposent leur marque sur une production qui rencontre les faveurs du public.

La voie de la rigueur est d'abord représentée par Copeau, de retour d'Amérique, mais sans Charles Dullin. Copeau rouvre le Vieux-Colombier en le rapprochant de son idéal du « tréteau nu », et il y fonde une école d'acteurs en 1920, puis il transmet en 1924 la direction de sa troupe à Louis Jouvet. C'est alors, à partir de 1927, la grande époque du Cartel, regroupement de quatre metteurs en scène, Dullin et Jouvet — tous deux formés auprès de Copeau —, ainsi que Gaston Baty et Serge Pitoëff, qui maintiendront durant tout l'entre-deux-guerres un théâtre exigeant, privilégiant la troupe et non les vedettes. Ils susciteront quelques grands textes littéraires, notamment ceux de Giraudoux et de Montherlant, mais aussi d'Achard et d'Anouilh, ou encore de Sartre et de Camus.

GIRAUDOUX ET LE THÉÂTRE LITTÉRAIRE

Le beau succès du théâtre de Giraudoux entre les deux guerres tient sûrement au rare équilibre qu'il a su trouver entre le boulevard et l'avant-garde, refusant en même temps le divertissement et la difficulté, et combinant une écriture littéraire avec une pensée insolite. Giraudoux a débuté au théâtre avec *Siegfried*, adaptation de son roman de 1922, mis en scène et interprété par Jouvet en 1928. La pièce, sur le thème du retour du soldat — sujet d'actualité, puisqu'il s'agissait du rapprochement franco-allemand, « seule question grave de l'univers », disait Giraudoux — rencontra un succès inattendu qui imposa Giraudoux comme l'héritier de la tradition française — Racine, Marivaux et Musset —, tout en bousculant les conventions, comme dans ses romans, et en rappelant Pirandello ou en annonçant Beckett et Ionesco.

Ce fut le commencement d'une longue collaboration entre Giraudoux et Jouvet à l'Athénée, dans une série d'œuvres traitant de grands sujets et s'appuyant sur des mythes antiques dont l'écrivain détournait le sens. Par son titre ironique, *Amphitryon 38* (1929) annonce la dernière version de la légende qui a inspiré Plaute, Molière et Kleist, et analyse sur un ton léger le thème de la fidélité et de l'infidélité conjugales. *Intermezzo* (1933) évoque la tentation de la vie héroïque ou de la mort. *La guerre de Troie n'aura pas lieu* (1935), réflexion sur la guerre et sur la notion de fatalité, revient au problème de l'heure, le conflit qui s'annonce en Europe, comme *Électre* (1937), si bien que Daladier nommera Giraudoux commissaire général à l'Information durant la « drôle de guerre ».

Ce théâtre littéraire est aujourd'hui contesté en raison de sa préciosité de langue, et il est peu joué. « Le vrai théâtre est dans les bibliothèques », écrivait Giraudoux en 1933, pour souligner la primauté que le texte avait à ses yeux. Ses idées sur le théâtre sont recueillies dans *L'Impromptu de Paris* (1937), où il s'élève contre la complaisance des metteurs en scène à l'égard du public et dénonce leurs offensives contre la langue. « Pièce littéraire » ne doit pas s'entendre comme une injure, suivant Giraudoux, et l'homme de théâtre ne s'oppose pas au littérateur, car le théâtre est le lieu du beau langage, et le spectateur français a appris à être plus sensible au discours qu'au spectacle, à la parole qu'à l'action, au dialogue qu'au geste. Giraudoux fait l'apologie du théâtre comme conversation ironique usant de la litote — « Va, je ne te hais point ! » —, où c'est un subjonctif qui constitue un coup de théâtre. Le goût classique de Giraudoux lui fait préférer le dialogue fondé sur les pouvoirs du langage, donnant au lyrisme poétique sa revanche. Il a la passion des jeux de mots, des travestissements littéraires — comme Pâris imitant Lamartine dans *La Guerre de Troie* —, des morceaux d'éloquence — comme le « discours aux morts » d'Hector dans la même pièce —, des figures oratoires, de la virtuosité et de la préciosité. Et le dialogue n'est pas moins un duel, comme le « combat de paroles » entre Hector et Ulysse, dense de parallélismes et d'antithèses, qui constitue une logomachie au sens propre. Le jeu verbal exprime la vérité du cœur, révèle la psychologie et la morale des personnages. Au demeurant, ce théâtre se soucie peu de réalisme ou de vraisemblance car il est un « lieu d'heureuse lumière, de beau langage, de figures imaginaires ». Relevant du mythe ou plutôt de la féerie, autorisant le délire poétique, la manipulation de l'espace et du temps, l'accélération de la vie, les pièces de Giraudoux peignent un pays de merveille aux héros archétypiques et parfaits, comme des intermèdes où l'idéal et la vérité s'accordent.

Le théâtre de Giraudoux, raffiné et poétique, jouant avec le langage et l'imagination, conserve une haute valeur culturelle. Il pose des questions contemporaines, comme celle de la place de la femme dans la société, dans le couple et dans l'amour, mais l'humanisme moderne et spirituel qui le fonde correspond à une vision du monde qui se trouve menacée par l'histoire. Pour Giraudoux et Jouvet, l'écriture reste l'essentiel, le texte et la belle langue priment sur le reste du spectacle. Ce sera encore le cas pendant la Seconde Guerre mondiale, et après guerre. Les pièces de Montherlant, de Camus et de Sartre, revisitant, après Giraudoux, Cocteau et Anouilh, les mythes anciens et la tradition classique, rencontreront de grands succès, mais un tout autre théâtre s'annonce déjà.

ARTAUD ET LE THÉÂTRE DE LA CRUAUTÉ

Le théâtre français de l'entre-deux-guerres, notamment sous le règne du Cartel, fut, en effet, peu novateur, surtout si on le compare après coup au théâtre des pays voisins, à Brecht et à Piscator à Berlin, à Meyerhold et à Stanislavski à Moscou. Et ses deux figures les plus audacieuses, Claudel et Artaud, n'avaient alors qu'une faible audience et ils étaient peu joués.

Artaud, au contraire de Giraudoux, récusait la primauté de la littérature au théâtre. Dans son « Discours sur le théâtre » (1931), il exalte « la mise en scène et la métaphysique » contre « la dictature exclusive du langage », c'est-à-dire le pouvoir d'« une poésie dans l'espace indépendante du langage articulé ». Son propos est radical : « Un théâtre qui soumet la mise en scène et la réalisation, c'est-à-dire tout ce qu'il y a en lui de spécifiquement théâtral, au texte, est un théâtre d'idiot, de fou, d'inverti, de grammairien, d'épicier, d'anti-poète et de positiviste, c'est-à-dire d'Occidental », affirmera-t-il dans *Le Théâtre et son double* (1938). Dans « En finir avec les chefs-d'œuvre » (1933), il s'élevait contre « la superstition des textes et de la poésie *écrite* ». À ses yeux, c'est donc tout le théâtre occidental, par opposition à l'oriental, qui est caractérisé par « la suprématie de la parole » : « Le théâtre tel que nous le concevons en Occident a partie liée avec le texte et se trouve limité par lui. Pour nous, au théâtre la Parole est tout et il n'y a pas de possibilité en dehors d'elle ; le théâtre est une branche de la littérature, une sorte de variété sonore du langage. » Cette limitation conduit à une perversion et à une dénaturation du théâtre. Elle appelle une révolution ou une renaissance : « Le théâtre, art indépendant et autonome, se doit pour ressusciter, ou simplement pour vivre, de bien marquer ce qui le différencie d'avec le texte, d'avec la poésie pure, d'avec la littérature. » Artaud veut briser l'« assujettissement du théâtre à la parole » et trouver un « langage propre » au théâtre, le « langage de la mise en scène considéré comme le langage théâtral pur ». Ainsi le théâtre sera-t-il arraché à la littérature et rendu à la mise en scène, afin de réaliser un art total, consubstantiel à l'art dramatique. Cet idéal de « rethéâtralisation du théâtre » se situe évidemment aux antipodes des conceptions du Cartel et de Giraudoux, et il sera comme tel dénoncé par Dullin.

Mais les idées d'Artaud sur le théâtre ne connurent pas de notoriété avant 1947. D'ailleurs, elles n'étaient pas accompagnées de pièces ni de beaucoup de mises en scène. *Le Théâtre et son double*, livre inclassable, rejetait le théâtre occidental, qu'il jugeait fondé sur la littérature et la psychologie. C'était le début d'une quête désespérée de l'art-événement et des origines mythiques du théâtre. Artaud affirmait la prépondérance de la mise en scène, à la manière de Stanislavski en Russie et de Piscator en Allemagne, et contestait le goût français du spectateur qui vient au théâtre pour écouter passivement. Giraudoux s'opposait à une mise en scène qui distrayait du texte. Tout au contraire, Artaud identifie le théâtre à la mise en scène, qui est le « point de départ de toute création théâtrale », ainsi que l'illustrait le théâtre balinais qu'il avait découvert à l'Exposition coloniale de 1931 et où il voyait un « théâtre pur », par la « prépondérance absolue du metteur en scène dont le pouvoir de création *élimine les mots* ». Le « Théâtre de la Cruauté » dont Artaud fait l'apologie est un spectacle fondé sur le décor, les sons, les cris, la lumière et les gestes, où « des images physiques violentes broient et hypnotisent la sensibilité du spectateur pris dans le théâtre comme dans un tourbillon de forces supérieures ».

ENGAGEMENT ET AVANT-GARDE

De tels propos, avant de devenir lieux communs des années 1960 et 1970, avaient été sans grande influence sur le théâtre français jusqu'aux années 1950, tant que les idées de Dullin — par exemple, « le maître du théâtre, c'est l'auteur » — étaient restées prépondérantes. Copeau décrétait en 1917 que « la maladie de la mise en scène est la maladie du théâtre nouveau ». Son idéal du « tréteau nu » devait longtemps régner sur le théâtre de qualité, l'opposant tant au boulevard qu'aux procédés étrangers, au tableau et à la machinerie, et défendant une mise en scène sobre pour mettre en valeur l'œuvre elle-même. D'ailleurs, Vilar défendra encore la pauvreté du décor au TNP après 1945, et la route d'*En attendant Godot* campera un espace désertique, sorte d'aboutissement du « tréteau nu ».

Cependant, sous l'influence de Brecht, la fonction politique du théâtre est alors exaltée. Brecht parle d'« effet V » (*Verfremdungseffekt*), c'est-à-dire un effet de recul ou de « distanciation » favorable à la réflexion du spectateur. Contre l'illusion dramatique, Brecht privilégie une forme épique, aussi éloignée du théâtre littéraire du Cartel que du théâtre de la cruauté d'Artaud, et cette forme nouvelle ne manquera pas de marquer les productions de Sartre, Adamov, Arrabal ou Césaire au temps de l'engagement et de la décolonisation.

Le théâtre de l'après-guerre a d'abord été philosophique, politique et engagé, tels les grands succès de Sartre sous l'Occupation, *Les Mouches* (1943) et *Huis clos* (1944), puis *Les Mains sales* (1948) ou *Le Diable et le bon Dieu* (1951). Pour Sartre, le théâtre a été le moyen de vulgariser les thèses de l'existentialisme, suscitant les protestations d'un Ionesco qui, contre un théâtre populaire « d'édification et d'éducation politique », ou encore « de patronage », contre « Brecht et ses "terroristes" », plaidera pour la liberté et l'autonomie du théâtre. Dans *L'Impromptu de l'Alma* (1956), Ionesco s'en prend, sous le nom de Bartholoméus, à Barthes, propagandiste du TNP et du brechtisme. Il rejette le théâtre à thèse et rappelle que le théâtre a la « totalité de la condition humaine à prendre en compte », comme le fait alors exemplairement Beckett. Au théâtre à thèse s'est opposé, de Claudel à Beckett, en passant par Giraudoux, un théâtre qui, sous des formes variées, a eu la volonté de faire penser.

Tel est encore le projet des œuvres novatrices des années 1950, en rupture avec les conventions et les traditions de la scène, celles du théâtre littéraire comme celles du théâtre engagé. Leurs conceptions du spectacle se rapprochent peu à peu de celles qu'Artaud défendait avant la guerre. Pour Ionesco, le langage dramatique est autant visuel qu'auditif. Chez Beckett, le dialogue se réduit à un échange de balbutiements entrecoupés de longs silences, tandis que la force et le sens de l'œuvre dépendent du spectacle. Pour Adamov aussi, le théâtre est lié avant tout à la représentation, tandis que Genet conçoit le spectacle comme cérémonial réglé. Suivant les idées d'Artaud, l'auteur est donc éliminé au profit du metteur en scène, vu comme « une sorte d'ordonnateur magique, un maître de cérémonies sacrées ». Ionesco, Beckett et Adamov, tous trois d'origine étrangère, avec Audiberti, Genet et Duras, constituent alors une avant-garde qui scandalise le public à partir de 1947, année des *Bonnes* de Genet et de *Le Mal court* d'Audiberti.

Romancier, Genet se tourne vite vers la scène. Solitaire, se tenant à l'écart de toute obédience esthétique et sociale, il a créé au théâtre, comme dans ses romans, une œuvre de transgression et de provocation par ses personnages et ses sujets. *Haute surveillance* (1947) se situe dans l'univers carcéral. *Les Bonnes* (1947) transpose le fait divers des sœurs

Papin, qui avaient assassiné leur patronne en 1933, dans une interrogation sur l'énigme qui sous-tend tout crime. Après quelques années, *Le Balcon* (1956) a lieu dans une maison de prostitution où les représentants de la Loi — personnages hiératiques aux postures symboliques — jouent leurs scénarios pervers tandis que la révolution fait rage dans la ville, et avant de passer eux-mêmes à la répression. *Les Nègres* (1958) porte sur la violence subie et exercée par les colonisés, tandis que *Les Paravents* (1961), dans le contexte et le décor de la guerre d'Algérie, fait le procès du racisme et condamne les pouvoirs établis. De vives polémiques et échauffourées eurent lieu en 1966, quatre ans après les accords d'Évian, lorsque cette pièce fut créée à l'Odéon dans une mise en scène de Roger Blin, dont le nom est inséparable du théâtre d'avant-garde de l'après-guerre. La révolte et la haine des classes et des peuples opprimés sont alors au centre de ce théâtre, qui multiplie les tableaux relevant d'une esthétique irréaliste dans une critique de la société et de ses valeurs.

La contestation morale, sociale et politique du théâtre d'avant-garde choque le public bourgeois au plus haut point. La mise en scène déroute par la multiplication des jeux de théâtre, des masques et des miroirs, par le choc de la tragédie, de la comédie et de la parodie. Sartre évoque les « tourniquets d'être et d'apparence, d'imaginaire et de réalité » chez Genet. Dans *Les Bonnes*, Solange et Claire imitent Madame, jouent entre elles les rôles de la maîtresse et de la servante. *Le Balcon* est une maison d'illusions où les clients endossent les vêtements dont ils rêvent dans la « glorification de l'Image et du Reflet ». Dans *Les Nègres*, chacun découvre son image par son reflet dans le regard méprisant et déformant de l'autre. *Les Paravents* symbolise un monde où chacun se masque. Genet refuse le réalisme dans le langage, les situations, le jeu des acteurs. Son théâtre stylisé et cérémoniel a la rigueur et la majesté d'un rite grandiose en comparaison des autres productions majeures de l'avant-garde, *La Cantatrice chauve* (1950) et *La Leçon* (1951) d'Ionesco, *En attendant Godot* (1953) et *Fin de partie* (1957) de Beckett, ou encore de la pièce de Césaire sur la colonisation, *La Tragédie du roi Christophe* (1964).

Beckett, plus discret, n'a pas accompagné ses pièces de prises de position sur le théâtre, tandis qu'Ionesco a donné des *Notes et contre-notes* (1962, 1966) en défense d'un anti-théâtre agressif et provocant, « anti-thématique, anti-idéologique, anti-réaliste-socialiste, anti-philosophique, anti-psychologique de boulevard, anti-bourgeois », bref, défini par la « redécouverte d'un nouveau théâtre libre » contre le dogme brechtien : « Le théâtre n'est pas le langage des idées. Quand il veut se faire le véhicule des idéologies, il ne peut être que leur vulgarisateur [...]. Un théâtre idéologique est insuffisamment philosophique. » Encore une fois, il s'agit de faire penser, non de soutenir des thèses. Ionesco, comme Artaud, vise un théâtre sans littérature ni psychologie, mais aussi sans intrigue, action ni situation, et où l'identification des personnages et leurs motivations restent vagues. *La Cantatrice chauve*, pièce dépourvue de sujet et de signification, sinon son absence de sens, est un essai de « fonctionnement *à vide* du mécanisme du théâtre », une sorte de « théâtre abstrait ou non figuratif », sans référence au réel, sans contenu psychologique ni moral. Voilà un drame pur comme peut l'être l'art non figuratif, par opposition au théâtre « réaliste et policier », fondé sur un fait divers et une énigme à résoudre. Ionesco se fait ainsi le défenseur d'un nouveau théâtre irrationaliste et anti-aristotélicien, affranchi du principe de l'identité et de la causalité. L'univers d'Ionesco, comme celui d'Adamov — ils rompront quand Adamov se politisera à gauche — est celui du rêve, de l'insolite et de l'absurde, dans une parodie de théâtre. La dérision du théâtre — l'anti-pièce et le pseudo-drame — est alors un des ferments principaux du nouveau théâtre.

Enfin, l'avant-garde se définit par une mise en crise du langage, surtout chez Beckett, qui mine la parole par son abondance incontrôlée et subvertit ainsi la communication. « Nous sommes intarissables », reconnaissent les clochards d'*En attendant Godot*, tout en disant n'importe quoi pour soutenir et prolonger une conversation vitale. De même, le flux verbal est sans fin dans *La Leçon*, qui donne lieu à une logorrhée où discours et pensée s'abîment. C'est d'ailleurs bien ce que Barthes reproche alors à l'avant-garde, qui met en cause toute rhétorique, toute communication, tout échange social. Dans *La Cantatrice chauve*, la parole échappe à toute organisation mentale. Les rapprochements verbaux, les clichés et les lieux communs, les platitudes et les banalités se bousculent dans un discours affolé, exténué et vidé. Cette « tragédie du langage », symptôme d'une crise de la communication, instruit le procès de l'homme et des idées reçues. Plus subtilement, chez Beckett, la volonté de dire se heurte à l'impossibilité de le faire et aboutit au silence.

À propos de ces œuvres, qui donnent toutes une image dérisoire de l'homme, on a souvent parlé d'un théâtre de l'absurde. Les clochards de Beckett, prostrés, mélancolique, solipsistes, procrastinateurs, raisonnant à la folie avant le moindre geste, symboliseraient l'insignifiance d'une existence où il n'y a « rien à faire ». Dans le péché d'« être né », tout espoir est vain, et Godot ne viendra jamais. La vie est une « fin de partie » sans remède : « Il pleure, donc il vit », comme dit Clov dans *Fin de partie*. La solitude, le pessimisme et le désespoir seraient plus radicaux que chez Sartre ou Camus, chez qui la rationalité du langage et de l'action démontrait que la confiance subsistait quand même, tandis que la négation de Dieu augmentait les valeurs humaines. Ici, tout est non-sens, et la dérision est pire que l'absurde : le rôle du langage et la fonction de l'art sont eux-mêmes mis en question. Sans aucun pathétique, le tragique est absorbé par le comique, et « le comique étant l'intuition de l'absurde », disait Ionesco, il est « plus désespérant que le tragique ». Le rire traverse toute l'œuvre de Beckett, non pas le « rire amer » ou le « rire jaune », mais le « rire sans joie » ou le « rire des rires », comme Baudelaire parlait du « comique absolu » des pantomimes anglaises, c'est-à-dire le rire pur, « le rire qui rit — silence s'il vous plaît — de ce qui est malheureux ». Ce rire, fondé sur l'humour, non sur l'ironie, est par exemple celui de *Fin de partie*, où Nell s'écrie : « Rien n'est plus drôle que le malheur. »

Comme Artaud le recommandait, le recours aux images et aux objets donne une force spectaculaire à la représentation des idées et permet de figurer les terreurs, les fantasmes, les obsessions et les ratiocinations. Le théâtre d'avant-garde, qui a joué du pouvoir dramatique et symbolique de la fantaisie, a été un vrai théâtre : il a montré au lieu de dire, par exemple l'errance interminable et les vains espoirs des clochards de *Fin de partie*, ou l'enlisement progressif de Winnie dans *Oh les beaux jours* (1963). La représentation des malheurs de l'homme a ainsi été dotée d'une grande efficacité dramatique, car la réalisation scénique des idées excède leur expression rhétorique. C'est pourquoi, curieusement, cet anti-théâtre a été le meilleur des théâtres et a rencontré un public nombreux jusqu'à aujourd'hui. Pièce d'avant-garde, *En attendant Godot* s'est imposé à la scène. Genet est entré au répertoire de la Comédie-Française en 1985, et Beckett en 1988, et il n'est pas certain qu'un autre théâtre ait succédé au leur. Théâtre de la *Fin de partie*, était-ce aussi la fin du théâtre ? On l'a dit.

POUR UN THÉÂTRE MÉTISSÉ

Il faudrait pourtant encore parler des pièces de Duras, Sarraute, Vinaver, puis à la génération suivante de Koltès, Minyana, Novarina. Ces derniers ont été marqués profondément par Artaud, dans le cas de Novarina, par Genet, dans le cas de Koltès, durant les années 1960 et 1970, et tous par Beckett, mais aussi par le *Living Theater*, par le *Happening*, et par Bob Wilson.

Combat de nègre et de chiens (1980), de Koltès, est le drame des noces entre l'Europe et l'Afrique. Comme chez Genet, la décolonisation offre le contexte politique de l'action, et l'esthétique du tableau sera exaltée par la mise en scène de Chéreau qui a créé la pièce et lancé l'écrivain au théâtre des Amandiers de Nanterre en 1983. La question de la langue est toujours centrale : un dialogue entre un Noir parlant en ouolof et une Blanche qui lui répond dans la langue de Goethe, sur fond des bruits de la forêt, illustre l'utopie de la langue métissée commune à une bonne part de la littérature fin-de-siècle. Comment survivre dans un monde de pillage et d'oppression ? Telle est la question posée. *Dans la solitude des champs de coton* (1986), la plus grande réussite de Koltès et Chéreau, se réduit à un dialogue très écrit entre deux protagonistes s'affrontant la nuit dans un échange dont l'enjeu restera obscur, mais où ils finiront par se confondre. Avec *Le Retour au désert* (1988), la décolonisation est de nouveau transposée dans un conte burlesque.

Chez Novarina, est-on encore vraiment au théâtre ? Tous artifices et conventions sont refusés dans *Le Théâtre des paroles* (1989), œuvre totale et personnelle qui entend donner à voir la genèse du langage. Un acteur profère une parole adamique, dénonce le théâtre, vitupère la dramaturgie contemporaine. Le cœur et le cerveau sont tenus à l'écart pour laisser parler les autres organes, les dents et le ventre. L'acteur doit se vider pour devenir « un trou qui parle », pour nommer, c'est-à-dire faire exister. Or Novarina est entré au répertoire de la Comédie-Française en 2006 avec *L'Espace furieux* (1997), où les mots sont proférés comme une matière malaxée dans une avalanche charnelle de sons. L'acteur « déglutit le monde », et Novarina, jamais loin ni de Rabelais ni d'Artaud, donne à cette récréation un sens à la fois burlesque et métaphysique.

CHAPITRE IX

POÉSIE ET ONTOLOGIE

Après le surréalisme et après la guerre, dont les effets sur la poésie furent opposés, mais aussi profonds et indélébiles, la poésie a connu un double désengagement. Elle s'est éloignée de la doctrine surréaliste d'une part — automatisme, image et hasard objectif —, et du dogme politique, notamment communiste, d'autre part. Ou bien la poésie a fait retour à la tradition lyrique, ou bien elle a refusé le lyrisme et a été tentée par l'hermétisme d'une poésie métaphysique, ou ontologique, questionnant les rapports du langage et de l'Être. À moins que les deux voies n'aient parfois pu se rejoindre.

Les conséquences de la Seconde Guerre mondiale sur la littérature française furent encore plus considérables que celles de la Grande Guerre, provoquant une véritable rupture d'époque. Entre 1940 et 1945, c'est toute l'institution littéraire ancienne qui fut renversée. Dès l'été 1940, de nombreux écrivains figurèrent sur la liste Otto des ouvrages proscrits durant toute l'Occupation ; puis, après août 1944, la liste noire du Comité national des écrivains (CNE) interdit de publication les écrivains collaborateurs. Brasillach fut exécuté en février 1945 ; Drieu La Rochelle, qui avait dirigé la *NRF* de fin 1940 à juin

1943, se suicida en mars 1945 ; Céline était arrêté au Danemark ; Montherlant, Jouhandeau, Morand furent bannis, tandis que des résistants, Aragon, Éluard, Pierre Emmanuel, régnaient sur le monde des lettres, et que Paulhan, très seul, dénonçait la censure exercée par les anciens résistants et réclamaient le « droit à l'erreur ». L'académie Goncourt s'était compromise, alors que l'Académie française, avec Mauriac et Duhamel, s'était comportée honorablement. La *NRF*, modèle de la revue littéraire depuis 1909, disparut, tandis que de nombreuses revues nées dans la Résistance survécurent quelque temps, et que *Les Temps modernes* de Sartre capitalisaient sur l'engagement existentialiste. Aragon présidait le CNE, puis dirigea *Les Lettres françaises* dans les années 1950. Et le surréalisme s'était dissous après le départ de Breton pour l'Amérique. À son retour, l'exposition surréaliste de 1947 ne rencontra qu'un succès modeste, comme si le mouvement n'avait pas résisté à l'engagement.

Il n'y eut jamais en France autant de poètes que durant l'Occupation. *L'Honneur des poètes*, publié par les Éditions de Minuit en 1943, témoigne de leur rôle : la poésie permit d'échapper à la censure et de combattre la propagande. Des romanciers se firent poètes, des poètes établis revinrent au vers régulier, et nombre de nouveaux poètes apparurent durant les années sombres. Dans l'urgence, prisonniers, résistants et étudiants anonymes s'emparèrent de la prosodie. La poésie leur permit d'affirmer leur langue et de maintenir leur culture humiliée.

Aragon publia en 1941 *Le Crève-cœur*, sur la défaite, poésie très différente de ses textes surréalistes et de ses pamphlets iconoclastes d'antan. Il y renoua avec le vers français après Verlaine, réhabilita la rime et rétablit la chanson dans ses droits :

> Mon amour n'a qu'un nom c'est la jeune espérance
> J'en retrouve toujours la neuve symphonie
> Et vous qui l'entendez du fond de la souffrance
> Levez les yeux beaux fils de France
> Mon amour n'a qu'un nom Mon cantique est fini

L'alexandrin exprimait son amour de la patrie, qu'il confondait avec l'amour d'Elsa. Éluard, pour célébrer la liberté, et Desnos, à Auschwitz, revinrent eux aussi à la métrique régulière. Dans *La Diane française* (1945), Aragon, invoquant Virgile et la Pléiade, pétrarquisait à l'écoute du pays occupé, avant de donner voix au stalinisme triomphant dans les mêmes formes sages. Éluard, qui avait rejoint le parti communiste clandestin en 1942, chanta la fraternité, mais sans perdre son insolente liberté surréaliste. Dans *Poésie et vérité* (1942), puis dans ses poèmes politiques, il restait poète par la naïveté des mots et la légèreté des choses. Même Breton, dans l'*Ode à Charles Fourier* (1947), oratoire et parfois déclamatoire, affirma lui aussi son rêve d'action.

Pourtant, très vite, cette poésie ne correspondit plus au climat de l'après-guerre. Une querelle du sonnet opposa les partisans des formes traditionnelles et ceux qui jugeaient revenu le temps de l'aventure poétique. Péret publia à Mexico *Le Déshonneur des poètes* (1945), où il comparait les poèmes de guerre à de la publicité et contestait la soumission de la poésie à l'action, de la littérature à la patrie. Cassou, auteur de sonnets de guerre, *Trente-trois sonnets composés en prison* (1944), minimisa leur valeur, rappelant qu'il avait écrit des sonnets parce qu'il manquait de papier et que leur forme soulageait sa mémoire. Mais, selon lui, ce n'était pas comme poète qu'il avait été résistant. Char avait cependant combattu en poète : il s'était voulu fidèle à la poésie en prenant les armes et, rare parmi les écrivains, en refusant de publier durant toute la guerre. À ses yeux, sa poésie avait conservé son sens en se suspendant et en choisissant le silence, jusqu'à *Seuls demeurent* (1945).

Ponge n'avait pas sacrifié à la poésie utilitaire et appliquée. Refusant de soumettre le risque poétique à une profession de foi ou à un programme social, il avait soutenu que le poète qui confond la poésie avec l'action renonce à la poésie, à l'instar d'Apollinaire durant la Grande Guerre, ou des poètes de la Résistance, ou de ceux du réalisme socialiste, après guerre. « Le Savon », poème de la guerre, porte sur un objet utile, insignifiant, mais notoirement rare sous l'Occupation : le poète le célèbre dans ses moments de liberté de résistant, mais le gros et superbe dossier qu'il a réuni sur lui ne sera publié qu'en 1967, bien après la guerre. Comme « Le Savon », « La Lessiveuse », dont le premier manuscrit date de novembre 1940, déplace la problématique contemporaine de la rédemption et de la pureté spirituelle vers un appareil ordinaire. Ponge, dans ce texte purificateur, se moque en somme de la mauvaise rhétorique patriotique et lyrique, et de toute poésie qui entend changer l'ordre des choses.

Après le temps de l'action, contre l'excès de réel qui s'était emparé d'elle, vint donc pour la poésie le temps de s'absenter ou de se ressourcer, illustrant aussi la difficulté croissante de la poésie dans le siècle, tandis que le lecteur la délaissait, que sa place se réduisait, et qu'elle n'était plus au centre de la culture. La méfiance à l'égard de la poésie n'a fait que croître depuis que Valéry écrivait à Gide en 1891 : « Je te prie de ne plus m'appeler poète, grand ou petit... Je ne suis pas un Poète, mais le Monsieur qui s'ennuie. » Seuls les surréalistes croyaient encore au lyrisme, suivant leurs articles de foi dans l'automatisme, dans l'amour fou, et dans la vie. Mais le surréalisme, en ce sens plus archaïque que futuriste — a été comme un îlot d'enthousiasme dans une modernité dominée par le soupçon.

Au début des années 1950, Claudel, Valéry et le surréalisme restent des références majeures — tous les poètes du second XXe siècle s'en sont nourris —, mais la rupture est désormais sensible. L'absence et la présence sont les thèmes inévitables de la poésie, ainsi que l'imposture du langage, par exemple chez Char et chez Bonnefoy. L'abus de l'image est contesté, « jungle des jongleries », comme le dit Aragon dans *Le Roman inachevé* (1956), ce qui ne l'empêche pas de lâcher les images en liberté. La poésie est aussi dénoncée comme voie de connaissance, par exemple par Michaux ou par Ponge. Tous la mettent en question dans un monde où elle est vécue comme soupçon et où son procès est instruit sans relâche.

La poésie hésite entre les mots et les choses, entre la méfiance et l'espérance, entre la distance et l'assentiment, entre le néant et l'humanisme, entre la modernité et la tradition, entre le risque et le salut, entre la mort et l'œuvre, et de toutes ces oscillations essentielles nul recueil ne paraît plus exemplaire que *Fureur et mystère* (1948), rassemblant les poésies de Char depuis le surréalisme jusqu'à la Résistance, avant qu'il ne se rapproche de Heidegger. Mais l'idéal de la poésie pure et le refus du récit, dès lors que l'image est volontiers discréditée, font tendre la poésie vers une poésie de la poésie. Dans l'ensemble de ces tendances, la place de Paulhan reste considérable : tous les poètes du milieu du siècle lui sont liés de quelque manière, Michaux et Ponge en particulier. Après le surréalisme, il s'en est pris dans *Les Fleurs de Tarbes* (1941) à la poésie comme haine du langage ou comme « misologie ». Or la question du langage — transparence et obstacle — sera en effet au centre de toute la poésie du second XXe siècle.

La mission de la poésie est-elle le « Oui » ou le « Non », l'affirmation ou la négation de la vie et du merveilleux ? Son mode est-il la présence ou l'absence de l'Être ? Sa forme est-elle le verset ou l'aphorisme, le poème en prose ou le vers cadencé ? Autant de dilemmes dans un univers sans genres ni formes dominants, et un poète comme Char se produira dans tous. Le dialogue de la poésie avec la peinture reste indispensable depuis Apollinaire, mais la musique revient au premier plan. La poésie se dilue et le langage poétique se disperse dans toutes les formes, mais le rêve de transcendance n'a pas disparu, et la plus haute ambition poétique reste à l'ordre du jour.

La création poétique est vue comme un exercice spirituel, un accès au sacré dans un monde sans Dieu ; elle est réverbération du sens essentiel du monde sur notre esprit, découverte ou dévoilement de la pensée du monde. Sa vocation est révélatrice dans une poésie philosophique (Bonnefoy, Deguy). L'enjeu est la confiance ou non dans les pouvoirs de la poésie. Célébrera-t-elle le monde, l'être et le langage (Saint-John Perse, Char), ou s'écrira-t-elle contre le monde (Michaux) ? Se définira-t-elle par le refus, ou par l'adhésion, l'acquiescement, l'assentiment ? Sera-t-elle poésie du oui ou du non, suivant l'alternative posée par Monnerot, dans *La Poésie et le sacré* (1945), et Blanchot au sortir de la guerre ? Sera-t-elle poésie de la présence (Bonnefoy, Jaccottet), ou de la matière (Ponge, Guillevic), ou encore poésie formaliste (Queneau, Roche) ? Ou, du côté du oui, sera-t-elle plus ou moins méfiante à l'égard du langage, et donc poésie de la vérité et du silence (Bonnefoy) ou bien poésie du verbe (Deguy) ?

Toutes les formes sont au demeurant possibles, dans leur étonnante diversité : le vers régulier, libéré ou libre, le verset, la prose lyrique ou littéraliste, le fragment minimaliste ou l'ample période. Des pratiques poétiques s'imposent, non des systèmes, non des écoles, et quatre poètes très dissemblables dominent l'après-guerre : Saint-John Perse, Char, Michaux et Ponge.

LA CÉLÉBRATION DES CHOSES

Pas de poésie de la présence plus solennelle que celle Saint-John Perse. Celui-ci n'est pas un nouveau venu, puisqu'il a rencontré Jammes et Claudel au tournant des siècles, et que son premier recueil, *Éloges* (1911), a célébré son île natale de la Guadeloupe dans la *NRF*. Mais une longue carrière de diplomate l'a tenu loin de la poésie, et c'est seulement l'exil aux États-Unis durant la guerre qui l'y a ramené. Son premier cycle antillais, très personnel, se présentait sous la forme de fragments proches des *Illuminations*, mais groupés thématiquement, et avec des images raccourcies et disparates qui l'avaient fait qualifier par Breton de « surréaliste à distance » dans le *Manifeste*. Son deuxième cycle asiatique, après un séjour à Pékin, dans *Anabase* (1924), composait un « voyage vers l'intérieur » à la manière de Xénophon et montrait la conquête de l'esprit poétique sur l'accoutumance, dans un inventaire, une nomination et une exaltation des richesses du monde : « Tel est le train du monde, et je n'ai que du bien à en dire. » Dans un lyrisme impersonnel et allégorique, chargé de rhétorique, le poète recourait cette fois au verset. Mais c'est son troisième cycle américain, avec *Exils* (1942), *Neiges* (1944), *Vents* (1946) et *Amers* (1957), qui fera de Saint-John Perse le poète enthousiaste des vastes espaces et des éléments déchaînés, peignant un exil fondamental où le poète, « suiveur de pistes », « déchiffreur de signes », est en quête du langage des origines. Le ton solennel et oraculaire fait de l'écriture un cérémonial sacré, calqué sur le souffle de l'esprit et mimant sa genèse. Les grandes forces cosmiques sont célébrées : le vent purificateur toujours renaissant est à l'image du mouvement de la vie et de l'être ; la mer est associée à l'amour dans une ode à l'Océan. Dans cette poésie élémentaire, aux images généreuses, exaltant le mouvement, mais atteignant la plénitude dans la contemplation, on entend la parole même de la terre, la traduction rythmée des essences de l'univers. C'est à cette voix grandiose et épique, à cet immense élan sonore que le poète devra le prix Nobel en 1960, avant de préparer lui-même sa « Pléiade » monumentale (1972).

La forme est celle du verset, analogue à celui de Claudel, dans un rythme ample et imposant, fait de balancements, de répétitions et de parallélismes, avec des jeux de sonorités et des paronomases. La poétique de Saint-John Perse est centrée sur les mots et les étymologies, avec un lexique riche. Le ton, grave, est celui de la louange : le poète, comme un chaman, célèbre « la simple chose d'être là ». L'invention des images est inépuisable, et les figures sont chargées. « Hanter l'Être n'est point leurre » pour ce chantre de « l'adhésion totale à ce qui est ». L'humour, les détails et l'intimité du visible, la densité du réel ne sont pourtant pas absents : « Il vient aux lignes de suture un revêtement doux de petites algues violettes, comme du poil de loutre. » Paulhan y a vu la confusion réussie de la chose et du mot.

Le sens serait celui même de la création poétique : dans l'histoire universelle de l'arrachement à l'accoutumance, le poète est celui qui découvre un ordre au chaos, qui fait l'éloge de ce qui est. Saint-John Perse nous a donné, suivant Paulhan, « la Bible de notre temps ». Pour sa poésie de l'assentiment, sous le regard du dieu qui voit d'en haut, l'ordure est transformée en éclat, le bien et le mal sont confondus. Ce point suprême est atteint par instants, mais l'exaltation est inconciliable avec la durée. C'est pourquoi la poésie moderne a été de plus en plus fragmentaire, discontinue, brève. Celle de Saint-John Perse est-elle parvenue à se maintenir dans l'authenticité ? Les poètes de la génération suivante en ont douté, tel Jaccottet : « La fête qui fut le grand rêve de Hölderlin, la fête du sacré, est-il possible de la fêter ainsi tous les jours, sans ombre de tricherie ? »

Si Char a été érigé, avec Saint-John Perse, en poète officiel dans les années 1950, son œuvre, alors inséparable de sa retraite de l'Isle-sur-la-Sorgue, de l'eau et de ses pièges, avait elle aussi débuté sous de tout autres auspices. Surréaliste farouche de 1929 à 1934, auteur de *Ralentir travaux* avec Breton et Éluard (1930), passionné de la Terreur et de Sade, c'était la violence de la poésie, son pouvoir de destruction comme « phosphore poétique autonome meurtrier » — sa version de l'étincelle de l'image —, qui l'avaient d'abord inspiré dans *Le Marteau sans maître* (1934). Puis il avait entamé une méditation sur la poésie dans *Moulin premier* (1936), texte morcelé, éclaté en fragments agressifs. Dans la discontinuité héritée d'Héraclite, le poème tendait à l'aphorisme, présent dès les textes surréalistes de Char, mêlé aux vers libres et aux poèmes en prose, mais la clausule, « Commune présence », annonçait déjà une inflexion vers la célébration. C'est après 1935, se détournant du surréalisme, que Char revint en Provence et à la nature, et prêta attention au monde, notamment dans des textes sur la peinture, médiation moderne entre la poésie et le réel, mais son univers restait dur et métallique, et sa poésie, surréaliste et militante jusqu'à la guerre. La rupture, assumée en 1938 dans l'écoute de la langue spontanément poétique des plantes et des étoiles, sera révélée seulement dans *Fureur et mystère* (1948), qui recueille *Seuls demeurent* (1945), les fragments denses et dépouillés de *Feuillets d'Hypnos* (1946), et *Le Poème pulvérisé* (1947), avec *Les Loyaux Adversaires* et *La Fontaine narrative*.

Le silence imposé par la Résistance, ainsi que l'expérience de la violence dans sa réalité, menèrent Char à atténuer la brutalité de sa poésie, qui, de 1938 à 1945, devint lenteur, « contre-terreur », éloge, amour et tendresse pour la femme et le monde. Ses textes sont alors des notes lapidaires, urgentes, illustrant une métamorphose vers l'humanisme et le lyrisme brefs. Char mentionnait Héraclite en 1938, pour dire que l'Un se renverse toujours en son contraire et pour signifier l'étincelle vitale qui rend la nuit inséparable du jour. Suivant le renversement dialectique de la contradiction humaine, il revient au poète d'œuvrer pour la libération d'un monde meilleur : « Le poème est l'amour réalisé du désir demeuré désir. » À lui de « [t]ransformer les vieux ennemis en loyaux adversaires », suivant les fragments sur le poète de *Partage formel*. Ainsi Char découvrit-il une parole plus proche de la nature et des hommes, imprégnée de la camaraderie rencontrée dans le paradis du maquis. Dans une langue hautaine et belle — et aussi hermétique —, il professe désormais un optimisme impérieux et vise le dépassement de l'absurde dans la santé du malheur. Le vers se fait hugolien dans *Les Loyaux Adversaires*, varié dans *Le Poème pulvérisé*. Dans *La Fontaine narrative*, qui se place sous le signe de l'eau, en hommage à la mer et à la Sorgue, congé est donné à Rimbaud, tandis que l'« Allégeance » à la poésie est déclarée à l'explicit.

Char traversera ensuite des désillusions politiques, mais la dialectique, au sens éthique, restera le moteur de son œuvre, où le dialogue avec la peinture — comme Saint-John Perse avait réalisé *Oiseaux* (1962) avec Braque — ira croissant. Le poète, ami de Braque, Miró, Picasso, Staël, Giacometti, Vieira da Silva, et qui pratique lui-même la gravure, est fasciné par le silence du peintre et recherche un équivalent verbal du tableau. Face à l'encombrement des idées chez l'écrivain — de même que Bonnefoy refusera la lourdeur du concept —, le peintre montre la « nudité première » des choses.

« L'une des grandeurs de René Char, disait Blanchot dès *Fureur et mystère*, celle par laquelle il n'a pas d'égal en ce temps, c'est que sa poésie est révélation de la poésie, poésie de la poésie, et, comme le fit à peu près Heidegger, poème de l'essence du poème. » De plus en plus proche de Heidegger, Char, dans *Aromates chasseurs* (1975), cherchera le lieu de rencontre entre l'expérience sensible et l'expérience ontologique dans la question de la poésie. Blanchot mettait sans doute excessivement l'accent sur la dimension métapoétique de cette œuvre, alors que la réflexivité de la poésie sur la poésie la caractérise en définitive moins que sa foi en la poésie comme révélation de la vérité du monde. Pour Char, l'âge de la poésie n'est pas clos après Rimbaud et Mallarmé, et l'œuvre n'est pas condamnée au néant ni à l'imposture. Suivant la malédiction moderne dont Blanchot s'est fait le héraut, le poète, privé d'œuvre, est condamné au retour infini sur lui-même et sur son vide. L'imposture de la poésie a été dénoncée par le surréalisme, mais en même temps déniée par le recours à l'automatisme. Char, animé par un optimisme violent, parie sur la poésie pour sortir de l'imposture de la poésie, pour conquérir une souveraineté qui ne soit pas l'impersonnalité mallarméenne : « Le poète, dit-il, conservateur des infinis visages du vivant. »

Ainsi inspirée de Hölderlin et Heidegger, cette poésie du lieu, du passage et de la demeure devient poésie de l'universel cosmique. Il s'agit d'habiter la terre en poète, en poète debout. Le vers de Char a toujours été bref, mais avec une grande exigence de hauteur ou d'élévation, et avec le risque de l'académisme, « l'œuvre finissant par s'enchanter elle-même », comme le dira Jaccottet. Ou bien, suivant Richard :

> Convaincu de sa toute-puissance créatrice, pénétré de ce don qu'il possède de renverser magiquement l'habituel ordre causal de la durée, le poète pourra connaître la tentation de parler à partir de ce futur, de ce lointain encore inexistants [...] ; il lui sera loisible d'élire dès le départ une certaine hauteur (de voix, de certitude), bref d'adopter à priori une façon d'enjoindre et de nommer qui suppose le problème résolu avant d'en avoir éprouvé réellement la déchirure.

Les « éclats » de Char, comme les versets de Saint-John Perse, dans leur assentiment, dans leur célébration, n'ont pas toujours été sans une certaine facticité : « À chaque effondrement des preuves, le poète répond par une salve d'avenir », dit un des aphorismes les plus souvent cités de Char.

POÉSIE DU NON ?

Auprès de ces deux poètes lauréats, entrés dans la « Pléiade » de leur vivant, Michaux et Ponge font figure de francs-tireurs. Nulle trace d'éloquence chez Michaux, et un franc refus de la poésie et du surréalisme : « Je ne sais pas faire de poèmes, ne me considère pas comme un poète, ne trouve pas particulièrement de la poésie dans les poèmes et ne suis pas le premier à le dire. » En revanche, une intense présence du mal et de la souffrance, une haine constante et irréparable de l'Occident, dans une poésie qui mobilise des « forces de dislocation et de démence ». Dès « Le Grand Combat », envoyé à Supervielle vers 1926, publié dans la *NRF* en 1927 —

provoquant quelques désabonnements —, et recueilli dans *Qui je fus* la même année, une violence méditée se déchaîne et démantèle le corps de la langue tout autant que celui de l'adversaire, sans remords ni chance de réparation. L'agression est le moyen d'un nouvel art poétique qui se moque des règles de l'art et de la morale. La révolte de Michaux est personnelle, apolitique, consciente et organisée. Elle n'a rien de la spontanéité de l'automatisme. La poésie, considérée comme exorcisme, passe par l'exploration méthodique du rêve et par l'humour noir. Ainsi un autre langage est-il inventé, libérant l'écriture de l'unité et de l'harmonie, incorporant des matériaux bruts, maintenant l'œuvre à l'état de fragmentation et d'inachèvement.

Les fantasmes de persécution s'ajoutent à ceux d'agression, provoquant à la fois la dislocation du moi et de l'autre, mais non sans qu'une part de jeu dans la mise en scène ne donne aux textes un ton parodique et fantaisiste. Dans *Plume* (1930), le poète répond par l'indifférence aux agressions sociales. Dans *Voyage en Grande Garabagne* (1936), le style rageur et syncopé exhibe une violence désespérée. Dans *Épreuves, exorcismes* (1945), la poésie affirme enfin pleinement sa valeur d'exorcisme. L'œuvre se dissout ensuite vers l'informe, dérive vers le rien à travers la souffrance, la drogue et la folie, par la transe mescalinienne.

Michaux semble rompre avec la valeur rédemptrice de la poésie qui prévalait encore dans le surréalisme. L'œuvre, qu'elle soit un rêve, un poème ou un dessin, que la drogue ou le voyage l'inspire — comme dans *Un Barbare en Asie* (1933) —, porte à son paroxysme l'expression des misères, mais peut-elle encore en délivrer ?

Jaccottet distinguait quatre états de la langue de Michaux, les trois premiers dépourvus de tout assentiment : d'abord une prose précise et détachée pour les voyages et les expériences réelles ; ensuite, la prose plus libre des relations imaginaires et des inventions zoologiques, sorte de langage surveillé de l'« exorcisme par la ruse » : « d'autres [insectes] hauts sur pattes comme des faucheux avec des petits yeux d'épingle, rouges comme ceux des souris albinos, véritables braises montées sur tige, ayant une expression d'indicible affolement » ; enfin le langage de l'exorcisme barbare proprement dit, « réaction en force, en attaque de bélier », où « le mal progressivement dissous est remplacé par une boule aérienne et démoniaque — état merveilleux ! » : le vers libre, les inventions de mots et les ressources rythmiques et sonores font cette fois passer la langue à un état barbare, lequel suscite les réserves de Jaccottet qui le qualifie de « bagatelles de l'art ». Mais, suivant ce dernier, Michaux atteint parfois un état poétique soutenu, au rythme plus régulier tendant au verset, au vocabulaire plus noble, au ton plus solennel : ce sont des moments de paix pour le combattant ou la victime, dans une rare communication établie avec l'Être :

> La paix vient, ma sœur. Il y a près de seize cents ans qu'il ne se passe plus rien pour moi. Cette répétition indéfinie du temps m'assure enfin, moi si douteur, de l'être dont je n'arrivais jamais à être si certain sur terre.
> Il m'est presque impossible à présent de douter. Sûrement, il doit y avoir autre chose qu'accidents. J'en ai la quasi-certitude. Il doit y avoir de l'être. Même moi, il faut assurément que je sois.

Après quoi reprennent aussitôt les tortures : « Savoir, autre savoir ici, pas Savoir pour renseignements. / Savoir pour devenir musicienne de la Vérité. » Michaux s'en tient cependant, à la différence de Saint-John Perse et de Char, à une définition non exaltée et non emphatique de la poésie.

Des quatre superbes poètes de l'après-guerre, seul Ponge, promu par *Tel Quel*, s'est retrouvé en phase avec les avant-gardes textualistes des années 1960 et 1970. Dès 1923 pourtant, il s'était lié à Paulhan, qui, comme pour Michaux, devint son mentor et son éditeur. Après *Douze petits écrits* (1925), de facture mallarméenne, il publia peu, comme Saint-John Perse, Michaux, et Char d'ailleurs. Proche des surréalistes et des communistes dans les années 1930, c'est *Le Parti pris des choses* (1942) qui le rendit célèbre. Crucial fut ici encore le rôle de Paulhan, qui reçut les textes de Ponge de 1926 à 1939 et qui composa le recueil, éliminant le vers et les réflexions théoriques pour conserver seulement trente-deux textes écrits entre 1924 et 1939. Lié à Éluard, à Tortel, ainsi qu'à Camus, Braque, Sartre et Blanchot, Ponge dirigea *Action*, grâce à Aragon, après les années de résistance, mais il quitta le parti communiste dès 1947.

Or il était très vite devenu un classique après 1945, mais au prix d'une lecture sans doute partielle de ses textes, perçus comme clos, concis et précieux. Pourtant, ses livres ultérieurs, *Proêmes* (1948) et surtout *Le Grand Recueil* (1961), *Le Savon* (1967) et *La Fabrique du pré* (1971), révéleront l'œuvre en train de se faire, ouverte et raturée, où le temps et le je sont cette fois présents. Comme ses pairs, Ponge dialogue avec les peintres et se fait critique d'art, notamment de Fautrier, Braque et Chardin. Sa notoriété est alors grande, entre un numéro d'hommage de la *NRF* en 1956 et une invitation au premier numéro de *Tel Quel* en 1960.

Son œuvre descriptive, entre poésie et science, a souvent été comparée à Lucrèce par son matérialisme positif et son souci des choses élémentaires, brutes comme la pluie, le feu, le galet ou l'huître, et fabriquées, comme le pain, le cageot ou la bougie. Sartre, dont l'article de 1942, « L'homme et les choses », a contribué à lancer Ponge, vit en lui le poète de la phénoménologie. Son œuvre interroge les choses et la relation que le langage nous donne à elles. Ponge fait avec les mots ce que Braque fait avec les couleurs : c'est en songeant à Ponge que Sartre devait soutenir, dans *Qu'est-ce que la littérature ?*, que le poète utilise les mots comme des choses. Sartre fit de Ponge le poète des objets, le nettoyeur du langage, celui qui s'attache à « laver les mots des couches superposées de crasse dont l'usage, surtout mauvais, les a chargés. Crasse chrétienne, crasse romantique... » Cette poésie débouche sur une réflexion sur le langage et aboutit à une « phénoménologie de la nature ». Si Ponge a « d'abord assimilé, digéré le monde des choses, c'est le grand espace plat des mots qu'il a d'abord découvert... *Tout est parole.* » Ainsi Ponge aurait-il rendu sensible, dans une poésie matérialiste, à l'enfermement dans l'univers des objets avant le Nouveau Roman, dont Robbe-Grillet fera de lui un précurseur.

Il y a peut-être là un malentendu : le recueil de Ponge avait un titre de manifeste, mais son sens était plus ambigu, et la rhétorique de l'éloge y aboutissait aussi à une rédemption des choses et non seulement à une « trouvaille verbale ». En outre, l'homme n'était pas évacué : c'est d'ailleurs la réserve que formulera plus tard Sollers — le « monde opiniâtrement clos » de l'huître —, quand il verra en Ponge le précurseur de la nouvelle rhétorique textuelle.

On a parlé de descriptions opaques menant à la mort des choses, à l'« immatérielle poussière », suivant Picon. On a associé Ponge à Beckett, annonçant la fin de l'espèce et l'avènement du Néant, mais les minutieuses descriptions du coquillage ou du galet, de l'escargot ou du mimosa, ressemblent à des natures mortes, et Ponge révèle les qualités des choses dans le « monde opiniâtrement clos » de l'huître, le galet « aveugle, solide et sec dans sa profondeur », l'eau « blanche et brillante, informe et fraîche, passive et obstinée dans son seul vice : la pesanteur ». Le poète pédagogue apprend à voir et invente une cosmogonie. Les descriptions de Ponge n'arrêtent pas d'aller et venir entre les mots et les choses qu'ils nomment, explorant l'épaisseur des uns et des autres, notamment grâce à un goût de l'étymologie qui n'a rien de désincarné :

> Je propose à chacun, disait Ponge dans *Proêmes* en 1948, l'ouverture de trappes intérieures, un voyage dans l'épaisseur des choses, une invasion de qualités, une révolution ou une subversion comparable à celle qu'opère la charrue ou la pelle, lorsque, tout à coup et pour la première fois, sont mises à jour des millions de parcelles, de paillettes, de racines, de vers et de petites bêtes jusqu'alors enfouies. Ô ressources infinies de l'épaisseur des choses, *rendues* par les ressources infinies de l'épaisseur sémantique des mots !

Ponge s'attache à montrer l'écart ludique entre le signe et l'objet — ce qu'il nomme l'« objeu » —, espace de justesse et de fantaisie, où le sujet, malgré son effacement, prend parti. Son appréhension du monde des choses et des mots est donc sensuelle, manifestant le plaisir, la vie, l'amour, mais sans sentimentalisme.

Par un autre trait qui séduira les avant-gardes tardives, la réflexion sur la création est pour Ponge inséparable de la poésie : *La Fabrique du pré* (1971) n'est autre que le dossier de la genèse du *Pré*. Le pré a existé, mais le poème est né de l'exploration du mot, des ressources de l'étymologie et de l'homonymie — *près*, *prêt*, *pré* —, de ses phonèmes et des clichés qui lui sont associés. Un objet est sans doute à l'origine du texte, mais le poème crée un nouvel objet : le texte. Et pour la langue, Ponge se réclame dans son poème en prose d'un classicisme à la Malherbe : c'est du patrimoine de la langue que la poésie tire la vie.

Cette passion de la matière, qui va de pair avec une méfiance à l'égard de l'esprit et des idées, relève encore d'une poésie de la présence dans les images, le vocabulaire, la phrase. Les choses visibles ont du poids. L'image de Ponge, le nuage comme « tout un bloc de cristaux plumeux », la crevette comme « monstre de circonspection, lustre de la confusion », est au plus loin de l'image surréaliste, telle « la rosée à tête de chatte », dans sa hardiesse aveugle, produisant une merveille de hasard pour cent échecs. Ici on a affaire à une hardiesse lucide, lente et patiente, à une attention conquérante et approbatrice du monde. Ponge est lui aussi, malgré Sartre, Blanchot et Sollers, un poète qui dit oui non seulement au langage, mais encore aux choses, un poète du monde sensible, jamais du seul langage.

LA QUÊTE DU LIEU

Après ces quatre grands, la question de la présence est restée au cœur de la poésie, mais elle a pris la forme de la quête du « vrai lieu » pour les plus exigeants des poètes nés dans les années 1920, une fois qu'ils se furent détournés du surréalisme et de l'engagement. Il revient au poète de « constater l'univers », demandait déjà Tortel en 1947. Le souci du monde sensible a pris plusieurs aspects. D'une part celui, plus simple, plus naturaliste ou plus matérialiste, de l'École de Rochefort, chez Cadou et Follain en particulier, ou encore chez Guillevic et Tortel, d'autre part celui, plus intense, plus ardu, de quatre poètes qui semblent les plus représentatifs de la recherche du lieu : Bonnefoy, Du Bouchet, Jaccottet et Dupin, un temps regroupés autour de la revue *L'Éphémère* (1966-1973). Tous quatre, proches de Giacometti, ont loué le dépouillement, la frugalité et le silence ; tous quatre, s'ils retinrent du surréalisme sa force destructrice, refusèrent l'identification de la poésie à l'image surréaliste, dans son exaltation encore romantique et toujours rédemptrice : « La vérité de parole, écrit Bonnefoy, je l'ai dite sans hésiter la guerre contre l'image — le monde-image —, pour la présence. »

Bonnefoy, en lutte d'abord contre le concept dans l'un de ses premiers textes, *Anti-Platon* (publié en 1962), valorise la densité matérielle, brute et primitive des choses. Il abjure la poésie essentielle de Valéry qui, méconnaissant la mort, escamotait l'individuel et le temps. Il rompt en 1947 avec le surréalisme, vu comme une gnose préférant le surréel à la simplicité du réel, « la roue du paon à la pierre du seuil », dans un artifice de l'image qui fait de la poésie un leurre, et il se convertit à la « réalité rugueuse ». Mais la poésie ne saurait pourtant se passer de l'image, qu'il s'agit dès lors de justifier, à la fois de critiquer et de reconquérir, à l'égal de toute la littérature moderne qui se définit par le soupçon à l'égard de la langue quand même aimée. L'image devra donc ne jamais cesser d'être éphémère ou furtive, De son côté, Jaccottet prendra pour modèle le haïku japonais, « poésie sans images ».

Ainsi la poésie est-elle inséparable d'une morale : « Elle détermine une façon de se tenir et de se déplacer dans le monde sans l'appui d'aucune croyance, écrit Maulpoix. Elle veut être le lieu où l'homme prend vis-à-vis de l'infini la mesure de sa finitude. » Rejetant le formalisme de Valéry comme tentation du bonheur dans le nombre, aussi bien que l'illusion surréaliste de l'image, l'œuvre de Bonnefoy tend à la capture du plus précaire : « Quel souci y a-t-il dans le poème, sinon de nommer ce qui se perd ? » Le deuil et le seuil sont les lieux mêmes de cette poésie, qui est là non pour arracher le périssable au temps, mais pour intégrer l'éphémère, à la recherche du « vrai lieu » : « En certains horizons je puis apercevoir la vérité vigilante, et [...] ils sont les chemins de mon retour. » Le « vrai lieu », rappelle Maulpoix, c'est, à la manière de Baudelaire, « celui où l'infini tout à coup "se déclare" et se donne à lire dans le fini ». Le « vrai lieu », c'est celui d'une révélation profane.

Du mouvement et de l'immobilité de Douve (1953) est le livre de l'épreuve de la mort : « Que le froid de ma mort se lève et prenne un sens. » Le platonisme rendait difficile l'immédiateté physique, l'évidence élémentaire, substantielle, transcendante, nommée « présence ». Poésie de l'éphémère, la poésie de Bonnefoy sera héraclitéenne, poésie de l'être comme passage, car demeurer est impossible. Ou encore, seule la poésie rend la demeure possible, comme Heidegger disait à propos de Hölderlin : « L'homme habite en poète. » Seul le langage fonde une demeure pour la signification humaine, incluant à la fois le passage et l'immobilité. La poésie reconnaît le passage et en même temps recherche la demeure : c'est pourquoi elle est poésie du lieu, depuis Char.

À une poésie complaisante pour l'image, Bonnefoy oppose l'exigence d'un art qui soit présence et témoignage. Au concept s'oppose la faille qui permet d'entrevoir le vrai lieu : « Y a-t-il un concept d'un pas venant dans la nuit, d'un cri, de l'éboulement d'une pierre dans les broussailles ? De l'impression que fait une maison vide ? Mais non, rien n'a été gardé du réel que ce qui convient à notre repos. » *Dans le leurre du seuil* (1975) dévoile la promesse de la présence, mais aussi son retrait, et conduit à une sorte de consentement à l'entre-deux, union et désunion, angoisse et espérance, suivant une conciliation que l'on retrouve dans les récits en prose du poète, *L'Arrière-pays* (1972) ou *Rue Traversière* (1977). Il s'agit toujours de dépasser le concept dans une prose en accord avec la dimension picturale et musicale du langage, restituant la profonde unité du réel. Tenant à distance le vœu moderne de négativité, Bonnefoy s'approche de la coexistence des contraires, de l'équilibre entre le non-formel et la forme. Son art poétique part d'une réflexion sur le langage, qui engage l'avenir du sacré en poésie et une métaphysique des langues. Le langage crée ici son propre univers, invente son propre tragique, sans se référer à une philosophie.

Comme le « seuil » était le lieu poétique de Bonnefoy, le « verger » sera le lieu poétique de Jaccottet : « Je crois bien qu'en tout verger, l'on peut voir la demeure / parfaite ». Pour Du Bouchet, l'expérience première sera celle de la sortie vers un lieu ouvert, vers une « libre étendue », et l'écriture reproduira ce mouvement vers l'issue. Pour Dupin, elle parcourra le territoire aride de l'Aude, solaire et rocailleux : la poésie va vers le plus haut, le plus vide et le plus rare. De ces quatre poètes du lieu, Dupin est celui chez lequel les lieux sont les moins humanisés, celui dont la poésie se rapproche de la plus grande négativité, celle de Michaux. Elle est épreuve physique qui seule peut déjouer les leurres du langage.

LE TRAVAIL DU SIGNIFIANT

Pour la génération des poètes apparus dans les années 1960, marqués par les sciences humaines, le structuralisme, la théorie ou le texte, et par Mai 1968, le soupçon à l'égard du langage et de la poésie, du concept et de l'image, ne suffit plus. Il s'agit de subvertir toutes ces notions dans un nouvel avant-gardisme radical. Que ce soit dans l'orbite de l'Oulipo, de *Tel Quel*, de *Change*, ou de *TXT*, la poésie ne croit plus au réel, ni à la présence ni à l'absence, et se concentre sur sa propre écriture, se retourne sur sa production. Deguy, Denis Roche et Pleynet firent tous trois partie du comité de *Tel Quel*, Roubaud fut lié à l'Oulipo, Prigent à *TXT*. Dans *Tel quel*, en 1965, Jean-Pierre Faye soutenait que le mot « poésie » est « le mot le plus laid de la langue française ».

« Le travail de la langue devient l'objet même de la poésie. L'intérêt se concentre sur sa puissance de transgression », juge Maulpoix : « L'acte poétique est alors volontiers perçu comme un acte révolutionnaire. L'écriture doit revivifier la langue en instaurant un rapport singulier qui la désolidarise de son articulation ordinaire. » Pourtant, ce travail prendra parfois appui sur la tradition, mais suivant un usage inédit, comme chez Roubaud qui s'inspire des troubadours ou des formes fixes de la poésie japonaise, tel le tanka. La contrainte est alors délibérément choisie, selon le modèle oulipien, comme principe d'invention et de libération.

Au lieu de l'attention et de la patience des poètes du « vrai lieu », on privilégie la vitesse. Pour Denis Roche, qui se réclame d'Ezra Pound et qui est aussi photographe, la poésie vise, cadre et découpe le monde en séquences d'images ; crépitant comme une caméra, elle prend de vitesse le langage commun, elle court-circuite les mots. La poésie est encore mise en relation, ou figuration. Suivant Deguy, elle fait apparaître en comparant, et son moyen est la connotation.

Deux sortes de poésie ont ainsi coexisté durant le dernier tiers du XXe siècle : l'une cherche le sentiment de la présence dans le paysage élémentaire, l'autre valorise la ville, le politique, l'histoire, la circonstance, l'accidentel et l'aléatoire. Chez Bonnefoy ou Jaccottet, l'expérience poétique a pour vocation d'établir un lien entre l'éphémère et l'éternel. Pour les poètes de l'avant-garde, la perte du sens laisse libre cours à la figuration généralisée, à la dissémination du signifiant. La poésie ne sort pas du langage même ; le monde advient dans le poème. L'évolution de la poésie jusqu'à la fin du siècle accentuera encore cette primauté du texte par rapport au paysage.

CHAPITRE X

LE TOURNANT LINGUISTIQUE : DU ROMAN AU RÉCIT, DE L'ŒUVRE AU TEXTE

Les œuvres littéraires du XXe siècle se sont jusqu'ici réparties sans trop forcer entre les trois grands genres du XIXe siècle : le roman, la poésie et le théâtre. Mais que vaut encore ce partage vers la fin du siècle ? Il était acceptable à son début, quand la triade des genres était d'ailleurs d'apparition relativement récente : elle date seulement du moment où, après Lamartine et Hugo, la poésie entière s'est identifiée à la poésie lyrique et qu'elle a de plus en plus évité le récit et privilégié les formes brèves. Pourtant, même ce système très simplifié des genres convient de moins en moins au fur et à mesure du XXe siècle. Proust, se lançant dans la *Recherche*, se demandait s'il était philosophe ou romancier. *Nadja* est-il un document ou un roman, ou même un poème ? Le surréalisme, mais non pas seulement lui, a joué un rôle déterminant dans cette évolution. Les *Antimémoires* de Malraux ne serait-il pas un roman, au même titre que les chroniques allemandes de Céline, *D'un château l'autre* et la suite ? C'est que le roman en est venu à absorber à peu près toute la production littéraire courante, faisant passer l'autobiographie et l'autoportrait pour de l'« autofiction », genre apparu à la fin du siècle et qui doit beaucoup au modèle de la *Recherche*. D'ailleurs, le roman n'a souvent été qu'un moment dans la carrière de nombreux écrivains, passés ensuite à l'essai, tels Mauriac, Bernanos, Malraux ou Drieu La Rochelle, comme si, à la différence de Balzac ou de Zola, leur définition comme romancier était inadéquate. Et les écrits sur la peinture ont de plus en plus monopolisé les poètes — comme si un poète du XXe siècle ne se concevait pas sans qu'il commente ses contemporains peintres —, mais non seulement les poètes : Butor s'y est consacré après le Nouveau Roman, tandis que ses confrères, Robbe-Grillet ou Sarraute, suivaient le modèle du « grantécrivain » d'antan en donnant eux aussi leurs Mémoires, ou se voyaient attribuer le prix Nobel comme Beckett et Claude Simon. Puis, à l'âge du Texte, toutes les frontières génériques se sont dissoutes dans une transgression généralisée, dans une écriture qualifiée d'« intransitive », comme l'ont soutenu Barthes et Blanchot.

Quant à la critique, autre genre littéraire majeur du XIXe siècle après Sainte-Beuve, Thibaudet la divisait entre celle des journalistes, celle des professeurs et celle des écrivains. Si ces derniers ont laissé quelques textes remarquables sur la littérature — Proust, Gide et Valéry notamment —, journalistes et professeurs, longtemps, ne se sont pas considérés comme des écrivains, et les écoles critiques se sont multipliées, jusqu'à ce que Blanchot et Barthes refusent la distinction de la littérature primaire et de la littérature secondaire — autre frontière générique abolie — et les confondent dans l'écriture ou le texte.

La littérature se restreignait, poursuivant un mouvement pluriséculaire suivant lequel les belles-lettres classiques étaient désertées, genre après genre, par des « écrivants » — historiens, psychologues, sociologues, critiques — qui prétendaient à un statut scientifique, au point de donner parfois l'impression de se réduire tendanciellement à la poésie difficile, et en même temps, paradoxalement, la littérature s'élargissait, au nom de l'idée que tout discours, aussi factuel qu'il se voulût, empruntait aux formes de la narration, et donc de la fiction, noyau de la littérature. Presque plus rien n'est littérature, et presque tout est littérature : les deux propositions seraient à peu près équivalentes. Ainsi *Tristes tropiques* ne put pas être considéré pour le prix Goncourt en 1955, parce que ce n'était pas une œuvre d'invention, mais le récit de voyage de Lévi-Strauss n'en intégra pas moins assez vite le canon de la prose littéraire. Phénomène très français, il en fut de même de certaines contributions à l'histoire et à la philosophie, sauvées comme littérature quand elles étaient contestées dans leur domaine. Et la distinction passagère des sociologues des années 1960 entre la littérature et la paralittérature n'a plus grand cours. Ainsi, vers la fin du XXe siècle, la définition moderne — c'est-à-dire romantique — de la littérature par les trois grands genres avait été radicalement oblitérée, et l'écriture, ou le texte, ou encore la littérature, avait retrouvé un sens aussi large que celui qu'avaient eu les belles-lettres avant le romantisme, lesquelles comprenaient tous les discours. Il n'y a pour ainsi dire plus de genres intermédiaires entre les textes et la littérature, du moins au pôle restreint de celle-ci, tandis que la littérature de divertissement poursuit sur sa lancée comme si de rien n'était : l'Académie française, où Loti avait été le premier romancier élu, continue d'accueillir une majorité d'auteurs de romans, et l'académie

Goncourt, bon an mal an, couronne une production honnête.

QU'EST-CE QUE LA LITTÉRATURE ?

Un tournant dans la redistribution de la littérature s'est produit dans l'immédiat après-guerre avec la disparition du milieu littéraire traditionnel et l'effacement des anciennes grandes revues littéraires. Seuls quelques salons durent jusqu'aux environs de 1968, comme celui de Florence Gould où se rassemble autour de Morand une arrière-garde académique. La *NRF* a été remplacée par des revues d'idées, notamment *Les Temps modernes* (1945), mais aussi *Critique* (1946), *Les Lettres nouvelles* (1953), plus tard *Tel Quel* (1960), bien avant que les sciences humaines n'imposent leur modèle théorique à la littérature, puis que celle-ci ne les récupère au titre de l'écriture. Un tir groupé de quelques textes majeurs a modifié brusquement et durablement la compréhension de la littérature : *Qu'est-ce que la littérature ?* (1947) de Sartre, *Le Degré zéro de l'écriture* (1953) de Barthes, *L'Espace littéraire* (1955) et *Le Livre à venir* (1959) de Blanchot, et encore *L'Ère du soupçon* (1956) de Sarraute.

L'essai de Sartre, d'abord publié dans *Les Temps modernes*, analyse le fait littéraire afin de fonder une théorie de l'engagement. Sartre oppose la prose, où les mots sont utilisés comme des signes, à la poésie, où les mots apparaissent comme des choses, par exemple chez Ponge. La prose, utilitaire, est le lieu de l'engagement, car « parler, c'est agir ». La fonction de l'écrivain est de dévoiler et de changer le monde, mais Sartre a peu à dire sur la forme littéraire elle-même. L'engagement ne tient pas à la langue, mais aux idées, suivant une conception anhistorique contre laquelle Barthes réagira. Tout écrivain choisit et aucun n'échappe à l'engagement, mais l'écrivain bourgeois, parasite de la société, éprouve le besoin de se sentir essentiel et biaise avec la liberté de l'existence. C'est pourquoi, depuis la Révolution et plus encore depuis 1848, la littérature s'est associée à la négativité. Animé par la mauvaise foi, l'écrivain — Baudelaire, Flaubert — se prétend autonome et trahit la littérature comme solidarité sociale. Dans cette dénonciation de la littérature moderne comme négation, on reconnaît la trace du terrorisme dont Paulhan la taxait, se méfiant du langage et se niant toujours, aboutissant à une sorte de destruction de la littérature par elle-même. Cette négativité, cette utopie du langage, ce refus de l'engagement, cette mauvaise foi, constituent une trahison pour Sartre, trahison qu'il examine chez *Baudelaire* (1947) et chez Flaubert, dans *L'Idiot de la famille* (1975), tandis qu'il relate sa propre renonciation au mythe bourgeois de la littérature dans *Les Mots* (1963). Or, pour Barthes et Blanchot, la négativité et la recherche du neutre constitueront l'essence même de la littérature.

À la différence de Sartre, Barthes croit à « l'engagement politique et historique du langage littéraire », non seulement par les contenus, mais aussi par la forme, c'est-à-dire par l'écriture. Il esquisse donc depuis 1848 — la même date que Sartre — une histoire de l'écriture jugée directement révélatrice de l'engagement. Barthes entend la littérature comme « problématique du langage » et définit la littérature moderne, au sens de Mallarmé ou de Valéry, comme un « rêve orphéen : un écrivain sans

Littérature ». C'est dire encore que, là où Sartre s'intéressait à la littérature du point de vue de la lecture, comme dialogue de deux libertés, ou comme pacte généreux, pour Barthes, en revanche, la littérature moderne relève d'une solitude tragique liée à l'impossibilité pour l'écrivain, divisé entre sa conscience et sa condition, d'accéder à l'universel. Entre la langue de tous et le style de chacun, il y a place pour le choix d'une écriture comme acte de solidarité historique, comme morale de la forme, sinon comme engagement. La littérature n'est plus instrumentalisée, mais décrite comme un déchirement entre une condition sociale et une vocation intérieure, ainsi que Blanchot le reconnaissait chez Kafka.

La modernité s'est caractérisée par une pluralité d'écritures entre lesquelles l'écrivain doit choisir. Barthes en distingue trois, qui annoncent les grands axes de la prose littéraire du second XXe siècle. La première justifie la littérature par le travail, sauve l'écrivain comme artisan, à la manière, après Flaubert, de Gide, Valéry ou Montherlant, voire de Breton. Bourgeoise, adepte de concision, sans obsession de nouveauté, elle a une variante réaliste et naturaliste, pimentée de langue populaire mais donnant des gages de littérature — passé simple ou style indirect — chez les écrivains engagés. Rien, suivant Barthes, de plus artificiel et fabriqué que ce mélange. La deuxième écriture est fascinée par le silence auquel ont aspiré Rimbaud et Mallarmé, car le langage toujours « recompose ce qu'il croyait fuir ». La littérature a la structure du suicide, suivant le mythe d'Orphée cher à Blanchot. Ainsi toute littérature n'est-elle jamais qu'un compromis ou un renoncement, voire une imposture. Au plus près du silence, il s'agit alors de créer une écriture blanche, amodale, classique, un degré zéro de l'écriture — nouvelle écriture neutre qui a été inaugurée par *L'Étranger* de Camus, avec son « style de l'absence qui est presque une absence idéale du style ». La troisième écriture est fidèle à la parole, non pas en introduisant des jargons pittoresques entre guillemets dans la prose littéraire comme on l'a fait depuis Balzac, mais en accueillant la diversité des langages comme nécessité tragique de la condition humaine, car la langue exprime tout le contenu de la contradiction sociale. Depuis Proust, Céline et Queneau, la littérature a été contaminée par la parole, laquelle a fait pénétrer l'éclatement social dans le roman.

Alors que l'écriture travaillée compromet la littérature, l'écriture blanche et l'écriture parlée, qui font de la forme le lieu même de la responsabilité littéraire et qui seront en effet les deux utopies de la suite du siècle, cherchent une solution à l'impossible de la littérature moderne suivant le mythe d'Orphée : on ne perpétue la littérature qu'en la trahissant. Elles continuent la littérature au bout de l'impasse de son histoire ; elles repoussent encore son extinction ; elles lui procurent un sursis. La littérature sera désormais une utopie du langage, littérature qui privilégie l'opacité et non la transitivité, littérature absorbée dans l'écriture.

Le thème de la fin de la littérature, de son sursis, est tout aussi central pour Blanchot, journaliste d'extrême droite durant les années 1930, puis proche de Bataille et devenu romancier durant la guerre, avec *Thomas l'obscur* (1941), et auteur de récits courts et denses répondant à l'idéal de blancheur sollicité par Barthes, ainsi dans *L'Arrêt de mort* (1948), initiation à l'absence. Sa critique exigeante a porté sur toute la littérature, d'Homère à Char et à Beckett, en passant par Mallarmé, Proust et Kafka. Blanchot veut approcher le mystère enfoui dans toute œuvre par une lecture qui ne l'efface pas, qui l'ouvre sans la fermer, qui la reconduise à la poésie, à la littérature en son essence.

Blanchot propose plusieurs mythes de la littérature moderne qui la lient à la mort. Dans *La Part du feu* (1949), l'écrivain est comparé au Christ ressuscitant Lazare. À une parole utile qui rend à la vie et donne sens au monde, Blanchot oppose une autre parole qui se tait et reste au tombeau : l'écrivain, devant le tombeau, témoigne pour cette seconde parole silencieuse. Dans *L'Espace littéraire* (1955), l'écrivain est Orphée qui descend chercher Eurydice aux enfers et qui veut, malgré les dangers, donner jour à l'œuvre ; regardant Eurydice, il la perd, mais il reste l'écrivain qui risque tout pour voir la nuit. Dans *Le Livre à venir* (1959), c'est le chant des Sirènes, « énigmatique », « puissant par son défaut », qui eût mené Ulysse à la littérature. Tous ces modèles vouent l'écrivain à séjourner dans l'ineffable s'il refuse d'écouter les fausses sirènes de la littérature réaliste, à considérer les mots comme situés « à l'écart de tout visible et de tout invisible », à tenter de parler le langage du « neutre ». La quête du silence qui anime Blanchot l'attire vers la mort. L'écrivain est élu — c'est un mystère, non un métier — ; il quitte le monde des contingences pour celui du « manque » qui fait à la fois son échec et sa gloire.

Nombreuses sont les formules prophétiques de Blanchot, telle : « La littérature va vers elle-même, vers son essence qui est la disparition. » L'art moderne est emporté par un « étrange mouvement qui va de l'œuvre vers l'origine de l'œuvre », ou encore : « L'œuvre est le mouvement qui nous porte vers le point pur de l'inspiration d'où elle vient et où il semble qu'elle ne puisse atteindre qu'en disparaissant. » Vérités qui ont été celles de la littérature de la fin du XXe siècle considérée comme fin de la littérature, autonome, intransitive, opaque, car « l'œuvre n'est là que pour conduire à la recherche de l'œuvre ».

Aux yeux de Blanchot, des écrivains comme Beckett et Michaux, ou encore Genet, se sont tenus au plus près de cette utopie de la neutralisation de la littérature, et donc au plus loin de tout compromis. Dans *Molloy* (1951), il y a bien encore une histoire, mais *Malone meurt* (1951) n'en a plus, et dans *L'Innommable* (1955) le personnage s'efface et le récit cède à la lutte des pulsions. Qui parle ? On ne sait plus.

L'engagement semblait occuper tout l'espace littéraire au début des années 1950, mais le débat théorique, avec Blanchot et Barthes, a déplacé la recherche vers une mise en question extrême des conventions littéraires et une interrogation essentielle sur la littérature. Parallèlement, le personnage et l'événement étaient dénoncés dans les expérimentations formelles du Nouveau Roman. Sarraute, dans *L'Ère du soupçon* (1956), signale que l'abolition du personnage et la méfiance à l'égard de la narration étaient manifestes avant le Nouveau Roman, même si la revendication n'était pas de nature formelle, par exemple dans *La Chute* (1956) où, après *L'Étranger* et *La Peste*, Camus rencontrait la mauvaise conscience du romancier, injustifié sauf s'il est possédé, suivant la déclaration de Bataille en tête du *Bleu du ciel* (1957) : « Comment nous attarder à des livres auxquels, sensiblement, l'auteur n'a pas été *contraint* ? »

LE RÉCIT SUSPENDU

Autour de 1950, Barthes distinguait trois sortes d'écriture : la travaillée, la neutre et la parlée. Or toutes trois se sont perpétuées jusqu'à la fin du siècle et permettent de repérer quelques grands courants de la production littéraire d'alors.

L'écriture travaillée, d'abord, c'est celle de la production qui reste fidèle à la narration traditionnelle, qui résiste aux courants de rupture et qui refuse l'autonomie. Plus accessible que la littérature de recherche, elle continue d'être couronnée par les prix littéraires et elle rencontre les faveurs du public lettré. Les œuvres en question se maintiennent dans l'espace du roman avec plus ou moins de raideur ou d'audace. Peut-être sont-elles moins déterminantes pour une histoire considérée du point de vue des ruptures, mais elles témoignent de la persistance de la demande du public pour une littérature de narration.

Les « Hussards » — d'après *Le Hussard bleu* (1950) de Nimier, roman provocant sur la fin de la guerre – protestent contre l'engagement, contre la vogue de l'absurde, puis contre le Nouveau Roman et l'avant-garde. Leur réaction néo-classique donne des œuvres de qualité, elliptiques, spirituelles, ironiques, telles celles de Nimier, de Blondin et de Laurent. Pour eux, la littérature doit continuer de plaire et d'amuser, même quand elle traite de thèmes tragiques. Le roman d'après-guerre de Blondin, *L'Europe buissonnière* (1949), relate ainsi son rapatriement après le STO à la manière d'un roman picaresque. Indice de leur désinvolture, Blondin est aussi reporter du Tour de France pour *L'Équipe*, tandis que Jacques Laurent, qui, dans *Paul et Jean-Paul* (1951), polémique contre Sartre en en faisant un disciple de Bourget, est aussi, sous le nom de Cécil Saint-Laurent, l'auteur d'un des plus grands succès de librairie du siècle, *Caroline chérie* (1947), suivi d'une trentaine romans populaires combinant histoire et érotisme dans une intrigue à suspense. Libertaires et libertins, sans doute ces écrivains pour le moment désengagés penchent-ils à droite, et ils s'engageront d'ailleurs en 1960 contre le Manifeste des 121 sur le droit à l'insoumission dans la guerre d'Algérie, qui rassemblera les intellectuels, d'Adamov, Blanchot et Des Forêts à Duras, Sarraute et Robbe-Grillet, en passant par Beauvoir et Sartre, Breton et Leiris.

À côté du roman expérimental et du roman plaisant des « Hussards », d'autres écrivains perpétuent la tradition narrative classique dans ce qu'elle a de plus ambitieux, comme Yourcenar, dont le grand œuvre érudit est un roman historique, les *Mémoires d'Hadrien* (1951), ou comme Lucien Rebatet, ancien collaborateur dont le gros roman, *Les Deux Étendards* (1952), est tenu par certains critiques, et non des moindres — par exemple George Steiner —, pour une des meilleures œuvres du second XXe siècle, ou encore comme Cohen, dont *Belle du seigneur* (1968), Grand Prix du roman de l'Académie française, récit lyrique et ironique d'un amour, œuvre d'une vie commencée en 1935, tardivement publiée et éloignée des modes aussi bien que de l'académisme, se rattache au roman de l'avant-guerre.

Bien d'autres livres témoignent de la pérennité du récit, par exemple *Bonjour tristesse* (1954) de Sagan, best-seller moderne anticipant la société de consommation, ou, à l'autre extrême, les romans de Vian et de Queneau qui filent un courant de fantaisie, de jeu verbal, sans pourtant se priver des ressources de l'intrigue, du personnage et du dialogue et en reconduisant un modèle narratif familier.

Deux œuvres jouent davantage avec les cadres de la narration, tendent à la suspension du récit : ce sont celles de Gracq et de Giono. Giono, qui avait évoqué les forces de la nature de la Provence avec lyrisme dans ses romans de l'avant-guerre, et qui dénonçait alors la civilisation moderne — tendance qui l'avait rapproché de Vichy —, donne désormais des romans ironiques et stendhaliens sur la condition humaine, *Un roi sans divertissement* (1947), récit elliptique jouant avec de nombreuses voix narratives, ou *Le Hussard sur le toit* (1951), où un héros allègre rappelle le Fabrice de Stendhal, mais dans le cadre d'une épidémie qui met au jour des pulsions obscures.

Dans les romans de Gracq, le thème essentiel est bien celui de l'absence d'événement, ou encore celui de l'attente. Rien ne se passe ; la crise est toujours différée. Des personnages énigmatiques se présentent comme des vigies au bord d'un monde en train de disparaître. Gracq, dans son pamphlet *La Littérature à l'estomac* (1948), a très tôt dénoncé la transformation de l'édition en marché, le système des prix et des vedettes, la médiatisation de la critique. Il s'en est pris aux modes successives de l'existentialisme, puis du Nouveau Roman. Hors des vogues, élitiste et exigeant, il a lui-même publié deux des meilleurs romans du second XXe siècle. *Le Rivage des Syrtes* (1951), pour lequel il a refusé le prix Goncourt, narre l'itinéraire initiatique d'Aldo, envoyé d'Orsenna au front. La guerre, qu'il désire et qu'il provoque, n'est jamais traitée qu'allusivement. Ce qui intéresse l'écrivain est bien l'ajournement, la montée du désir, l'atmosphère d'un lieu chargé de signes, un certain merveilleux qui rattache Gracq à ses débuts surréalistes. *Un balcon en forêt* (1958) porte sur la « drôle de guerre », sur l'attente devant les arbres et parmi les évocations poétiques des Ardennes. Le monde de Gracq se situe très loin du réalisme, avec des êtres transparents et symboliques, acteurs d'une quête passive, dans un récit toujours suspendu. Après quoi, comme d'autres avant lui, Gracq délaissa la fiction pour faire part de ses plaisirs de lecteur dans *En lisant en écrivant* (1981).

LE NOUVEAU ROMAN

Une célèbre photographie réunit en 1959 les Nouveaux Romanciers devant les Éditions de Minuit de Jérôme Lindon. L'appellation, initialement péjorative, fut inventée par le critique Émile Henriot dans *Le Monde*, en mai 1957, dans un compte rendu de *La Jalousie* (1957) de Robbe-Grillet et d'une réédition de *Tropismes* (1939) de Sarraute. Robbe-Grillet s'en empara, notamment dans *Pour un nouveau roman* (1963), tandis que Barthes et Goldmann vinrent à sa rescousse dans des articles qui suggèrent une affinité — par exemple un même refus de l'homme — entre le Nouveau Roman et le structuralisme qui dominera bientôt les sciences humaines. Le Nouveau Roman ne constitue donc pas une école, mais un front commun de résistance aux attaques de la critique bourgeoise. Il ne s'est pas défini par un manifeste, et les mises au point théoriques ont suivi les œuvres au lieu de les précéder. C'est la polémique qui a donné le sentiment que l'on avait affaire à un groupe cohérent d'écrivains, polémique qui n'était d'ailleurs pas encore éteinte en 1985, lorsque l'attribution du prix Nobel à Claude Simon donna lieu à de violentes agressions de la part d'une certaine critique académique et médiatique, représentée par Rinaldi, critique à *L'Express*, au *Point*, au *Nouvel Observateur*, enfin directeur du *Figaro littéraire* et académicien, dernier représentant de la race des chroniqueurs acerbes de l'entre-deux-guerres.

Trois essais critiques ont fait le point sur le Nouveau Roman : *L'Ère du soupçon* (1956) de Sarraute, recueillant des articles des *Temps modernes*, *Pour un nouveau roman* (1963) de Robbe-Grillet, rassemblant des articles de la *NRF* et de *L'Express*, après *Essais sur le roman* (1955) de Butor. Ces écrivains ont en commun de faire le procès du réalisme traditionnel et de s'en prendre à l'instrumentalisation de la littérature, notamment par l'engagement. Ils réclament le renouvellement formel du roman dans le sillage des grands novateurs qu'ont été Proust, Kafka, Joyce, Woolf et Faulkner, lesquels, pensent-ils, n'ont pas encore été vraiment lus par le public lettré. Si la critique des années 1950 accueillit méchamment le Nouveau Roman dans la presse, répète toujours Robbe-Grillet — lui aussi devenu académicien —, c'est parce qu'elle n'avait toujours pas assimilé Proust, mais qu'elle en restait à Balzac et Zola. Or le Nouveau Roman représentait l'étape suivante dans l'histoire du genre. Revendiquant son autonomie à l'instar de la peinture, le roman devait éliminer, suivant Sarraute — mais comme Gide le réclamait déjà —, tout ce qui ne lui appartenait pas.

Ayant survécu aux années 1930, c'était cette fois le personnage qui était visé. Sarraute traite ainsi le roman balzacien de « Musée Grévin du personnage », en raison de ses individualités typées et de sa psychologie déterministe. Pour lutter contre l'illusion réaliste, il s'agira aussi d'exhiber le récit qui se fait, de le montrer se faisant. Le débat sur les techniques romanesques est donc repris là où il avait été laissé dans les années 1920 : partisans d'une conception progressiste de la littérature, les Nouveaux Romanciers récusent à la fois le personnage et l'histoire, tout ce qui fait le romanesque bourgeois.

Refus du roman conventionnel, le Nouveau Roman est aussi recherche d'un autre roman. Son premier trait est la réflexivité : il ne contient rien, n'exprime rien que lui-même, avance Robbe-Grillet. Le roman n'est plus « une écriture de l'aventure », mais « l'aventure d'une écriture », dira Ricardou, théoricien du Nouveau Roman, en 1967. L'écriture est mise en scène ou mise en abyme : on retrouve encore Gide et le dispositif héraldique auquel il tenait tant, mais l'auto-référentialité porte désormais non seulement sur l'acte d'écrire, mais aussi sur les mots eux-mêmes, dans leur matérialité signifiante. Si le texte affiche ses procédés et revendique son travail sur la forme, si sa dimension référentielle s'atténue — encore qu'il subsiste toujours une ébauche d'histoire —, le Nouveau Roman n'en conserve pas moins une ambition politique ou sociale. En tant que novatrice, la forme romanesque est révolutionnaire. Réclamant la participation du lecteur au lieu de le cantonner à la passivité, elle dénonce l'idéologie toute faite du roman d'agrément. Si les Nouveaux Romanciers s'en prennent à la perpétuation du réalisme balzacien, c'est au nom d'un nouveau réalisme, au nom de ce que Barthes appelle, dans ses deux articles qui ont promu Robbe-Grillet, une « Littérature objective » (1954) ou une « Littérature littérale » (1955). École du regard, le Nouveau Roman s'applique à la description de l'objet au détriment de l'histoire et du personnage. D'où les reproches de formalisme et de gratuité que la critique académique lui oppose, l'accusant encore de provoquer l'ennui.

Les Gommes (1953) de Robbe-Grillet s'ouvre sur une fameuse description hyperréaliste d'un quartier de tomate. Dans *La Jalousie* (1957), terme qui renvoie à la fois à la passion et à l'objet, le lecteur restera jusqu'au bout incertain s'il a affaire à la réalité ou au délire. Mais Robbe-Grillet contestera plus tard cette objectivité que lui a prêtée la critique. Il parlera de l'objet comme élément brut d'un contenu mental, agissant par la répétition et la suggestion. Dans des romans expérimentaux eux aussi, Butor décrit minutieusement, dans *Passage de Milan* (1954), la vie d'un immeuble, dans *L'Emploi du temps* (1956), un mois à Bleston, dans *Degrés* (1960), une heure de cours, enfin dans *La Modification* (1957), le plus connu, aussi le plus classique, le voyage en train de Paris à Rome d'un homme qui rejoint sa maîtresse. Le récit de cette initiation négative a lieu à la deuxième personne : *vous*, faisant du lecteur un double. Et le terme du livre reste proustien, avec la décision d'écrire un livre sur cette aventure.

Le Vent (1957), roman de Claude Simon influencé par Faulkner, donne à lire, au mépris de la chronologie, un flux discursif marqué par l'obsession, les échos et les correspondances. Les événements font l'objet de reconstructions hypothétiques à partir de comptes rendus fragmentaires et disparates. Simon semble alors le plus novateur des Nouveaux Romanciers, le plus difficile aussi, tentant de retracer les sentiers d'une mémoire chaotique et d'un réel confus, après Proust et Faulkner. Dans *La Route des Flandres* (1960), roman de la débâcle, fondé sur son expérience de 1940, c'est la mort de son commandant que le narrateur reconstruit. L'histoire n'est donc pas absente, de même que dans *Le Palace* (1962), portant cette fois sur la guerre d'Espagne. Dans *Histoire* (1967), prix Médicis, il n'y a plus de lieu fixe, et l'énonciation est flottante, tournant autour d'un vide au cœur du texte. L'intertextualité est de plus en plus dense dans *La Bataille de Pharsale* (1969) et les romans suivants, toujours plus proustiens, mais sans la ressaisie totalisante de la *Recherche*. *Les Géorgiques* (1981) mêle trois récits sur les guerres napoléoniennes, la guerre civile espagnole et la guerre de 1940, dans une œuvre monumentale gouvernée par un temps cyclique, comme chez Virgile.

Chez Sarraute, la vérité du récit est mise en cause comme chez tous les Nouveaux Romanciers, et le lecteur est toujours suspendu dans l'approximation. Mais, à la différence des autres Nouveaux Romanciers, Sarraute cherche à élaborer une psychologie. Marquée par Woolf en particulier, elle juge le personnage traditionnel trompeur par rapport au flux des impressions et des discours intérieurs qui traversent la conscience. C'est ce magma fluide des pensées et des affects doublant la parole qu'elle appelle « sous-conversation » depuis *Tropismes* (1939), brefs récits ou poèmes en prose peu remarqués à leur première publication. Dans *Portrait d'un inconnu* (1948), *Martereau* (1953), *Le Planétarium*

(1959), la « sous-conversation » exprime l'angoisse des personnages dans leur rapport à autrui, et le texte détaille les moindres inflexions d'une communication qui échappe à la parole. Puis l'intrigue se fait de plus en plus ténue dans *Les Fruits d'or* (1962), avant que les récits ne deviennent anonymes, se réduisant à de purs dialogues de voix, dans *Vous les entendez ?* (1972) ou *L'Usage de la parole* (1980), s'attachant non plus aux mots et aux gestes, mais, au plus près des « tropismes », à la façon singulière dont les mots sont prononcés. Pourtant, dans *Enfance* (1983), récit autobiographique, comme Robbe-Grillet dans *Le Miroir qui revient* (1984), Sarraute résistera à l'image d'objectivisme qui lui avait été appliquée et affirmera : « Je n'ai jamais parlé d'autre chose que de moi. »

Dans son premier roman, *Un barrage contre le Pacifique* (1950), Duras relatait son enfance indochinoise à la manière d'un roman américain, mais ses procédés narratifs se sont ensuite de plus en plus atténués, son style est devenu de plus en plus émacié, dans *Moderato cantabile* (1958), puis dans *Le Ravissement de Lol V. Stein* (1964) et le cycle d'Anne-Marie Stretter, qui devient folle quand son fiancé la quitte : l'attente de l'événement, comme si souvent dans le second XXe siècle, est constitutive d'un récit qui n'est jamais clos, et les mêmes bribes d'histoire sont alors indéfiniment reprises dans une succession de textes, puis de films. Pourtant, Duras revint elle aussi à une forme narrative moins déroutante dans *L'Amant* (1984), où elle reprenait, sous une forme fragmentaire et autobiographique, l'histoire d'*Un barrage contre le Pacifique*, et ce nouveau récit a obtenu le prix Goncourt.

Condamné pour son aridité par la critique établie, le Nouveau Roman a sans doute bénéficié à ses débuts de la complicité intellectuelle de la Nouvelle Critique naissante. Le structuralisme a fourni une grille de lecture possible, ou même plusieurs grilles de lecture successives du Nouveau Roman, insistant d'abord lui aussi sur l'œuvre close, sans référent, n'ayant d'autre objet que son propre système, puis sur l'œuvre ouverte, à la signifiance disséminée par l'intertextualité. Un tournant analogue a pu être repéré chez Robbe-Grillet, Simon ou Duras. Le Nouveau Roman, malgré sa diversité, s'est donc imposé. Sa force tenait à son combat contre la naïveté et la spontanéité du bavardage romanesque habituel, auquel il opposait la rigueur des contraintes et des techniques. Il n'est pas sûr qu'il ait eu de postérité, et ses principaux tenants l'ont d'ailleurs peu à peu délaissé, mais son destin n'en a pas moins été étrange. Ce roman rebelle, roman d'avant-garde, roman moderniste, au sens de la poursuite de la purification du roman entreprise au début du siècle, est très vite entré dans l'histoire littéraire, notamment par l'intermédiaire de sa réception universitaire américaine. Ainsi lesdits Nouveaux Romanciers, groupe lâche autour des Éditions de Minuit, auront été les derniers « grands écrivains français », récompensés par le prix Goncourt, le prix Nobel, ou encore par l'élection de Robbe-Grillet à l'Académie française en 2004. Dès les années 1950, il est vrai, Paulhan recommandait déjà celui-ci à Mauriac pour la Coupole.

Les expériences du Nouveau Roman se sont ensuite radicalisées autour de *Tel Quel* (1960-1982) et des avant-gardes des années 1960, groupées cette fois aux Éditions du Seuil. Sollers, qui avait commencé par un récit tout classique, *Une curieuse solitude* (1958), célébré par Mauriac, Aragon et Cocteau, a vite mis en cause la représentation dans *Le Parc* (1961), avant de passer au texte comme dissémination du signifiant dans *H* (1973) et *Paradis* (1981). La fidélité de Barthes, qui a accompagné Sollers après Robbe-Grillet, témoigne de ce qu'il s'agissait de prolonger la tendance. Le Nouveau Roman a cédé au « Texte », à la « science de la littérature » et à la « production textuelle », comme lieu d'interrogation réflexive sur le pouvoir du langage. Dans sa déclaration initiale de 1960, *Tel Quel* se réclamait de Ponge et de Valéry, refusait les théories de l'engagement et faisait l'éloge de la littérature pour elle-même. D'abord éclectique et désengagée, soutenant le Nouveau Roman et Bataille, la revue est devenue le principal organe de l'avant-garde après 1965, cherchant à abolir dans le Texte, comme mise en scène de l'acte d'écrire, la frontière entre réflexion critique et littérature. Écrire, comme l'avançait Barthes en 1966, était devenu un « verbe intransitif ». Le recueil *Théorie d'ensemble* (1968), avec Barthes, Lacan, Derrida, Foucault et Kristeva auprès des écrivains d'avant-garde, illustre cette alliance de la Théorie et du Texte, rapprochement que la politisation des années suivantes devait détourner de ses préoccupations strictement littéraires.

Produits dans le sillage de *Tel Quel*, une série de textes ne présentent plus ni personnages ni fiction, mais se rattachent à ce que Sollers a appelé l'« expérience des limites ». Comme dans *H* et *Paradis*, le jeu du signifiant emporte le texte aux frontières de l'illisibilité, par exemple chez Guyotat ou chez Maurice Roche, où le travail sur la langue ajoute à la violence de l'érotisme, de la torture et de la mort. Le rejet du roman est ici constitutif, et l'invocation de la Théorie rappelle ce que Paulhan disait du terrorisme dans les lettres. Après *Tel Quel*, Sollers est toutefois revenu lui-même à des formes romanesques moins difficiles, chez Gallimard, du temps de *L'Infini* (1983-), comme si la traversée de l'aventure moderne — et la fin de l'avant-gardisme politique — lui avaient rendu une liberté créatrice totale.

LIMITES DU RÉCIT

Écriture ciselée ou artiste de Gracq, écriture objective ou littérale du Nouveau Roman : avec l'invasion du signifiant et la montée en puissance du Texte dans la foulée du Nouveau Roman, on a déjà rencontré la suite de l'écriture parlée que Barthes, vers 1950, associait à Céline et Queneau. Elle s'est renforcée sous l'influence du second Céline, celui de l'après-guerre, des bombardements et du « métro émotif », celui de l'éclatement du récit sous le rythme haché des points de suspension, ou bien sur la trace de Bataille et d'Artaud, maîtres de transgression qui guidèrent les dernières avant-gardes du siècle. On quitte peut-être ici le roman, ou même la littérature. Non seulement les techniques romanesques sont neutralisées, comme par le Nouveau Roman, mais les règles les plus fondamentales du roman sont transgressées, par exemple la séparation entre la fiction et la non-fiction. Artaud, Bataille et Céline, la folie, la perversion et l'abjection, portent la littérature aux extrêmes et la font déborder d'elle-même.

La transgression peut être thématique et relever principalement du scandale des contenus : c'est le cas de la sexualité chez Bataille, mais aussi chez Genet. Bataille transpose l'écriture de l'érotisme en quête spirituelle. En rupture avec le catholicisme, marqué par Nietzsche et Sade, il cherche à atteindre l'impossible. Sartre l'avait dénoncé comme « un nouveau mystique » en 1943, mais ses récits à la première personne, publiés sous divers pseudonymes depuis les années 1920 et peu à peu révélés dans les années 1950 et 1960, notamment *Histoire de l'œil* (1928), et *Le Bleu du ciel* (écrit en 1934, publié en 1957), mais aussi ses essais théoriques, tel *La Littérature et le Mal* (1957), font de l'érotisme une voie du dépassement de l'individu et de l'accès à l'absolu.

Genet, dans des textes qui touchent à l'autobiographie, glorifie le criminel et transfigure l'abjection en itinéraire spirituel. L'infamie devient chez lui la voie de la sainteté. Avant son œuvre dramatique, concentrée à la fin des années 1950, ses cinq romans, lancés par Cocteau et Sartre, ont été publiés après sa sortie de prison et datent des années 1940. *Notre-Dame-des-Fleurs* (1944), roman des mœurs homosexuelles de Pigalle, magnifie le travesti Divine. À travers lui, c'est l'identité sexuelle qui est mise en question dans des fantasmes et rituels romanesques. *Querelle de Brest* (1947) et *Pompes funèbres* (1948) développent l'obsession perverse du double, notamment dans le climat confus de la Libération, tandis que *Miracle de la rose* (1946) et *Journal du voleur* (1949) portent sur le milieu carcéral. La coïncidence du roman autobiographique, du journal et de la troisième personne contribue à brouiller les pistes, et l'imaginaire parasite le réel.

La transgression peut aussi être principalement d'ordre narratif. Le contrat fictionnel fondamental, portant sur l'identité de personnages séparés de l'auteur, est alors bafoué, et l'instabilité de l'énonciation rend le récit mouvant en permanence. Une voix narrative occupe le centre du récit, mais le lecteur ne l'identifie plus. Les récits de Blanchot se déroulent ainsi dans un espace abstrait où la relation du narrateur semble toujours changeante par rapport à un événement fuyant et à des personnages anonymes. Une voix narrative se cherche dans le mouvement imprévisible du texte, lequel tente de recueillir la trace de ce qui se dérobe à la nomination. *L'Arrêt de mort* (1948), le récit le plus connu de Blanchot, tourne autour de la mort et de la résurrection de J. Les lois de la narration sont enfreintes, la linéarité discursive n'est plus respectée, et le récit est désorienté. Même si ses récits sont restés confidentiels, Blanchot, à la fois praticien et théoricien dont l'exigence littéraire devait marquer des philosophes comme Derrida, a exercé une influence primordiale sur la pensée de la littérature à la fin du siècle.

Une place spéciale doit être faite au récit de Des Forêts, *Le Bavard* (1946), texte marginal mais qui, comme *Les Lauriers sont coupés* (1800) de Dujardin pour le flot de conscience, a signalé un tournant de la réflexion sur la littérature dans l'après-guerre. C'est l'urgence d'une parole irrépressible qui y est mise en scène, parole dont le sujet est le jouet et qui lui rend impossible toute réconciliation avec lui-même. Ce drame de la parole, avant Beckett et Blanchot, c'est celui de l'homme moderne découvrant le pouvoir dévastateur du langage. La fiction reste indispensable pour révéler la condition de l'homme dans la langue, sans plus aucune perspective de rachat par la littérature.

C'est cette condition que Beckett a explorée méthodiquement, parallèlement à son théâtre, dans sa trilogie romanesque du début des années 1950 : « Qui parle dans les livres de Beckett ? Quel est ce "Je" infatigable qui apparemment dit toujours la même chose ? », demandera Blanchot dans *Le Livre à venir* : « Quel est ce vide qui se fait parole dans l'intimité ouverte de celui qui y disparaît ? » *Molloy* (1951), son deuxième roman en français, contient encore une histoire qui se compose de deux parties en miroir. La première relate l'errance pitoyable de Molloy sur ses béquilles, suçant ses cailloux. Dans la seconde, Moran, lancé sur ses traces, répète son errance inqualifiable. Il y a toujours des personnages, mais leur affabulation, en quête de l'origine de leur histoire, se désagrège, et Molloy et Moran se confondent. La dérision ravage tous les procédés de la fiction, des voix narratives ratiocinent sans plus pouvoir mettre d'ordre dans le chaos de leur mémoire lacunaire. Comme le dit Blanchot, *Malone meurt* (1951) « va apparemment plus loin. Le vagabond est devenu un moribond. […] Il n'y a que la chambre, le lit ». Dans *L'Innommable* (1953), Mahood, qui n'est plus qu'un déchet, Worm, qui n'est pas né, et d'autres fantômes « tournent mécaniquement autour d'un centre vide qu'occupe le "Je" sans nom ». Très cohérente, cette œuvre retrace le chemin de la parole vers le silence, de la volonté de dire au constat de sa vanité. Au bout, il n'y a plus ni lieux ni personnages, mais un monologue interminable allant vers un silence impossible. Dans un flux tendant à l'épuisement, sans plus de paragraphes, une voix indéfinie parle. Le langage se réduit, l'espace devient désertique. Un moi à l'agonie cherche le sens de sa vie, s'invente des doubles, se raconte des histoires, comprend qu'inventer une fable, c'est se mentir, mais continue à parler faute de pouvoir se taire. Avec le silence, viendraient l'apaisement et la délivrance impossibles.

Après sa trilogie désespérée — ou burlesque et drôle, suivant une lecture moins inspirée de Blanchot —, Beckett n'a plus donné que de courtes proses expérimentales, fragmentaires et laconiques, textes à l'abandon et exténués. La langue, encore régulière dans la trilogie, devient de plus en plus cassée par la parataxe et l'ellipse, de plus en plus rythmée par la rectification continuelle. Dans *Comment c'est* (1961), ultime déconstruction du roman, le récit ne peut jamais commencer, ni finir. Beckett, auteur des Éditions de Minuit, figurait sur la photographie des Nouveaux Romanciers en 1959, mais son œuvre est aussi irréductible au Nouveau Roman qu'à l'absurde, auquel elle a été également associée. Écrite à la fois en anglais et en français, récompensée par le prix Nobel en 1969, c'est l'une des plus singulières du second XXe siècle, la plus extrême dans la mise en question de l'art et du langage, brisant comme nulle autre avec la vocation rédemptrice de la littérature depuis le romantisme.

CHAPITRE XI

L'EMPIRE DE L'ESSAI

Roman, poésie, théâtre : non seulement cette grille convient de moins en moins au siècle de la transgression de plus en plus fréquente des frontières génériques, mais elle laisse de côté les œuvres qui ne sont pas d'« invention », comme on disait au début du XXᵉ siècle, ou qui ne sont pas de « fiction », comme on a dit plus couramment, d'un mot détourné par l'anglais, à la fin du XXᵉ siècle. Or ces œuvres ont été de plus en plus abondantes et même dominantes. Faut-il parler d'un quatrième genre ? Probablement pas, car il y a là de tout, et la notion de genre se défait en tout cas. Mais la prose non fictionnelle, ou la prose d'idées, a occupé une part croissante de la production littéraire du XXᵉ siècle.

Cette prose peut d'abord être littéraire au sens où elle est le fait d'écrivains qui se sont d'abord déclarés dans des genres fictionnels. Or la modernité se définit par le fait qu'elle inclut une réflexion sur la littérature et qu'elle est toujours, pour ainsi dire, littérature au second degré. Il s'ensuit qu'il n'est quasiment pas d'écrivain moderne qui n'ait aussi écrit sur la littérature. Mais les écrivains modernes ont aussi dû lutter contre le discrédit de la littérature et notamment de la fiction — « La marquise sortit à cinq heures » —, si bien qu'ils ont été nombreux à lui échapper pour continuer d'écrire. Pour presque tous les romanciers de l'entre-deux-guerres, on l'a dit, le roman n'aura occupé qu'un moment de leur carrière. Enfin, de plus en plus d'écrivains n'ont plus écrit de fiction et se sont livrés seulement à une prose littéraire. Bien sûr, la tradition française, de Montaigne et Pascal à Voltaire, Rousseau et Diderot, distingue peu littérature et philosophie, et le XXe siècle, de Bergson à Derrida, n'a pas fait exception, mais ce n'est pas seulement cela. Tandis que, d'un côté, la notion de littérature se rétrécissait, de l'autre côté, de plus en plus d'écritures revendiquaient une qualité littéraire.

LA CRITIQUE DES ÉCRIVAINS

Les écrivains du XXe siècle, à de rares exceptions près, ont tous été aussi critiques. On songe aux *Prétextes* (1903, 1911), et au *Dostoïevski* (1908) de Gide, aux *Variété* (1924-1944) de Valéry, par exemple au magistral « Situation de Baudelaire » (1924), aux quelques articles essentiels de Proust sur Baudelaire et Flaubert parus dans la *NRF* au début des années 1920, à la préface de Malraux à *Sanctuaire* (1933) de Faulkner et, près de cinquante ans après un article sur *L'Imposture* de Bernanos dans la *NRF* (1928), à la superbe préface au *Journal d'un curé de campagne* (1974), aux ouvrages de Sartre sur Baudelaire (1947), Genet (1952), Flaubert (1971-1972), etc. Gracq, qui avait publié un important *André Breton* (1946), sortant de ses romans, ne fera plus part que de son expérience attentive de lecteur dans *En lisant en écrivant* (1981).

La relation spéciale entre la poésie et la peinture depuis Apollinaire a fait que presque tous les poètes du siècle ont écrit sur les peintres qui leur étaient contemporains et à qui ils ont servi de médiateurs. Cette entremise est même devenue une mission réservée aux poètes, d'autant plus indispensable que la peinture devenait elle aussi plus difficile et exigeait des interprètes qui la rendent accessible au public. On songe, après *Les Peintres cubistes* (1913) d'Apollinaire, bien sûr au *Surréalisme et la peinture* (1928) de Breton, avant, dans le second XXe siècle, les beaux livres de Char accompagnant des gravures de Braque, Miró, Nicolas de Staël, Vieira da Silva, Giacometti, aux *Oiseaux* (1962) de Saint-John Perse avec Braque, ou encore aux textes de Bonnefoy, Jaccottet et Dupin sur Giacometti. Claudel, dans *L'Œil écoute* (1946), est resté attaché à la peinture des maîtres, et Malraux, après avoir délaissé le roman, se tournera vers d'ambitieux essais sur l'art universel, notamment *Les Voix du silence* (1951), *Le Musée imaginaire de la sculpture mondiale* (1952-1956) et *La Métamorphose des dieux* (1957-1976). Le dialogue avec les artistes est ainsi devenu une signature de la haute littérature, une sorte d'exercice obligé ou d'épreuve initiatique de l'écrivain moderne.

L'ENGAGEMENT

Au-delà de la littérature et de la peinture, les écrivains sont intervenus de plus en plus sur toutes sortes de question. Dès le début du siècle, les essais de Maeterlinck, comme *L'Intelligence des fleurs* (1907), et de Gourmont, comme *Physique de l'amour* (1903), à mi-chemin entre la vulgarisation scientifique et la méditation spirituelle, ont, notamment, marqué Proust. Entre les deux guerres, c'est toutefois sur des questions de société que les écrivains ont de plus en plus pris parti. L'article de Valéry, « La crise de l'esprit » (1919), inaugure une longue suite de textes dits « de circonstance », réunis dans la série des *Variété* et dans *Regards sur le monde actuel* (1931). Valéry est alors un conférencier brillant et un essayiste très sollicité, professeur au Collège de France en 1937, qui prend part aux instances culturelles de la Société des Nations pour encourager la liberté de l'esprit et la coopération européenne. Gide, après son seul roman avoué, *Les Faux-Monnayeurs* (1925), s'engage dans la lutte contre le colonialisme avec son *Voyage au Congo* (1927), intervient sur le fait divers dans *La Séquestrée de Poitiers* (1930), puis se fait communiste, avant d'y renoncer dans *Retour d'URSS* (1936). Colette écrit dans *Le Matin* depuis 1910, et Mauriac réunit ses chroniques à partir de *Journal* (1934), avant son *Bloc-notes* (1958-1971). Bernanos et Céline passent aux pamphlets après les romans : *La Grande Peur des bien-pensants* (1931) et *Les Grands Cimetières sous la lune* (1938) pour le premier, *Bagatelles pour un massacre* (1937), *L'École des cadavres* (1938) et *Les Beaux Draps* (1941) pour le second. Sartre et Camus réunissent dans *Situations* (1947-1976) et *Actuelles* (1950-1958) leurs articles sur la littérature, mais aussi sur la société, la politique et l'actualité. Curieusement, le surréalisme se révèle ici le mouvement littéraire le plus conventionnel, au sens où ses représentants — Breton au premier chef, mais aussi Éluard et Aragon, à côté de leur écriture militante — resteront fidèles aux formes de la poésie et du roman après la Seconde Guerre mondiale.

L'ÉCRITURE DU JOUR

Troisième forme de l'écriture non fictionnelle des écrivains, celle, quotidienne et intime, qui reste longtemps privée avant d'être révélée bien plus tard au public. Quelques monuments de cette écriture du jour ont marqué le siècle. Le *Journal* posthume de Jules Renard a paru de 1925 à 1927. Après le temps de la fiction et celui de l'engagement, Gide a mis en forme le *Journal* qu'il tenait depuis 1889 et qui a été donné par fragments en feuilleton dans la *NRF* à partir de 1930, puis en volumes en 1939 et 1950. La publication posthume des *Cahiers* de Barrès, à partir de 1929, venait de renouveler l'intérêt pour l'intelligence et les contradictions du « prince de la jeunesse », devenu chef de file du nationalisme. Du Bos a publié son *Journal* à partir de 1921. Le *Journal* de Green, le plus long du siècle, tenu à partir de 1919, a été publié à partir de 1938. Les *Cahiers* où Valéry a consigné l'aventure de son esprit n'ont été publiés qu'à partir de 1957.

D'autres formes du récit de soi étaient entretemps apparues, bouleversant, sous l'effet des nouvelles techniques du roman, les formes traditionnelles du journal et de l'autobiographie, telles que Gide les avait encore appliquées dans *Si le grain ne meurt* (1924), ou que Sartre devait toujours les respecter dans *Les Mots* (1963) : récit de conversion menant à l'âge adulte et narrant l'émergence d'une personnalité cohérente. Leiris, poète et prosateur surréaliste de *Simulacre* (1935) et *Aurora* (1946), puis ethnographe de *L'Afrique fantôme* (1934), mais aussi collaborateur de Bataille au Collège de sociologie et à

Documents, enfin autobiographe de *L'Âge d'homme* (1939), s'est lancé après la guerre dans un immense autoportrait intégrant la psychanalyse dans une écoute minutieuse des mots, *La Règle du jeu* (1948-1976), où le sujet, loin de se rassembler, est indéfiniment disloqué par le mouvement de l'écriture.

LE VOYAGE

Bien d'autres formes de la prose littéraire sont apparues ou se sont prolongées au XXe siècle, comme le récit de voyage, grand genre romantique, illustré par Segalen dans *Les Immémoriaux* (1907), abondamment répandu par la grande presse de l'entre-deux-guerres, notamment par Albert Londres, transgressé par Michaux dans *Ecuador* (1929) et dans *Un Barbare en Asie* (1933), puis parodié dans ses voyages imaginaires, enfreint par Leiris dans *L'Afrique fantôme*, mixte de compte rendu scientifique et de journal intime, et retrouvé par Lévi-Strauss dans *Tristes Tropiques* (1955), ouvrage, on l'a dit, que l'académie Goncourt écarta malgré la qualité littéraire qu'elle lui reconnut, parce qu'il n'était pas une œuvre d'invention.

Le voyage ethnographico-littéraire devait ensuite faire le succès de la collection « Terre humaine » chez Plon. L'œuvre de Le Clézio, d'abord romanesque, a été de plus en plus liée au voyage, notamment au Mexique, dans une interrogation sur le monde moderne, coupé de la nature, des éléments et de la vie. Mais c'est le récit de Bouvier, *L'Usage du monde* (1963) — titre venu de Montaigne —, qui s'est dégagé bien après coup, dans les dernières années du siècle, comme l'œuvre de voyage la plus accomplie, mettant en avant bien moins l'exotisme que la lenteur de la vie quotidienne et ses effets dissolvants.

PHILOSOPHIE ET CRITIQUE

En France, les philosophes n'ont jamais renoncé à la littérature. C'est encore le cas, malgré la professionnalisation de la discipline, chez les maîtres du XXᵉ siècle, depuis Bergson, philosophe pour littéraires — l'effet de sa critique de l'intelligence et du langage conceptuel a été essentiel sur la littérature du siècle, de Proust au surréalisme, et au-delà —, en passant par Sartre, homme-orchestre du milieu du siècle, ou par Bachelard, penseur de la critique thématique, et jusqu'aux maîtres à penser de la fin du siècle, Deleuze, Foucault ou Derrida. Tous ces philosophes non seulement ont écrit, et bien, sur la littérature — Deleuze sur Proust, Foucault sur Roussel, Derrida sur Genet, etc. —, comme s'il y avait là un rite de passage, de même que les poètes se devaient de parler des peintres, mais leur manière de philosopher, marquée par le style de Nietzsche, a pu être perçue comme littéraire, notamment de l'étranger, et leur influence sur les écrivains de l'avant-garde a été forte.

Quant à la critique, qui se professionnalisait elle aussi, ou qui théorisait, elle n'en a pas moins conservé une ambition littéraire tout au long du siècle, de Gourmont et de Suarès à Du Bos et à Thibaudet, puis à la génération des critiques de la conscience, marqués par Bachelard — Poulet, Richard, Starobinski —, mais ce sont surtout Blanchot et Barthes qui ont restitué la critique à la littérature, le premier en menant de front récit et critique dans les années 1950, puis en se rapprochant de la méditation à partir de *L'Entretien infini* (1969), le second en renonçant peu à peu à l'ambition scientifique de la Nouvelle Critique pour écrire des essais de plus en plus personnels, relevant des notes de voyage dans *L'Empire des signes* (1970), de l'autoportrait dans *Roland Barthes par Roland Barthes* (1975), de l'analyse intime de l'amour et du deuil dans *Fragments d'un discours amoureux* (1977) et *La Chambre claire* (1980). Au moment de sa mort en 1980, Barthes donnait son cours au Collège de France sur *La Préparation du roman* (2003), indice de son cheminement, à travers la critique et l'essai, vers ce qui avait tout l'air d'une œuvre d'invention.

LES INCLASSABLES

Comme toute tentative de classification, celle-ci bute sur des objets singuliers, souvent liés à l'expérience momentanée des revues. Curieuse est en effet la production du Collège de sociologie et des revues, *Documents* (1929-1930) et *Acéphale* (1936-1939), qui ont réuni, autour de Bataille et après le surréalisme, Caillois et Leiris, ou le peintre Masson, et où sont intervenus Klossowski ou Limbour. Ne relevant ni de la critique ni de la philosophie, ni non plus de la sociologie proprement dite, leurs interventions ne sont pas sans rappeler parfois la manière de Maeterlinck ou de Gourmont dans l'observation littéraire du monde, de la nature, du pouvoir, de l'homme, toujours en mettant l'accent sur l'excès, la violence, le sacré, comme dans *L'Homme et le sacré* (1939) de Caillois. C'est aussi l'« activisme » qui caractérisait ce groupe, dont l'ambition nietzschéenne était de « glisse[r] de la volonté de connaissance à la volonté de puissance ». Klossowski, frère du peintre Balthus, restera fidèle à ce genre dans ses fictions érotico-religieuses, tel *Le Baphomet* (1965), prix des critiques, ou dans *La Monnaie vivante* (1970), rejoignant le thème baudelairien de la prostitution sacrée.

On retrouve ici Paulhan, complice de Bataille et Caillois du temps du Collège de sociologie, et son intérêt pour la vie quotidienne depuis le début du siècle, tel qu'il est retracé dans *Entretien sur les faits divers* (1945). Paulhan, homme de revues, encourageait les proses déconcertantes dans la *NRF* de l'entre-deux-guerres, sous la rubrique « L'Air du mois », alimentée en courtes improvisations à la fois érudites et poétiques en particulier par Cingria, de 1933 à 1939.

Sans doute le situationnisme de Debord, dans *La Société du spectacle* (1967), critique de la société moderne, peut-il aussi être situé dans cette queue irrésolue et activiste du surréalisme. Et le Texte des années 1970, marqué par une généalogie nietzschéenne et bataillienne, doit bien sûr être lui aussi mentionné comme l'un des avatars majeurs de la prose non fictionnelle de la fin du siècle.

Toutefois, exemplaire de la prose littéraire et de plus en plus reconnue à la fin du siècle après avoir été longtemps confidentielle, ni critique ni philosophique, mais méditative, inquisitrice, s'impose comme un monument à la langue française, la longue série des réflexions brèves, denses et acides de Cioran, Roumain comme Ionesco, depuis *Précis de décomposition* (1949) ou *De l'inconvénient d'être né* (1973), jusqu'à ses *Cahiers* (1997), publiés après sa mort. Faisant table rase de toutes les croyances modernes avec un pessimisme désespéré longtemps resté solitaire, il s'est trouvé de plus en plus accordé aux mouvements de la pensée après les désillusions du siècle, durant ses deux dernières décennies.

Enfin, des témoignages qui ne se prétendaient pas littéraires ont été de plus en plus reçus comme tels, par exemple *L'Espèce humaine* (1947), unique livre d'Antelme, récit de la vie d'un commando du camp de concentration de Buchenwald, s'en tenant aux faits mais confirmant que seule la littérature peut parler de l'inimaginable, et donc tribut ultime à la littérature.

Prose inclassable, ou plutôt prose qui confirme que la mission de la littérature, jusqu'à la fin du XXe siècle, est restée morale. La littérature continue de nous procurer une connaissance de l'homme et de la vie plus profonde et plus subtile que celle à laquelle donnent accès les autres discours et les autres médiums. « Par l'art seulement, disait Proust, nous pouvons sortir de nous, savoir ce que voit un autre de cet univers qui n'est pas le même que le nôtre, et dont les paysages nous seraient restés aussi inconnus que ceux qu'il peut y avoir dans la lune. »

CHAPITRE XII

L'ÉPUISEMENT DE LA LITTÉRATURE ET SON ÉTERNEL RECOMMENCEMENT

La littérature n'avance pas d'un seul front. Pour une part, d'ailleurs, elle n'avance pas, car la tradition et l'avant-garde coexistent à tout moment, l'ancien régime persiste dans la modernité, et 1968 voit la publication de *Belle du Seigneur* de Cohen auprès de *Théorie d'ensemble* des compagnons de *Tel Quel*. À toute date, tout le spectre des possibles littéraires est représenté. Auprès des modernes et des avant-gardes, brisant le vers, le récit et enfin la langue, des œuvres sages n'ont jamais cessé d'être publiées. Le XXe siècle est le temps de la crise de la littérature : crise du roman, crise de la poésie, crise du théâtre, crise permanente et révolution continue, poursuite ininterrompue de la fin de la littérature. Mais une autre littérature s'est perpétuée sans se rendre compte de la crise et sans avoir la moindre idée que la littérature s'épuisait à force de se purifier. Le XXe siècle est aussi celui de la divergence de plus en plus franche entre une littérature de divertissement et, ultime avatar de l'art pour l'art, une littérature expérimentale de refus et de recherche, destructrice de toutes les conventions, repoussant toujours les limites de l'art, et aspirant au silence de l'absolu. L'histoire de la littérature, c'est celle de cette seconde littérature, celle qu'on ne lit pas, ou qu'on lit moins, car la première est sans histoire, conforme aux habitudes du récit psychologique ou du roman naturaliste apprises au plus jeune âge. Et, par un second paradoxe, la littérature moderne, celle qui vise l'exténuation, n'en finit pas d'en finir. Il y a toujours autre chose dont se débarrasser, et le silence essentiel, la fin de la littérature, reste une utopie ou une limite intouchable. La littérature a survécu tout au long du siècle à la fois grâce à son idéal et malgré lui, non pas en trichant et dans l'imposture, mais en jouant ou en se jouant.

Or, comble de la ruse, les écrivains de l'ancien régime et ceux de la révolution sont parfois les mêmes : Barrès a su combiner le dandysme et le nationalisme jusqu'à son dernier roman, qui a scandalisé son public ; Cocteau a passé de l'académisme à l'avant-garde et vice-versa, sans relâche ; Aragon a jonglé entre le surréalisme et le sonnet, entre le roman réaliste et le Nouveau Roman, avec une virtuosité inégalée ; plus près de nous, Sollers a joué à l'avant-garde avant de revenir au roman bourgeois de sa jeunesse et d'y exceller. La distinction de la littérature restreinte et de la littérature de boulevard ne doit jamais être entendue sans un grain de sel, car la meilleure littérature de boulevard peut être celle que produisent à l'occasion des littérateurs restreints, et réciproquement.

Après les expérimentations extrêmes des années 1960 et 1970, il n'en reste pas moins vrai que la fin de siècle, parfois qualifiée de « postmoderne », a réagi contre la volonté moderne d'aller toujours de l'avant, de progresser vers l'absolu au risque du dessèchement. Non sans ambivalence d'ailleurs à l'égard de cette inflexion parfois ressentie comme une frilosité. Une enquête de mai 1989 dans *La Quinzaine littéraire* auprès d'une vingtaine d'écrivains contemporains sur l'avenir de la littérature observait que, s'ils se félicitaient en général de la disparition du terrorisme théoricien des maîtres à penser qui avaient dominé les décennies précédentes, ils n'étaient quand même pas sans éprouver quelque nostalgie pour la grande époque de la modernité vivante, laquelle avait sans doute contraint les écrivains, mais non pas sans les provoquer ni les mobiliser. On accuse souvent la théorie d'avoir tari le roman français par ses exigences inhumaines. Or toute règle non seulement réprime, mais aussi incite, et la théorie nouvelle, comme l'ancienne prosodie, n'a pas été sans enrichir le roman. Les écrivains de la fin du siècle, affranchis du Surmoi qu'avaient imposé à la génération précédente le Nouveau Roman et ses avatars, sont revenus à des récits de forme plus ou moins docile, mais non sans une certaine mauvaise conscience, en souvenir de l'autocensure qui avait interdit à leurs aînés la facilité, le pathos ou les confessions narcissiques. La poésie a mis plusieurs décennies à digérer le surréalisme, et le roman à absorber l'immense moisson de l'entre-deux-guerres. Après le sursis procuré au mouvement moderne par le Nouveau Roman, par la poésie de la présence et par les avant-gardes théoriques jusqu'aux années 1970, on peut avoir le sentiment d'un relâchement et d'une moindre intensité, ou d'une ambition diminuée de la littérature française.

En témoignent les vicissitudes du retentissement de la littérature française hors de France. Les grands classiques de 1920 — Proust, Valéry, Gide, Claudel — avaient été traduits sur-le-champ et très vite enseignés à l'étranger, bien avant qu'ils n'entrassent dans les programmes de l'école en France. Les échos du surréalisme ont été immédiats dans la poésie de nombreuses langues non pas seulement européennes. Avec le roman des années 1930 — Mauriac, Bernanos, Malraux, Céline —, puis l'existentialisme et l'absurde — Sartre, Camus, Ionesco, Beckett —, ensuite le Nouveau Roman, une succession ininterrompue d'articles de Paris a assuré la présence constante et forte de la littérature en français dans le monde. La théorie a pris le relais, comme si elle était la dernière avant-garde dans un mouvement d'absolutisation de la littérature, et ce furent alors Lévi-Strauss, Lacan, Barthes, Foucault, Deleuze, Derrida qui portèrent la langue française. Or, après Duras, qui semble avoir été notre dernier « grantécrivain » du XXe siècle, l'on n'a plus été à l'affût des articles de Paris, et la littérature en français s'est moins exportée — moins lue, moins traduite, moins enseignée — durant les vingt dernières années du siècle. Elle n'a peut-être pas été la seule dans ce cas, car l'asthénie semble avoir frappé pareillement les autres littératures européennes — allemande et italienne notamment —, mais la littérature française a été la plus affectée car elle avait été la plus voyante depuis le début du siècle, parce qu'elle avait cru davantage à son universalité et que son histoire avait été jusque-là continue.

Faut-il céder à ce mouvement de lassitude ? Rares sont les lecteurs qui, comme Gide, continuent de lire avec la même curiosité et la même bienveillance jusqu'à un âge avancé. À la déception de certains partisans du moderne face à une littérature qui ne magnifie plus la difficulté, il convient plutôt d'opposer l'empressement d'un critique comme

Jean-Pierre Richard, indubitable moderne associé à la Nouvelle Critique depuis les années 1950 jusqu'aux années 1970, et qui n'en est pas moins devenu l'un des observateurs les plus avertis, fidèles et attentifs de la littérature fin-de-siècle, si bien que ses ouvrages peuvent servir à dresser un tableau de la dernière littérature française de qualité. Ainsi *L'État des choses* (1990) est-il consacré à Réda, Quignard, Macé, Michon, Bergounioux, Djian, Trassard, Chaillou, et *Terrains de lecture* (1996) à Bobin, Orcel, Serena, Savitzkaya, Drevet, Rouaud, Ndiaye... Rien là de systématique, mais un encouragement à lire, à continuer à lire.

RETOUR DES RHÉTORIQUEURS

Au-delà du constat général, quelles tendances discerner dans le roman et la poésie de la fin du siècle ? Sans recul, elles se dégagent encore peu, et il est trop tôt pour juger les écrivains nés après 1950 du point de vue de l'histoire, laquelle n'a pas encore fait son tri. Thibaudet constatait après 1920 que Proust, Valéry, Gide et Claudel s'étaient brusquement hissés au rang des quatre classiques. On n'en aurait certainement pas dit autant avant 1914. Parmi les Nouveaux Romanciers, c'est l'œuvre de Claude Simon, entré dans la Pléiade en 2005, qui semble désormais s'imposer par son ampleur, son approfondissement et son renouvellement. Rien de tel n'apparaissait avant *Les Géorgiques* (1981).

Sans risque d'erreur, on peut toutefois repérer, après la fin des années 1970, le retour du récit — de l'histoire et de l'Histoire — en littérature, c'est-à-dire le réveil du goût de la fiction au premier degré.

L'écriture du Nouveau Roman est alors assimilée ou s'est assagie, et les thématiques de l'individu et de la société sont réhabilitées. Le sujet en tous les sens du terme — le moi et l'intrigue — revient sur le devant de la scène littéraire, après le retrait des « grands récits » qui justifiaient les théories modernes, du marxisme au structuralisme. Les avant-gardes se font plus discrètes ou modestes, et le vécu quotidien se substitue à l'« expérience des limites ». Les genres et la langue, enfin, ne sont plus soumis à une déconstruction indéfinie. En revanche, le jeu avec les codes linguistiques et littéraires n'a pas cessé de séduire.

Ainsi s'explique sans doute la consécration tardive de l'Oulipo, avant-garde bien tempérée des années 1960. Queneau défendait l'invention de contraintes et de procédés comme moyen de relégitimer la littérature, le roman et la poésie, depuis les années 1930. Ses propres œuvres, depuis *Le Chiendent* (1933), réécriture parodique du *Discours de la méthode*, jusqu'au *Vol d'Icare* (1968), en passant par *Zazie dans le métro* (1959), avaient paru légèrement gratuites à une époque où il était question de la condition humaine, de l'absurde ou de la mort du sujet. Les *Cent mille milliards de poèmes* (1960), obtenus par une combinatoire de mots, semblaient une fantaisie inoffensive à l'âge du signifiant. L'école qui l'avait entouré à partir de 1960, sous le nom d'Ouvroir de littérature potentielle (Oulipo), pouvait passer pour une équipe de mathématiciens cruciverbistes ou de Jacques Tati des lettres. Leur manière de produire des textes en se donnant des règles bizarres — comme la règle S + n, consistant à remplacer chaque mot d'un texte par le nième mot qui le suit dans le dictionnaire — distrayait les écoliers mais ne semblait pas destinée à donner des chefs-d'œuvre.

Les Choses (1965), roman de Perec, élève surdoué de l'Oulipo, avait toutefois obtenu le prix Renaudot, fût-ce au prix d'une sorte de malentendu, comme une sociologie néo-réaliste de la société de consommation et un contre-feu du Nouveau Roman, sans que l'on ait prêté garde à sa structure imposée : le roman passe du conditionnel au passé, puis au futur. Dans *La Disparition* (1969), Perec avait tenu la gageure d'écrire un roman lipogrammatique, en l'occurrence sans la lettre *e*, et l'acrobatie n'avait pas empêché à la fiction de prendre. Au contraire, elle l'avait excitée. Mais le temps de l'Oulipo ne pouvait pas advenir sous le règne des avant-gardes. C'est avec *La Vie mode d'emploi* (1979), prix Médicis, encyclopédie de la vie moderne dédiée à Queneau, que Perec a connu une réussite exemplaire : « J'imagine un immeuble parisien dont la façade a été enlevée. » Suivant un cahier des charges précis, Perec raconte ce qui a lieu dans chaque pièce et offre la somme jubilatoire d'une centaine de petits romans, tous reliés par l'histoire-cadre de Bartlebooth, lequel a passé sa vie à peindre 500 aquarelles marines avant de les découper en puzzles de 750 pièces et de consacrer ensuite vingt ans à les reconstituer. Or l'œuvre de Perec n'a cessé de prendre de l'ampleur depuis sa mort : *W ou le Souvenir d'enfance* (1975) a pris rang comme modèle de l'autobiographie heurtée aux trous de l'Histoire, le père de l'écrivain ayant disparu en 1940, et sa mère à Auschwitz, tandis qu'*Un cabinet d'amateur* (1979), histoire d'un collectionneur, devenait le modèle de la fiction littéraire française à la Borges.

Roubaud, autre membre de l'Oulipo, qui avait composé son premier recueil de poésies, *ɛ* (1967), de 361 textes, « les 180 pions blancs et 181 pions noirs du jeu de go », puis *Trente et un au cube* (1973), de 31 poèmes de 31 vers de 31 pieds chacun, régis par les contraintes du *tanka* et du *haïku* japonais, a lui aussi trouvé dans la contrainte le tremplin de l'invention qui a fait de lui un poète et un prosateur des plus productifs de la fin du siècle.

PERMANENCE DU RÉCIT

Le récit, dit-on, est revenu à la mode. De fait, il n'avait jamais disparu, et Tournier, Le Clézio, Modiano, déjà de grands anciens, en avaient imposé l'exigence dès les années 1960, et avec succès.

Tournier, philosophe, germaniste, ami de Deleuze, photographe, venu tard au roman, a connu une réussite spectaculaire avec son premier livre, *Vendredi ou les Limbes du Pacifique* (1967), Grand Prix du roman de l'Académie française, qui récrivait le mythe de Robinson du point de vue de l'esclave. Son talent a été confirmé par *Le Roi des Aulnes* (1970), prix Goncourt, dont Tournier est devenu juré dès 1972. Cette seconde peinture, plus ample, d'un monde sans femmes où l'enfant éduque l'homme, est une récriture des mythes de saint Christophe, du roi des Aulnes et de Barbe-Bleue dans l'Allemagne nazie. Mêlant réalisme, légende et allégorie, Tournier rendait ses lettres de noblesse au roman de formation polyphonique, combinant librement la narration omnisciente et le récit personnel. Son œuvre a poursuivi la récriture des mythes antiques — les jumeaux dans *Les Météores* (1975) — ou bibliques — *Gaspard, Melchior et Balthazar* (1980). Après ces romans sur lesquels soufflait une ambition cosmique, il a donné des textes plus courts, des nouvelles et des contes.

Le Clézio, après un mémoire de maîtrise sur Michaux (1964), a lui aussi connu une prompte réussite avec un manuscrit envoyé incognito chez Gallimard, *Le Procès-verbal* (1963), prix Renaudot. Il y narre la révolte d'Adam Pollo contre le monde. L'attrait de la splendeur solaire et des sensations premières, ainsi que la contemplation horrifiée du monde moderne, le conduiront ensuite de plus en plus loin de la narration, vers l'exaltation de l'errance, dans *Le Livre des fuites* (1969), *La Guerre* (1970), *Les Géants* (1973). Puis ce rêve de fuite le fera s'intéresser aux civilisations non européennes et à la célébration de l'exotisme, dans *Mondo et autres histoires* (1978), *Désert* (1980) ou *Le Rêve mexicain* (1988), avant un retour sur soi dans ses derniers textes du siècle, *Le Chercheur d'or* (1985) ou *Onitsha* (1991). Vite consacrée, cette œuvre est celle à laquelle le plus grand nombre de thèses était dédié à l'aube du XXIe siècle.

La Place de l'étoile (1968), premier roman de Modiano, « mi-Juif, mi-Flamand », également très réussi, mettait en scène la période de l'Occupation, qui devait rester le cadre constant de son œuvre. Le héros du roman, juif antisémite inspiré de Maurice Sachs, rencontre Céline, Rebatet et Freud dans une fresque fantaisiste et dense, jouant avec l'histoire et avec la littérature des générations précédentes. *La Ronde de nuit* (1969) et *Les Boulevards de ceinture* (1972), Grand Prix du roman de l'Académie française, ont complété une trilogie de la recherche du père. Romancier de la mémoire collective et individuelle, Modiano n'a plus cessé de s'intéresser au milieu de la collaboration et à l'héroïsme juif, toujours vus dans leur ambivalence. Son œuvre s'est développée parallèlement au regain de la curiosité pour Vichy à la fin du XXe siècle, après un long tabou. Une autobiographie, *Livret de famille* (1977), retracera le parcours de ses parents sous l'Occupation, et, sortant du cadre de la fiction, un reportage narrera son enquête sur la disparition d'une jeune fille juive à Paris durant la guerre, *Dora Bruder* (1997). Délaissant le style profus et démesuré de la première trilogie, Modiano a adopté une langue de plus en plus lisse et transparente, ou encore classique.

D'autres fidèles du récit pourraient bien sûr être cités durant la fin du siècle, mais ces trois écrivains semblent ceux dont la place dans l'histoire littéraire est la plus assurée, avec Quignard, à la fois essayiste érudit et romancier précieux de *Carus* (1979), ou Kundera, écrivain tchèque exilé à Paris, où il s'est mis, durant les années 1980, à écrire en français non seulement des essais, tel *L'Art du roman* (1986), défense et illustration du roman comme connaissance de l'expérience humaine irremplaçable par aucun autre moyen, mais aussi des romans, à partir de *La Lenteur* (1994).

RETOUR DE LA FANTAISIE

Sous l'aile de l'Oulipo, de Perec et de Calvino, compagnon italien de l'Oulipo, ou encore de Modiano, avec un éclectisme qui désavouait les recherches de l'avant-garde, une tendance au récit distancié, parodique ou ironique a marqué la fin de siècle. Echenoz, dans *Le Méridien de Greenwich* (1979), paraît encore sous l'influence de l'héritage expérimental du Nouveau Roman, mais *Cherokee* (1983), prix Médicis, vire à la parodie dans la peinture d'un univers de vauriens et de détectives empruntés au roman policier, avec une intrigue aussi confuse que celle du *Faucon maltais* de Chandler. Les poncifs du polar, les références à Conrad ou à Le Carré s'accumulent dans une intertextualité copieuse, parfois qualifiée de postmoderne. Le style est froid, humoristique ; la culture de masse est piratée. On est cette fois sorti du Nouveau Roman.

On a parlé des « romanciers impassibles » des Éditions de Minuit pour désigner ce courant minimaliste, auquel appartiendraient également Toussaint, avec *La Salle de bain* (1985), récit fragmenté aux héros non identifiés, ou Chevillard, avec *Mourir m'enrhume* (1987) ou *Le Caoutchouc, décidément* (1992). Intrigue et personnages sont inconsistants, tandis que le texte, sur un mode plaisant ou incongru, retravaille clichés et stéréotypes. Alors que le Nouveau Roman ou le Texte étaient imbibés par la grande tradition moderne, qu'il s'agissait de pousser à bout ou de déconstruire, le roman minimaliste fait comme s'il ignorait le mouvement moderne et joue plutôt avec la culture de masse.

RETOUR DU SUJET

Après les dernières avant-gardes théoriques qui proclamaient la fin de l'homme, c'est le retour du sujet qui a frappé. La conversion de Sollers est à cet égard révélatrice. Quittant le Texte, il est revenu dès le début des années 1980 au roman à clefs pour raconter l'histoire intellectuelle de sa génération dans *Femmes* (1983), mélange de fiction politique, de réflexions philosophiques et de scènes érotiques, suivant une recette que l'écrivain n'a pas cessé de pratiquer depuis lors.

La dérive autobiographique des Nouveaux Romanciers a été un autre signe incontestable du retour du sujet, non seulement dans *Enfance* (1983) de Sarraute, *Romanesques* (1985-1994) de Robbe-Grillet, *L'Amant* (1984) de Duras, mais aussi chez Simon, dont l'œuvre s'est le plus renouvelée. *Les Géorgiques* (1981) s'ouvre à l'histoire familiale et collective en tressant les souvenirs d'un ancêtre Conventionnel avec ceux qu'a l'écrivain de la débâcle ; *L'Acacia* (1989) revient sur la guerre, expérience originaire de Simon, et *Le Jardin des Plantes* (1997) distribue les fragments éclatés de sa mémoire personnelle. Enfin, dans *Le Tramway* (2001), avec lequel le nouveau siècle s'est ouvert, la distinction entre le roman et l'autobiographie s'estompe, suivant la nouvelle convention dominante de la fin du siècle, peut-être annoncée par Perec, dont *W ou le Souvenir d'enfance* (1975) alternait la fiction d'aventure et l'autobiographie, sans parvenir à dire l'indicible de la disparition de sa famille dans la Shoah.

Doubrovsky a forgé le terme d'« autofiction » pour désigner la fusion de l'autobiographie et de la fiction, non plus le roman autobiographique, mais le recours inévitable à la fiction qui fait du sujet qui écrit l'auteur de sa vie fantasmée. Il a lui-même abondamment pratiqué ce genre très fin-de-siècle, mais il est loin d'être le seul. Annie Ernaux, qui avait mis en fiction ses origines modestes dans *Les Armoires vides* (1974), a retracé la vie et la mort de son père, ouvrier, puis petit commerçant, dans *La*

Place (1984). Hervé Guibert a mis en scène son corps malade du sida dans des textes appelés « romans », *À l'ami qui ne m'a pas sauvé la vie* (1990) et *Le Protocole compassionnel* (1991). Son journal, publié dix ans après sa mort (2000), illustre les liens de l'autofiction et des autres formes de l'écriture du moi. Comme déjà dans *La Règle du jeu* de Leiris, mais sans la passion de la langue, il n'y a plus de « je » unifié, cohérent, global dans les autofictions de la fin du siècle.

Deux contributions ont joué fortement dans ce déplacement de la fiction vers l'expérimentation d'une subjectivité éclatée. D'une part la revendication d'une écriture féminine qui s'est affirmée après 1968 dans de nombreux textes à partir de *Dedans* (1969) de Cixous et des *Guérillères* (1969) de Wittig. *Le Deuxième Sexe* (1949) de Beauvoir avait appelé les femmes à prendre la parole. Après 1968, leur parole est différente, subversive en tant que parole de femme échappant au « logocentrisme » de la parole d'homme, au discours de maîtrise des « grantécrivains », quasiment tous masculins. Dans *L'Inceste* (1999), Angot a poussé ce dénudement confessionnel à sa limite, dans un texte qui ne joue pas moins avec la littérature et singulièrement avec le roman de Guibert sur le sida.

L'autre contribution majeure à l'inflexion de la fiction vers le vécu, le corps et la langue a été celle des écrivains minoritaires, notamment ceux de la francophonie, non plus la génération de la négritude, avec Senghor et Césaire, mais la génération du métissage et de la créolité. La plupart de la littérature des anciennes colonies, réaliste et engagée, examine les changements de la société et l'avenir problématique du Maghreb ou de l'Afrique. C'est sans doute des Antilles, avec Glissant, auteur de *La Lézarde* (1958), qui a inspiré une génération de poètes et d'écrivains à la recherche d'une langue multiple et contradictoire, qu'est venu le principal renouveau, avec *Éloge de la créolité* (1989) de Chamoiseau, Bernabé et Confiant, puis avec le roman de Chamoiseau, *Texaco* (1992), prix Goncourt, qui, mêlant le réel et le mythique, retrace l'histoire de la Martinique dans une langue enrichie par les apports du créole.

ÉLOGE DE LA PAUVRETÉ

Dernière région dans cette brève cartographie de la fin du siècle, très loin de l'autofiction comme exhibition du vécu social ou intime, l'ascèse a caractérisé la démarche de nombreux écrivains au tournant des siècles. La littérature, suivant la leçon de Blanchot à laquelle fut dressée la génération arrivée à l'âge adulte après 1968, n'existant que dans son impossibilité, il plane toujours sur elle la menace de la trahison et de l'imposture. Le défi devient alors d'accéder par l'écriture à l'effacement, de produire une écriture qui se dérobe, non à la manière de Blanchot ou de Beckett, par l'attente, le vide, le ressassement, l'entretien infini, mais, plus simplement, et aussi plus modestement, par la recherche d'une écriture minimale, réduite, sommaire. Le « minimalisme » serait ainsi un trait commun à un certain nombre d'écrivains très éloignés du foisonnement baroque apporté par la créolité.

Une issue au dilemme posé par Blanchot serait par exemple de narrer des « vies minuscules », vies ratées insignifiantes, mais dont l'échec serait le signe même de l'élection. Ainsi serait préservée au cœur de l'écriture la part muette de la parole. Michon, dans *Vies minuscules* (1984), ébauche huit petits romans humbles, huit mini-biographies, celle d'un garçon de ferme parti aux colonies, de deux grands-parents, d'un paysan peut-être devenu bagnard. À travers ces vies familiales et modestes, l'écrivain se compose une généalogie mythique qui est aussi une forme d'autobiographie oblique, dans un genre qui croise le récit de filiation et la fiction biographique. Dans *Vie de Joseph Roulin* (1988), il imagine l'existence du facteur peint par Van Gogh. D'autres petits personnages traversant la vie de grands artistes — Watteau, Goya — le requièrent dans de brefs récits d'une écriture soignée.

Les Champs d'honneur (1990) de Rouaud, prix Goncourt, après la belle ouverture d'une scène de pluie tambourinant sur la capote d'une 2 CV, retrace pareillement la généalogie familiale en lui donnant une envergure historique par la présence massive de la Grande Guerre. De tels romans attestent un resserrement de la littérature sur la famille, le lieu, la source, comme encore les livres de Bergounioux qui explorent la mémoire des paysages de l'enfance, le Quercy maternel, le Limousin paternel. La littérature passe par l'amour de la langue, ici inséparable de l'amour de la terre. On vise la transparence et la simplicité après que la tradition moderne a privilégié l'opacité et la complexité. Avec des moyens pauvres, un style léché, telle est la limite que la fiction française a atteinte à la fin du siècle.

TRIOMPHE DE LA LITTÉRATURE FACILE

Et Henri Troyat, Michel Déon, Jean Dutourd, François Nourissier, Jean d'Ormesson, Robert Sabatier, nous n'en avons pas parlé. C'est exact : ils continuent une tradition plutôt qu'ils ne l'infléchissent. « Et dire que si je n'aimais pas tant la littérature, s'écriait Gide en 1903, je serais déjà de l'Académie ! » Peu d'écrivains du XXe siècle ont été aussi sensibles que le « contemporain capital » à la bifurcation de la littérature moderne. Il y a d'une part la littérature de convention ou de beaux sentiments : « C'est avec les beaux sentiments que l'on fait la mauvaise littérature », disait également Gide. D'autre part il y a une littérature déconcertante et difficile, parce qu'elle bouscule les habitudes des lecteurs. Il y a celle qu'on lit et il y a celle qui fait l'histoire. C'est pourquoi une histoire des littératures du XXe siècle en français fausse fatalement la perspective sur ces littératures. Cette histoire a beau répéter qu'à tout moment la littérature docile et la littérature rebelle coexistent, et que la première se lit plus que la seconde, elle met nécessairement l'accent plus sur celle-ci que sur celle-là, c'est-à-dire sur les ruptures et non sur les continuités. Il est non seulement impossible de parler de tout, mais même de rendre les justes proportions. Henry Bordeaux, Édouard Estaunié et leurs successeurs à l'Académie aujourd'hui n'auront pas eu droit à une seule ligne, alors que leurs gros tirages peuplent encore les étals des bouquinistes. Même après la fin des grands récits, notre histoire aura été une histoire moderne, éprise d'une littérature qui, envers et contre tout, cherche à maintenir la littérature, fût-ce en la trahissant.

LE TOURNANT

1914, 1898, 1902 : au début de cette histoire, nous nous demandions quand avait commencé le siècle. Et quand a-t-il fini ? Sans grand recul, c'est beaucoup plus difficile à dire. Faudra-t-il retenir 1989, la chute du mur de Berlin, ou 1981, l'invention du micro-ordinateur ? La fin des idéologies et la débâcle de tout avant-gardisme péremptoire, l'obsolescence du modèle révolutionnaire qui guidait la recherche littéraire depuis plus d'une centaine d'années ? Ou bien le début de la fin du livre, en tout cas la marginalisation de la culture de l'imprimé et la réalisation technique, l'expérience littérale de cette « mort de l'auteur » qui n'était encore qu'une utopie intellectualiste pour Barthes et Foucault autour de 1968 ? À moins que nous ne soyons pas encore sortis du XXe siècle, que nous vivions sa queue, n'ayant pas encore tranché avec les géants de la modernité. Kundera, dans *L'Art du roman* (1986), décrivait le roman comme l'« ironisation » des discours d'autorité, et le roman postmoderne, au mieux, aurait ironisé le roman moderne désormais perçu comme un discours d'autorité.

Le paysage littéraire semble pourtant s'être profondément modifié à partir des années 1980. Il serait même tentant d'avancer que la distance était moins grande entre Barthes et Gide, ou entre Foucault et le surréalisme, qu'entre nous et les dernières avant-gardes qui maintenaient très haut l'idéal de difficulté de la littérature et croyaient à celle-ci comme à un mystère. La place de la littérature s'est par ailleurs réduite depuis une génération dans la société française : à l'école, où les textes non littéraires rivalisent avec elle ; dans la presse, où les pages littéraires rétrécissent comme peau de chagrin ; durant les loisirs, où le numérique monopolise l'attention. Si bien que la transition de la lecture enfantine — laquelle ne se porte pas mal, car les livres pour la jeunesse sont devenus nettement plus attrayants qu'auparavant — à la lecture adolescente, jugée ennuyeuse, n'est plus assurée.

Il serait en tout cas prématuré de dresser un panthéon de la fin du siècle. Le public, l'école, l'université n'ont pas encore fait leur choix. Barthes lui-même se demandait en 1980 : « Et si les modernes s'étaient trompés ? » La consécration à retardement des grands rhétoriqueurs de l'Oulipo, ou bien la nouvelle vogue des récits impassibles, ou encore le retour du sujet et la montée de l'autofiction, tout cela put lui donner le sentiment d'un certain fourvoiement des modernes sur lesquels il avait parié jusque-là, mais la lassitude que lui inspiraient les textes d'avant-garde le rendait surtout perplexe sur l'avenir de la littérature. D'ailleurs, l'Oulipo, l'autofiction et le minimalisme étaient encore partie prenante de la tradition moderniste, c'est-à-dire du projet expérimental lancé au début du siècle par Gide, Valéry ou Jarry, poursuivi par Proust, Joyce ou Kafka, puis par le Nouveau Roman et la Nouvelle Critique, projet pour lequel la réflexion sur la littérature était inséparable de la littérature. Cette réflexivité a pris plusieurs noms au cours du siècle : mise en abyme, autonomie, enfin intertextualité. La littérature moderne, pétrie de littérature et abîmée dans la réflexivité, était devenue une littérature pour littérateurs. N'est-ce pas cet enfermement spéculaire qui inquiétait Barthes et contre lequel les écrivains de la fin de siècle ont réagi ?

Non sans danger pour la littérature. Alors que les modernes étaient des lecteurs avides, les écrivains de la fin du siècle donnent souvent l'impression qu'ils ont peu lu de littérature, ou bien que la littérature ne compte plus pour eux de la même manière que pour leurs prédécesseurs. Les modernes ont été de grands critiques, depuis les quatre classiques de 1920 jusqu'à Gracq ou Bonnefoy, à Butor ou Sollers. Ils ont tous écrit sur les classiques ainsi que sur leurs contemporains : pas de moderne qui ne se double d'un critique. La littérature française a jusqu'ici été transmise par la littérature française, non pas dans la dévotion, mais dans le duel : aspirant à atteindre les limites de la littérature, les modernes sacrifiaient ce qu'ils adoraient. Or l'un des indices les plus nets d'un changement d'époque est que la plupart des nouveaux écrivains parlent peu de la littérature passée et présente, comme s'ils ne la vivaient plus de l'intérieur et ne l'aimaient plus, ou comme s'ils l'ignoraient. Ne réfléchissant plus à la tradition classique ni moderne, ne l'ayant pas traversée, ils suivent volontiers la plus grande pente de la narration et ils ont souvent l'air de revenir, délibérément ou non, au réalisme et au naturalisme. Les uns reprennent le fil du roman là où les petits naturalistes l'avaient laissé, d'autres jouent avec les clichés du roman policier. La vraie fin de la littérature, ce serait si les écrivains ne lisaient plus, ou devaient cacher qu'ils lisent, et ne transportaient plus la littérature du passé dans la littérature vivante en se mesurant à elle, voire en la maltraitant. Comme le savait Proust : « La seule manière de défendre la langue française, c'est de l'attaquer. » Il en va de même de la littérature.

ANTOINE COMPAGNON

Bibliographie

ABIRACHED, Robert, *La Crise du personnage dans le théâtre moderne*, Paris, Grasset, 1978.

ALQUIÉ, Ferdinand, *Philosophie du surréalisme*, Paris, Flammarion, 1995, réédition coll, Champs, 1997.

BERCOT, Martine, et GUYAUX, André (dir.), *Dictionnaire des lettres françaises. Le XXe siècle*, Paris, Librairie générale française, coll. La Pochothèque, 1998.

BERSANI, Jacques, AUTRAND, Michel, LECARME, Jacques, VERCIER, Bruno, *La Littérature en France depuis 1945*, Paris, Bordas, 1970.

BERSANI, Jacques, LECARME, Jacques, et VERCIER, Bruno (avec la collaboration de Michel AUTRAND), *La Littérature en France de 1945 à 1981*, Paris, Bordas, 2003 (rééd. de *La Littérature en France depuis 1945* et *La Littérature en France depuis 1968*).

BLANCKEMAN, Bruno, *Les Fictions singulières. Études sur le roman français contemporain*, Paris, Prétexte, 2002.

BOWIE, Malcolm, « The Modern Period », in KAY, Sarah, CAVE, Terence et BOWIE, Malcolm, *A Short History of French Literature*, Oxford, Oxford University Press, 2003.

CHÉNIEUX-GENDRON, Jacqueline, *Le Surréalisme*, Paris, PUF, 1984.

DEBREUILLE, Jean-Yves, « Le XXe siècle », in FAVRE, Robert (dir.), *La Littérature française. Histoire et perspectives*, Lyon, Presses universitaires de Lyon, 2e éd. 1998.

DÉCAUDIN, Michel, *La Crise des valeurs symbolistes. Vingt ans de poésie française, 1895-1914*, Toulouse, Privat, 1960.

FRIEDRICH, Hugo, *Structure de la poésie moderne (Die Struktur der modern Lyrik von der Mitte des neunzehnten bis zur Mitte des zwangzigsten Jahrhunderts*, 1956), trad. fr., Paris. Librairie Générale Française, coll. Le Livre de poche, 1999.

JACCOTTET, Philippe, *L'Entretien des muses. Chroniques de poésie*, Paris, Gallimard, collection blanche, 1968, 1987.

JOURDE, Pierre, *La Littérature sans estomac*, Paris, L'Esprit des péninsules, 2002.

MAGNY, Claude-Edmonde, *Histoire du roman français depuis 1918*, Paris, Éditions du Seuil, 1971.

MAULPOIX, Jean-Michel, *Adieux au poème*, Paris, José Corti, 2005.

MITTERAND, Henri (dir.), *Dictionnaire des œuvres du XXe siècle. Littérature française et francophone*, Paris, Le Robert, 1995.

NADEAU, Maurice, *Histoire du surréalisme*, Paris, Éditions du Seuil, 1945.

NADEAU, Maurice, *Le Roman français depuis la guerre*, Paris, Gallimard, coll. Idées, 1963.

RAIMOND, Michel, *La Crise du roman, des lendemains du naturalisme aux années vingt*, Paris, José Corti, 1966.

RICHARD, Jean-Pierre, *L'État des choses. Études sur huit écrivains d'aujourd'hui*, Paris, Gallimard, coll. NRF Essais, 1990.

RICHARD, Jean-Pierre, *Terrains de lecture*, Paris, Gallimard, collection blanche, 1996.

TADIÉ, Jean-Yves, *La Critique littéraire au XXe siècle*, Paris, Belfond, 1987 ; rééd. Pocket, coll. Agora, 1997.

TADIÉ, Jean-Yves, *Le Roman au XXe siècle*, Paris, Belfond, 1990 ; rééd. Pocket, coll. Agora, 1997.

TOURET, Michèle (dir.), *Histoire de la littérature française du XXe siècle*, tome I, *1898-1940*, Rennes, Presses universitaires de Rennes, 2000.

VERCIER, Bruno, et LECARME, Jacques (avec la participation de Jacques BERSANI), *La Littérature en France depuis 1968*, Paris, Bordas, 1982.

VIART, Dominique, et VERCIER, Bruno (avec la collaboration de Franck EVRARD), *La Littérature française au présent. Héritage, modernité, mutations*, Paris, Bordas, 2005.

Chronologie

Dégradation du capitaine Dreyfus, condamné pour espionnage, le 5 janvier, et transfert à l'île du Diable. Félix Faure élu président de la République. Condamnation d'Oscar Wilde à Londres. Première projection cinématographique des frères Lumière. Renaissance des Jeux olympiques à Athènes. Mallarmé élu « prince des poètes ». Fondation de l'académie Goncourt et du prix Nobel. Bergson, *Matière et Mémoire*. Manifeste naturiste. Durkheim, *Le Suicide*.	1895 Gide, *Paludes*. Huysmans, *En route*. Lanson, *Histoire de la littérature française*. Valéry, *Introduction à la méthode de Léonard de Vinci*. Verhaeren, *Les Villes tentaculaires*. Zola, *Rome*. 1896 Gourmont, *Le Livre des masques* (1896-1898, 2 vol.). Jarry, *Ubu Roi*. Louÿs, *Aphrodite*. Proust, *Les Plaisirs et les Jours*. Valéry, *La Soirée avec Monsieur Teste*. 1897 Barrès, *Les Déracinés*, Roman de l'énergie nationale (1897-1902, 3 vol.). Fort, *Ballades françaises* (1897-1958, 40 vol.). France, *Histoire contemporaine* (1897-1901, 4 vol.). Gide, *Les Nourritures terrestres*. Loti, *Ramuntcho*. Mallarmé, *Divagations* ; *Un coup de dés jamais n'abolira le hasard*.

Zola publie « J'accuse » dans *L'Aurore* du 13 janvier. Fondation de la Ligue des droits de l'homme. Marie Curie découvre le radium. Premier Salon de l'automobile. Mort de Mallarmé. Dierx élu « prince des poètes ».	1898	Péguy, *Jeanne d'Arc*. Rostand, *Cyrano de Bergerac*. Jammes, *De l'Angélus de l'aube à l'Angélus du soir*. Louÿs, *La Femme et le Pantin*. Mirbeau, *Le Jardin des supplices*. Zola, *Paris*.
Mort de Félix Faure à l'Élysée et élection de Loubet. Tentative de coup d'État par Déroulède. Ministère Waldeck-Rousseau. Fondation de la Ligue de la patrie française. Dreyfus, de nouveau condamné par le conseil de guerre, est gracié par le président de la République. Première exposition des Nabis.	1899	Gourmont, *Esthétique de la langue française*. Gide, *Le Prométhée mal enchaîné*. Zola, *Fécondité*.
Exposition universelle et Jeux olympiques à Paris. Inauguration du métro. Journée de travail de 10 heures. Bergson, *Le Rire*.	1900	Barrès, *L'Appel au soldat*. Claudel, *Connaissance de l'Est*. Willy (Colette), *Claudine à l'école*. Gourmont, *La Culture des idées*. Maurras, *Enquête sur la monarchie*; *L'Avenir de l'intelligence*. Mirbeau, *Le Journal d'une femme de chambre*. Rostand, *L'Aiglon*. Péguy fonde les *Cahiers de la Quinzaine* (1900-1914).
Fondation du parti radical et radical-socialiste. Loi sur les associations. Sully Prudhomme premier prix Nobel de littérature.	1901	France, *Monsieur Bergeret à Paris*. Claudel, *L'Arbre*. Jammes, *Le Deuil des primevères*. Anna de Noailles, *Le Cœur innombrable*. Charles-Louis Philippe, *Bubu de Montparnasse*. Zola, *Travail*.

Victoire du Bloc des gauches en mai. Ministère Combes. Mesures anticléricales. Réforme du secondaire ; égalité de sanction des baccalauréats classique et moderne. Mort de Zola. Debussy et Maeterlinck, *Pelléas et Mélisande*. Pierre et Marie Curie, et Henri Becquerel, prix Nobel de physique. Premier Tour de France cycliste. Premier prix Goncourt.	1902 Barrès, *Leurs figures*. Bourget, *L'Étape*. Gide, *L'Immoraliste*. Gourmont, *Le Problème du style*. Maurras, *Les Amants de Venise*.
	1903 Mirbeau, *Les Affaires sont les affaires*. *Le Mercure de France* (1890-1914, puis 1915-1940 et 1946-1965), dirigé par Vallette, s'installe rue de Condé ; disparition de *La Revue blanche* ; fondation des revues *Les Marges* (Montfort, 1903-1937), *Le Festin d'Ésope* (Apollinaire, 1903-1904).
Entente cordiale franco-anglaise. Rupture avec le Vatican. Création du prix Vie heureuse (futur Femina). Mistral prix Nobel de littérature. Fondation de *L'Humanité* par Jaurès ; de la revue maurrassienne *Action française*.	1904 Gourmont, *Promenades littéraires* (1904-1927, 7 vol.). Romain Rolland, *Jean-Christophe* (1904-1912, 10 vol.).
Incident franco-allemand au Maroc. Fondation de la SFIO (Jaurès). Loi de séparation des Églises et de l'État. Les Fauves au salon d'Automne (Matisse, Vlaminck, Derain, Van Dongen, Rouault). Freud, *Trois essais sur la sexualité*.	1905 Maurras, *L'Avenir de l'intelligence*. Fondation de *Vers et prose* (Fort et Valéry, 1905-1914).
Réhabilitation de Dreyfus. Ministère Clemenceau. Lancement du *Figaro littéraire*, supplément du quotidien.	1906 Claudel, *Partage de midi*. Jammes, *Clairière dans le ciel*. Loti, *Les Désenchantés*. Fondation de *La Phalange* (Royère, 1906-1914).

Bergson, *L'Évolution créatrice*. Picasso, *Les Demoiselles d'Avignon*.	1907	Claudel, *Art poétique*. Leblanc, *Arsène Lupin gentleman cambrioleur*. Leroux, *Le Mystère de la chambre jaune*. Segalen, *Les Immémoriaux*. Zévaco, *Les Pardaillan* (1907-1918, 10 vol.). *Comœdia* (1907-1944).
L'Action française devient un quotidien. Premières œuvres cubistes de Braque et Picasso.	1908	Forton, *Les Pieds nickelés*. France, *L'Île des pingouins*. Larbaud, *Poèmes par un riche amateur*. Reboux et Muller, *À la manière de...* Romains, *La Vie unanime*. Sorel, *Réflexions sur la violence*. Fondation de la *Revue critique des idées et des livres* (1908-1924). Premier numéro de *La Nouvelle Revue française*.
Accord franco-allemand sur le Maroc. Blériot traverse la Manche en avion. *L'Oiseau de feu* de Stravinski créé par les Ballets russes de Diaghilev à Paris. Retraite à 65 ans. Décades de Pontigny (1910-1913 et 1922-1939).	1909	Barrès, *Colette Baudoche*. Claudel, *L'Otage*. Gide, *La Porte étroite*. Marinetti, *Manifeste du futurisme*. Second premier numéro de *La Nouvelle Revue française*.
	1910	Claudel, *Cinq Grandes Odes*. Colette, *La Vagabonde*. Péguy, *Mystère de la charité de Jeanne d'Arc* ; *Notre jeunesse*. Pergaud, *De Goupil à Margot*, prix Goncourt. Rostand, *Chantecler*. Roussel, *Impressions d'Afrique*. Suarès, *Voyage du Condottière*. *Vers Venise*.
Seconde crise marocaine avec l'Allemagne. Maeterlinck prix Nobel de littérature ; Marie Curie prix Nobel de chimie. Accord franco-allemand sur le Maroc.	1911	Claudel, *L'Otage*. C.R.D.N. (Gide, *Corydon*). Larbaud, *Fermina Marquez*. Loti, *Un pèlerin d'Angkor*. Saint-John Perse, *Éloges*.

Les cubistes au salon des Indépendants et au salon d'Automne (Gris, Picasso, Braque, Léger).
Naufrage du Titanic.
Création du Grand Prix de littérature de l'Académie française.
Paul Fort élu « prince des poètes ».
Duchamp, *Nu descendant un escalier n° 2*.
Poincaré président de la République.
Le Sacre du printemps de Stravinski aux Ballets russes.
Copeau fonde le théâtre du Vieux-Colombier.
Duchamp, *Roue de bicyclette*.

Assassinat de Calmette par Mme Caillaux.
Victoire du Bloc des gauches.
Attentat de Sarajevo.
Impôt sur le revenu.
Assassinat de Jaurès.
Début de la Première Guerre mondiale. Bataille de la Marne.

Romain Rolland prix Nobel de littérature.
Bataille de Verdun.
Début du mouvement dada à Zurich.

1912 Cendrars, *Les Pâques à New York*.
Claudel, *L'Annonce faite à Marie*.
France, *Les Dieux ont soif*.
Pergaud, *La Guerre des boutons*.
Romains, *Un être en marche*.

1913 Alain-Fournier, *Le Grand Meaulnes*.
Apollinaire, *Alcools*.
Barrès, *La Colline inspirée*.
Cendrars, *La Prose du transsibérien et de la petite Jehanne de France*.
Larbaud, *A. O. Barnabooth*.
Martin du Gard, *Jean Barois*.
Péguy, *Ève* ; *L'Argent*.
Proust, *Du côté de chez Swann*.
Segalen, *Stèles*.

1914 Bourget, *Le Démon de midi*.
Carco, *Jésus-la-Caille*.
Léon Daudet, *Souvenirs* (1914-1921, 6 vol.).
France, *La Révolte des anges*.
Gide, *Les Caves du Vatican*.
Péguy, *Ève*.
Roussel, *Locus Solus*.
Disparition de *La Plume*. Fondation des *Cahiers du Sud* (1914-1966).

1915 Rolland, *Au-dessus de la mêlée*.

1916 Barbusse, *Le Feu*, prix Goncourt.
Reverdy, *La Lucarne ovale*.
Segalen, *Peintures*.
Fondation de la revue *SIC* (Sons/idées/couleurs ; Albert-Birot, 1916-1919).

Mutineries dans les tranchées. Révolution d'Octobre en Russie *Parade*, livret de Cocteau, musique de Satie, décors de Picasso, créé par les Ballets russes.	1917
Armistice du 11 novembre. 1 400 000 morts du côté français, dont beaucoup d'écrivains (Péguy, Alain-Fournier, Pergaud...). Création du Grand Prix du roman de l'Académie française.	1918
Traité de Versailles. Création de la Société des Nations. Victoire du Bloc national : Chambre Bleu horizon. Journée de travail de 8 heures. Bergson, *L'Énergie spirituelle*.	1919
Canonisation de Jeanne d'Arc. Congrès de Tours : scission entre SFIO et PCF. Dada à Paris. *Le Bœuf sur le toit*, livret de Cocteau, musique de Milhaud.	1920
Ministère Briand. Guerre du Rif. Anatole France prix Nobel de littérature. *Les Mariés de la tour Eiffel*, livret de Cocteau, musique du Groupe des Six.	1921

1917 Apollinaire, *Les Mamelles de Tirésias*.
Jacob, *Le Cornet à dés*.
Valéry, *La Jeune Parque*.
Fondation de la revue *Nord-Sud* (Reverdy, 1917-1918).

1918 Apollinaire, *Calligrammes*.
Claudel, *Le Pain dur*.
Duhamel, *Civilisation*, prix Goncourt 1918.
Proust, *À l'ombre des jeunes filles en fleurs*, prix Goncourt 1919.
Tzara, *Manifeste Dada*.

1919 Pierre Benoit, *L'Atlantide*, Grand Prix du roman de l'Académie française.
Cocteau, *Le Potomak*.
Dorgelès, *Les Croix de bois*, prix Femina.
Gide, *La Symphonie pastorale*.
Fondation du journal *Clarté* (Barbusse, 1919-1927), de la revue *Littérature* (Aragon, Breton, Soupault, 1919-1924) ; Rivière directeur de *La NRF*.

1920 Breton et Soupault, *Les Champs magnétiques*.
Claudel, *Le Père humilié*.
Valéry, *Album de vers anciens*.
Fondation de la *Revue universelle* maurrassienne (1920-1944).

1921 Aragon, *Anicet ou le Panorama*.
Giraudoux, *Suzanne et le Pacifique*.
Maran, *Batouala. Véritable roman nègre*, prix Goncourt.
Morand, *Tendres Stocks*.
Toulet, *Les Contrerimes* (posth.).

Ministère Poincaré. Marche sur Rome. Mussolini au pouvoir en Italie. Mort de Proust.	1922 Barrès, *Un jardin sur l'Oronte*. Delteil, *Sur le fleuve amour*. Drieu La Rochelle, *Mesure de la France*. Du Bos, *Approximations* (1922-1937, 7 vol.). Giraudoux, *Siegfried et le Limousin*. Lacretelle, *Silbermann*. Margueritte, *La Garçonne*. Martin du Gard, *Les Thibault* (1922-1940, 8 vol.). Mauriac, *Le Baiser au lépreux*. Morand, *Ouvert la nuit*. Valéry, *Charmes*. Joyce, *Ulysse*. Fondation des *Nouvelles littéraires* (Maurice Martin du Gard directeur jusqu'en 1936).
Occupation de la Ruhr. Mort de Barrès ; dernières funérailles nationales pour un écrivain. Mort de Loti. Fondation par Jacques Schiffrin des Éditions de la Pléiade, rachetées par Gallimard en 1933.	1923 Breton, *Clair de terre*. Cocteau, *Thomas l'Imposteur*. Colette, *Le Blé en herbe*. Radiguet, *Le Diable au corps*. Romains, *Knock ou le Triomphe de la médecine*. Fondation de la revue *Europe* (Rolland) ; de *La Revue européenne* (Germain, Jaloux, Larbaud, Soupault, 1923-1930).
Victoire du Cartel des gauches. Ministère Herriot. Mort de Lénine. Mort d'Anatole France. Début des entretiens de Frédéric Lefèvre avec des écrivains, « Une heure avec... », dans *Les Nouvelles littéraires*. Revue nègre avec Sydney Bechet et Josephine Baker.	1924 Bove, *Mes amis*. Breton, *Manifeste du surréalisme*. Morand, *Lewis et Irène*. Radiguet, *Le Bal du comte d'Orgel*. Saint-John Perse, *Anabase*. Valéry, *Variété* (1924-1944, 5 vol.). Thomas Mann, *La Montagne magique*. *La Révolution surréaliste* (1924-1929) ; *Commerce* (Paulhan, Fargue, Larbaud, 1924-1932).

Pacte de Locarno sur la sécurité rhénane. Hitler, *Mein Kampf*. Création du prix Renaudot.	1925	Artaud, *L'Ombilic des limbes*. Dekobra, *La Madone des sleepings*. Gide, *Les Faux-Monnayeurs*. Jouve, *Paulina 1880*. Mauriac, *Le Désert de l'amour*, Grand Prix du roman de l'Académie française en 1926. Supervielle, *Gravitations*. Kafka, *Le Procès* (traduit en 1933). Paulhan, rédacteur en chef puis directeur (1935) de *La NRF* jusqu'en 1940.
Échec du Cartel des gauches. Ministère Poincaré. Condamnation de l'Action française par Pie XI.	1926	Aragon, *Le Mouvement perpétuel* ; *Le Paysan de Paris*. Bernanos, *Sous le soleil de Satan*. Cocteau, *Orphée*. Éluard, *Capitale de la douleur*. Gide, *Si le grain ne meurt*. Giraudoux, *Bella*. Jouhandeau, *Monsieur Godeau intime*. Ramuz, *La Grande Peur dans la montagne*. Valéry, *Monsieur Teste*.
Fondation des Croix-de-Feu. Traversée de l'Atlantique par Lindbergh. Bergson prix Nobel de littérature. Constitution du Cartel regroupant les metteurs en scène Louis Jouvet, Charles Dullin, Georges Pitoëff et Gaston Baty.	1927	Benda, *La Trahison des clercs*. Claudel, *Cent phrases pour éventails*. Desnos, *La Liberté ou l'Amour*. Gide, *Voyage au Congo*. Green, *Adrienne Mesurat*. Mac Orlan, *Le Quai des brumes*. Mauriac, *Thérèse Desqueyroux*. Proust, *Le Temps retrouvé* (posth.). Thibaudet, *La République des professeurs*.
Ministère Tardieu. Pacte Briand-Kellog de renoncement à la guerre. Staline au pouvoir en URSS. Découverte de la pénicilline par Fleming.	1928	Bataille, *Histoire de l'œil*. Bove, *L'Amour de Pierre Neuhart*. Breton, *Nadja* ; *Le Surréalisme et la peinture*. Giono, *Colline*.

	Guéhenno, *Caliban parle*.
	Mauriac, *Les Conquérants*.
	Maurois, *Climats*.
	Pagnol, *Topaze*.
	Création de *Siegfried* de Giraudoux par Jouvet.
	Fondation de la revue *Le Grand Jeu* (Daumal, Gilbert-Lecomte, Vailland) ; de *Détective* (Gallimard).
Krach de Wall Street. Création de *Marius* de Pagnol à Paris.	1929 Bernanos, *La Joie*, prix Femina. Claudel, *Le Soulier de satin*. Cocteau, *Les Enfants terribles*. Colette, *Sido*. Dabit, *L'Hôtel du Nord*. Léon Daudet, *Paris vécu* (1929-1930, 2 vol.). Éluard, *L'Amour la poésie*. Giraudoux, *Amphitryon 38*. Green, *Léviathan*. Michaux, *Mes propriétés*. « Un cadavre », pamphlet contre Breton... Centenaire de la *Revue des Deux Mondes* ; fondation des *Annales d'histoire sociale et économique* (Marc Bloch et Lucien Febvre) ; de *Documents* (Bataille, Leiris, Limbour, Masson, 1929-1930).
Début de la crise économique mondiale. Congrès international des écrivains révolutionnaires à Karkhov.	1930 Desnos, *Corps et biens*. Giono, *Regain*. Malraux, *La Voie royale*, premier prix Interallié. Michaux, *Un certain Plume*. Simenon, *Pietr-le-Letton*. Cocteau, *Le Sang d'un poète*. *Le Surréalisme au service de la Révolution* (1930-1933).
Ministère Laval. Exposition coloniale à Paris. Proclamation de la République en Espagne.	1931 Bernanos, *La Grande Peur des bien-pensants*. Giono, *Le Grand Troupeau*. Saint-Exupéry, *Vol de nuit*, prix Femina.

	Simenon, *Le Chien jaune*.
	Valéry, *Regards sur le monde actuel*.
	La Critique sociale (Souvarine, 1931-1934).
Crise économique en France. Fondation de l'Association des écrivains et artistes révolutionnaires. Conversion de Gide au communisme. Bergson, *Les Deux Sources de la morale et de la religion*. Hitler chancelier du Reich.	1932 Céline, *Voyage au bout de la nuit*, prix Renaudot. Mauriac, *Le Nœud de vipères*. Queneau, *Le Chiendent*. Romains, *Les Hommes de bonne volonté* (1932-1946, 27 vol.). Création de la revue *Esprit* (Mounier).
	1933 Aymé, *La Jument verte*. Duhamel, *La Chronique des Pasquier* (1933-1945, 10 vol.). Fondane, *Rimbaud le voyou*. Jouve, *Sueur de sang*. La Tour du Pin, *La Quête de Joie*. Malraux, *La Condition humaine*, prix Goncourt. Mauriac, *Le Romancier et ses personnages*. Michaux, *Un Barbare en Asie*. Traduction de *Sanctuaire* de Faulkner (1931), préface de Malraux, de *Le soleil se lève aussi* de Hemingway, et de *Quarante-Deuxième Parallèle* de Dos Passos. *Minotaure* (Breton, Leiris, Caillois, Masson, Lacan, 1933-1939).
Affaire Stavisky. Émeutes d'extrême droite à Paris le 6 février : 20 morts. Fondation du Comité de vigilance des intellectuels antifascistes. Bachelard, *Le Nouvel Esprit scientifique*.	1934 Aragon, *Les Cloches de Bâle*. Char, *Le Marteau sans maître*. Jouhandeau, *Chaminadour* (1934-1941, 3 vol.). Leiris, *L'Afrique fantôme*. Montherlant, *Les Célibataires*, Grand Prix du roman de l'Académie française.

Premiers procès de Moscou. L'Italie envahit l'Éthiopie. Congrès des écrivains pour la défense de la culture, manifestation des intellectuels antifascistes en juin. Suarès Grand Prix de littérature de l'Académie française.	1935	Giraudoux, *La guerre de Troie n'aura pas lieu*. Giono, *Que ma joie demeure*. Guilloux, *Le Sang noir*. Michaux, *La Nuit remue*. Duhamel succède à Vallette à la direction du *Mercure de France* (1935-1938) ; fondation de la revue *Mesures* (Paulhan, 1935-1940).
Victoire du *Frente Popular* en Espagne, du Front populaire en France. Grèves. Ministère Blum. Institution des congés payés et de la semaine de 40 heures. Guerre d'Espagne. Fondation du Collège de sociologie (Bataille, Caillois, Leiris). Chaplin, *Les Temps modernes*.	1936	Aragon, *Les Beaux Quartiers*, prix Renaudot. Bernanos, *Journal d'un curé de campagne*, Grand Prix du roman de l'Académie française. Carrel, *L'Homme, cet inconnu*. Céline, *Mort à crédit*. Éluard, *Les Yeux fertiles*. Gide, *Retour de l'URSS*. Maritain, *Humanisme intégral*. Montherlant, *Les Jeunes Filles* (1936-1939, 4 vol.). Fondation d'*Acéphale* (1936-1939).
Démission de Blum. Martin du Gard prix Nobel de littérature. Bombardement de Guernica par l'aviation allemande. Exposition internationale à Paris. Picasso, *Guernica*. Renoir, *La Grande Illusion*.	1937	Anouilh, *Le Voyageur sans bagage*. Bachelard, *La Psychanalyse du feu*. Béguin, *L'Âme romantique et le Rêve*. Breton, *L'Amour fou*. Céline, *Bagatelles pour un massacre*. Giraudoux, *Électre*. Malraux, *L'Espoir*.
Fin du Front populaire. Ministère Daladier. Hitler occupe l'Autriche. Accords de Munich sur la Tchécoslovaquie, avec la France et l'Angleterre. Élection de Maurras à l'Académie française. Carné, *Quai des Brumes* ; *Hôtel du Nord*.	1938	Anouilh, *Le Bal des voleurs*. Artaud, *Le Théâtre et son double*. Bernanos, *Les Grands Cimetières sous la lune*. Beckett, *Murphy* (trad. française, 1947). Cocteau, *Les Parents terribles* (filmé en 1948).

		Gracq, *Au château d'Argol*.
Green, *Journal* (1938-1993).
La Tour du Pin, *Psaumes*.
Limbour, *Les Vanilliers*.
Michaux, *Plume*.
Nizan, *La Conspiration*, prix Interallié.
Sartre, *La Nausée*.
Supervielle, *La Fable du monde*.
Victoire de Franco en Espagne. L'Allemagne envahit la Pologne. Déclaration de guerre. « Drôle de guerre » (Dorgelès). Renoir, *La Règle du jeu*.	1939	Brasillach, *Les Sept Couleurs*.
Césaire, *Cahier d'un retour au pays natal*.
Drieu la Richelle, *Gilles*.
Éluard, *Donner à voir*.
Fargue, *Le Piéton de Paris*.
Gide, *Journal 1889-1939*.
Leiris, *L'Âge d'homme*.
Saint-Exupéry, *Terre des hommes*, Grand Prix du roman de l'Académie française.
Sarraute, *Tropismes*.
Sartre, *Le Mur*.
Valéry, *Cantate du Narcisse*.
Fondation de *Fontaine* à Alger (Max-Pol Fouchet).
Invasion allemande. Débâcle et exode. Occupation de Paris. Ministère Pétain. De Gaulle à Londres. Armistice. Vote des pleins pouvoirs au maréchal Pétain. Fin de la IIIe République. Gouvernement de Vichy. Statut des juifs. Liste « Otto » interdisant les auteurs juifs ou antinazis (1 060 ouvrages). Découverte de la grotte de Lascaux.	1940	Breton, *Anthologie de l'humour noir*.
Sartre, *L'Imaginaire*.
Drieu La Rochelle directeur de *La NRF* (1940-1943). *Poésie 40*, dirigée par Seghers à Villeneuve-lès-Avignon.
Entrée en guerre de l'URSS et des États-Unis.
Éloge funèbre de Bergson par Valéry à l'Académie française.
Bonnard, Brasillach, Chardonne, Drieu La Rochelle, Fernandez, Fraigneau et Jouhandeau au Congrès international de la culture à Weimar.	1941	Aragon, *Le Crève-Cœur*.
Bachelard, *L'Eau et les Rêves*.
Bataille, *Madame Edwarda*.
Blanchot, *Thomas l'Obscur*.
Brasillach, *Notre avant-guerre*.
Céline, *Les Beaux Draps*.
Cingria, *Stalactites*.
Emmanuel, *Tombeau d'Orphée*.
Mauriac, *La Pharisienne*.

Contacts entre Decour, Paulhan, Debû-Bridel, Blanzat, Vildrac pour la fondation du Comité national des écrivains.
Fondation de l'École de Rochefort (Bouhier, Cadou, Béalu, Bérimont, puis Follain, Fombeure, Guillevic, Decaunes, Clancier, Réda...).
Pierre de Lescure et Jean Bruller (Vercors) fondent les Éditions de Minuit dans la clandestinité.
Débarquement allié en Afrique du Nord.
Rafle du Vel' d'hiv.
Arrestation de Decour. Georges Blond, André Thérive au deuxième Congrès international de la culture à Weimar. Invasion de la zone sud par l'armée allemande.
Schlumberger Grand Prix de littérature de l'Académie française.
Carné, *Les Visiteurs du soir*.

Montherlant, *Solstice de juin*
Morand, *L'Homme pressé*.
Paulhan, *Les Fleurs de Tarbes*.
Pourrat, *Vent de mars*, prix Goncourt.
Fondation de *Confluences* à Lyon.

1942 Aragon, *Les Voyageurs de l'impériale* ; *Les Yeux d'Elsa*.
Blanzat, *L'Orage du matin*, Grand Prix du roman de l'Académie française.
Camus, *L'Étranger* ; *Le Mythe de Sisyphe*.
Hervent (Éluard), *Poésie et Vérité 1942*.
Emmanuel, *Orphiques*.
Frénaud, *Les Rois mages*.
Guillevic, *Terraqué*.
Montherlant, *La Reine morte*.
Ponge, *Le Parti pris des choses*.
Queneau, *Pierrot mon ami*.
Rebatet, *Les Décombres*.
Saint-Exupéry, *Pilote de guerre*.
Saint-John Perse, *Exil*.
Vercors, *Le Silence de la mer*.
Refondation de *Messages* (Jean Lescure) ; *Les Lettres françaises* (fondé dans la clandestinité par Decour, puis Morgan, et Paulhan, Blanzat, Debû-Bridel, deviendra l'hebdomadaire littéraire du PCF après la Libération, 1942-1972) ; *Les Cahiers du Rhône* (Béguin, Neuchâtel) ; *VVV* (Duchamp, Breton, Ernst, New York, 1942-1944).

Capitulation de l'armée allemande à Stalingrad. Création de la Milice. Instauration du STO. Unification du CNR. Création des FFI.
Débarquement allié en Sicile. Chute de Mussolini.
Jean Prévost Grand Prix de littérature de l'Académie française.
Clouzot, *Le Corbeau* ; Delannoy, *L'Éternel retour*.

1943 *L'Honneur des poètes*, anthologie, réunie par Éluard et Jean Lescure, des poètes de la Résistance.
Aymé, *Le Passe-muraille*.
Bataille, *L'Expérience intérieure*.
Beauvoir, *L'Invitée*.
Drieu La Rochelle, *L'Homme à cheval*.
Follain, *Usage du temps*.
Giraudoux, *Sodome et Gomorrhe*.
Malraux, *Les Noyers de l'Altenburg*.
Forez (Mauriac), *Le Cahier noir*.
Saint-Exupéry, *Le Petit Prince*.
Sartre, *Les Mouches* ; *L'Être et le Néant*.
Tardieu, *Le Témoin invisible*.
Première représentation en novembre d'une version abrégée du *Soulier de satin* à la Comédie-Française, dans une mise en scène de Jean-Louis Barrault.
Numéro de *Messages* consacré au « Domaine français », publié à Genève, avec 57 écrivains.

Débarquement allié en Normandie. Libération de la France. Gouvernement provisoire présidé par De Gaulle.
Droit de vote des femmes.
Épuration par le Comité national des écrivains : « liste noire » des écrivains indésirables.

1944 Anouilh, *Antigone*.
Aragon, *Aurélien*.
Camus, *Le Malentendu* ; *Caligula*.
Cassou, *Trente-trois sonnets composés au secret*.
Césaire, *La Tragédie du roi Christophe*.
Colette, *Gigi*.
Genet, *Notre-Dame des Fleurs*.
Guitry, *De Jeanne d'Arc à Philippe Pétain*.
Jouhandeau, *Chronique d'une passion*.
Sartre, *Huis clos*.

Conférence de Yalta. Capitulation allemande. Fondation des Nations unies. Bombe atomique à Hiroshima. Découverte de la Shoah. Élection d'une Assemblée constituante. Condamnation à mort et exécution de Brasillach. Condamnation de Maurras à la réclusion perpétuelle. Mort de Valéry. Paulhan Grand Prix de littérature de l'Académie française. Colette élue à l'Académie Goncourt. Bresson, *Les Dames du Bois de Boulogne* ; Carné, *Les Enfants du paradis* ; Cocteau, *La Belle et la Bête*.	1945
Démission de De Gaulle. Référendum approuvant la constitution de la IVe République. Début de la guerre d'Indochine. Loi Marthe Richard sur la fermeture des maisons de tolérance. Carné, *Les Portes de la nuit* ; Clément, *La Bataille du rail* ; Delannoy, *La Symphonie pastorale* ; Cocteau, *La Belle et la Bête*. Premier Festival de Cannes.	1946

1945
Bory, *Mon village à l'heure allemande*, prix Goncourt 1945.
Bosco, *Le Mas Théotime*, prix Renaudot 1945.
Gary, *Éducation européenne*.
Merleau-Ponty, *Phénoménologie de la perception*.
Nadeau, *Histoire du surréalisme*.
Péret, *Le Déshonneur des poètes*.
Peyrefitte, *Les Amitiés particulières* (1943), prix Renaudot 1944.
Prévert, *Paroles*.
Sartre, *Les Chemins de la liberté* (1945-1949, 3 vol.).
Senghor, *Chants d'ombre*.
Triolet, *Le Premier accroc coûte deux cents francs*, prix Goncourt 1944, attribué pour la première fois à une femme.
Vailland, *Drôle de jeu*, prix Interallié.
Fondation des *Temps modernes* ; des *Cahiers de la Table ronde*, devenu *La Table ronde* (1948-1969).

1946
Char, *Feuillets d'Hypnos*.
Claudel, *L'Œil écoute*.
Des Forêts, *Le Bavard*.
Du Bos, *Journal 1921-1939* (1946-1961, 9 vol.).
Guérin, *L'Apprenti*.
La Tour du Pin, *Une somme de poésie*.
Michaux, *Épreuves, exorcismes*.
Prévert, *Histoires*.
Rousset, *L'Univers concentrationnaire*, prix Renaudot 1940 (décerné en 1946).
Saint-John Perse, *Vents*.
Sartre, *La Putain respectueuse* ; *Réflexions sur la question juive* ; *L'Existentialisme est un humanisme*.

1947

Auriol président de la République. Création du RPF. Renvoi des ministres communistes.
Début de la guerre froide.
Gide prix Nobel de littérature.
Exposition surréaliste.
Création du Festival d'Avignon (Vilar).
Clouzot, *Quai des Orfèvres* ; Autant-Lara, *Le Diable au corps*.
Simone Weil, *La Pesanteur et la Grâce*.

Fondation de la revue *Critique* (Bataille), des *Cahiers de la Pléiade* (Paulhan, 1946-1952).
La Patrie se fait tous les jours, anthologie de la littérature de la Résistance, établie par Paulhan et Dominique Aury.
Antelme, *L'Espèce humaine*.
Audiberti, *Le Mal court*.
Bataille, *La Part maudite*.
Camus, *La Peste*.
Cayrol, *Je vivrai l'amour des autres*, prix Renaudot.
Genet, *Les Bonnes* ; *Querelle de Brest*.
Montherlant, *Le Maître de Santiago* (créé en 1948).
Queneau, *Exercices de style*.
Cécil Saint-Laurent (Jacques Laurent), *Caroline chérie*.
Sartre, « Qu'est-ce que la littérature ? » ; *Situations* (1947-1976, 10 vol.).
Vian, *L'Automne à Pékin* ; *L'Écume des jours*.
Fondation de *Présence africaine* (Paris et Dakar).

1948

Plan Marshall.
Création de l'État d'Israël.
Coup de Prague.

Blanchot, *L'Arrêt de mort*.
Braudel, *La Méditerranée et le monde méditerranéen à l'époque de Philippe II*.
Char, *Fureur et Mystère*.
Cingria, *Bois sec bois vert*.
Cioran, *Précis de décomposition*.
Laurent, *Les Corps tranquilles*.
Leiris, *La Règle du jeu* (1948-1976, 4 vol.).
Ponge, *Proêmes*.
Sarraute, *Portrait d'un inconnu*.
Sartre, *Les Mains sales*.

		Senghor, *Anthologie de la nouvelle poésie nègre et malgache de langue française*.
La Nouvelle Critique.
Ratification du pacte Atlantique.
Formation de la Chine populaire.
Blocus de Berlin.
Lévi-Strauss, *Les Structures élémentaires de la parenté*.
Cocteau, *Orphée* ; Tati, *Jour de fête*.
Guerre de Corée (1950-1953). | 1949

1950 | Aragon, *Les Communistes* (1949-1951).
Beauvoir, *Le Deuxième Sexe*.
Genet, *Journal d'un voleur*.
Giono, *Mort d'un personnage*.

Bataille, *L'Abbé C*.
Cayrol, *Lazare parmi nous*.
Duras, *Un barrage contre le Pacifique*.
Feraoun, *La Fils du pauvre*.
Gracq, *La Littérature à l'estomac*.
Ionesco, *La Cantarice chauve*.
Nimier, *Le Hussard bleu*.
Poulet, *Études sur le temps humain* (1950-1968, 4 vol.).
Vailland, *Bon pied, bon œil*. |
| Traité de Paris instituant la Communauté européenne du charbon et de l'acier (CECA).
Débuts des mouvements d'indépendance en Tunisie et au Maroc.
Retour de Céline à Paris.
Vilar crée le TNP au Palais de Chaillot. | 1951 | Beckett, *Molloy* ; *Malone meurt*.
Camus, *L'Homme révolté*.
Giono, *Le Hussard sur le toit*.
Gracq, *Le Rivage des Syrtes*, prix Goncourt refusé par l'auteur.
Ionesco, *La Leçon*.
Malraux, *Les Voix du silence*.
Montherlant, *La Ville dont le prince est un enfant* (créé en 1967).
San Antonio, *Laisse tomber la fille*
Sartre, *Le Diable et le Bon Dieu*.
Yourcenar, *Mémoires d'Hadrien*. |
| Mauriac prix Nobel de littérature.
Fondation des colloques de Cerisy-la-Salle.
Becker, *Casque d'or*. | 1952 | Beckett, *En attendant Godot*.
Dib, *La Grande Maison*.
Fanon, *Peau noire et masques blancs*.
Ionesco, *Les Chaises*.
Lely, *Vie du marquis de Sade* (1952-1957, 2 vol.). |

		Proust, *Jean Santeuil* (posth.).
		Rebatet, *Les Deux Étendards*.
Mort de Staline.	1953	Barthes, *Le Degré zéro de l'écriture*.
Crick et Watson révèlent la structure de l'ADN.		Bonnefoy, *Du mouvement et de l'immobilité de Douve*.
Fondation du « Livre de poche ».		Beckett, *L'Innommable*.
Tati, *Les Vacances de Monsieur Hulot*.		Duras, *Les Petits Chevaux de Tarquinia*.
		Follain, *Territoires*.
		Jaccottet, *L'Effraie*.
		Robbe-Grillet, *Les Gommes*.
		Roché, *Jules et Jim*.
		Sarraute, *Martereau*.
		La Nouvelle NRF (Arland, Paulhan) ; *Les Lettres nouvelles* (Nadeau, 1953-1977) ; *Théâtre populaire* (1953-1964) ; Aragon directeur des *Lettres françaises*.
Capitulation à Dien Bien Phu.	1954	Dominique Aury (Pauline Réage), *Histoire d'O*.
Ministère Mendès-France. Fin de la guerre d'Indochine.		Beauvoir, *Les Mandarins*, prix Goncourt.
Début de l'insurrection en Algérie.		Butor, *Passage de Milan*.
Mort de Colette.		De Gaulle, *Mémoires de guerre* (1954-1959, 3 vol.).
Tournée du Berliner Ensemble à Paris.		Léautaud, *Journal littéraire* (1954-1966, 19 vol.).
		Morand, *Hécate et ses chiens*.
		Richard, *Littérature et sensation*.
		Sagan, *Bonjour tristesse*.
		Proust, *Contre Sainte-Beuve* (posth.).
		Vailland, *Beau masque*.
		Vian, *L'Arrache-Cœur*.
Ministère Edgar Faure.	1955	Adamov, *Le Ping-pong*.
Mort de Claudel.		Aron, *L'Opium des intellectuels*.
Resnais et Cayrol, *Nuit et Brouillard*.		Char, *Recherche de la base et du sommet*.
Lévi-Strauss, *Tristes tropiques*.		Blanchot, *L'Espace littéraire*.
		Robbe-Grillet, *Le Voyeur*.
Ministère Guy Mollet. Troisième semaine de congés payés.	1956	Aragon, *Le Roman inachevé*.
		Butor, *L'Emploi du temps*.

Indépendance du Maroc et de la Tunisie. Crise de Suez. Dénonciation des crimes de Staline. Répression de l'insurrection hongroise. Vadim, *Et Dieu créa la femme*. Traité de Rome instituant la Communauté économique européenne. Camus prix Nobel de littérature. Memmi, *Portrait du colonisé*.	1957	Camus, *La Chute*. Genet, *Le Balcon*. Kateb, *Nedjma*. Michaux, *Misérable miracle*. Sarraute, *L'Ère du soupçon*. Senghor, *Éthiopiques*. *Écrire*, revue fondée par Jean Cayrol (1956-1967). Barthes, *Mythologies*. Bataille, *Le Bleu du ciel* (écrit en 1934) ; *La Littérature et le Mal* ; *L'Érotisme*. Beckett, *Fin de partie*. Butor, *La Modification*, prix Renaudot. Céline, *D'un château l'autre*. Robbe-Grillet, *La Jalousie*. Saint-John Perse, *Amers*. Simon, *Le Vent*. Vailland, *La Loi*, prix Goncourt.
Insurrection d'Alger. Retour de De Gaulle au pouvoir en mai. Ve République. Création du prix Médicis. Debord fonde l'Internationale situationniste (1958-1960). Tati, *Mon Oncle*.	1958	Beauvoir, *Mémoires d'une jeune fille rangée*. Bonnefoy, *Hier régnant désert*. Duras, *Moderato Cantabile*. Glissant, *La Lézarde*, prix Renaudot. Gracq, *Un balcon en forêt*. Jaccottet, *L'Ignorant*. Mauriac, *Bloc-notes* (1958-1970, 5 vol.). Rochefort, *Le Repos du guerrier*. Simon, *L'Herbe*. Sollers, *Une curieuse solitude*. Fondation de *L'Arc*.
Entrée en vigueur du Marché commun le 1er janvier. Malraux, ministre des Affaires culturelles. Politique d'autodétermination en Algérie. Début de la Nouvelle Vague (Truffaut, *Les Quatre Cents Coups*, Godard, Bresson, Chabrol).	1959	Augiéras, *Le Voyage des morts*. Blanchot, *Le Livre à venir*. Du Bouchet, *Dans la chaleur vacante*. Genet, *Les Nègres*, mise en scène de Roger Blin. Queneau, *Zazie dans le métro*. Sarraute, *Le Planétarium*.

Entrée en vigueur du Nouveau Franc. Première explosion atomique au Sahara.
Début des indépendances en Afrique noire.
Déclaration sur le droit à l'insoumission dans la guerre d'Algérie ou « Manifeste des 121 ».
Saint-John Perse prix Nobel de littérature.
Sartre, *Critique de la raison dialectique*.
Fanon, *Les Damnés de la terre*.
Resnais et Duras, *Hiroshima mon amour* ; Godard, *À bout de souffle*.
Référendum approuvant l'autodétermination en Algérie. Création de l'OAS. Échec du putsch des généraux à Alger.
Construction du mur de Berlin.
Resnais et Robbe-Grillet, *L'Année dernière à Marienbad*.
Foucault, *Histoire de la folie à l'âge classique*.

Manifestation anti-OAS : 8 morts au métro Charonne.
Accords d'Évian. Indépendance de l'Algérie.
Crise de Cuba.
Lévi-Strauss, *La Pensée sauvage*.

Assassinat du président Kennedy.
Séféris prix Nobel de littérature. Paulhan élu à l'Académie française.

1960 Beauvoir, *La Force de l'âge*.
Céline, *Nord*.
Ionesco, *Rhinocéros*.
Merleau-Ponty, *Signes*.
Perros, *Papiers collés* (1960-1978, 3 vol.).
Simon, *La Route des Flandres*.
Fondation de *Tel Quel* ; de l'Oulipo.

1961 Du Bouchet, *Dans la chaleur vacante*.
Genet, *Les Paravents*.
Jouhandeau, *Journaliers, 1957-1974* (1961-1983, 28 vol.).
Michaux, *Connaissance par les gouffres*.
Ponge, *Le Grand Recueil*.
Queneau, *Cent mille milliards de poèmes*.
Senghor, *Nocturnes*.
Sollers, *Le Parc*, prix Médicis.
Starobinski, *L'Œil vivant*.
Henri Thomas, *Le Promontoire*, prix Femina.
Cahiers de l'Herne.

1962 Butor, *Mobile*.
Char, *La Parole en archipel*.
Frénaud, *Il n'y a pas de paradis*.
Ionesco, *Le roi se meurt*.
Pinget, *L'Inquisitoire*.
Rousset, *Forme et signification*.
Saint-John Perse, *Oiseaux*.
Simon, *Le Palace*.

1963 Barthes, *Sur Racine*.
Beauvoir, *La Force des choses*.
Beckett, *Oh les beaux jours*.
Bouvier, *L'Usage du monde*.

	Césaire, *La Tragédie du roi Christophe*.
	Dupin, *Gravir*.
	Jabès, *Le Livre des questions*.
	Le Clézio, *Le Procès-verbal*, prix Renaudot.
	Robbe-Grillet, *Pour un nouveau roman*.
	Sarraute, *Les Fruits d'or*.
	Sartre, *Les Mots*.
	Le Nouveau Commerce.
Guerre du Vietnam. Sartre prix Nobel de littérature, refusé par l'auteur. Lévi-Strauss, *Mythologiques* (1964-1971, 4 vol.). Merleau-Ponty, *Le Visible et l'Invisible* (posth.). De Gaulle réélu président de la République. Althusser, *Pour Marx*.	1964 Barthes, *Essais critiques*. Duras, *Le Ravissement de Lol V. Stein*. Leduc, *La Bâtarde*. Wittig, *L'Opoponax*, prix Médicis.
	1965 Aquin, *Prochain Épisode*. Aragon, *La Mise à mort*. Klossowski, *Le Baphomet*, prix des critiques. Perec, *Les Choses*. Disparition du *Mercure de France*.
Retrait de la France du commandement militaire intégré de l'OTAN. Révolution culturelle en Chine. Foucault, *Les Mots et les Choses*. Lacan, *Écrits*.	1966 Barthes, *Critique et Vérité*. Deguy, *Ouï dire*. Maurice Roche, *Compact*. Roger Blin met en scène les *Paravents* de Genet au Théâtre national de l'Odéon. Fondation de la revue *L'Éphémère* (Bonnefoy, Du Bouchet, Des Forêts, Picon, 1966-1972) ; de *La Quinzaine littéraire* et du *Magazine littéraire*.
Guerre des Six-Jours. Premières télévisions en couleur. Debord, *La Société du spectacle*.	1967 Aragon, *Blanche ou l'Oubli*.

		Derrida, *L'Écriture et la Différence* ; *De la grammatologie*.
		Guyotat, *Tombeau pour cinq cent mille soldats*.
		Malraux, *Antimémoires*.
		Perros, *Une vie ordinaire*.
		Pieyre de Mandiargues, *La Marge*, prix Goncourt.
		Ponge, *Le Savon*.
		Roubaud, *І*.
		Simon, *Histoire*, prix Médicis.
		Tournier, *Vendredi ou les Limbes du Pacifique*, Grand Prix du roman de l'Académie française.
		Les Cahiers du Chemin chez Gallimard (Lambrichs, 1967-1977) ; *Le Monde des livres*, supplément littéraire du quotidien.
Mouvement de mai : manifestations ouvrières et étudiantes ; occupation de la Sorbonne et de l'Odéon ; dix millions de grévistes. Dissolution de l'Assemblée nationale et triomphe gaulliste. Loi d'orientation de l'enseignement supérieur. Invasion soviétique de la Tchécoslovaquie.	1968	Barthes, Derrida, Kristeva, Sollers, *Théorie d'ensemble*. Cohen, *Belle du Seigneur*, Grand Prix du roman de l'Académie française. Kourouma, *Le Soleil des indépendances*. Modiano, *La Place de l'Étoile*. Ouologuem, *Le Devoir de violence*, prix Renaudot. Queneau, *Battre la campagne* ; *Le Vol d'Icare*. Réda, *Amen*. Wittig, *Les Guérillères*. Yourcenar, *L'Œuvre au noir*, prix Femina. Revue *Change* (Faye, Maurice Roche, Roubaud, 1968-1983).
Démission de De Gaulle. Pompidou élu président de la République. L'homme marche sur la lune. Beckett prix Nobel de littérature. Deleuze, *Différence et Répétition* ; *Logique du sens*.	1969	Aragon, *Je n'ai jamais appris à écrire ou les incipit*. Blanchot, *L'Entretien infini*. Céline, *Rigodon* (posth.). Dupin, *L'Embrasure*. Duras, *Détruire, dit-elle*.

	Cixous, *Dedans*, prix Médicis. Mauriac, *Un adolescent d'autrefois*. Perec, *La Disparition*. Pinget, *Passacaille*. Roy, *Moi, je*. Simon, *La Bataille de Pharsale*. *TXT* (Prigent, Steinmetz, 1969-1993).
Mort de Mauriac. Mort de De Gaulle. Sartre prend la direction de *La Cause du peuple*.	1970 Beckett, *Le Dépeupleur*. Blondin, *Monsieur Jadis*. Gracq, *La Presqu'île*. Guyotat, *Éden, Éden, Éden*. Jaccottet, *Paysages avec figures absentes*. Miron, *L'Homme rapaillé*. Monod, *Le Hasard et la Nécessité*. Robbe-Grillet, *Projet pour une révolution à New York*. Tournier, *Le Roi des aulnes*, prix Goncourt. Disparition de la *Revue de Paris*.
Congrès d'Épinay : création du Parti socialiste, Mitterrand premier secrétaire.	1971 Char, *Le Nu perdu*. Laurent, *Les Bêtises*, prix Goncourt. Malraux, *Les Chênes qu'on abat…* Michaux, *Poteaux d'angle*. Ponge, *La Fabrique du pré*. Sartre, *L'Idiot de la famille*. Starobinski, *Rousseau, la transparence et l'obstacle*. Tortel, *Limites du regard*.
Programme commun de la gauche. Création de *La Nuit juste avant les forêts* de Koltès. Colloque « Artaud, Bataille, vers une révolution culturelle » à Cerisy. Deleuze et Guattari, *L'Anti-Œdipe*.	1972 Char, *La Nuit talismanique*. Beauvoir, *Tout compte fait*. Manchette, *Nada*. Modiano, *Les Boulevards de ceinture*, Grand Prix du roman de l'Académie française. Denis Roche, *Le Mécrit*. Fondation de la revue *Art Press*, proche de *Tel Quel* ; disparition des *Lettres françaises*.

Élections législatives : progrès de l'Union de la gauche. Occupation de l'usine Lip. Premier choc pétrolier : 15,6 % d'inflation. Fin de la guerre du Vietnam. Coup d'État au Chili. Guerre du Kippour.	1973	Barthes, *Le Plaisir du texte*. Cioran, *De l'inconvénient d'être né*. Sollers, *H*. Fondation de la revue *Argile* (Esteban, 1973-1981).
Mort de Pompidou. Giscard d'Estaing élu président de la République. Chirac premier ministre. Montée du chômage.	1974	Ernaux, *Les Armoires vides*. Haedens, *Adios*, Grand Prix du roman de l'Académie française. Yourcenar, *Le Labyrinthe du monde* (1974-1988, 3 vol.). Fondation de *Digraphe* (Ristat).
Loi autorisant l'interruption volontaire de grossesse (IVG). Guerre civile au Liban. Mort de Franco. Début de l'émission de télévision « Apostrophes » (Pivot, 1975-1990).	1975	Ajar (Gary), *La Vie devant soi*, prix Goncourt. Bonnefoy, *Dans le leurre du seuil*. Char, *Aromates chasseurs*. Foucault, *Surveiller et punir*. Pierre Jakez Hélias, *Le Cheval d'orgueil*. Michaux, *Face à ce qui se dérobe*. Perec, *W ou le Souvenir d'enfance*. Tournier, *Les Météores*.
Barre premier ministre. Plan d'austérité. Été de sécheresse. Mort de Mao-Tsé-Toung. Mort de Malraux. Victoire de la gauche aux élections municipales. Rupture de l'Union de la gauche. Inauguration du Centre Pompidou.	1976	Ajar (Gary), *Pseudo*. Denis Roche, *Louve basse*. Claude Roy, *Somme toute*.
	1977	Barthes, *Fragments d'un discours amoureux*. Malraux, *L'Homme précaire et la littérature*. Modiano, *Livret de famille*. Yourcenar, *Archives du Nord*. Lambrichs directeur de *La NRF*. Fondation de *Po&sie* (Deguy) ; de *Recueil* (Maulpoix et Millet).

Victoire de la droite aux élections législatives. Accords de Camp David. Jean-Paul II élu pape.	1978 Char, *Le Nu perdu*. Modiano, *Rue des boutiques obscures*, prix Goncourt. Novarina, *Le Babil des classes dangereuses*. Perec, *La Vie mode d'emploi*, prix Médicis. Savitzkaya, *Un jeune homme trop gros*.
Révolution en Iran.	1979 Camus, *Tricks*. Echenoz, *Le Méridien de Greenwich*. Guibert, *La Mort propagande*. Koltès, *Combat de nègre et de chiens*. Lyotard, *La Condition postmoderne*. Quignard, *Carus*.
Attentat contre la synagogue de la rue Copernic. 1,6 million de demandeurs d'emploi. Occupation soviétique de l'Afghanistan. Mouvement Solidarité en Pologne. Guerre Irak-Iran. Second choc pétrolier. Reagan président des États-Unis. Yourcenar, première femme reçue à l'Académie française. 50 000 personnes aux funérailles de Sartre.	1980 Barthes, *La Chambre claire*. Blanchot, *L'Écriture du désastre*. Djebar, *Femmes d'Alger dans leur appartement*. Gracq, *En lisant en écrivant*. Le Clézio, *Désert*. Sarraute, *L'Usage de la parole*.
Mitterrand est élu président de la République. Mauroy, premier ministre. Lang, ministre de la Culture. Dissolution de l'Assemblée nationale ; victoire du PS. Inauguration du TGV. Abolition de la peine de mort. Nationalisations. Autorisation des radios privées locales.	1981 Leiris, *Le Ruban au cou d'Olympia*. Manchette, *La Position du tireur couché*. Simon, *Les Géorgiques*. Sollers, *Paradis*. Tansi, *L'État honteux*.

Premières descriptions du sida aux États-Unis.		
39 heures de travail hebdomadaire ; 5 semaines de congés payés ; retraite à 60 ans.	1982	Bon, *Sortie d'usine*. Hébert, *Les Fous de Bassan*, prix Femina.
Loi sur la décentralisation. Mort de Brejnev. Mort d'Aragon.		Lopès, *Le Pleurer-Rire*.
Senghor, premier Noir élu à l'Académie française.	1983	Aron, *Mémoires*. Blanchot, *La Communauté inavouable*. Echenoz, *Cherokee*, prix Médicis. Ernaux, *La Place*, prix Renaudot 1984. Guibert, *L'Homme blessé* (film de Chéreau) Sarraute, *Enfance*. Sartre, *Carnets de la drôle de guerre* (posth.). Sollers, *Femmes*. Fondation de *L'Infini* par Sollers.
	1984	Bergounioux, *Catherine*. Duras, *L'Amant*, prix Goncourt. Kundera, *L'Insoutenable légèreté de l'être*. Michon, *Vies minuscules*. Quignard, *Les Tablettes de buis d'Apronenia Avitia*. Fondation de la *Revue perpendiculaire*.
Gorbachev au pouvoir en URSS. Claude Simon prix Nobel de littérature.	1985	Deguy, *Gisants*. Duras, *La Douleur*. Le Clézio, *Le Chercheur d'or*. Leiris, *Langage, Tangage, ou ce que les mots me disent*. Robbe-Grillet, *Le Miroir qui revient*. Toussaint, *La Salle de bain*. Lanzmann, *Shoah*.
Attentats terroristes en France. Victoire de la droite aux élections législatives et cohabita-	1986	Fourcade, *Son blanc du un*. Genet, *Un Captif amoureux* (posth.).

tion : Chirac premier ministre. Privatisations.		Koltès, *Dans la solitude des champs de coton*.
Intifada palestinienne.	1987	Novarina, *Le Discours aux animaux*.
		Réda directeur de *La NRF*.
		Proust tombe dans le domaine public.
Mitterrand réélu président de la République. Dissolution de l'Assemblée nationale et victoire de la gauche. Rocard premier ministre.	1988	Fourcade, *Xbo*. Koltès, *Le Retour au désert*. Michon, *Vie de Joseph Roulin*. Disparition des *Nouvelles littéraires*. Fondation du cahier « Livres » de *Libération*.
Bicentenaire de la Révolution française. Inauguration du Grand-Louvre, de l'Opéra-Bastille, de la Grande Arche de la Défense. Walesa élu président en Pologne. Chute du mur de Berlin. Fin du communisme en Europe de l'Est.	1989	Bernabé, Chamoiseau, Confiant, *Éloge de la créolité*. Novarina, *Le Théâtre des paroles*. Simon, *L'Acacia*.
Réunification de l'Allemagne. L'Irak envahit le Koweït.	1990	Bouvier, *Le Poisson-Scorpion*. Guibert, *À l'ami qui ne m'a pas sauvé la vie*. Kundera, *L'Immortalité*. Quignard, *Petits Traités*. Rouaud, *Les Champs d'honneur*, prix Goncourt.
Édith Cresson, première femme premier ministre. Guerre du Golfe. Fin de l'URSS, démission de Gorbatchev. Premiers incidents entre Serbes et Croates. Épuration de la Bosnie.	1991	Fumaroli, *L'État culturel*. Macé, *Vies antérieures*. Quignard, *Tous les matins du monde*. Sartre, *La Reine Albemarle ou le Dernier Touriste* (posth.).
Traité de Maastricht. 3 millions de demandeurs d'emploi. Siège de Sarajevo. Bourdieu, *Les Règles de l'art*.	1992	Althusser, *L'avenir dure longtemps*. Bobin, *Le Très-Bas*. Chamoiseau, *Texaco*, prix Goncourt. Chevillard, *Le Caoutchouc, décidément*. Maulpoix, *Une histoire de bleu*.

Victoire de la droite aux élections législatives et cohabitation : Balladur premier ministre. Inauguration du tunnel sous la Manche.	1993 Djian, *Sotos*. Rolin, *L'Invention du monde*. 1994 Camus, *Le Premier Homme* (posth.). Houellebecq, *Extension du domaine de la lutte*.
Chirac élu président de la République. Juppé premier ministre. Inauguration de la BNF. Manifestations contre le plan de réforme de la Sécurité sociale. Accords de Dayton sur le partage de la Bosnie. Mort de Mitterrand. Fin de la conscription. Malraux entre au Panthéon. Dissolution de l'Assemblée nationale, victoire de la gauche et cohabitation : Jospin premier ministre.	1995 Dantec, *Les Racines du mal*. Makine, *Le Testament français*, prix Goncourt et prix Médicis. *Revue de littérature générale* (Alferi, Cadiot). 1996 Darrieussecq, *Truismes*. 1997 Delerm, *La Première Gorgée de bière et autres plaisirs minuscules*. Glissant, *Traité du Tout-Monde*. Modiano, *Dora Bruder*. Simon, *Le Jardin des plantes*.
Affrontements au Kosovo.	1998 Houellebecq, *Les Particules élémentaires*.
L'OTAN bombarde la Serbie.	1999 Angot, *L'Inceste*. Braudeau rédacteur en chef de *La NRF*. 2000 Kourouma, *Allah n'est pas obligé*, prix Renaudot. Quignard, *Terrasse à Rome*, Grand Prix du roman de l'Académie française.

CONCLUSION

Cet ouvrage se serait appelé *Tableau* au temps de Sainte-Beuve, *Histoire littéraire* sous Lanson, *Esprit des formes* à l'époque d'Élie Faure, *Histoire structurale* en 1960. Que conclure d'une étude de la littérature française par la dynamique conceptuelle dans le cadre défini par la chronologie fixée de l'extérieur par les historiens ?

Tout commence au Moyen Âge. Quelle image en donnons-nous ? Lanson y voyait l'enfance de la littérature et la littérature de l'enfance. Comment la littérature française y commence-t-elle ? Qu'est-ce qu'écrire à cette époque ? Y a-t-il une conscience d'auteur ? On recherche quel public s'intéresse aux œuvres, quels milieux les environnent. Les matières de la littérature s'ordonnent selon les exploits et l'amour dans des formes tôt réparties entre prose et poésie. Celles-ci obéissent à des schémas très techniques, où les nombres, comme dans toute la pensée de l'époque, jouent un grand rôle. L'écriture se donne des modèles grammaticaux, religieux, juridiques. Toute la période est dominée par les symboles et les signes, les songes, la métamorphose, l'allégorie. Elle réfléchit autant que les autres sur elle-même. Jacqueline Cerquiglini-Toulet propose ici un

« outil heuristique pour la pensée de la littérature », à travers une histoire des concepts « qui permettent de rendre compte de la production littéraire de quatre à cinq siècles ».

La Renaissance, pour sa part, repose les problèmes autrement. Le Moyen Âge était déjà pénétré de latin, et d'antiquité gréco-romaine. La question des langues, où se mêle le retour du grec, se repose et se tranche par l'édit de Villers-Cotteret, sans éliminer le latin jusqu'au XVIIe siècle et à la poésie de Jean Santeuil.

La grande question est celle du passage, des transitions, par exemple de l'ordre de la pensée médiévale au désordre et à la violence de la pensée baroque. L'interrogation se fait plus historique. Vit-on *la* renaissance, ou juste une renaissance de plus ? S'agit-il d'un lent processus où coexistent formes anciennes et formes nouvelles, anciens supports et nouveaux imprimés, latin et français, fatrasies médiévales et roman moderne ? Dans le domaine des formes, le conte doit tout à Boccace, qui est un auteur médiéval. Et que doit le roman aux grandes histoires du Moyen Âge ? La culture humaniste de la Renaissance serait-elle une culture tournée vers le passé ? Comment faire entrer en effet les nouveaux horizons dans l'orbe complet et suffisant de la terre des Anciens ? De quelle manière remplir le cadre traditionnel sans le faire éclater ? L'herméneutique du Nouveau Monde, affirme Frank Lestringant, sera la réponse apportée par la culture humaniste au défi lancé par l'élargissement géographique.

Au XVIIe siècle, la littérature est encore redéfinie, autour de la langue et de sa pureté, de ses niveaux, autour des institutions, la France aimant à étatiser les changements, à les faire au nom du roi, autour de quelques grands concepts. De nouveaux genres littéraires apparaissent ou s'affirment : si la tragédie remonte à l'antiquité grecque, si au XVIe, grâce à Robert Garnier par exemple, elle est rénovée, elle connaît au XVIIe une gloire inégalée. Mais d'autres genres s'illustrent alors : la tragi-comédie, la pastorale, les diverses formes de roman. La théorie de l'éloquence, de la religion à la politique, s'affirme comme jamais depuis, mais aussi celle de la conversation, et des manières de cour.

De grands événements rythment le siècle : gouvernement de Richelieu, de Mazarin, prise de pouvoir par Louis XIV, influence de Mme de Maintenon... Pour autant, si on doit garder à l'esprit cet horizon historique, on voit que d'autres séries sont à l'œuvre, la vie religieuse, l'activité scientifique et philosophique. Surtout, il y a des facteurs propres à l'évolution littéraire : les réseaux d'influences, les publics, salons, Cour et Ville, ceux aussi que dégage l'histoire des genres littéraires, la tradition rhétorique et poétique, la définition d'une véritable théorie du théâtre, du roman, de l'éloquence, l'histoire des polémiques et des querelles.

C'est ainsi qu'on réfléchit sur les fonctions et les pouvoirs de la littérature. Aucun siècle n'y a cru davantage. Le respect des Anciens n'exclut pas une modernisation douce, qui ne s'avoue pas toujours. Car il faut aussi imiter le réel, jusque dans la psychologie. Au roman héroïque et précieux s'oppose l'anti-roman, satirique et réaliste. Et il y a un art moderne de parler et de raconter, qui ne se sépare pas de l'art de plaire, ni d'un certain modèle de l'homme, l'honnête homme étant la version assagie du modèle héroïque. D'autre part, la vision du monde se divise dans une réalité double, qui oppose le monde céleste au monde terrestre. L'imaginaire du XVIIe siècle ne pourrait pas se comprendre sans le témoignage incomparable des œuvres littéraires, qui jouent ici à la fois le rôle de miroir et celui de modèle et témoignent d'une grande liberté, contrairement à ce qu'une image trop rigide du siècle laisse penser.

Au XVIIIe siècle, après les nouvelles conditions de l'écriture, de la diffusion et de la lecture, saisir la dynamique revient à évoquer moins des époques successives que des moments, des styles (rococo, encyclopédique ou sentimental) qui peuvent coexister et se prolonger sur l'ensemble du siècle. La littérature n'y est jamais présentée comme une catégorie qui pourrait être définie une fois pour toutes. Elle est partie prenante d'une histoire des pratiques culturelles.

On revient sur la question de l'écriture : il y a une formidable circulation des idées et des écrits, on copie, on adapte, on traduit, on vulgarise, on traduit dans le langage de la fiction ou dans celui du quotidien. Tout se contamine, l'essai et la fiction. Le dialogue est une forme triomphante. On insiste aussi sur la rénovation de la langue, l'épanouissement d'un vocabulaire nouveau. C'est l'époque où le français s'impose comme langue de l'Europe. Les écrivains sont reconnus par les souverains, par les institutions littéraires et la communauté des lettrés, tandis qu'un prolétariat des lettres s'accroît, celui qui vulgarise l'*Encyclopédie*. D'autre part, le journalisme s'impose, le livre, moins cher, se répand. C'est à la fois l'apparition d'une sorte de feuilleton, et le sacre de l'écrivain. Le succès de la sécession janséniste, la force de la nostalgie de l'Antiquité, l'engouement pour les formes nouvelles de musique révèlent les ferments de changement dans la société. C'est le siècle des polémiques, jusqu'à la Révolution. Si le XVIIIe siècle s'ouvre dans la querelle des Anciens et des Modernes, il s'achève sur une nouvelle querelle entre ceux qui vont bientôt se nommer les classiques et les romantiques.

C'est aussi le siècle de la séduction, du rococo qui récuse les hiérarchies figées du siècle de Louis XIV, des fêtes galantes, du passage plus que de l'être, de l'ironie. On découvre la relativité, de Fontenelle à *Micromégas*. Les voyages mènent à une réflexion anthropologique et ramènent à la satire sociale. Les salons s'organisent autour des femmes, de la séduction. La conversation se poursuit dans les lettres et les dialogues, au théâtre, dans les contes. Le roman lui-même contribue à l'expression de la mondanité.

Le modèle héroïque survit dans la tragédie et chez Saint-Simon et Vauvenargues. L'invention de la liberté est aussi un des grands thèmes du siècle, comme la synthèse des savoirs, le rêve encyclopédique. Il s'agit de mettre la réalité en mots et en ordre. L'imaginaire romanesque relaie la critique philosophique, dans un va-et-vient entre la passion et la raison. La division par siècles a occulté la remarquable production de romans écrits par des femmes à la fin du XVIIIe siècle. La crise du temps s'exprime dans la fragmentation et l'hybridation des formes. La mise en cause des genres traditionnels est aussi une interrogation sur les valeurs. L'essai, le roman, la poésie, le théâtre témoignent des souhaits de changement, voire de bouleversement. La philosophie de l'histoire réfléchit sur les progrès de l'esprit humain, sur révolution et contre-révolution.

Au XIXe siècle, la littérature devient peu à peu industrielle. La révolution a ouvert une ère nouvelle, et le public s'étend, la condition de l'écrivain change de sens, les sciences se séparent des lettres. La littérature se définit d'abord par le jugement porté sur l'héritage des Lumières, dont la Révolution semblait issue : on se met à juger toutes choses en fonction du tribunal de l'histoire, c'est-à-dire du jugement de la postérité. Tous les temps sont touchés par la catastrophe : le passé est en ruines, le présent tombe en poussière, l'avenir est un gouffre. L'ennui est une maladie individuelle, mais aussi politique. Et en même temps la littérature du siècle veut inventer une nouvelle philosophie du moi, du monde, de l'histoire. Le renouveau de cette dernière passe par la réflexion sur le modèle de la science allemande. La littérature préserve le passé, se fait musée verbal. L'histoire de la littérature française se conçoit selon le modèle donné par les historiens. L'objet « littérature française » est une invention du XIXe siècle, avec effet rétroactif. Le culte de l'écrivain apparaît. Chaque génération réagit ainsi à sa façon aux grandes « catastrophes » qui jalonnent la « révolution permanente » qui s'étire : le cycle révolutionnaire de 1848-1851 est le pivot autour duquel s'articulent le romantisme prophétique et le romantisme désenchanté ; l'entrée de la République au port dans les années 1880 précède de peu la double clôture du « siècle intellectuel » marquée par la mort de Hugo en 1885, et par la mort de Mallarmé et l'affaire Dreyfus en 1898. Un monde nouveau envahit la littérature, accédant pour la première fois au rang de sujets : le peuple, la province, la ville ne sont plus cantonnés dans le genre comique. Les progrès des sciences procurent une profondeur temporelle : le sens de l'histoire. La France n'a pas de Hegel, mais elle a un roman historique. Le modèle scientifique s'impose même quelques années au roman, à la critique, à la poésie même, avant d'être rejeté.

Formant l'hypothèse que de grands thèmes intéressent tout le siècle, les mêmes questions peuvent être posées à Chateaubriand comme à Mallarmé, à Mme de Staël comme à Anatole France. Analyse de contenu ? Mais le contenu est aussi formel. Le roman historique incarne ainsi dans sa technique un certain sentiment de l'histoire. Le journal intime, l'autobiographie personnelle sont appelées par l'exacerbation de l'individu. On peut partir de la découverte du moi, de l'individu en réaction contre une révolution économique et sociale qui le dépasse. Le « culte du moi » par divers genres littéraires permet la définition d'une psychologie, crée certains types de héros, ou d'anti-héros. La nature, refuge, évasion ou vision, est le complément obligé de l'insatisfaction humaine.

La poésie nouvelle qui apparaît avec la modernité née de Baudelaire est l'héritière de la poésie lyrique, et se retrouve seule à perpétuer la royauté du vers. Royauté précaire cependant, car l'invasion de la prose n'épargne pas le lyrisme : la poésie moderne advient comme l'ultime avatar de la poésie lyrique dans le temps même où l'invention du poème en prose interdit de l'identifier au vers et remet donc en cause son identité immémoriale, désormais aussi problématique que la notion de lyrisme, minée, elle, par la crise post-baudelairienne du sujet. Elle est devenue le modèle réduit et le moteur de la littérature moderne vouée à repenser, dans les mots, son rapport à l'altérité du moi et à l'étrangeté du monde.

Le roman au XIXe se définit d'abord par son énergie, de Balzac à Zola. Mais aussi par la force qu'il met à se critiquer, de Flaubert à Huysmans. De la représentation du monde dans un rigoureux système formel, on évolue vers le sentiment que le monde n'est pas représentable et renvoie l'homme à sa subjectivité dans des formes éclatées, d'*À Rebours* au *Surmâle*.

Le XXe siècle, qui commence quelque part entre 1898 et 1914, peut-il se réduire à l'impact des guerres, des massacres et des révolutions sur le langage ? On expliquerait au moins par là le surréalisme ou le modernisme, l'existentialisme, les romans de Malraux, la poésie engagée d'Éluard et Aragon. Mais l'époque est aussi celle du culte du moi, de l'aventure individuelle de Cendrars, Kessel ou Mac Orlan, de l'épopée poétique de Larbaud, Claudel, Saint-John Perse, de l'immense système de tout qu'est *À la recherche du temps perdu*. Elle est celle de la fusion de la prose et de la poésie dans le récit poétique, de Breton à Gracq et au delà. C'est celui où la critique littéraire a connu des progrès décisifs, en s'assimilant l'apport des sciences humaines : linguistique, psychanalyse, anthropologie. Le paradoxe est que, comme l'histoire, elle s'excluait ainsi de la littérature.

Aucun siècle ne laisse le langage littéraire comme il l'a trouvé. Céline, Queneau, Vian, Beckett, Ionesco, ont disloqué la phrase classique, soit en constituant artificiellement un brillant langage parlé, soit en l'émiettant dans l'absurde et, après une traversée du néant, en le transformant en un langage aphasique. Tous les concepts littéraires sont d'ailleurs métamorphosés : Nathalie Sarraute s'efforce de mettre fin au personnage constitué, au profit des tropismes, ces réactions d'attirance et de répulsion qui répartissent les êtres. Les concepts, et d'abord les genres, dont les limites s'abolissent, puis se reconstituent. Il y a dans le public un besoin de roman, de poésie, de théâtre, d'essai, de biographie, de littérature policière ou d'espionnage, qui survit à toutes les révolutions.

On dira peut-être qu'autour de l'an 2000 une poésie de l'intime plus que de l'histoire s'exprime dans des formes libres, qui vont du vers à la prose ; que, comme tout est permis, aucune révolution poétique ne se dessine plus. Que la poésie de soi rejoint l'autofiction. Le XXe siècle avait commencé avec les grandes fresques de Péguy, de Claudel, de Saint-John Perse, de Cendrars. Il finirait éparpillé dans les complaintes de Narcisse.

Et pourtant, à la fin du XXe siècle, le roman du XIXe siècle n'est, malgré les prédictions et les souhaits, pas mort ; du formalisme au réalisme, tout survit, parce que tout vit. Le formidable besoin de parler et d'écouter qui fait l'homme depuis l'origine n'a pas disparu. Ce qui change, c'est la hiérarchie entre les genres et les formes, entre les écrivains aussi. Il serait vain de dire que la fin du siècle dernier n'a pas vu les égaux de Proust, de Valéry, de Sartre, de Camus, de Bernanos ou de Malraux, ou que nous sommes des nains portés par des géants. Les sommets, c'est de loin que les générations futures les apercevront.

JEAN-YVES TADIÉ

Appendices

Liste des contributeurs

MICHEL DELON, professeur de littérature française à l'université de Paris IV-Sorbonne, membre du comité de publication des *Œuvres* de Voltaire (Oxford-Voltaire Foundation) et président de la Société française d'étude du XVIIIe siècle, a édité les œuvres de Sade et Diderot dans la Pléiade.

FRANÇOISE MÉLONIO, professeur de littérature française à l'université de Paris IV-Sorbonne, spécialiste de Tocqueville, est en charge de l'édition de ses *Œuvres complètes* chez Gallimard.

BERTRAND MARCHAL, professeur de littérature française à l'université de Paris IV-Sorbonne, est l'éditeur de Mallarmé dans la Pléiade et l'auteur de nombreux ouvrages sur la poésie du XIXe siècle.

JACQUES NOIRAY, professeur émérite à la Sorbonne (Paris IV), est spécialiste du roman au XIXe siècle, et notamment de l'œuvre de Zola.

ANTOINE COMPAGNON est professeur de littérature française au Collège de France et à l'université Columbia de New York.

Index des noms et œuvres*

ABAILARD ou ABÉLARD, Pierre : 319.
  Sic et Non : 319.
ABIRACHED, Robert : 554.
  Crise du personnage dans le théâtre moderne, La : 554.
ABRAMOVICI, Jean-Christophe : 26.
ACHARD, Marcel : 709.
ACKERMANN, Louise : 427.
ADAM, Paul : 607.
ADAMOV, Arthur : 715-716, 719, 758.
ADDISON, Joseph : 48, 153.
ALAIN-FOURNIER, Henri Alban Fournier, dit : 546, 592, 608-611, 624.
  Grand Meaulnes, Le : 546, 610-611, 616, 633, 649.
  Miracles : 610.
ALBALAT, Antoine : 576.
ALEMBERT, Jean Le Rond d' : 9, 37, 42, 66, 68, 109-111, 118, 170, 174-176, 200, 204-205, 215, 219.
  Éloge de Marivaux : 37.
  Essai sur la société des gens de lettres avec les grands : 110-111.
ALEXANDRE le Grand : 89.
ALLAIN, Marcel : 576.
ALLAMAND, François Louis, abbé : 71.
  Pensées antiphilosophiques : 71.
ALQUIÉ, Ferdinand : 674.

* Établi par Benoît Farcy.

AMIEL, Henri Frédéric : 309.
ANGOT, Christine : 795.
  Inceste, L' : 795.
ANOUILH, Jean : 156, 709, 712.
  Répétition ou l'Amour puni, La : 156-157.
ANTELME, Robert : 782.
  Espèce humaine, L' : 782.
ANTIER, Benjamin : 497.
  Auberge des Adrets, L' : 366, 497.
  Robert Macaire : 497.
ANTOINE, André : 434, 495, 702.
APOLLINAIRE, Wilhelm Apollinaris de Kostrowitzky, dit Guillaume : 237, 353, 355, 546-547, 555, 567, 574, 579, 583-587, 592, 594, 597, 621, 623, 651-658, 660-661, 664, 672, 709, 726, 728, 775.
  Alcools : 546, 549, 552, 657.
  Antitradition futuriste, L' : 654.
  Mamelles de Tirésias, Les : 651, 709.
  Peintres cubistes, Les : 546, 654, 775.
ARAGON, Louis : 573, 602, 623, 661-662, 664-666, 668-673, 677, 680-681, 687, 690, 700-701, 724-725, 727, 738, 767, 776, 784, 842.
  Beaux Quartiers, Les : 677.
  Blanche ou l'Oubli : 701.
  Cloches de Bâle, Les : 677.
  Crève-cœur, Le : 724-725.
  Diane française, La : 725.
  Front rouge : 665.
  Monde réel, Le : 690, 700.
  Paysan de Paris, Le : 661-662, 664.
  Roman inachevé, Le : 727.
  Semaine sainte, La : 701.
  Traité du style, Le : 668.
ARCQ, chevalier d' : 132.
  Roman du jour : 132.
ARÈNE, Paul : 418.
ARGENS, Jean-Baptiste de Boyer, marquis d' : 73, 106, 187-189, 191-192, 211-212.
  Lettres chinoises : 106.
  Lettres juives : 106.

Thérèse philosophe : 73, 187-189, 192, 211-212.
ARGENSON, Marc René, marquis d' : 90.
ARISTÉNÈTE : 150.
ARISTOTE : 180.
ARLAND, Marcel : 625.
ARMAN DE CAILLAVET, Gaston : 702.
ARMAN DE CAILLAVET, Léontine : 568, 577.
ARP, Hans ou Jean : 665.
ARRABAL, Fernando : 715.
ARTAUD, Antonin : 387, 666-667, 675, 712-716, 718, 720-722, 768.
  Théâtre et son double, Le : 713-714.
AUDIBERTI, Jacques : 370, 716.
  Mal court, Le : 716.
AUERBACH, Erich : 328.
  Mimésis : 328.
AUGIER, Émile : 333, 369, 498.
  Fourchambault, Les : 498.
  Gendre de M. Poirier, Le : 498.
  Lionnes pauvres, Les : 333.
AUGUSTIN, saint : 258.
AULNOY, Marie Catherine, comtesse d' : 130, 192, 239.
AZOUVI, François : 320.

BACH, Jean-Sébastien : 614.
BACHELARD, Gaston : 779.
BACULARD D'ARNAUD, François Thomas Marie de : 49, 223-224.
  Annales de la vertu : 49.
  Délassements de l'homme sensible : 49.
  Épreuves du sentiment : 49, 223-224.
  Nouvelles historiques : 49.
BADINTER, Élisabeth : 193, 261.
BAILLY, Jean-Sylvain : 213, 216, 247, 298.
BAINVILLE, Jacques : 603.
BALLANCHE, Pierre Simon : 394-395.
  Orphée : 395, 397.
  Palingénésie sociale : 394, 397.
  Vision d'Hébal, La : 395, 397.
BALTHUS, Balthasar Klossowski, dit : 781.

BALZAC, Honoré de : 301, 310, 312, 314, 318, 327-328, 336-338, 340, 345-346, 348-349, 351, 358-359, 405-406, 439, 445-446, 448-450, 452-453, 457-462, 465-466, 468-470, 472-475, 477, 479-481, 494, 498-501, 567, 629, 632, 645, 647, 686, 749, 754, 761-762, 842.
César Birotteau : 456.
Chouans, Les : 469, 493.
Colonel Chabert, Le : 310.
Comédie humaine, La : 312, 406, 445, 457-458, 460, 466, 469, 474-475, 477, 480-484, 486, 488, 492, 494, 496.
Contes drolatiques : 457.
Cousine Bette, La : 494.
Études de mœurs au XIXe siècle : 301, 480-481.
Études philosophiques : 481.
Fille aux yeux d'or : 470.
Illusions perdues, Les : 458, 467, 470, 480, 492-493.
Illustre Gaudissart, L' : 310.
Louis Lambert : 310.
Lys dans la vallée, Le : 446, 448.
Mercadet : 496.
Muse du département, La : 336.
Père Goriot, Le : 481-482, 490, 493.
Recherche de l'Absolu, La : 310, 468, 481.
Ressources de Quinola, Les : 496.
Scènes de la vie privée : 439, 449, 475.
Splendeurs et misères des courtisanes : 467, 488.
Un début dans la vie : 470.
Une fille d'Ève : 465-466, 474.
Une ténébreuse affaire : 480.
Vautrin : 496.
BANVILLE, Théodore de : 407-409, 417-418, 578.
Cariatides, Les : 409.
Stalactites, Les : 409.
BARANTE, Prosper de : 302.
De la littérature française pendant le dix-huitième siècle : 302.
BARBEY D'AUREVILLY, Jules Amédée : 306, 337, 358-359, 418, 477, 686.
Une vieille maîtresse : 477.
BARBUSSE, Henri : 621-622, 678.
Feu, journal d'une escouade, Le : 621-622.

BARON, Jacques : 666.
BARRAULT, Jean-Louis : 703, 705-706.
BARRÈS, Maurice : 308, 318, 329-330, 345, 347, 355, 473, 546, 562, 568-569, 571, 573-575, 577-578, 583-584, 588, 596, 600-603, 606, 608, 621, 624, 664, 678, 682, 687-688, 777, 784.
  Appel au soldat, L' : 601.
  Cahiers : 601, 777.
  Collette Baudoche : 601.
  Colline inspirée, La : 546, 601.
  Culte du moi, Le : 308, 600, 642.
  Déracinés, Les : 330, 574-575, 601.
  Grande pitié des églises de France, La : 318.
  Jardin de Bérénice, Le : 601.
  Leurs figures : 473, 601.
  Roman de l'énergie nationale : 574, 601.
  Un jardin sur l'Oronte : 601.
BARRUEL, Augustin : 255.
  Mémoires pour servir à l'histoire du jacobinisme : 255.
BARTHE, Nicolas Thomas : 132.
  Jolie Femme ou la Femme du jour, La : 132.
BARTHÉLEMY, Jean-Jacques : 142.
  Voyage du jeune Anacharsis : 142.
BARTHES, Roland : 34, 175, 372, 500, 553, 569, 699, 715, 719, 749, 751-754, 756-757, 760, 763, 767-768, 779-780, 786, 799-801.
  Chambre claire, La : 780.
  Degré zéro de l'écriture, Le : 569, 751.
  Empire des signes, L' : 780.
  Fragments d'un discours amoureux : 780.
  Leçon : 500.
  Préparation du roman, La : 780.
  Roland Barthes par Roland Barthes : 780.
  Sur Racine : 372.
BARTHEZ, Paul Joseph : 67.
BASTIDE, Jean-François de : 127, 182.
  Petite Maison, La : 127.
  Sympathie, La : 182.

BATAILLE, Georges : 666, 675, 754, 756-757, 767-769, 777, 780-781.
Bleu du ciel, Le : 756-757, 769.
Histoire de l'œil : 769.
Littérature et le mal : 769.
BATAILLE, Henry : 577.
BATY, Gaston : 709.
BAUDELAIRE, Charles : 181, 306-308, 310, 312-313, 325-326, 328-329, 336, 338-339, 344, 357-358, 367, 374-375, 384, 400-401, 406-407, 409, 413-418, 420, 422-424, 425-429, 431, 436-437, 451, 456, 479, 481-482, 485, 499, 551, 556-558, 567, 570, 587, 595, 637, 662, 667, 720, 743, 752, 774, 781, 841.
Fleurs du mal, Les : 326, 336, 346, 384, 407, 414-416, 418, 422-423, 426, 558.
Paradis artificiels, Les : 310.
« Poème du haschich » : 308.
Salons : 326.
Salon de 1845 : 415-416.
Salon de 1846 : 306-307, 328, 357.
Salon de 1859 : 344.
BAUDIN, Nicolas : 251-252.
Considérations sur les méthodes à suivre dans l'observation des peuples sauvages : 251-252.
BAYLE, Pierre : 42-43, 61.
Dictionnaire historique et critique : 61.
BAZIN, René : 573.
BEAUCLAIR, Henri ; 427.
Déliquescences d'Adoré Floupette, Les : 427.
BEAUFORT, Jacques-Antoine : 215.
BEAUMARCHAIS, Pierre Augustin Caron de : 47, 75, 125, 226-229, 231, 304, 351.
Barbier de Séville, Le : 47, 125, 226-227.
Mariage de Figaro, Le : 34, 227.
Mère coupable, La : 227-228.
Sacristain, intermède espagnol, Le : 125.
BEAUMER, Mme de : 90.
BEAUVOIR, Simone de : 253, 701, 758, 795.
Deuxième Sexe, Le : 795.
Mandarins, Les : 701.

BEAUZÉE, Nicolas : 67.
BECKETT, Samuel : 557, 563, 710, 716, 718-721, 740, 749, 755-756, 770-772, 786, 796, 842.
Comment c'est : 772.
En attendant Godot : 715, 718-721.
Fin de partie : 718, 720-721.
Innommable, L' : 756, 771-772.
Malone meurt : 756, 771.
Molloy : 756, 771.
Oh les beaux jours : 721.
BECKFORD, William : 36, 240.
Vathek : 36, 240.
BECQUE, Henri : 432, 498.
Corbeaux, Les : 498.
BEETHOVEN, Ludwig van : 644.
BÉGUIN, Albert : 310.
Âme romantique et le rêve, L' : 310.
BÉHAR, Henri : 370.
BENDA, Julien : 355, 624, 677.
Trahison des clercs, La : 624, 677.
BÉNICHOU, Paul : 50, 299, 313, 328-329, 378.
BENOIST, Françoise-Albine : 196.
BENOÎT, Pierre : 649.
BÉRANGER, Pierre Jean de : 303, 324, 367, 370, 390.
BERGOUNIOUX, Pierre : 787, 797.
BERGSON, Henri : 368, 543, 547-548, 562-564, 596, 601-602, 606, 627, 629, 633, 643, 647-648, 662, 774, 779.
Essai sur les données immédiates de la conscience : 562.
Évolution créatrice, L' : 562, 629.
Matière et mémoire : 562.
BERLIN, Isaiah : 72.
BERNABÉ, Jean : 796.
BERNANOS, Georges : 603, 624-625, 627, 641-642, 676, 678-681, 683-687, 690, 692, 698, 749, 774, 776, 786, 843.
Grande Peur des bien-pensants, La : 676, 686, 776.
Grands Cimetières sous la lune, Les : 676, 686, 776.
Imposture, L' : 774.
Journal d'un curé de campagne, Le : 680, 685, 774.
Sous le soleil de Satan : 627, 641-642, 684.

BERNARD, Claude : 462.
  Introduction à l'étude de la médecine expérimentale : 462.
BERNARD, Jean-Marc : 583, 589-590, 594.
  Mort de Narcisse, La : 589.
  Porte étroite, La : 589.
BERNARD, Paul, dit Tristan : 355.
BERNARDIN DE SAINT-PIERRE, Henri : 20, 173, 244-245, 326, 446.
  Études de la nature : 20.
  Paul et Virginie : 20, 244-245.
BERNHARDT, Rosine Bernard, dite Sarah : 370, 577, 702.
BERNSTEIN, Eduard : 702.
BERRYER, Pierre Antoine : 338, 370.
BERTALL, Albert d'Arnoux, dit : 344.
BERTHELOT, les : 649.
BERTHELOT, Marcelin : 467.
  Grande Encyclopédie : 467.
BERTHIER, Père : 67.
BERTIN, Antoine de : 231.
  Amours : 231.
BERTIN, Rose : 22.
BERTRAND, Louis, dit Aloysius : 353, 416, 420.
  Gaspard de la Nuit : 416.
BESCHERELLE, Henri : 322.
BESCHERELLE, Louis-Nicolas : 322.
BETHUNE, Max de : 350.
BIBIENA, les : 95.
BIBIENA, Jean Galli de : 36-37, 94-99.
  Force de l'exemple, La : 99.
  Nouvelle Italie, La : 38.
  Petit Toutou, Le : 95-98.
  Poupée, La : 94-95.
BINET, Léon : 604.
BLANCHOT, Maurice : 556, 603, 618, 729, 734, 738, 741, 749, 751-756, 758, 770-772, 779, 796.
  Arrêt de mort, L' : 754, 770.
  Entretien infini, L' : 780.
  Espace littéraire, L' : 556, 751, 755.
  Livre à venir, Le : 751, 755, 771.
  Part du feu, La : 618, 755.
  Thomas l'obscur : 754.

BLIN, Roger : 717.
BLONDIN, Antoine : 757-758.
  Europe buissonnière, L' : 757-758.
BLOY, Léon : 605-606, 686.
BLUM, Léon : 355, 359, 600.
BOBIN, Christian : 787.
BOCCACE, Giovanni Boccaccio, dit : 836.
BOILEAU, Nicolas : 58, 302.
BONALD, Louis, vicomte de : 254, 302.
  Théorie du pouvoir politique et religieux dans la société civile : 254.
BONAPARTE, Louis Napoléon : voir NAPOLÉON III.
BONAPARTE, Napoléon : voir NAPOLÉON Ier.
BONNARD, chevalier de : 122-123.
BONNEFOY, Yves : 557, 675, 727-729, 733, 742-746, 775, 801.
  Anti-Platon : 742.
  Arrière-pays, L' : 744.
  Dans le leurre du seuil : 744.
  Du mouvement et de l'immobilité de Douve : 743-744.
  Rue Traversière : 744.
BONNET, Jean-Claude : 17, 50.
BONNEVILLE, Nicolas de : 78.
BORDEAUX, Henry : 798.
BORDELON, Laurent : 89.
  Dialogues des vivants : 89.
BORGES, Jorge Luis : 619, 789.
BOSSUET, Jacques Bénigne : 177, 254, 339, 365, 370, 551.
  Discours sur l'histoire universelle : 551.
BOUFFLERS, Stanislas-Jean de : 33, 122.
BOUFFLERS, Mme de : 110.
BOUGAINVILLE, Jean-Pierre de : 73.
BOUILHET, Louis : 482.
BOULENGER, Jacques : 644-645.
BOULLIER, David : 100.
  Essai philosophique sur l'âme des bêtes : 100.
BOURDIEU, Pierre : 110, 549, 558, 569.
BOURGET, Paul : 427, 487, 571, 573, 600, 602, 604, 606-608, 616, 621, 624, 632-633, 642-643, 646, 758.
  Cosmopolis : 487.
  Disciple, Le : 604, 616.

Essais de psychologie contemporaine : 427, 604, 646.
BOURGOGNE, duc de : 141, 144.
BOURGUINAT, Élisabeth : 29.
BOUVIER, Nicolas : 778-779.
  Usage du monde, L' : 778-779.
BOVE, Emmanuel : 693.
BOYER, Jean-François : 67.
BRANCOVAN, Constantin de : 576, 584.
BRAQUE, Georges : 547, 655, 665, 733, 738-739, 775.
BRASILLACH, Robert : 603, 676, 723.
BRECHT, Bertolt : 712, 715-716, 718.
BREMOND, Henri : 598, 659.
BRETON, André : 330, 549, 566, 573, 583, 599-600, 603, 608, 619, 623, 625-626, 659-675, 724-725, 729-730, 732, 753, 758, 774-776, 842.
  Amour fou, L' : 666.
  Appel à la lutte : 666.
  Champs magnétiques, Les : 662, 668, 671.
  Contre-attaque : 666.
  Immaculée Conception, L' : 664.
  Manifeste du Surréalisme : 599, 625, 661-663, 666, 668-669, 671-672, 679, 729-730.
  Misère de la poésie : 665.
  Nadja : 666, 671, 675, 748.
  Ode à Charles Fourier : 725.
  Point du jour : 669.
  Poisson soluble : 671.
  Ralentir travaux : 664, 732.
  Second Manifeste : 659, 663, 666, 675.
  Surréalisme et la peinture, Le : 665, 775.
BRILLAT-SAVARIN, Anthelme : 342.
  Physiologie du goût : 342.
BROWNING, Robert : 630, 633.
  Ring and the Book, The : 633.
BRUKKER, Jacob : 16.
  Historica critica philosophiae : 16.
BRUNETIÈRE, Ferdinand : 320-321, 346, 352, 477, 550, 566.
  Manuel d'histoire de la littérature française : 550.
BRUTUS : 215-216.

Buffon, Georges Louis Leclerc, comte de : 9, 14-15, 26-27, 40, 51, 68, 170-175, 220, 298, 304, 458-459, 467.
Histoire naturelle : 27, 68, 171-175.
Buloz, François : 346.
Buñuel, Luis : 665.
Un chien andalou : 665.
Busnach, William : 496.
Butor, Michel : 749, 761, 763, 801.
Emploi du temps, L' : 763.
Essais sur le roman : 761.
Degrés : 763.
Modification, La : 763.
Passage de Milan : 763.
Byron, George Gordon, lord : 364, 370, 420, 469.
Manfred : 364.

Cabanis, Georges : 251.
Rapports du physique et du moral de l'homme : 251.
Cadou, René Guy : 742.
Caillebotte, Gustave : 485.
Raboteurs de parquet, Les : 485.
Caillois, Roger : 311, 780-781.
Homme et le sacré, L' : 780.
Calas, Jean : 75-76, 303.
Callières, François de : 23.
Calvino, Italo : 791.
Camus, Albert : 602, 691, 694, 699-701, 709, 712, 720, 738, 754, 756, 776, 786, 843.
Actuelles : 776.
Chute, La : 701, 756.
Étranger, L' : 691, 699-700, 754, 756.
Peste, La : 700, 756.
Canova, Antonio : 215.
Caraccioli, marquis de : 129-130.
Livre à la mode, Le : 129-130.
Livre des quatre couleurs : 130-131.
Caraccioli, Louis-Antoine : 39.
Paris capitale de l'Europe, ou l'Europe française : 39.
Carco, François Carcopino-Tusoli, dit Francis : 592, 625, 649, 652, 680.

CARMONTELLE, Louis Carrogis, dit : 124.
  Écrivain des charniers, L' : 125.
  Marchande de cerises, La : 124-125.
CARTOUCHE, Louis Dominique : 90, 169.
CASA, Giovanni della : 108.
  Galatée : 108.
CASANOVA, Giacomo Girolamo : 24-25, 36-37, 264-266.
  Histoire de ma vie : 37, 264-265.
CASSOU, Jean : 725-726.
  Trente-trois sonnets composés en prison : 725-726.
CASTEL DE SAINT-PIERRE, abbé : 40-41.
CASTELLI, Horace : 344.
CASTEX, Pierre-Georges : 311.
CASTIGLIONE, Baldassare : 108.
  Courtisan, Le : 108.
CASTRIES, Mme de : 145.
CATHERINE II la Grande : 12, 35-36, 42, 52, 118, 225, 263.
CATON : 162.
CAZALIS, Henri : 418, 427.
CAZOTTE, Jacques : 240-241.
  Diable amoureux, Le : 240-241.
CÉARD, Henry : 486.
CÉLINE, Louis-Ferdinand Destouches, dit Louis-Ferdinand : 314, 549, 553, 563-564, 603, 622, 625, 627, 677-680, 687, 691-695, 698, 724, 748, 754, 768, 776, 786, 791, 842.
  Bagatelles pour un massacre : 691, 776.
  Beaux draps, Les : 776.
  D'un château l'autre : 692, 748.
  École des cadavres, L' : 776.
  Mort à crédit : 691, 694.
  Voyage au bout de la nuit : 603, 622, 627, 677-678, 691-693.
CENDRARS, Frédéric Sauser, dit Blaise : 546, 564, 574, 576, 583, 585, 597, 603, 623, 649, 655-658, 842-843.
  Pâques à New York, La : 656.
  Prose du Transsibérien et de la petite Jeanne de France, La : 546, 656.
CERQUIGLINI-TOULET, Jacqueline : 835-836.
CERVANTÈS, Miguel de Cervantes Saavedra, dit : 148, 150.
  Don Quichotte : 148, 150, 404, 438.

CÉSAIRE, Aimé : 715, 718, 795.
Tragédie du roi Christophe, La : 718.
CÉSAR, Jules : 320, 338.
CHAILLOU, Michel : 787.
CHALLE, Robert : 147-149.
Difficultés sur la religion proposées au père Malebranche : 149.
Illustres Françaises, Les : 148-149.
Journal d'un voyage fait aux Indes orientales : 149.
CHAMBERS, Ephraim : 14, 66, 174.
Cyclopaedia : 14, 16, 66, 174.
CHAMPFLEURY, Jules Husson, dit Fleury puis : 358, 485.
CHAMFORT, Sébastien Roch Nicolas, dit Nicolas de : 245-247.
CHAMOISEAU, Patrick : 796.
Éloge de la créolité : 796.
Texaco : 796.
CHAMPION, Antoinette : 202.
CHANDLER, Raymond : 793.
Faucon maltais, Le : 793.
CHANG KAÏ-SHEK : 688.
CHANSIERGES : 142.
Aventures de Néoptolème, fils d'Achille, propres à former les mœurs d'un jeune prince : 142.
Chanson de Roland, La : 394.
CHAPUYS-MONTLAVILLE, Benoît-Marie : 336.
CHAR, René : 559, 664, 675, 726-729, 731-735, 738, 744, 755, 775.
Aromates chasseurs : 734.
Feuillets d'Hypnos, Les : 732.
Fontaine narrative, La : 732-733.
Fureur et mystère : 727, 732, 734.
Loyaux adversaires, Les : 732-733.
Marteau sans maître, Le : 732.
Moulin premier : 732.
Partage formel : 733.
Poème pulvérisé, Le : 732-733.
Ralentir travaux : 664, 732.
Seuls demeurent : 726, 732.
CHARCOT, Jean Martin : 627.
CHARDIN, Jean Siméon : 9.

CHARDIN, Jean Siméon : 739.
CHARDONNE, Jacques Boutelleau, dit Jacques : 625, 680.
CHARLES X : 362.
CHARLES XII de Suède : 90.
CHARPENTIER, Henri : 342.
CHARRIÈRES, Mme de : 195.
  Lettres de Mrs Henley : 195.
  Lettres écrites de Lausanne : 195.
  Lettres neuchâteloises : 195.
CHARTIER, Roger : 56.
CHASSÉRIAU, Théodore : 348.
CHATEAUBRIAND, François René, vicomte de : 20, 36, 173, 245, 267-268, 297, 304-305, 315, 317, 323, 326-327, 373, 376, 384, 395-396, 439, 446-448, 450, 600, 662, 689, 841.
  Atala : 20, 245, 439.
  Génie du christianisme, Le : 20, 272, 317, 326, 373, 375-376, 395, 447-448, 550.
  Itinéraire de Paris à Jérusalem : 317.
  Martyrs, Les : 315, 396.
  Mémoires d'outre-tombe : 267, 323, 347.
  René : 20, 245, 308, 446-448.
  Vie de Rancé : 317.
CHÂTEAUBRUN, Jean-Baptiste Vivien de : 134.
  Mahomet second, empereur des Turcs : 134.
CHÂTELET, Mme du : 193, 199.
CHAUDON, Louis Mayeul : 71.
  Dictionnaire anti-philosophique : 71.
CHAULIEU, abbé de : 122.
CHÊNEDOLLÉ, Charles-Julien Lioult de : 376n.
CHÉNIER, André : 40, 63, 214-215, 219-221, 376n.
  Amérique, L' : 219-220.
  Hermès : 219-220.
  Jeu de Paume. À Louis Davis, peintre, Le : 214-215.
  Poésies : 376n.
CHÉNIER, Marie-Joseph : 79, 142, 297.
  Fénelon, ou les Religieuses de Cambrai : 142.
CHERBULIEZ, Victor : 458.
CHÉREAU, Patrice : 370, 721-722.
CHEVILLARD, Éric : 793.
  Caoutchouc décidément, Le : 793.

Mourir m'enrhume : 793.
CICÉRI, Pierre Luc Charles : 362.
CICÉRON : 62, 298, 338.
CINGRIA, Charles-Albert : 781.
CIORAN, Émile Michel : 781-782.
   Cahiers : 781-782.
   De l'inconvénient d'être né : 781.
   Précis de décomposition : 781.
CIXOUS, Hélène : 795.
   Dedans : 795.
CLAIRON, Claire Josèphe Leris, dite Mlle : 9.
CLAUDEL, Paul : 355, 428, 431, 433-434, 546, 548, 551, 557, 559, 568, 579, 582-583, 585, 588-590, 592-597, 603, 606, 608, 613, 624, 658-659, 680, 702-708, 712, 716, 727, 729-730, 775, 785, 787, 842-843.
   Annonce faite à Marie : 434, 592, 594, 703-704, 706.
   Arbre, L' : 548, 594, 703.
   Art poétique : 594.
   Cinq Grandes Odes : 594-595, 658.
   Connaissance de l'Est : 546, 594.
   Échange, L' : 582, 594, 703.
   Jeune Fille Violaine, La : 703.
   Œil écoute, L' : 775.
   Otage, L' : 592, 594, 703.
   Partage de Midi : 594, 703, 705-706.
   Père humilié, Le : 703.
   Repos du septième jour, Le : 703.
   Soulier de satin, Le : 704-707.
   Tête d'or : 433-434, 703, 706.
   Vers d'exil : 594.
   Ville, La : 703.
CLOUARD, Henri : 588-589.
COCTEAU, Jean : 568, 575, 609, 622, 646, 649, 653, 665, 667, 708, 712, 767, 769, 784.
   Danse de Sophocle, La : 653.
   Enfants terribles, Les : 646, 649.
   Lampe d'Aladin, La : 653.
   Parade : 708-709.
   Potomak, Le : 649, 653.
   Prince frivole, Le : 653.

Thomas l'imposteur : 622, 649.
Cohen, Albert : 631, 758, 783.
  Belle du seigneur : 758, 783.
  Solal : 631.
Coigny, marquise de : 118.
Colbert, Jean-Baptiste : 206.
Colet, Louise : 329, 475, 483, 501.
Colette, Sidonie Gabrielle Colette, dite : 355, 568, 608, 623, 625, 650, 680, 776.
  Maison de Claudine, La : 649-650.
  Claudine : 608.
  Sido : 650.
Collé, Charles : 124.
Collin d'Harleville, Jean-François : 178.
  Inconstant, L' : 178.
Comte, Auguste : 602.
Condé, les : 236.
Condillac, Étienne Bonnot de : 26-27, 88, 211, 270.
  Dictionnaire des synonymes : 26.
  Essai sur l'origine des connaissances humaines : 88.
Condorcet, Marie Jean Antoine Nicolas de Caritat, marquis de : 44, 78, 247, 250.
  Esquisse d'un tableau historique des progrès de l'esprit humain : 250.
  Vie de Voltaire : 78.
Confiant, Raphaël : 796.
Conrad, Jozef Konrad Korzeniowski, dit Joseph : 603, 626-627, 633, 793.
Constant, abbé : 395.
  Mère de Dieu, La : 395.
Constant, Benjamin : 11, 77, 195-196, 253, 267, 309, 450.
  Adolphe : 309, 446.
  De la force du gouvernement actuel et de la nécessité de s'y rallier : 253.
  Des réactions politiques : 77, 253.
  Des suites de la contre-révolution de 1660 en Angleterre : 253.
Constant, Samuel de : 195.
  Mari sentimental, Le : 195.

CONTANT D'ORVILLE, André-Guillaume : 182.
  Humanité, histoire des infortunes du chevalier de Dampierre : 182.
COPEAU, Jacques : 577, 590, 702-703, 708-709, 715.
COPPÉE, François : 16, 418, 575, 578.
CORBIÈRE, Édouard Joachim, dit Tristan : 325, 329, 419, 422, 424, 428, 574.
  Amours jaunes, Les : 419, 422.
CORNEILLE, Pierre : 21, 40, 136, 363, 390.
COTTIN, Sophie : 194, 449.
  Claire d'Albe : 194.
  Malvina : 449.
  Mathilde : 449.
COTTRET, Monique : 58.
COURBET, Gustave : 353, 357-358.
COURIER, Paul Louis : 335.
COURTELINE, Georges Moinaux, dit Georges : 369, 498, 702.
  Boubouroche : 498.
  Messieurs les ronds-de-cuir : 369.
COUSIN, Victor : 319-322, 328.
COVENTRY, Francis : 98.
  Vie et les aventures du petit Pompée, La : 98.
CRÉBILLON, Prosper Jolyot, sieur de Crais-Billon, dit : 20, 28-29, 37, 40, 135-136, 147, 160.
  Atrée et Thyeste : 136.
  Électre : 136.
  Idoménée : 136.
  Rhadamiste et Zénobie : 136.
CRÉBILLON fils, Claude Prosper Jolyot de Crébillon, dit : 40, 126-128, 135, 147, 157, 160-162, 183, 232, 240, 442-443.
  Ah ! quel conte : 161.
  Égarements du cœur et de l'esprit, Les : 31-32, 126-127, 162, 183, 232, 442-443.
  Hasard du coin du feu, Le : 28-29.
  Lettres de la marquise de M*** au comte de *** : 161.
  Nuit et le moment, La : 32, 162.
  Sopha, Le : 127, 161.
  Sylphe, ou Songe de Mme de R*** écrit par elle-même à Mme de S***, Le : 160-161.
  Tanzaï et Néadarné : 161.

CREVEL, René : 669.
CROS, Charles : 419, 422.
  Coffret de santal, Le : 419, 422.
CUREL, François de : 577, 702.
CURTIUS, Ernst Robert : 634.
CUSTINE, Astolphe de : 347.
CUVIER, Georges, baron : 298, 460.
CYRANO DE BERGERAC, Savinien de : 137.

DABIT, Eugène : 680.
DACIER, Anne Lefebvre, Mme : 59-60.
  Des causes de la corruption du goût : 59.
DALADIER, Édouard : 710.
DALI, Salvador : 665.
DAMIENS, Robert François : 69.
DANCOURT, Florent Carton, sieur d'Ancourt, dit : 151.
DANGEAU, Philippe de Courcillon, marquis de : 144.
DANTE ALIGHIERI : 395, 405, 413, 494, 594.
  Divine Comédie, La : 395.
DANTON, Georges Jacques : 471.
DARMON, Jean-Jacques : 349.
DARNTON, Robert : 44, 72.
DAUBENTON, Louis Jean-Marie d'Aubenton, dit : 26, 67.
DAUDET, Alphonse : 418, 496.
  Lutte pour la vie, La : 496.
  Obstacle, L' : 496.
DAUDET, Léon : 301, 603-604, 685.
DAUMAL, René : 666, 675.
DAUMIER, Honoré : 366.
DAVID, Louis : 11, 79, 214-216.
DAVIN, Félix : 480.
DEBORD, Guy : 781.
  Société du spectacle, La : 781.
DEBUSSY, Achille-Claude, dit Claude : 355.
DÉCAUDIN, Michel : 554.
  Crise des valeurs symbolistes, 1895-1914 : 554.
DÈCE : 14.
DE CHIRICO, Giorgio : 665.
DEFAUCONPRET, Auguste : 468.
DE FELICE, Fortunato Bartolomeo : 176.

DEFFAND, Marie, marquise du : 54, 109, 118, 449.
DEFOE, Daniel
  Robinson Crusoe : 270-271.
DEGAS, Edgar : 618.
DEGUY, Michel : 728-729, 745-746.
DELACROIX, Eugène : 309, 357.
DELARUE-MARDRUS, Lucie : 568, 584.
DELAUNAY, Robert : 655.
DELAUNAY, Sonia : 656.
DELAVIGNE, Casimir : 364.
  Vêpres siciliennes : 364.
DELCASSÉ, Théophile : 543.
DELEUZE, Gilles : 635, 779, 790.
DELILLE, Jacques : 40, 113-114, 180-181.
  Conversation, La : 113-114.
  Imagination, L' : 180.
  Jardins : 180.
DELTEIL, Joseph : 666.
DEMENY, Paul : 422.
DÉMEUNIER, Jean-Nicolas : 18-19.
  Esprit des usages et des coutumes des différents peuples : 18.
DÉMOCRITE : 215.
DÉMORIS, René : 206.
DÉMOSTHÈNE : 339.
DENIS, Mme : 115-116.
DENNERY, Adolphe : 496.
DENON, Dominique Vivant, baron : 32, 51, 128.
  Point de lendemain : 32, 128.
DÉON, Michel : 798.
DERAIN, André : 587.
DERÈME, Tristan : 652.
DERRIDA, Jacques : 767, 770, 774, 779, 786.
DESBORDES-VALMORE, Marceline : 376n.
  Élégies et romances : 376.
DESCARTES, René : 52, 91, 100, 302, 319-320.
  Discours de la méthode : 788.
DESCHAMPS, Antoine Deschamps de Saint-Amand, dit Antoine : 417.
DESCHAMPS, Émile Deschamps de Saint-Amand, dit Émile : 417.

DESFONTAINES, Pierre-François Guyot : 23, 92.
  Dictionnaire néologique à l'usage des beaux esprits du siècle : 23.
  Nouveau Gulliver, Le : 92.
DES FORÊTS, Louis-René : 701, 758, 770.
  Bavard, Le : 701, 770.
DESFORGES-MAILLARD, Paul : 122.
DESMAIZEAUX, Pierre : 42.
DESNOS, Robert : 576, 623, 664-666, 669, 725.
DESTUTT DE TRACY, Antoine : 250-251, 320.
  Éléments d'idéologie : 251.
DIAGHILEV, Serge de : 547.
DICKENS, Charles : 610, 616.
DIDEROT, Denis : 9, 12-14, 16, 20, 24, 31, 36, 40, 42, 45, 57, 62, 64-74, 77-78, 80, 96, 99, 107, 109, 111, 116-117, 120-122, 124, 130, 146, 163-166, 170, 174-178, 185-187, 191, 193, 202-207, 210-211, 215-216, 219, 224-226, 246, 261-263, 304, 357, 362, 444, 492-494, 774.
  Abdication du roi de la fève : 122.
  Bijoux indiscrets, Les : 96.
  Ceci n'est pas un conte : 121.
  Deux Amis de Bourbonne, Les : 14, 121.
  Éléments de physiologie : 205.
  Éloge de Richardson : 444.
  Entretien d'un philosophe avec la maréchale de *** : 14, 120.
  Entretien d'un père avec ses enfants : 14, 120, 163.
  Entretiens sur Le Fils naturel : 203, 225-226, 493.
  Essai sur la peinture : 492.
  Essai sur les règnes de Claude et de Néron : 263.
  Est-il bon ? est-il méchant ? ou l'Officieux persifleur : 31.
  Fils naturel, Le : 68, 124, 178.
  Jacques le fataliste et son maître : 185-187, 216, 244, 457.
  Madame de La Carlière : 121.
  Mélanges philosophiques : 225.
  Neveu de Rameau, Le : 45, 65, 72, 111, 120, 203-204, 243.
  Oiseau blanc, conte bleu, L' : 130.
  Paradoxe sur le comédien : 120.
  Pensées philosophiques : 71, 146.
  Père de famille, Le : 163, 178.
  Pour et le Contre, Le : 116.

Promenade du sceptique ou les Allées : 120.
Religieuse, La : 57-58.
Rêve de d'Alembert, Le : 120, 204-205, 215, 219.
Salon de 1767 : 62.
Salons : 492.
Supplément au Voyage de Bougainville : 120, 203, 211.
Tombeau de la Sorbonne : 73-74.
DIERX, Léon : 418, 652.
DIGEON, Claude : 322.
Crise allemande de la pensée française, La : 322.
DIOCLÉTIEN : 14.
DJIAN, Philippe : 787.
DOMERGUE, Urbain : 34.
DORAT, Claude-Joseph : 122, 128, 178.
Célibataire, Le : 178.
Malheurs de l'inconstance, Les : 128.
Sacrifices de l'amour, Les : 128.
DORGELÈS, Roland : 622.
Croix de bois, Les : 622.
DOS PASSOS, John Roderigo : 694.
DOSTOÏEVSKI, Fedor Mikhaïlovitch : 607, 614, 616, 626-627, 630, 635, 647, 683, 686, 689.
DOUBROVSKY, Serge : 794.
DOUCET, Jacques : 573, 623.
DOYLE, Arthur Conan : 616.
DREVET, Patrick : 787.
DREYFUS, Alfred : 76, 327, 330, 333, 355, 473, 547, 552, 577, 600, 840.
DRIEU LA ROCHELLE, Pierre : 601-602, 624-625, 677-679, 687-688, 723-724, 749.
Comédie de Charleroi, La : 678, 688.
Gilles : 678, 688.
Jeune Européen, Le : 688.
DROUIN, Marcel : 590.
DRUMONT, Édouard : 578, 686.
DU BOS, Charles : 633, 777, 779.
Journal : 777.
DU BOS, Jean-Baptiste : 60-61.
Histoire critique de l'établissement de la monarchie française : 61.

Réflexions sur la poésie et sur la peinture : 60.
Du Bouchet, André : 742, 745.
Du Camp, Maxime : 346, 399.
  Chants modernes : 399.
Ducasse, Isidore : voir Lautréamont, comte de.
Duchamp, Marcel : 547, 655, 660.
  Nu descendant un escalier : 547.
Duchamp-Villon, Raymond Duchamp, dit : 655.
Duchet, Michèle : 102-103.
Duclos, Charles Pinot : 28, 126, 128, 193.
  Confessions du comte de *** : 28, 126-127, 193.
  Histoire de Madame de Luz : 127.
  Mémoires pour servir à l'histoire des mœurs du XVIIIe siècle : 127.
Ducray-Duminil, François Guillaume : 269, 442, 497.
  Cœlina ou l'Enfant du mystère : 442, 497.
  Victor ou l'Enfant de la forêt : 269, 442.
Duhamel, Georges : 568, 586, 592, 594, 625, 644, 653, 672-673, 724.
  Chronique des Pasquier : 586, 644.
  Vie et aventures de Salavin : 644.
Dujardin, Édouard : 434, 628-629, 770.
  Lauriers sont coupés, Les : 628-629, 770.
  Légende d'Antonia, La : 434.
  Monologue intérieur, Le : 629.
Dulaurens, Henri-Joseph : 172, 271.
  Imirce ou la Fille de la nature : 172, 271.
Dullin, Charles : 703, 709, 713-715.
Dumarsais, César Chesneau : 50, 67, 71.
  Philosophe, Le : 50, 71.
Dumas, Alexandre : 311, 334, 336, 351-352, 388, 392-393, 409-410, 438-439, 497.
  Antony : 334.
  Comte de Monte-Cristo, Le : 342, 438, 458, 490.
  Henri III et sa cour : 334, 388, 497.
  Kean : 388.
  Leo Burckart : 392.
  Piquillo : 392.
  Trois mousquetaires, Les : 438, 492.

Dumas fils, Alexandre : 369, 456, 496, 498.
  Dame aux camélias, La : 496.
  Demi-Monde, Le : 498.
  Denise : 498.
  Idées de Mme Aubray, Les : 498.
  Une question d'argent : 456.
Dupin, Jacques : 742, 745, 775.
Durand, Mme : 124.
Duras, Marguerite : 716, 721, 758, 765-766, 786, 794.
  Amant, L' : 765, 794.
  Moderato cantabile : 765.
  Ravissement de Lol V. Stein : 765.
  Un barrage contre le Pacifique : 765.
Duras, Claire Louisa Rose Bonne Lechal de Kersaint, duchesse de : 449.
  Édouard : 449.
  Ourika : 449.
Dürer, Albert : 384.
Durkheim, Émile : 604.
Dutacq, Armand : 347.
Dutourd, Jean : 798.

Echenoz, Jean : 793.
  Cherokee : 793.
  Méridien de Greenwich, Le : 793.
Ehrard, Jean : 165.
Einstein, Albert : 633-634.
Éléonore ou l'Heureuse personne : 240.
Eliot, Thomas Stearns : 626.
Eluard, Eugène Grindel, dit Paul : 559, 662, 664-667, 673-674, 724-725, 732, 738, 776, 842.
  152 proverbes mis au goût du jour : 664.
  Amour la poésie, L' : 664.
  Capitale de la douleur : 664.
  Immaculée Conception, L' : 664.
  Poésie et vérité : 725.
  Ralentir travaux : 664, 732.
Emmanuel, Noël Mathieu, dit Pierre : 724.

Encyclopédie ou Dictionnaire raisonné des sciences, des arts et des métiers, L' : 14, 16-17, 26, 43, 45, 57, 65-68, 70-74, 84, 86, 166, 174-177, 180, 183, 199-200, 203, 205, 216, 251, 838.

ÉPINAY, Louise Tardieu d'Esclavelles, marquise d' : 22, 36, 117, 193-194, 261-262.
   Madame de Montbrillant : 193, 261-262.

ERNAUX, Annie : 794.
   Armoires vides, Les : 794.
   Place, La : 794.

ERNST, Max : 665, 674.

ESCHYLE : 594, 705.

ÉSOPE : 338.

ESPINEL, Vincente : 150.

Esprit de Spinoza : voir *Traité des trois imposteurs (Le)*.

ESTAUNIÉ, Édouard : 798.

ÉTIEMBLE, René : 257.

FABRE, Jean : 169, 202.

FABRE D'ÉGLANTINE, Philippe Fabre, dit : 178.
   Présomptueux, Le : 178.

FAGAN, Barthélemy-Christophe : 178.
   Inquiet, L' : 178.
   Pupille, La : 178.

FAGUET, Émile : 477.

FALCONET, Étienne : 116.

FARGUE, Léon-Paul : 592.

FAUCHET, Claude : 78.

FAULKNER, William : 679, 694, 761, 763-764, 774.
   Sanctuaire : 774.

FAURE, Élie : 835.

FAURIEL, Claude : 323.
   Histoire de la croisade contre les hérétiques albigeois : 323.
   Histoire de la Gaule méridionale : 323.

FAUTRIER, Jean : 739.

FAYE, Jean-Pierre : 745.

FÉLIBIEN, André : 205.
   Entretiens sur la vie et sur les ouvrages des plus excellents peintres anciens et modernes : 205.

FÉNELON, François de Salignac de la Mothe : 89-90, 141-142, 208, 266, 339, 341, 396.

Dialogues des morts anciens et modernes : 89.
Télémaque : 141-142, 341, 396.
FERRAND, Antoine François Claude : 255.
Conspirateurs démasqués, Les : 255.
FERRY, Jules : 339, 349, 565-566.
FEUILLET, Octave : 439, 458, 498.
M. de Camors : 439.
Roman d'un jeune homme pauvre, Le : 477.
FÉVAL, Paul : 298.
FEYDEAU, Georges : 368, 370, 498.
Dame de chez Maxim's, La : 498.
Un fil à la patte : 498.
FLAHAUT, Mme de : voir SOUZA, Adélaïde de.
FLAMMARION, Camille : 468.
Lumen : 468.
FLAUBERT, Gustave : 302, 310, 314, 318, 329, 336, 346, 348, 358, 368, 405, 439, 453, 457-458, 465, 475, 479, 482-483, 485-487, 496, 499, 501, 556, 558, 588, 643, 752-753, 774, 842.
Bouvard et Pécuchet : 318, 467-468.
Candidat, Le : 496.
Dictionnaire des idées reçues : 336, 346.
Éducation sentimentale, L' : 329, 448, 472, 493, 605, 643.
Madame Bovary : 336-337, 346, 405, 439, 482-483, 489-490, 493, 558.
Salammbo : 337, 493.
FLERS, Robert de : 702.
FLEURY, Claude : 341.
Catéchisme historique : 341.
FLORIAN, Jean-Pierre Claris de : 224.
FOLLAIN, Jean : 742.
FONTENELLE, Bernard Le Bovier de : 20, 88-91, 109, 248, 298, 839.
Entretiens sur la pluralité des mondes : 89-91, 120.
Nouveaux dialogues des morts : 89.
FORMEY, Johann Heinrich Samuel : 71.
Pensées raisonnables : 71.
FORT, Paul : 434, 568, 577, 582, 586-587, 652, 702.
FORSTER, Edward Morgan : 626.
FOUCAULT, Michel : 242, 767, 779, 786, 799.

Fragonard, Jean-Honoré : 96, 99, 216.
  Vœu à l'amour, Le : 216.
France, Anatole François Thibault, dit Anatole : 419, 473, 487, 562, 568-569, 573, 576-578, 592, 600, 603, 606-608, 621, 624-625, 664, 678, 841.
  Dieux ont soif, Les : 578.
  Histoire de la France contemporaine : 473, 577.
  Île des pingouins, L' : 578.
  Lys rouge, Le : 487.
Franco, Francisco : 686, 688.
Franklin, Benjamin : 142.
Frédéric II le Grand : 35, 73-74, 115, 209, 255.
  Anti-Machiavel, L' : 35, 73.
  Art de la guerre, L' : 35.
  De la littérature allemande, des défauts qu'on peut lui reprocher : 35-36.
  Examen de l'Essai sur les préjugés : 35.
  Palladion, Le : 35.
Fréret, Nicolas : 18.
Freud, Sigmund : 547, 564, 604, 627, 629, 633, 646, 661-662, 668, 670-671, 692, 791.
  Au-delà du principe de plaisir : 692.
  Introduction à la psychanalyse : 604.
Friedrich, Hugo : 557.
  Structure de la poésie moderne : 557.
  Frivolités galantes, Les : 222.
Fumaroli, Marc : 35.
Fustel de Coulanges, Numa Denis : 316.
  Cité antique, La : 316.

Gacon, François : 73.
  Anti-Rousseau par le poète sans fard, L' : 73.
Gacon-Dufour, Marie Armande Jeanne d'Humières, Mme : 196.
  Contre le projet de loi de S** M** : 196.
  Femme grenadier, La : 196.
Galiani, Ferdinand : 22, 36, 117, 194, 211.
  Dialogues sur le commerce des blés : 36, 117.
Galilée, Galileo Galilei, dit : 53.
Galland, Antoine : 239.

GALLIMARD, Gaston : 572-573, 623-624, 657.
GALVANI, Luigi : 22.
GAMBETTA, Léon : 370.
GARNEAU, François Xavier : 324.
 Histoire du Canada : 324.
GARNIER, Robert : 837.
GASSENDI, Pierre Gassend, dit : 100.
GAUDET, François Charles : 129.
 Bibliothèque des petits-maîtres, ou Mémoires pour servir à l'histoire du bon ton et de l'extrêmement bonne compagnie : 129.
GAUGUIN, Paul : 357.
GAUTIER, Théophile : 298, 305, 310, 345-348, 357-359, 362-364, 367-368, 378, 383-384, 407-409, 417-418, 426, 485, 575.
 Albertus : 383.
 Club des Haschischins, Le : 310.
 Comédie de la Mort, La : 384.
 Émaux et camées : 384, 404, 408-409.
 España : 384.
 Giselle : 362.
 Homme vexé, L' : 310.
 Mademoiselle de Maupin : 345-346.
 Odes funambulesques : 409.
 Onuphrius Wphly : 310.
 Poésies : 383.
 Poésies diverses : 384.
GENET, Jean : 716-718, 721, 756, 769, 774, 779.
 Balcon, Le : 717.
 Bonnes, Les : 716-717.
 Journal du voleur : 769.
 Haute surveillance : 716.
 Miracle de la rose : 769.
 Nègres, Les : 717.
 Notre-Dame-des-Fleurs : 769.
 Paravents, Les : 717-718.
 Pompes funèbres : 769.
 Querelle de Brest : 769.
GENETTE, Gérard : 619.

GENEVOIX, Maurice : 622.
: *Ceux de 14* : 622.
GENGEMBRE, Gérard : 254-255.
GENLIS, Stéphanie Félicité du Crest, comtesse de : 125, 194, 449.
: *Adèle et Théodore ou Lettres sur l'éducation* : 194.
: *Chevaliers du cygne ou la Cour de Charlemagne* : 194.
: *Duchesse de La Vallière, La* : 194.
: *Mademoiselle de Clermont* : 194, 449.
: *Petits Émigrés, Les* : 194.
GENGIS KHAN : 10.
GEOFFRIN, Marie-Thérèse Rodet, Mme : 9-10, 54, 109-110, 113, 449.
GEOFFROY SAINT-HILAIRE, Étienne : 460.
GEORGE II d'Angleterre : 41.
GÉRARD, Louis-Philippe : 183.
: *Comte de Valmont ou les Égarements de la raison, Le* : 183.
GÉRICAULT, Théodore : 362.
GERSAINT, Edmé-François : 81-85, 134.
GERVEX, Henri : 325.
: *Panorama du siècle* : 325.
GESSNER, Salomon : 14.
: *Idylles* : 14.
GHÉON, Henri : 583-584, 589-590, 592-593, 653, 702.
GHIL, René : 428-429, 431.
: *Traité du Verbe* : 428-429.
GIACOMETTI, Alberto : 733, 742, 775.
GIDE, André : 355, 431, 433, 548-549, 561, 564, 567-568, 571-572, 575, 580-585, 589-591, 594-596, 598, 603, 606-609, 611-614, 616, 619-621, 624, 626-628, 633, 636-642, 645-647, 649, 653, 661, 676, 678-680, 686, 693, 702, 727, 749, 753, 761-762, 774, 776-777, 785-787, 798-800.
: *Caves du Vatican, Les* : 613, 616, 637-638.
: *Dostoïevski* : 774.
: *Faux-Monnayeurs, Les* : 548, 557, 568-569, 613, 627-628, 637-640, 642, 645-647, 776.
: *Immoraliste, L'* : 548, 603, 612-613.
: *Isabelle* : 613, 633, 636.
: *Journal* : 777.
: *Journal des Faux-Monnayeurs* : 638.

Nourritures terrestres, Les : 612.
Paludes : 606-607, 611, 613, 619, 628, 637.
Poésies d'André Walter : 583.
Porte étroite, La : 613.
Prétextes : 774.
Prométhée mal enchaîné, Le : 612.
Retour d'URSS : 676, 776.
Séquestrée de Poitiers, La : 776.
Si le grain ne meurt : 649, 777.
Voyage au Congo : 776.

GILBERT-LECOMTE, Roger : 666, 675.
GILOT, Michel : 157.
GINZBURG, Carlo : 107.
GIONO, Jean : 650, 676, 678, 680, 759.
Grand Troupeau, Le : 676, 678.
Hussard sur le toit, Le : 759.
Jean le Bleu : 678.
Un roi sans divertissement : 759.
GIRARD, Gabriel : 25-26, 28.
Justesse de la langue française ou les différentes significations des mots qui passent pour synonymes, La : 25.
Synonymes français, leurs différentes significations, et le choix qu'il en faut faire, Les : 26.
GIRARDIN, Delphine de : 348.
GIRARDIN, Émile de : 347-348.
GIRARDIN, René de : 52.
GIRAUDOUX, Jean : 592, 609, 622-623, 625, 630, 646, 649, 680, 709-714, 716.
Amphitryon 38 : 710.
Bella : 649.
Électre : 710.
Guerre de Troie n'aura pas lieu, La : 710-711.
Impromptu de Paris, L' : 711.
Intermezzo : 710.
Juliette au pays des hommes : 630.
Siegfried et le Limousin : 622, 678, 710.
GLEIZES, Albert : 655.
GLISSANT, Édouard : 796.
Lézarde, La : 796.

GLUCK, Christoph Willibald, chevalier von : 64-65.
  Iphigénie en Aulide : 65.
GODARD D'AUCOUR, Claude : 106.
  Mémoires turcs : 106.
GOETHE, Johann Wolfgang von : 27, 197, 320, 370, 411, 438, 448, 722.
  Affinités électives, Les : 438.
  Faust : 322.
  Souffrances du jeune Werther, Les : 322, 448.
GOLDMANN, Lucien : 760.
GOLDONI, Carlo : 36, 68.
GONCOURT, Edmond Huot de : 310, 348, 439-440, 465, 476, 487, 496, 605, 610.
  Charles Demailly : 496.
  Chérie : 439-440, 476, 487.
  Henriette Maréchal : 496.
GONCOURT, Jules Huot de : 310, 348, 465, 496, 605, 610.
  Charles Demailly : 496.
  Henriette Maréchal : 496.
  Journal : 348.
GOULD, Florence : 751.
GOUNOD, Charles : 323-324.
GOURMONT, Remy de : 355, 569, 574, 580, 584-586, 590, 592, 609-610, 612, 615, 647, 656, 775, 779-780.
  Culture des idées, La : 585.
  Esthétique de la langue française : 574, 585.
  Physique de l'amour : 775.
  Problème du style, Le : 585.
  Promenades littéraires : 585.
  Sixtine : 610.
  Une nuit au Luxembourg : 610.
GOYA Y LUCIENTES, Francisco de : 797.
GRACQ, Louis Poirier, dit Julien : 339-340, 675, 677, 679, 759-760, 768, 774, 801, 842.
  André Breton : 774.
  Au château d'Argol : 677.
  En lisant en écrivant : 760, 774.
  Littérature à l'estomac, La : 759.
  Rivages des Syrtes, Le : 759.
  Un balcon en forêt : 760.

GRAFFIGNY, Françoise de : 106, 192-193.
   Lettres d'une Péruvienne : 106, 161, 192-193.
GRAINVILLE, Jean Baptiste François Xavier Cousin de : 305.
   Dernier homme : 305.
GRANDVILLE, Jean Ignace Isidore Gérard : 325.
   Grande course au clocher académique : 325.
GRASSET, Bernard : 558, 572, 623-624.
GREEN, Julien : 625, 641-642, 646, 677-681, 683, 777.
   Adrienne Mesurat : 642, 646.
   Journal : 777.
GREGH, Fernand : 575, 581-582.
GRÉGOIRE, Henri, dit l'abbé : 35, 55, 213, 247.
   Ruines de Port-Royal, Les : 55.
GRESSET, Jean Baptiste Louis : 99-100, 134-135, 178.
   Édouard III : 134-135.
   Méchant, Le : 178.
   Ver-Vert : 99-100.
GREUZE, Jean-Baptiste : 9, 163-169, 493.
   Aveuble trompé qui tient sa femme par la main pendant qu'elle est caressée par son valet : 163.
   Enfant qui s'est endormi sur son livre : 163.
   Fils puni, Le : 493.
   Lecture de la Bible : 164-166.
   Père qui lit la Bible à se enfants : 163.
   Pitié filiale, La : 164.
GRIMM, Melchior, baron de : 35, 42, 64, 163, 193, 206.
GRIS, Juan : 655.
GROS DE BESPLAS, Joseph Marie : 69.
   Rituel des esprits forts ou le Voyage d'outre-monde, en forme de dialogues : 69.
GUAZZO, Stefano : 108.
   Conversation civile, La : 108.
GUIBERT, Hervé : 795.
   À l'ami qui ne m'a pas sauvé la vie : 795.
   Protocole compassionnel, Le : 795.
GUIBERT, comte de : 118.
GUILLARD DE BEAURIEU, Gaspard : 172, 271.
   Élève de la nature, L' : 172, 271.
GUILLEVIC, Eugène : 729, 742.
GUILLOUX, Louis : 680.

Guizot, François : 315, 318-319, 322, 328, 338, 344, 360.
  Essai sur la vie et les œuvres de Shakespeare : 360.
Gustave III de Suède : 36.
Guyotat, Pierre : 767-768.
Guys, Constantin : 415.
Gyp, Sibylle Gabrielle de Riquetti de Mirabeau, dite : 568.

Hachette, Louis : 342, 565.
Hales, Stephen : 15.
  Statistique des végétaux et l'analyse de l'air, La : 15.
Haller, Albrecht de : 223.
  Fabius et Caton, Fragments de l'histoire romaine : 223.
Hamilton, Gavin : 215.
Hanska, Evelina Rzewuska, Mme : 450, 469.
Hardy, Thomas : 626.
Hartmann, Nicolai : 427-428.
Hauser, Kaspar : 272.
Hegel, Georg Wilhelm Friedrich : 375, 662, 841.
Heidegger, Martin : 727, 734, 744.
Heine, Heinrich : 321.
  Lutèce : 322.
Helvétius, Claude Adrien : 70, 209-210, 246.
  De l'esprit : 70, 209.
  De l'homme : 210.
Hemingway, Ernest : 694.
Henri IV : 141.
Henriot, Émile : 760.
Héraclite : 732-733, 744.
Hérault de Séchelles, Marie-Jean : 51.
  Voyage à Montbard : 51.
Heredia, José Maria de : 355, 404, 418, 575.
  Trophées, Les : 404, 575.
Hetzel, Pierre Jules : 342, 344, 402, 458.
Hippocrate : 215.
Histoire de Saturnin, portier des chartreux : 211.
Hobbes, Thomas : 208.
Hoffmann, Ernest Theodor Wilhelm, dit Ernst Theodor Amadeus : 346, 468-469.

Index des noms et œuvres 881

HOLBACH, Paul Henri, baron d' : 18, 46, 67, 149, 174, 208-210.
  Bon Sens ou Idées naturelles opposées aux idées surnaturelles, Le : 208.
  Système de la nature : 210.
HÖLDERLIN, Friedrich : 731, 734, 744.
HOMÈRE : 54, 58-60, 62, 220, 339, 755.
  Iliade : 58, 60, 394, 405.
  Odyssée : 394.
HORACE : 14, 162, 338, 589.
HORACE, les : 215-216.
HOUDAR DE LA MOTTE, Antoine : 58.
  Discours sur Homère : 58-59.
HOUDETOT, Mme d' : 202, 449.
HOWARD, Luke : 27.
HUGO, Léopoldine : 412.
HUGO, Victor : 16, 273, 301, 304-305, 312, 316-317, 323, 325-330, 334, 338-339, 341-344, 347-350, 359-361, 366, 370, 374-375, 377-381, 384, 388-394, 400-404, 406-407, 412-413, 417-418, 430, 457, 464, 469, 486, 497, 733, 748, 840.
  Angelo, tyran de Padoue : 334, 389.
  Burgraves, Les : 326, 375, 389, 393.
  Chants du crépuscule, Les : 379.
  Châtiments, Les : 326, 375, 400.
  Contemplations, Les : 312, 326, 375, 407, 412-413.
  Cromwell : 327, 360, 374-375, 378, 388-390, 403, 469.
  Dieu : 312, 401.
  Feuilles d'automne, Les : 379.
  Fin de Satan, La : 401.
  Hernani : 134, 326, 334, 353, 361-362, 389, 391.
  Homme qui rit, L' : 500.
  Légende des siècles, La : 375, 400-404.
  Lucrèce Borgia : 359-360, 389.
  Marie Tudor : 362, 389-390.
  Marion Delorme : 334, 497.
  Misérables, Les : 303, 326, 337, 366, 404, 467.
  Napoléon le Petit : 342.
  Notre-Dame de Paris : 317, 341, 343, 469, 490, 492.
  Nouvelles Odes : 377.
  Odes et Ballades : 377, 384.
  Odes et poésies diverses : 317, 327, 375, 377.

Orientales, Les : 377, 384.
Quatre Vents de l'esprit, Les : 375, 403.
Rayons et les ombres, Les : 380-381.
Roi s'amuse, Le : 334, 361, 389.
Ruy Blas : 389-392.
Théâtre en liberté, Le : 393.
Toute la lyre : 403.
Travailleurs de la mer, Les : 467.
Voix intérieures, Les : 380.
William Shakespeare : 301, 394, 404.

HUGUES, Eugène : 343.
Huon de Bordeaux : 344.
HURET, Jules : 604.
   Enquête sur l'évolution littéraire : 604.
HURTADO DE MENDOZA, Diego : 151.
HUXLEY, Aldous : 626.
HUYSMANS, Georges Charles, dit Joris-Karl : 425-428, 456-457, 465, 487, 605-606, 609, 694, 842.
   À rebours : 425-428, 448, 487, 605, 842.
   En route : 605.
   Là-bas : 605, 609.

IBSEN, Henrik : 434, 577, 702.
Île de la folie (L') : 93.
INGRES, Jean Auguste : 348, 492.
IONESCO, Eugène : 710, 715-716, 718-720, 781, 786, 842.
   Cantatrice chauve, La : 718-719.
   Impromptu de l'Alma, L' : 715.
   Leçon, La : 718-719.
   Notes et contre-notes : 718.
IRAILH, Simon Augustin :
   Querelles littéraires, ou Mémoires pour servir à l'histoire des révolutions dans la République des lettres, depuis Homère jusqu'à nos jours : 54.
ISRAEL, Jonathan : 207.
ITARD, Jean : 269.
IVOI, Paul d' : 576.

JACCOTTET, Philippe : 557, 729, 731, 734-735, 737, 742-743, 745-746, 775.

Jacob, Max : 576, 583, 587, 652, 661, 665, 667.
  Cornet à dés, Le : 652.
  Œuvres burlesques et mystiques de Frère Matorel, Les : 652.
Jacques de Voragine
  Légende dorée, La : 344.
Jaloux, Edmond : 629-630.
James, Robert : 14, 16.
  Dictionnaire universel de médecine : 14, 16.
James, William : 627, 629, 633.
Jammes, Francis : 580, 582-584, 590, 592-594, 606, 652, 729.
  Géorgiques chrétiennes : 582, 593-594.
Janet, Pierre : 604, 627.
Janin, Jules : 359, 370, 376.
Jansénius, Cornelius Jansen, dit : 54.
  Augustinus : 54.
Jaquier, Claire : 196.
Jarry, Alfred : 355, 370-371, 431, 434, 548, 574, 583, 587, 660, 702, 800.
  Surmâle, Le : 842.
  Ubu Roi : 370-371, 434, 548-549, 560, 702.
Jaucourt, Louis, chevalier de : 67, 174.
Jaurès, Jean : 359, 577.
Jean Paul, Johann Paul Friedrich Richter, dit : 411.
Johannot, Tony : 343.
Jouffroy, Théodore : 328.
Jouhandeau, Marcel : 680, 724.
Jouve, Pierre Jean : 414, 586, 631, 646, 649, 661, 679.
  Hécate : 649.
  Paulina 1880 : 631, 646, 649.
Jouvet, Louis : 709-710, 712.
Joyce, James : 626-631, 643, 698, 761, 800.
  Ulysse : 628-630.
Julien : 36.

Kafka, Franz : 694, 753, 755, 761, 800.
  Procès, Le : 694.
Kahn, Gustave : 429, 581.
Kant, Emmanuel : 322.
Kechiche, Abd Latif : 157.
  Esquive, L' : 157.

KESSEL, Joseph : 842.
KIPLING, Rudyard : 603.
KLEE, Paul : 665.
KLEIST, Heinrich von : 710.
KLOPSTOCK, Friedrich Gottlieb : 395.
  Messiade, La : 395.
KLOSSOWSKI, Pierre : 780-781.
  Baphomet, Le : 781.
  Monnaie vivante, La : 781.
KOLTÈS, Bernard-Marie : 721.
  Combats de nègre et de chiens : 721-722.
  Dans la solitude des champs de coton : 722.
  Retour au désert, Le : 722.
KOSSELECK, Reinhart : 314-315.
  Futur passé, Le : 314.
KOTZEBUE, August von : 365.
KRIEGEL, Blandine : 44.
KRISTEVA, Julia : 767.
KRÜDENER, Barbara Juliane von : 195, 449.
  Valérie : 195, 449.
KRYSINSKA, Marie : 429.
KUNDERA, Milan : 792, 799.
  Art du roman, L' : 792, 799.
  Lenteur, La : 792.

LA BARRE, Jean François Le Febvre, chevalier de : 76.
LABICHE, Eugène : 338, 352, 367-370, 497-498.
  Cagnotte, La : 498.
  Club champenois, Le : 368.
  Traversin et couverture : 368.
  Un chapeau de paille d'Italie : 369, 497.
  Voyage de M. Perrichon, Le : 498.
LA BRUYÈRE, Jean de : 154, 245, 339.
LACAN, Jacques : 767, 786.
LACLOS, Pierre Choderlos de : 28, 183, 232-237, 242.
  Liaisons dangereuses, Les : 28, 31, 110, 128, 193, 232-236, 239, 242, 445.
LA CONDAMINE, Charles Marie de : 269-270.
  Histoire d'une jeune fille sauvage trouvée dans les bois à l'âge de dix ans : 270.

LACORDAIRE, Henri : 338.
LACRETELLE, Jacques de : 646, 680.
  Silbermann : 646.
LA FARE, Charles-Auguste, marquis de : 122.
LA FAYETTE, Marie-Madeleine Pioche de La Vergne, comtesse de : 109.
LAFITAU, Joseph-François : 102.
  Mœurs des sauvages américains comparés aux mœurs des premiers temps : 102.
LAFON, Henri : 95.
LA FONTAINE, Jean de : 100, 320, 341, 589.
  Fables : 341.
LA FONT DE SAINT-YENNES, Étienne : 206.
  Réflexions sur quelques causes de l'état présent de la peinture en France : 206.
LAFORGUE, Jules : 424, 427-428, 436-437, 574, 610.
  Complaintes : 427-428.
  Sanglot de la terre, Le : 427.
LA FOSSE, Antoine de : 134.
  Thésée : 134.
LA HARPE, Jean François Delharpe ou Delaharpe, dit de : 34.
  Du fanatisme dans la langue révolutionnaire : 34.
LA HONTAN, Louis Armand de Lom d'Arce, baron de : 107, 211.
LALLY, Thomas, baron de Tollendal, comte de : 76, 224.
LAMARCK, Jean-Baptiste de Monet, chevalier de : 27.
LAMARTINE, Alphonse de : 134, 302, 306, 312, 316, 323-324, 326-329, 339, 341, 345, 348, 350, 364, 368, 376-379, 381-382, 386, 395, 397-398, 406, 413, 417, 422-423, 711, 748.
  Chute d'un ange, La : 395, 397.
  Harmonies poétiques et religieuses (*Psaumes modernes*) : 376.
  Histoire des Girondins : 350, 364.
  Jocelyn : 312, 395, 397.
  Méditations poétiques : 326-327, 341, 375-377, 386, 397.
  Nouvelles méditations : 376.
  Recueillements poétiques : 382.
  Visions : 312, 397.
LA MARTINIÈRE : 90.
  Entretiens des ombres aux Champs Élysées : 90.

LAMBERT, Anne Thérèse de Marguenat de Courcelles, marquise de : 62, 108.
LAMENNAIS, Félicité Robert de : 301, 312-313, 345.
  Paroles d'un croyant, Les : 312-313.
LA METTRIE, Julien Offroy de : 208-209.
  Art de jouir, L' : 209.
  Histoire naturelle de l'âme : 209.
  Homme machine, L' : 209.
  Système d'Épicure : 209.
  Volupté, La : 209.
LA MORLIÈRE, Charles Jacques Louis Auguste Rochette, chevalier de : 131, 183.
  Angola, histoire indienne : 131.
  Fatalisme ou Collection d'anecdotes pour prouver l'influence du sort sur l'histoire du cœur humain : 183.
LA MOTHE LE VAYER, François de : 120.
  Neuf promenades en forme de dialogues : 120.
LA MOTTE, Antoine Houdar de : 134, 138-139.
  Inès de Castro : 135.
  Macchabées, Les : 138-139.
  Œdipe : 134.
LANGLOIS, Charles-Victor : 317.
LANGLOIS, Jean-Charles : 490.
  Bataille d'Eylau, La : 490.
  Incendie de Moscou, L' : 490.
  Siège de Sébastopol, Le : 490.
LA NOUE, Jean Sauvé de : 134.
  Mahomet second, empereur des Turcs : 134.
LANSON, Gustave : 134, 308, 320, 327, 545, 550, 566, 835.
  Histoire de la littérature française : 566.
LA PLACE, Pierre-Antoine de : 135.
  Jeanne d'Angleterre : 135.
  Venise sauvée : 135.
LAPLACE, Pierre Simon, marquis de : 298.
LA PORTE, Joseph de : 102.
  Voyageur français : 102.
LARBAUD, Valery : 546, 573, 592-593, 597, 603, 606, 608-609, 626, 628-629, 842.
  Amants, heureux amants : 609, 629.
  Fermina Marquez : 609, 633.

Journal d'A. O. Barnabooth : 546, 609.
Poèmes par un riche amateur : 593, 597.
LA ROCHEFOUCAULD, François, duc de : 109, 146, 245-246.
LAROCHELLE, Paul : 434.
LAROUSSE, Pierre : 342, 467.
Grand dictionnaire universel du XIXe siècle : 467.
LASSERRE, Pierre : 588, 596.
Romantisme français, Le : 588.
LA TOUR, Maurice Quentin de : 68.
LATTAIGNANT, Gabriel-Charles de : 32-33.
LAUFER, Roger : 85.
LAURENT, Jacques : 757-758.
Caroline chérie : 758.
Paul et Jean-Paul : 758.
LAURENT, Jacques : 101.
Spectateur français, pour servir de suite à celui de M. de Marivaux : 101.
LAURENT-PICHAT, Léon : 482-483.
LAUTRÉAMONT, Isidore Ducasse, dit le comte de : 419-420, 422, 574, 662, 666, 670.
Chants de Maldoror, Les : 419-420.
Poésies : 419-420.
LA VILLEMARQUÉ, Théodore Hersart, vicomte de : 323.
Barzaz Breiz : 323.
LAVOISIER, Antoine Laurent de : 27.
Méthode de nomenclature chimique : 27.
LAW, John : 86.
LÉAUTAUD, Paul : 585.
LE BLANC, abbé : 30.
LEBLANC, Maurice : 576.
LE BRETON, André François : 70-71, 74.
LE BRUN, Charles : 206.
LEBRUN, Ponce Denis Écouchard : 217, 221.
Nature ou le bonheur philosophique et champêtre, La : 221.
Poème en quatre chants : 221.
LE CARRÉ, John : 793.
LE CLÉZIO, Jean-Marie Gustave : 778, 790-791.
Chercheur d'or, Le : 791.
Désert : 791.
Géants, Les : 791.

Guerre, La : 791.
Livre des fuites, Le : 791.
Mondo et autres histoires : 791.
Onitsha : 791.
Procès-verbal, Le : 791.
Rêve mexicain, Le : 791.
LECONTE DE LISLE, Charles Marie Leconte, dit : 348, 354, 399-401, 403-404, 407, 417-418, 427.
Poèmes antiques : 399, 401.
Poèmes barbares : 399.
Poèmes tragiques : 399-400, 403.
LEFÈVRE, Frédéric : 624.
LEFRANC DE POMPIGNAN, Jean-Jacques : 74.
LÉGER, Fernand : 655.
LEIBNIZ, Gottfried Wilhelm : 183.
LEIRIS, Michel : 556, 627, 666, 701, 758, 777-778, 780, 795.
Afrique fantôme, L' : 777-778.
Âge d'homme, L' : 556, 627, 778.
Aurora : 777.
Règle du jeu, La : 701, 778, 795.
Simulacre : 777.
LEKAIN, Henri Louis Cain, dit : 9.
LEMAÎTRE, Frédérick : 366, 497.
Robert Macaire : 497.
LEMAÎTRE, Jules : 321.
LEMERRE, Alphonse : 417, 571.
LE MEUR, Cyril : 247.
LEMIERRE, Antoine Marin : 139.
Veuve du Malabar, La : 139.
LEMONNIER, Anicet Charles Gabriel : 10-11.
LENCLOS, Ninon de : 197.
LENOIR, Alexandre : 35.
LENORMAND D'ÉTIOLES, Charles : 125.
LÉONARD, Nicolas Germain : 231.
Idylles : 231.
LEPICIÉ, Nicolas : 165.
Tableau de famille : 165.
LEPRINCE DE BEAUMONT, Jeanne-Marie : 192, 241.
LE ROUGE, Gustave : 576, 656.
LEROUX, Gaston : 576.

LEROUX, Pierre : 312.
  Grève de Samarez, La : 312.
LEROYER DE CHANTEPIE, Marie-Sophie : 314, 499.
LESAGE, Alain René : 14-15, 147, 149-153.
  Aventures de Monsieur Robert, chevalier dit de Beauchêne, capitaine de flibustiers dans la Nouvelle France : 151-152.
  Crispin rival de son maître : 151-152.
  Diable boiteux, Le : 150.
  Histoire de Gil Blas de Santillane : 150-152.
  Histoire de Guzman d'Alfarache : 151.
  Mille et un Jours, Les : 150.
  Nouvelles aventures de l'admirable Don Quichotte de la Manche : 150.
  Théâtre de la Foire ou l'Opéra-comique : 152-153.
  Turcaret : 152.
LESPINASSE, Julie de : 109, 118, 120, 204, 449.
LESTRINGANT, Frank : 836.
LESZCZYNSKI, Stanislas : 35-36.
  Œuvres du philosophe bienfaisant : 36.
LETOURNEAU, Charles Jean Marie : 460.
  Physiologie des passions : 460.
LEUCIPPE : 215.
LEVASSEUR, Thérèse : 202.
LÉVI-STRAUSS, Claude : 557, 750, 778, 786.
  Tristes tropiques : 750, 778.
LEVY, Michel : 342.
L'HÉRITIER DE VILLANDON, Marie-Jeanne : 192, 239.
LIGNE, Charles Joseph, prince de : 29, 52, 118-119.
LIMBOUR, Georges : 666, 780.
LINANT, Michel : 135.
  Vanda, reine de Pologne : 135.
LINDON, Jérôme : 760.
LOAISEL DE TRÉOGATE, Joseph Marie : 183.
  Dolbreuse ou l'Homme du siècle, ramené à la Vérité par le sentiment et par la raison : 183.
LOCKE, John : 70, 88, 100, 172, 178, 180, 248.
  Essai philosophique concernant l'entendement humain : 88.
LONDRES, Albert : 778.
LORRAIN, Jean : 487.
  Monsieur de Phocas : 487.

LOTI, Julien Viaud, dit Pierre : 571, 573, 578, 600, 603, 606, 624, 664, 750.
  Désenchantés, Les : 603.
LOUIS XI : 315.
LOUIS XIII le Juste : 107, 469.
LOUIS XIV le Grand : 40, 63, 79, 82, 84-85, 88, 105, 134, 141-142, 144, 147, 158, 197, 239, 256, 837, 839.
LOUIS XV le Bien-Aimé : 41, 48, 52, 67, 69, 84, 89, 145.
LOUIS XVI : 176, 299.
LOUIS-PHILIPPE Ier : 48, 176, 334.
LOUVET DE COUVRAY, Jean-Baptiste : 228-230.
  Amours du chevalier de Faublas : 228-229.
  Fin des amours du chevalier de Faublas, La : 229.
  Six mois de la vie du chevalier de Faublas : 229.
  Une année de la vie du chevalier de Faublas : 229.
LOUŸS, Pierre Louis, dit Pierre : 575, 582, 595, 598, 616.
LOYNES, Jeanne de Tourbay, dite Mme de : 568.
LUCAS, Prosper : 460-461, 463.
  Traité de l'hérédité naturelle : 460-461.
LUCIEN : 89, 119.
LUCRÈCE (Titus Lucrecius Carus) : 73, 220-221, 739.
LUCRÈCE : 215.
LUGNÉ-POE, Aurélien Marie Lugné, dit : 434, 577, 702-703.
LULLI, Jean-Baptiste : 65.
LUNEAU DE BOISJERMAIN, Pierre Joseph François : 74.
LUXEMBOURG, maréchale de : 110.
LYTTELTON, George : 106.
  Lettres d'un persan en Angleterre à son ami à Ispahan, ou Nouvelles lettres persanes où l'on trouve la continuation de l'histoire des Troglodytes commencée par M. de Montesquieu : 106.

MABLY, Gabriel Bonnot de : 211.
  De la législation ou Principes des lois : 211.
  Entretiens de Phocion sur le rapport de la morale avec la pratique : 211.
MACÉ, Gérard : 787.
MAC ORLAN, Pierre Dumarchey, dit Pierre : 649, 842.
MACPHERSON, James : 222.
  Fragments of Ancient Poetry : 222.

MACY, abbé : 100.
Traité de l'âme des bêtes : 100.
MAETERLINCK, Maurice : 433, 467, 587, 702, 775-776, 780.
Aveugles, Les : 434.
Intelligence des fleurs, L' : 467, 775-776.
Intruse, L' : 434.
Pelléas et Mélisande : 371, 434.
Princesse Maleine, La : 433.
Vie des abeilles, La : 467.
MAGNAN, André : 115.
MAGRITTE, René : 665.
MAHOMET : 138.
MAIMIEUX, Joseph de : 127.
Comte de Saint-Méran ou les Nouveaux égarements du cœur et de l'esprit, Le : 127.
MAINE DE BIRAN, Marie François Pierre Gontier de Biran, dit : 309-310.
Influence de l'habitude sur la faculté de penser : 309-310.
MAINTENON, Françoise d'Aubigné, marquise de : 125, 837.
MAISTRE, Joseph de : 254, 301-302.
Considérations sur la France : 254.
MALAQUAIS, Jean : 693.
MALEBRANCHE, Nicolas de : 183.
MALESHERBES, Chrétien Guillaume de Lamoignon de : 68, 70.
MALHERBE, François de : 741.
MALLARMÉ, Étienne, dit Stéphane : 325, 327, 330, 340, 348, 354-355, 370, 375, 384, 409, 414, 418-419, 422-433, 435, 548, 551, 553, 554, 556-557, 560-561, 565, 567-568, 570, 578-580, 582-584, 587, 589-591, 593, 595, 598, 617-618, 620, 637, 652-653, 658-660, 667-668, 734, 738, 752-753, 755, 840-841.
Après-midi d'un faune, L' : 419.
Crise de vers : 330, 554.
Divagations : 554, 561.
Hérodiade : 419, 424-425, 432-433.
Poésies : 429, 580.
Un coup de dés : 431.
MALLET, abbé : 174.

MALLET DU PAN, Jacques : 255-256.
　Considérations sur la nature de la Révolution de France : 255-256.
MALOT, Hector : 576.
MALRAUX, André : 549, 601, 625, 638, 677, 679-680, 684-690, 692, 694, 698, 748-749, 774-775, 786, 842-843.
　Antimémoires : 748.
　Condition humaine, La : 638, 677, 680-681, 688-690.
　Espoir, L' : 689.
　Métamorphose des dieux, La : 775.
　Musée imaginaire de la sculpture mondiale, Le : 775.
　Voix du silence, Les : 775.
MANDRIN, Louis : 90, 169.
MANDROU, Robert ; 168.
MAN RAY, Emmanuel Rudnitsky, dit : 665.
MANSFIELD, Kathleen Mansfield Beauchamp, dit Katherine : 626.
MAQUET, Auguste : 352.
MARANA, Gian-Paolo : 104.
　Espion du Grand Seigneur et ses relations secrètes envoyées au divan de Constantinople, découvertes à Paris pendant le règne de Louis-le-Grand, traduites de l'arabe, L' : 104.
MARAT, Jean-Paul : 53.
MARC-AURÈLE : 36.
MARÉCHAL, Sylvain : 196, 221-222.
　Ad majorem gloriam virtutis. Fragments d'un Poème moral sur Dieu : 222.
　Femme abbé, La : 196.
　Projet de loi portant défense d'apprendre à lire aux femmes : 196.
MARGUERITTE, Paul : 573, 607.
MARGUERITTE, Victor : 573, 607.
MARIE-ANTOINETTE : 22.
MARINETTI, Filippo Tommaso : 586, 653-654, 657.
　Mots en liberté, Les : 654.
MARITAIN, Jacques : 603.
MARIVAUX, Pierre Carlet de Chamblain de : 23, 33, 37-38, 48, 62, 82-83, 92-94, 101, 112, 147, 149, 153-157, 161, 181, 193, 218, 232, 270, 443-444, 455-456, 710.
　Aventures de *** ou les effets surprenants de la sympathie, Les : 153, 181-182.

Cabinet du philosophe, Le : 218.
Dispute, La : 270.
Double Inconstance, La : 94, 156-157.
Île de la raison ou les Petits hommes, L' : 33, 92-93.
Île des esclaves, L' : 33, 93-94.
Jeu de l'amour et du hasard, Le : 94, 156-157.
Paysan parvenu, Le : 154-155, 443, 455-456.
Vie de Marianne ou les Aventures de Mme la comtesse de ***, La : 112, 154-155, 193, 444.
Voiture embourbée, La : 153.
MARMONTEL, Jean-François : 47, 49, 65, 134, 224, 240.
Cléopâtre : 134.
Essai sur les révolutions de la musique en France : 65.
MAROT, Clément : 385.
MARTIN DU GARD, Roger : 546, 572, 592, 608, 624, 638, 644, 676.
Épilogue : 644.
Été 1914, L' : 644.
Jean Barois : 546, 572, 608.
Thibault, Les : 644, 676.
MASSEAU, Didier : 72.
MASSIGNON, Louis : 706.
MASSIS, Henri : 603.
MASSON, André : 665-666.
MASSON, André : 780.
MAUBERT DE GOUVEST, Jean-Henri : 106.
Lettres iroquoises : 106.
MAUCLAIR, Camille : 434.
MAULNIER, Jacques Louis Talagrand, dit Thierry : 603.
MAULPOIX, Jean-Michel : 743, 746.
MAUPASSANT, Guy de : 310-311, 345, 438-439, 454, 486, 496, 501.
Horla, Le : 310-311.
Musotte : 496.
Pierre et Jean : 438-439, 454, 486.
MAURIAC, François : 558, 593, 602, 623, 625, 627, 632, 640-641, 646-647, 677-684, 686, 698, 724, 749, 766-767, 776, 786.
Baiser au lépreux, Le : 682.
Blaise Pascal et sa sœur Jacqueline : 682.

Bloc-notes : 776.
Désert de l'amour : 640, 682.
Fin de la nuit, La : 680.
Génitrix : 646, 682.
Journal : 776.
Nœud de vipères, Le : 680, 682.
Roman, Le : 641.
Romancier et ses personnages, Le : 641.
Thérèse Desqueyroux : 627, 640, 682-683.
Vie de Jean Racine : 682.

MAUROIS, André : 558, 623, 680.
Climats : 680.

MAURRAS, Charles : 359, 548, 577-578, 583-584, 588-589, 591, 601-602, 614, 621, 655, 686.
Amants de Venise, Les : 588.
Anthinéa : 602.
Romantisme féminin, Le : 588.

MAZARIN, Jules : 837.

MEADES, Ann : 132.
Mœurs du jour, ou Histoire de sir William Harrington : 132.

MENANT, Sylvain : 100.

MENDÈS, Catulle : 417-418, 575, 653.

MÉRAT, Albert : 418, 422.

MERCIER, Louis Sébastien : 17-18, 25, 40, 80, 114, 178, 182, 211, 220, 225.
An 2240, L' : 211, 220.
Bonheur des gens de lettres, Le : 17.
De la littérature et des littérateurs : 17.
Déserteur, Le : 178.
Discours sur la lecture : 17.
Indigent, L' : 178.
Juge, Le : 178.
Mon bonnet de nuit : 17.
Néologie, ou Vocabulaire de mots nouveaux, à renouveler ou pris dans des acceptions nouvelles : 25.
Sympathie, La : 182.
Tableau de Paris : 17-18, 114, 224.

MEREDITH, George : 626.

MÉRIMÉE, Prosper : 317, 392, 469.
Chronique du règne de Charles IX : 469.

Théâtre de Clara Gazul : 392.
MERRILL, Stuart : 581.
MERVAUD, Christiane : 16.
MESLIER, Jean : 78, 208, 246.
Mémoires des pensées et sentiments : 208.
Testament : 208.
MESMER, Franz : 44-45, 205.
MEYER, Paul : 321.
MEYERHOLD, Vsevolod Emilievitch : 712.
MICHAUX, Henri : 603, 675, 727-729, 735-738, 745, 756, 778, 791.
Ecuador : 778.
Épreuves, exorcismes : 736.
Plume : 736.
Qui je fus : 736.
Un barbare en Asie : 736, 778.
Voyage en Grande Garabagne : 736.
MICHELET, Jules : 305, 309, 312, 314-316, 322, 349, 404, 463.
Histoire de France : 312, 315, 404.
Histoire de la Révolution française : 315-316, 404.
Histoire du XIXe siècle : 305, 404.
Insecte, L' : 467.
Mer, La : 467.
Montagne, La : 467.
Oiseau, L' : 467.
MICHON, Pierre : 787, 797.
Vie de Joseph Roulin : 797.
Vies minuscules : 797.
MICKIEWICZ, Adam : 420.
Mille et une Nuits (Les) : 36, 150.
MILLEVOYE, Charles Hubert : 376n.
MILNER, Max : 312.
MILTON, John : 395-396, 420.
Paradis perdu, Le : 395.
MINYANA, Philippe : 721.
MIRABEAU, Victor Riqueti, marquis de : 53, 142.
MIRBEAU, Octave : 346, 433, 473, 487, 498, 573, 702.
628-E8, La : 473.
Affaires sont les affaires, Les : 498, 702.
Jardin des supplices, Le : 487.

Vingt-et-un jours d'un neurasthénique, Les : 473.
MIRECOURT, Charles Jean Baptiste Jacquot, dit Eugène de : 351.
MIRÓ, Joan : 665, 733, 775.
MISTRAL, Frédéric : 323, 398n.
Mireille : 398n.
Mireio : 323.
MODIANO, Patrick : 790-792.
Boulevards de ceinture, Les : 791.
Dora Bruder : 792.
Livret de famille : 792.
Place de l'étoile, La : 791.
Ronde de nuit, La : 791.
MOLIÈRE, Jean-Baptiste Poquelin, dit : 89, 151, 178, 320, 363, 390, 710.
Femmes savantes, Les : 69.
Malade imaginaire, Le : 178.
Misanthrope, Le : 178.
Précieuses ridicules, Les : 151, 550.
Tartuffe : 363.
MOLLIER, Jean-Yves : 349.
MONCRIF, François Augustin Paradis de : 24, 98.
Histoire des chats : 98-99.
MONNEROT, Jules : 729.
Poésie et le sacré, La : 729.
MONNIER, Henri : 367.
Grandeur et décadence de Joseph Prudhomme : 367.
MONTAIGNE, Michel Eyquem de : 24, 89, 104, 107, 257-258, 260, 774, 778.
Essais : 257, 550.
MONTESQUIEU, Charles de Secondat, baron de la Brède et de : 40, 59, 67-68, 71, 104-106, 170-172, 174, 193, 254, 256, 304.
Considérations sur les causes de la grandeur et de la décadence des Romains : 254.
Esprit des lois, L' : 68, 170-171, 174.
Lettres persanes : 33-34, 59, 104-106, 171, 193.
MONTESQUIOU, Robert de : 568, 575, 580.
MONTFORT, Eugène : 583, 589-590, 594, 607.

MONTHERLANT, Henry Millon de : 558, 602, 625-626, 679-681, 687, 709, 712, 724, 753.
Jeunes Filles, Les : 687.
MONTOLIEU, Isabelle de : 196.
Caroline de Lichtfield ou Mémoires d'une famille prussienne : 196.
MORA, marquis de : 118.
MORAND, Paul : 558, 603, 649, 724, 751.
MORAUD, Yves : 152.
MORÉAS, Ioannis Papadiamantopoulos, dit Jean : 355, 428-429, 431, 561, 575-576, 602.
MOREAU, Jacob Nicolas : 69.
Nouveaux mémoires pour servir à l'histoire des cacouacs : 69.
Premier mémoire sur les cacouacs : 69.
MORELLET, François : 67.
MORNET, Daniel : 56.
MOULTOU, Paul Claude : 201.
MOUNET-SULLY, Jean Sully Mounet, dit : 702.
MURAT, Mme : 192, 239-240.
MURGER, Henry : 353, 457.
Scènes de la vie de bohème : 353, 457.
MUSSET, Alfred de : 125, 301-303, 305-306, 339, 346, 348, 350, 358, 363-365, 377-378, 382, 388-389, 393, 406-407, 420, 422, 710.
À quoi rêvent les jeunes filles : 389.
Confession d'un enfant du siècle, La : 301, 305, 382, 386.
Contes d'Espagne et d'Italie : 377, 386.
Coupe et les lèvres, La : 389.
Lorenzaccio : 391, 393.
Nuits, Les : 386, 407.
Nuit vénitienne, La : 393.
Poésies : 389.
« Une soirée perdue » : 363.
Un spectacle dans un fauteuil : 388-389, 393.
MUSSET PATHAY, Victor-Donatien de Musset, dit : 302-303.
MUSSOLINI, Benito : 688.

NADAR, Félix Tournachon, dit : 348.
NAIGEON, Jacques André : 149.

Napoléon Ier : 55, 215, 243, 297, 331-332, 363, 370, 382, 398, 471, 764.
  Mémorial : 331.
Napoléon III : 342, 398.
Natanson, Alexandre : 570.
Natanson, Louis Alfred : 570.
Natanson, Thadée : 570.
Naville, Pierre : 666.
Ndiaye, Marie : 787.
Necker, Jacques : 111, 252, 256.
Necker, Suzanne Curchod, Mme : 111.
Nerciat, Andrea de : 212, 222-223.
  Aphrodites, Fragments thalipriapiques pour servir à l'histoire du plaisir : 222-223.
Néron : 14, 263.
Nerval, Gérard de : 303, 310-312, 342, 347, 378, 382, 384-386, 392, 407, 409-411, 611, 662.
  Aurélia : 311.
  Bohême galante, La : 342.
  Chimères : 311, 386, 407, 410-411, 413.
  « El Desdichado » : 409-410.
  Élégies nationales et satires politiques : 384.
  Filles du feu, Les : 385-386, 410.
  Leo Burckart : 392.
  Piquillo : 392.
  Voyage en Orient, Le : 310, 410-411.
Newton, Isaac : 15, 77, 91, 140, 199, 205, 220, 298.
  Méthodes des fluxions et des suites infinies, La : 15.
Nietzsche, Friedrich : 72, 564, 603, 627, 687-688, 692, 700, 769, 779, 781.
Nimier, Roger : 757.
  Hussard bleu, Le : 757.
Nisard, Désiré : 320, 426, 550.
  Études de mœurs et de critiques sur les poètes latins de la décadence : 426.
Nizan, Paul : 690.
  Antoine Bloyé : 690.
  Conspiration, La : 690.

Index des noms et œuvres

NOAILLES, Anna, princesse Brancovan, comtesse Mathieu de : 546, 568, 575-576, 582, 584, 652-653.
Cœur innombrable, Le : 546, 575-576, 584, 592, 652-653.
Éblouissements, Les : 576.
NODIER, Charles : 310, 317, 350, 365, 467.
Fée aux miettes, La : 310.
Peuple inconnu, Le : 365, 467.
NOLLET, Jean Antoine : 22.
NONOTTE, Claude Adrien : 71.
Dictionnaire philosophique de la religion : 71.
NOURRISSIER, François : 798.
NOVARINA, Valère : 721-722.
Espace furieux, L' : 722.
Théâtre des paroles, Le : 722.

OFFENBACH, Jacques : 398.
OHNET, Georges : 565, 576.
ORBIGNY, Charles d' : 466-467.
Dictionnaire universel des sciences naturelles : 466-467.
ORCEL, Michel : 787.
ORLÉANS, famille d' : 124-125.
ORLÉANS, Philippe, duc d' : 37, 124, 144, 269.
ORMESSON, Jean d' : 798.
OSSIAN : voir MACPHERSON, James.
OVIDE : 162, 179, 338.

PACHET, Pierre : 261.
Baromètres de l'âme, Les : 261.
PALISSOT DE MONTENOY, Charles : 68-69.
Philosophes, Les : 69.
Papillotage, ouvrage comique et moral (Le) : 131-132.
PARACELSE : 89.
PARCIEUX, chevalier de : voir RIVAROL, Antoine.
PÂRIS, François de, dit le diacre : 55.
PARIS, Gaston : 321.
PARIS, Paulin : 321.
PARNY, Évariste : 40, 217, 230-231.
Chansons madécasses : 230.
Guerre des dieux, La : 231.
Poésies érotiques : 217, 230-231.

PASCAL, Blaise : 199, 248, 321, 339, 413, 682, 689, 774.
  Pensées : 321.
  Provinciales, Les : 321.
PAUL, saint : 14.
PAULHAN, Jean : 564, 572, 622-623, 627, 660, 671, 724, 728, 731, 738, 752, 766, 768, 781.
  Entretiens sur les faits divers : 781.
  Fleurs de Tarbes, Les : 728.
  Guerrier appliqué, Le : 622.
PAULIAN, Aimé Henri : 71.
  Dictionnaire philosophico-théologique : 71.
PAULYANTHE, Alexandre Chapponier, dit : 497.
  Auberges des Adrets, L' : 366, 497.
PÉCHANTRÉS, Nicolas : 135.
  Mort de Néron, La : 135.
PÉGUY, Charles : 355, 546, 562, 567, 570, 593, 596-597, 606, 624, 658, 843.
  Ève : 546, 596-597, 658.
  Jeanne d'Arc : 596.
  Mystère de la charité de Jeanne d'Arc, Le : 596.
  Notre jeunesse : 567.
  Porche du mystère de la deuxième vertu, Le : 596.
  Tapisserie de Notre Dame : 596, 658.
  Tapisserie de sainte Geneviève, La : 596, 658.
PELLERIN, Jean : 652.
PEREC, Georges : 789, 792, 794.
  Choses, Les : 789.
  Disparition, La : 789.
  Un cabinet d'amateur : 789.
  Vie mode d'emploi, La : 789.
  W ou le Ssouvenir d'enfance : 789, 794.
PÉRET, Benjamin : 664-665, 669, 678, 725.
  152 proverbes mis au goût du jour : 664.
  Déshonneur des poètes, Le : 725.
  Je ne mange pas de ce pain-là : 678.
  Mort aux vaches et au champ d'honneur : 678.
PERGOLÈSE, Jean-Baptiste : 64-65.
  Servante maîtresse, La : 64.
PERRAULT, Charles : 58, 61, 130, 239.
  Siècle de Louis le Grand, Le : 58.

PERRET, Pierre : 33.
PERSE : 14.
Persiflès : 29-30.
PÉTIS DE LA CROIX, François : 150.
PÉTRARQUE : 230.
PHILIPON, Charles : 366.
PHILIPPE, Charles-Louis : 592.
PHRYNÉ : 89.
PICABIA, Francis : 661.
PICASSO, Pablo Ruiz : 547, 587, 653, 655, 665, 709, 733.
  Demoiselles d'Avignon, Les : 587.
PICCINNELLI, Mlle : 38.
PICCINNI, Niccolo : 64-65.
  Buona Figlia, La : 65.
  Didon : 65.
PICHOIS, Claude : 409.
PICON, Gaëtan : 740.
PIE VI : 18-19.
PILES, Roger de : 206.
  Abrégé de la vie des peintres : 205-206.
PINARD, Ernest : 336, 415.
PINDARE : 221.
PINEL, Philippe : 251, 310.
  Traité médico-philosophique sur l'aliénation mentale ou la Manie : 251.
PIRANDELLO, Luigi : 626, 710.
PIRON, Alexis : 122, 135.
  Gustave Wasa : 135.
PISCATOR, Erwin : 712.
PITOËFF, Serge : 709.
PIXÉRÉCOURT, René Charles Guilbert de : 269, 360, 364-365, 390, 497.
  Chien de Montargis, Le : 497.
  Cœlina : 365, 497.
  Femme à deux maris, La : 497.
PLAGNOL-DIÉVAL, Marie-Emmanuelle : 123-124.
PLANCHE, Gustave : 362.
PLATON : 51, 119, 298.
Apologie de Socrate : 14.
PLAUTE : 710.

PLEYNET, Marcelin : 745.
PLUTARQUE : 145, 260.
POE, Edgar Allan : 415-416, 422, 425-426, 617-618, 620, 637, 666.
POINCARÉ, les : 649.
POLIER DE BOTTENS, Jeanne Françoise : 196.
POLIGNAC, Melchior de : 73.
  Anti-Lucrèce, poème sur la religion naturelle, L' : 73.
POMPADOUR, Jeanne Antoinette Poisson, marquise de : 68.
PONGE, Francis : 675, 726-729, 735, 738-741, 751, 767.
  Douze petits écrits : 738.
  Fabrique du pré, La : 738, 741.
  Grand recueil, Le : 738.
  Parti pris des choses, Le : 738.
  Proêmes : 738, 740.
  Savon, Le : 738.
PONIATOWSKI, Stanislas : 9, 35-36.
PONSARD, François : 364, 498.
  Honneur et l'argent, L' : 498.
  Charlotte Corday : 364.
PONTMARTIN, Armand de : 477.
PONT-WULLIAMOZ, Françoise Louise de : 196.
PONSARD, François : 432, 456.
  Honneur et l'argent, L' : 456.
  Lion amoureux, Le : 432.
POPE, Alexander : 14.
  Essay on Man : 14.
PORTO-RICHE, Georges de : 577.
POTOCKI, Jean : 37, 243-244.
  Manuscrit trouvé à Saragosse : 37, 243-244.
POULET, Georges : 779.
POUND, Ezra Loomis : 746.
POURRAT, Henri : 650.
POUSSIN, Nicolas : 50, 130.
PRADES, Jean-Martin de : 67, 73-74.
PRÉVOST, Antoine François Prévost d'Exiles, dit l'abbé : 14, 48-49, 56, 102, 147, 157-160, 443, 488.
  Philosophe anglais ou Histoire de M. Cleveland, fils naturel de Cromwell, Le : 56, 159-160.
  Doyen de Killerine, Le : 159.

Histoire du chevalier Des Grieux et de Manon Lescaut : 158-159, 443, 445, 488.
Histoire générale des voyages, ou Nouvelle collection de toutes les relations de voyages : 102, 159.
Manon, l'Histoire d'une grecque moderne : 159.
Mémoires et aventures d'un jeune homme de qualité qui s'est retiré du monde : 158.

PRÉVOST, Marcel : 573.
PRIGENT, Christian : 745.
PROUST, Jacques : 16, 175.
PROUST, Marcel : 16, 111, 313, 318, 355, 431, 487, 546, 548-549, 553, 557, 563-564, 568-569, 572-573, 576-580, 591, 597, 607-608, 622-624, 627, 630-631, 633-637, 639-641, 644-649, 677-680, 686, 693, 695-697, 748-749, 754-755, 761, 763-764, 774, 776, 779, 782, 787, 800, 802, 843.

À la recherche du temps perdu : 111, 580, 616, 631, 634-636, 640, 645, 647-648, 695-696, 748-749, 764, 842.
Côté de Guermantes, Le : 649.
Du côté de chez Swann : 546, 644.
Jean Santeuil : 548-549.
Jeunes filles en fleurs : 622.
Plaisirs et les Jours, Les : 577, 579.
Prisonnière, La : 630-631.
Sodome et Gomorrhe II : 635, 648.
Temps retrouvé, Le : 622, 635-636, 645.

PUJOL, Stéphane : 90, 119.
PYAT, Félix : 366.
PYTHAGORE : 122.

Quatre fils Aymon (Les), de Renaut de Montauban : 344.
QUENEAU, Raymond : 619, 665, 693, 729, 754, 759, 768, 788-789, 842.
Cent mille milliards de poèmes : 788.
Chiendent, Le : 788.
Vol d'Icare : 788.
Zazie dans le métro : 788.
QUÉRO, Dominique : 123-124.
QUIGNARD, Pascal : 222, 787, 792.
Carus : 791.

QUINET, Edgar : 312, 322, 395-396.
   Ahasverus : 312, 395-396.

RABBE, Alphonse : 353.
   Album d'un pessimiste : 353.
RABELAIS, François : 24, 320, 722.
RACHEL, Élisabeth Rachel Félix, dite Mlle : 334, 363.
RACHILDE, Marguerite Eymeri, dite : 568.
RACINE, Jean : 56, 134, 135-136, 160, 363-364, 391, 682, 710.
   Athalie : 134.
   Bérénice : 135.
RACINE, Louis : 56, 160, 179, 269.
   Grâce, La : 56.
   Religion, La : 179.
RADCLIFFE, Ann Ward, Mrs : 442.
   Mystères d'Udolphe, Les : 442.
RADIGUET, Raymond : 572, 622, 646.
   Bal du comte d'Orgel, Le : 572, 646.
   Diable au corps, Le : 622-623.
RAIMOND, Michel : 554, 604, 618, 626, 629.
   Crise du roman des lendemains du naturalisme aux années 1920 : 554, 604.
RAIS, Gilles de : 605.
RAMBOUILLET, Mme de : 108.
RAMEAU, Jean-Philippe : 41, 45, 64-65, 199, 205.
   Princesse de Navarre, La : 41.
RAMSAY, André-Michel : 142.
   Voyages de Cyrus : 142.
RAMUZ, Charles-Ferdinand : 650, 680.
RAPHAËL, Raffaello Sanzio ou Santi, dit : 216.
   École d'Athènes, L' : 216.
RAYMOND, Marcel : 551, 557.
   De Baudelaire au surréalisme : 551, 557.
RAYNAL, Guillaume Thomas : 177, 210, 225.
   Histoire philosophique et politique des établissements et commerce des Européens dans les deux Indes : 177, 210, 225.
RÉAUMUR, René Antoine Ferchault de : 9.
REBATET, Lucien : 758, 791.
   Deux Étendards, Les : 758.

RÉDA, Jacques : 787.
REGNARD, Jean-François : 151, 178.
  Distrait, Le : 178.
  Joueur, Le : 178.
  Légataire universel, Le : 151.
RÉGNIER, Henri de : 575, 588, 592.
REGULUS, Marcus Atilius : 62.
RÉJANE, Gabrielle Réju, dite : 702.
RÉMOND DE SAINT-MARD, Toussaint : 89, 119-120.
  Nouveaux dialogues des dieux : 89, 119-120.
RENAN, Ernest : 302, 307-308, 313, 316, 331, 346, 562, 577, 595, 600.
  Avenir de la science, L' : 307-308.
  Vie de Jésus, La : 313, 316.
RENARD, Jules : 606, 777.
  Journal : 777.
RÉTIF DE LA BRETONNE, Nicolas Edme Restif, dit : 40, 44, 49, 73, 80, 97, 164-166, 224, 264.
  Anti-Justine : 73.
  Contemporaines, Les : 49.
  Françaises, Les : 49.
Monsieur Nicolas ou le Cœur humain dévoilé publié par lui-même : 164-165, 264.
  Nuits de Paris, Les : 224.
  Parisiennes, Les : 49.
  Pied de Fanchette : 97.
  Paysan perverti, Le : 264.
  Provinciales, Les : 49.
  Vie de mon père, La : 164.
REVERDY, Pierre : 661-665, 668, 672-673.
RÉVÉRONI SAINT-CYR, Jacques-Antoine de : 242-243.
  Nos folies, ou Mémoires d'un musulman connu à Paris : 243.
  Pauliska ou la Perversité moderne : 242.
  Sabina d'Herfeld ou les Dangers de l'imagination. Lettres prussiennes : 243.
  Taméha, reine des îles Sandwick, morte à Londres en juillet 1824, ou les Revers d'un fashionable : 243.
  Torrent des passions, ou les dangers de la galanterie : 243.
RIBEMONT-DESSAIGNES, Georges : 666.

Ribot, Théodule : 627.
Ricard, Louis-Xavier de : 417.
Ricardou, Jean : 762.
Riccoboni, les : 36.
Riccoboni, Marie-Jeanne Laboras de Mézières, Mme : 193.
  Lettres de Fanny Butler : 193.
Richard, Jean-Pierre : 735, 779, 786-787.
  État des choses, L' : 787.
  Terrains de lecture : 787.
Richardson, Samuel : 14, 159, 256.
  Clarissa Harlowe : 14.
Richelieu, Jean du Plessis, cardinal de : 837.
Rilke, Rainer Maria : 626.
Rimbaud, Arthur : 16, 325, 353, 418-419, 421-423, 428-429, 431, 551, 556-557, 574, 593, 595, 598, 611, 617, 619, 658-659, 662, 666, 668, 733-734, 753.
  Derniers vers : 421.
  Illuminations : 420-421, 429, 431.
  Une saison en enfer : 419-422, 429.
  « Voyelles » : 429.
Rinaldi, Angelo : 761.
Rivarol, Antoine : 25, 39, 245-247.
  Actes des Apôtres, Les : 247.
  Petit Dictionnaire des grands hommes de la Révolution : 247.
Rivière, Jacques : 546-547, 572, 592, 597, 608-610, 614-616, 623, 644, 646-649.
  Quelques progrès dans l'étude du cœur humain : 646.
Robbe-Grillet, Alain : 739, 749, 758, 760-763, 765-767, 794.
  Gommes, Les : 763.
  Jalousie, La : 760, 763.
  Miroir qui revient, Le : 765.
  Pour un nouveau roman : 760-761.
  Romanesques : 794.
Robert, Hubert : 220.
Robespierre, Maximilien de : 77, 334.
Roche, Daniel : 43.
Roche, Denis : 729, 745-746.
Roche, Maurice : 767-768.
Roger, Philippe : 34.

ROGER DES GENETTES, Edma Letellier-Vallazé, Mme Charles : 482.
ROHAN-CHABOT, chevalier de : 197-198.
ROLAND DE LA PLATIÈRE, Jeanne-Marie : 58.
Appel à l'impartiale postérité : 58.
ROLLAND, Romain : 606, 621, 644.
Âme enchantée, L' : 644.
Au-dessus de la mêlée : 621.
Jean-Christophe : 606, 644.
ROLLINAT, Maurice : 427.
Névroses, Les : 427.
ROMAINS, Jules : 567-568, 583, 586, 589-590, 592, 594, 644, 672-673, 676.
Hommes de bonne volonté, Les : 586, 644, 676.
Poème du métropolitain, Le : 586.
Vie unanime, La : 586.
Ville consciente, La : 586.
RONSARD, Pierre de : 230, 385, 393.
Franciade : 393.
ROSNY, Antoine Joseph : 132.
Six nouvelles, ou Confession galante de six femmes du jour : 132.
ROSNY aîné, Joseph Henri Boex, dit : 576, 607.
Guerre du feu, La : 607.
ROSNY jeune, Séraphin Justin Boex, dit : 576.
ROSTAND, Edmond : 339, 370, 548, 550, 576-577, 653, 702, 707.
Aiglon, L' : 370, 550, 577, 702.
Chantecler : 550, 577.
Cyrano de Bergerac : 370, 548, 550, 576.
ROUAUD, Jean : 787, 797.
Champs d'honneur, Les : 797.
ROUBAUD, Jacques : 745-746, 790.
$\in$: 790.
Trente et un au cube : 790.
ROUBAUD, Benjamin : 325.
Grand chemin de la postérité : 325.
ROULIN, Jean-Marie : 219.
ROUSSEAU, Jean-Baptiste : 40, 73, 178.
Capricieux, Le : 178.
Flatteur, Le : 178.

ROUSSEAU, Jean-Jacques : 9, 24, 31, 34, 40, 43, 45, 51-54, 58, 64-65, 67, 69, 71, 77, 111, 119, 142, 176, 188-189, 192-193, 196-205, 207, 210, 216, 235, 249, 254, 256-267, 270-271, 302-304, 326, 444, 446, 455, 588, 774.
Confessions, Les : 58, 201, 204, 257-261, 263, 266, 303.
Contrat social, Le : 201.
Devin de village : 64.
Dialogues : 201.
Dictionnaire de botanique : 205.
Dictionnaire de musique : 65, 176, 199, 205.
Discours sur les sciences et les arts : 199.
Émile : 198, 201.
Essai sur l'origine des langues : 64-65, 205.
Julie ou la Nouvelle Héloïse : 24, 52, 111, 188-189, 192, 201-202, 303, 444-446, 448.
Lettre à d'Alembert sur les spectacles : 200.
Lettre sur la musique : 64.
Rêveries du promeneur solitaire, Les : 201, 260, 303.
Rousseau juge de Jean-Jacques : 260.
ROUSSEL, Raymond : 546, 603-604, 779.
Locus Solus : 546.
ROYÈRE, Jean : 583.
RUBENS, Petrus Paulus : 130.
RUYTERS, André : 590.

SABATIER, Robert : 798.
SACHS, Maurice : 791.
SACY, Ustazade Sylvestre de : 297-299, 321, 350.
SADE, Donatien Alphonse François, comte de Sade, dit le marquis de : 17-19, 40, 73, 80, 127, 156, 189-192, 212, 236-240, 242, 266-267, 414, 442, 446, 662, 732, 769.
Aline et Valcour ou le roman philosophique : 190-191, 238.
Cent vingt journées de Sodome, Les : 237-238.
Crimes de l'amour, Les : 238.
Français, encore un effort si vous voulez être républicains : 190.
Histoire de Juliette, sa sœur, ou les Prospérités du vice : 238, 240, 242.
Infortunes de la vertu, Les : 127, 189.
Justine ou les Malheurs de la vertu : 73, 235-236, 238, 446.

Nouvelle Justine : 238.

Philosophie dans le boudoir, La : 189-190.

SADOUL, Georges : 665.

SAGAN, Françoise Quoirez, dite Françoise : 758-759.

Bonjour tristesse : 758-759.

SAINT-AMAND, Armand Lacoste, dit : 497.

Auberge des Adrets, L' : 366, 497.

SAINT-AUBIN, Gabriel Jacques : 30.

Essai de papilloneries humaines : 30.

SAINTE-BEUVE, Charles Augustin : 110, 193, 231, 319, 325-327, 337, 339-340, 346, 358, 376-378, 385, 413-414, 448-449, 554, 584, 749, 835.

Causeries du lundi : 326.

Joseph Delorme : 378.

Volupté : 448.

SAINT-EXUPÉRY, Antoine de : 680, 687, 690.

SAINT-FOIX, Germain François Poullain de : 106.

Lettres de Nedim Coggia : 106.

Lettres d'une Turque à Paris écrites à sa sœur au sérail, pour servir de supplément aux Lettres persanes : 106.

SAINT-HYACINTHE, Thémiseul de : 60.

Chef-d'œuvre d'un inconnu : 60.

SAINT-JOHN PERSE, Alexis Léger, dit Alexis Saint-Léger Léger, puis : 559, 592-593, 597, 603, 659-660, 662, 728-731, 733, 735, 738, 775, 842-843.

Anabase : 660, 730.

Éloges : 592, 659-660, 729.

Exils : 660, 730.

Neiges : 730.

Oiseaux : 775.

Vents amers : 730.

SAINT-LAURENT, Cécil : voir LAURENT, Jacques.

SAINT-LÉGER LÉGER, Alexis : voir SAINT-JOHN PERSE.

SAINT-MARTIN, Louis-Claude de : 253-254.

Lettre à un ami ou Considérations politiques, philosophiques et religieuses sur la Révolution française : 253-254.

SAINT-POL ROUX, Paul Roux, dit : 577, 580, 582.

SAINT-SERNIN, Joseph : voir VICTOR de l'Aveyron.

SAINT-SIMON, Louis de Rouvroy, duc de : 143-146, 839.
  Mémoires de M. le duc de Saint-Simon, ou l'Observateur véridique : 144-146.
SALCHLI, Emanuel Rudolf Nicolaus : 179-180.
  Mal, poème philosophique en quatre chants, Le : 179-180.
SALLUSTE : 338.
SALMON, André : 583, 586-587, 590, 592, 652, 654-655.
  Calumet, Le : 652.
SAND, Aurore Dupin, baronne Dudevant, dite George : 304-305, 329, 345-346, 349, 361, 392-393, 414, 449, 458, 464, 486, 490.
  Cosima : 361.
  Histoire de ma vie : 304-305.
  Indiana : 449, 477, 490.
  Lélia : 449.
  Une conspiration en 1537 : 393.
SANDEAU, Jules : 440, 458.
  Mademoiselle de La Seiglière : 440.
  Roche aux mouettes, La : 440.
SANTEUIL, Jean : 836.
SARCEY, Francisque : 359, 364, 370.
  Quarante ans de théâtre : 359.
SARDOU, Victorien : 334, 369, 432, 498.
  Crocodile, Le : 432.
  Divorçons : 369.
  Famille Benoîton, La : 498.
  Thermidor : 334, 369.
SARRAUTE, Nathalie : 556, 626, 721, 749, 751, 756, 758, 760-762, 764-765, 794, 843.
  Enfance : 765, 794.
Ère du soupçon, L' : 556, 751, 756, 761.
  Fruits d'or, Les : 765.
Martereau : 764.
Planétarium, Le : 764.
Portait d'un inconnu, Le : 764.
  Tropismes : 760, 764.
  Usage de la parole, L' : 765.
  Vous les entendez ? : 765.
SARTRE, Jean-Paul : 253, 556-557, 563, 565, 641, 676, 679, 681, 683-684, 691, 694-701, 709, 712, 715, 717, 720, 724,

738-739, 741, 751-753, 758, 769, 774, 776-777, 779, 786, 843.
Baudelaire : 752, 774, 776.
Chemins de la liberté, Les : 698, 700.
Diable et le bon Dieu, Le : 715.
Être et le néant, L' : 698.
Huis clos : 715.
Idiot de la famille, L' : 752.
Mains sales, Les : 715.
Mots, Les : 565, 699, 701, 752, 777.
Mouches, Les : 715.
Mur, Le : 698-699.
Nausée, La : 679, 681, 691, 694-698, 700.
Qu'est-ce que la littérature ? : 552, 697, 739, 751-752.
Situations : 776.
SATIE, Alfred Erik Leslie Satie, dit Erik : 708.
SAURIN, Bernard-Joseph : 47.
SAVITZKAYA, Eugène : 787.
SCARRON, Paul
Roman comique (Le) : 441.
SCHELLING, Friedrich Wilhelm Joseph von : 375.
SCHILLER, Friedrich von : 322, 365.
SCHLEGEL, August Wilhelm von : 319.
Cours de littérature dramatique : 389.
SCHLEGEL, Friedrich von : 319, 375, 385.
SCHLUMBERGER, Jean : 567, 572, 590-591.
SCHNITZLER, Arthur : 97.
Ronde, La : 97.
SCHOMBERG, comte de : 117.
SCHOPENHAUER, Arthur : 427, 563-564, 627.
SCHWAB, Jean-Christophe : 39.
SCHWOB, Marcel : 615.
SCOTT, Walter : 315, 468-470, 492, 497.
Quentin Durward : 469.
SCRIBE, Eugène : 338, 350-352, 362, 364, 367-370, 390, 497-498.
Charlatanisme, Le : 352.
Mariage d'argent, Le : 498.
Ours et le pacha, L' : 497.
SEDAINE, Michel Jean : 47, 225.

SEGALEN, Victor : 603, 778.
  Immémoriaux, Les : 778.
SÉGUR, Sophie Rostopchine, comtesse de : 344.
SEIGNOBOS, Charles : 317.
SÉNAC DE MEILHAN, Gabriel : 255-257.
  Des principes et des causes de la Révolution en France : 255.
  Émigré, L' : 256-257.
SENANCOUR, Étienne Pivert de : 439, 448.
  Oberman : 439, 446, 448.
SÉNÈQUE : 14, 179, 263-264.
SENGHOR, Leopold Sédar : 795.
SERENA, Jacques : 787.
SÉVIGNÉ, Marie de Rabutin-Chantal, marquise de : 109, 635.
SGARD, Jean : 48, 158, 161.
SHAFTESBURY, Anthony Ashley Cooper, comte de : 13-14.
  Principes de la philosophie morale : 13.
SHAKESPEARE, William : 53, 137, 320, 322-323, 388, 390, 433, 494, 705.
  Antoine et Cléopâtre : 433.
  Hamlet : 432-433.
  Macbeth : 433.
  Othello : 433.
  Roi Lear, Le : 433.
SHATTUCK, Roger : 546.
  Banquet Years : 1885-1914, The : 546.
SICCARD, abbé : 268-269.
SILHOUETTE, Étienne de : 14.
SIMENON, Georges : 679.
SIMON, Claude : 749, 761, 763-764, 766, 787, 794.
  Acacia, L' : 794.
  Bataille de Pharsale, La : 764.
  Géorgiques, Les : 764, 787, 794.
  Histoire : 764.
  Jardin des Plantes, Le : 794.
  Palace, Le : 764.
  Route des Flandres, La : 764.
  Tramway, Le : 794.
  Vent, Le : 763-764.
SIRVEN, Pierre Paul : 76.
SNETLAGE, Léonard : 22-24, 34.

Nouveau dictionnaire français, contenant les expressions de nouvelle création du Peuple français : 22-24, 34.
SOCRATE : 89.
SOPHOCLE : 51.
SOLLERS, Philippe : 740-741, 766-768, 784, 793-794, 801.
  Femmes : 794.
  H : 767.
  Paradis : 767.
  Parc, Le : 767.
  Une curieuse solitude : 767.
Sorel, Charles
  Histoire comique de Francion : 441.
SOUDAY, Paul : 648-649, 659.
SOULIÉ, Frédéric : 366, 497.
  Closerie des genêts, La : 497.
  Mémoires du diable, Les : 497.
SOUMET, Alexandre : 395.
  Divine Épopée, La : 395.
SOUPAULT, Philippe : 368, 623, 661-662, 664-666, 668-669.
  Champs magnétiques, Les : 662, 668, 671.
SOUTHEY, Robert : 420.
SOUVESTRE, Pierre : 576.
SOUZA, Adélaïde de : 194-195, 449.
  Adèle de Senanges : 194-195.
  Charles et Marie : 449.
  Eugène de Rothelin : 449.
SPINOZA, Baruch : 185, 207-208.
  Éthique, L' : 207.
SPIRE, André : 597.
  Cité présente, La : 597.
  Et vous riez : 597.
STAËL, Germaine Necker, baronne de Staël-Holstein, dite Mme de : 29, 53, 111, 194-196, 252-253, 302, 322, 326, 385, 444-446, 450-453, 459, 476-477, 479, 500, 841.
  Corinne ou l'Italie : 53, 450.
  De la littérature : 253, 272, 302, 326, 450-451, 459.
  De l'Allemagne : 450-451.
  De l'influence des passions sur le bonheur des individus : 252-253.
  Delphine : 444-446, 450, 452.

Essai sur les fictions : 252, 451-452, 476-477, 479.
Réflexions sur le procès de la reine : 252.
STAËL, Nicolas de : 733, 775.
STANISLAVSKI, Konstantine Sergueïevitch Alekseïev, dit : 712, 714.
STANYAN, Temple : 14.
Histoire de Grèce : 14.
STAROBINSKI, Jean : 13, 105, 147, 171, 261, 670-671, 779.
Invention de la liberté, L' : 147.
STEELE, Richard : 48, 153.
STEINBECK, John : 694.
STEINER, George : 758.
STENDHAL, Henri Beyle, dit : 118, 130, 158, 309, 315, 323, 328, 337, 345, 358, 387-388, 448, 452-453, 471-473, 475-476, 489-490, 632-633, 640, 647, 681, 759.
Armance : 448.
Chartreuse de Parme, La : 358.
Lucien Leuwen : 471-472, 489-490.
Racine et Shakespeare : 337.
Rouge et le Noir, Le : 130, 337, 438, 471-472, 476, 489, 632, 647.
STERNE, Lawrence
Tristam Shandy : 223.
STERNHELL, Zeev : 72, 600.
STEVENS, Alfred : 325.
Panorama du siècle : 325.
STEVENSON, Robert Louis Balfour : 615-616.
STRAUS, Mme : 568.
STRAVINSKI, Igor : 547, 653.
Sacre du printemps, Le : 547.
STRINDBERG, August : 355, 434, 577, 702.
SUARÈS, André : 573, 608, 779.
SUE, Marie-Joseph, dit Eugène : 336, 348, 366.
Juif errant, Le : 336, 366.
Mystères de Paris : 366, 457-458, 467.
Mystères du peuple, Les : 336.
SULLY PRUDHOMME, René François Armand Prudhomme, dit : 418-419, 427, 575.
SULZER, Johann Georg : 176.
Théorie des beaux-arts : 176.

SUPERVIELLE, Jules : 665, 735.
SWIFT, Jonathan : 92-93.
  Voyages de Gulliver, Les : 92-93.
Sylphe galant et observateur (Le) : 240.

TAINE, Hippolyte : 302, 315-316, 320, 323, 460, 483, 562, 577, 595, 604, 607, 646-647.
  Ancien Régime, L' : 302.
  La Fontaine et ses fables : 320.
  Nouveaux Essais de critique et d'histoire : 460.
  Origines de la France contemporaine, Les : 316.
TALLEYRAND-PÉRIGORD, Charles-Maurice de : 109-110.
TALMA, François Joseph : 363, 388.
TARDE, Gabriel de : 604.
TASSE, Torquato Tasso, dit le : 395-396.
  Jérusalem délivrée, La : 395.
TATI, Jacques : 788.
TAYLOR, Charles : 308.
  Sources du moi, Les : 308.
TENCIN, Claudine Alexandrine Guérin, marquise de : 109, 112, 192, 449.
  Mémoires du comte de Comminge : 192.
TÉRENCE : 338.
TERRASSON, abbé : 60, 142-143.
  Dissertation critique sur l'Iliade d'Homère : 60.
  Sethos : 142-143.
THEURIET, André : 458.
THIBAUDET, Albert : 356, 438, 543, 545, 549-553, 566, 579-580, 592, 601-602, 625, 639, 642-643, 749, 779, 787.
  Histoire de la littérature française de 1789 à nos jours : 550.
  Réflexions sur la critique : 543.
  Réflexions sur le roman : 438.
  Trente ans de vie française : 601.
THIÉBAUT, Arsenne : 52.
  Voyage à l'île des peupliers : 52.
THIERRY, Augustin : 315, 318, 322, 324, 338.
  Lettres sur l'histoire de France : 315.
THIERRY, Édouard : 298.
THIERS, Adolphe : 357.
  Salons (1822 et 1824) : 357.

THOMAS, Antoine Léonard : 50.
  Essai sur les éloges : 50.
THOMAS, saint : 595, 625.
THOMAS d'Aquin, saint : 705.
THOREL DE CAMPIGNEULLES, Charles Claude Florent de : 129.
  Anecdotes morales sur la fatuité, suivies de recherches et réflexions critiques sur les petits-maîtres anciens et modernes : 129.
TIBULLE : 162.
TIEPOLO, Giambattista : 99.
TITIEN, Tiziano Vecellio, dit : 488.
TOCQUEVILLE, Charles Alexis Clérel de : 299, 302, 304-305, 338, 352.
  Ancien Régime et la révolution, L' : 302.
TOLSTOÏ, Léon : 577, 645.
  Guerre et Paix : 642.
TORTEL, Jean : 738, 742.
TOULET, Paul-Jean : 652.
TOURGUENIEV, Ivan Sergueïevitch : 483, 633.
TOURNIER, Michel : 790-791.
  Gaspard, Melchior et Balthazar : 791.
  Météores, Les : 790.
  Roi des Aulnes, Le : 790.
  Vendredi ou les Limbes du Pacifique : 790.
TOUSSAINT, François-Vincent : 98.
TOUSSAINT, Jean-Philippe : 793.
  Salle de bain, La : 793.
TOUSSENEL, Alphonse : 467.
  Esprit des bêtes, L' : 467.
  Zoologie passionnelle : 467.
Traité des trois imposteurs (Le) : 207-208.
TRASSARD, Jean-Loup : 787.
TREMBLEY, Abraham : 219.
  Mémoires pour servir à l'histoire d'un genre de polypes d'eau douce : 219.
TRIOLET, Elsa : 725.
TRONCHIN, François : 134.
  Marie Stuart, reine d'Écosse : 134.
TROTSKI, Lev Davidovitch Bronstein, dit : 665-666.
TROYAT, Henri : 798.

TURGOT, Anne Robert Jacques : 9, 249-250.
TYSSOT DE PATOT, Simon : 211.
  Vie, les aventures et le voyage du R. P. Cordelier, Pierre de Mésange, La : 211.
  Voyages et aventures de Jacques Massé : 211.
TZARA, Tristan : 660-661, 665-666.
  Manifeste Dada 1918 : 660-661.
  Première Aventure céleste de Monsieur Antipyrine : 660.

ULBACH, Louis : 477.
URFÉ, Honoré d'
  Astrée, L' : 550.

VACHÉ, Jacques : 660.
VACQUERIE, Auguste : 417.
VADÉ, Jean Joseph : 122.
VAILLAND, Roger : 675.
VALABRÈGUE, Antony : 484.
VALADE, Léon : 418.
VALÉRY, Paul : 338, 428, 431, 487, 548, 551-552, 556-557, 559, 561, 564, 568, 575, 578-580, 582-583, 592, 595, 597-599, 603, 606, 608, 616-620, 623-626, 638, 658-660, 668, 680, 727, 742-743, 749, 752-753, 767, 774, 776-777, 785, 787, 800, 843.
  Agathe : 548.
  Album de vers anciens, L' : 592, 598.
  Autres Rhumbs : 626.
  Cahiers : 598, 617, 619, 777.
  Charmes : 598, 619.
  Introduction à la méthode de Léonard de Vinci : 598, 617.
  Jeune Parque, La : 598, 617, 619, 658.
  Regards sur le monde actuel : 776.
  Soirée avec Monsieur Teste, La : 552, 556, 583, 598-599, 606, 615-619, 625, 637.
  Variété : 487, 774, 776.
VALLÈS, Jules : 353, 358-359, 464.
VALLETTE, Alfred : 568.
VAN GOGH, Vincent : 797.
VANIER, Léon : 427.
VAN KLEY, Dale : 56.

Van Loo, Charles André, dit Carle : 9.
Van Loo, Michel : 203-204.
Vauvenargues, Luc de Clapiers, marquis de : 143-146, 218, 839.
  Introduction à la connaissance de l'esprit humain : 144, 146, 218.
  Paradoxes mêlés de réflexions et de maximes : 146.
Vélez de Guevara, Luis : 150.
Verhaeren, Émile : 581, 590, 592, 652, 702.
Verlaine, Paul : 325, 339, 353, 376, 406, 418-419, 421-422, 424-429, 431, 568, 582, 595, 725.
  « Art poétique » : 429.
Poèmes saturniens : 422.
  Poètes maudits : 325, 425, 428.
  Romances sans paroles : 423.
  Sagesse : 419, 428.
Verne, Jules : 344, 362, 458, 467-468.
  Île mystérieuse, L' : 467.
  Vingt mille lieues sous les mers : 457-458, 468.
  Voyage à travers l'impossible : 362.
  Voyage dans la lune : 362.
  Voyages extraordinaires : 466-467.
Vernet, Joseph : 9.
Vian, Boris : 759, 842.
Viau, Théophile de : 137.
Vicaire, Gabriel ; 427.
  Déliquescences d'Adoré Floupette, Les : 427.
Vico, Giambattista : 553.
Victor de l'Aveyron : 251, 268-269, 272-273.
Vieira da Silva, Maria Elena : 733, 775.
Vielé-Griffin, Francis : 580-581, 590, 592, 652.
Vien, Joseph Marie : 11.
Vigny, Alfred de : 306, 309, 327, 334, 338, 346, 348, 353, 361, 377-378, 381, 388, 393, 395, 397-399, 401, 406, 417, 469, 476, 479-480.
  Chatterton : 306, 334, 353, 362, 381, 388.
  Cinq-Mars : 469, 476, 479-480.
  Destinées, Les : 348, 398-399, 401, 406.
  Eloa ou la Sœur des Anges : 395.
  Maréchale d'Ancre, La : 388.

More de Venise, Le : 361.
Poèmes : 327, 377.
Poèmes antiques et modernes : 377.
VILAR, Jean : 708, 715.
VILDRAC, Charles : 592.
VILLARS, Nicolas de Montfaucon de : 240-241.
  Comte de Gabalis ou Entretiens sur les sciences secrètes, Le : 240-241.
VILLENEUVE, Mme de : 192, 241.
VILLETTE, Charles, marquis de : 52.
VILLIERS DE L'ISLE-ADAM, Auguste, comte de : 346, 418, 433-434, 456-457, 468, 595.
  Axël : 433-434, 456.
  Ève future, L' : 468.
VILLON, François : 385, 585.
VINAVER, Michel : 721.
VINCI, Léonard de : 617.
VINET, Alexandre : 157.
VIOLLET-LE-DUC, Eugène : 467.
  Dictionnaire raisonné d'architecture : 467.
VIRGILE : 59, 180, 338, 395, 402, 411, 437, 589, 725, 764.
Énéide : 393-394.
VITET, Ludovic : 317, 392, 497.
  États de Blois, Les : 497.
  Ligue, La : 392.
VITEZ, Antoine : 707.
VITRAC, Roger : 666.
VIVIEN, Renée : 575, 584.
VLAMINCK, Maurice de : 587.
VOITURE, Vincent : 109.
VOLLAND, Sophie : 116-117, 202-203, 215, 262-263.
VOLNEY, Constantin François de Chasseboeuf, comte de : 252.
  Leçons d'histoire : 252.
  Questions de statistique à l'usage des voyageurs : 252.
  Ruines ou Méditations sur les révolutions des empires, Les : 252.
  Tableau du climat et du sol des États-Unis : 252.
  Voyage en Égypte et en Syrie : 252.
VOLTAIRE, François Marie Arouet, dit : 9-10, 12-13, 16, 18, 20-21, 33, 35-36, 40-42, 46, 50-54, 56-57, 67-68, 71-72, 74-78,

80, 91, 106-107, 115-116, 118, 120, 132-138, 140-142, 157, 174, 176-179, 183-186, 189, 191, 193, 197-202, 205, 207-208, 224, 249, 252, 255, 302-304, 363, 373, 394, 774.
ABC, L' : 120.
Adélaïde Du Guesclin : 135.
Alzire : 138.
Brutus : 137.
Candide ou l'Optimisme : 107, 183-185, 200, 457, 691.
Dialogues d'Evhémère : 120.
Dictionnaire philosophique : 71, 199.
Discours en vers sur l'homme : 179.
Éléments de la philosophie de Newton : 205.
Épître à Uranie : 116.
Essai sur les mœurs et l'esprit des nations : 177, 249.
Extrait des sentiments de Jean Meslier : 208.
Fanatisme ou Mahomet le prophète, Le : 134, 138, 179.
Fragments sur l'Inde et sur le général Lally : 224.
Henriade, La : 41, 68, 140-141, 373, 394.
Ingénu, L' : 57, 106-107.
Lettres chinoises, indiennes et tartares : 116.
Lettres philosophiques : 33, 51, 71, 116, 198-199.
Lucrèce et Posidonius : 120.
Micromégas : 91, 839.
Mondain, Le : 132-133.
Mort de César, La : 135.
Œdipe : 134, 137.
Orphelin de la Chine, L' : 9-10.
Philosophie de l'histoire : 249.
Pucelle d'Orléans, La : 35.
Poème sur le désastre de Lisbonne : 200.
Questions sur l'Encyclopédie : 16, 176, 199.
Traité sur la tolérance : 75.
Zaïre : 137-138, 363, 373.

WAGNER, Richard : 430, 433-435, 615, 643-644, 703, 705.
WALPOLE, Horace : 118.
WATTEAU, Antoine : 81-83, 156, 797.
  Enseigne de Gersaint, L' : 81-85.
  Pèlerinage à l'île de Cythère : 83-84.
WEISGERBER, Jean : 85.

WHITMAN, Walt : 592-593, 597, 609.
  Feuilles d'herbe : 592-593.
WILDE, Oscar : 434.
  Salomé : 434.
WILLY, Henry Gauthier-Villars : 608.
  Claudine : 608.
WILSON, Robert, dit Bob : 721.
WINCKELMANN, Johann Joachim : 53.
WITTIG, Monique : 795.
  Guérillères, Les : 795.
WOOLF, Virginia : 626, 633, 761, 764.
WRIGHT OF DERBY, Joseph : 166-167.

XÉNOPHON : 730.

YOURCENAR, Marguerite de Crayencour, dite Marguerite : 758.
  Mémoires d'Hadrien : 758.
YVON, Claude : 67, 174.

ZÉVACO, Michel : 565.
ZOLA, Émile : 76, 314, 316, 329, 345, 354, 358, 405-406, 432, 439-440, 453, 460-465, 473, 475-478, 483-486, 491, 494-496, 499, 547, 549, 554, 558, 567, 571, 606, 629, 632, 647, 749, 761, 842.
  Assommoir, L' : 438, 463-465, 571.
  Au bonheur des dames : 464.
  Conquête de Plassans, La : 467.
  Curée, La : 456-457, 494-496.
  Débâcle, La : 354.
  Docteur Pascal, Le : 465.
  Documents littéraires : 462, 478.
  Germinal : 439, 486.
  Germinie Lacerteux : 467, 493.
  Héritiers Rabourdin, Les : 496.
  Lourdes : 606.
  Madeleine Férat : 463, 496.
  Nana : 464.
  Naturalisme au théâtre, Le : 462, 495.
  Nos auteurs dramatiques : 462, 495.
  Œuvre, L' : 486, 493.

Paris : 473, 606.
Quatre Évangiles, Les : 464, 606.
Renée : 432, 496.
Rêve, Le : 464.
Romanciers naturalistes, Les : 462.
Roman expérimental, Le : 440, 462, 484-485.
Rome : 495, 499, 606.
Rougon-Macquart, Les : 406, 460-461, 464, 466.
Salon de 1876 : 485.
Thérèse Raquin : 477, 484.
Trois Villes, Les : 464, 606.
Une page d'amour : 490.

XVIIIᵉ SIÈCLE

Michel Delon

Chapitre I. Écrire : des Belles Lettres à la Littérature	9
Ouverture : la lecture de *L'Orphelin de la Chine* chez Mme Geoffrin de Lemonnier	9
Des textes en mouvement	11
Le Poids des mots	21
La Place de l'écrivain	39
Querelles, affaires, révolutions	53
Chapitre II. Séduire : l'âge rocaille	81
Ouverture : *L'Enseigne de Gersaint* de Watteau	81
Relativité	87
Mondanité	107
Héroïsme	133
Liberté	147
Chapitre III. Convaincre : le moment encyclopédique	163
Ouverture : *La Lecture de la Bible* de Greuze	163
Savoirs	169

Fictions	177
Confrontations	197
Radicalisations	207
Chapitre IV. *Toucher : le temps des révolutions*	**213**
Ouverture : *Le Serment du Jeu de paume* de David	213
Crise des formes	218
Crise des valeurs	232
Le sens de l'Histoire	248
Le sens de l'intime	257
Conclusion : 1800	268

XIXe SIÈCLE

Françoise Mélonio, Bertrand Marchal et Jacques Noiray

Introduction	297
Chapitre I. *Une ère nouvelle*	**301**
C'est la faute à Voltaire…	302
« Un grand magasin de ruines »	304
« L'homme est son propre Prométhée »	307
Le siècle des inventaires	314
L'invention de « la littérature française »	318
Un siècle de batailles : « on a hâte de faire secte »	326
Chapitre II. *La littérature entre l'État et le marché*	**331**
La police de la littérature	331
La littérature industrielle : 1830-1870	340
La littérature dans la république	354
Le tribunal de la critique	356

Le théâtre, « tribune » de la démocratie	359
Le poids des héritages : tragédies et comédies	363
Le mélodrame, « moralité de la révolution »	364
Le vaudeville ou le burlesque de l'insignifiance	367

Chapitre III. La poésie 372

PREMIÈRE PARTIE : 1820-1848 375

La poésie lyrique 375
1820-1830	375
1830-1848	378
Les Mages romantiques	378
L'École du désenchantement	382

La poésie dramatique : le drame romantique 387
De la poésie dramatique à la prose	387
Le drame romantique, drame de la totalité	389
Sortie de scène	391

La poésie épique 393

DEUXIÈME PARTIE : 1848-1900 397

Destinées de l'épique 398
Poèmes antiques	399
La Légende des siècles	400
Un épique nouveau	404

De la poésie lyrique à la poésie 406
L'art pour l'art	408
De la poésie du visible à la poésie de l'invisible	409
Le Parnasse	417
Marginaux et maudits	419
La Décadence	426
Symbolisme ou crise de vers	428

Le théâtre symboliste, un théâtre poétique 432

En guise de bilan 435

Chapitre IV. Le roman 438

Aux origines de la représentation romanesque moderne 441

Vers la représentation réaliste	454
Le roman, genre bourgeois	455
Puissance du modèle scientifique	458
Séductions du modèle historique	468
Problèmes de la vraisemblance réaliste	474
La recherche de la vérité	476
De l'image à la scène : logiques de la représentation réaliste	487
Faut-il conclure ?	499

XXe SIÈCLE

Antoine Compagnon

Chapitre I. L'ère du soupçon	545
Chapitre II. Conditions de la littérature au tournant des siècles	560
Après Mallarmé	560
Après le positivisme	561
Après la rhétorique	565
Après la République athénienne, une République des lettres	567
Figures de la convention au tournant des siècles	575
Chapitre III. Classique ou moderne : du symbolisme à la NRF et à l'Esprit nouveau	579
Le symbolisme ou la vie	579
À la recherche d'un nouveau classicisme	583
La naissance de la *NRF*	589
Vers le verset	592
Le classique	597

Chapitre IV. L'adieu à la littérature	600
La crise du roman	604
Le récit poétique	609
Expérimentations gidiennes	611
Le roman d'aventure	614
Illégitimité du roman, vanité de la littérature	616
Chapitre V. L'âge d'or du roman	621
Un autre métier	623
Mode du roman	624
Les nouvelles techniques narratives	628
Le monologue intérieur	628
Le point de vue	632
Relativisme de la *Recherche*	634
Pureté des *Faux-Monnayeurs*	636
Romans intermédiaires	640
L'idéal d'une composition musicale	642
Une psychologie complexe	646
Destins du roman d'aventure	649
Chapitre VI. De l'avant-garde au surréalisme	651
Fantaisie et avant-garde	652
L'esprit nouveau	653
La poésie pure	658
De Dada au surréalisme	660
Les trois concepts fondamentaux du surréalisme	668
Chapitre VII. Le roman de l'homme	676
Une troupe remarquable	679
Le roman catholique	681

Les romans de la condition humaine 687
Les romans de l'absurde 691

Chapitre VIII. La scène d'avant-garde ? 702
Le théâtre total de Claudel 703
Vers le Cartel 708
Giraudoux et le théâtre littéraire 709
Artaud et le théâtre de la cruauté 712
Engagement et avant-garde 714
Pour un théâtre métissé 721

Chapitre IX. Poésie et ontologie 723
La célébration des choses 729
Poésie du non ? 735
La quête du lieu 742
Le travail du signifiant 745

*Chapitre X. Le tournant linguistique :
du roman au récit, de l'œuvre au texte* 748
Qu'est-ce que la littérature ? 751
Le récit suspendu 757
Le Nouveau Roman 760
Limites du récit 768

Chapitre XI. L'empire de l'essai 773
La critique des écrivains 774
L'engagement 775
L'écriture du jour 777
Le voyage 778
Philosophie et critique 779
Les inclassables 780

*Chapitre XII. L'épuisement de la littérature
et son éternel recommencement*   783
   Retour des rhétoriqueurs   787
   Permanence du récit   790
   Retour de la fantaisie   792
   Retour du sujet   793
   Éloge de la pauvreté   796
   Triomphe de la littérature facile   798
   Le tournant   799

Conclusion (Jean-Yves Tadié)   833

APPENDICES

Liste des contributeurs   847
Index des noms et œuvres   849

Composition Interligne.
Impression Grafica Veneta
à Trebaseleghe, le 4 décembre 2015
Dépôt légal : décembre 2015
1er dépôt légal dans la collection: novembre 2007

ISBN : 978-2-07-041886-2./Imprimé en Italie

297280